[현대인의 법률교양 및 수험대비 필독서]

법 학 개 론

안성조 · 조예영

도서출판 **진 영 사**

법 학 개 론

안성조 · 조예영

2014년 04월 10일 초판 인쇄
2014년 04월 13일 초판 발행
2017년 03월 20일 개정판 발행
발행인 박 진 영
발행처 도서출판 진영사
인천광역시 부평구 부평동 134-16 태승빌딩 4층
전화 : 032)505-4207
팩스 : 032)505-4206
E-mail : 0183734207@hanmail.net
등록 : 122-91-77317

ISBN 978-89-6541-156-7 93360
값 25,000원

머 리 말

현대 세계는 점차로 복잡·다양해져 가고 울타리 없는 하나의 지구촌이 되고 있다. 이에 따라 이를 규율할 국내외 규범체계도 많은 변화와 더불어 법규범의 중요성이 한층 강조되는 시점에 와 있다.

인간은 사회와 더불어 본연의 의미를 찾을 수 있고, 무수히 얽혀진 법적현상 속에 살고 있다. 우리의 일상은 법과 함께 시작되고 법률관계 속에서 살아간다고 해도 과언이 아니다. 따라서 인간답게 살기 위한 삶의 방법을 터득하고 일생동안 어떤 분야에서나 겪게 될 법에 대한 올바른 준수와 분쟁문제의 예방과 해결을 위해서는 법에 대한 체계적이고 정확한 이해가 선행되어야 한다.

그 동안 대학에서 교양법학으로 '법학개론'이나 '법학원론', '법학통론', '법학입문', '*法制大意*' 등이 개설되어 단편적 법률 위주의 이론주입에 치우친 감이 없지 않으나 최근에 '생활과 법률' 또는 '법과 생활'로 그 제명을 변경하여 현실생활의 구체적인 사례해결에 관심을 가져오고 있다. 그러나 사례위주의 생활법률도 무수히 많은 법률문제를 망라하여 전체를 모두 논할 수 없는 한계가 있는데다가 가변성·복잡성이 다분하여 법학에 대한 기본이해가 되어 있지 않은 상태에서 단편적 생활법률지식만 습득하다보면 이해가 쉽지 아니하고 오해의 여지도 생길 뿐만 아니라 기본적인 법률용어에 대한 개념도 부족하여 결국은 법률개론 전체에 대하여 법적 해결능력에 혼선을 줄 우려가 있다. 그래서 기본법학에 대한 이론에 실정법제도를 가미하여 새로운 체계로 기본적인 이해와 함께 법적 사고(legal mind)형성에 기여하여 기본교양 및 법학전문지식을 습득하여 수험서로서 역할을 하도록 하였다.

그래서 본인은 법학을 전공한 사람이나 비법학도, 수험생들 모두를 위하여 일반기초법 이론을 바탕으로 생활법학 전반에 대한 체계적 이해를 통하여 목표하는 시험합격은 물론 사회문제에 대한 예방 및 법적 해결에 일조가 되었으면 하는 심정으로 본서를 집필하였다.

법학전반에 걸친 기초적 개념과 이론을 다룬 본서는 크게 8개의 편으로 구성하였다. 제1편은 법학을 이해하기 위한 기초법 이론을 총괄적으로 서술한 법학총론이고, 제2편 이하부터는 본서의 각론에 해당하는 개별법률론으로 기본 6법 및 중요법률을 차례로 서술하는 내용으로 하는 그 체계를 갖추고 부록으로 「대한민국헌법」을 실었다.

본서의 특징으로는 첫째, 법에 대한 기본적인 이해를 쉽게 하도록 법학 전반에 걸친 이론체계를 일목요연하게 서술하고 종래의 법학개론 편제에 따라 크게 총론(제1편)과 각론(제2편이하)으로 나누어 고찰하였다.

둘째는 최근 개정민법을 비롯한 최신법률과 판례로 한글을 원칙으로 서술하되 학술용어 · 전문용어 등에 필요한 한자는 괄호에 병기하여 영문과 함께 기본 법률용어 습득에도 쉽게 하였다.

셋째는 되도록 간략하면서도 빠짐없이 서술하도록 노력하였고, 더 자세한 해설이 필요가 있거나 학설 · 판례 · 기본 실무상식들은 [참고 사례 · 해설]항목이나 도표로, 참고 법조문은 괄호( )안에 §로 처리하여 인용 · 확인이 필요한 사람에게 참고하도록 배려하였다(따라서 ①②③…은 각 법령의 항을 의미함).

넷째는 수험준비를 위해 간략한 정리 및 상세한 내용까지 도식화·서술하여 법률 전반에 관하여 체계적 이해를 통하여 일반 상식을 쉽게 배가하도록 하였다.

본서가 수험 법학개론 및 생활법학의 강의교재로 뿐만 아니라 교양도서 및 경비지도사 자격시험 등 각종 자격 · 취업 시험을 준비하는 수험생들에게 활용되어 일반인 및 학생제군들이 기초적 법학을 이해하는데 다소라도 길잡이가 되어 소기의 목적을 달성하게 된다면 그 이상 다행한 일은 없겠다. 그러나, 집필을 끝내고 보니 아직도 미진한 점이 있어 앞으로 同途諸賢 및 독자 여러분들의 지도편달을 참고 삼아 점차 수정 · 보완하고자 한다. 물론 이 책은 기존의 자료들을 참고 · 인용하였기에 선배 著者님들께도 감사드린다.

여러 가지 어려운 여건에도 불구하고 출판문화창달에 노력하고 본서를 출간하여 주신 도서출판 진영사 박진영사장님과 관계직원 여러분의 노고에 감사를 드리며, 올바른 법규범이 형성되어 인류가 분쟁 없는 평화 세계 속에서 진정한 행복을 누리길 진심으로 기원한다.

丁酉年 元旦

저자 安成祚 씀

차 례

제 1 편 법학총론

제1장 법이란 무엇인가

제2장 법의 체계와 구조

제3장 법의 적용과 해석

제4장 권리·의무와 법률관계

제1장 법이란 무엇인가

제1절 법의 의의

1. 법의 필요성

인류의 역사가 그렇듯 인간은 만인에 대한 투쟁의 오랜 역사 속에서 발전해 왔다. 사회와 경제가 발전할수록 삶의 풍요가 오지만 그 이면에는 빈부의 격차와 범죄의 다양화 · 흉폭화 등 여러 가지 부작용이 내포되어 있다. 그리하여 이와 같은 인간사회의 불안전한 상태를 여러 가지 위해(危害)로부터 자기의 신체와 생명 및 재산을 지키면서 인간다운 삶을 영위하고자하는 요구에서 나온 것이 질서인 것이다.

❖ 인간의 욕구단계(매슬로)

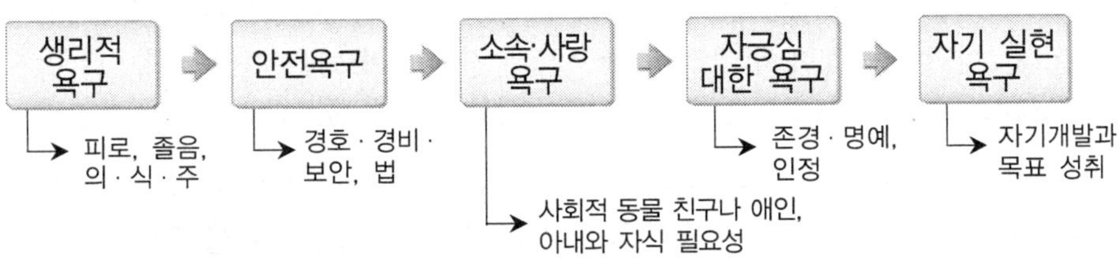

이와 같은 인간사회의 질서 유지를 위해 성립되어진 것이 여러 가지 사회규범인데, 이성적인 인간의 본성에 기인한 윤리나 도덕과 같은 자율적인 사회규범이 점차적으로 준수되어지지 않아서 국가의 강제력으로 이행을 강제하는 타율적인 법규범이 만연하게 된 것이다. 그러나 법규범 자체도 그 운용에 있어 여러 가지 부작용이 등장하여 불신을 초래하고 가변적인 법규범만으로도 날로 흉폭해 지고 지능화 · 다양화된 범죄, 테러, 암살 · 납치 · 협박 · 폭행 등의 여러 가지 병리현상을 차단하는 등 모든 현상을 규율할 수만은 없는 것이다. 그리하여 일찍이 등장한 것이 경호 · 경비(security)이다.

따라서 분쟁이 발생했을 때 객관적이고 공정한 기준을 정해 이를 해결하고, 법을 통하여 인간이 사회생활을 하면서 지켜야 할 행위의 기준을 정함으로써 이를 준수하지 않을 때 적절한 규제를 가함으로써 질서를 유지할 수 있다. 아울러 사회를 구성하는 모든 사람이 인간다운 삶을 누릴 수 있도록 자유와 권리를 보장함으로써 정의와 인권수호는 물론 공익과 공공복리를 추구한다.

더구나 급변하는 현대사회는 급격한 사회변화에 적절히 적응하지 못함으로써 불안감에 빠지거나 좌절하는 적응성의 위기가 오고, 한편에서는 현실세계의 가치를 물질적 우월성에서 구하는 인간성 상실에서 오는 위기에 직면해 있다.

현대세계는 전자공학, 유전공학 등 눈부신 과학기술의 발달로 '제2의 산업혁명'으로 불리는 지식정보사회로 하나의 지구촌이 되어, 우주시대(Space Age)니, 뉴-미디어(New Media)니, 정보고속도로니 하는 말이 귀에 설지 않을 정도로 급변하고 있다.

그러나 이와 같은 세계화 · 정보화 지식사회의 이면에는 마약, 암살, 테러, 핵확산, 인권유린 등과 같은 또 다른 세계적인 문제가 대두되고 있다. 그리하여 범죄가 지능화 · 국제화 · 고속화 · 기동화되어 가고, 컴퓨터와 전자정보통신기술을 이용한 신종의 범죄환경 · 청소년범죄 · 산업범죄가 증가하게 된다. 그래서 현대사회를 법규범만으로 규율하기는 어렵고 "법은 멀고 주먹은 가깝다"고 해서 경호 · 경비만으로 인간의 생명 · 신체를 비롯한 재산을 보호할 수만은 없다.

인간은 근원적으로 본능에 의한 자기의 안전(Safety)을 도모하기 위하여 자신의 경호경비(Guard & Security)를 생각하고 그 방법을 고안 · 개발시켜 왔다. 집단 · 사회 · 국가도 물론이다. 이러한 과정에서 안전을 희구하는 경비의 방법은 다양각색으로 발전되어 왔고 그 자체는 특정 사회나 국가의 역사적 발전과정을 따라 특징 있는 제도 · 방법을 고안하여 왔다. 안전한 삶을 도모하고자 하는 생활관계에서도 힘의 논리를 앞세워 인간으로서의 사회규범을 자율적으로 지키지 않음으로써 이를 강제적으로 규율할 법이 필요하게 된 것이다.

2. 법의 어원(語源)과 의미

법이란 인간의 행위를 하는 데 있어서 일정한 준칙을 세우고 그에 맞추어 사람들이 좇아서 행위하도록 강제한다는 뜻을 가진다.

(1) 서양에서 '법'이라는 말은 그리스의 *Nomos*에 기원한다. 그리스인들은 자연의 질서(physis)로부터 인간의 행위를 규제하는 관행이나 법을 구분하기 위해 *Nomos*를 사용하였다.

(2) 로마시대에 법을 가리키는 말로 *jus*와 *lex*가 있었는데, *jus*는 추상적이고 일반

적인 의미의 법을, *lex*는 권위 있는 기관에 의해서 제정된 실정법규범이나 명령을 의미하였고 이는 *fas*라는 神法에 대립되는 인간법을 의미하였다.

(3) 오늘날 *jus*와 *lex*는 영어의 law와 statute, 독일어의 Recht와 Gesetz의 구분과 같은 의미이며, 동양에서는 자연적인 원리에 따라서 인간의 행위를 지도하는 원리인 禮와 인위적으로 국가 등에 의해 만들어지는 法과 의미가 통한다.

(4) 원래 '法'이란 글자는 氵+廌+去가 조합된 글자였는데 그 의미는 형벌은 물을 어떠한 그릇에 부어도 평평한 것처럼 공평해야 한다는 뜻에서 '삼수변'을 취하고, 중국의 苗족이 재판에서 '해태'라는 시비를 가릴 수 있다는 전설적인 동물을 분쟁당사자 사이에 세우면 죄가 있는 자에게 가서 뿔로 떠받았다는 전설에 따라 '해태 치'자와 '갈 거'자를 합쳐놓은 것이었다.

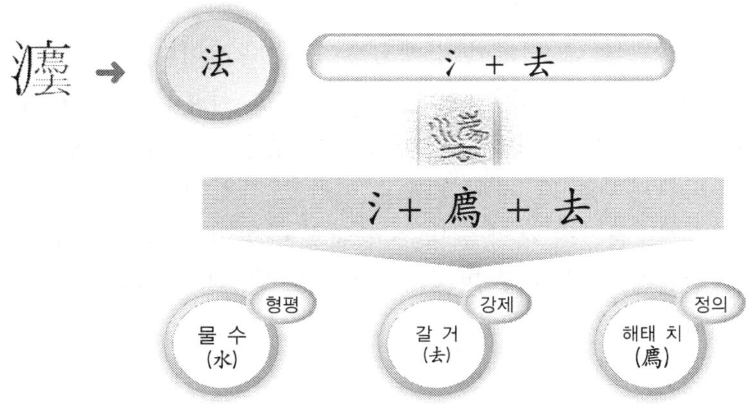

3. 법의 내용

(1) 법은 사회의 목적, 가치의 실현을 위해 인간이 준수하여야 할 사회규범이다.

(2) 법은 "마땅히 그러하여야 한다."라는 관계를 표시하는 당위규범이다. 인간법칙을 자연을 대상으로 하는 자연(自然)법칙과 인간사회를 대상으로 하는 규범(規範)법칙으로 구분한 Kant에 의하면 전자는 "사실상 그러하다."라는 관계를 표시하는 존재(存在, Sein ; to be)의 법칙(예 지구는 태양의 주위를 돈다)이, 후자는 "마땅히 그러하여야 한다."는 당위(當爲, Sollen ; ought to be)의 법칙(예 살인자는 형벌에 처한다)이 지배한다.

자 연 법 칙(사실)	규 범 법 칙
존재(Sein ; to be)의 천정(天定)법칙	당위(Sollen ; Ought to be)의 인정(人定)법칙
인과(因果: 원인과 결과)의 객관법칙	행위(作爲와 不作爲)기준이 되는 주관법칙
필연(必然)의 법칙(우연이나 예외가 없음)	목적의 법칙(반대현상이되는 예외가 예상)
기계적 · 필연적 · 가치판단×	합목적적 · 명령적 · 가치판단 수반
예 사람은 죽는다.	사람을 죽여서는 아니 된다.
구속(拘束)의 법칙(자유의지로 변경불가)	자유(自由)법칙(자유의지가 작용)

(3) 국가 기타 정치적 조직사회에 의하여 인정된 목적규범이다. 즉 법은 인간사회의 규범이므로 법의 궁극적 목적은 인간의 행복이나 선을 사회라는 공동체를 통하여 효과적으로 달성하려는 성질을 갖게 된다. 특정한 목적달성을 위한 국가적 사회의 구성원으로 하여금 공동의 목적을 달성시키기 위한 준수규범으로서 그 국가권력에 의하여 강행되는 규범인 것이다.

(4) 법은 국가의 조직적인 정치권력에 의하여 그 실효성이 보장되는 강제규범이다. 예링(Jhering)은 "강제를 수반하지 않는 법은 타지 않는 불, 비치지 않는 등불이나 마찬가지로 그 자체가 모순"이라고 하였다.

(5) 법은 시간적 · 공간적 제약을 받는 상대적 규범이다. 법의 변동성 · 다양성 · 상대성을 일컬어, 파스칼은 '피레네산맥 이쪽에서의 정의는 저쪽에서의 불의'라고 표현하였다.

제2절 법과 다른 사회규범

1. 사회규범의 의의와 종류

인간이 사회 속에서 각자 자신의 욕망을 추구하고 달성하면서 공동생활을 영위하기 위해서는 무엇인가 통일적인 질서가 존재하여야 하기 때문에 인간의 사회생활을 규율하기 위한 준칙으로써 일정한 규범(norm)이 필요하게 된다. 이러한 사람의 행동 방향을 제시하여 사회생활의 통일과 질서를 부여하여 인간사회를 영위하는데 필요한 행위준칙을 사회규범(社會規範)이라고 한다. "사회가 있는 곳에 법이 있다."라는 말처럼 사회규범은 법으로 대표되지만 이외"에도 도덕, 관습, 종교 등이 있다.

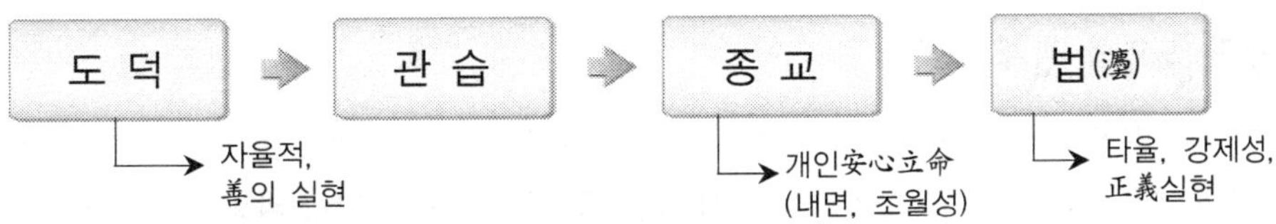

❖ 사회 규범의 종류

자율규범 (비강제성)	관습	일정한 행위가 사회구성원간에 반복되어 온 사회적 행위준칙으로 인정된 행동 양식	
	도덕	선(善)의 구현과 사회의 존속과 평화를 위해 필요한 가치 기준, 양심에 바탕	
	종교	종교상의 계율이 사회 구성원의 행위기준으로 인정된 것, 성(聖) 목적	
타율규범	법	내용과 집행 및 제재의 방법을 명확하게 제도화시켜 놓은 규범	
		강제성	인간사회 질서 · 정의를 위해 국가 제정 강제 · 당위의 법칙
		상대성	시간적 · 공간적 제약을 받은 상대적 규범
		보편성	정의, 인권보장, 질서유지, 복지향상 등의 보편적 가치를 지향하는 문화규범

2. 법과 도덕

자연법론자들은 법을 자연법으로만 이해하여 법과 도덕의 구별을 부인하지만, 대부분의 실정법론자(법실증주의자)들은 구별하고 있다.

(1) 법과 도덕의 구별

독일의 법철학자 예링이 "법과 도덕의 문제는 법철학의 케이프 혼이다."라고 말한 바처럼 법과 도덕의 구별은 쉽지 않으나 법실증주의는 아래와 같이 구별하고 있다.

구 분	법	도 덕
성립원인	경험적 사실에 의해 성립	선험적 이성(理性)에 의해 발생
표현방식	법률·명령 형식의 문자로 표시	표현방식이 다양함
추구가치(목적)	정의(正義, justice)실현	공동 선(善, good)구현
규율대상	행위중심의 외면성(합법성)	동기 · 의사중심의 내면성(도덕성)
위반시 제재	국가의 권력적 제재(강제성)	개인의 양심 가책, 사회적 비난(비강제성)
권리와 의무	양면(쌍면)성(권리 · 의무 양측면규율)	일면(편면)성(의무에 대응하는 권리가 없음)
타당근거	타율성	자율성

(2) 법과 도덕의 관계

매국노 이완용의 자손들이 국고에 환수된 재산을 돌려받기 위해 소송을 제기하고, 법원이 이들의 소유권을 인정한 사건은 법과 도덕의 갈등관계를 보여 주는 좋은 예이지만 현행법에는 도덕적 내용을 담고 있는 규정들이 상당수 있는데(헌법에는 인간의 존엄성과 인격의 존중, 기본권의 보호, 평등의 원칙규정, 민법에서 선량한 풍속 기타 사회질서, 신의성실의 원칙규정, 형법에서 사회상규에 위배되지 않는 행위는 처벌하지 아니한다는 규정 등) 이런 점에서 법과 도덕은 한편으로는 긴장과 대립의 관계에 다른 한편으로는 상호 조화와 적응의 관계에 있다고 볼 수 있다.

법은 도덕의 최소한이다

예리네크(Jellinek) "법은 도덕의 최소한" : 도덕 중에서 강제적으로 지켜져야 할 것만을 법으로 규정 → "도덕적 비난은 가능하지만 불법은 아니다"라는 말에서와 같이 모든 사회규범을 법률로 제정할 수는 없다. ↔ 슈몰러(Schmoller) "법은 도덕의 최대한"

가 : 도덕과 관계없는 법 → 「주민등록법」, 「도로교통법」

주민등록법 제1조(목적) 이 법은 시(특별시·광역시는 제외하고, 특별자치도는 포함)·군 또는 구(자치구)의 주민을 등록하게 함으로써 주민의 거주관계 등 인구의 동태(動態)를 항상 명확하게 파악하여 주민생활의 편익을 증진시키고 행정사무를 적정하게 처리하도록 하는 것을 목적으로 한다.

나 : 도덕이면서 법 → 살인하지 말라

형법 제250조(살인, 존속살해) ① 사람을 살해한 자는 사형, 무기 또는 5년 이상의 징역에 처한다.

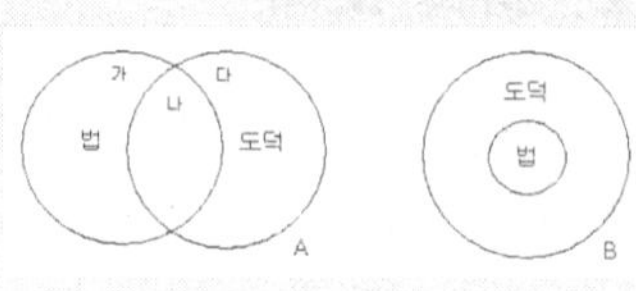

다 : 도덕에만 속하는 것 → 연장자에 대한 공경

3. 법과 관습

일반적으로 관습이란 어느 집단이나 계층의 사람들이 준수하는 행위습관이나 행위양식이다. 이러한 관습은 일정한 행위가 특정한 범위의 다수인 사이에서 반복됨으로써 발생하는 일종의 사회규범이다.

(1) 법과 관습의 구별

구 분	법	관 습
성립하는 사회	국가라는 공고한 조직적 사회	비조직적 사회
적용 범위	보편성	지역성
위반시 제재	국가권력에 의한 조직적 강제	사회의 비난

(2) 법과 관습의 관계

역사적으로 국가성립 이전의 원시상태에는 법이나 도덕, 종교가 다같이 관습으로 존재하다가 내면적 · 자율적 · 개인적 측면은 도덕 · 종교로, 외형적 · 타율적 · 공권적 측면은 법으로 분화 · 발전되었는데, 특히 오늘날 관습법은 관습이 발전하여 법적 가치에 합치될 때 성립하는 것으로서 법과 관습의 융화를 보여주는 것으로 민법 제1조는 관습법의 보충적 효력을 인정하고 있다.

4. 법과 종교

종교는 주관적으로 인간이 신의 존재를 믿고 이에 귀의한다고 하는 개인적인 내심적 신앙을 의미하기에 그것이 개인의 내심에만 머물러 있는 한 외부적으로는 아무런 영향이 없는 것이다. 그러나 사회적으로 종교가 인간의 사회생활을 규제하는 경우가 많으며 객관적으로는 종교가 인간이 자기의 내면적 신앙에 터전을 두고 요구되는 규범이라 할 수 있다는 측면에서는 사회규범의 일종이다.

(1) 법과 종교의 구별

구 분	법	종 교
목 적	정의(正義)실현	개인의 정신적 평안을 추구(安心立命)
규율대상	행위중심의 외면성(현실성)	의사중심의 내면성(초월성)
권리와 의무	양면(쌍면)성(권리 · 의무)	일면(편면)성(의무에 대응하는 권리가 없음)
최종판단자	국가	절대자인 신(神)

(2) **법과 종교의 관계**

과거의 신정정치(Theocracy)에서 뿐 아니라 현대의 이슬람교 국가에 있어서도 종교적 계율이 바로 그 사회의 최고규범으로 기능하고 있다. 그러나 오늘날 대부분의 국가에서 법과 종교는 분리되어 있기에(한국 헌법 §20②) 종교규범의 실천이 강제되지는 않는다. 또한 법에 의해 종교의 자유가 보장되고 있다(헌법 §20①).

제3절 법은 무엇을 추구하는가

1. 법의 이념과 목적

1) 의의

법을 정립하고 실현함에 있어서 법에 의해 달성하려고 하는 현실의 이념 내지 목적이 있다. 이는 법의 존재이유이며 효력의 근거이고 법의 가치를 평가하는 척도이다.

법의 목적이란 법을 정립하고 실현함에 있어서 법에 의하여 달성하려고 하는 현실의 목적을 말한다. 법의 목적은 법에 의하여 인간이 실현하려고 하는 가치이며 법의 생명이라고 할 수 있다. 이것의 배후에는 법의 원동력이 되는 하나의 이념인 가치가 내재되어 있다.

법을 정립하고 실현함에 있어서 법이 추구해야 할 이념, 즉 법이 실현해야 할 궁극적 가치를 말한다. 법의 이념은 합리성을 판단하는 궁극적 가치기준이며, 이는 법의 내용으로서 자신을 법의 모습으로 현상하는 것이 아니고 법의 배후에 숨어서 눈에 뜨이지 않게 법의 형성이나 적용에 있어서 방향이나 기준을 제시하는 무제약적인 법가치의 척도인 것이다

법의 이념으로서의 법의 목적은 개개 법령의 목적이 아니라 이들 개개법령들이 통일적으로 지향하는 귀결점, 즉 법 일반에 내재하는 궁극적인 내용으로서 법이 실현하고자 하는 실제적이고 근원적인 것을 말한다.

2) 법이념의 종류

법의 이념이 어떤 것인가에 대한 내용을 밝히려고 한 것이 법가치론이다. 이는 법의 기능이나 임무로 대변되는 외형적 · 개별법의 제정목적상 가치에 대하여 그에

대한 내용적 · 실제적 · 객관적 이념상의 가치를 말한다. 이것에 관하여 코잉(Helmut Coing)은 법의 윤리적 목적, 즉 정의라고 하고 그 표준은 사물의 본성에서 찾고 사물의 본성은 인간의 본성에 근거하여 찾아야 한다고 주장하였다. 또한 라드브루흐(G. Radbruch)는 법의 이념으로 정의, 합목적성, 법적 안정성을 들고 있다.

(1) 정 의

(가) 개 념 : 정의(正義, jutice)란 사회생활을 하는 데 있어서 마땅히 지켜야 할 생활규범의 이념을 말하며, 인간과 사회와의 관계에 있어서 사회관계 또는 제도의 정당성을 판단하는 가치기준으로 일반적으로 '각자에게 그의 몫을'이라고 표현된다.

(나) 아리스토텔레스의 정의 : 정의의 본질은 평등 → 같은 것은 같게, 다른 것은 다르게 취급 넓게는 인간의 심성 및 행동을 공동생활의 일반 원칙에 적합하게 하는 것(일반적 정의)이라고 하고, 협의로는 각자의 물질·정신적 이익을 평등하게 하는 특수적 정의로 나누었다.

㉠ 평균적 정의 : 절대적 · 산술적 평등으로서 양 대상 사이의 동등가치에 따라 이루어지는 개인 사이의 횡적 질서를 전제로 한다(사법영역에서 타당).

㉡ 배분적 정의 : 상대적 · 기하학적 · 비례적 평등으로서 사람의 능력이나 공적에 따라 다르게 취급함을 인정하는 것이다(공법영역에서 타당).

구 분	내 용	성격
평균적 정의	* 형식적 · 절대적 · 산술적 · 교환적 평등을 의미 * 이해득실을 조정하고 모든 인간을 동등하게 취급(모두 같게 취급) * 개인 상호간의 급부(給付)와 반대급부의 균형을 이루는 횡적 질서를 전제 * 민사법에서 중시	절대적 평등
배분적 정의	* 능력과 공헌도에 따라 차등 대우(같은 것은 같게, 다른 것은 다르게) * 단체가 개인을 그 능력 및 공적에 따라서 취급하는 것 * 공법에서 중시	상대적 평등

(2) 합목적성(구체적 타당성)

(가) 개념 : 합목적성이란 목적에 맞추어 방향을 결정하는 원리를 말하며 법에 있어서는 '법이 따라야할 가치 · 기준, 가치관에 구체적으로 합치되는 것'을 말한다.

(나) 라드브루흐의 합목적성

㉠ 정의가 법의 내용을 일반화하는 데 반하여, 합목적성은 법을 개별화함으로써 법이 요구하는 가치관에 따라 법의 목적을 현실화한다.

㉡ 개인주의에 있어서는 평균적 정의가, 단체주의에 있어서는 배분적 정의가, 문화주의에 있어서는 문화가 법목적이라 할 수 있다.

㉢ 이처럼 다양하게 나타나는 법목적의 대립·모순되는 가치관을 조절하는 합목적성은 학문적 보편타당성의 원칙으로 해결할 수 없고 실천적·주관적으로 해결할 수밖에 없는 상대적인 개념이다.

(3) **법적 안정성**

(가) **개념** : 법에 따라 안심하고 생활할 수 있는 상태를 말하는 법적 안정성은 법에 의한 안전이 아닌 법 자체의 안정을 의미한다. 법의 내용에 관한 이념인 정의, 합목적성과 달리 법형식에 중점을 둔 법이념이다(예 시효제도 등).

(나) **법적 안정성의 조건** : 법적 안정성을 위하여 법 내용의 명확성, 법 변경의 곤란성, 법의 실행가능성, 법의 국민 법의식에의 적합성(입법자의 자의에 의한 입법배제)을 요구한다.

3) 법이념간의 상호관계

법의 이념을 강조한 말

- 세상은 망하더라도 정의는 세워라(*Fiat justitia preat mundus*).
- 정의만이 통치의 기초이다(*justitia fundamentum regnorum*).
- 정의가 소멸하면 인간이 지상에서 존재하는 것은 전혀 가치가 없다. -Immanuel Kant-
- 실력 없는 정의는 무기력이고, 정의 없는 실력은 폭력이다.
- 민중의 행복이 최고의 법률이다(*salus populi suprema lex est*).
- 진리가 아니라 권력이 법을 만든다. -홉스(Thomas Hobbes)-
- 법은 자유를 억제하는 것이 아니고 이를 보전하고 증대한다. -로크(John Locke)-
- 악법도 법이다(*dura lex, sed lex*).
- 정의는 망해도 세계는 살아야 한다.
- 정의(법)의 극치는 부정의(불법)의 극치(*Summum ius, summa injuria*)
  → 극도로 정의만 추구하려고 하면 은연중에 정의롭지 못한 것으로 되고 만다.
- 자비 없는 정의는 잔인이다. -토마스아퀴나스(Thomas Aquinas)-
- 부정의로운 법도 무질서보다는 낫다. -괴테(Goethe)-

라드브루흐(G. Radbruch)가 법의 이념으로 제시한 정의·합목적성·법적 안정성의 세가지의 법리는 시대에 따라 각각 달리 적용된다고 한다. 즉, 자연법시대에는 정의가 강조되고, 경제국가시대에는 합목적성이 강조되며, 법실증주의시대에는 법적 안정성이 강조된다고 한다. 또한 법체계에 있어도 형법에서는 정의의 이념이 강하게 작용하고, 행정법에는 합목적성의 이념이 강하게 작용하며, 민법이나 소송법에서는 법적 안정성이 강하게 작용한다고 한다.

그러나 법적 안정성은 효력(기능)에 관한 이념인데 대하여 정의와 합목적성은 법의 내용에 관한 이념이고, 또한 정의는 논리(법형식 구비여부결정)와 결부되는 이념인데 대하여 합목적성은 공리(법내용 정당성여부결정)와 결부되는 이념이다. 이와 같이 3자는 각각 그 이념의 기초를 달리하므로 상호 모순 · 갈등이 있을 수 있다. 이른바 "악법도 법이냐"하는 문제도 3자의 모순 · 갈등에서 오는 것이다.

이들 모순에 직면하여 이를 해결하는 방법에 있어서 어느 하나 또는 둘을 제거하고 다른 하나 또는 둘의 이념만을 취할 수도 있으나, 모순을 체계적으로 분석하여 한 단계 높은 차원에서 이를 조화시키는 방법을 취할 수도 있다. 각 이념은 법의 이념이기는 하나 유일한 이념은 아니다. 정의의 이념이 중요하나 정의의 이념으로라면 어떤 수단을 쓰더라도 괜찮은 것은 아니다. 법적 안정성을 파괴하더라도 정의의 이념을 실현하면 된다는 생각이라면 애초 법이라는 통로를 택할 필요가 없다.

우리가 추구하는 정의와 법의 목적은 법을 통하여 실현되어야 하고 법적 안정성의 토대는 정의를 실현하고 정의에 적합한 법질서를 유지하도록 힘써야 더욱 강건해질 수 있다. 3가지 이념이 충돌하는 경우에 조화적인 조정(보완)을 원칙으로 하면서 궁극적으로 인간의 자유와 권리의 본질이 우선되어야 한다(헌법 §37②참조).[1)]

어떤 내용의 법이라도 지키기만 하면 되는 것이 아니라, 법이 유지해야 하는 질서는 올바른 질서이므로 끊임없이 올바른 법인가를 검토해 나가야 법의 파괴를 거치지 않고 법이 발전해 갈 수 있다.

2. 법의 구체적 목적

1) 법목적의 변천

근대 경찰국가에 있어서는 질서유지에 목적이 있었으나, 현대는 인간의 존엄과 가치를 유지하기 위하여 법이 필요하다. 인간사회는 마찰과 충돌을 피할 수 없기 때문에 이를 조절하는 규범이 필요하기 때문이다.

법은 현실의 사회생활관계를 규율하는 것이지만, 그 사회생활관계는 인간의 목

1) "국민의 모든 자유와 권리는 국가 안전 보장, 질서 유지, 또는 공공복리를 위하여(합목적성), 필요한 경우에 한하여 법률로써 제한할 수 있으며(법적 안정성), 제한하는 경우에도 자유와 권리의 본질적인 내용은 침해할 수 없다(정의)." → 궁극적으로 정의의 원칙인 인간의 자유와 권리를 우선시 한다.

적활동에 의하여 추진되고 발전되어 간다. 따라서 그것을 규율하는 법에도 당연히 목적이 있는 것이다. 개개의 법령은 각기 목적을 가지고 있고 흔히 법령 자체에 그 목적이 명시되기도 한다.

2) 일반적인 법의 목적

일반적인 법의 목적은 전체로서의 법이 공통적으로 가지는 목적, 즉 개별적인 법의 목적을 넘어 모든 법이 달성하려는 현실적 가치를 말한다. 일반적인 법의 목적은 개별적인 법의 목적에 비해 보다 일반적이고 추상적인 것이며 보다 상위에 있는 것이다. 일반적으로 모든 법에 공통된 목적은 정의 실현, 질서의 유지, 문화의 증진에 있다고 설명되고 있다.

법의 목적에 관한 말

- 법의 목적은 정의를 원칙으로 한 도덕생활의 실현이다. - Platon, Aristoteles
- 법의 목적은 개인의 자유와 평등을 확보하고 발전시키는 것이다.
  - Jean Jacque Rousseau
- 법의 목적은 도덕적 개인 인격의 확보를 위해 봉사하는 것이다.
  - Immanuel Kant
- 법의 목적은 민족의 유지와 발달에 있다. - Johann Gottlieb Fichte
- 법의 목적은 최대다수의 최대행복을 얻게 하는 것이다. - Jeremy Bentham
- 목적은 전체법의 창조자이다. 법의 목적은 사회의 제생활조건의 확보에 있다.
  - Rudolf von Jhering. 『*Der Zweck in Recht*』
- 법의 목적은 특정한 때와 장소에 있어서의 문화의 법적 공리이다. - R. Pound
- 법의 목적은 경제적 기본권의 확보와 실현에 있다. - Karl Renner
- 법이란 법가치, 즉 법이념에 봉사하려는 의미를 가진 실재, 법의 목적에는 정의·합목적성·법적 안정성의 세 가지가 있다. - Gustav Radbruch

3) 개별적인 법의 목적

개개의 법령은 각기 목적을 가지고 있고 흔히 법령 자체에 그 목적이 명시되기도 한다. 법의 정립[立法] · 실현[適用]에 있어서 그 법에 의하여 달성하려는 현실적인 가치를 개별적인 법의 목적이라고 한다. 이는 일반적으로 "이 법을 왜 제정하느냐?"하는 '입법목적'으로 표시된다. 개별적인 법의 목적은 법률마다 다르나, 대체로 정의실현 · 질서유지 · 문화증진을 추구하고 있다. 모든 법은 그 법 특유의 목적을 갖는 것이므로 개별적인 법의 목적은 명시적으로 규정하거나 그 내용을 개별적으로 제시하는 것이 보통이다.

법에 내재하는 목적을 몇 가지 범주로 나눠보면, 경제적 · 도덕적 · 문화적 · 사회복지추구의 목적이 있다. 경제적 질서가 보유되고 도덕적 평화가 유지된 위에 문화생활향상을 위하여 법이 제정되며 결국은 복지사회건설로 귀착하게 된다.

개별적인 각기 법률은 그 입법목적을 명백히 규정하고 있는 것이 보통이나 이를 명시하지 않더라도 내용에 내재되어 있다. 예컨대, 형법은 입법목적을 명시하고 있지 않으나, 범죄로부터 사회를 방위하고 법익의 불법한 침해로부터 보호하는 것이 목적이다.

3. 법의 기능

법의 목적이 법의 내면적 · 이념적 가치판단의 기준이라면, 법의 기능은 법의 외부적 · 현실적 실천력에 대한 가치기준이다. 따라서 구체적으로 권리보호, 자유보장, 평등확보, 책임추궁 등을 통하여 나타나게 된다. 법의 기능은 그것이 실행됨으로써 일반적으로 법의 목적이 구현되는 것을 의미하기 때문에 법의 목적과 기능은 서로 밀접한 관련을 갖고 있다.

1) 분쟁의 예방 및 해결기능

법은 사회 구성원들에게 해서는 안될 또는 해야 할 행위 그리고 이에 대한 법적 효과를 규정함으로써 자신의 행위가 법에 의해 어떤 평가를 받게 될지를 사전에 예측할 수 있다. 법이 존재함으로써 분쟁을 사전에 예방하게 되며, 분쟁이 발생하면 법을 통해 해결한다. 법은 수범자의 준법정신을 함양하게 하여 반사회적 행위를 방지하는 등의 선도적 기능을 수행한다.

분쟁당사자들은 나름대로 논거를 제시하면서 분쟁을 자신에게 유리하게 해결하고자 할 것이므로 판단기준은 객관적이고 공정해야 한다. 그러한 기준으로 여러 가지 사회규범이 있지만 도덕, 관습, 종교 등은 가치를 확인하기도 어렵거니와 오늘날 복잡 다양한 사회현상에서 비롯되는 다양한 형태의 분쟁을 합리적으로 해결하기란 불가능하다. 왜냐면 그것은 그 내용이 명확하지 않고 상대적인 경우가 많아서 일반적으로 모든 경우에 일관되게 적용되기 힘들기 때문이다. 따라서, 객관적인 분쟁 처리 기준으로 이성에 따라 제정된 법이 필요한 것이다.

2) 질서유지(범죄예방 및 지도 · 통제)기능

법은 사회의 평화와 안전 · 질서를 유지하는 기능을 한다. 법을 통한 질서 유지 양상을 보여 주는 단적인 예로는 범죄로부터 시민의 생명과 재산을 보호하는 형법이 있다. 형벌권을 국가가 독점하여 범죄의 피해자가 사적 보복 수단을 택할 때 발생할 수 있는 혼란과 무질서를 막는 형법 뿐만 아니라 민사법은 사회의 경제 질서를 유지하고, 헌법은 헌정 질서를 유지하는 등 법의 질서유지는 기본적인 기능이다.

법의 지도적 기능은 법이 존재한다는 사실적 자체 권위에 의해서 사회질서를 유지하는 작용을 말한다. 살인죄의 규정에 의해 살인행위를 억제하는 것이 그 예인데, 특히 기술성이 강한 법규(교통 · 위생법규 등)는 그 자체로 새로운 질서를 창조하고 유지해 나가는 경우도 있다. 이 기능을 최고도로 발휘 할 수 있으려면 타당성에 있어서 그 내용의 실현이 요청되어야 하고 강제력에 있어서 그 실효성이 보장되어야 하는데, 특히 불특정다수의 수범자에게 법의 내용을 주지시켜야 하고 그 내용이 보통 평균인이 쉽게 알고 복종할 수 있어야 한다.

3) 평가 및 교정기능

법은 사회생활에 있어서 인간행위의 준칙인 까닭에 사회규범으로서 합법적인 것과 위법적인 것을 판단하는 가치기준으로서 정당성의 평가적 기능을 갖는다. 법질서의 판단기준으로서 정의가 성립되고 정의의 실현이 곧 법의 목적을 구현하는 것이다. 법은 사회정의를 목적으로 하기 때문에 국민은 법을 신뢰하고 존중한다. 따라서 법은 인간행위에 대한 기준의 근거를 제시함으로써 생활의 질을 향상시키는 척도가 된다. 그 결과 법의 위반은 물론 법의 무지에 대하여도 각자에게 사회 구성원으로서의 책임을 지게 한다. 이러한 기능은 형사법의 규정 뿐만 아니라, 계약은 준수되어야 할 것을 요구하는 계약법, 또는 쟁송은 화해 등의 이성적 방법으로 해결할 것을 종용하는 소송법 등에서도 나타난다.

4) 제도형성 및 공익 · 공공복리의 추구기능

법은 제도의 그릇으로 사회제도를 형성하는 기능을 한다. 교육제도, 경제제도, 사회보장제도 등은 법을 통하여 형성된다.

법은 공익과 공공 복리를 추구한다. 공동체 구성원의 합의에서 비롯된 법이 아닌 특정 개인이나 소수집단의 판단에 입각하여 공동체 전반의 이익을 추구한다는 것은 쉽지 않은 일이기 때문에, 역사적으로도 권력자가 공적인 힘을 남용해서 권력자 자신의 개인적 이익만을 추구하거나 국민의 뜻과는 다른 국가 정책을 펴서 큰 혼란을 불러일으킨 사례가 적지 않다. 더구나 그러한 사회적 손실에 대해 누구도 책임지지 않는다는 점이 더 큰 문제이므로, 공익을 달성하기 위한 적합한 수단으로 법제도가 마련된 것이다.

5) 정의와 인권의 수호

법은 정의와 인권을 수호하는 기능을 수행한다. 법이 정하고 있는 각종 재판 제도와 청원제도 등은 정의와 인권의 수호를 위한 공식적인 절차라고 할 수 있다. 공권력에 의한 중대한 인권 침해에서부터 일상적인 거래 관계에서 발생할 수 있는 부당한 금전적 손해에 이르기까지, 시민들은 이러한 공식적 절차에 따라 국가 등 공권력 기구로부터 정의와 인권을 보장받을 수 있다.

제4절 법의 효력

1. 의 의

법이 하나의 규범으로서 제 구실을 할 수 있는 경우, 즉 법이 그 내용대로 실제에 있어서 실행되는 경우를 우리는 법이 효력을 가지는 경우라고 한다. 법이 실제 실현된다고 하는 것이 과연 어떠한 것인가 하는 실질적 효력의 문제와, 법의 해석이나 적용에 있어서 확실히 하지 않으면 안 되는 효력범위, 즉 형식적 효력의 문제가 있어 이를 구분하여 살펴보기로 한다.

2. 법의 실질적 효력

(1) 법의 사실적 실효성

법의 사실적 실효성이란 법질서에 대한 위법상태가 발생할 경우 강제수단을 발동하여 국가가 권력으로써 그 효력을 보장하는 것, 즉 법을 위반하지 못하도록 하는 강제력을 말하는데, 법의 실효성을 보장하는 것은 국가권력이기 때문에 개인에 의한 자력구제는 원칙적으로 인정되지 않는다.

(2) 법의 규범적 타당성

법의 규범적 타당성이란 수범자(受範者)로 하는 행위규범으로서의 법이 사실로서 실현되지 않으면 안 된다는 요구, 즉 국민이 자발적으로 법을 따르도록 하는 정당성을 말한다.

(3) 법의 타당성과 실효성과의 관계

㈎ 규범적 타당성 없는 법은 사실적 실효성이 있어도 악법에 불과하며 사실적 실효성 없는 법은 규범적 타당성이 있더라도 현실을 규제하는 실정법의 소임을 다할 수 없다.

㈏ 악법의 문제 : 악법이란 규범적 타당성이 인정되지 않고 강제성만 띤 법을 의미한다.

㉠ 법실증주의자(Kelsen, Austin)는 법적 안전성을 강조하여 악법도 정당한 절차를 거쳐 제정되었다면 이를 법으로 인정해야 되고 준수할 의무가 있다고 한다.

㉡ 자연법론자(Wolff)는 정의에 반하는 법은 악법이며, 악법은 준수할 필요가 없다고 한다. 이는 자연법상의 저항권으로 표현된다.

㉢ 악법의 해결책으로 위헌법률심사제와 저항권이 있다.

악법도 법인가?

갑) 자연법에 합치되지 않는 실정법, 즉 정의의 원리에 반하는 법은 악법이다. 특히 헌법에서 보장하는 기본적 인권을 침해하는 법은 악법이고 무효인 법이다. 그러므로 악법은 법이 아니며, 악법에 대하여 국민은 저항권을 행사해야 한다(자연법론).

을) 구체적으로 존재하지도 않는 법이란 있을 수 없다. 그러므로 자연법은 법이 아니며, 법은 실정법에 한정된다. 더구나 적법한 절차를 밟아 공포된 법이라면, 그것이 비록 정의에 반(反)한다고 하더라도 일단은 지켜져야 한다. 따라서 악법도 법이다(법실증주의).

☞ 법실증주의(法實證主義) : 실증적인 방법으로 법을 연구하려고 하는 사상. 실증적 방법이란 경험에 의하여 확인할 수 없는 것을 연구의 대상에서 제외하고 경험으로 확인할 수 있는 것만을 연구의 대상으로 하는 방법이다.

☞ 저항권(抵抗權) : 입헌주의적 기본질서를 침해하거나 파괴하려는 국가 기관 또는 권력의 담당자에 대하여 주권자로서의 국민이 다른 법적 구제수단이 더 이상 없을 경우, 헌법적 질서를 회복하기 위한 최후의 수단으로서, 국가기관이나 권력 담당자에게 저항할 수 있는 권리. 이러한 저항권은 국가 권력의 행사가 불법임이 객관적으로 명백하고, 헌법이나 법률에 규정된 어떤 수단으로도 회복이 불가능한 경우에 한하여 행사될 수 있으며, 이 경우에도 저항권은 평화적인 방법으로 행사되는 것이 바람직하다. 우리나라의 경우, 헌법에 저항권을 명문(明文化)하지는 않았지만 헌법 전문에 '불의에 항거한 4·19 민주이념을 계승하고'라는 문구를 넣음으로써 4·19혁명이 민주이념을 구현하기 위한 저항권의 행사였다는 국민적 합의를 표현하고 있다.

3. 법의 형식적 효력

(1) 법의 시간적 효력

(가) **법의 효력**(시행기간, 유효기간) : 법은 시행일부터 폐지일까지 효력이 있다.

(나) **법의 시행** : 법은 시행에 앞서 공포하며, 공포일부터 시행일까지의 기간을 법의 주지기간이라 한다. 법률은 특별한 규정이 없는 한 공포한 날로부터 20일을 경과함으로써 효력을 발생한다(헌법 §53⑦).

(다) **법의 폐지** : 법이 그 구속력을 잃는 것을 말하며 이에는 명시적 폐지와 묵시적 폐지가 있다.

㉠ 명시적 폐지 : 시행기간의 종료 · 특정 목적사항의 소멸 · 신법에서 명시규정으로 구법의 일부 또는 전부를 폐지한다고 한 때에는 그 구법의 일부 또는 전부가 폐지된다. 특히 한시법(限時法)이 문제되는데, 이는 법령에 시행기간이 정해진 경우 그 기간의 종료로 폐지되는 법률을 말한다.

㉡ 묵시적 폐지 : 동일 사항에 관하여 서로 모순 · 저촉되는 신법의 제정으로 구법이 당연히 폐지된다(신법우선의 원칙).

(라) **법률불소급의 원칙**

㉠ 의의 : 법의 효력은 시행 후에 발생한 사항에 관해서만 적용되고 시행 이전에 발생한 사항에 대하여는 적용하지 못한다는 원칙이다. 이는 특히 반대적인 명문규정이 없는 경우의 해석문제로 폐지된 구법에 의해 생긴 기득권은 신법의 시행으로 변경되거나 소멸될 수 없다는 것(기득권 존중의 원칙)을 의미한다.

㉡ 예외 : 소급효의 인정이 사회의 실정이나 국민의 정의 · 형평관념에 부합할 때 소급효를 인정하기도 한다(형법 §1② 범죄 후 법률의 변경에 의하여 그 행위가 범죄를 구성하지 아니하거나 형이 구법보다 경한 때에는 신법에 의한다.).

(마) **경과법** : 어떤 사항이 구법 시행시 발생하여 신법시까지 진행되고 있을 경우, 구법과 신법 중 어떤 것을 적용할 것인가에 대하여 그 법령의 부칙 또는 시행법령에 특별한 경과규정을 두는데 이 규정을 경과법(經過法)이라 한다.

(2) 법의 장소적 효력

(가) **원칙** : 법은 원칙적으로 그 나라의 영역에서 발생하는 모든 사건에 적용되며(속지주의), 국가의 영역은 주권이 미치는 범위인 영토 · 영해 · 영공이다.

(나) **예외**

㉠ 지방자치단체의 조례와 규칙 : 그 지역에만 적용된다.

㉡ 자국의 선박 · 항공기 : 자국 영역의 연장으로 보아 공해상은 물론 타국의 영역

내에서도 자국법이 적용된다(기국주의, 형법 §4).

㉢ 영사재판권이 행해지는 지역, 조차지, 점령지 또는 위임통치지 등은 법 적용에 있어 그 지역의 법이 아닌 실제 통치하는 국가에 의해 적용되는 범위에서 일정한 제한을 받는다.

(3) 법의 대인적 효력

이는 법이 어떠한 범위의 사람에게 적용되는가 하는 문제로 자국 내의 자국민에게 대하여 적용되는 것은 당연하며, 자국 내의 외국인에게 인정되는가의 문제로 나타난다. 이는 속인주의와 속지주의로 구분된다.

㈎ 속지주의(원칙) : 국가의 영토를 기준으로 하여 그 영토 내의 사람은 국적 여하를 불문하고 자국법을 적용한다는 원칙을 말한다(형법 §2).

㈏ 속인주의(예외) : 국적을 기준으로 하여 자국민에 대하여 소재 여하를 불문하고 자국법을 적용한다는 원칙을 말한다.

구분	속지주의	속인주의
장점	-국내주재 외국인에 국내법 적용가능 -사회질서유지에 효과적	-재외 자국민에 자국법 적용 -자국의 주권 적극 행사 가능
단점	-재외 자국민에 자국법 적용 불가	-외국 주권과의 충돌 가능성

㈐ 속인주의와 속지주의의 조화

㉠ 영토고권이 대인고권에 우선하므로 오늘날 대부분의 국가에서는 속지주의를 원칙으로 하고 예외적으로 속인주의를 채택하여 양자의 조화를 모색하고 있다.

㉡ 국제사법 : 참정권 · 청원권 · 병역의무 등에 대하여는, 그 사람의 본국법이 적용되는데, 각국의 법률은 그 내용이 다르기 때문에, 이른바 '법률의 저촉'이 생긴다. 이를 해결하기 위해 각종의 섭외적 사법관계에 관한 준거법을 지정하는 「국제사법」이 있다.

㈑ 예외

㉠ 속지주의의 예외 : 치외법권(일국의 원수, 외교사절 및 그의 가족, 수행원, 군함의 승무원, 외국군대 등에 대해서는 재류국의 법이 아닌 자국법에 의한다)

㉡ 속인주의의 예외 : 대통령(헌법 §84)과 국회의원(헌법 §44①)의 형사상의 특권

㉢ 보호주의 : 형법 제5조(외국인의 국외범)에 의하면 '내란죄, 외환죄, 국기에 관한 죄, 통화에 관한죄, 유가증권 · 우표 · 인지에 관한죄, 공문서 · 공인장에 관한 죄' 등에 대하여는 타국(대한민국 영역 외)에 있는 타국인(외국인)에게도 자국법(대한민국 형법)을 적용하는 경우가 있다.

입법주의(형법)	범죄지	범죄자의 국적
속지주의(§2)	대한민국內	내국인, 외국인
속인주의(§3)	대한민국外	내국인
기국주의(§4)	대한민국外(한국선박, 항공기內)	외국인
보호주의(§5·6)	대한민국外	외국인
세계주의(§207, §296의2)	국적 및 행위지 여하를 불문하고 일체의 반인류적 행위(국제테러 · 항공기납치 · 해적행위, 민족학살 등) 및 모든 국가의 문화적 이익을 해하는 범죄에 대하여 자국법을 적용	

㉤ **세계주의[2] 도입** : 「인신매매방지의정서」의 이행입법으로 2013.4.5, 「형법」을 일부 개정(법률 제11731호)하여 각종 착취 목적의 인신매매죄를 신설하여, 인신매매의 처벌범위를 확대함으로써 국제조직범죄를 효율적으로 방지 · 척결하는 동시에 국제협력을 강화하여 미성년자의 약취 · 유인죄(형법 §287), 추행 등 목적 약취, 유인 등(형법 §288), 인신매매(형법 §289), 약취, 유인, 매매, 이송 등 상해 · 치상죄(형법 §290), 약취, 유인, 매매, 이송 등 살인 · 치사(형법 §291), 약취, 유인, 매매, 이송된 사람의 수수 · 은닉 등(형법 §292) 등의 규정이 대한민국 영역 밖에서 죄를 범한 외국인에게도 적용될 수 있도록 세계주의 규정을 도입하였다(형법 §294, §295, §295의2 및 §296, §296의2).

2) 「항공기운항안전법」, 「항공기내에서 범한 범죄 및 기타 행위에 관한 협약」(토오쿄협약), 「항공기의 불법납치 억제를 위한 협약」(헤이그협약)의 각 규정들을 종합하여 보면 민간항공기납치 사건에 대하여는 항공기등록지 국에 원칙적인 재판관할권이 있는 외에 항공기 착륙국인 우리나라에도 경합적으로 재판 관할권이 생기어 우리나라 「항공기운항안전법」은 외국인의 국외범까지도 적용대상이 된다고 할 것이다(대법원 1984.5.22.,84도39 판결).

제2장 법의 체계와 구조

제1절 법의 연원(淵源)

1. 법원(法源)과 법계의 종류

1) 법의 연원[法源]이란

법의 연원은 법원[法源]이라고 하는데, 실질적 의미로는 법이 성립하는 기초인 법의 타당성의 근거를, 형식적 의미로는 법의 존재형식을 말하며 이에는 성문법과 불문법이 있다.

2) 법계의 종류

법원과 관련하여 지구상의 각국의 법을 계통적으로 분류하는 법계(法系)를 설명할 필요가 있는데, 일반적으로 법원을 분류기준으로 하여 성문법주의인 대륙법계, 불문법주의인 영미법계로 분류하며 이외에도 법과 종교가 일치하는 이슬람법계, 마르크스·레닌주의의 정치이데올로기에 따르는 사회주의법계가 있다.

구 분	채용국가	법원, 통일적 정비	법의 내용	적응성
·대륙법계	독일, 프랑스 등	성문법 → 용이	명확	경직성
·영미법계	영국, 미국 등	불문법 → 곤란	불명확	적응성용이
·사회주의법계	구소련, 동유럽 등	이념법, 공법 위주	집권계급의 지배수단	강제적
·이슬람법계	서아시아, 북아프리카, 동남아 일부	종교=법	신도 의무중심	신앙적 자율

* 한국법은 대륙법계에서 채택한 성문법을 기초로 영미법계를 가미했다.

3) 현대법계의 경향

현대사회에서는 교통통신의 발달로 지구촌사회가 됨에 따라 능률성 내지는 합법성을 기본이념으로 하는 대륙법계 국가에 있어서는 영미법계 국가의 민주성 내지는 자치성을 가미해 가고 있으며, 반대로 영미법계 국가에서는 능률성 내지는 합법성을 가미해 가고 있다. 오늘날은 가히 영미법과 대륙법의 혼합 · 융화시대라 할 만큼 법계가 보편화 되고 있다.

2. 법의 형식적 분류

구 분	성문법	불문법
채용국가	독일, 프랑스 중심의 유럽법계	영국, 미국, 캐나다, 뉴질랜드 등 영미법계
형식적 특징	- 성문법을 원칙으로 하는 대륙법계 - 법체계 통일 용이	- 불문법을 원칙으로 하는 보통법 - 법체계 통일 난해
내용적 특징	- 법내용 명확 → 법의 안정성 유지 가능 - 로마법 흡수(영향 강함), 제정법, 개념성 - 배심원제 부인	- 법내용 불명확 → 법의 안정성 유지 곤란 - 로마법 영향 약함. 판례·관습법, 구체성 - 배심원제 인정
법관의 역할	법전의 해석·조종자	판례(법)의 창조자
법의 형성	일원적	이원적
장점	- 법의 존재와 의미 명확화 - 법적 안정성 기할 수 있다. - 법 내용 명확 → 예측가능성 확보 - 발전적 사회제도 개혁 가능 - 외국법계수와 법체계 통일적 정비 가능	- 입법자의 횡포 불가능 - 사회변천에 적응 용이 - 법의 유동화 → 법적용에 융통성
단점	- 입법자의 횡포 가능 - 문장의 불안전성 → 법해석 요구 - 법의 고정화 → 법현실에 비유동적	- 법의 존재와 의미 불명확 - 법적 불안정성 - 법 내용 객관화곤란 → 예측불가능 - 진보적 사회제도 개혁곤란(장기간 소요) - 외국법계수와 법체계 통일 곤란

1) 성문법

(1) 의 의

성문법이란 문서의 형식을 갖추고 일정한 절차와 형식에 따라서 권한 있는 기관이 제정 · 공포한 법을 말한다. 우리나라와 독일, 프랑스, 일본 등이 이에 속한다.

(2) 종 류

(가) 헌법

㉠ 헌법은 국가의 근본법으로서 국가통치의 조직과 작용의 원리를 정하고 국민의 기본권을 보장하는 실정법이다. 헌법은 국가에 있어서 최상위의 규범이며, 국가의 하위법인 법률, 명령, 규칙 등은 헌법에 저촉되어서는 아니된다.

㉡ 현행 헌법은 1948년 7월 17일에 제정되었고, 제9차 개정을 거쳤으며 전문과 본문(제10장 130조) 및 부칙으로 구성되어 있다.

(나) 법률

㉠ 법률이란 입법기관인 국회의 의결을 거쳐 대통령(또는 국회의장)이 서명 · 공포한 성문법을 말한다.

㉡ 보통 6법(六法)이라고 할 때에는 헌법을 포함하여 민법, 상법, 민사소송법, 형법, 형사소송법을 말한다.

(다) 명령 · 규칙

㉠ 명령이란 국회의 의결을 거치지 않고 대통령 이하의 행정기관에 의하여 제정된 성문법규를 말하며 제정권자를 표준으로 대통령령(헌법 §75), 총리령, 부령(헌법 §95) 등이 있는데, 수권 등을 근거로 집행명령(법률을 집행하기 위한 세부적인 내용을 정한 명령)과 위임명령(법률의 위임을 받아 제정된 명령) 등으로 분류되기도 한다.

㉡ 규칙이란 일반적으로 행정기관의 내부 질서와 공법상의 특별관계를 규율하기 위해 제정되는 행정규칙(규칙, 훈령, 지시, 예규, 통첩, 수칙 등)을 뜻하며 국회나 대법원, 중앙선거관리 위원회에서 제정한 규칙(법규명령)도 명령과 동일한 효력을 갖는다.

(라) 자치법규(조례, 규칙)

㉠ 자치법규란 지방자치단체가 자치입법권에 의거하여 법령과 명령의 범위 안에서 제정하는 자치에 관한 법규이다.

㉡ 이에는 조례와 규칙이 있는데, 조례(條例)는 지방자치단체가 지방의회의 의결을 거쳐 제정하는 것이며(지방자치법 §22), 규칙(規則)은 지방자치단체의 장이 법령 또는 조례가 위임한 범위 내에서 제정한 법규이다(동법 §23).

㉢ 자치법규는 그 지방자치단체 내의 범위에서만 효력을 갖는다.

구분	조례	규칙
개 념	지방의회가 법령의 범위내에서 제정하는 자치법규	지방자치단체의 장이 법령과 조례의 범위내에서 단독으로 제정하는 자치법규
규율대상	자치사무, 단체위임사무	자치사무, 단체위임사무, 기관위임사무
벌칙규정	법률의 위임이 있으면 벌칙규정이 가능	벌칙규정을 둘 수 없음

(마) 조약과 국제법규

㉠ 조약이란 국가의 국제법상의 권리·의무를 목적으로 하는 2개 이상의 국가간의 합의를 말한다. 이는 협정, 협약, 의정서 등으로 표현된다.

㉡ 헌법에 의하여 체결·공포된 조약과 일반적으로 승인된 국제법규는 국내법과 같은 효력을 가진다(헌법 §6①).

(바) 성문법 상호간의 관계

㉠ 상위법 우선의 원칙 : Kelsen(켈젠)의 법단계설에 따르면 헌법을 최상위로 하여 법률, 명령·규칙, 자치법규 순으로 상하의 일정한 단계구조를 이루어 상위법은 하위의 법에 우월하며 상위법에 저촉되는 하위법규는 효력을 가질 수 없다.

㉡ 특별법 우선의 원칙 : 특별법은 일반법에 우선한다.

㉢ 신법 우선의 원칙 : 신법(후법)은 구법(전법)에 우선한다.

2) 불문법

(1) 불문법이란

문서의 형식을 갖추어 제정·공포되지는 아니하였으나 법의 성격이 인정되어 있는 것으로 비제정법이라고도 한다. 영국, 미국 등 영미법계 국가가 이에 속한다.

(2) 종 류

(가) 관습법

㉠ 관습법이란 사회에서 스스로 발생하는 관행이 단순한 예의적·도덕적인 규범으로서 지켜질 뿐만 아니라, 사회의 법적 확신 내지 법적 인식을 수반하여 대다수인에 의하여 지켜질 정도로 된 것을 말한다(법적 확신설-통설·판례). 이와 구별되는 것으로 법적 확신이 없이 사실로서 행해지는 사실인 관습이 있다.

구분	관습법	사실인 관습
법적확신	있음	없음
입증책임	법원이 직권으로	원칙 : 당사자가 주장 입증 예외 : 법원이 직권으로
성질	법규범	법률행위 해석기준
적용범위	모든 민사에 적용됨	당사자의 의사가 불분명 시에 적용됨(민법 §106)

㉡ 일반적으로 관습법은 성문법에 대해 보충적 효력을 가지나, 일정한 경우 변경적 효력도 인정된다. 상사에 관하여 본법에 규정이 없으면 상관습법에 의하고 상관습법이 없으면 민법의 규정에 의한다(상법 §1).

㉢ 선량한 풍속 기타 사회질서에 위반되지 아니한 관습이라야 한다.

㈏ 판례법

㉠ 판례법이란 일정한 법률문제에 관해서 같은 취지의 판결이 되풀이됨으로써 사실상 법원을 구속하게 된 규범을 말하는바, 영미법계에서는 선례구속의 원칙에 의하여 판례법이 제1차적 법원으로 적용되고 있다.

㉡ 대륙법계인 한국은 선례구속의 원칙이 인정되지 않으나, 「법원조직법」 제8조에 의하면 상급법원 판례의 사실적 구속력이 작용한다.

㈐ 조리

㉠ 조리란 사물의 본질적 법칙 또는 사물의 도리를 말하며, 사람의 이성에 의하여 생각되는 규범이다. 경험법칙, 사회통념, 사회적 타당성, 신의성실, 정의, 형평, 이성, 법으로 표현되기도 한다.

㉡ 법의 흠결시에 최후의 법원으로서 재판의 준거가 된다. 이러한 이유로 조리의 법원성을 부정하는 견해도 있으나 긍정하는 것이 일반이다.

㉢ 민법 제1조는 "민사에 관하여 법률에 규정이 없으면 관습법에 의하고 관습법이 없으면 조리에 의한다."라고 규정하고 있다.

3. 법원(法源)의 적용

현대사회는 그 구조가 복잡하고 다원적이어서 이상과 같은 법규범의 법원도 실로 다원적이고 복합적이다. 그리하여 법을 적용함에 있어서도 법규범 사이에 상호 충돌 및 저촉이 일어나게 된다. 많은 법규범사이에서도 서로 충돌하는 경우에 그 효력이 동위이므로 사회공서를 내용으로 하는 규범이 우선 적용되고 규범이 같은 종류이면 신법[後法]우선의 원칙, 특별법우선의 원칙, 전체질서우선의 원칙에 따라 구체적 특수성을 고려하여 적용하여야 할 것이다. 성문법 상호간에 다음과 같은 관계가 적용된다.

상위법 우선의 원칙	실정법상 상위의 법규는 하위의 법규에 우선하며, 상위의 법규에 위배되는 하위의 법규는 정상적인 효력을 발생하지 않음. Kelsen(켈젠)의 법단계설에 따르면 헌법을 최상위로 하여 법률, 명령·규칙, 자치법규 순으로 상하의 일정한 단계구조를 이루어 상위법은 하위의 법에 우월하며 상위법에 저촉되는 하위법규는 효력을 가질 수 없다.→ 헌법〉법률〉명령〉조례〉규칙
특별법 우선의 원칙	특별법이 일반법에 우선적으로 적용 → 상법〉민법, 군형법〉형법, 경찰공무원법〉공무원법
신법 우선의 원칙	신법(후법)이 구법(전법)에 우선적으로 적용 → 일반적으로 법은 공포 후 20일이 지나서 효력 발생 → 구법이 상위법이나 특별법인 경우에는 적용되지 않음 → 행위 시에 동일 순위의 신·구법이 공존하면 신법 우선의 원칙이 적용되고, 법의 개정으로 행위시와 재판시의 법이 다르게 되었을 때는 법률 불소급의 원칙이 우선 적용되지만, 신법이 국민에게 유리한 경우 예외적으로 신법을 적용한다.
법률 불소급의 원칙	새롭게 제정 또는 개정된 법률은 그 법률이 효력을 가지기 이전에 발생한 사실에 대해서는 소급하여 적용할 수 없음 → 기득권 보호 또는 법적 안정성 반영→ 형법에서 강조

제2 절 법의 체계와 분류

1. 법체계와 법질서

복잡한 현대생활은 개인이 원하든 원하지 아니하든 간에 크고 작은 각종의 형태의 다양한 법규범에 의해 이루어지고 있음을 부인할 수 없다. 이러한 수많은 법규범은 각기 다른 내용과 성격·구조를 가지는 개별성을 보유하면서 동시에 일정한 통일체를 이루어 사회질서와 조화를 유지하며 국가의 법질서를 이루고 있는 바 이를 법체계(法體系) 또는 법질서(法秩序)라 한다.

복잡다기한 現代法은 어떻게 체계화할 수 있을까?

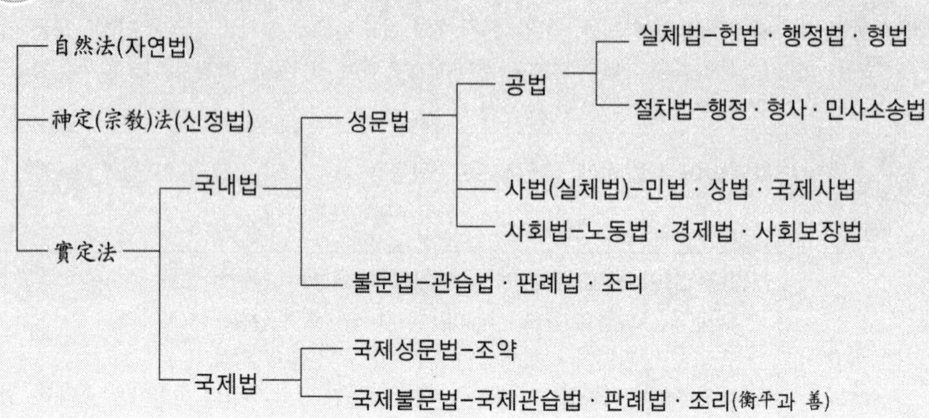

2. 법의 분류

(1) 실정성 여부(실정법과 자연법)

㈎ **실정법** : 성문법 · 불문법과 같이 경험적 · 역사적 사실에 의해 성립되고 현실적으로 시행(국가에 의해 강제)되고 있는 법을 말한다.

㈏ **자연법**

㉠ 시대와 민족, 국가와 사회를 초월하여 보편타당하게 적용될 수 있는 객관적 질서

㉡ 자연의 질서 또는 인간의 이성에 바탕을 둔 보편적이고 항구적인 법

㉢ 실정법을 제정 · 개정하는 기준 및 법제정권력에 대한 비판적 기능을 가진다.

㈐ **자연법과 실정법의 관계**

㉠ 자연법의 정신은 실정법을 통해 구체화된다.

㉡ 실정법의 내용은 자연법에 근거해서 타당성을 인정받을 수 있다. → 자연법에 위배되는 실정법은 악법(惡法)

(2) 주체 · 효력영역(국내법과 국제법)

㈎ **국내법** : 국내법은 한 나라의 주권이 미치는 범위에서 효력을 가지며, 국가와 국민 또는 국민 상호간의 권리 · 의무관계를 규율하는 국내사회의 법이다. 특히 국제사법은 국가 상호간의 관계를 정하는 것이 아니라 한 국가 안에 있어서의 그 국민과 외국인과의 법률관계를 정하는 데 있어서 자국법을 적용하느냐 아니

면 그 외국인의 본국법을 적용하느냐를 정하는 법이므로 국내법의 일부이다. 따라서 이와 구별하기 위해 국제법을 국제공법이라 한다.

(나) **국제법** : 다수 국가들 사이에서 효력을 가지며, 국가 상호간의 관계 또는 국제조직 등에 대하여 규율하는 국제사회의 법이다.

(3) 공법과 사법, 사회법

(가) 공·사법의 구별기준

㉠ 이익[목적]설 : 규율의 목적 및 보호의 대상이 공익인지 사익인지에 따라 공익의 보호를 목적으로 삼는 것이 공법이고, 사익의 보호가 목적인 법규가 사법이라 한다.

㉡ 성질[효력·법률관계]설 : 법률관계가 복종관계인지, 평등관계인지에 따라 통치행위의 법률관계, 공익적인 법률관계, 권력적인 생활관계를 규율하는 것은 공법이고, 비통치적·사익적·비권력적인 생활관계를 규율하는 것이 사법이라고 하여 법률관계의 대상 그 자체의 법적 성질에 따라 분류한다.

㉢ 주체설 : 국가 상호간 내지는 국가와 개인 간의 법률관계를 규율하는지, 개인 상호간의 관계를 규율하는지에 따라 법적생활관계의 주체를 기준으로 공권력의 담당자와 그 복종자간의 관계를 규율하는 것이 공법이고, 사인간의 대등한 관계를 규율하는 것이 사법이다.

㉣ 생활관계설 : 국민으로서의 정치적 생활관계를 규율하는지, 인간으로서의 생활관계를 규율하는지에 따라 분류한다.

(나) 공법과 사법의 구별

사람의 사회생활은 크게 둘로 나누어지는데, 하나는 국가를 조직하고 유지하는 생활(국민으로서의 생활)이고, 다른 하나는 그 이전에 하나의 인간으로서의 생활이다. 전자를 규율하는 것이 공법(예 헌법, 행정법, 형법, 형사소송법, 민사소송법, 국제법 등)이고, 후자를 규율하는 것이 사법(예 민법, 상법 등)이다. 로마법에서는 국가를 한쪽의 당사자로 할 때 적용되는 법률을 통틀어 공법이라고 하였으나, 근대에 들어와서 구별의 한계도 애매하게 되었으나 행정재판제도를 도입하고 있는 나라의 경우는 사법재판과의 관할을 명확히 하기 위하여 공·사법의 구별을 명확히 할 필요가 있게 된다.

(다) 사회법

사법과 공법이 융합되어 사법의 공법화 경향으로 양법의 성격을 모두 가진 제3

의 법영역으로 법의 사회화 · 공법화 경향으로 표현되는 사회법이 있는데, 이에는 노동법, 경제법, 사회보장법, 사회복지법 등이 있다.

라드브르흐가 말한 "전혀 새로운 제3종의 法"은 무엇을 말하는가?

社會法(social law, *Sozialrecht*)을 말한다. 라드브르흐(*Radbruch*)는 근대법에서 현대법에로의 발전을 "개인주의 법에서 사회법에로"(*vom individualistschen zum sozialen Recht*)라고 설명하면서 사회법을 公法도 아니고 私法도 아닌 그 중간의 혼합된 법으로서, 전혀 '새로운 제3자의 法域'으로 설명한 바 있다.

사회법은 구체적 현실에 처해 있는 사회적 존재로서의 개개인을 목표로 사회주의적 평균화 사상 및 분배적 정의를 부여하기 위하여, 처음에는 노동자에게 '인간다운 생활을 보장하기 위하여 私法중에서 특히 雇傭契約法을 수정하여 勞動法(labor law, *Arbeitsrecht*)의 발전을 보게 되었다.

또한 급변하는 자본주의경제체제에서 자유경쟁을 규제 내지 통제하기 위한 經濟法(*Wirtschaftsrecht*)이 있으며, 종래의 慈悲 · 慈善이란 도덕에서 출발하여 빈민구제 및 인간다운 삶을 보장하기 위한 社會保障法(*Sozialversicherungsrecht*), 社會福祉法 등이 있다.'

(4) 규정내용(실체법과 절차법)

㈎ **실체법** : 권리나 의무의 발생 · 변경 · 소멸 · 성질 · 내용 및 범위 등을 규율하는 법이다(예 헌법 · 민법 · 형법 · 상법 등).

㈏ **절차법** : 권리나 의무의 실질적 내용을 실현하기 위한 절차(행사 · 보전 · 이행 · 강제 등)에 관하여 규정하는 법이다(예 민사소송법과 민사집행법 · 가사소송법 · 형사소송법 · 행정소송법 · 「채무자 회생 및 파산에 관한 법률」 등).

(5) 효력범위 · 적용사항(일반법과 특별법)

㈎ **일반법** : 장소 · 사람 · 사물에 제한 없이 일반적으로 적용되는 법이다(예 헌법 · 민법 · 형법 등).

㈏ **특별법** : 특정한 장소 · 사람 · 사물에만 적용되는 법으로 법의 적용에 있어서 특별법 우선의 원칙이 적용된다(예 상법 · 군형법 · 소년법 · 국가공무원법 · 조례 · 규칙 등).

일반법과 특별법-특별법우선의 원칙

· 민법은 일반법, 상사에 관해서 적용되는 상법은 특별법
· 형법은 일반법, 「성폭력범죄의 처벌 및 피해자보호 등에 관한 법률」은 특별법
· 공무원에게 적용되는 「국가공무원법」은 특별법

☞ 특별법은 일반법에 우선한다[특별법 우선의 원칙].

(6) 법구조(조직법과 행위법)

(가) **조직법** : 사람의 행위의 기초 또는 수단으로 될 조직 · 제도를 정하는 법이다.

(나) **행위법** : 사회생활에 있어서 사람의 행위 자체를 규율하는 법이다.

(7) 강행성 · 효력(강행법과 임의법)

(가) **강행법** : 당사자의 의사와는 관계없이 절대적 · 일반적으로 적용되는 법으로 강행법규는 효력규정과 단속규정(금지규정)으로 나누어진다(예 헌법 · 형법 등 공법의 대부분).

(나) **임의법** : 당사자가 그 법의 규정과 다른 의사를 표시한 때에는 그 법규정이 적용되지 않는 법으로 임의법규는 보충규정과 해석규정으로 나누어진다(예 민법 · 상법 등 사법의 대부분).

강행법과 임의법

·강행규정 : 법령 중에 선량한 풍속 기타 사회질서에 관계 있는 규정
·임의규정 : 법령 중에 선량한 풍속 기타 사회질서와 관계 없는 규정
☞ 법문 속에 "…당사자의 특별한 의사표시가 없으면", "…다른 의사표시가 없으면"

(8) 법규성(원칙법과 예외법)

(가) **원칙법** : 일정한 사항에 대해 일반적으로 적용되는 법이다.

(나) **예외법** : 일정한 사항에 대해 특별한 규정이 있는 경우에 원칙법의 적용을 완전히 배제한 예를 정한 법이다(단서 규정).

(9) 연혁(고유법과 계수법)

(가) **고유법** : 특정 국가 안에서의 국민생활에서 발생하고 발달해 온 전통법이다.

(나) **계수법** : 외국으로부터 계수(繼受)하거나 외국법을 토대로 제정한 법이다.

법의 분류	자연법과 실정법	○ 자연법과 실정법의 관계 : 상호대립의 관계가 아니다. 자연법은 실정법적 구속력을 갖는 강제질서는 아니나, 실정법상 법적 행위의 정당성과 타당성을 검토하고 비판함으로서 법질서의 기준이 된다. ○ 법실증주의와 자연법론 : 법실증주의는 인간이 만든 법만을 인정하는 즉 현실적으로 존재하는 실정법만 법학의 대상으로 보는 것을 말하고, 자연법론은 실정법을 초월하여 법이란 원래 존재하는 것으로 모든 실정법은 자연법에 기초하여야 한다는 것이다. ○ 악법과 저항권 : 악법은 법의 안정성이란 관점에서 볼 때, 정당한 절차만 밟아서 제정된 법은 악법이라 하여도 법이다. 여기서 악법이란 법의 목적과 내용에 있어서 정의의 원리가 들어있지 않은 법을 말하며, 절차적으로 불평등하게 제정된 법이다. 저항권은 공권력의 침해에 대한 주권자 국민의 최후의 비상수단으로 국민의 권리다.
	실정법의 체계	○ 실정법의 분류와 체계 : 법은 국내법과 국제법으로 크게 나눌 수 있고, 다시 공법, 사법(실체법), 사회법(실체법)으로 나눌 수 있다. 공법에서 실체법은 헌법, 행정법, 형법으로 절차법은 민사소송법, 형사소송법, 행정소송법으로 나눌 수 있다. 사법(실체법)은 다시 민법과 상법으로 사회법(실체법)은 노동법, 경제법, 사회보장법으로 나눌 수 있다. ○ 국내법과 국제법 : 국내법은 한 국가에 의하여 제정·공포되어 국가와 국민 사이 또는 국민 상호간의 권리·의무관계를 규율하는 법규범의 총체를 말하고, 국제법은 복수국가에 의하여 인정된 국가 상호간의 권리·의무관계 또는 국제조직에 대해 규율하는 법을 의미한다. ○ 공법과 사법 : 공법과 사법은 하나의 법규를 중심으로 판단하여야 한다. 동일한 법전속에서도 공법과 사법이 혼합되는 경우가 적지 않은데 대체로 공법적 규정으로 되어 있는 법은 공법이고, 사법적 규정으로 되어 있는 법은 사법이다. 공법에는 헌법·행정법·형법·민사소송법·형사소송법·국제법 등이 있고, 사법에는 민법·상법·국제사법 등이 있다. ○ 실체법과 절차법 : 법의 규정내용을 표준으로 하여 실체법에는 민법, 상법, 형법 등이 속하고, 절차법에는 형사소송법, 민사소송법, 부동산등기법 등이 있다. ○ 일반법과 특별법 : 일반법은 법의 효력의 범위가 모든 사람·장소·시간·사항에 미치는 법을 말하며, 특별법은 법의 효력의 범위가 특별한 사람·장소·시간·사항에 미치는 법을 말한다.
법의 기능·구조와 해석·적용		○ 법규범의 기능과 구조 : 법의 기능은 법적 문제의 올바른 해결에 있으며, 이를 위하여 정의·합목적성·법의 안정성을 고려해야 한다. 법규범은 확실한 전제조건 아래에서 확정된 의무를 발생시키거나 면제하고 또는 그 내용을 변경할 것을 규정하고 있다. 이러한 법적 결과는 법의 효력을 통하여 나타난다. ○ 법의 적용 : 법규란 사람의 행위에 관한 준칙을 조항별로 분류하여 작성한 것으로 그 표현방식은 추상성을 갖는 것이 필연적이다. 법의 적용이란 이렇게 법이 규정한 추상적 법률요건과 법률효과를 구체적으로 발생한 사실에 대하여 확정짓는 것을 말한다. ○ 법의 해석 : 법률은 일반성과 추상성을 갖기 때문에 추상성에 대한 의미나 내용을 명백히 확정하는 것을 법률의 해석이라고 한다.

제3절 법의 구조

1. 법의 복합구조

법은 그 이론적 성격, 규정의 형식, 수범자를 달리하는 행위규범 · 재판규범 · 조직규범을 포함하는 복합구조로 되어 있다. 물론 모든 법규범이 예외 없이 이러한 3규범으로 구성되어 있는 것이 아니며, 또 관찰의 측면에 따라 한 규범이 행위규범도 될 수 있고 또 재판규범도 될 수 있으나, 일반적으로 법은 행위규범 · 재판규범 · 조직규범으로 구성되어 있다.

1) 행위규범

행위규범(rule of conduct)은 일반인에 대한 일정한 요구와 금지를 이행해야하는 '정언(定言)명령'을 말한다. 즉 행위규범은 작위(作爲)를 명하는 '요구규범'과 부작위(不作爲)를 명하는 '금지규범'을 말한다. 예컨대, "채무를 이행하라", "사람을 살해하지 말라"와 같이 "…하라", "…하지 말라"고 일정한 작위와 부작위를 명하는 규범을 행위규범이다(일반인이 수범자).

2) 재판규범

재판규범(rule of judgement)이란 법관에 대한 조건적인 '가언(假言)명령'을 말한다. 즉 재판규범은 행위규범에 불복 · 위반한 행위에 대하여 제재(강제집행 또는 처벌, 규제)를 명하는 강제규범이다(법관이 수범자). 예컨대, "타인의 재물을 절취한 자는 5년 이하의 징역에 처한다", "사람을 살해한자는 사형 · 무기 또는 5년 이상의 징역에 처한다"와 같이 "…에 처하라"고 법관에게 재판을 명하는 규범을 재판규범 또는 강제규범이라 한다.

3) 조직규범

조직규범(rule of organization)은 직접 일정한 행위를 명하는 것이 아니라 행위의 기초와 작용인 일정한 조직제도에 관한 규범을 말한다(수범자는 국가기관의 구성자). 법에는 일정한 행위를 명하는 행위규범을 위반한 행위에 대한 제재를 명하는 재판규범 외에 헌법 · 국회법 · 정부조직법 · 법원조직법 등과 같이 국가와 자치단체의 조직 · 기능 등을 규정하는 규범이 있는데 이를 조직규범이라 한다.

2. 중층구조와 3중구조

1) 단층구조

켈젠은 순수법학의 입장에서 실정법은 강제규범만을 그 대상으로 한다고 했다. 법은 도덕적·정치적 명제인 제2차적 행위규범에 대한 위반행위와 그에 대한 강제효과로 구성되고 그 전체가 하나의 강제규범이라고 한다.

2) 중층구조

법은 일반인을 수범자로 하는 행위규범과 법관을 수범자로 하는 재판규범의 복합체로 구성되어 있다. 이를 법의 '2중구조' 또는 '중층구조'(重層構造)라 한다. 실질적 입장에서 도덕적 비강제적 사회규범(행위규범)이 제1차 규범이고(妥當性문제), 재판규범은 제2차 규범이라고 한다(實效性문제).

3) 3중구조

국가의 법규범은 동일한 평판 위에 상호 독립적·고립적으로 산재하는 것이 아니라 상하위계질서를 이루고 있다. 행위규범과 재판규범 외에도, 헌법·지방자치법 등 제3의 조직규범도 있으므로 법은 결국 '3중구조'로 형성되어 있는 규범의 통일체이다.

3. 법의 형식적인 구성과 제정

1) 성문법의 형식

법의 구성[構造]이란 헌법·법률·명령·규칙 등의 모든 성문법의 형식상 구성을 말한다. 일반적으로 법률은 전문·본칙·부칙의 세부분으로 구성된다. 전문이 없는 법, 부칙이 없는 법, 본칙과 부칙의 구별이 없는 법도 있다.

(1) 전문

법의 전문(前文)은 법의 본칙 앞에 있는 서문으로서, 법의 한 구성부분을 말한다. 전문은 법의 명칭 예컨대 「대한민국 헌법」 다음에 위치하는 점에서, 법의 명칭 앞에 위치하는 '공포문'과 구별된다.

전문은 본칙과 함께 법의 구성부분이지만 그 형식에 있어서 본칙과 달리 조항의 형식을 취하는 것이 아니라 문장의 형식을 취하는 것이 특색이다. 전문의 내용은 법마다 다르지만 일반적으로 법의 제정유래·취지·기본목적이나 원리 등을 선언하는 것이 보통이다. 일반적으로 조약이나 헌법에는 전문이 있으나 법률·명령·규칙 등에는 전문이 없는 것이 통례이다.

(2) 본칙

(가) 의의

본칙(本則)은 법의 실질적 구성부분으로, 그 법의 본질적 내용을 규정한 부분을 말한다. 법의 구성부분 중 전문과 부칙을 제외한 부분이 본칙에 해당된다.

법 자체에 '본칙'이라는 제목을 붙이거나 어디서부터 어디까지가 본칙이라는 규정을 두는 것이 아니며, 또 본칙이라는 제목을 붙이지 않는 것이 일반적이므로 전문을 제외한 규정부터 부칙의 규정이 시작되기 직전까지의 규정이 본칙에 해당된다.

(나) 본칙의 내용

본칙은 공통된 내용을 묶어서 篇→章→節→款→目→條→項→號 등으로 세분하여 표시한다. 그러나 내용이 간단하여 조문수가 적은 본칙은 이를 세분하지 않거나 간결하게 구분하기도 한다. 편·장·절·관 등에는 그 내용에 해당하는 제목을 붙이는데, 많은 법에 공통된 제목으로 총칙·통칙·벌칙·잡칙·보칙 등이 있다.

㉠ 총칙(總則)은 편·장·절 등의 최초에 위치하여 그 법 전체 또는 편·장·절 등의 전반에 걸쳐 공통되는 총괄적·일반적인 것을 정하는 편·장·절 등의 제목으로 사용된다. 총칙에는 대체로 그 법의 목적, 용어의 정의, 기타 총괄적·공통적 규정을 두는 것이 통례이다. 민법·민사소송법·형법·형사소송법의 제1편은 총칙이다.

㉡ 통칙(通則)은 총칙과 별로 다를 바 없으나, 입법기술상으로 총칙보다 좀 하위적인 것으로 취급되고 있다. 총칙이 법 전체 또는 법 중의 편과 같은 큰 구별 또는 법 전체에 걸친 총괄적·일반적인 규정의 제목으로 사용되는 데 반해, 통칙은 법 중의 장·절 등의 총괄적·일반적인 규정의 제목으로 사용되는 것이 통례이다. 민법과 상법의 제1편은 총칙이며, 상법 제5편을 제외한 각편의 제1장은 통칙이다.

㉢ 잡칙(雜則)은 법의 규정 중 잡다한 기타 규정을 모든 장·절 등의 제목으로 사용된다. 총칙이나 통칙에 규정하기 어려운 기술적·절차적인 사항을 규정한 장·절 등의 제목인 것이 통례이나 개정시 보칙으로 편입하는 경향이 있다.

㉣ 보칙(補則)은 잡칙과 거의 동일한 것으로 사용되는데, 보통 권한의 위임이나 벌칙조항을 포함하기도 한다.

㉤ 벌칙(罰則)은 그 법의 규정을 위반한 경우 이에 대한 제재방법을 규정하는 장·절 등의 제목으로 사용된다. 벌칙은 그 법의 규정을 위반한 행위에 대하여 과하는 제재방법으로, 그 내용은 형벌인 경우도 있고 질서벌인 경우도 있다.

(다) 본칙의 형식

본칙은 그 내용을 간명하게 하기 위하여 '조'(條)라는 기본단위를 사용하여 편·

장 · 절 · 관 등의 구분에 관계없이 제1조에서부터 일련순번을 매겨 구분한다. 법의 개정이 있는 경우 개정전의 조문 순서를 유지하기 위하여 새로운 조를 설치하지 않고 "제○조의2" 또는 "제○조의3"하는 식으로 표기하여 첨가하거나, 내용을 삭제하는 경우에도 기존 조를 그대로 둔다.

본칙의 '조'의 내용을 간명하게 표시하기 위한 하부단위로 '항'을 조별로 ①②③… 등으로 일련번호를 매겨 표기하고 '제1항' '제2항' '제3항'으로 읽는다.

또한 조나 항에서 어떤 사항을 열거할 필요가 있을 때 사용하는 조 · 항의 하부단위로 '號'를 사용한다. 이는 조나 항별로 1 · 2 · 3… 등으로 표기하며 '제1호', '제2호', '제3호' 등으로 읽는다.

본칙의 조에는 괄호속에 표제를 붙이는 것이 통례이지만, 항이나 호에는 제목을 붙이지 않는다. 조의 표제는 각조마다 붙이는 것이 원칙이나 둘이상의 조항이 동일한 범주에 속하는 사항을 규정하고 있을 경우에는 맨 처음 조문에만 표제를 붙이고 그 이하 두 번째 조항부터는 "(同前)"이라고 제목을 붙인다.

(3) 부칙

부칙(附則)은 법의 주된 구성부분인 본칙과 구별되나 그 본칙에 부수되는 구성부분으로 법의 일부를 구성하는 부분이다. 부칙에는 본칙이 정하는 주된 사항에 부수되는 필요사항을 규정한다. 일반적으로 법령의 시행일, 경과조치, 관계법령의 개폐 등에 관한 사항을 규정한다.

부칙은 편 · 장 · 절 · 관 등의 구분 없이 조나 항으로 구성되거나 시행일만 명시된 부칙은 아예 이러한 구분도 없으며, 부칙의 조에도 표제를 붙인다. 부칙의 조는 본칙에 연속하여 순번을 매기는 경우도 있지만, 본칙과 구분하여 부칙 제1조부터 새로이 열거하는 경우가 보통이다. 법의 개정이 있는 경우 개정전의 부칙은 그대로 두고 새로이 부칙을 설치한다.

2) 법률의 제정과 개정

현실로 인정되는 법규범은 일반적으로 '국민의 권리 · 의무와 강제가 있고 일반적 규범'을 의미한다. 따라서 국가가 국민의 권리와 자유를 제한하거나 침해하는 경우에 있어서, 그 기준은 국민의 대표로 구성되어 있는 의회가 제정한 법률에 의해서만 규율하겠다는 뜻이다. 그러나 오늘날에는 국민의 권리 · 의무와 관련된 사항을 반드시 의회가 제정한 법률만으로 규율하는 것이 아니라 정부입법의 형식으로도 얼마든지 법률을 제정할 수 있다.[3]

(1) 헌법의 제정과 개정

(가) 헌법의 제정 : 사회적 공동체는 헌법을 제정함으로써 비로소 정치적 통일체인 국가로 태어난다. 헌법제정은 헌법제정권력자가 헌법제정권력을 행사하여 성문헌법을 법전화하는 것을 말한다. 현대의 민주국가에서는 국민만이 헌법제정권력의 주체가 되며, 헌법제정권은 국민의 직접 · 간접의 참여에 의한 방법만으로 행사될 수 있기 때문에 헌법의 제정은 헌법제정권력자인 국민에 의해서 이루어지는 것이다.

(나) 헌법의 개정절차 : 헌법개정이 일반법률보다 어렵게 되어 있는 경성헌법(硬性憲法)의 경우 개정방법이 다양하지만, 한국 헌법의 개정절차를 보면, ㉠개정안의 제안(국무회의 심의를 거쳐 대통령과 국회의원 재적의원 과반수의 발의로 제안, 헌법 §128①) ⇨ ㉡개정안의 공고(대통령이 20일 이상의 기간동안, §129) ⇨ ㉢개정안의 의결(공고된 날로부터 60일 이내, 재적의원 3분의 2이상의 찬성, 헌법 §130①) ⇨ ㉣개정안의 국민투표(국회의결후 30일 이내, §130②) ⇨ ㉤개정안의 공포(대통령 즉시 공포, §130③) 등의 순서로 이루어진다.

(2) 법률의 제정과 개정

자연법에서 찾아낸 법리를 조문(법전)화하는 것을 입법(立法)이라고 한다. 실정법의 실질적 입법기관인 국회가 법률제정권을 행사하게 되는데(헌법 §40), 법률은 다음과 같은 절차를 거쳐 제정된다.

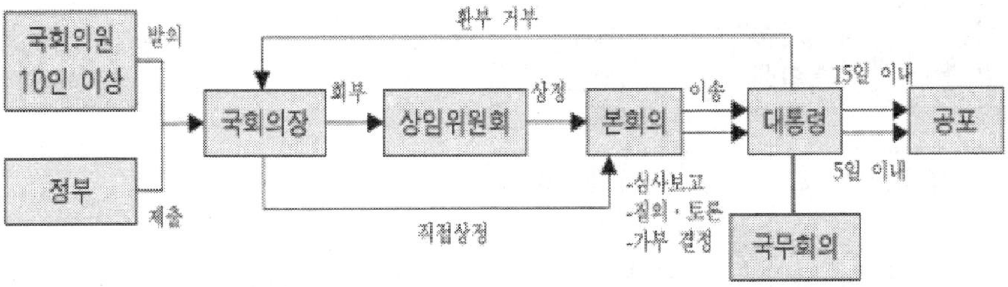

일반적 입법절차는 법률안 제안(국회의원과 정부) ⇨ 심의 · 의결 ⇨의결된 법률안의 정부에의 이송 ⇨ 대통령의 공포(이송된 날로부터 15일 이내) ⇨ 효력발생(특별한 규정이 없는 한 공포한 날로부터 20일 경과함으로써) 이루어진다.

---

3) 현행 한국의 법령 수는 「헌법」 · 법률 · 대통령령과 총리령 · 부령 등이 4,648건이고 67,774건을 공포하였고 국회규칙 및 대법원규칙 등이 338건이다(2017.3.2.현재. http://www.moleg.go.kr/lawinfo/status/statusReport).

제3장 법의 적용과 해석

제1절 법의 적용

1. 법의 적용

(1) 의 의

법의 적용이란 사회의 구체적 사실에 대하여 일반적·추상적인 법규를 가지고 법의 내용을 실현하는 것을 말한다. 법의 적용은 재판과정에서 명백히 나타난다.

(2) 법의 적용절차

(가) 법의 적용절차는 적용될 추상적 법규를 대전제로, 현실로 발생한 구체적 사실(사건)을 소전제로 하여, 여기에 구체적인 법률효과를 부여하는 과정으로 삼단논법의 형식을 취하게 된다.

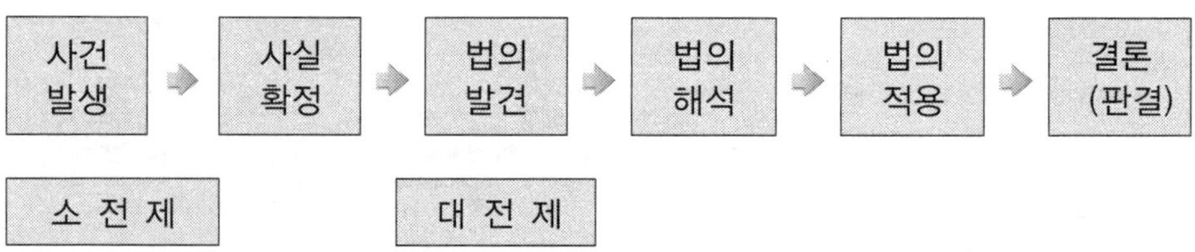

(나) 예컨대, 甲이 사람을 살해한 경우, 추상적 법규인 형법 제250조 제1항('사람을 살해한 자는'이라는 법률요건, '사형, 무기 또는 5년 이상의 징역에 처한다'는 법률효과)을 대전제로 하고, '甲의 구체적인 살인사건을 확정'하여[4] 소전제로 하여 '甲을 10년의 징역형에 처한다'는 판결을 이끌어 내는 것이 법의 적용이다.

---

4) 예를 들면 장난을 치려고 살짝 밀쳤는데 사람이 죽은 경우와 강간을 하려다 반항이 거세지자 구타하여 살인을 한 경우에, 살인이라는 결과는 같지만 살인의 방법과 유형에 따라서 형벌의 결과는 달라질 수 있다.

2. 사실의 확정

사실의 확정이란 사회적 사실을 법적으로 인식하는 것을 말하는데, 사실의 확정은 원칙적으로 객관적 증거에 의하여야 한다.

(1) 사실의 입증

법률관계 또는 사실관계의 존부를 판단하는 데 필요한 증거자료를 제시함을 말한다. 증거는 일정한 사실을 주장하는 자가 제출하여야 하는데, 이를 '입증책임' 또는 '거증책임'이라고 한다. 「형사소송법」에 있어서는 원칙적으로 검사가 입증책임을 지며, 민사소송에서는 원고와 피고가 주장하는 바에 따라 입증책임을 진다.

(2) 증거에 의하지 아니한 입증[擬制]

법이 당사자의 입증의 번잡을 피하기 위해 사실의 존재 또는 부존재를 추정 또는 간주하는 경우이다.

(가) **사실의 추정** : 법문에 "~한 것으로 추정한다."라고 규정하고 있는 경우로서 특히 반대의 증거가 없는 한 일정한 사실의 성립을 인정하는 것으로 반증(反證)을 들어서만 부정할 수 있다. 민법은 제844조 제1항에서 "처가 혼인 중 포태한 자(子)는 부(夫)의 자로 추정한다."라고 하여 친생자임을 인정하고 있으나, 제846조에서는 "부부의 일방은 제844조(夫의 親生子의 推定)의 경우에 그 子가 친생자임을 부인하는 소를 제기할 수 있다."라고 하여 반증으로만 법률상 추정을 부정할 수 있음을 규정하고 있다.

(나) **사실의 간주** : 사실 여하를 불문하고 법에 의하여 일정한 사실관계를 확정하는 것으로, 법에서는 '본다'는 용어를 사용하고 있다. 사실의 추정과 달리 반증을 가지고도 간주된 사실을 뒤집을 수 없는 절대적 법률효과를 확정하는데, 이는 법적 안정성과 관계된다. 예컨대, 민법 제28조(失踪宣告의 效果)에 의해 실종선고를 받은 자는 실종기간이 만료한 때에 사망한 것으로 간주되는데, 이때 실종자가 생존하고 있다는 사실을 입증하더라도 실종선고 자체가 취소되지 않는 한 사망의 효과를 다툴 수 없다.

추정(推定)	확실하지 않은 사실을 그 반대 증거가 제시될 때까지는 진실한 것으로 인정하여 법적 효과를 발생시키는 것 → 법조문에서 "~으로 추정한다."라고 규정한 경우 → 민법 제30조(동시사망) 2인 이상이 동일한 위난으로 사망한 경우에는 동시에 사망한 것으로 추정한다.
간주(看做)	사실 여하를 불문하고 법에 의하여 일정한 사실 관계를 확정하는 것 → 법조문에서 "~으로 본다."라고 규정한 경우 → 민법 제141조(취소의 효과) 취소한 법률행위는 처음부터 무효인 것으로 본다.

3. 법의 발견

구체적 사실이 확정된 후에는 그 사실에다가 적용할 법을 '발견'하여야 한다. 그런데 어느 생활관계에 꼭 해당하는 법을 발견하기 위해서는 먼저 법의 의미내용을 분명히 알아야 한다. 그러므로 법의 의미내용을 명백히 할 필요가 있으며, 그것이 바로 '법의 해석'이다.

제2 절 법의 해석

1. 법 해석의 방법

(1) 의 의

법의 해석이란 개개의 구체적 사실에 적용하기 위하여 추상적 · 일반적으로 규정된 법규의 내용을 명확하게 하는 것이다. 법의 규정은 추상적 개념으로 되어 있어 구체적 사실에 비추어 보면 반드시 명료하지 않은 경우가 많고 또 모순되는 경우도 있다. 이러한 것을 되도록 유효하게 맞추어 그 뜻을 확정하는 것이 법해석의 목적이다.

(2) 방 법

법의 해석은 객관적 · 논리적이어야 하며, 주관적 · 감정적이어서는 아니 된다.[5]

---

5) 법의 해석은 단순히 법규정의 언어학적 해석에 그치지 않고, 구체적인 사실에 대하여 합리적으로 적용할 수 있도록 하여야 하기 때문에 법적용의 문제와 밀접한 관계가 있다. 그러므로 법의 해석이란 법규

(가) **유권해석** : 국가기관이 행하는 해석으로 공적 구속력을 갖는다. 입법해석(법률제정시 정의규정) · 사법(재판)해석(소송을 통한 판결) · 행정해석(행정부의 업무해석)이 있다.

(나) **학리해석**(무권해석)

㉠ 문리해석 : 법문의 언어가 가지고 있는 일반적 의미를 밝혀내는 해석이다.

㉡ 논리해석 : 법령을 전체로서 하나의 체계로 묶고 그 체계 하에서 법령제정의 목적에 따라 논리적 추리에 의한 해석을 말한다. 확장해석 · 축소(제한)해석 · 반대해석 · 유추해석 · 물론(당연)해석 등이 이에 속한다.

❖ 법의 무권(학리)해석

구분		내용
문리해석		법문의 자구(字句)나 문언의 국어적 의미에 따라 법규의 의미를 확정하는 것 ☞ '선의(善意)로'는 법적으로는 '어떤 사정을 알지 못하고'의 의미로 사용되며, '악의(惡意)로'는 '어떤 사정을 알면서'의 의미로 사용된다.
논리해석		법이 지니고 있는 이념과 가치를 고려하여 법조문의 의미를 추론 하는 것
	확장해석	법조문의 언어적 표현의 의미를 보다 넓게 해석하는 것 ☞ 형법 제366조(재물손괴 등)에서 규정하고 있는 재물 손괴죄는 물건의 형태를 파괴한 것뿐만 아니라, 밥그릇에 방뇨(放尿)하는 것도 해당한다. ☞ '마차통행금지'라는 푯말이 있는 경우'마'를 '우마'로 확장하여 소의 통행도 금지되는 것으로 해석하는 것
	축소해석 (제한해석)	법조문의 의미가 너무 넓어서 법규의 참된 의미를 밝히기 어려운 경우에 법령의 용어를 보통 경우보다 좁게 해석하는 것 ☞ 타인의 재물을 절취한 절도죄의 경우 부동산은 재물에 포함시키지 않는다.
	반대해석	법조문이 규정하는 요건과 반대의 요건이 존재하는 경우에는 반대의 효과를 발생할 것이라고 해석하는 것 ☞'자동차 통행금지'라는 푯말이 있을 때, 사람은 통행할 수 있다고 해석 하는 것
	당연(물론) 해석	법조문에 명기되어 있지 않은 사항이라도 입법 정신이나 사물의 성질상 당연히 그 규정에 포함되는 것으로 해석하는 것 ☞'자동차 통행금지'의 경우 이보다 무거운 탱크의 통행도 금지된다.
	유추해석	해당 사항에 대해 적용할 규정이 없을 때, 그와 유사한 사례를 찾아서 적용하는 것(형법에서는 죄형법정주의의 원칙에 따라 유추해석 금지) ☞'애완견 입장금지'의 경우 애완견뿐만 아니라 다른 애완동물도 입장할 수 없는 것으로 해석
체계해석		법질서의 전체적 체계에 맞도록 조화롭게 하는 해석이다. 원래 한 규정은 단편적으로 존재하는 것이 아니라, 다른 규정들과 합쳐서 통일체를 이루고 있는 것이므로 한 규정의 의미 내용은 다른 규정과 대조 · 관련시켜서 규정간에 서로 모순이 없도록 해석하여야 한다.

범의 의미와 내용을 명확히 하여 구체적인 사실에 법을 적용·집행하기 위한 기준을 제시하는 작용이다. 요컨대 법의 해석은 법규정의 언어학적인 해석에서부터 출발하지만 단순한 법규정에 관한 과학적 지식이나 이론적 인식정도에 그쳐서는 안되고, 법문(法文)의 자구(字句)에만 구애되어서도 안되며, 법의 목적이나 입법정신에 입각하여 입법자의 합리적 의사를 규명하는 것이 법해석의 본질이다.

2. 법의 실현

(1) 의 의

추상적 · 관념적인 법규범을 구체적 사건에 적용하여 구체적 · 현실적인 법규범으로 하는 것을 말한다.

(2) 구체적 절차

㈎ **소제기** : 소장심사, 소장송달, 변론기일의 지정

㈏ **변론** : 법률상 의미 있는 사안을 확정하는 것을 말한다.

㈐ **증거** : 다툼 있는 사실에 대하여 당사자의 입증을 요하며 이를 위하여 증인신문 등 증거조사를 실시한다.

㈑ **판결** : 원고 또는 검사 주장에 확신이 서면 청구인용, 피고(인)의 주장에 확신이 가면 청구기각, 양측 주장에 확신이 가지 않으면 입증책임을 부담하는 자의 패소 또는 무죄판결을 내린다.

제4장 권리 · 의무와 법률관계

제1절 인간관계 속의 법률관계

1. 인간관관계와 호의관계

1) 인간관계(人間關係)

가족 · 애정 · 우의 · 예절관계와 같은 생활관계이다. 인간관계에 기한 약속은 어겨도 그 이행을 청구할 수 없다. 그러나 순수한 인간관계와 법률관계의 한계는 쉽지 않지만 법의 보호 가치여부에 따라 결정된다.

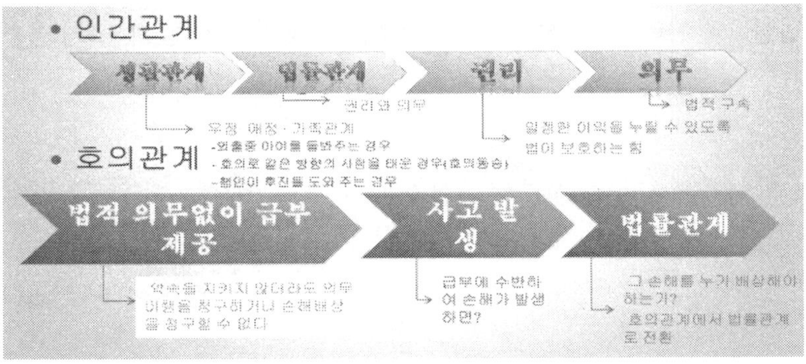

2) 호의관계(好意關係)

호의로 어떤 이익을 주고받는 생활관계를 말한다. 이는 법률관계 밖에서 시작하여 이에서 끝나는 수가 많고, 이러한 경우에는 아무런 법률문제가 생기지 않는 단순한 사교적인 관계를 말한다. 그러나 호의관계에 수반하여 손해가 발생한 경우 그 손해를 누구로 하여금 부담케 하는 것이 타당한가의 문제가 일어난다.

2. 권리의무관계

사람의 사회생활은 정치 · 경제 · 사회 · 종교 · 도덕 등 여러 가지의 인간관계로 형성된다. 이러한 생활관계는 도덕 · 종교 · 관습 등의 사회규범에 의하여 규율되는 것도 있고, 법규범에 의하여 규율되는 것도 있는데 후자가 법률관계이다. 법률관계는 구체적으로 권리 · 의무관계로 나타난다. 이에 비하여 호의관계는 법률적 구속을 받으려는 의사 없는 단순한 사교적인 관계를 말하므로 법률관계와는 구별된다.

사법상의 법률관계를 사법관계(私法關係)라고 하고, 공법상의 법률관계를 공법관계(公法關係)라고 한다. 국민과 국가 또는 공공단체와의 관계처럼 공권력 발동으로서의 공법관계는 권력관계 또는 지배관계라고도 하며 법률관계의 변동이 법의 기속을 받으며 원칙으로 행정주체에 법률상 우월한 지위가 인정되는 공법원리가 적용된다.

3. 법률관계의 변동

사람의 생활관계가 변동하는 것처럼 법률관계도 변동(발생 · 변경 · 소멸)한다. 이는 다시 말해 일정한 원인에 기하여 법률효과가 발생되는 것을 말하며 그 원인을 이루는 것을 법률요건이라 하고 법률요건을 이루는 개개의 사실(의사표시)을 법률사실이라 한다.

법률사실	⇨	법률요건	=	법률효과
(청약+승낙)		(계약)		(계약의 효과)

제2절 권리와 의무

1. 권리 · 의무란 무엇인가?

1) 권리의 본질과 개념

(가) 권리란 법익을 향수하기 위하여 법에서 허여된 힘을 말한다.
(나) 권리의 본질에 대하여는 의사설, 이익(목적)설 등의 학설도 있었으나 오늘날 의사설과 이익설을 결합한 권리법력설에 따른다.

❖ 권리의 본질에 관한 학설

학 설	주장자	내 용	비 판
意思說	Windscheid Savigny	권리를 법에 의해 인정되는 '의사의 힘' 또는 '의사의 지배'로 봄	유아나 심신상실자 등 의사무능력자는 의사의 주체 아님. 태아?
利益說	Jhering	권리를 이익의 향유로 정의. 권리의 본체가 이익(목적)임.	이익을 얻기 위한 수단이 권리이므로 '권리의 목적', 반사적이익?
折衷說	Jellinek Bekker	이익보호를 위해 법이 인정한 의사의 힘 · 승인을 권리로 봄.	의사설 · 이익설의 결합
法力說	Merkel Regelsberger	특정 이익을 향유할 수 있는 법률상의 힘을 권리로 봄.	통설
權利否定說	Duguit Kelsen	권리는 실정법에 의하여 부여된 법률상의 지위에 불과하다. 의무본위주의 입장.	권리의 부인은 법 자체를 부인하는 결과가 됨.

권리(權利, right)란 '일정한 법익을 향수하기 위하여 법에 의하여 부여된 법률상의 힘'이라고 할 수 있다[權利法力說]. 따라서 권리는 ㉠법에 의하여 주어지며, ㉡법익(法益, rechtsgut)의 향유를 목적으로 하는 ㉢법률상의 힘이다. 법에 의하지 않거나, 사실상의 힘이나 물리적 실력(완력, 폭력 등)은 권리가 아니다. 이익 자체가 아닌 특정이익을 향유케 하는 수단이 권리이므로 보호가치가 있는 재산적 · 비재산적 이익을 포함한다.

2) 권리와 구별되는 개념

(1) 권원

권원(權原, title)은 일정한 법률상 또는 사실상의 행위를 하는 것을 정당화하는 법률상의 근거 또는 원인을 말한다(예 지상권 · 임차권 등은 타인의 부동산을 이용하는 권원).

(2) 권한

권한(權限)이란 본인 또는 권리자를 위하여 할 수 있는 행동의 능력, 타인을 위하여 그 자에 대해 일정한 법률효과를 발생하게 하는 행위를 할 수 있는 법률상의 자격을 말한다. 즉, 국가나 공공단체 기타 법인의 기관이 유효하게 단체를 대표할 수 있는 능력의 범위, 다시 말하면 그의 행위가 법률상 유효하게 단체의 행위로 인정될 수 있는 능력의 한계를 말한다(예 대통령 · 장관 · 공무원의 권한, 대리인 · 이사의 권한 등).

(3) 권능

권능(權能)이란 권리의 내용을 이루는 개개의 법률상의 작용, 법률상 인정되어 있는 능력 혹은 권리에서 파생하는 개개의 기능을 의미한다. 민법 제211조 "소유자는 법률의 범위 내에서 소유물을 사용 · 수익 · 처분할 권리를 가진다" 고 규정하고 있는데, 여기의 사용 · 수익 · 처분의 권리란 소유권에 포함되어 있는 개개의 구체적인 권능이다(예 상법상 주주가 가지는 의결권, 이익배당 · 잔여재산분배청구권 등은 주주권으로부터 파생되는 권능).

(4) 권력

권력(權力)이란 일정한 개인 또는 집단이 다른 개인 또는 집단을 강제 내지 지배하는 힘을 말한다. 환언하면 권력이란 명령권을 가리키며 어떤 자의 의사가 다른 사람을 강제하는 권능을 의미한다. 일정한 공익 달성을 위하여 타인이나 집단을 복종시키도록 하는 법률상의 힘이라고 할 수 있다.

(5) 반사적 이익

반사적 이익(反射的 利益)이란 법이 특정한 단체 · 기관 또는 개인에게 어떤 약속을 한 결과 그 반사효과로 제3자가 받은 이익으로 법에 의해서 보호되는 법적 이익과 구별된다. 예를 들면 수산업법에 의하여 수산자원이 보호됨으로 인하여 어민이 이익을 얻는 것은 반사이익에 불과하다. 반사이익은 권리의 경우와 같이 어떤 힘이 부여되어 있는 것이 아니기 때문에 그 향유가 방해를 되더라도 법적 보호를 주장하지 못한다. 도로 · 하천 등의 자유사용으로 국민이 받은 이익같이 공법관계에서 법이 단순히 행정주체 또는 개인의 작위 · 부작위를 규정하고 있는 결과 얻어지는 이익을 공법상 반사적 이익이라고 한다.

3) 의무란?

㈎ 의무란 의무자의 의사와 무관하게 법에 의해 강요되는 법률상의 구속으로 그 내용에 따라 일정한 행위를 하여야 할 작위의무, 하여서는 아니되는 부작위의무로 구분된다.

▶ 의무의 본질

- 의사설 : 법에 의하여 정하여진 의사의 구속력을 의무의 본질로 보는 설이다. 그러나 의사설에 의하면 의사무능력자가 의무를 지는 것을 설명할 수 없다.
- 책임설 : 의무를 법률상의 책임이라고 하는 설이다. 그러나 책임은 의무 위반에 의하여 일정한 제재(예 형벌, 강제집행, 손해배상 등)를 받을 수 있는 바탕을 말하며 의무 자체와는 다르다는 점에서 난점이 있다(소멸시효 완성후의 채무는 의무는 있으나 책임은 없다).
- 법적구속력설 : 일정한 작위 또는 부작위를 하여야 할 법적 구속력을 말하며 현재의 통설이다.

㈏ **권리와의 관계** : 의무는 권리와 표리관계를 이루며 서로 대응한다. 예컨대, 자동차매매가 성립하면 자동차인도청구권을 가지는 매수인의 권리에 대응하여 매도인의 자동차 인도의무가 있고, 매수인의 대금지급의무에 대응하여 매도인의 대금지급청구권이라는 권리가 생긴다. 그러나 예외적으로 권리만 있고 의무가 없는 경우, 의무만 있고 권리가 없는 경우도 있다.

㈐ **책무** : 간접의무라고도 하는 책무는 의무와 달리 이를 위반하면 법규에서 정한 불이익을 받을 뿐이고 소로써 이행을 강제하거나 손해배상을 청구할 수 없는 것이다.

2. 권리와 의무의 분류

1) 권리의 종류

㈎ 공권 : 공법관계에서 발생하는 당사자 일방이 가지는 권리이다.

㉠ 국내법상의 공권

ⓐ 국가적 공권 : 국가 기타 공공단체가 개인에 대해 가지는 국가권력작용에 따른 공권(예 입법권, 사법권, 행정권 등)

ⓑ 개인(국민)적 공권 : 개인 또는 단체가 국가 또는 공공단체에 대해 가지는 공권(예 자유권, 평등권, 수익권, 생활권, 참정권 등)

㉡ 국제법상의 공권(국가공권) : 독립권 · 평등권 · 자위권 · 자유교통권 · 자존권 등이 이

에 속한다.

㈏ **사권** : 사법관계에서 발생하는 권리이다.

㉠ **인격권**(人格權)은 사람이 생활체 또는 사회적 활동단위로서 인격적 이익을 향수하기 위하여 가지는 권리이다. 생명 · 신체 · 자유 · 명예 등에 관하여서 뿐만 아니라, 성명 · 초상 · 신용 등에 관하여서도 인정된다.

㉡ **신분권**(身分權)은 부부 · 가족 · 친자 · 친족 등 일정한 신분관계에 있는 자간에 신분적 이익을 목적으로 하는 권리이다. 이에는 일정한 신분관계를 기초로 하는 친족권(친권, 후견권, 부양청구권 등) 및 타인의 인격이나 재산을 상속할 상속권 등이 있으며, 신분권의 특색은 일신전속권이며 가족공동체의 유지·발전을 위한 의무적 색채가 짙은 권리라는 점에 있다.

분류기준	권 리	내 용
내용에 의한 분류	인격권	권리자인 인격자와 분리할 수 없는 그 자신을 객체로 하는 권리(예 생명권, 신체권, 성명권, 초상권, 명예권, 신용권, 정조권 등)
	신분권	가족법상의 특정한 지위에 기하여 갖는 권리(예 친족권, 부양권, 상속권 등)
	재산권	경제적 이익을 내용으로 하는 권리(예 물권, 채권, 지식재산권 등)
	사원권	사단법인의 사원인 자격에서 갖는 권리(예 의결권, 업무감독권 등)
작용에 의한 분류	지배권	권리의 객체를 직접 지배하는 권리(예 물권, 지식재산권, 인격권 등)
	청구권	타인에게 작위 또는 부작위를 요구할 수 있는 권리(예 채권, 지식재산권 등)
	형성권	권리자의 일방적 의사표시에 의하여 법률관계를 발생·변경·소멸시키는 형성적 작용을 하는 권리(예 동의권, 취소권, 추인권, 해제권, 해지권 등)
	항변권	청구권의 행사에 대하여 그 작용을 저지할 수 있는 권리
효력 범위	절대권	(대세권) : 물권, 인격권
	상대권	(대인권) : 채권
이전성	일신전속권	인격권, 신분권
	비전속권	재산권
독립성 유무	주된 권리	독립하여 존재하는 권리(원본채권)
	종된 권리	담보물권, 이자채권

㉢ **재산권**(財產權)은 경제적 가치가 있는 권리, 즉 재산적 가치를 습득할 가능성이 있는 권리 또는 재산적 이익의 향수를 목적으로 하는 권리를 말한다. 이외에 금전으로 평가할 수 없는 생명·신체·명예권 등을 비재산권(非財產權)이라고 한다.

ⓐ **물권**(物權)이란 특정의 물건을 직접 지배해서 누리는 권리를 말한다. 물권은 특정의 물건을 직접 지배할 수 있는 권리로 점유권, 소유권 및 용익물권(지상권 · 지역권 · 전세권)과 담보물권(유치권 · 질권 · 저당권) 등이 있다. 또한 물건을 직접 지배하지 아니하고도 이를 전속적으로 취급할 수 있는 물권에 준하는 광업권 · 어업권과 같은 권리를 준물권이라 하여 특별법(광업법 · 수산업법)에서 배타적 이용관계를 내용으로 규율하고 있다.

【 물권과 채권의 비교 】

구분	물권	채권
권리 내용	물건(동산, 부동산)을 직접 지배	특정인에게 일정한 행위(급여)의 청구
주장 대상	모든 사람에게 주장할 수 있음. (배타성)	당사자 사이에서만 유효함.
공시 여부	물권변동에는 공시가 필요 (동산 : 인도, 부동산 : 등기)	채권의 성립과 내용은 제3자에게 공시할 필요가 없음.
종류와 내용	물권법정주의(물권은 법률로 정하여 개인이 창설할 수 없음)	계약자유의 원칙(당사자가 자유로이 정함)

ⓑ **채권**(債權)이란 특정인(채권자)이 다른 상대방(채무자)에게 일정한 행위를 하도록 요구할 수 있는 권리를 말한다. 채권에는 매매계약에 의거하여 매수인이 매도인에 대하여 물건의 인도를 청구하고, 매도인이 매수인에 대하여 지급을 청구하는 권리와 같은 권리이다. 채권은 '특정인이 다른 상대방(채무자)에게 일정한 행위[給付]를 하도록' 한다는 데 그 특징이 있다.

채권은 목적이 되는 급부의 형태에 따라 ㉠특정물의 인도를 목적으로 하는 특정물채권, ㉡불특정물의 인도를 목적으로 하는 종류채권, ㉢일정 금액의 지급을 목적으로 하는 금액채권, ㉣이자지급을 목적으로 하는 이자채권, ㉤여러 행위 중에서 한 개를 선택하여 행할 것을 목적으로 하는 선택채권, 채권·채무자가 다른 행위로 바꿀 수 있는 대용·보충권을 가지는 임의채권 등이 있다.

채권은 주로 계약에 의한 법률행위와 사무관리·부당이득·불법행위에 기한 법률의 규정 등에 의하여 발생하게 된다.

ⓒ 지식재산권(知識財産權, intellectual property) : 지적·정신적 노력에 의한 창

조물을 독점적으로 이용할 것을 내용으로 하는 권리를 지적 재산권이라고 한다[저작권(著作權) 및 산업재산권(工業所有權)의 총칭]. 이는 권리의 객체가 저작물 또는 발명·실용신안·디자인 등과 같은 인간의 정신적인 창조적 활동의 재산 및 상호·상표·서비스·마이크 등 산업활동에 있어서의 식별표식과 같은 비유체물이라는 데서 무체재산권이라고도 한다. 지식재산기본법」제3조(정의)에서는 "지식재산"이란 인간의 창조적 활동 또는 경험 등에 의하여 창출되거나 발견된 지식·정보·기술, 사상이나 감정의 표현, 영업이나 물건의 표시, 생물의 품종이나 유전자원(遺傳資源), 그 밖에 무형적인 것으로서 재산적 가치가 실현될 수 있는 것을 말하고, "지식재산권"이란 법령 또는 조약 등에 따라 인정되거나 보호되는 지식재산에 관한 권리를 말한다. "신지식재산"이란 경제·사회 또는 문화의 변화나 과학기술의 발전에 따라 새로운 분야에서 출현하는 지식재산을 말한다(동법 §3제2호).

저작자가 그 저작물에 대해 가지는 저작권에는 인격적 이익을 보호하는 저작인격권(공표권, 성명표시권, 동일성유지권 등)과 재산적 이익을 보호하는 저작재산권(복제권, 공연권, 방송권, 전시권, 배포권, 번역·편곡·변형권)이 있다. 산업재산권에서 자연법칙을 이용한 기술적 사상의 창작으로서의 발명에 대하여 가지는 특허권(大發明)과 실용신안권(小發明)이 있으며, 디자인권은 등록디자인 또는 이에 유사한 디자인을 독점·배타적으로 실시할 수 있는 권리며, 상표권은 지정 상품이나 서비스에 대해 등록상표를 독점·배타적으로 사용할 수 있는 권리를 말한다.

정보는 재산권으로 파악할 수도 있고, 개인정보와 같이 인격권의 측면에서 다루어야 하는 경우도 있다. 영업비밀(營業秘密)은 미공개정보라고도 하며 공연히 알려져 있지 아니하고 독립된 경제적 가치를 가지는 것으로서, 많은 노력에 의해 비밀로 유지된 생산·판매 방법 기타 영업활동에 유용한 기술상·경영상 정보를 말한다.

ⓓ **사원권**(社員權)은 사단법인의 사원이 그 법인에 대하여 가지는 권리의무의 총체, 혹은 사원의 법인에 대한 권리의무를 파생시키는 법률상의 지위 내지 자격을 말한다. 사원권에는 의결권·업무집행권 및 감독권 등과 같이 법인 단체 자신의 목적을 위한 권리인 공익권(共益權)과 이익배당청

구권과 같이 사원 자신의 이익 목적을 위한 자익권(自益權)이 있다. 주식 회사의 경우에는 주식의 내용에 따른 주주의 권리를 주주권(株主權)이라고 한다.

㈐ **사회권** : 사회법상 인정되는 권리로 근로(기회요구)권 · 단결권 · 단체교섭권 · 단체 행동권, 교육을 받을 권리, 인간다운 생활권(사회보장권, 생계부조청구권) 등이 있다.

2) 의무의 종류

공의무(국내법상 · 국제법상)와 사의무(재산법상 · 가족법상) 등으로 분류된다.

공법상의 의무	국가의 의무	국민의 자유 보장, 재외국민 보호, 환경 보전의 의무
	국민의 의무 (헌법상)	교육 · 근로 · 납세 · 국방의무, 환경보전, 재산권 행사의 공공복리 적합의 의무
사법상의 의무	당사자 간의 자유로운 의사 표시에 의한 의무 → 금전대차로 인한 채무	
	법률 규정에 의해 발생하는 의무 → 부부 이외 가족 부양 의무	
사회법상의 의무	노동법 · 사회보장법 · 경제법상 규정된 의무 → 근로자의 단결권·단체교섭권·단체 행동권을 보장할 의무, 사용자가 단체교섭에 응할 의무	

(1) 내용상 분류(작위와 부작위)

금전지급이나 노무제공과 같이 어떤 특정행위를 하여야 할 법적 의무로서 사람의 적극적 거동을 작위(作爲)의무라 하고, 주거침입을 하지 않는다든가 부당한 경업을 하지 않는 것과 같이 사람의 소극적 거동을 부작위(不作爲)의무라고 한다. 전자를 적극적 의무라 하여 어떤 행위를 할 것을 내용으로 하여 법의 명령규정에 의하여 발생하고(예 금전채무나 물건의 반환의무), 후자를 소극적 의무라 하여 어떤 행위를 하지 않을 것을 내용으로 하며 법의 금지규정에 의해 발생한다(예 물권의 불가침의무).

(2) 법률관계주체에 의한 분류

㈎ **공적 생활에 있어서의 의무[公義務]**

공의무(公義務)는 공적 · 정치적 생활관계에서 당사자가 지는 일정한 공법상 구속을 말하며 공권에 대응하는 개념이다. 이는 내용에 따라 작위 · 부작위 · 급부 · 수인의무가 있으며, 주체에 따라 국가적 · 국민적 공의무 등이 있다. 국민은 고전적인 기본적 의무로 납세의무(헌법 §38)와 국방의무(헌법 §39)를 지며, 현대적 의무(권리실질화로서의 의무)인 재산권 행사 공공복리 적합의무(헌법 §23②), 교육을 받게 할 의무(헌법 §31②), 근로의 의무(헌법 §32②), 환경보전의무(헌법 §35①)를 진다. 공의무는 그 이전이나 포기가 제한되며 불이행에 대하여 제재나 행정상 강제집행이 인정됨이 보통이다.

㉠ 공법관계의 내외 표준

국민이 국가나 공공단체에 대하여 부담하는 의무를 국내법상 공의무(예 납세·국방·교육·근로·환경보전 의무 등)라고 하며, 그와는 반대로 국가가 다른 국가나 국제조직과 사인간에 대하여 가지는 국제법관계에서 부담하는 의무를 국제법상 공의무라고 한다(예 한미상호방위조약상 한국과 미국의 상호원조의무, 국가의 국민에 대한 기본권보장의무 등).

㉡ 공법관계의 주체 표준

국가적 공의무는 국가가 국민에 대하여 가지는 의무(예 국민의 자유·평등보장, 참정권인정·수익확보 의무)를 말하며, 국민(개인)적 공의무는 국민이 국가에 대하여 지는 의무(예 병역·납세·재판복종·공용비용부담 의무 등)를 말한다. 전자는 법령에 의하여 직접 발생하나 후자는 법령이나 행정행위에 의하여 발생한다.

(나) 사적 생활에 있어서의 의무[私義務]

사의무(私義務)는 사법관계에서 인정되는 의무로 사권에 대응하는 개념이다. 채권에 대한 채무와 같이 사권의 거의 대부분은 사의무를 수반하고 있다.

이는 주체를 표준으로 소비대차계약을 체결한 차주의 의무와 같은 사인상호간의 사의무는 물론 국가 또는 공공단체가 공법관계가 아닌 사법상 주체로서 사인과 대등한 지위에서 행하는 사인과 국가 또는 공공단체간에 존재하는 의무가 있다. 국가·공공단체가 사법상의 주체로서 사인과 대등한 지위에서 도급계약을 체결한 경우 국가·공공단체가 부담하여야 할 대금지급의무 등이 있다.

의무의 내용에 따라 재산법상 사의무(예 채무 등)와 신분법상 사의무(예 부부간의 동거의무 등)로 구분된다. 사회구성원간에 당사자 합의에 의한 계약에 의한 의무도 발생하게 된다. 이를 계약상 의무라고 하는데 이는 거래를 위한 법적인 틀의 실체적 내용이 된다. 이는 위반시 강제할 수 없는 간접의무 또는 책무(責務)와도 구별된다. 계약관계에서 당사자가 부담해야할 의무는 크게 결과의무와 행위의무로 구별할 수 있는데, 전자는 특정한 결과를 달성해야 할 의무를 말하고 후자는 그 결과 달성을 위해 성실하게 노력해야 할 의무를 말한다.

의무가 작위냐 부작위·용인(容認)이냐에 따라 금전지급의무와 같은 적극적 의무와 태업·경업을 하지 않을 의무와 같은 소극적 의무로 분류할 수 있다.

(다) 사회적 생활에 있어서의 의무[社會義務]

사회권에 대응하는 의무로 사회의무(社會義務)가 있다. 사회적 의무는 사회법상 의무로 노동법에서 근로자의 권리가 사회권이므로 그 상대방인 사용자의 의무임과 동시에 경우에 따라 국가의 의무도 된다. 예컨대, 근로권 · 단결권에 대하여 국가는 일자리 및 근로자의 단결을 보장할 의무를 지며, 사용자도 이를 무시하거나 방해하지 아니할 의무를 진다. 근로자도 사회권을 남용하지 않아야 하고 단체협약을 준수할 의무를 부담한다. 한편 국가는 극빈자를 위한 생활보호의무 등 국민의 생활권적 기본권을 보장할 의무를 진다.

3. 권리의 행사와 의무의 이행

1) 권리의 행사

권리는 이익을 얻을 수 있는 가능성을 추상적으로 법이 부여한 것에 지나지 않기 때문에 그 목적이 되는 이익을 얻기 위해서는 이를 구체화 · 현실화하는 수단으로써 권리의 행사가 필요하다. 권리의 행사란 권리자가 권리의 내용을 실행하려는 행위, 즉 권리의 내용인 이익을 향유하려는 행위를 말한다.

이러한 권리를 행사하는 방법으로는 지배권의 경우는 객체의 지배라는 사실 행위로서, 청구권 · 형성권과 항변권의 경우는 의사표시로서 행하지만 특히 재판을 통해서만 가능한 경우(민법 §406의 채권자취소권)도 있다.

(1) 권리행사의 자유

권리의 행사는 권리자의 자유이다. 일정한 경우에는 권리의 불행사에 대하여 일정한 불이익을 가져오게 하여 간접적으로 권리의 행사를 강제하는 경우(예 時效制度 등)가 있는가하면, 권리행사의 의무가 내재되어 있는 권리도 있다(예 親權 등).

또한 공익이나 타인의 이익을 해할 염려가 없을 때 사권은 그 포기가 자유로우나 공권은 권리자의 경제적 이익만을 목적으로 하는 것 이외에 원칙으로 포기가 금지된다. 이는 공권의 포기에 의해 이로 인정한 본래 목적을 방해하고 공익을 해할 염려가 있기 때문이다. 그러나 권리의 포기는 불행사와는 다른 개념이다(예 選擧權의 기권).

(2) 권리행사의 제한 - 권리의 사회성

개인이 자기의 법률관계를 그의 자유로운 의사에 基하여 형성할 수 있는 것을 인정하는 것[私的自治 · 契約自由]이 원칙이다. 그러나 권리는 그 주체의 이익을 직접의 목적으로 하고 있지만, 모든 권리는 궁극에 있어서는 사회공동생활을 위하여 존재하는 것이라고 할 수 있다. 오늘날에는 '공공복리'가 최고의 원리가 되고, 그 실천 원리로 '거래의 안전', '사회질서', '신의성실의 원칙', '권리남용 금지' 등이 등장하게 되었으며, 근대 사법의 3대원칙(소유권절대 · 계약자유 · 과실책임)은 이러한 실천 원리의 제약 안에서 승인되는 것으로 수정되었다[所有權의 制限, 契約 公正의 原則, 無過失 責任 原則 출현]. 따라서 권리의 행사는 개인의 문제일 뿐만 아니라 사회와도 관계를 가지게 되므로 그 개인성과 사회성의 조화가 요구되며, 사회성의 요구의 결과 권리행사는 스스로 그 한계가 있으며 또 법에 의하여 일정한 제약도 받게 되는 것이다.

가. 기본권의 제한

㈎ **헌법유보** : 헌법에 의해 직접 제한되는 경우로서 정당의 활동 제한(헌법 §8④), 언론의 자유 제한(헌법 §21④), 재산권의 공공복리 적합의무(헌법 §23②), 공무원의 노동3권(헌법 §33②)이 되는 경우 등이 있다.

㈏ **법률유보** : 법률에 의해서 제한되는 경우로, ㉠개별적 법률유보 : 헌법 제12조 제1항, 제23조 제1항, 제27조, 제28조, 제29조, 제33조 제2항 등에는 개별기본권 자체에 기본권제한의 근거가 제시되어 있다. ㉡일반적 법률유보(§37②) : 기본권의 제한은 국가안전보장 · 질서유지 또는 공공복리라는 목적을 위하여 필요한 경우에 한하고 원칙적으로 법률에 의해서만 가능하다.

㈐ 내재적 한계 : 기본권을 제한하는 경우에도 자유와 권리의 본질적인 내용을 침해할 수 없다.

나. 재산권의 제한

각 개인의 사유재산권에 대한 절대적 지배를 인정하고, 국가나 다른 사인은 이에 간섭하거나 제한을 가하지 못한다는 것(사유재산권존중 · 所有權 絶對)이 원칙이었다. 그러나 1919년 바이마르 헌법이 "소유권은 의무를 부담한다. 그 행사는 동시에 공공복지에 부합하도록 하여야 한다"고 규정한 것은 소유권의 행사의 자유를 제한한 규정이다. 이에 따라 한국 헌법도 "재산권의 행사는 공공복리에 적합하여야 한다"(헌법 §22②)고 규정하여 재산권절대의 원칙을 수정하고 있다.

다. 신의성실의 원칙

신의성실(信義誠實, *Treu und Glauben*)이란 정의나 형평을 뜻하며, 사회 공동생활의 일원으로서 서로 상대방의 신뢰에 어긋나지 않도록 성실하게 행동하여야 한다는 원칙을 의미한다. 권리자가 권리를 행사할 때에는 신의 성실을 다하여야 한다는 것은 법보다 높은 차원인 사회도덕에 어긋나지 않을 것을 요구하는 것이므로 권리행사에 대한 사회적인 제약을 의미한다.

연혁적으로 로마법에서 유래하였는데 채권법의 원리로 시작되었지만 민법전체로, 공 · 사법 전반으로 확장되어 일반화되었으며 사법의 최고원리, 일반조항적 성질, 강행규정성을 갖는다.

한국「민법」제2조에 규정되어 직접적으로는 권리행사자유의 한계, 직접적으로는 권리의 공공성과 사회성을 인정하는 의미를 갖는다.

신의성실의 파생원칙으로는 사정변경(事情變更)의 원칙과 실효(失效)의 원칙을 들 수 있으며, 특히「민법」제2조 제2항 권리남용금지(權利濫用禁止)의 원칙과는 표리의 관계에 있어 민법의 최고이념으로서 공통점을 갖지만, 발생사적으로는 신의칙은 채권법에서, 권리남용금지의 원칙은 물권법에서 주로 기능한다는 차이점이 있다.

㈎ **사정변경의 원칙** : 법률행위가 성립될 때, 그 기초가 된 사정이 후에 현저하게 변경되어, 당초에 정해진 효과를 그대로 인정하게 되면 부당한 결과를 초래하는 경우에, 그 효과를 신의에 맞게 적당히 변경하거나, 계약을 해제 · 해지할 수 있다는 것이다(예 민법 §286 지료증감청구권, §628 차임증감청구권 등).

㈏ **금반언(禁反言)의 원칙** : 권리자는 전에 한 행위에 모순되는 방법으로 권리 행사를 할 수 없다. 선행행위에 모순되는 후행행위를 금지한다는 것이다.

㈐ **실효의 원칙** : 권리자가 상당 기간 권리 행사를 하지 않거나, 권리를 포기한 것으로 인정할 만한 행위를 한 경우, 그 권리가 소멸된 것으로 보는 것이다.

라. 권리남용의 금지

외형상으로는 권리행사처럼 보이나 구체적 · 실질적으로는 권리행사가 사회성 · 공공성에 반하는 경우에는 정당한 권리행사라고 인정할 수 없으며, 이런 권리행사는 권리남용이라고 하여 금하고 있는 것이다.

만일 권리가 남용되면, ㈎ 행사한 권리가 청구권인 경우 법은 이에 조력하지 않으며(예 자기 소유의 산허리를 약 2평정도 지하로 통과하는 온천 引水管의 철거 청구 기각), ㈏ 해제권 · 해지권 등과 같은 형성권인 경우 그 효과가 부정된다. ㈐ 그 권리 행사로 인하여 타인에게 손해를 가한 경우 위법한 행위가 되어 손해 배상의 책임이 발생하고, ㈑ 경우에 따라서는 그 권리 자체가 박탈되는 경우도 있다(예 민법 §924에 의한 친권상실선고).

2) 의무의 이행과 법의 제재

㈎ 의무의 이행

의무자가 자기가 부담하는 작위·부작위·용인이라는 의무의 내용을 실현하는 것을 말한다. 차용한 금전을 지급하는 것은 작위의무의 이행이요, 경업을 하지 않는 것은 경업금지의무에 대한 부작위의무의 이행이며, 사회적으로 용인된 정도의 이웃집 라디오소리를 참고 들어야 하는 의무는 용인의무의 이행이다.

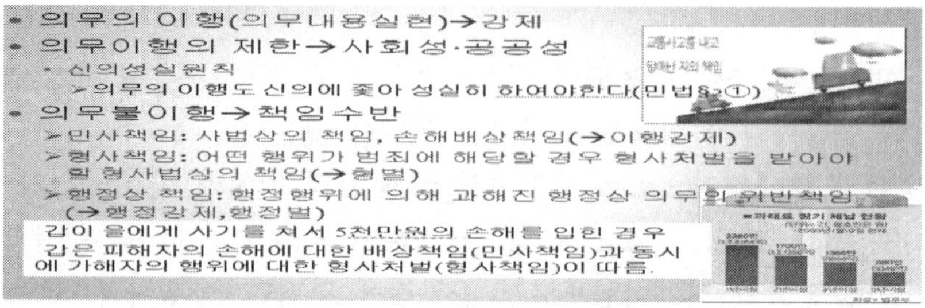

의무의 이행은 권리행사의 경우와 마찬가지로 신의에 좇아 성실히 하여야 한다. 신의성실에 반한 의무이행은 의무의 이행으로 볼 수 없으며, 의무불이행책임을 부담하여야 할 경우가 있다.

㈏ 법의 제재

권리는 행사하거나 포기할 수 있지만, 의무는 반드시 이행되어야 한다. 의무를 이행하지 않을 때에는 이에 대한 책임을 져야한다. 그 책임으로는 사법상 강제이행·손해배상, 형사법상 형벌, 행정법상 행정강제·행정벌 등의 제재를 받게 되는 책임이 따른다. 법의 제재(制裁)에는 국내법상·국제법상 제재로 나눠볼 수 있다.

가) 국내법상 제재 :

공법상의 제재	헌법상 제재	헌법규정의 위반행위에 대해 헌법규정에 의해 가하는 제재 예 탄핵소추 · 탄핵심판(§65①), 위헌정당해산(§8④), 국회의원의 징계(§64②), 국무총리 · 국무위원에 대한 해임건의(§99①)	
	행정상 제재	공무원	징계처분(파면 · 해임 · 정직 · 감봉 · 견책, 국가 · 지방공무원법)
			직위해제(공무원으로서의 신분은 보존시키되 직위를 부여하지 않는 것, 보직 해제 등)
		일반 국민	행정강제㉠행정상 강제집행(대집행 · 집행벌 · 직접강제 및 행정상 강제징수) ㉡행정상 즉시강제[전염병예방법에 의한 강제격리(동법 §29), 경찰관직무집행법에 의한 무기사용(동법 §11), 소방법에 의한 소방대상물의 파괴(동법 §55) 등]
			행정벌(행정형벌과질서벌, 경찰벌 · 재정벌 · 군정벌 · 규제벌 · 공기업벌 등)
			권력적 조사작용인 행정조사와 금전적 부담을 부과하는 과징금 · 가산금제도, 행정상의 편익의 제공을 거부하는 공급거부, 불리한 사항을 공개하는 공표, 인 · 허가의 철회 · 정지 등
	형사상 제재	형사법규에 위반한 자에 대하여 과하는 제재[刑罰: 사형 · 징역 · 금고 · 자격상실 · 자격정지 · 벌금 · 구류 · 과료 및 몰수의 9종, 형법 §41]	

사법상의 제재	민법 · 상법 등 사법의 규정에 위반한 자에 대하여 가하는 제재
	채무불이행(민법 §390)과 불법행위(§750이하)에 의한 손해배상, 강제집행[직접강제 · 대체집행(민법 §389), 간접강제(민사집행법 §261)], 실권(失權, 민법 §924의 친권 상실의 선고), 무효(無效)와 취소(取消)

나) 국제법상 제재 : 국제사회에 있어서 국제법위반행위에 대하여 가하여지는 강제수단이다(예 관계자의 처벌 · 추방, 외교사절에 대한 퇴거요구, 외교단절, 경제지원 및 교역중단, 교통로 봉쇄, 선박압류, 무력제재 · 전쟁, 국제조직 특히 UN에 의한 제재로 제명, 권리와 특권의 정지, 비군사적 · 군사적 조치 등).

3) 권리와 의무의 관계

(1) 대응관계

원칙적으로 의무는 권리와 표리관계를 이루며 권리에 대응한다. 이처럼 일방에 권리가 존재하는 경우 그 타방에는 의무가 존재하는 관계를 권리 · 의무의 대응관계(對應關係)라고 한다. 예컨대 자동차매매가 성립하면 자동차인도청구권을 가지는 매수인의 권리에 대응하여 매도인의 자동차 인도의무가 있고, 매수인의 대금지급의무에 대응하여 매도인의 대금지급청구권이라는 권리가 생긴다. 국가는 세금을 징수할 권리가 있고 국민은 이에 대해 세금을 납부할 의무를 진다.

그러나 예외적으로 권리만 있고 이에 대응하는 의무는 없는 경우(예 취소권 · 추인권 · 해제권 등의 형성권)도 있고, 또 의무만 있고 이에 대응하는 권리가 없는 경우(예 법인의 각종 등기의무)도 있다.

(2) 공존관계

권리 · 의무의 공존관계(共存關係)란 권리는 동시에 의무를 포함하고, 의무는 동시에 권리를 포함하는 관계를 말한다. 즉 1인의 권리자가 동시에 의무자가 되는 권리와 의무의 관계를 뜻한다.

모든 국민은 헌법상 근로의 권리와 의무를 지며, 모든 국민은 교육을 받을 권리와 의무를 지고, 또 재산권자는 재산을 공공복리에 적합하도록 행사해야 할 의무를 진다. 이는 권리의 사회성의 표현이다.

4. 권리 · 의무의 주체 · 객체 및 득실변경

1) 법률관계의 주체

(1) 권리 · 의무의 주체

권리와 의무의 주체란 권리를 갖거나 의무를 질 수 있는 자를 말하며 권리 · 의무의 주체가 될 수 있는 법률상의 지위는 권리능력이고 자연인과 법인에게 인정된다.

㈎ **자연인** : 법률관계의 주체로서 인정되는 자연인(自然人)은 권리능력(법인격)이 있어야 하며, 이러한 권리능력을 가진 자를 권리능력자라 한다.

㈏ **법인** : 법인(法人)이란 자연인 이외의 법인격이 인정되는 것을 말한다. 법인은 사람의 구성인지 재산의 구성인지에 따라 사단법인과 재단법인, 그 주체에 따라 공법인과 사법인으로 나눌 수 있다.

행정주체인 당사자는 국가 · 공공단체와 이들로부터 행정사무를 위임받은 사인[公務受託私人]이 있다. 공공단체는 지방자치단체, 공공조합(특정 국가목적을 위해 설립된 인적 결합체-㉮ 의료보험조합 · 상공회의소 등), 영조물법인(특정 국가목적에 제공된 법인격이 부여된 인적 · 물적 시설-㉮ 한국도로공사 등의 각종공사, 한국은행 등), 공법상 재단(㉮ 한국연구재단, 한국학중앙연구원 등)이 있다. 공무수탁사인은 국가적 공권을 수여받은 개인으로서 수권된 범위안에서 행정주체의 지위에 있는 자(㉮ 소득원천징수의무자, 학위수여하는 사립대총장, 경찰사무를 행하는 상선의 선장, 국가자격시험 위탁관리자 등)를 말한다.

법인의 종류

- ·공법인
  - 국가(국민·영토·주권)
  - 공공단체 : 지방자치단체, 공공조합(공사단), 영조물법인 등
- ·사법인
  - 재단법인 : 비영리 재산의 단체(㉮ 장학회, 학교법인 등)
  - 사단법인 : 사람의 단체
    - ㉠ 비영리사단법인–학술·종교·자선·기예 등의 목적(㉮ 적십자사 등)
    - ㉡ 영리사단법인–회사
      - 합명회사 : 무한책임 사원으로 구성
      - 합자회사 : 유한사원, 무한사원으로 구성된 법인
      - 유한책임회사 : 인적+물적회사, 사원 정관으로 특정, 대외적으로 유한책임 부담
      - 주식회사 : 주식을 소유한 주주로서 구성된 회사
      - 유한회사 : 출자금한도로 유한책임사원으로 구성

㈐ **상인** : 기업적 생활관계에 있어서의 권리의무의 귀속주체를 상인(商人)이라고 하는데, 이에는 자기명의로 상행위를 영업으로 하는 당연상인과 상행위를 하지 않더라도 점포기타 유사한 설비에 의하여 상인적 방법으로 영업을 하는 자와 회사와 같은 의제상인이 있다. 당연상인(當然商人)은 자기의 명의로 일정한 종류의 영업을 하는 자로서, 자기가 기업활동의 결과로 생기는 권리의무의 구속 주체가 되는 것을 의미하고 따라서, 타인명칭을 사용하든, 타인을 대리시키든, 타인의 계산으로 하든, 행정청에 대한 신고나 납세를 타인명의로 하든, 타인소유의 경영수단을 이용하든 불문하고 실질적으로 판단한다. 영업으로 한다는 것은 영리목적으로 계획적으로 동종의 행위를 계속 · 반복하는 것으로 오로지 임금을 받을 목적으로 물건을 제조하거나 노무에 종사하는 자의 행위는 상행위가 아니므로 상인이 아니다. 의제상인(擬制商人)은 점포 기타 유사한 설비에 의하여 상인적 방법으로 상행위 아닌 영업을 하는 자를 말한다. 점포 기타 유사한 설비에 의하여 상인적 방법으로 영업을 하는 설비상인과 상행위 이외의 영리사업을 목적으로 하여 설립된 회사가 있는데, 민사회사는 상인적 설비가 가장 완비된 의제상인이므로 상법의 적용을 받는다. 즉, 회사(會社)는 상행위를 하지 않더라도 상인으로 본다.

⑵ 권리 · 의무의 객체

법률관계의 객체는 권리 또는 의무의 목적으로서 지배되는 대상을 말한다.

물 권	채 권	지식재산권	가족권(신분권)
물건 (동산과 부동산)	채무자의 일정한 행위 (급부: 변제-금전지급, 노무제공 등)	지적 창작물	친족권: 일정한 친족법상 지위 상속권: 상속재산

법률관계의 대상으로서 추상적으로는 영토 · 바다 · 하늘 등 모든 물건(物件, 유체물과 전기, 기타 관리할 수 있는 자연력, 민법 §98)이 객체가 될 것이나, 현실적으로는 재(財, *Güter*) 또는 재산으로서 유형재나 무형재 및 관리가능 또는 매매가능(marketable)하면 그 목적이 된다고 볼 수 있다(외계의 일부, 독립한 물건). 보통 재산(財産)이라고 하면, 어떤 주체를 중심으로 또는 일정한 목적하에 결합된 금전적 가치가 있는 물건 및 권리 · 의무의 총체를 일컫는다. 물건(동산 · 부동산 · 화폐도 포함), 사람의 행위(노동 및 용역-인간욕망을 직접 충족시키는 비물질적 생산행위), 저작권 · 산업재산권 같은 무형적 재화, 유가증권 등이 있다.

【 물건의 분류 】

구분	내용	예	비고
특정물	동종의 다른 물건으로 바꾸지 못하는 물건(개성)		주관적 구분 채권보관의무, 채무변제장소
불특정물	동종의 다른 물건으로 바꿀 수 있는 물건		
소비물	1회 사용으로 다시 같은 용도로 사용할 수 없는 물건	금전, 곡물, 술	성질에 따른 객관적 구분, 대차의 목적물
비소비물	반복해서 사용·수익할 수 있는 물건	건물, 토지	
주 물	종물과의 관계에 있어 그 주된 물건	시계	법률적 운명을 같이함
종 물	특정주물에 부속된 다른 물건, 주물의 처분에 따름	시계줄	
원 물	과실과의 관계에 있어서 그 수익을 낳는 물건	원금, 과수	
과 실	어떤 물건에서 수익성이 나올 때 그 수익물	이자, 과일	
융통물	사법상 거래가 될 수 있는 물건		
불융통물	사법상 거래가 될 수 없는 물건	공용물	

❖ 財(Güter)의 분류

물건(財)	有形財	可動財(동산)	非去來財(불융통물)…公共物, 公物(公有物, 公用物, 禁制物)		
			去來財(융통물)	實質財	物品
					에너지(준동산)…전력
				形式財(有價證券)	화폐증권…어음·수표
					자본증권…株式·社債
					물품증권…창고증권·선하증권(B/L)·화물상환증
			交換手段(貨幣)…통화, 국제통화		
		不動財	不 動 産…토지 및 그 정착물		
			準不動産…선박·항공기·자동차·건설기계		
	無形財	情報財…기술비법(Know-How), program, 전문지, 녹음테이프			
		權利財	法定財(지식재산권)	저작권…문학, 학술, 예술의 범위에 속하는 창작물에 대한 권리	
				산업재산권…기술적 창작을 한 사람이 일정 기간 동안 가지는 독점적 권리 →특허권(대발명), 실용신안권(기존의 기술을 개량한 실용적으로 유용한 기술), 디자인권, 상표권	
			慣習財…영업신용권(goodwill)		
用役	單純用役	單純勞務用役…잡역, 기술노무			
		複合勞務用役…변호사, 회계사, 컨설턴트(Consulant)			
	複合用役	經濟的用役…機械리스, 호텔, 운송거래			
		文化的用役…영화, 교양교실			

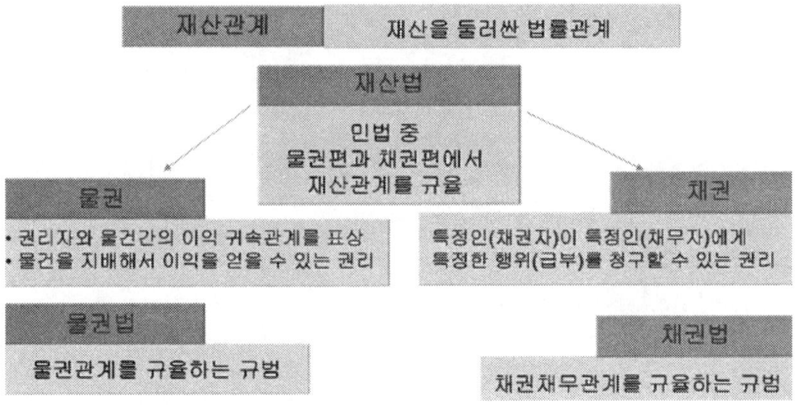

(3) 권리 · 의무의 득실변경(변동)

㈎ 발생(취득)

㉠ 절대적 취득(원시취득) : 권리 · 의무가 어떤 사실에 의하여 종전의 권리 · 의무와 관계없이 특정의 주체에 결부하는 것이다.

㉡ 상대적 취득(승계취득) : 이전적 승계(취득), 설정적 취득, 일반적 승계, 특정적 승계가 있다.

㈏ **변경** : 권리 또는 의무의 본질을 변경하지 않고 그 형태를 변경하는 것으로 주체의 변경인 이전과 객체의 변경인 수량의 변경과 성질의 변경이 있다.

㈐ **소멸**(상실) : 채무이행에 의해 채권 · 채무가 소멸되는 절대적 상실과 매매 · 증여에 의한 상대적 상실이 있다.

사권(私權)의 변동

- 취득(발생)
  - 원시취득(절대적 발생) – 예 선의취득 · 무주물선점 · 습득
  - 승계취득(상대적 발생)
    - 설정적 승계-예 지상권 · 저당권의 설정
    - 이전적 승계
      - 특정승계-예 賣買
      - 포괄승계-예 상속 · 합병
- 변경
  - 주체의 변경 ⟶ 이전적 승계
  - 내용의 변경
    - 양적 변경-예 첨부
    - 질적 변경-예 물상대위 · 대물변제
  - 작용의 변경-예 대항요건의 취득
- 상실(소멸)
  - 상대적 상실(소멸)-권리주체의 변경
  - 절대적 상실(소멸)-예 목적물 멸실에 의한 소유권의 소멸

제2편 헌 법

제1장 헌법 총설
제2장 기본권
제3장 통치구조

제1장 헌법 총설

제1절 헌법 일반론

1. 헌법의 의의

(1) 의 의

헌법이란 국가생활 공동체 내에서 개인의 지위를 기본권을 중심으로 규정하고, 국가생활 공동체를 실현·유지하기 위한 국가의 통치조직과 통치작용의 원리를 정하는 국내 최고의 법규범이다.

(2) 법 원

헌법의 인식 근거로는 단일·통일의 헌법전과 헌법관련 부속법률이 일반이나, 헌법관습법도 인정된다. 그러나 헌법판례법은 부정된다.

(3) 분 류

(가) 존재형식에 의한 분류

㉠ 실질적 의미의 헌법 : 법형식에 구애받지 않고 국가의 조직·작용의 기본원칙을 정하고 있는 법규범의 전체를 의미한다(예 정부조직법, 국회법, 법원조직법, 정당법 등).

㉡ 형식적 의미의 헌법 : 법의 내용이 무엇인지를 묻지 않고서 법의 존재형식 등의 외형적인 특징에 따라 정의된 헌법개념을 의미한다. "영국에는 헌법이 없다"라고 말하는 경우에는 형식적 의미의 헌법이 없다는 것을 의미한다. 이에는 문자로 표현되고 문서의 형식을 갖춘 성문헌법(예 대한민국 헌법 등)과 문서의 형식을 갖추지 않은 불문헌법(예 영국·뉴질랜드·캐나다·이스라엘 헌법 등)으로 나뉜다.

㈏ 역사적 발전과정에 따른 분류

㉠ 고유한 의미의 헌법 : 고유한 의미의 헌법이란 국가통치체계에 관한 기본사항을 정한 국가의 기본법을 말한다. 고유한 의미의 헌법은 국가가 존재하는 곳이면 성문의 형식이건 불문의 형식이건 반드시 존재하는 헌법이다.

㉡ 근대 입헌주의 헌법

ⓐ 입헌주의라 함은 국민의 기본권을 보장하고 권력분립을 규정한 헌법에 의거하여 통치할 것을 요구하는 정치원리를 말하고, 입헌주의적 헌법은 입헌주의를 기반으로 하는 헌법으로서 개인주의 · 자유주의 · 법치주의 · 의회주의 등과 같은 일정한 이데올로기를 지향하면서 개인의 자유와 권리의 보장 그리고 권력분립에 의하여 국가권력의 남용을 억제할 것을 내용으로 하는 헌법이다(1789년 프랑스의 인간과 시민의 권리선언 §16).

ⓑ 국민의 자유를 보장하기 위하여 자유주의 또는 기본권 보장의 원리, 대의제의 원리, 권력분립의 원리, 법치주의의 원리, 성문헌법과 경성헌법의 원리 등을 채택하고 있다.

ⓒ 유형 : 1776년 버지니아 헌법, 1791년 미연방증보 헌법, 1779년 프랑스 헌법 등이 있다.

㉢ 현대 복지주의 헌법

ⓐ 복지국가라 함은 모든 국민에게 생활의 기본적 수요를 충족시켜줌으로써 건강하고 문화적인 생활을 영위할 수 있도록 하는 것이 국가의 책임인 동시에, 그것에 대한 요구가 국민의 권리로서 인정되는 국가를 말한다. 현대 복지국가적 헌법이란 이러한 복지국가의 이념을 바탕으로 하는 헌법을 말한다.

ⓑ 현대 복지주의 헌법의 기본원리로는 실질적 법치주의의 확립, 기본적 인권보장과 사회정의의 실현, 행정국가화 경향, 사회적 시장경제주의, 국제평화주의, 의회주의의 위기 등이 있다.

❖ 근대 입헌주의 헌법과 현대 입헌주의 헌법의 비교

구 분	근대 입헌주의 헌법	현대 입헌주의 헌법
개 념	근대 시민적 자유주의 이념 구현	사회정의실현을 위한 사회국가적 복지주의 이념 구현
배 경	근대 시민혁명	자본주의 국가의 모순극복 모색(예 1919년 Weimar 헌법)
특 색	㉠ (형식적) 국민주권주의 ㉡ 기본권(자유권) 보장 ㉢ 권력분립주의(권력분립의 강화) ㉣ (형식적) 법치주의 ㉤ 의회주의(대의정치) ㉥ 성문헌법주의 ㉦ 경성헌법주의	㉠ 국민주권주의의 실질화 •보통 · 평등선거 •복수정당제 •지방자치제 ㉡ 기본권의 실질적 보장 •생존권보장 •실질적 평등보장 ㉡ 권력분립주의의 수정 •권력분립의 융합 •사법권의 독립성 ㉣ 실질적 법치주의 ㉤ 국제평화주의(침략전쟁의 부인) ㉥ 위헌법률심사제

㈐ 개정방법 · 절차에 의한 분류

㉠ 경성헌법 : 헌법개정의 절차가 일반 법률보다 더 엄격한 절차가 요구되는 헌법을 말한다.

㉡ 연성헌법 : 일반 법률과 같은 절차로 개정될 수 있는 헌법을 말하고, 성문헌법은 대체로 경성헌법이지만, 1948년 이탈리아 헌법이나 1947년 뉴질랜드 헌법처럼 연성헌법인 경우도 있다.

㈑ 제정주체에 의한 분류

㉠ 흠정헌법 : 군주 1인의 의사에 의해 일방적으로 제정한 헌법을 말한다. (예 1814년 프랑스 헌법, 일본 명치헌법)

㉡ 민정헌법 : 국민주권을 기초로 국민 또는 국민대표기관인 제헌의회가 제정한 헌법을 말한다(예 1776년 버지니아 권리장전, 1791년 프랑스 헌법, 대한민국 헌법 등).

㉢ 협약헌법 : 군주와 국민(또는 국민대표기관)의 합의에 의해 제정된 헌법을 말한다(예 대헌장, 권리장전, 19세기 독일 각 주의 헌법).

㉣ 국약헌법 : 둘 이상의 국가가 국가연합을 구성하여 제정한 헌법을 말한다.

(예 1867년 오스트리아 – 헝가리 협약, 미합중국 헌법)

㈑ 헌법규정과 헌법현실의 관계에 따른 분류(뢰벤슈타인의 존재론적 분류)

㉠ 규범적 헌법 : 헌법의 규범과 그 현실이 일치하는 헌법(예 대한민국 헌법 등)

㉡ 명목적 헌법 : 헌법규범의 현실을 규율하지 못하고 교육적인 효과만 가지는 헌법

㉢ 장식적 헌법 : 헌법을 단지 과시하거나 권력자의 자기 정당화(지배) 수단으로 이용되는 헌법

(4) 특 성

㈎ 헌법의 사실적 특성 : 역사적 상황(역사성)에서 정치적 공동체의 정치적 현실(정치성)을 반영하는 이념성이 있다.

㈏ 헌법의 규범적 특성 : 정치적 관계를 규율

최고 규범성	–헌법은 국가기관을 창설하는 기능을 가지므로 최고규범이다.
조직 규범성	–헌법은 국가기관의 설치·조직에 관한 사항을 규정하고 이들 기관에게 권한을 부여하는 수권규범이다.
수권 규범성	–모든 국가작용은 헌법의 위임이 있는 경우에만 가능하다.
생활 규범성	–국가의 모든 생활영역에서 일정한 이념과 가치를 실현하기 위한 가치규범이며, 국민의 일정한 행동과 생활방식을 요구하는 행동규범이기도 하다.
기본권 보장규범성	–헌법은 기본권 보장을 그 이념으로 한다.
권력 제한규범성	–헌법은 국가권력의 분립을 통해 상호 감시·견제·통제토록 하여 권력의 남용을 방지하는 권력 제한 규범이다. 수임기관의 권한과 활동을 법적으로 제한한다.
자기 보장규범성	–민법, 형법 등은 국가권력이라는 강제수단이 그 효력을 보장해주나, 헌법은 국가권력 자체를 구속하는 규정이므로 헌법 스스로 그 효력을 보장하기 위하여 여러 가지 장치를 자체내에 마련하여야 한다.

2. 헌법관

헌법관이란 국가와 헌법의 본질을 무엇으로 이해하는가, 헌법의 최고규범성 내지 타당성의 근거를 어디서 구하는가, 그리고 기본권의 성격을 어떻게 파악하는가 등에 관한 헌법철학적 시각을 말한다.

(1) 법실증주의적 헌법관

법학의 인식대상에서 형이상학적 요소를 배제하고 '있는 헌법' 중심으로만 헌법을 이해하는 시각이다.

(2) 결단주의적 헌법관

국가를 정치적 통일체로 이해하고 헌법을 그 정치적 통일체의 결단으로 보는 시각이다.

(3) 통합과정론적 헌법관

헌법이란 국가적 생활과정을 법적으로 규정한 것으로 단순한 법질서만을 의미하는 것이 아니라 계속적으로 통합과정에 있는 현실로 이해하는 시각이다.

3. 헌법의 제정과 개정

(1) 헌법의 제정

(가) **헌법의 제정권력** : 헌법을 시원적(始原的)으로 창조하는 힘으로 사실상의 힘이라는 권력적 측면과 헌법에 정당성을 부여하는 권위라는 측면의 이중성을 가진다.

(나) **본질** : 헌법제정권력은 사실성과 규범성, 시원적 창조성, 자율성, 단일불가분성, 불가양성, 항구성을 갖는다.

(다) **주체**

㉠ 헌법제정권력의 주체는 시대마다 다르다. 중세에는 신(神)이었고, 프랑스 혁명 때는 국민이, 왕정복고기에는 왕이, 과두국가에서는 소수의 조직이 주체였다. 그러나 국민주권의 이론이 확립된 현대에는 국민일 수밖에 없다.

㉡ 시이예스는 헌법제정권력의 주체를 국민으로 보았으나, 칼 슈미트는 시대에 따라 다르다고 보았다.

(라) **행사방법** : 헌법제정권력의 행사방법을 구속하는 절차는 존재하지 않으며 그 행사방법을 미리 정할 수도 없다. 그러나 일반적으로 헌법제정권력의 행사는 헌법제정의회에서 의결하는 방법, 국민투표에 의하는 방법, 양자를 절충하는 방법이 있다.

(마) **헌법의 제정권력의 한계론** : 헌법제정권력도 불변의 근본규범 또는 초국가적 인권과 같은 자연법상 원리에 의해 제약을 받는다.

㉠ 이념적 한계

㉡ 법원리상 한계

㉢ 자연법적 한계

㉣ 국제법상 한계

(2) 헌법의 개정

(가) **헌법의 개정권력** : 헌법이 정하는 개정절차에 따라 헌법의 기본적 동일성을 유지하면서 의식적으로 수정 · 삭제 · 증보함으로써 헌법의 형식과 내용에 변경을 가하는 권력이다. 일반적으로 헌법제정권력에 종속한다.

㉠ 헌법개정절차조항의 개정은 인정된다.

㉡ 실정헌법상 한계사항(예 민주공화국으로서의 국가형태, 국민주권주의, 자유민주적기본질서, 기본인권보장, 국제평화주의 등)의 개정은 금지된다.

㉢ 헌법 제128조 제2항의 '임기연장 또는 중임변경을 위한 개정금지조항'은 개정헌법의 효력제한규정이다.

(나) **구별 개념**

㉠ 헌법의 개혁 : 헌법개정의 규모가 커서 헌법전의 거의 전부를 새로 만드는 것과 같은 전면개정인 경우이며, 이 경우는 비혁명적인 방법에 의한 헌법의 새로운 창제이다.

㉡ 헌법의 파기 : 헌법의 기본적 동일성이 상실된, 헌법제정권력의 주체를 변경하는 협의의 혁명이다(예 프랑스 혁명, 러시아 혁명).

㉢ 헌법의 폐지 : 헌법의 기본적 동일성을 유지하면서(헌법제정권력주체 불변) 기존 헌법을 폐지하는 것을 말하고, 헌법의 대체라고도 한다.

㉣ 헌법의 침해 : 헌법의 특정조항과 상이한 조치를 취하는 것을 말하고, 이는 헌법조항 자체에는 아무런 변동이 없으므로 개정과 구별된다.

㉤ 헌법의 정지 : 일시적으로 헌법규정의 일부 효력을 상실시키는 것을 말한다.

(다) **헌법개정의 방법**

㉠ 의회만의 개정 : 독일, 오스트레일리아, 스웨덴, 우리나라 제헌헌법

㉡ 국민투표를 필수적으로 요구하는 것 : 스위스, 일본, 우리나라 현행 헌법

㉢ 연방을 구성하는 州의 동의를 요구하는 것 : 스위스, 미국

㉣ 특별한 헌법회의를 소집하는 것 : 벨기에, 네덜란드, 노르웨이

㉤ 의회의 의결 후에 특별한 기관의 동의를 얻게 하거나 국민투표에 의한 승인을 선택적 요건으로 하는 것 : 자유중국, 우리나라 유신헌법(1972년)

(라) **헌법개정절차**

㉠ 제안 : 헌법개정은 국회재적의원 과반수 또는 대통령의 발의로 제안된다(대한민국 헌법 §128①).

㉡ 공고 : 제안된 헌법개정안은 대통령이 20일 이상의 기간 동안 이를 공고하여야 한다(§129).

㉢ 의결 : 국회는 헌법개정안이 공고된 날로부터 60일 이내에 의결하여야 하며, 국회의 의결은 재적의원 3분의 2이상의 찬성을 얻어야 한다(§130①).

㉣ 국민투표 : 헌법개정안은 국회가 의결한 후 30일 이내에 국민투표에 붙여 국회의원선거권자 과반수의 투표와 투표자 과반수의 찬성을 얻어야 한다(§130②).

㉤ 공포 : 헌법개정안이 국민투표에 의하여 찬성을 얻은 때에는 헌법개정은 확정되며, 대통령은 이를 즉시 공포하여야 한다(§130③). 이 개정안은 공포시에 효력이 발생한다.

4. 헌법의 변천

(1) 의 의

헌법변천이라 함은 헌법규범이 외형상으로는 고쳐지지 않은 채 시대의 변천 내지 역사 발전에 따라 헌법제정 당시와는 그 의미와 내용이 실질적으로 변화되는 것을 말한다.

(2) 요 건

헌법변천은 헌법의 유권해석기관에 의한 상당기간 반복된 헌법적 관례가 있어야 하며(물적 요건), 이에 대한 국민의 승인이 있어야 한다(심리적 요건).

㈎ 입법부가 헌법에 위반되는 입법을 하고 이것이 그대로 집행된 경우

㈏ 국가기관이 헌법으로부터 위임받지 아니한 사항에 관하여 동일한 권한행사를 반복한 경우

㈐ 사법부가 헌법의 내용과 상이한 판결을 반복한 경우

㈑ 성문헌법규정과 상이한 관행 · 선례가 누적된 경우 등이 있어야 한다.

(3) 한 계

헌법변천은 헌법개정의 범위 내여야 하고 헌법존중의 방향이어야 한다.

⑷ 헌법변천의 사례

㈎ 외국

㉠ 미국연방대법원의 위헌법률심사제

㉡ 미국의 대통령선거 운용방식(간선제이나 직선제같이 운용)

㉢ 영국의 의원내각제(총선의 결과에 따라 다수당에게 정권이양), 국왕의 실질적 권한 상실(명목화, 내각지배원칙 확립)

㉣ 프랑스의 경우 명시적인 위임입법금지에 대한 예외 허용

㉤ 노르웨이 국왕의 형식적인 법률안 거부권

㈏ 우리나라

㉠ 제1차 개정헌법 하에서 양원제를 단원제로 운용한 것

㉡ 제5차 개정헌법 하에서 지방의회를 구성하지 않고 관치행정으로 운용한 것

㉢ 한국 헌법 제3조 영토조항과 관련된 국내외 문제

5. 법률의 합헌적 해석원칙

⑴ 외형상 위헌적으로 보이는 법률이라 하더라도 헌법정신에 맞도록 해석할 여지가 있는 한 이를 쉽사리 위헌으로 판단해서는 안 된다. 다의적이고 여러 가지로 해석되는 법률이라도 헌법에 합치되는 해석을 택하여야한다는 원칙이다. 이는 미연방대법원의 판례를 통해 법률의 합헌성추정의 원칙으로 확립되었고 독일 연방재판소가 이 원칙을 수용하였다.

⑵ 법률의 해석원칙상 논리적 · 체계적 해석임을 그 본질로 하며 헌법재판소의 한정합헌, 한정위헌, 헌법불합치, 일부위헌결정 등의 유형으로 나타난다.

⑶ 헌법재판소는 법률 합헌해석의 이론적 근거로 ⓐ헌법을 최고규범으로 하는 통일적인 법질서 형성을 위하여, ⓑ권력분립의 정신, ⓒ민주적 입법기능의 존중, ⓓ법적 안정성을 들고 있다.

6. 헌법보장

헌법보장은 헌법규범과 현실의 괴리현상 발생시 헌법에 강력한 영속성과 탄력성을 부여함으로써 헌법규범의 실효성을 확보하기 위한 제도이다.

(1) 평상적 헌법보장제도

평상시에 사전예방적 보장으로 헌법의 최고규범성선언, 국가권력분립, 헌법수호의무선언, 방어적 민주주의 채택, 공무원 및 군의 정치적 중립성 등의 규정과 사후교정적 보장으로 위헌법률심사 · 정당해산제, 탄핵제도, 국정감사 · 조사제도, 헌법소원제도, 책임공무원제, 국가문란자처벌 등을 두고 있다.

㈎ **헌법소원**(憲法訴願)이란 국가의 공권력(입법 · 사법 · 행정)에 의하여 헌법상 보장된 자유와 권리가 위법하게 침해되었다고 주장하는 국민이 헌법재판기관에 직접 권리구제를 청구하는 것을 말한다.

㈏ **위헌법률심사**란 의회가 의결한 법률이 헌법에 위반되는가의 여부를 심사하고, 헌법에 위반되는 것으로 인정하는 경우에는 그 법률의 효력을 상실하게 하거나 그 적용을 거부하는 것을 말한다.

㈐ **정당해산심판**이란 정당의 목적이나 활동이 민주적 기본질서에 위배될 때 국무회의의 심의를 거쳐 정부의 제소에 의해서 이루어지는 헌법재판을 말한다.

㈑ **탄핵심판**(彈劾審判)이란 집행부의 고위직 공무원 또는 법관이나 중앙선거관리위원회 위원과 같이 신분이 보장된 공무원이 직무상 중대한 비위를 저지른 경우에 의회의 소추에 의하여 처벌하거나 파면하는 제도를 말한다.

㈒ **권한쟁의심판**이란 국가기관과 기타 하부기관 등의 권한을 규정한 헌법의 해석에 이의가 있는 경우에 국가기관 등의 청구에 의하여 이루어지는 헌법재판을 말한다.

(2) 비상적 헌법보장제도

㈎ **저항권** : 헌법질서를 파괴하는 공권력을 대상으로 주권자인 국민이 입헌주의 헌정체제를 유지 · 수호하기 위하여 가지는 최후의 비상수단적 권리인 동시에 헌법수호제도로 이는 자연법상의 권리이다. 명문규정이 없고 이데올로기적 개념에 불과하다는 이유로 부정하는 견해도 있지만, 우리의 다수견해와 헌법재판소는 헌법전문의 3·1 운동, 4·19 민주이념계승 규정과 제10조와 제37조 제1항의 인간의 존엄성, 기본권의 前국가성 등의 규정을 근거로 인정한다.

㉠ 법적 성격 : 저항권은 위헌적 권력행사에 의한 헌법적 가치질서 전복을 저지하기 위한 예비적 헌법보장의 수단임과 동시에 기본권의 일종으로서의 성격을 갖는다.

㉡ 저항권 행사의 주체와 객체 : 저항권의 주체는 모든 국민이며, 개인으로서

의 국민은 물론 단체나 정당도 인정된다. 저항권의 객체는 헌법질서를 파괴하려는 모든 국가공권력이다.

㉢ 저항권 행사의 요건

ⓐ 상황 : 저항권의 행사는 민주적 기본질서를 전면적으로 부인하는 경우여야 하고, 그 불법이 개관적으로 명백하여야 하며, 다른 구제방법이 더 이상 없어야 하고(보충성), 저항권의 행사만이 유일한 수단이어야 한다.

ⓑ 목적 : 저항권의 행사는 인간이 존엄성 존중을 그 이념으로 하는 입헌주의적 헌법체계를 유지 · 수호하기 위한 것이어야 하며, 사회 · 경제적 체제개혁과 같은 적극 목적으로는 행사할 수 없다.

ⓒ 방법 : 저항권의 행사방법은 실정법으로 미리 규정할 수 없지만 가장 평화적인 방법을 선택하여야 한다. 또한, 저항권의 행사는 과잉금지의 원칙을 존중하여 목적달성에 필요한 정도에 한정되어야 하고 필요 이상의 실력행사는 자제되어야 한다.

㉣ 판례

ⓐ 대법원은 1975년 '민청학련 사건'과 1980년 '김재규 사건'에서 대법원의 다수의견은 헌법전문의 '4·19 의거'를 저항권의 근거규정으로 보지 않고 저항권이 실정법에 근거가 없는 이상 오직 자연법에 근거를 둔 저항권을 재판규범으로 원용할 수 없다고 하였으나, 소수의견에서 저항권은 자연법상의 권리이지만 재판규범이 된다는 의견을 개진한 바 있다(대판 1975.4.8, 74도3323, 1980.5.20, 80도306).

ⓑ 한국 헌법재판소는 5·18사건에 대한 불기소처분의 위헌 여부를 가리는 헌법소원심판에서 비록 종료선언결정을 했지만, 실질적으로는 성공한 내란의 가벌성을 인정하고, 불기소처분취소 소견을 밝힘으로써 종료선언이 아닌 본안판단을 했다면 헌재의 입장으로 저항권을 인정하는 판시를 하고 있다(헌재결 1995.12.15, 95헌마221 · 223 · 297 병합).

㈏ **국가긴급권** : 헌법 제76조 제1항의 긴급재정 · 경제처분 및 명령권과 제2항의 긴급명령권, 제77조의 계엄선포권이 있다.

㉠ 개념 : 국가긴급권이라 함은 국가의 존립이나 헌법질서를 위태롭게 하는 비상사태가 발생한 경우 정부가 평상시의 헌법상 제한을 무시하고 국가의 안전, 헌법질서를 유지하기 위해서 필요한 조치를 강구할 수 있는 비상 · 예외적 권한을 의미한다.

㉡ 국가긴급권의 발동 : 긴급권은 국가비상사태시 국가존립이나 안전을 신속히 회복할 목적으로 긴급권 발동 자체가 누구인가가 확정된 상태에서 예외적으로 발동될 수 있다.

㉢ 한계

ⓐ 개념상 한계 : 헌법장애상태를 이유로 긴급권을 발동해서는 안 된다.

ⓑ 목적상 한계 : 국가의 존립, 입헌주의 유지, 국민의 기본권 방어 등 헌법질서의 보호를 위해서만 발동되어야 한다.

ⓒ 시간적 한계 : 비상사태에 대응하는 일시적 · 임의적이어야 하고 최단기간 내여야 한다.

ⓓ 상황적 한계 : 통상의 헌법절차로는 처리할 수 없는 비상사태가 발생하고 긴급권의 발동이 절대 필요한 경우여야 한다.

ⓔ 수단상 한계 : 긴급권은 헌법질서회복에 필요한 최소한의 범위에 국한되어야 한다.

㉣ 국가긴급권의 통제

ⓐ 국회의 통제 : 국회는 국가긴급권에 대하여 사후승인, 통고와 해제요구, 탄핵소추, 법률의 개정 등으로 긴급권을 통제할 수 있다.

ⓑ 법원 및 헌법재판소에 의한 통제 : 긴급명령 등에 대한 구체적 규범통제, 계엄선포의 요건과 내용에 대한 통제는 물론이고 헌법소원도 가능하다.

ⓒ 저항권 : 저항권은 최후의 수단이 된다.

구 분	긴 급 명 령	긴급재정경제명령	계 엄
상 황	국가안위에 관계되는 중대한 교전상태	중대한 재정·경제상의 위기	전시·사변 또는 이에 준하는 국가비상사태
국회집회	국회의 집회가 불가능한 경우에 한함.	국회의 집회를 기다릴 여유가 없을 때	국회의 집회여부와 무관
국회의 통제	국회에 통고하고 승인을 얻어야, 국회의 해제요구불요(긍정적 통제)	국회에 보고하여 승인을 얻어야 함.	국회승인 불요, 국회의 해제요구 인정(부정적 통제)
발동요건	헌법에 따라 효력이 발생됨		대통령의 헌법적 권한(§77)이지만 법률에 따라 발동됨.
기본권 제한	그 대상에 관한 헌법적 규정 없음.	제한되는 기본권대상에 제한이 없음.	헌법 및 계엄법에서 규정

제2 절 대한민국 헌법의 개요

1. 헌법의 제 · 개정

1) 대한민국헌법 제정

(1) 헌법 제정(1948. 7. 17.)

1948년 5 · 10선거로 제헌의회가 구성되고 그 의결로 헌법이 확정되어 1948년 7월 17일 공포시행되었다.

(2) 건국헌법의 내용

(가) 단원제 국회(임기 4년, 단 제헌의원은 2년)
(나) 대통령제(임기 4년, 국회에서 간선)
(다) 헌법위원회(위헌법률심사권만 인정), 탄핵재판소(탄핵심판)
(라) 근로자의 이익분배균점권 인정
(마) 가예산제도
(바) 통제경제를 기본
(사) 기본권 보장형식 : 개별적 법률유보
(아) 정당조항과 통일조항이 없음.
(자) 국무원(의결기관)

2) 헌법의 개정

공화국	구분	개정요지	특이사항
1	제1차 개헌 1952. 7. 7.	(가) 정 · 부통령 직선제 (나) 양원제(민 · 참의원) 국회 (다) 국회의 국무원 불신임제도(연대책임) (라) 국무위원 임명에 있어 국무총리의 제청권	-발췌개헌 -공고절차 · 일사부재의 원칙 위배로 위헌
	제2차 개헌 1954. 11. 27.	(가) 초대 대통령의 중임제한 철폐(부칙) (나) 순수 대통령제로 환원(국무총리제 · 국무위원연대책임제의 폐지, 개별적 불신임제) (다) 국무위원에 대한 개별적 불신임제 채택 (라) 자유시장경제체제로의 전환 (마) 군법회의(특별법원)에 대한 헌법상 근거(지위) 명시 (바) 헌법개정에 대한 국민발안제	-사사오입개헌 -의결정족수 미달로 위헌

		(사) 헌법개정의 한계에 대한 명문규정 (아) 강제적 국민투표제	
2	제3차 개헌 1960. 6. 15	(가) 국민의 기본권 강화(검열제·허가제 금지, 일반적 법률유보조항) (나) 양원제 국회(실시) (다) 내각책임제 채택 (라) 헌법재판소의 설치 (마) 준예산 (바) 정당조항 신설 (사) 공무원 신분보장·정치적 중립, 경찰의 정치적 중립성 보장 (아) 중앙선거관리위원회의 헌법기관화 (자) 기본권의 본질적 내용의 침해금지조항의 신설	-제2공화국 성립 -4·19의거: 내각책임제 -개정후 국회 자진해산
	제4차 개헌 1960. 11. 29.	(가) 1960. 3. 15. 부정선거에 관련된 자 및 4·19 당시 군중살상 명령자를 처벌하기 위한 특별법 제정근거를 마련(부정선거관련자처벌법, 반민주행위자공민권제한법, 부정축재특별처리법, 특별재판소 및 특별검찰부조직법) (나) 반민주행위자와 부정축제자 처벌을 위한 특별법 제정근거를 마련 (다) 특별재판소와 특별검찰부를 둘 수 있는 근거를 마련	-3.15부정선거자 처벌과 공민권 제한 및 부정축재자 처벌을 위한 특별법 제정 근거 -부칙 개정
3	제5차 개헌 1962. 12. 26.	(가) 대통령제 및 단원제 부활 (나) 대법원에 위헌법률심사권 부여 (다) 극단적인 정당국가화 (라) 감사원 설치 (마) 헌법전문의 최초개정 (바) 최초의 국민투표에 의한 헌법개정(헌법이 아닌 국가비상조치법에 따라) (사) 인간의 존엄성 존중조항의 신설 (아) 근로자의 이익균점권 폐지 (자) 경제과학심의회의와 국가안전보장회의 신설	-제3공화국 성립 -국가재건최고회의 -전면개정
	제6차 개헌 1969. 10. 21.	(가) 대통령의 계속 재임을 3기로 연장(12년 가능) (나) 대통령에 대한 탄핵소추의 정족수를 가중 (다) 국회의원 정수의 상한 조정(200명에서 250명으로 늘림) (라) 국회의원의 국무위원 겸직 허용	-3선개헌 -국민투표로 확정
4	제7차 개헌 1972. 12. 27.	(가) 영도적 대통령제(임기 6년, 중임제한 규정 폐지) (나) 통일주체국민회의의 설치 (다) 헌법위원회에 위헌법률심사권 부여 (라) 대통령에게 긴급조치권, 국회해산권 등을 부여 (마) 국회의 회기단축·권한약화(국정감사권 폐지) (바) 대통령의 법관임명권 및 법관에 대한 징계파면제 (사) 헌법개정절차의 이원화(선택적 국민투표제) (아) 지방자치의 사실상 포기(지방의회 구성은 조국통일이 이루어지는 날까지 유보) (자) 기본권의 본질적 내용 침해금지조항 삭제	-제4공화국 성립 -유신헌법 -전면개정

5	제8차 개헌 1980. 10. 27.	㈎ 대통령제(임기 7년, 단임, 대통령선거인단에서 간선제) ㈏ 국무위원 해임의결권(개별) ㈐ 헌법위원회(위헌법률심사, 탄핵심판) ㈑ 국정자문회의, 평화통일정책자문회의, 전직대통령 예우 ㈒ 헌법개정의 일원화(국민투표로 확정) ㈓ 정당보조금 지급 ㈔ 필수적 국민투표 ㈕ 국정조사권 신설 ㈖ 지방자치 유보(지방의회 구성은 재정자립도를 고려하여 유보) ㈗ 기본권 보장형식 : 일반적 법률유보	-제5공화국 성립 -국민투표로 전면개정
6	제9차 개헌 1987. 10. 29.	㈎ 전문 : 대한민국 임시정부의 법통과 불의에 항거한 4·19 민주이념의 계승과 조국의 민주개혁의 사명을 명시하였다. ㈏ 총강 ㉠ 재외국민에 대한 국가의 보호의무 ㉡ 자유민주적 기본질서에 입각한 평화적 통일정책의 수립·추진규정의 신설 ㉢ 국군의 정치적 중립성 명시 ㈐ 기본권 ㉠ 적법절차 조항, 구속이유고지 및 구속통지의무 규정 ㉡ 언론·출판·집회·결사에 대한 허가제나 검열제의 금지 규정 ㉢ 범죄피해자구조청구권 규정 ㉣ 최저임금제 실시 규정, 여자·노인·청소년의 복지향상을 위한 정책을 실시할 국가의 의무 및 재해예방의무 규정, 주택개발정책의 실시 및 모성보호 규정 등의 신설 ㉤ 구속적부심사제도와 형사보상청구권제도의 확대 개선 ㈑ 국회 ㉠ 국정감사권의 부활 ㉡ 국회해산제도의 폐지 ㉢ 국회의 총회기제한 규정의 삭제 ㈒ 대통령 : 직선과 임기 5년의 단임제로 개정, 비상조치권을 긴급명령권제도로 약화 ㈓ 법원 : 대법원장과 대법관을 국회의 동의를 얻어 대통령이 임명, 일반 법관은 대법관회의 동의 ㈔ 헌법재판소 : 헌법재판사항 관장, 특히 헌법소원 신설 ㈕ 경제질서 : 자유시장경제질서를 기본으로 하면서 규제와 조정을 가능하게 하였다.	-제6공화국 성립 -여·야 합의에 의해 개헌 -국민투표로 전면개정

2. 한국 헌법의 구조

- 전문
  - 1 3.1독립정신으로서 반제 항일 민족자결 자주국가의 입국(민족주의)-
    상해임시정부의 법통의 승계 및 불의에 항거한 4.19의 반독재 민권정신(저항권)
  - 2 자유민주제도의 수립
  - 3 기본적 인권 보장의 구현
  - 4 국제평화와 남북의 평화통일의 실현
- 기본조문
  - 1.총강
    - (1)국가의 기본성격 : 민주공화제와 국민주권의 원리-사회적 법치국가-문화국가-평화애호국가(§1와 §9 기타)
    - (2) 국법의 기본질서 : 정치질서에서 대의제 민주주의와 정당국가적 민주주의(§8기타),
      행정질서에서 법치행정과 직업공무원제도의 보장(§7와 §37 기타),
      국제질서에서 국제평화와 국제협조 및 남북의 평화적 통일 지향(§4/§5/§6)
  - 2.기본적 인권
    - (1)인권의 총칙적 원칙 규정: 인간의 존엄과 가치의 존중 및 행복추구권-국가의 인권보장 책무(§10)
      국가에 의한 인권보장 책무와 인권에 대한 제한의 근거와 한계(§37)
    - (2) 평등권: 법앞에 평등과 차별금지 및 영전/특권/불수반의 명시(§11)
    - (3)자유권
      - 1)신체의 자유: 죄형법정주의(유추해석과 절대부정기형 금지),형벌불소급
        (기타 사후입법금지),연좌제도의 금지, 영장제도의 보장과 구속적부심사의 보장,
        묵비권의 보장(미란다 원칙 보장),자백의 증거능력의 제한(§12/§13)
      - 2)사회경제적 자유: 재산권 보장(§23), 직업선택의 자유(§15), 거주이전의 자유(§14),
        주거의 불가침 보장(§16),통신비밀의 보장(§18),사생활의 비밀과 자유의 보장(프라이버시의 권리)
      - 3)정신적 자유(사상표현의 자유): 양심/사상의 자유(§19),종교의 자유와 정교분리 원칙§20(),
        언론출판집회결사의 자유(§21),학문과 예술의 자유와 대학의 자치보장(§22)
    - (4)사회권(생활권적 기본권)
      - 1)교유권과 무상교육의 보장 및 교육의 자율성보장(§31)
      - 2)혼인의 순결과 양성평등 가족제도와 보건의 보장(§36)
      - 3)근로의 권리와 근로조건의 보장 및 최저임금(적정임금)의 보장(§32)
      - 4)노동자의 단결권-단체교섭권 및 단체행동권등 노동3권 보장(§33)
      - 5)환경권과 소비자 보호 기타 경제적 복지에 대한 보장(경제질서 조항:§35)
    - (5)청구권적 기본권(수익권)
      - 1)청원권(§26)
      - 2)재판을 받을 권리(신속한 공개재판과 일반인의 군사법원 재판에 대한 예외 및
        3심 재판을 받을 권리, 무죄추정권 및 형사피해자의 진술권)(§27)
      - 3)형사보상청구권(§28)
      - 4)국가배상청구권(§29)
      - 5)범죄피해자에 대한 구조권(§30)
    - (6)참정권(정치적 기본권-정치권)
      - 1)선거권(§24)
      - 2)공무담임권(§25)
    - (7)의무
      - 1)고전적의무: 납세의 의무와 국방의 의무(§38,§39)
      - 2)현대복지국가에서의 의무: 교육의 의무와 근로의 의무(§31,§32)
  - 3.통치구조
    - (1)국회(입법부)(§40~§65)
      - 1)입법에 관한 권한 : 헌법개정권,법률제정권,조약의 체결비준 동의
      - 2)재정에 관한 권한 : 예산심의권, 결산심사권, 국가부담조약비준권, 조세법률주의
      - 3)국정에 관한 권한 : 헌법재판관/대법관 등 임명동의권, 국정조사와 감사에 관한 권한,
        국무총리 등 국무위원등에 출석요구와 질의권
      - 4)국회의원의 신분과 특전 : 불체포 특권, 발언표결의 면책특권 및 청렴의무
    - (2)대통령의 지위와 권한(§66~§85)
      - 1)국가 원수로서의 권한 : 외국에 대해 국가대표, 조약의 체결비준의 권한,
        외교사절의 신임접수,선전포고, 계엄선포와 긴급명령 발포 등 국가긴급권의 행사,
        위헌정당의 제소,일반사면과 특별사면에 대한 권한, 임시국회소집요구
      - 2)행정권의 수반으로서 권한 : 법률안 제출에 관한 권한, 대통령령 발포, 총리와
        국무위원 등에 대한 임명,국무회의의 의장, 행정각부 통할권,공무원임명권
      - 3)대통령의 선거 : 후보로서 자격과 국민직선에 의한 선임
    - (3)국무회의와 행정각부(§86~§100)
      - 1)국무회의의 헌법기관구성과 권한 : 국무회의의 구성과 권한
      - 2)국무총리와 국무위원 : 국무총리의 임명과 총리의 권한, 국무위원의 임명과 국무위원의 권한
      - 3)행정 각부와 장 : 임명과 권한
      - 4)감사원 : 감사원의 지위와 구성 및 권한(세입 세출의 결산, 회계검사, 공무원 비위감찰)
    - (4)법원(§101~§110)
      - 1)법원의 구성 : 대법원이하 각급법원 및 특별법원으로서 군사법원
      - 2)법원의 권한 : 민사/형사/행정/비송사건 등 재판권,선거소송에 관한 단심 재판권,
        위헌명령 규칙심사권, 위헌법령심사제청권
      - 3)사법권의 독립 : 법원 구성에서 유자격하고 신분이 보장되는 법관에 의한 구성원리, 법과
        양심에 의해 독립하여 심판, 법관의 임기제와 신분보장
    - (5)헌법재판소(§111~§113)
      - 1)헌법수호기관으로서 지위 : 공권력행사기관에 의한 위헌처분에 대한 최종적 제소를 할 수 있는
        헌법수호기관(헌법에 대한 최종적 유권해석을 하는 기관)
      - 2)헌법재판소의 구성과 재판관의 지위 : 구성 및 재판관의 신분보장
      - 3)헌법재판소의 권한 : 탄핵심판, 정당해산심판, 기관권한쟁의심판 및 헌법소원에 대한 심판
    - (6)선거관리위원회(§114~§116) : 각 공직 선거와 국민투표에 대한 관리, 정당등록 등 사무와 정치자금에 대한 배정사무
    - (7)지방자치(§117~§118) : 지방자치의 보장과 지방의회구성 및 기타
    - (8)경제질서(§119~§127) : 경제질서의 기본권으로서 사회적 시장경제원칙, 농지소작제도의 금지 원칙, 국토의 이용개발,
      농협/중소기업/소비자 등에 대한 보호
    - (9)헌법개정(§128~§130)

3. 국가론

(1) 국가형태

(가) 국가형태의 내용

㉠ 군주국과 공화국 : 군주국은 군주개인에게 주권이 있는 국가가 아니라 의례적 · 상징적인 군주제도가 존재하는 국가를 의미하고(영국, 벨기에, 스페인, 일본 등), 공화국은 군주제도가 없는 국가를 의미한다.

㉡ 입헌정체와 전제정체 : 입헌정체란 국가권력의 행사가 헌법에 의해서 제한되고 있는 정치를 의미하고, 전제정체란 국가권력의 행사가 일정한 구속을 받지 않고 행사되어지는 정체를 말한다.

㉢ 단일국가 · 연방국가 · 국가연합

ⓐ 단일국가 : 국가의 구성이 단일한 통일적 국가를 말한다.

ⓑ 연방국가 : 각 주가 국가의 성격을 가지며 전체국가를 형성하는 국가를 말한다.

ⓒ 국가연합 : 국제법적으로 성립한 국가간의 연합이며, 사회경제적 내지 행정적인 특정한 목적을 가지고 복수국가간에 결합된 국제조약에 기한 국제기구와는 다르다(예 소연방의 1992년 독립국가연합).

【 연방국가와 국가연합의 비교 】

구분	연방국가	국가연합
의미	다수국가의 통합에 의하여 형성된 연방조직의 국가	복수국가의 공동방위 또는 일반적 안녕을 목적으로 하는 조약에 의한 결합국가
국가성	진정한 의미의 국가	진정한 의미의 국가는 아님
결합체(존속기간)	헌법(영구적 결합체)	조약(잠정적·한시적 결합체)
국제법상 주체성	연방국가; 지방(×)	국가연합(×); 구성국이 주체
통치권	연방과 지방간에 분할	구성국만 통치권 보유
국제적 책임	연방(자신과 지방의 국제법 위반책임을 부담)	각 구성국만이 책임
병력보유	연방만이 보유	각 구성국만이 보유
특징	통일헌법, 양원제의회, 연방최고법원	연합조약, 복수헌법, 연합의회 *최고연방법원(×)
예시	1787년 이후의 미국, 스위스, 독일, 구소련	1787년 이전의 미국, 1958년 아랍국가연합, 영연방공동체, 독립국가연합(CIS)

㈏ **우리나라의 국가형태** : 헌법 제1조 제1항 "대한민국은 민주공화국이다."라고 규정하여 우리나라의 국호가 대한민국이고 국가의 형태가 민주공화국임을 천명하고 있다. 그리고 '민주공화국'의 규범적 의미를 다수설인 국가형태설은 세습적 군주제도를 부인하는 의미로 이해한다.

(2) 국민(국적인)

일정한 자가 어떤 국가에 귀속하는 관계, 즉 그 국가의 국민이 되는 자격을 국적(國籍)이라고 하는데, 국민이 되는 자격과 요건은 「국적법」에 따른다. 일정한 국적을 가진 사람은 그 영도외에서도 그 나라의 주권에 복종하는 반면, 본국에 의하여 보호를 받는다(헌법 §2②). 국적의 취득에는 출생 등의 선천적 취득과 영토의 변경 귀화 등의 후천적 취득이 있고, 국적의 상실에는 사망 등의 선천적 상실과 영토의 변경, 국적의 이탈 등의 후천적 상실이 있다. 북한 주민도 대한민국 국민에 포함된다(다수설, 판례).

㈎ **선천적 취득** : 속인주의, 출생(부모양계 혈통주의 원칙, 예외적 출생지주의)

㈏ **후천적 취득사유** : 혼인, 인지, 귀화(일반 · 간이 · 특별), 수반취득, 국적회복

㈐ **국적의 상실** : 외국 국적의 자진취득, 외국인과 혼인, 입양, 인지 등

(3) 영역

㈎ 헌법 제3조에 따르면 북한 지역은 내국이고, 북한 정부는 불법적 무력점거집단이다. 특히 남북 UN동시가입이나 남북기본합의서가 문제되는데, 이로 인하여 북한정권이 합법화되거나 국가성이 인정되지는 않는다.

㈏ 「남북기본합의서」의 성격은 조약이 아니며 신사협정이나 공동성명으로 보아야 한다.

㈐ 제3조(영토조항)와 제4조(평화통일조항)에 대해 헌법재판소는 상충을 부정하나, 다수견해는 상충을 인정한다.

(4) 주권

㈎ **주권**은 일반적으로 국가권력의 최고독립성을 나타내는 개념으로 사용된다. 주권은 국민 · 영토와 더불어 국가의 3요소를 이루는데, 대내적으로는 다른 어떤 권력에 대해서도 우월하는 최고의 권력(대내주권)을 말한다. 주권은 최고성 · 독립성을 가지는 국가의 최고권력이나 그 내포는 통치권이라고 한다.

통치권은 주권처럼 유일불가분이 아니며 국가목적을 실현하기 위하여 조직된 권력으로 가분적이고 주권자에 의해 제한될 수도 있는 상대적 권리이다. 일반

적으로 통치권은 국가권력을 의미하는 것으로 입법권 · 사법권 · 행정권을 총칭하는 것이다. 또 주권은 대외적으로는 다른 자의 의사에 독립하여 활동할 수 있는 독립성을 가진다. 이것을 대외주권이라고 말하며 외부세력에 대하여 자주독립임을 의미한다.

구 분	주권	통치권
주 체	국민(국민주권주의)	국가(국가에 고유한 권한)
성 격	단일 불가분적 · 시원적 권력 · 자율적 · 절대적 권력	가분적 · 제한적 권력 주권에 봉사하는 의무적 · 상대적 권력
내 용	헌법제정권력 또는 국가의사의 최고결정권	실질적-자주조직 · 대인 · 영토고권 형식적-입법권 · 행정권 · 사법권
관 계	통치권은 주권에서 유래하며, 주권은 통치권으로 구체화된다.	

(나) **주권의 분류** : 그 실질적 내용에 따라 자주조직권, 영민고권, 영토고권

㉠ 자주조직권… 주권의 한 내용으로서 외부로부터 독립하여 자주적으로 국가기관을 조직하고 국가권력을 수권하는 권한을 가진다. 이것은 국가통치형태의 최고 결정권으로서 헌법제정권이 이에 속한다.

㉡ 영민고권… 주권의 한 내용으로서 국민을 지배하는 국가의 권력이 나온다. 국가권력은 국민에 대한 지배권을 포함하기에 국내거주민 뿐만 아니라 해외에 재류하는 국민에 대하여도 지배하고 보호할 수 있는 권한을 가진다.

㉢ 영토고권… 주권의 한 내용으로서 영토를 지배하는 국가권력이 나온다. 이것은 영역 안에 거주하는 사람과 물건을 지배할 수 있는 권력으로서 국내거주 외국인에 대하여도 지배권이 미치는 것은 이 때문이다.

(다) 대한민국의 주권에 관하여 헌법은 제1조 제2항에서 "대한민국의 주권은 국민에게 있고 모든 권력은 국민으로부터 나온다"고 규정하고 있다. 이것은 우리 헌법이 국민주권주의를 채택하고 있음을 천명한 것이다.

4. 헌법의 기본원리

(1) 헌법전문(前文)

헌법의 전문은 국가마다 그 규정방식이 다른데, 우리의 경우는 법적 성격이 인정되므로 최고규범이자 법령의 해석기준이며 재판규범이 된다.

헌법전문	헌법 조문	건국헌법이래 규정된 내용
평화적 통일의 사명	평화적 통일정책(§4)	-3.1운동 -각인의 기회균등 -국민생활의 균등한 향상 -국제평화 -자손의 **안전**·자유와 행복 -헌법제정일
자유민주적 기본질서	민주적 기본질서(§8④)	
항구적인 세계평화	국민평화의 유지(§5①)	
정치·사회·문화의 모든 영역	전통문화의 계승·발전(§9) 민족문화의 창달(§9, §69)	
	영통보존·국가의 계속성 수호 (§66 : 대통령의 의무)	
자유와 권리에 따르는 국민생활의 균등한 향상	국민의 자유와 복리의 증진 (§69 :대통령 취임선서 내용)	

(2) 헌법의 기본원리

헌법의 기본원리도 법적 성격이 인정되어 재판규범으로 작용한다.

(가) **국민주권원리**(실질적 국민주권으로의 전환) : 국가의 최고의사를 결정할 수 있는 원동력인 주권을 국민이 가진다는 것과 모든 국가권력의 정당성의 근거가 국민에게 있다는 원리이며 헌법전문에서 국민을 헌법제정의 주체로 규정하고 제1조 제2항에서 국민주권원리를 규정하고 있다.

구 분	국민주권론	인민주권론
주권의 주체	관념적이고 추상적인 인격화된 국민으로서의 전체국민	현실적·구체적인 개개인의 집단, 즉 유권적 시민의 총체로서의 인민
주권의 성격	전체국민에게 귀속하는 불가분적 주권	가분적(지분적·분유적) 주권
정치적 구성원리	대표에 의하여 행사될 수 밖에 없는 순수 대의제를 추구	국민이 직접 그것을 행사하는 직접 민주제를 추구
주권의 주체와 행사자	주권의 주체와 행사자가 반드시 분리된다.	주권의 주체와 행사자가 대체로 일치함

주권의 위임방법과 대표의 성격	-무기속 자유위임 -정치적 대표	-기속적 강제위임 -법적 대표
선거제도	-보통선거가 아닌 제한.차등선거도 인정 -선거권은 국가기관을 구성하기 위한 봉사행위로서 국민의 의무	-보통·평등선거 -선거권은 주권의 행사방법의 문제로서 국민의 권리

㈏ **민주주의원리**(가치 지향적) : 국민에 의한 지배 또는 국가권력이 국민에게 귀속되는 것을 특징으로 하는 정치원리로서 헌법전문과 제4조, 제8조 제4항의 자유민주적 기본질서, 제1조 제1항의 대한민국은 민주공화국임을 규정한 것 등으로 나타난다.

㈐ **법치주의원리**(실질적) : 사람의 자의적 · 폭력적 지배를 배제하고 법에 의한 '이성적 지배'를 할 것을 요구하는 원리이다. 오늘날 형식적 법치주의는 사라지고 '정의의 실현을 그 내용으로 하는 법'에 의한 실질적 법치주의원리에 따른다. 이는 인간의 존엄성 규정(§10), 법 앞의 평등 규정(§11), 인신의 자유와 적법절차(§12①), 인간다운 생활권(§34①), 행정의 합법률성과 사법적 통제(§107②)로 나타난다.

㈑ **사회국가원리** : 국가가 정의로운 사회질서의 형성과 국민의 기본적 생활수요를 충족할 수 있도록 국민의 생활여건을 조성하는 것을 국가의 책무로 하는 원리로 헌법전문의 사회정의의 구현과 평등사회의 실현, 제10 · 31 · 36조의 사회적 기본권 규정, 제23조의 재산권 규정, 제119조 제2항의 경제의 규제와 조정 규정으로 나타난다.

㈒ **문화국가원리** : 국가로부터 문화의 자유가 보장되고 국가에 의하여 문화가 공급되어져야 하는 원리로 헌법전문에서 '문화의 … 영역에 있어서 각인의 기회를 균등히 하고', 제9조의 민족문화창달의무, 제10조 인간의 존엄성, 제34조 제1항 인간다운 생활권 규정으로 나타난다.

㈓ **국제평화주의 및 국제질서**

㉠ 국제평화주의 : 국제적 차원에서 평화공존, 국제분쟁의 평화적 해결, 각 민족간의 자결권 존중, 국내문제 불간섭 등을 핵심내용으로 하는 것으로 헌법전문의 '항구적인 세계평화와 인류공영에 이바지', 제5조 제1항 국제평화의 유지에 노력한다, 제6조 국제법질서존중 및 외국인의 법적 지위보장 등의 규정으로 나타난다.

㉡ 국제질서 : 일원론(국내법우위론)에 의하면 조약과 국제법규는 헌법의 하위규범이며 법률과 동등하다. 조약의 규범통제를 다수설과 헌법재판소는 인정한다.

5. 기본제도

제도보장은 객관적으로 제도를 헌법에 규정함으로써 당해 제도의 본질을 보장하는 것이다.

(1) 정당제도

(가) **정당의 개념** : 정당이라 함은 국민의 이익을 위하여 책임 있는 정치적 주장이나 정책을 추진하고 공직 선거의 후보자를 추천 또는 지지함으로써 국민의 정치적 의사형성에 참여함을 목적으로 하는 국민의 자발적 조직을 말한다.

(나) **정당의 헌법상 지위** : 정당의 헌법상 지위에 대하여 국가기관설, 일반결사설, 중개적 기관설 등이 있으나, 통설과 헌법재판소는 중개적 기관으로 본다.

(다) **법적 형태** : 법인격 없는 사단(다수설, 헌재)이지만 일반 결사와 달리 설립 · 활동 · 재정 · 해산상의 특권을 갖는다.

(라) **정당의 권리와 의무** : 정당은 일반결사에 비하여 설립(등록제) · 활동(헌법과 법률에 의한 활동의 자유인정) · 존립에 있어서 특권을 누리고 법률이 정하는 바에 따라 정당의 운영에 필요한 자금을 국가로부터 보조받을 수 있다. 한편, 정당은 국가긍정의 의무, 민주적 기본질서의 존중의무, 목적 · 조직과 활동의 민주화 의무, 재원의 공개의무, 강령 등의 공개의무 등을 진다.

(마) **정당의 설립** : 정당은 중앙당과 5이상의 시 · 도당(당원 1천인이상)으로 구성된다. 창당준비에는 중앙당은 200인, 시 · 도당은 100인 이상의 발기인이 있어야 한다. 중앙당이 중앙선거관리위원회에 등록함으로써 성립한다.

(바) **정당의 해산** : 정당은 자진해산, 중앙선거관리위원회의 등록취소, 헌법재판소의 심판에 따라 강제해산되는 경우가 있다.

(2) 선거제도

(가) **선거제도**란 국민적 합의에 의한 대의민주정치를 실현하기 위해 주권자인 국민의 대표자를 선출하는 제도이다.

(나) **선거의 기본원리**

㉠ 보통선거원칙(↔ 제한선거) : 선거인의 사회적 신분, 재산, 지위에 관계없이 모든 사람에게 선거권 및 피선거권을 부여하는 선거원칙

㉡ 평등선거원칙(↔ 차등선거) : 선거인의 투표가치가 평등하게 취급되는 선거원칙

㉢ 직접선거원칙(↔ 간접선거) : 일반선거인이 대표자를 직접 선출하는 선거원칙

㉣ 비밀선거원칙(↔ 공개선거) : 선거인이 누구에게 투표하였는지를 모르게 하는 선거원칙

㉤ 자유선거원칙(↔강제선거) : 선거의 내용뿐만 아니라 선거의 가부까지도 선거인의 임의로운 결정에 맡기는 선거원칙

㈐ 대표제와 선거구

㉠ 대표제 : 대표제는 대표결정방식 또는 의원정수 배분방법을 말한다.

구분	내 용	장단점
다수대표제	한선거구에서 2당이상이 대립하는 경우 다수당이 독점하고 소수당은 의원을 낼 수 없다.	정국안정에 기여, 死票가 많음
소수대표제	한선거구에서 의원정수가 다수당에 독점되지 않고 소수당도 의원을 낼 수 있다(소수당에 유리)	대선거구제를 전제
비례대표제	다수정당이 분립하는 경우 각 정당 득표수의 비율에 따라 의원을 선출하는 제도	사표방지, 국민의사를 골고루 반영
할증제	일정비율이상의 득표한 정당에 총의원수의 과반수라든지 2/3에 해당하는 의석을 배분하는 제도	정국의 안정 도모
직능대표제	선거인을 각직역별로 나누어 직역단위로 대표를 선출하는 제도	직역별 분류곤란

㉡ 선거구제 : 선거구제는 선거인단을 지역단위로 분할하는 방식을 말한다. 이에는 1선거구에서 1명의 대표를 선출하는 소선거구제, 2~4인을 선출하는 중선거구제, 5인 이상을 선출하는 대선거구제가 있다.

구분	대선거구제	소선거구제
의의	한 선거구에서 다수의 대표를 선출	한 선거구에서 1인의 대표를 선출
장점	사표·부정투표의 방지, 인물선택의 범위 확대	양대정당 육성, 정국안정, 선거의 공정성확보, 의원과 선거민과의 유대밀접, 선거비용의 소액화
단점	군소정당 출현, 정국불안정, 거액의 선거비용, 보궐·재선거 실시 곤란, 후보자 파악이 곤란	사표의 가능성, 게리맨더링(Gerrymandering)의 위험성, 지방적인 소인물의 배출

(3) 지방자치제도

㈎ 의의 : 일정한 지역적 사무를 지역주민의 의사에 기하여 국가로부터 독립된 법인인 지역적 단체가 자주적으로 처리하는 것을 말한다. 민주주의와 권력분립원리를 구현한다는 의의가 있다.

㈏ **자치단체의 권한과 조례** : 자치입법권, 자치조직권, 자치행정권, 자치재정권을 갖는바, 특히 조례는 지방자치단체가 자치입법권에 의하여 자치사무와 단체위임사무에 관하여 지방의회의결로 제정하는 규범이다.

(4) 공무원제도

㈎ **공무원의 개념** : 국가나 공공단체와 공법상 근무관계를 맺고 있는 자이다.

㈏ **공무원의 지위** : 국민에 대한 봉사자로서의 지위를 갖는다.

㈐ **직업공무원제도**

㉠ 연혁 : 바이마르헌법에서 비롯되었으며, 대한민국 헌법에는 건국헌법부터 공무원의 지위를 규정하였으며 직업공무원제도는 제3차 개헌때 도입되었다.

㉡ 직업공무원제도는 공무원(헌법 §7②)의 정치적 중립과 신분을 보장하여 안정적인 정책집행을 보장하려는 제도이다(특수경력직 · 경력직중1급공무원은 제외).

제2장 기본권

1. 기본권 일반 이론

기본권이란 헌법이 보장하는 국민의 기본적 권리를 말한다.

기본권의 발전

1) 영국

대헌장(Magna Charta, 1215년) ⇨ 권리청원(Petition of Right, 1628년), 인신보호법(1679) ⇨ 권리장전(Bill of Rights, 1689년) → 국가 권력에 대항하여 국왕과 타협한 결과물, 국왕이 종래부터 인정되어 온 국민의 권리와 관습을 존중하겠다는 약속에 불과

2) 근대적 기본권

국민의 기본권이 개인적인 권리(천부인권 사상)로 인정됨

(가) 미국 : 버지니아주 권리장전(1776년) ⇨ 독립선언(1776년) ⇨ 연방헌법(1787년) ⇨ 연방헌법에 인권조항 10개조 추가(1791년)

(나) 프랑스 : 인간과 시민의 권리선언(1789년) ⇨ 헌법에 수용(1791년)

(다) 독일 : 프랑크푸르트헌법(1849년) ⇨ 프로이센헌법(1850년) ⇨ 비스마르크헌법(1871년) ⇨ 바이마르헌법(1919년)

(1) 기본권의 법적 성격

기본권은 前국가적 자연법상의 권리이며, 주관적으로는 개인을 위한 공권을 의미하지만 객관적으로는 국가의 기본적 법질서를 구성하는 요소라고 할 수 있다(이중적 성격).

(2) 기본권의 주체

내 · 외국인에서와 달리 법인 중 공법인의 기본권 주체성은 제한적으로만 인정된다.

구분	인정되는 기본권	인정되지 않는 기본권
외국인	인간의 존엄과 가치, 신체의 자유, 신체의 자유 보장을 위한 실체적 · 절차적보장, 종교의 자유, 예술 · 학문의 자유, 사생활이 자유, 소비자의 권리, 재산권, 언론 · 출판 · 집회 · 결사의자유, 환경권, 보건권, 노동3권 등	입국의 자유, 선거권, 피선거권, 공무담임권, 근로의 권리, 인간다운 생활을 할 권리 등
법 인	평등권, 직업 선택의 자유, 거주 이전의 자유, 재산권, 재판청구권 등	인간의 존엄과 가치, 생명권, 인신의 자유, 신앙 및 양심의 자유, 환경권, 선거권 등

(3) 기본권의 효력

(가) **대국가적 효력** : 기본권은 모든 국가작용을 직접 구속하는 힘을 가진다.

(나) **대사인적 효력** : 주관적 공권인 기본권의 효력을 제3자인 사인 상호간의 관계에까지 확대하여 사인으로부터의 법익침해에 대하여도 기본권 보장의 효력을 인정한다. 그러나 이 경우에 일반적으로는 사법상의 일반조항을 통해 간접적으로 적용되고, 직접적인 효력을 가지는 경우(인간존엄 · 가치 및 행복추구권, 언론 · 출판의 자유, 여자 · 연소자 근로의 특별보호, 노동3권)는 예외적이다.

(다) **기본권의 충돌**

어떠한 기본권이 헌법의 안에서 행사되는 경우임에도 불구하고 그로 인해 다른 기본권이 제한되는 경우 → 예 기업주의 재산권과 주민의 환경권의 충돌

㉠ 상충되는 기본권이 모두 충족될 수 있는 합리적 해결책 모색(형평성의 원칙)

㉡ 양 당사자의 이익을 비교하여 어느 기본권을 더 보호해야 할 것인지를 판단(利益衡量의 원칙)

(4) 기본권의 제한

(가) **헌법유보** : 헌법에 의해 직접 제한되는 경우로서 정당의 활동 제한(헌법 §8④), 언론의 자유 제한(헌법 §21④), 재산권의 공공복리 적합의무(헌법 §23②), 공무원의 노동3권(헌법 §33②)이 되는 경우 등이 있다.

(나) **법률유보** : 법률로써 제한 → 비상계엄, 긴급 명령권, 긴급 재정 · 경제 처분 및 명령권 발동시에는 법률이 아닌 명령이나 처분으로도 기본권을 제한 할 수 있다(헌법 §76 · §77).

㉠ 개별적 법률유보 : 헌법 제12조 제1항, 제23조 제1항, 제27조, 제28조, 제29조, 제

33조 제2항 등에는 개별기본권 자체에 기본권제한의 근거가 제시되어 있다.

㉡ 일반적 법률유보(§37②) : 기본권의 제한은 국가안전보장 · 질서유지 또는 공공복리라는 목적을 위하여 필요한 경우에 한하고 원칙적으로 법률에 의해서만 가능하다.

㈐ **내재적 한계** : 기본권을 제한하는 경우에도 자유와 권리의 본질적인 내용을 침해할 수 없다.

(5) 기본권의 침해와 그 구제

㈎ **입법기관에 의한 침해**

㉠ 적극적 침해에 대해서는 헌법소원, 청원권, 선거권을 제기한다.

㉡ 부작위(소극적 침해)에 대해서는 헌법재판소에 부작위 위법확인소원을 제기한다.

㈏ **행정기관에 의한 침해** : 청원, 행정심판, 행정소송, 국가배상 등에 의한다.

㈐ **사법기관에 의한 침해** : 항소, 상고, 재심, 비상상고, 형사보상 등에 의한다.

㈑ **사인에 의한 침해** : 「범죄피해자구조법」, 검 · 경찰에의 고소 · 고발, 손해배상청구, 기타 자구행위에 의한다.

(6) 기본권 체계와 종류

기본권의 성질	기 본 권 의 종 류	
포괄적 기본권	인간의 존엄과 가치 · 행복추구권, 평등권	
자유권적 기본권	신체의 자유, 거주 · 이전의 자유, 사생활의 자유, 통신의 자유, 양심의 자유, 종교의 자유, 언론 · 출판 · 집회 · 결사의 자유, 학문과 예술의 자유	
경제적 기본권	재산권의 보장, 직업선택의 자유, 소비자의 권리	
정치적 기본권	정치적 자유권	정치적 활동·표현의 자유(정당가입 · 선거운동의 자유)
	참정권	선거권, 공무원담임권, 국민표결권, 직접참정권(국민발안 · 표결 · 소환권)
청구권적 기본권	청원권, 재판청구권, 형사보상청구권, 국가배상청구권, 범죄피해자 구조청구권	
사회적(생존권적) 기본권	교육을 받을 권리, 근로의 권리, 노동3권, 인간다운 생활을 할 권리, 환경권, 혼인 · 가족 · 모성보호에 관한 권리, 보건권	

2. 포괄적 기본권

(1) 인간으로서의 존엄과 가치

㈎ **의의** : 헌법 제10조는 "모든 국민은 인간으로서 존엄과 가치를 가지며, 행복을 추구할 권리를 가진다."라고 규정하여 인간의 존엄과 가치를 규정하고 있다. 한국 헌법은 Bonn기본법의 영향을 받아 제5차 개정 때 인간의 존엄과 가치가 도입되었다.

㈏ **법적 성격**

㉠ 근본규범성(헌법이 지향하는 최고의 실천원리) 우리 헌법이 지향하는 목표

㉡ 자연권성 : 천부인권성을 강조한 기본권의 전 국가적 · 초국가적 권리 내지 원리를 선언한 규정

㉢ 기본권의 포괄성의 근거: 다른 모든 기본권의 전제, 국가의 기본권 보장 의무

㉣ 개인주의 : 반전체주의, 개인이익 보호주의

㉤ 기본권성의 인정 여부 : 헌법재판소는 인간의 존엄과 가치 및 행복추구권을 모든 기본권 보장의 종국적 목적으로 보면서, 동시에 전자는 일반적 인격권이, 후자는 일반적 행동자유권 · 개성의 자유로운 발현권 등이 포함되어 있다고 하면서 기본권성을 긍정하고 있다(헌재결 1989.10.27, 89헌마56, 1991.9.16, 89헌마165).

㈐ **주체** : 인간의 존엄과 가치의 주체는 국민뿐만 아니라 외국인에게도 인정된다. 또한, 무국적자는 포함하나, 법인이나 권리능력 없는 사단이나 재단은 그 주체가 될 수 없다. 태아의 경우에도 이 권리를 향유하고 있다고 보아야 하며, 신체불구 · 정신이상자 · 기형아 또는 범죄자 등을 가리지 않고 모든 인간에게 인정되는 것이다.

㈑ **인간의 존엄과 가치의 내용**

㉠ 생명권(生命權)은 국가적 침해로부터 생명권을 방어하려는 소극적 생명권과 국가에 대한 보호청구를 할 수 있는 적극적 생명권을 내용으로 한다. 따라서 국가가 생명을 단축하거나 박탈하는 것은 금지되며 태아의 생명을 제3자의 침해로부터 보호하여야 한다.

㉡ 일반적 인격권

ⓐ 일반적 인격권이란 일반적으로 자신과 분리할 수 없는 인격적 이익의 향유를 내용으로 하는 인격의 자유로운 발현에 관한 권리로서 인격을 형성 · 유지 및 보호받을 수 있는 권리를 말한다.

ⓑ 헌법재판소 결정례 : 사죄광고제도는 헌법에서 보장된 인간의 존엄과 가치 및 그를 바탕으로 한 인격권에(법인 포함) 큰 위해가 된다고 한다(헌재결 1991.4.1, 89헌마160).

㉢ 자기결정권이란 국가권력으로부터 간섭 없이 일정한 사적 사항에 관하여 스스로 결정할 수 있는 자의적 권리를 말한다.

㈒ **침해 및 구제** : 인간의 존엄과 가치의 침해는 불법행위를 구성하기 때문에 국가배상청구나 사인에 대한 손해배상청구, 청원권의 행사, 헌법소원 등의 구제방법이 있다.

(2) 행복추구권

㈎ **의의** : 행복추구권이란 안락하고 만족스런 삶을 추구할 수 있는 권리, 고통이 없는 상태나 만족감을 느낄 수 있는 상태를 실현한 권리(행동의 자유권, 신체 불훼손권, 평화적 생존권, 휴식권, 수면권, 일조권, 스포츠권 등)이다. 한국 헌법은 '인간의 존엄과 가치' 존중에 관한 규정에서 이른바 '행복추구권'을 함께 보장하고 있다.

㈏ **법적 성격**

㉠ 포괄적 기본권성

㉡ 자연권성

㉢ 소극적 · 방어적인 권리임과 동시에 적극적이고 능동적인 성격을 지닌 복합적 권리

㈐ **주체** : 행복추구권은 내국인뿐만 아니라 외국인도 주체가 된다. 그러나 법인은 주체가 될 수 없다.

㈑ **내용**

㉠ 행복추구권의 내용으로는 일반적 행동자유권, 개성의 자유로운 발현권, 평화적 생존권, 휴식권, 수면권, 일조권, 스포츠권 등을 들 수 있다.

㉡ 헌법재판소의 결정례 : 헌법재판소는 「화재로 인한 재해보상과 보험가입에 관한 법률」 제5조 제1항의 위헌 여부에 관한 헌법소원에서 "행복추구권에는 일반적 행동자유권과 개성의 자유로운 발현권이 함축되어 있고, 이 일반적 행동의 자유권에는 적극적으로 자유롭게 행동하는 것은 물론 소극적으로 행동을 하지 않을 자유, 즉 부작위의 자유도 포함되므로 계약자유의 원칙도 일반적 행동자유권으로부터 파생된다."라고 하여 일반적 행동자유권과 개성의 자유로운 발현권을 행복추구권의 내용으로 인정하고 있다(헌재결 1991.6.3, 89헌마 204).

㈒ **침해 및 구제** : 국가가 사인에 의해 행복추구권을 침해당했을 때에는 침해행위배제청구권이나 예방청구권에 의해 구제받을 수 있으며 손해배상청구도 가능하다.

(3) 평등권

㈎ **의의** : 평등권이란 국가에 대하여 합리적 이유 없이 불평등한 대우를 하지 말

것과 평등한 대우를 요구할 수 있는 권리(헌재결)를 말한다. 평등권은 그 자체가 독립된 기본권의 성격을 지니고 있으나, 다른 기본권들의 보장·실현에도 적용되는 기본권 실현의 방법적 기초이므로 기본권 중의 기본권(헌재결)이다.

(나) 평등권의 법적 성격

㉠ 국가에 대한 공권, 자연권적 기본권

㉡ 상대적, 비례적, 실질적 평등 → 합리적 차별 가능

(다) '법 앞에 평등'의 의미

㉠ '법'의 의미 : 여기서 법은 국회에 의하여 제정된 형식적 의미의 법률에 한하지 않고, 성문법·불문법 등 모든 법을 말하며, 초실정법으로서 자연법을 포함한다.

㉡ '법 앞에'의 의미

ⓐ 입법자 구속설(법내용 평등설) : 법 앞에 평등이란 법 내용의 평등, 즉 법률의 평등으로 이해하는 입장이다(통설).

ⓑ 입법자 비구속설(법적용 평등설) : 평등이란 법률의 평등이 아닌 법률 앞에서의 평등을 의미하므로 법의 적용만을 구속하는 것이지, 입법을 구속할 수는 없다.

㉢ '평등'의 의미 : 일체의 차별대우를 부정하는 산술적 의미의 절대적 평등(성별, 체력, 재능 등 선천적 조건의 차이나 직업, 재산, 교육 수준 등 후천적 조건의 차이를 인정하지 않는 것)이 아니라 배분적 정의에 입각한 상대적 평등이다(헌재).

ⓐ 모든 사회 활동 영역에서의 기회의 균등을 의미

ⓑ 헌법에 규정된 평등권의 구체적 내용 : 차별 대우 금지, 사회적 특수 계급 제도 금지, 특권 제도 금지, 교육의 기회 균등, 여성 근로자의 차별 금지, 혼인과 가족생활의 남녀평등, 선거에 있어서의 평등, 경제 질서의 사회적 평등, 지역 간의 균형 발전 등

ⓒ 합리적 차별 : 남자에게만 부과되는 병역의 의무, 여성의 생리 휴가, 미성년자 관람 불가, 누범 가중 처벌, 누진세 제도 등

(라) **평등권의 주체** : 평등권의 향유주체는 개인뿐만 아니라 법인, 권리능력 없는 사단이나 재단도 포함된다. 외국인의 경우는 주체가 될 수 있느냐가 문제되나, 평등권은 인간의 권리이므로 외국인에게도 적용되나, 국제법상 상호주의 원칙에 따라 일정한 제한이 인정된다.

(마) **평등권의 내용**

㉠ 차별금지사유(예시규정) : 성별(남녀 간의 임금 차별, 승진 기회의 차별, 여성에게 혼인하면 퇴직해야 한다는 계약 등), 종교(특정 종교를 믿거나 혹은 믿지 않는다는 이유로 인한 국가적 생활 영역에서의 차별), 사회적 신분(국회의원, 공무원, 학생 등의 사회적 신분으로 인한 국가적 생활 영역에서의 차별)

㉡ 차별금지영역 : 정치적 · 경제적 · 사회적 · 문화적 생활영역

㈓ 한국 헌법상 평등권의 구현 형태

㉠ 특권제도의 금지규정에 의한 평등의 실현

ⓐ 사회적 특수계급제도의 창설금지(§11②)

ⓑ 영전일대의 원칙(§11③)

㉡ 개별적 평등권의 제도화

ⓐ 교육의 기회균등(§31①)

ⓑ 근로관계에서 여성에 대한 차별금지(§32④)

ⓒ 혼인과 가족생활에서 양성의 평등(§36①)

ⓓ 평등선거의 원칙(§41①, §67①, §116①)

3. 자유권적 기본권

개인이 국가 권력의 간섭이나 억압을 받지 않을 권리(소극적 · 방어적 공권, 포괄적 권리, 절대군주에 항거하여 최초로 획득한 권리로 천부인권성이 가장 강함)

(1) 신체의 자유(§12·13)

자신의 신체가 외부의 물리적 힘이나 정신적 위협으로부터 침해당하지 아니하며, 자신의 뜻대로 자기 몸을 다스릴 수 있는 자유

㈎ 형사실체법적 원리

㉠ **죄형법정주의** : 모든 국민은 신체의 자유를 가진다. 누구든지 법률에 의하지 아니하고는 체포 · 구속 · 압수 · 수색 또는 심문을 받지 아니하며, 법률과 적법한 절차에 의하지 아니하고는 처벌 · 보안처분 또는 강제노역을 받지 아니한다(§12①).

㉡ **일사부재리 · 이중처벌금지 원칙** : 동일한 범죄에 대하여 거듭 처벌받지 아니한다(§13①). 이중처벌금지원칙은 반복적인 형사절차도 금지한다(일사부재리: 실체판결이 확정되어 기판력이 발생하면 동일사건에 대해 거듭 심판할 수 없다.)는 원칙이다.

구 분	이중위험금지 원칙	일사부재리 원칙
연 혁	영 · 미계(미국 수정헌법 §5)	대륙법계(독일기본법 §103③)
성 격	절차적 효력(공판절차가 일정한 단계에 이르면 그 절차를 반복할 수 없다.)	실체적 효력(기판력이 발생한 사건에 대해 재차 심판금지)
효력발생 시기	일정한 공판절차	판결이 확정된 때
주 장	본인의 주장이 필요, 포기도 가능(검사의 상소는 불가)	직권조사사항
대 상	일사부재리원칙보다 넓다.	이중위험 금지원칙보다 좁다.

㉢ **연좌제금지** : 모든 국민은 자기의 행위가 아닌 친족의 행위로 인하여 불이익한 처우를 받지 아니한다(§13③).

(나) **형사절차법적 원리**

㉠ 진술거부권 : 형사상 자기에게 불리한 진술을 강요당하지 아니한다(§12②).

㉡ 영장주의 : 체포·구속·압수 또는 수색을 할 때에는 적법한 절차에 따라 검사의 신청에 의하여 법관이 발부한 영장을 제시하여야 한다(§12③).

㉢ 변호인의 조력을 받을 권리 : 누구든지 체포 또는 구속을 당한 때에는 즉시 변호인의 조력을 받을 권리를 가진다(§12④).

㉣ 고지제도 : 누구든지 체포 또는 구속의 이유와 변호인의 조력을 받을 권리가 있음을 고지 받지 아니하고는 체포 또는 구속을 당하지 아니한다(§12⑤).

미란다 원칙

1960년 미국 법조계에 한바탕 논란을 일으킨 어니스토 미란다는 10대 소녀를 납치, 성폭행한 고교 중퇴자이다. 애리조나 주 법원이 그에게 내린 형량은 징역 40~45년. 이런 그가 미국 사법사에 이름을 남긴 것은 미국 자유 시민 연맹이 '미란다 대(對) 애리조나 판결'을 연방대법원까지 끌고 가 1966년 마침내 미란다의 무죄 선고를 이끌어 냈기 때문이다.

이 때 판결문에서 밝힌 게 이른바 미란다(Miranda) 원칙이다. 요약하면 경찰관이 피의자를 붙잡아 연행 조사하기에 앞서 피의자에게 묵비권과 변호사 선임권이 있음을 알려 주지 않으면 경찰관의 요구에 응하지 않아도 되며, 또한 그의 자백은 증거 능력이 없다는 내용이다.

㉤ 구속적부심사제도 : 누구든지 체포 또는 구속을 당한 때에는 적부의 심사를 법원에 청구할 권리를 가진다(§12⑥).

㉥ 자백의 증거능력 및 증명력 제한 : 피고인의 자백이 고문·폭행·협박·구속의 부당한 장기화 또는 기망 기타의 방법에 의하여 자의로 진술된 것이 아니라고 인정될 때 또는 정식재판에 있어서 피고인의 자백이 그에게 불리한 유일한 증거일 때에는 이를 유죄의 증거로 삼거나 이를 이유로 처벌할 수 없다(§12⑦).

㉦ 무죄추정의 법리 : 형사피고인은 유죄의 판결이 확정될 때까지는 무죄로 추정된다(§27④).

(다) **적법절차원리**(§12①2문)는 형사실체법과 절차법을 모두 기속하는 원리이다.

(2) 사생활영역의 자유

(가) **사생활의 비밀과 자유**(§17)

㉠ 의의 : 사생활이란 공생활 및 사회생활과 구별되는 개인생활을 의미하며, 사생활

의 자유란 사생활의 자유로운 형성과 전개를 방해받지 않을 권리를 의미하며, 사생활의 비밀이란 사생활의 내용을 부당히 공개당하지 아니할 권리를 의미한다.

ⓛ 법적 성격 : 사생활의 비밀과 자유는 개인의 프라이버시(privacy)권으로서, 인격권의 일종이며 인간의 존엄성과 불가분의 관계에 있다.

ⓒ 주체 : 모든 국민이 향유 주체이며, 외국인을 포함한다.

ⓔ 내용

ⓐ 사생활 비밀의 불가침

ⓑ 사생활 자유의 불가침

ⓒ 자기정보관리통제권

ⓜ 표현의 자유와의 관계 : 사생활의 비밀과 자유는 표현의 자유와 충돌하기 쉬운데, 충돌하는 경우에 어느 것을 우선시킬 것인가에 대해 다음과 같은 이론이 있다.

ⓐ 권리포기이론 : 일정한 사정 하에서 사생활의 비밀을 포기한 것으로 간주한다는 이론이다(예 자살 등).

ⓑ 공익이론 : 국민의 알 권리의 대상이 되는 사항은 국민에게 알리는 것이 공공의 이익이 된다는 이론이다(예 범죄피해자의 공개, 공중의 보건과 안전 등).

ⓒ 공적 인물이론 : 사생활의 비밀과 자유가 침해되었다고 주장하는 자의 사회적 지위에 따라 사생활의 비밀과 자유의 한계가 결정되어야 한다는 이론이다(예 정치인, 운동선수 등).

(나) 주거의 자유(§16)

ⓖ 의의 : 주거의 자유란 자신의 주거를 공권력이나 제3자로부터 침해당하지 아니할 권리로서 인간의 생활적 공간에 대한 보호가 선행되지 않고는 사생활의 내용에 대한 보호도 기대하기 어려우므로, 사생활의 비밀과 자유를 지키기 위한 불가결의 기초가 된다.

ⓛ 법적 성격 : 소극적 방어권으로서 자유권의 성격을 가진다.

ⓒ 주체 : 모든 국민과 외국인이 향유주체이다. 성질상 법인은 주체가 될 수 없다.

ⓔ 내용

ⓐ 주거의 불가침 : 주거란 주택 이외에도 현재의 거주 여하를 불문하고 거주하기 위하여 점유하고 있는 일체의 공간적인 생활영역(예 회사, 사무실, 여관방, 연구실 등)을 의미한다. 정당한 이유 없이 주거에 침입하는 것은 형법상 주거침입죄를 구성한다.

ⓑ 대법원 판례 : 대리시험자의 시험장 입실의 경우, 타인의 처와 간통할 목적

으로 그 처의 동의 하에 주거에 들어간 경우, 일반인이 대학강의실을 출입하는 경우, 점유할 권원이 없는 자가 점유한 건조물에 법적 절차 없이 소유자가 들어간 경우 등에 대하여 주거침입죄가 성립한다고 보았다.

(다) **통신의 자유**(§18)

㉠ 의의 : 통신의 자유, 즉 통신의 비밀의 불가침이란 개인이 그들의 의사나 정보를 자유롭게 전달교환하는 경우에 그 내용이 본인의 의사에 반하여 공개되지 않는 자유를 의미한다.

㉡ 주체 : 자연인, 법인, 내 · 외국인 모두 이를 향유할 수 있다.

㉢ 내용 : 통신의 비밀은 편지의 비밀, 전신의 비밀과 기타 우편의 비밀을 포함하는 개념이다(「통신비밀보호법」).

(라) **거주·이전의 자유**(§14)

㉠ 의의 : 거주 · 이전의 자유란 자기가 원하는 곳에 주소 · 거소를 정하거나 그것을 이전하거나, 자기의 의사에 반하여 주소 등을 옮기지 않을 자유를 말한다. 거주 · 이전의 자유는 국민의 자유로운 생활형성의 전제를 보장하는 점에서, 국가의 수사권으로부터 신체활동의 자유를 보장하려는 신체의 자유와 구별된다.

㉡ 주체 : 모든 국민이 향유주체이며, 여기에는 국내 법인도 포함된다.

㉢ 내용

ⓐ 국내 거주 · 이전의 자유

ⓑ 해외 거주 · 이전의 자유 : 국외 이주의 자유, 해외 여행의 자유, 국적이탈의 자유

㉣ 한계 : 거주 · 이전의 자유의 본질적 내용은 법률로써도 제한이 불가능하다. 따라서 거주 · 이전에 대한 허가제 등을 규정한 법률은 위헌이 될 것이다. 대도시의 인구집중을 막기 위한 법률에 의한 제한은 내용에 따라서 거주 · 이전의 자유를 침해할 수도 있다. 이와 관하여 대법원은 대도시의 인구집중을 억제하고 공해를 방지하기 위하여 등록세를 중과세하는 지방세법 제138조를 합헌으로 판시하였다(대판 1985.5.14, 85누1).

(3) 정신적 기본권

(가) **양심의 자유**(§19)

㉠ 의의 : 개인이 형성한 양심이나 사상을 외부에 발표하도록 강제당하지 않거나, 그 양심이나 사상에 반하여 어떤 행위를 강제당하지 아니할 자유 → 양심상 결정의 자유, 침묵의 자유 등 종교적 신앙설, 도덕적 윤리설, 일반적 신조설, 정신적 관조설 등이 있으나, 헌법 제19조의 양심은 세계관 · 인생관 · 주

의·신조 등은 물론 널리 개인의 인격형성에 관계되는 내심에 있어서의 가치관·윤리관 등을 포함한다.

ⓛ 법적 성격

ⓐ 정신적 자유로서 최상급 기본권

ⓑ 소극적 자유권성

ⓒ 주관적 공권성과 객관적 가치질서성

ⓓ 절대적 자유권성

ⓒ 주체 : 모든 국민과 외국인이 향유주체이며, 성질상 법인은 제외된다.

ⓔ 내용

ⓐ 양심형성의 자유

ⓑ 양심유지의 자유 : 침묵의 자유, 양심추지의 금지, 양심에 반하는 행위의 강제금지

- 사죄광고 : 헌법재판소는 법원이 판결로써 사죄광고의 게재를 명하는 것은 양심의 자유를 침해하는 것으로 위헌이라고 하였다(헌재결 1991.4.1, 89헌마160).
- 양심적 집총거부 : 미국 연방대법원은 전쟁 일반이 아닌 특정전쟁만을 반대한 자에게 양심적 집총거부를 부인하였고, 독일 연방헌법재판소도 상황조건부 병역거부를 허용하고 있지 않다.
- 국기경례거부 : 미국은 국기경례거부를 인정한 바 있으나, 한국 대법원은 국기에 대한 경례를 종교상의 우상숭배라며 거부한 학칙위반학생의 제적처분은 정당하다고 보았다(대판 1976.4.27, 75누249).
- 양심실현의 자유 : 헌법재판소는 헌법 제19조가 보호하고 있는 양심의 자유는 양심형성의 자유와 양심적 결정의 자유를 포함하는 내심적 자유뿐만 아니라 양심적 결정을 외부로 표현하고 실현할 수 있는 양심실현의 자유를 포함한다고 하며 이 자유는 제한이 가능하므로 「국가보안법」 제10조의 불고지죄는 합헌이라고 한다(헌재결 1998.7.16, 96헌바35).

(나) 종교의 자유(§20)

㉠ 의의 : 종교의 자유는 종교생활을 그 보호대상으로 하는 것(국교 부인, 정치와 종교 분리, 신앙의 자유, 종교 행위의 자유, 종교 단체 결성 및 집회의 자유), 종교란 인간의 형이상학적인 신앙을 그 내용으로 하는 것으로서 상념의 세계에만 존재하는 초인적인 절대자에 대한 귀의 또는 신과 내세에 대한 '내적인 확신'의 집합개념이다.

ⓛ 법적 성격 : 국가권력에 대한 방어권으로서 주관적 공권인 동시에 국가의 종

교적 중립성의 근거가 되는 객관적 가치질서로서의 성격을 가진다.

㉢ 주체 : 모든 국민과 외국인이 향유주체이다. 성질상 법인은 주체가 될 수 없다.

㉣ 내용

ⓐ 신앙의 자유

ⓑ 신앙실행의 자유 : 종교의식의 자유, 종교선전(포교)의 자유, 종교교육의 자유, 종교적 집회·결사의 자유 등이 포함된다.

㉤ 국교 부인과 정교 분리의 원칙

ⓐ 헌법규정 : 한국 헌법은 종교의 자유를 규정하면서 국가의 종교적 중립성의 원칙(헌법 §20②)을 따로 두어 국교를 인정할 수 없는 점과 종교와 정치가 분리되어야 한다는 점을 명백히 밝히고 있다.

ⓑ 내용 : 종교의 자유의 내용으로서 국가의 종교적 중립성의 원칙이 특히 강조되는 우리 헌법질서에서는 국가권력이 특정 종교를 특별히 보호 내지 우대하거나 탄압 내지 적대시하는 행위, 국가권력이 종교선전 또는 종교교육 등의 종교활동을 하는 행위, 국가권력이 종교에 간섭하거나, 종교단체가 정치에 개입하는 행위 등이 객관적 가치질서를 해치는 반헌법적인 행위로 지탄을 받게 된다.

㈐ 학문의 자유(§22)

㉠ 의의 : 학문의 자유란 진리와 진실을 진지하게 계획적으로 탐구하는 자유로서 학문적 활동에 대한 어떠한 간섭이나 방해를 받지 아니할 자유를 의미한다.

㉡ 법적 성격 : 개인의 기본권으로서의 면과 아울러 대학자치의 제도적 보장으로서의 면을 함께 지니고 있다고 해석하는 것이 지배적 입장이다.

㉢ 주체 : 대학의 교수나 연구원뿐만 아니라, 모든 국민과 외국인이 향유주체이다.

㉣ 내용

ⓐ 학문연구의 자유

ⓑ 학문연구결과 발표의 자유

ⓒ 교수(강학)의 자유

ⓓ 연구를 위한 집회·결사의 자유

ⓔ 학문기관의 자유

㉤ 대학의 자유 : '대학의 자유'는 학문연구기관으로서의 대학이 대학의 운영에 관한 모든 사항을 외부의 간섭 없이 자율적으로 결정할 수 있을 때만 그 실효성을 기대할 수 있기 때문에 '대학의 자치'를 그 본질로 한다.

㈑ 예술의 자유(§22)

㉠ 의의 : 예술의 자유는 인간의 미적인 감각세계 내지는 창조적인 경험세계의 표현형태에 관한 기본권을 의미한다.

㉡ 법적 성격 : 주관적 공권인 개인의 자유권인 동시에 제도보장으로서 객관적 가치질서의 성격도 내포한다.

㉢ 주체 : 예술가에게만 한정되는 것이 아니라, 모든 인간에게 보장되는 자유이다.

㉣ 내용

ⓐ 예술창작의 자유

ⓑ 예술표현의 자유

ⓒ 예술적 집회 · 결사의 자유

㉤ 헌법재판소 결정례 : '음란'은 사회의 건전한 성도덕을 크게 해칠 뿐만 아니라 사상의 경쟁 메커니즘에 의해서도 그 해악이 해소되기 어려운 것이어서 이러한 음란표현은 언론 · 출판의 자유에 의하여 보호되지 않지만 '저속'은 이러한 정도에 이르지 않는 성표현 등을 의미하는 것으로서, 헌법적인 보호영역 안에 있다(헌재결 1998.4.30, 95헌가16).

(4) 표현의 자유

㈎ 언론 · 출판의 자유(§21)

㉠ 의의 : 언론 · 출판의 자유란 자기의 사상이나 지식을 언어나 문자 등으로 외부에 표현하는 자유를 말한다. 언론이란 구두로, 출판이란 문자나 상형에 의한 표현을 말한다. 이와 관련하여 헌법재판소는 음반 및 비디오물의 제작이 언론 · 출판의 자유에 의하여 보호됨은 물론 광고물도 언론 · 출판 자유의 보호를 받는다고 한다.

㉡ 법적 성격 : 언론 · 출판의 자유보장을 위한 자유권임과 동시에 언론 · 출판제도의 본질을 침해해서는 안 된다는 제도보장의 결합이다.

㉢ 주체 : 모든 국민과 외국인이 향유주체이며, 법인에게도 보도의 자유 등이 보장된다.

㉣ 내용

ⓐ 의사표현의 자유

ⓑ 정보의 자유(알 권리) : 헌법재판소는 알 권리를 언론 · 출판자유의 하나의 내용으로 보면서 의사형성에 필요한 정보에 접근 · 수집 · 처리할 수 있는 자유로 보고 있다.

ⓒ 보도의 자유

ⓓ Access권 : 언론매체에 대한 접근이용권

ⓔ 언론기관의 자유

㉤ 언론 · 출판의 자유에 대한 규제입법의 합헌성 판단기준

ⓐ 이중기준의 원칙

ⓑ 막연하기 때문에 무효의 원칙(명확성의 원칙)

ⓒ 과잉금지의 원칙

ⓓ 명백하고 현존하는 위험의 원칙(Schenck v. U.S 사건에서 Holmes 판사가 주장)

ⓔ 입증책임의 전환이론

구 분	언론 · 출판의 자유	집회 · 결사의 자유
의 미	* 자기의 사상이나 지식을 언어나 문자 등을 통해 외부에 표현하는 자유 * 언론에 대한 검열은 원칙적으로 인정되지 않음	*공동의 목적으로 다수인이 집합하고 결합하는 자유(집단적인 표현의 자유 보장) *집회 · 결사에 대한 허가는 원칙적으로 인정되지 않음 → 옥외집회 및 시위는 사전 신고
공통점	건전한 여론 형성의 수단	

㈏ **집회 · 결사의 자유**(§21)

㉠ 의의 : 집회 · 결사의 자유는 의사표현의 공동의 목적을 가지고 다수인이 집합하고 결합하는 자유를 의미한다.

㉡ 주체 : 모든 국민이 향유주체이다. 결사의 자유는 법인에게도 인정된다.

㉢ 집회의 자유 : 공동의 목적을 가진 다수만이 자발적으로 일시적인 모임을 가질 수 있는 자유를 말한다. 한편, 집회 중에 집단적 시위가 포함되는가에 대하여 헌법재판소는 이러한 시위를 이동하는 집회로 보아 긍정하고 있다(헌재결 1992.1.28, 89헌가8).

㉣ 결사의 자유 : 결사의 자유라 함은 공동의 목적을 가진 다수인이 자발적으로 계속적인 단체를 조직할 수 있는 자유를 말한다. 자발적 단체라 볼 수 없는 공법상의 결사는 본조의 결사에 포함되지 않는다(헌법재판소 결정).

4. 경제적 기본권

(1) 재산권 보장(§23)

㈎ **의의** : 재산권이라 함은 모든 공·사법상 경제적 가치가 있는 모든 권리를 말하며 그 재산가액의 다과를 묻지 않는다.

㈏ **주체와 객체**

㉠ 주체 : 모든 국민과 법인이 향유주체이고, 외국인은 헌법 제23조에 의한 재산권 보장을 받을 수 없으며, 국제조약이 정하는 바에 따라 보장범위가 결정된다.

㉡ 객체 : 헌법상 재산권은 민법상 소유권·물권·채권은 물론 특별법상 권리(광업권, 어업권, 수렵권) 그리고 공법상의 권리도 포함한다.

㈐ **내용**

㉠ 사유재산제도의 보장

㉡ 사유재산권의 보장

㉢ 소급입법에 의한 재산권 박탈의 금지

㉣ 지식(무체)재산권의 보장

㈑ **재산권의 사회적 기속성** : 재산권의 사회적 기속성이란 공공복리를 위하여 재산권의 주체가 무보상으로 재산권 행사를 제한받게 되는 것이다. 사회적 기속성은 사유재산제도가 아니라 사유재산권을 제한하는 것이다.

㈒ **재산권 행사의 공공복리 적합의무**(개별적 헌법유보)

㉠ 사회적 법치국가사상의 헌법규범화로 재산권 행사의 헌법적 한계를 규정

㉡ 재산권 제한의 특수형태를 정당화시켜 주는 이념적 기초

㈓ **재산권의 침해와 정당한 보상**

㉠ 공공필요에 의한 수용·사용·제한 : 헌법 제37조 제2항보다 넓은 개념이다.

㉡ 역대 헌법상 보상지급기준

ⓐ 제1공화국 : 상당한 보상

ⓑ 제2공화국 : 상당한 보상

ⓒ 제3공화국 : 정당한 보상

ⓓ 제4공화국 : 입법보상

ⓔ 제5공화국 : 이익형량보상

ⓕ 제6공화국 : 정당한 보상

(2) 직업선택의 자유 헌법(§15)

(가) **의의** : 직업선택의 자유란 자기가 선택한 직업에 종사하여 이를 영위하고 언제든지 임의로 전환할 수 있는 자유를 의미한다(헌재 결정). 직업선택의 자유는 근대 시민사회의 출범과 동시에 인정된 것으로 개인의 경제생활의 터전이 되며, 자유로운 인격발전에 이바지하게 할 뿐 아니라, 자유주의적 경제 · 사회질서의 요소가 되는 기본적 인권이다.

(나) **주체** : 국민이 향유주체이며, 외국인에게는 원칙적으로 그 주체성이 인정되지 않는다. 법인은 그 주체가 될 수 있으나, 공법상 법인은 그 주체성이 인정되지 않는다.

(다) **내용**

㉠ 직업소유의 자유
㉡ 직업결정의 자유
㉢ 직업수행의 자유
㉣ 직업이탈 및 전직의 자유

(라) **단계이론** : 독일 연방헌법재판소가 약국판결에서 발전시킨 이론으로, 직업의 자유를 제한할 경우 방법상 그 침해의 정도가 좀 더 적은 방법부터 선택하여 단계적으로 적용하여야 한다는 이론이다.

㉠ 제1단계
직업수행의 자유를 제한(가장 많은 제한을 받는다)
예 : 유흥업소의 영업시간 제한, 백화점 세일횟수 제한, 택시의 10부제 운행

㉡ 제2단계
주관적 사유에 의한 직업결정의 자유의 제한
예 : 변호사만 법률사건취급, 5급 이상 세무공무원의 5년 근무시 세무사자격

㉢ 제3단계
객관적 사유에 의한 직업결정의 자유의 제한(가장 적은 제한)
예 : 변호사 개업시 지역제한, 목욕탕 거리제한

(3) 소비자의 권리(§124)

소비자가 인간다운 생활을 영위하기 위하여 공정한 가격으로 양질의 상품 또는 용역을 적절한 유통구조를 통하여 적절한 시기에 구입하거나 사용할 수 있는 권리이다. 헌법적 근거로 제10조(인간의 존엄성과 기본적 인권의 보장)를 든다.

5. 정치적 기본권

(1) 정치적 자유권(광의)

국민이 직 · 간접으로 정치에 참여하고, 국가 기관을 구성하는 권리를 말한다.

(가) 정치적 표현의 자유

(나) 정치적 활동의 자유로 정당의 자유와 선거운동의 자유를 갖는다.

(2) 참정권(협의)

(가) 직접참정권으로 국민발안, 국민표결, 국민소환권이 있는데, 이는 간접민주제를 보완한다. 국민투표권(국가 의사 결정에 직접 참여할 수 있는 권리 → 대통령의 국가 중요 정책에 대한 국민 투표권과 개헌안에 대한 국민 투표권)

(나) 간접참정권으로 선거권(헌법 §24), 공무담임권(헌법 §25)이 있다.

㉠ 선거권 : 국민의 대표를 선출 할 수 있는 권리 → 19세 이상(공직선거법 §15)

㉡ 공무 담임권 : 선거직 공무원(대통령, 국회의원 등) 피선거권, 공무원 피임명권

6. 청구권적 기본권

(1) 청원권(§26)

(가) **의의** : 청원권은 국민이 공권력과의 관계에서 일어나는 여러 가지 이해관계 또는 국정에 관해서 자신의 의견이나 희망을 진술할 수 있는 권리를 말한다. 우리 헌법에 "모든 국민은 법률이 정하는 바에 의하여 국가기관에 문서로 청원할 권리를 가진다. 국가는 청원에 대해서 심사할 의무를 진다."라고 규정(헌법 §26)함으로써 청원권을 보장하고 있다.

(나) **주체** : 청원권의 향유주체는 자연인뿐만 아니라 법인도 포함되며 외국인도 그 주체가 된다. 다만, 공무원 · 군인과 같은 특수신분관계에 있는 자에게는 직무에 관련된 청원이나 집단적인 청원은 원칙적으로 할 수 없다.

(다) **내용**

㉠ 청원사항(「청원법」 §4－예시적 규정)

ⓐ 피해의 구제

ⓑ 공무원과 관련된 사항

ⓒ 입법에 관한 사항

ⓓ 공공제도 및 시설에 관한 사항

ⓔ 기타 공공기관의 권한에 속하는 사항

㉡ 청원금지사항

ⓐ 재판에 간섭하는 것(「청원법」 §5)

ⓑ 국가원수를 모독하는 것(「청원법」 §5)

ⓒ 타인을 모해할 목적으로 허위의 사실을 적시하는 것(「청원법」 §10)

ⓓ 이중청원(「청원법」 §8)

ⓔ 국가기관을 모독하는 내용(국회법 §123)

㉢ 청원의 방식과 절차 : 청원은 청원인의 성명 · 주소 · 직업을 기재하고, 청원의 이유와 취지를 기재한 문서로써 하여야 한다. 청원서는 청원사항을 주관하는 관서에 제출하고, 어떤 처분이나 처분의 시정을 요구하는 청원서는 처분관서에 제출한다(「청원법」 §7).

㈑ 효과

㉠ 적극적 효과 : 헌법은 제26조 제2항에서 청원에 대한 수리와 심사의 의무만을 국가의 의무로 규정하고 있으나, 청원법에서는 그 결과를 청원인에게 통지할 의무까지 규정하고 있다(「청원법」 §9).

㉡ 소극적 효과 : 청원법에서 국민은 청원을 하였다는 이유로 차별대우를 받거나, 불이익을 강요당하지 않는다는 것을 보장하고 있다(「청원법」 §11).

(2) 재판청구권(§27)

㈎ 재판청구권은 법적 분쟁에 대한 판단이 중립적이고 독립된 국가기관에 의해서 공정하게 이루어지도록 보장하기 위한 기본권이다. 민사 · 형사 · 행정재판청구권과 아울러 헌법재판청구권을 포함한다.

❖ 재판의 종류

민사재판	개인 간의 법률관계에서 생긴 분쟁에 대한 재판
형사재판	반사회적인 범죄행위를 대상으로 하는 재판
행정재판	행정 법규의 적용이나 공법상의 법률관계에 대한 재판 → 행정법원이 1심 담당
특허재판	특허사건에 대한 심판은 특허청에 설치되는 특허심판원이 제1심으로 심리하고, 이에 불복이 있는 경우 특허법원이 제2심 법원이 되며 대법원이 제3심 법원이 된다.
선거재판	선거의 효력이나 당선의 유·무효에 관한 재판 → 단심제, 대법원에서 담당 (선거법을 위반한 사건에 관한 재판은 범죄 행위를 다루는 형사재판임)
군사재판	군인이나 군무원의 범죄를 다루는 재판, 특별법원으로 보통군사법원과 고등군사법원이 설치되어 있으며, 군사법원의 상고심은 대법원이 된다.

(나) 군사재판 : 특별법원인 군사법원에 의한 재판도 상고심을 대법원으로 하므로 합헌이다.

(다) 배심재판 : 배심제(jury)는 법률전문가가 아닌 일반시민이 배심원(juror)으로서 법관과 따로 사건의 사실문제에 관한 판단권을 행사하는 제도이다. 사실심이 아닌 법률심에 (법관이 아닌) 배심원이 관여한다면 위헌이다. 사법의 민주적 정당성과 신뢰를 높이기 위하여 국민이 형사재판에 참여하는 제도를 도입하기 위한 「국민의 형사재판 참여에 관한 법률」을 제정(2007.6.1 법률 제8495호)하여 영미의 배심제와 대륙법계의 참심제를 절충한 형태를 도입하였다.

(라) 대법원을 최종심으로 하지만 모든 사건에 대법원에 의한 재판을 받을 권리가 보장되는지는 입법정책의 문제일 뿐이다.

(마) 신속한 권리구제와 공정성을 담보하기 위하여 신속한 공개재판을 받을 권리가 인정된다.

(바) 형사피해자는 공판정에서의 진술권이 보장된다.

(3) 형사보상청구권(§28)

(가) **의의** : 형사피의자나 형사피고인으로 구금되었던 자가 불기소처분이나 무죄판결을 받은 경우 그가 입은 정신적 · 물질적 손실을 국가에 대해 청구할 수 있는 권리를 말한다.

(나) **형사보상청구권의 성립요건**

㉠ 형사피의자 또는 형사피고인일 것

㉡ 구금될 것

㉢ 형사피의자의 경우 법률이 정하는 불기소처분을 받을 것

㉣ 형사피고인인 경우에는 무죄판결을 받을 것

㉤ 국가기관의 고의 · 과실을 요하지 않는다.

(다) **형사보상청구권의 절차**

㉠ 불기소처분이 있은 날로부터(피의자보상) 또는 무죄판결이 확정된 날로부터(피고인보상) 불기소처분을 한 검사가 소속하는 지방검찰청의 피의자보상심의회(피의자보상) 무죄판결을 행한 법원(피고인보상)에 제출하여야 한다.

㉡ 보상청구권에 대한 결정은 피의자보상심의회 또는 법원합의부가 행한다.

㉢ 피의자보상심의회의 결정에 대하여는 법무부장관의 재결을 거쳐 행정소송을 제기할 수 있으며, 피고인보상의 경우에는 법원의 보상결정에 대하여는 불복할 수 없으나, 청구를 기각한 결정에 대하여는 즉시항고할 수 있다(형사보상법 §4).

(라) **형사보상의 내용** : 보상액은 1일 5천원 이상으로 대통령령이 정하는 금액 이하의 비율에 따라 정하도록 되어 있다.

(4) 국가배상청구권(§29)

㈎ **의의** : 국가배상청구권이란 국민이 공무원의 직무상 불법행위로 손해를 입은 경우에 그 배상을 국가나 공공단체에 청구할 수 있는 권리를 말한다.

㈏ **주체와 객체** : 국가배상청구권의 향유주체는 국민으로 자연인이거나 법인을 불문한다. 외국인은 상호보증이 있는 때에 한하여 그 주체가 될 수 있다. 헌법상 국가배상청구권의 객체는 국가와 공공단체이지만, 국가배상법상의 객체는 국가와 지방자치단체로 한정하였다.

㈐ **국가배상청구권의 성립요건**

㉠ 공무원의 직무상 불법행위로 인한 손해배상청구권

ⓐ 공무원 ⇨ 넓은 의미의 공무원

ⓑ 직무상 행위(외형주의)

ⓒ 불법행위 ⇨ 고의·과실로 법령에 위반한 행위

ⓓ 손해의 발생 ⇨ 재산적 손해는 물론 정신적 손해도 포함

㉡ 공공시설의 하자로 인한 손해배상청구권 : 도로·하천 기타 공공의 영조물의 설치 또는 관리에 하자가 있음으로 인하여 타인에게 손해가 발생하여야 한다.

㈑ **국가배상의 본질** : 국가대위책임설과 자기책임설(다수설)이 있으나, 판례는 절충설을 채택하고 있다.

㈒ **배상청구의 절차와 범위**

㉠ 배상청구절차 : 결정전치주의를 규정하고 있었으나, 국가배상법의 개정으로 배상심의회에 배상신청을 하지 않고도 소송을 제기할 수 있다(국가배상법 §9).

㉡ 배상범위 : 배상의 범위는 가해행위와 상당한 인과관계에 있는 모든 손해의 배상이다.

㈓ **구상권 행사** : 국가 또는 지방자치단체가 피해자에게 손해를 배상한 경우에 가해공무원에게 고의나 중과실이 있으면 국가(지방자치단체)가 가해공무원에게 구상권을 행사할 수 있다.

㈔ **이중배상청구금지** : 헌법 제29조 제1항은 군인·군무원·경찰공무원 등에 대해서는 특정한 손해에 관하여 법정보상만을 인정하며, 이중배상청구권은 부인하고 있다. 따라서 국가배상법 제2조 제1항 단서에서 군인·군무원·경찰공무원 외에 향토예비군 대원까지 중복된 국가배상청구권을 제한하고 있다.

구 분	국가배상청구권	손실보상청구권
근 거	헌법 제29조	헌법 제23조
발생원인	공무원의 직무상 불법행위, 공조물의 설치·관리의하자→위법한 행정작용	공권력이 사유재산에 대하여 특별한 희생을 가함→적법한 행정작용
대 상	재산상 손해 및 정신적 손해	원칙적으로 재산상 손실
기준시점	불법행위시	협의시나 재결시
정의관	평균적(원상회복)	배분적(조절적 보상)
기초이념 및 책임	개인주의 사상에 입각한 개인적 · 도의적 · 과실책임	단체주의 사상에 입각한 사회적 공평부담주의 · 무과실책임주의
전보기준	발생원인과 상당인과 관계있는 모든 손해	헌법(§23)에 따른 정당한 보상
전보방법	일반 민사상 불법 행위로 인한 손해배상방법에 의한다.	금전보상을 원칙적으로 하나 현물 · 매수보상도 예외적으로 가능
전보내용	재산상 손해 외에 정신적 손해도 가능	원칙적으로 재산상의 손해에 한한다.
청구절차	국가배상법 · 민사소송절차에 의한다.	각 법률에 따름 · 협의불성립시나 재결 불복시 행정소송도 가능

(5) **범죄피해자의 구조청구권**(§30)

(가) 의의 : 범죄피해자구조청구권이라 함은 본인에게 귀책사유가 없는 타인의 범죄행위로 말미암아 생명을 잃거나 신체상의 피해를 입은 국민이나 그 유족이 범죄자(가해자)로부터 충분히 피해배상을 받지 못한 경우에 국가에 대하여 일정한 보상을 청구할 수 있는 권리를 말한다.

(나) 주체 : 타인의 범죄로 인하여 생명 · 신체에 대한 피해를 받은 국민이나 그 유족

(다) 성립요건

㉠ 적극적 요건

ⓐ 타인의 범죄행위 또는 수사단서 제공 등으로 인하여 피해가 발생할 것 : 유족이 피해자를 고의로 사망하게 한 경우 또는 정당행위, 정당방위 또는 과실에 의한 행위에 기한 피해는 제외된다(긴급피난의 경우는 가능하다).

ⓑ 생명 · 신체상의 피해로 사망 또는 장해 및 중상해를 당한 경우일 것 : 명예나 재산 등에 가해진 피해는 제외된다.

ⓒ 구조피해자가 피해의 전부 또는 일부를 배상받지 못할 것

㉡ 소극적 요건(범죄피해자보호법 §19)

ⓐ 피해자와 가해자 간에 친족관계(사실혼 관계포함)가 아닐 것

ⓑ 피해자가 범죄행위를 유발시킨 경우가 아닐 것
ⓒ 당해 범죄행위의 발생에 관하여 피해자에게 귀책사유가 없을 것
ⓓ 구조금의 전부 또는 일부를 지급함이 사회통념상 상당하다고 인정할 만한 상당한 이유가 없을 것

㈑ **행사절차**

㉠ 사망자의 유가족이나 피해자는 주소지나 범죄행위지를 관할하는 지방검찰청 소속의 범죄피해자구조심의회에 신청한다(범죄피해자보호법 §25①).

㉡ 구조금의 지급신청은 해당 구조대상 범죄피해의 발생을 안 날로부터 3년, 또는 당해 범죄피해가 발생한 날로부터 10년 이내에 하여야 한다.

㉢ 구조금을 받을 권리는 양도하거나 담보제공·압류할 수 없으며 그 구조결정이 해당 신청인에게 송달된 날부터 2년간 행사하지 않으면 시효로 소멸한다.

7. 사회적 기본권(생활권)

(1) 의의

국가에 대하여 어떠한 보호나 생활 수단의 제공을 요구할 수 있는 권리 → 적극적 권리, 개별적 권리(헌법에 규정되어 있는 것만 보호), 복지 증진의 수단이다. 국민이 인간다운 생활을 확보하기 위하여 일정한 국가적 급부와 배려를 요구할 수 있는 헌법상의 권리로 헌법재판소는 구체적 권리성을 인정한다.

*** 자유권적 기본권과 사회적 기본권은 어떻게 다른가?**

자유권적 기본권	사회적 기본권
* 근대 시민 사회에서 강조 * 개인주의적, 자유주의적 세계관을 전제로 함 * '국가로부터의 자유' 확보 → 전 국가적 자연권 * 포괄적·소극적 권리 * 재판 규범성이 강함	* 현대 복지국가에서 강조 * 단체주의적, 사회정의의 세계관을 전제로 함 * '국가에 의한 자유' 확보 → 국가 내적 실정권 * 개별적·적극적 권리 * 행위 규범성이 강함

(2) 인간다운 생활을 할 권리(§34)

㈎ **의의** : 인간다운 생활을 할 권리란 인간의 존엄성에 상응하는 건강하고 문화적인 생활을 영위할 권리를 말한다. 이를 위해 사회보장수급권이 인정된다.

㈏ **법적 성격** : 능동적이고 행위 규범성이 강한 적극적인 권리

㈐ **국가의 의무** : 사회 보장과 사회 복지 증진에 노력할 의무가 있다. → 「직업안정법」, 「국민기초생활 보장법」, 「재해구호법」, 「장애인고용촉진 및 직업재활법」, 「노인복지법」, 「모자보건법」 등

(3) 교육을 받을 권리(§31)

㈎ **의의** : 모든 국민은 능력에 따라 균등하게 교육을 받을 권리가 있다. 교육의 권리는 인간의 존엄을 향유하기 위한 정신적 기초를 평등하게 보장하기 위한 기본권이다.

㈏ **부모의 의무** : 모든 국민은 그가 보호하는 자녀에게 최소한의 의무 교육을 받게 해야 한다.

㈐ **교육 관련 규정** : 국가의 평생 교육 진흥 의무, 의무 교육의 무상 실시, 교육의 자주성 · 전문성 · 정치적 중립성 · 대학 자치 보장

(4) 근로 기본권

㈎ **근로의 권리**(§32) : 헌법은 개인에게 독자적인 경제활동을 하기 위한 물직적 기반을 보장하기 위해서 근로의 권리를 보장(근로 기회의 제공과 인간다운 근로 조건의 확보 → 「근로기준법」 제정, 최저임금제, 여자와 연소자의 근로에 대한 특별 보호 등)하고 있다.

㈏ **노동 3권**(§33) : 우리헌법은 집단적인 노동자의 권리로 단결권 · 단체교섭권 · 단체행동권을 보장하고 있다.

(5) 환경권(§35)

㈎ 헌법은 환경의 보전과 개선의 과제를 개인의 환경권을 보장하는 형태로 선언하는데, 환경권의 본질은 환경보전을 위하여 국가에게 조성행위 의무를 부과하는 데 있다.

㈏ 환경권을 둘러 싼 분쟁은 환경오염행위가 갖는 파급효과가 광역적으로 나타나고, 그로 인하여 소송당사자능력을 확정하고 또 인과관계를 증명하는 데 어려움이 있다는 특성을 갖는다.

(6) 혼인 · 가족 · 모성 · 보건에 관한 권리(§36)

혼인과 가족의 보호에 관한 기본권은 자유권적 성격과 사회적 기본권의 성격을 갖는다. 이외에 모성보호와 국민이 자신과 가족의 건강을 유지하는 데 필요한 국가적 급부와 배려를 요구할 수 있는 보건권이 인정된다.

8. 국민의 기본적 의무

(1) 고전적인 기본적 의무

- 국민은 납세의무(헌법 §38)와 국방의무(헌법 §39)를 부담한다.

(2) 현대적 의무(권리실질화로서의 의무)

- 재산권 행사 공공복리 적합의무(헌법 §23②)
- 교육을 받게 할 의무(헌법 §31②)
- 근로의 의무(헌법 §32②)
- 환경보전의무(헌법 §35①)

제3장 통치구조

1. 기본원리

(1) 대의제 원리(국민대표주의)

㈎ **의의** : 대의란 구체적으로 볼 수 없는 존재가 볼 수 있는 존재를 통하여 현존하게 되는 것을 뜻하며, 대의제라 함은 국민이 직접 정치적 결정을 내리지 않고 그 대표를 통해서 간접적으로 정치적 결정에 참여하는 기관구성의 원리인 동시에 의사결정의 원리를 말한다.

㈏ **대의제의 기능** : 대의제는 책임정치의 실현에 기여하며, 효율적인 권력통제의 메커니즘을 발전시키고 민주적 선거제를 정착시키는 데 중요한 기능을 하며, 엘리트에 의한 전문정치를 실현시킬 수 있으며, 국가권력의 순화와 제한정치의 실현에 크게 이바지한다.

㈐ **대의제의 위기**

㉠ 대의기관의 대표성 약화
㉡ 엘리트 정치의 타락(의원의 전문성 약화, 의원이 특정이익을 위해 봉사)
㉢ 국민의 무능과 무관심의 증대현상
㉣ 국민의 직접참정욕구의 증대현상
㉤ 공동체의식의 파괴와 개인의 원자화로 인한 대중사회화 현상
㉥ 무기속 위임의 위협(정당정치 발달로 의원의 정당기속)
㉦ 대의기관의 관료화 경향에 따른 공개적 토론의 소외현상
㉧ 이익집단, 압력단체들의 등장과 집단이기주의 팽배 등

㈑ **대의제의 위기 타개책**

㉠ 공정하고 자유로운 선거 및 공개토론의 활성화
㉡ 대의기관은 정보화시대에 발맞춰 국민이 알아야 할 정보를 제공
㉢ 국민의 높은 정치의식과 그에 따른 행동
㉣ 대의기관이 정치의 방향을 잡고 집행을 통제
㉤ 정당국가적 대의제에서는 정당간의 권력견제기능의 수행을 중시

㈒ **현행 헌법상 대의제** : 현행 헌법은 국민주권의 원리와 함께 "모든 권력은 국민으로부터 나온다."(헌법 §1②)라고 규정하여 국민에 의하여 선출된 국민의 대표가 국

가권력을 대신하여 행사한다는 대의제를 채택하고 있음을 명백히 하고 있다. 그러나 현행 헌법상 대의제는 통치구조의 조직원리로서의 본래의 대의제가 아니라 정당국가적 이념과 직접민주에의 요소를 가미한 조화된 현대적 대의제이다.

(2) 권력분립의 원리

(가) **개념** : 권력분립의 원리라 함은 국민의 자유와 권리를 보장하기 위하여 국가권력을 입법권 · 집행권 · 사법권으로 분할하고, 이들 권력을 각각 분리 · 독립된 별개의 국가기관들에게 분산시킴으로써, 특정의 개인이나 집단에게 국가권력이 집중되지 아니하도록 함은 물론 권력 상호간에 권력적 균형관계가 유지되도록 하는 통치구조의 구성원리를 뜻한다.

(나) **로크(Locke)의 권력분립론** : 권력분립의 원칙을 가장 먼저 주장한 사람은 Locke이다. 그는 『시민정부이론』에서 국가에는 입법권 · 집행권 · 동맹권(연합권)의 3권이 있으며, 집행권과 동맹권은 서로 분리될 수 없고, 다른 사람의 수중에 둘 수 없다고 하면서 2권분립론을 주장하였다.

(다) **몽테스키외(Montesquieu)의 권력분립론** : Montesquieu는 그의 『법의 정신』에서, 개인의 자유의 보장과 국가의 횡포를 방지하기 위해서는 국가권력을 입법 · 사법 · 행정의 3권으로 분립할 것을 주장하였다. 그는 Locke와는 달리 엄격한 3권분립론에 입각하여 기관의 분리와 기관간의 견제와 균형을 강조한 것이 특징이다.

(라) **권력분립의 위기원인**

㉠ 국민주권주의의 실질화
㉡ 행정국가화
㉢ 정당국가화
㉣ 위헌법률심사에 의한 사법국가화 경향

(마) **현행 헌법에 있어서의 권력분립제도** : 현행 헌법은 입법권은 국회(헌법 §40)에, 행정권은 대통령을 수반으로 하는 정부(헌법 §66④)에, 사법권은 법관으로 구성된 법원(헌법 §101①)에 부여하고 있다(수평적 권립분립). 현행 헌법은 권력의 분리 · 분립, 권력 상호간의 견제와 균형의 권력분립이론의 고전적 요소와 기능통제라는 현대적 요소가 모두 반영되었다고 본다.

2. 정부형태론

(1) 정부형태의 분류

뢰벤슈타인은 전제주의적 정부형태와 입헌주의적 정부형태로 분류했는데, 오늘날 의원내각제 · 대통령제(미국) · 신대통령제 · 반(半)대통령제 · 이원정부제 · 의회정부제(회의제)로 분류한다.

❖ 대통령제와 의원내각제

대통령제	㈎ 법 행정의 상호견제 ㈏ 입법 행정의 상호독립 ㈐ 행정부의 일원성 ㈑ 정부의 국회 해산권이 없다. ㈒ 정부의 법률안 제출권이 없다. ㈓ 정부각료의 출석·발언권이 없다. ㈔ 정부각료와 국회의원 겸직불가 ㈕ 국무회의 자문(심의)기관
의원내각제	㈎ 입법 행정이 상호융합 ㈏ 입법 행정의 상호책임 ㈐ 정부의 이원성 ㈑ 정부의 국회 해산권이 있다. ㈒ 정부의 법률안 제출권이 있다. ㈓ 정부각료의 출석·발언권이 있다. ㈔ 정부각료와 국회의원 겸직가능 ㈕국무회의 의결기관

(2) 한국의 정부형태

한국의 정부형태는 대통령제를 원칙으로 이에 의원내각제적 요소를 가미하고 있다.

㈎ **대통령제적 특징** : 원칙으로 입법부와 행정부가 조직과 기능상 독립되며, 대통령은 국가의 원수이며 행정부의 수반으로서 국민에 의하여 직선되며, 탄핵을 받지 않으며 정치적 책임을 지지 않는다. 또한, 최고통치권자의 지위에서 국가긴급권, 헌법개정안 발의권, 국민투표 회부권을 갖는다.

㈏ **의원내각제적 요소** : 국무총리제를 두고, 국무회의가 헌법기관으로 되어 있는 점, 정부에게도 법률안 제안권이 있는 점, 입법부와 행정부의 조직상 독립의 예외로서 국회는 대통령의 국무총리임명에 대한 동의권을 갖고, 국무총리와 국무위원에 대한 해임건의를 대통령에게 할 수 있는 점, 정부위원이 국회에 출석하여 발언할 수 있는 점을 들 수 있다.

3. 국 회

(1) 국회구성원리

㈎ 의의와 구성원리

㉠ 의회주의란 국민이 선출한 의회가 국가의사를 결정함으로써 의회가 국정을 주도적으로 운영하는 원리이다.

㉡ 기본원리 : 국민대표의 원리, 공개와 토론의 원리, 다수결원리, 의회내 다수파의 교체를 요구하는 정권교체의 원리

㈏ 단원제와 양원제

구분	양원제, 이원제(二院制)	단원제
의의	의회가 두 개의 합의체로 구성되며, 두 합의체가 각각 독립하여 결정한 의사가 일치한 경우에 이를 의회의 의사로 간주하는 의회제도	국회의 구성이 민선의원으로 구성되는 단일 하나의 합의체로 구성되는 국회제도
유형	ⓐ 상원을 세습(또는 임명)하는 귀족원형 ⇨ 영국 ⓑ 주의 대표로 구성하는 연방국가 ⇨ 미국, 독일 ⓒ 상원도 민선으로 하는 참의원형 ⇨ 일본, 한국(제2공화국) ⓓ 직능대표로 구성하는 직능대표형 ⇨ 독일	대만 · 독일 · 덴마크 · 폴란드 · 뉴질랜드 · 룩셈부르크 등 세계 30여 개국에서 채택하여 운영중(한국 제헌헌법과 제3공화국 이후). -국민의 합의는 하나밖에 없으므로 대표기관도 하나여야 한다는 데 그 이론적 근거를 구하고 있다.
장점	ⓐ 심의의 신중을 기함으로써 하원의 경솔을 시정할 수 있다. ⓑ 상원을 직능대표제나 주대표제로 함으로써 특수이익을 대변할 수 있다. ⓒ 하원이 정부와 충돌할 때 상원이 충돌을 완하시킬 수 있다. ⓓ 양원은 조직원칙을 달리함으로써 단원제에 있어서의 파쟁과 부패를 방지할 수 있다.	ⓐ 국정의 신속한 처리를 할 수 있다. ⓑ 국회의 경비를 절약할 수 있다. ⓒ 국민의사를 직접적으로 반영할 수 있다. ⓓ 국회의 책임소재가 명백해지고 그 지위가 강력해질 수 있다.
단점	ⓐ 중복된 절차로 의결이 지연된다. ⓑ 양원의 구성으로 비용이 증대된다. ⓒ 책임의 전가로 인하여 의회의 책임소재가 불분명해진다. ⓓ 정부에 대한 의회의 지위가 상대적으로 약화된다.	ⓐ 국정의 심의가 경솔해지기 쉽다. ⓑ 국회의 정부에 대한 횡포 등이 가능하다. ⓒ 국회와 정부의 충돌시 중재역할이 곤란하다.

(다) 우리나라 역대국회의 구성

㉠ 제헌헌법 : 단원제

㉡ 제1차 개헌(1952) : 양원제의 채택(미실시)

㉢ 제3차 개헌(1960) : 양원제(최초 실시)

㉣ 제5차 개헌(1962) : 단원제(지역구+전국구의원)

㉤ 제6차 개헌(1969) : 국회의원의 정수 상한선을 250명으로 상향 조정

㉥ 제7차 개헌(1972) : 단원제, 지역구출신의원과 통일주체국민회의에서 선출된 의원으로 구성

㉦ 제8차 개헌(1980) : 단원제, 지역구출신의원과 비례대표의원으로 구성

(라) 현행 헌법에 있어서 국회의 구성

㉠ 헌법은 국회의 구성을 단원제로 하고 있다.

㉡ 국회는 국민의 보통·평등·직접·비밀선거에 의하여 선출된 국회의원들로 구성된다(헌법 §41①).

㉢ 비례대표제가 법률로 가미될 수 있음을 규정하고 있다(헌법 §41③).

㉣ 국회의원의 정수는 법률로 정하되 200인 이상으로 한다(헌법 §41②).

(2) 국회의 헌법상 지위

(가) 국민의 대표기관으로서의 지위

㉠ 국회의 국민의 대표기관성에 대하여 여러 견해가 대립하지만, 정치적 대표설이 우리나라 다수설의 입장이다.

㉡ 정치적 대표설은 국민은 대표기관을 통하여 주권을 행사하고 대표기관의 행위가 국민의 행위로 간주되지만, 선거인과 국회의원 사이에는 강제위임은 없으며, 무기속위임이 원칙이다. 국민의 의사에 모순되는 의결은 유효성이 있다. 따라서 국회는 정치적 책임을 진다.

㉢ 국민대표기관성의 변질 : 정당국가화 경향으로 인하여 국회의 지위가 정당의 대표기관으로 전락하게 되고 국민대표에 대한 회의(소속정당의 하수인)가 대두되었다. 이에 대한 보완책으로 국회입법에 대한 사법심사제가 강화되었고, 대의제의 보완차원에서 직접민주제가 도입되었다.

(나) 입법기관으로서의 지위 : 국회의 입법기관성은 가장 본질적인 국회의 지위이다. 이러한 국회입법 중심의 원칙에도 불구하고 국가기능의 질·양적 변화로 인한 입법대상의 증가, 국회입법의 시간적 제약성 및 탄력성의 결여, 정당정치의 발달, 그리고 입법의 전문성 요구 등으로 국회의 지위와 역할에 많은 변화가 나타나게 되었으니, 위임입법의 증대와 국회의 통법부화 현상 등이 그것이다.

㈐ 국정의 통제기관으로서 지위

㉠ 국회의 집행부 통제

ⓐ 국무총리 임명에 대한 동의권

ⓑ 감사원장 임명에 대한 동의권

ⓒ 국회가 정부제안의 입법을 거부함으로써 소극적으로 통제하는 방법

ⓓ 예산심의와 결산심사권

ⓔ 대통령 등에 대한 탄핵소추권

ⓕ 국정감사 · 조사권

ⓖ 국무총리 · 국무위원에 대한 국회출석요구 및 질문권

ⓗ 계엄해제요구권

ⓘ 국군의 해외파견 등에 대한 동의권

㉡ 국회의 사법부통제

ⓐ 대법원장 · 대법관의 임명에 대한 동의권

ⓑ 탄핵소추권

ⓒ 예산안의 심의 · 확정권

ⓓ 국정감사 · 조사권

㉢ 국회의 헌법재판소 통제

ⓐ 헌법재판소에 대한 헌법재판소장의 임명에 대한 동의권

ⓑ 헌법재판소 재판관 3인의 선출권

ⓒ 헌법재판소의 탄핵소추권

ⓓ 헌법재판소의 설치 · 조직에 관한 법률제정권

(3) 국회의 조직

㈎ **의장단** : 국회는 의장 1인과 부의장 2인을 선출한다.

㈏ **위원회제도**

㉠ 상임위원회 : 그 소관사항에 관한 입법 기타 의안을 예비적으로 심의하기 위하여 16개의 상임위원회를 설치한다.

㉡ 특별위원회 : 예산결산특별위원회, 윤리특별위원회, 인사청문특별위원회와 필요시 본회의 의결로 특별위원회를 둘 수 있다.

㉢ 연석회의란 둘 이상의 위원회가 연석하여 개최하는 회의를 말하는 것으로서, 엄격한 의미의 독립된 위원회는 아니다. 의견진술과 토론을 할 수 있으나 표결은 할 수 없다(국회법 §63).

㉣ 전원위원회 : 「국회법」에 의하여 상임위원회제도의 역기능을 보완할 목적으로 의원전원으로 구성되는 전원위원회제도를 설치하였는 바, 위원회의 심사를 거치거나 위원회가 제안한 의안 중 정부조직법에 관한 법률안, 조세 또는 국민에게 부담을 주는 법률안 등 주요의안에 대하여 본회의 상정 전이나 상정 후에 재적의원 1/4이상의 요구가 있는 경우에는 의원전원으로 구성되는 전원위원회를 개회할 수 있다.

㈐ **교섭단체**

㉠ 교섭단체란 원칙적으로 동일 정당의 소속의원들로 구성된 원내정당을 의미한다. 교섭단체의 목적은 의사의 능률을 위해서이다.

㉡ 20인 이상의 소속의원을 가진 정당은 하나의 교섭단체가 된다. 정당 단위가 아니더라도 다른 교섭단체에 속하지 아니하는 20인 이상의 의원으로 교섭단체를 구성할 수 있다.

㉢ 교섭단체는 의원총회와 대표의원을 둔다. 대표의원은 원내총무가 된다.

(4) 국회의 회기 및 의사원칙

㈎ **국회의 회기** : 정기회(매년 9월 1일 소집)와 임시회(수시집회)가 있다.

㈏ **국회의 의사원칙**

㉠ 일사부재의원칙(국회법상 원칙) : 회기 중에 이미 의결한 문제에 대해서는 그 회기 중에 다시 제출할 수 없다.

㉡ 의사공개원칙(헌법 §50) : 의사의 진행을 공개하여 국민의 비판과 감시

㉢ 회기계속원칙(헌법 §51) : 국회에 제출된 법률안이나 기타 의안은 회기 중에 의결되지 못한 이유로 폐기되지 아니한다.

㉣ 정족수 원리 : 의사정족수는 국회를 개회하기 위한 정족수이며 「국회법」에 의해 재적 4분의 1이상의 출석으로 개원한다. 의결정족수는 일반적으로 재적과반수의 출석과 출석과반수의 찬성에 의하고, 가부동수인 경우에는 부결된 것으로 본다(헌법 §49). 이외에도 다음과 같은 특별정족수가 있다.

정족수	근거규정(헌법, 국회법)
10인 이상 찬성	· 회의 비공개발의(국회법 §75①) · 일반의안 발의(국회법 §79①)
20인 이상 찬성	· 국무총리 · 국무위원 · 정부위원에 대한 출석요구 발의(국회법 §121①서면) · 윤리심사 · 징계요구(국회법 §156③) · 의원의 석방요구 발의(국회법 §28) · 의사결정의 변경 발의(국회법 §77) · 교섭단체의 선출(국회법 §33)
30인 이상 찬성	· 자격심사의 청구(국회법 §138) · 일반의안의 수정동의(국회법 §95①) · 위원회에서 폐기된 법률안 본회의 부의(국회법 §87①)
50인 이상 찬성	· 예산안에 대한 수정동의(국회법 §95①단서)
재적의원 1/5 이상	· 본회의·위원회 의사정족수(국회법 §54·§73①) · 중요안건 기명 · 호명 · 무기명투표 표결(국회법 §112②)
재적의원 1/4이상	· 임시국회 소집 요구(헌법 §47①) · 국정조사발의(국감조법 §3①) · 전원위원회 개회요구(국회법 §63의2) · 휴회중 재개요구(국회법 §8②)
재적의원 1/3 이상	· 국무총리 · 국무위원 해임건의 발의(헌법 §63②) · 대통령 이외의 자에 대한 탄핵소추 발의(헌법 §65②)
출석의원 과반수	· 회의의 비공개 의결(헌법 §50①)
재적의원 과반수 출석의원 다수득표	· 임시의장·상임위원장의 선거(국회법 §17, §41②) · 예산결산특위·윤리특위 위원회 위원장 선거(국회법 §45④) · 의장·부의장 선거에서 결선 투표의 경우(국회법 §15③) · 국회에서 대통령 선출(헌법 §67②)
재적의원 과반수 이상	· 헌법개정안 발의(헌법 §128①) · 대통령 탄핵소추 발의(헌법 §65②단서) · 의장·부의장 선출(국회법 §15①) · 국무총리 등 탄핵소추 의결(헌법 §65②) · 국무총리·국무위원 해임의결(헌법 §63②) · 계엄해제 요구 의결(헌법 §77⑤)
재적의원 과반수 출석의원 2/3이상	· 대통령이 회부한 법률안의 재의결(헌법 §53④) · 본회의·위원회에서 번안동의의 의결(국회법 §91)
재적의원2/3이상 찬성	· 헌법개정안 의결(헌법 §130①) · 대통령 탄핵소추권의 의결(헌법 §65②) · 국회의원 제명의결(헌법 §64③) · 국회의원 자격상실결정(헌법 §142③)

(5) 국회의 권한

㈎ 입법에 관한 권한

㉠ 헌법개정에 관한 권한 : 국회는 헌법개정에 관하여 발의권과 의결권을 가진다. 헌법개정안의 발의는 국회의원(재적 과반수)과 대통령이 할 수 있다(헌법 §128①). 헌법개정안이 공고된 날로부터 60일 이내에 국회의 의결을 거쳐야 하며, 국회의 의결에는 재적의원 3분의 2이상의 찬성을 얻어야 한다.

㉡ 법률의 제정에 관한 권한

ⓐ 일반적 입법절차 : 법률안 제안(국회의원과 정부) ⇨ 심의 · 의결 ⇨ 정부에의 이송 ⇨ 대통령의 공포(이송된 날로부터 15일 이내) ⇨ (특별한 규정이 없는 한 공포한 날로부터 20일 경과함으로써)효력발생

ⓑ 이례적 입법절차

• 대통령의 거부권 행사와 국회의 재의 : 정부에 이송된 법률안에 대해 이의가 있을 때에는 대통령은 법률안이 정부로 이송된 날로부터 15일 이내에 이의서를 붙여 환부하고 재의를 요구할 수 있으며(헌법 §53②) 국회가 폐회

중에도 같다. 재의에는 재적의원 과반수 출석과 출석의원 2/3 이상의 찬성으로 재의결·확정된다(§53④).

• 국회의장의 공포 : 정부이송 법률안을 15일 이내 공포·재의 요구도 하지 않을 때, 재의결 후 5일 이내에 공포하지 않을 시에는 국회의장이 공포한다.

㉢ 조약의 체결·비준에 대한 동의권 : 국회는 상호원조 또는 안전보장에 관한 조약, 중요한 국제조직에 관한 조약, 우호통상항해조약, 주권의 제약에 관한 제약, 강화조약, 국가나 국민에게 중대한 재정적 부담을 지우는 조약 또는 입법사항에 관한 조약의 체결·비준에 대한 동의권을 가진다(헌법 §60①).

㉣ 국회규칙의 제정권 : 국회는 법률에 저촉되지 않는 범위 내에서 의사와 내부규율에 관한 규칙을 제정할 수 있다(헌법 §64①).

㈏ 재정에 관한 권한

㉠ 조세법률주의 : 법률의 근거 없이 국가는 조세를 부과·징수할 수 없고, 국민은 조세의 납부를 요구받지 않는다는 원칙을 의미한다(헌법재판소 결정).

㉡ 예산심의·확정권

ⓐ 개념 : 예산이란 1회계연도에 있어서 국가의 세입·세출의 예산준칙을 정한 것으로 국회의 의결로 성립되는 법규범의 일종을 의미한다.

ⓑ 예산과 법률의 구별

구 분	예 산	법 률
형 식	법률과 별개의 예산의 형식(비법률)	법률(입법의 형식)
제출시한	회계연도 개시 90일 전까지	개폐시까지
의결시한	회계연도 개시 30일 전까지	제한 없음.
제 안	정부만이 제안	국회의원(10인) 또는 정부
수 정	삭감은 자유, 증액·신설은 정부의 동의를 받아야 가능(수정시 50인 이상 동의)	수정·증보·삽입·삭제의 자유 (수정시 30인 이상 동의)
거 부 권	행사 불가	행사 가능
성립요건	국회의결	국회의결, 서명
효력발생요건	공포가 효력발생요건 아님 (관보에 공고만 한다).	공포
효력발생시기	국회의결시 (공고)	공포한 날로부터 20일
시간적 효력	당해 회계연도(매년1.1~12.31)만	개폐 전까지의 영속적 효력
장소적 효력	외국공관에서도 효력발생	외국공관에서는 효력불발생
구 속 력	국가기관만 구속	국가와 모든 국민을 구속
수정 동의	예상안: 50인	법률안: 30인
의결정족수	재적의원1/2출석, 출석의원1/2이상 찬성	

ⓒ 예산의 성립절차 : 예산안의 편성과 제출(정부 – 회계연도 개시 90일 전까지) ⇨ 상임위원회 예비심사 ⇨ 예산결산특별위원회 종합심사 ⇨ 국회본회의 의결(회계연도 개시 30일 전까지) · 확정 ⇨ 정부이송 · 대통령 공고

ⓓ 계속비의 의결 : 한 회계연도를 넘어 계속하여 지출할 필요가 있을 때에는 정부는 연한을 정하여 계속비로서 국회의 의결을 얻어야 한다(헌법 §55①).

ⓔ 예비비의 의결과 지출에 대한 승인 : 예비비는 총액만 계정하여 국회의 의결을 얻기 때문에 예비비의 구체적 · 개별적 지출에 대하여 차기 국회의 승인을 얻어야 한다(헌법 §55②).

ⓕ 준예산 : 회계연도가 개시될 때까지 예산안이 의결하지 못한 때에는 정부는 국회에서 예산안이 의결될 때까지 전년도 예산에 준하여 집행한다(헌법 §54③).

ⓖ 추가경정예산 : 예산이 성립한 후에 발생된 사유에 의하여 예산을 변경할 필요가 있는 때에는 정부는 추가경정예산안을 편성하여 제출할 수 있다(헌법 §56).

㉢ 정부의 재정행위에 대한 권한

ⓐ 예비비 지출에 대한 승인권(헌법 §55②)

ⓑ 기채동의권(헌법 §58전단)

ⓒ 예산 외에 국가의 부담이 될 계약체결에 대한 동의권(헌법 §58후단)

ⓓ 재정적 부담을 지우는 조약의 체결 · 비준에 대한 동의권(헌법 §60①)

㉣ 결산심사권 : 감사원은 세입 · 세출의 결산을 매년 검사하여 대통령과 차년도 국회에 그 결과를 보고하여야 한다(헌법 §99).

㈐ 헌법기관구성에 관한 권한

㉠ 예외적인 대통령 선출권(대통령선거에서 최고득표자가 2인 이상인 때)

㉡ 국무총리 · 대법원장 · 대법관 · 감사원장 · 헌법재판소장 임명에 대한 동의권

㉢ 헌법재판소 재판관 3인과 중앙선거관리위원회 위원 3인 선출권

㈑ 국정통제에 관한 권한

㉠ 탄핵소추권

ⓐ 의의 : 탄핵이란 일반적인 사법절차에 의하여는 책임을 추궁하기 어려운 고위공무원의 직무상 위헌행위를 의회가 소추하는 제도를 말한다(헌법 §65).

ⓑ 탄핵대상자 : 대통령, 국무총리, 국무위원, 행정각부의 장, 헌법재판소재판관, 법관, 중앙선거관리위원회위원, 감사원장, 감사위원 기타 법률이 정하는 공무원이다(헌법 §65①).

ⓒ 탄핵사유 : 직무집행에 있어서 헌법이나 법률을 위반한 때 할 수 있다. 단순한 정치적 무능력이나 정책결정사의 과오는 해임건의 사유는 되지만, 탄핵

소추사유는 아니다.

ⓓ 탄핵소추의 의결 : 탄핵소추의 발의는 국회재적의원 3분의 1이상의 발의가 있어야 하고 그 의결은 재적의원 과반수의 찬성이 있어야 한다. 다만, 대통령에 대한 탄핵소추는 국회재적의원 과반수의 발의와 재적의원 3분의 2이상이 찬성이 있어야 한다.[6]

ⓔ 탄핵소추의 효과 : 탄핵소추의 의결을 받은 자는 탄핵결정이 있을 때까지 그 권한행사가 정지된다(헌법 §65③).

㉡ 국정감사 · 조사권

ⓐ 의의 : 국정감사 및 조사권이란 의회가 자신의 권한을 유효 적절하게 행사할 수 있도록 하기 위하여 국정 전반 또는 특정 사안에 대하여 조사할 수 있는 권한을 의미한다.

ⓑ 국정감사 : 국정감사는 소관상임위원회별로 매년 9월 10일부터 20일간 행한다. 감사기간 20일은 법정기간으로 이를 연장하거나 단축할 수 없다. 다만, 본회의의 의결로 그 시기의 변경이 가능하다.

ⓒ 국정조사 : 국정조사는 국회재적의원 4분의 1이상 요구로 특별위원회 또는 상임위원회가 특정국정사안에 관해 행한다.

㉢ 국무총리 · 국무위원의 해임건의권

ⓐ 의의 : 현행 헌법 제63조는 국회의 국무총리 · 국무위원에 대한 해임건의권을 규정하고 있다. 이는 제5공화국 헌법의 해임의결권을 해임건의권으로 변경한 것이다.

ⓑ 사유 : 직무집행이 위헌 · 위법인 경우뿐 아니라 정책의 과오 · 무능력 등도 포함한다.

ⓒ 절차 : 해임건의는 국회재적의원 $\frac{1}{3}$이상의 발의에 의하여 국회재적의원 과반수의 찬성을 요한다(헌법 §63②).

ⓓ 효과 : 해임건의가 있을 때 대통령은 반드시 해임을 하여야 하는가에 대하여 대통령을 구속할 수 없다고 본다.

㉣ 국무총리 등의 국회출석요구 및 질문권

ⓐ 국무총리 또는 국무위원이 출석요구를 받은 때에는 국무위원 또는 정부위원으로 하여금 출석 · 답변하게 할 수 있다(헌법 §62②).

ⓑ 국회의원은 정부에 대하여 서면질문을 할 수 있다.

---

6) 헌법재판소가 2017. 3.10. 선고한 2016헌나1 대통령(박근혜)탄핵 결정이 헌정사상 초유의 인용임.

(마) 국회 내부에 관한 권한

㉠ 의의 : 국회의 자율권이란 국회가 다른 기관의 간섭을 받지 않고 헌법·법률·국회규칙에 따라 의사와 내부 문제에 대하여 독자적인 결정을 할 수 있는 권한을 의미한다.

㉡ 내용

ⓐ 집회 및 의사에 관한 권한

ⓑ 내부 조직권

ⓒ 내부 경찰권 및 의원가택권

ⓓ 국회규칙의 제정권

(6) 국회의원의 특권

(가) **면책특권** : 국회의원은 국회에서 직무상 행한 발언과 표결에 관하여 국회 외에서 책임을 지지 아니한다(헌법 §45).

(나) **불체포특권** : 국회의원은 현행범인인 경우를 제외하고는 회기 중 국회의 동의 없이 체포 또는 구금되지 아니하며, 회기 중에 체포 또는 구금된 때에는 현행범인이 아닌 한 국회의 요구가 있으면 회기 중 석방된다(헌법 §44).

4. 정 부

(1) 대통령

(가) 대통령의 지위

㉠ 헌법상 지위 : 대통령은 국가의 원수로서 외국에 대하여 국가를 대표하며, 헌법상 국정의 최고책임자로서 입법·행정·사법에 우월한 지위를 갖는다. 또한, 행정부 수반으로서의 지위를 갖는다.

㉡ 신분상 지위

ⓐ 대통령은 국민에 의해서 직접 선출되며, 임기는 5년이고 중임은 허용되지 않는다.

ⓑ 권한대행 : 대통령이 궐위되거나 사고로 인하여 직무를 수행할 수 없는 경우에는 1차적으로 국무총리가 그 권한을 대행하고, 2차적으로는 법률에 정한 국무위원의 순으로 그 권한을 대행한다(헌법 §71).

ⓒ 형사상 특권 : 대통령은 내란 또는 외환의 죄를 범한 경우를 제외하고는 재직 중 형사상의 소추를 받지 않으며, 탄핵심판에 의하지 아니하고는 임기 중 정치적 책임을 지지 않는 특권을 누린다(헌법 §65④).

㈏ 행정에 관한 권한

㉠ 행정의 최고지도자 : 대통령은 행정부의 수반으로서 행정에 관한 최고의 결정권과 집행권을 가지며, 법률을 공포하고 집행할 권한을 가진다.

㉡ 외교에 관한 권한

ⓐ 대통령은 국가원수로서 외국에 대해 국가를 대표한다(헌법 §66①).

ⓑ 조약을 체결·비준하고, 외교사절을 신임·접수·파견하며, 선전포고와 강화를 할 권한을 가진다(헌법 §73).

ⓒ 공무원임면권 : 대통령은 헌법과 법률이 정하는 바에 의하여 공무원을 임면한다(헌법 §78).

ⓓ 국군통수권 : 대통령은 헌법과 법률이 정하는 바에 의하여 국군을 통수한다(헌법 §74①).

㈐ 입법에 관한 권한

㉠ 국회에 관한 권한 : 임시회의 소집요구권, 국회출석·발언권

㉡ 법률제정에 관한 권한

ⓐ 법률안 제출권 : 대통령은 정부의 수반으로서 법률안을 제출할 권한을 가진다(헌법 §52).

ⓑ 법률안 거부권

- 환부거부 : 대통령이 정부에 이송된 법률안을 15일 안에 이의서를 첨부하여 국회로 환부하고 재의를 요구하는 것을 말한다. 국회가 폐회 중인 때에도 환부가 능하며, 거부도 공포도 하지 않을 경우에는 15일이 경과함으로써 법률로서 확정된다(헌법 §53⑤). 법률안을 거부할 때에는 일부거부나 수정거부는 인정되지 아니한다(헌법 §53③).
- 보류거부 : 대통령이 환부거부가 허용되는 기간 내에 국회의 폐회로 인하여 국회로의 환부가 불가능할 때에 당해 법률안을 환부하지 않고 그대로 보류시킴으로써 법률안을 폐기시키는 것을 말한다.

ⓒ 법률안공포권

㉢ 행정입법에 관한 권한

ⓐ 헌법은 대통령은 법률에서 구체적으로 범위를 정하여 위임받은 사항과 법률을 집행하기 위하여 필요한 사항에 관하여 대통령령을 발할 수 있다(헌법 §75)고 하여 행정입법을 인정하고 있다.

ⓑ 행정입법은 성질에 따라 법규명령과 행정명령(규칙)으로 나누며, 법규명령은 다시 위임명령과 집행명령으로 구분한다.

㈑ 사법에 관한 권한

㉠ 사면·감형·복권에 관한 권한

ⓐ 일반사면 : 사면이란 형의 선고의 효과 또는 공소권을 소멸시키거나 형집행

을 면제하는 국가원수의 행위를 말한다. 일반사면이란 특정범죄를 지정하여 이에 해당되는 모든 범죄인에 대하여 형의 선고를 받지 않은 경우에는 공소권을, 형의 선고를 받은 경우에는 형의 선고의 효력을 일부 또는 전부 소멸시키는 것이다.

ⓑ 특별사면 : 이미 형의 선고를 받은 특정한 범죄인에 대하여 형의 집행을 면제하는 것을 의미하며, 일반사면과는 달리 국회의 동의를 요하지 않고 대통령의 명으로써 행해진다.

ⓒ 복권 : 복권은 법령에 의해 자격이 상실 · 정지된 경우 상실 · 정지된 자격을 회복시켜 주는 것이다.

㉡ 위헌정당해산제소권 : 정당의 목적이나 활동이 민주적 기본질서에 위배될 때에는 정부는 국무회의의 심의를 거쳐 헌법재판소에 정당의 해산을 제소할 수 있다(헌법 §8④).

㈐ 헌법기관구성에 관한 권한

㉠ 대법원 구성권 : 대법원장은 국회의 동의를 얻어 대통령이 임명하고, 대법관은 대법원자의 제청으로 국회의 동의를 얻어 대통령이 임명한다(헌법 §104① · ②).

㉡ 헌법재판소 구성권 : 대통령은 국회의 동의를 얻어 헌법재판소의 장을 임명하고(헌법 §111④), 9인(국회가 선출한 3인과 대법원장이 지명한 3인 포함)의 헌법재판소 재판관을 임명한다(헌법 §111②).

㉢ 중앙선거관리위원회 구성권 : 대통령은 9인의 중앙선거관리위원회 위원 중 3인을 임명한다(헌법 §114②), 나머지 위원 중 3인은 국회가 선출하고, 3인은 대법원장이 지명한다.

㉣ 감사원 구성권 : 대통령은 국회의 동의를 얻어 감사원장을 임명하며, 감사원장의 제청으로 감사위원을 임명한다(헌법 §98②③).

㈑ 비상적 권한

㉠ 긴급명령권 : 긴급명령이란 국가의 안위에 관계되는 중대한 교전상태에 있어서 국가를 보위하기 위하여 긴급한 조치가 필요하고 국회의 집회가 불가능한 때에 한하여 대통령이 발하는 법률의 효력을 가지는 명령을 의미한다.

㉡ 긴급재정 · 경제처분권 : 중대한 재정 · 경제상의 위기에 있어서 국가안전보장 또는 공공의 안녕질서를 유지하기 위하여 대통령이 행하는 재정 · 경제상의 처분을 말한다(헌법 §76①).

㉢ 긴급재정 · 경제명령권 : 대통령은 긴급재정 · 경제처분을 할 때와 동일한 요건 하에서, 필요한 경우 법률의 효력을 가지는 명령을 발할 수 있다(헌법 §76①).

㉣ 계엄선포권 : 계엄이란 전시 · 사변 또는 이에 준하는 국가비상사태의 경우에

이를 극복하기 위하여 병력을 사용하는 긴급·비상의 조치를 의미한다.

(2) **행정부**

(가) 국무총리

㉠ 국무총리는 대통령을 보좌하고 국무회의의 부의장이 되며 행정에 관하여 대통령의 명을 받아 행정각부를 통할하며, 법률이나 대통령령의 위임 또는 직권으로 총리령을 발할 수 있다. 또한, 대통령의 국법상 행위에 대해서 부서의 의무가 있으며, 국무위원의 임명에 대한 제청권과 해임건의권을 갖는다.

㉡ 국무총리는 대통령이 국회의 동의를 얻어 임명하고, 군인은 현역을 면한 후가 아니면 국무총리로 임명될 수 없다.

㉢ 국회는 국무총리의 해임을 건의할 수 있다.

(나) 국무회의(§89)

㉠ 국무회의는 정부의 권한에 속하는 중요한 정책을 심의하는 최고행정정책 심의기관으로 대통령·국무총리와 15인 이상 30인 이하의 국무위원으로 구성되며, 대통령은 국무회의의 의장이 되고 국무총리는 대통령을 보좌하고 국무회의의 부의장이 된다.

㉡ 국무회의는 헌법 제89조에 규정된 사항을 심의하는데, 이러한 심의는 필수적이기는 하지만 대통령이 이 심의에 구속되지는 않는다.

국무위원	행정각부 장관
국무총리 제청으로 대통령이 임명	국무의원 중에서 국무총리의 제청으로 대통령이 임명
정책을 심의하는 국무회의 구성원	결정된 정책을 집행
법적으로 대통령·국무총리와 같은 국무회의 구성원	대통령·국무총리의 지휘·감독 받음
사무의 한계가 없다.	사무의 한계가 있다(행정입법권).

(다) 국무위원

㉠ 국무위원은 국무회의의 구성원이며 국무총리의 제청에 의하여 대통령이 임명한다. 그 수는 15인 이상 30인 이하이며 군인은 현역을 면한 후가 아니면 임명될 수 없다.

㉡ 국무위원은 국무회의의 구성원으로서 국무회의에 안건을 제출할 수 있으며, 출석하여 발언하고 심의에 참가하는 권한을 가진다.

㉢ 대통령이 문서로써 하는 국법상 행위에 대하여는 부서할 권한과 책임이 있다.

(라) **행정각부** : 행정각부는 대통령을 수반으로 하는 정부의 구성단위로서 대통령 또

는 국무총리의 지위·통할 하에 법률이 정하는 소관사무를 담당하는 중앙행정 기관이며, 행정각부의 장은 법률이 정하는 바에 따라서 소관사무를 결정·집행할 수 있는 권한을 가지며, 또한 부령도 제정·공포하는 권한을 가진다. 행정각부의 장은 국무위원으로서 국무총리의 제청에 의하여 대통령이 임명하며 국무위원이 아닌 자는 행정각부의 장이 될 수 없다.

(마) **감사원** : 감사원장을 포함한 5인 이상 11인 이하의 감사위원(임기 4년)으로 구성되는 합의제기관으로 국가의 세입·세출의 결산, 국가 및 법률이 정한 단체의 회계검사와 행정기관 및 공무원의 직무에 관한 감찰을 하기 위하여 대통령의 소속 하에 설치된 기관이다.

(바) **자문기구** : 대통령의 자문에 응하기 위하여 국가원로자문회의, 국가안전보장회의, 민주평화통일자문회의, 국민경제자문회의, 국가과학기술자문회의를 두고 있다.

(3) 선거관리위원회

선거와 국민투표의 공정한 관리 및 정당에 관한 사무를 처리하기 위하여 헌법상 필수적 합의제 독립기관으로서 선거관리위원회를 둔다. 위원의 임기는 6년이며 연임이 가능하고 정치적 중립성이 보장된다.

5. 사법부

(1) 법원의 헌법상 지위

(가) **사법기관으로서의 지위** : 사법권은 법관으로 구성된 법원에 속한다.

(나) **중립적 권력으로서의 지위** : 행정권에 의한 자의적 침해와 의회의 다수파에 의한 부당한 입법으로부터 국민의 자유와 권리를 보장하기 위하여 사법권의 독립이 엄격히 확보되어야 한다.

(다) **기본권과 헌법보장기관으로서의 지위** : 사법부는 국민의 기본권이 침해된 경우에 그 사법적 보장을 위한 기관이며, 또한 행정재판과 헌법재판을 통하여 원내 다수파의 횡포와 그 자의적인 입법으로부터 헌법을 수호하는 기능을 담당한다.

(2) 사법의 본질 및 의의

(가) **사법작용** : 당사자간의 법적 분쟁을 제3자의 지위에서 공정하게 판단하여 개인의 권리를 보호하는 국가작용이다. 그런데 이러한 사법작용은 타 국가작용과 달리 개인의 소송제기를 전제로 발동되는 작용이라는 점에서 수동적·소극적 국가작용이다.

(나) **사법권의 범위** : 사법작용에는 민사 · 형사 · 행정재판뿐 아니라 헌법재판도 포함된다. 다만, 우리헌법은 헌법재판이 다른 재판과 달리 갖는 특유한 성격을 고려하여 헌법재판에 대해서는 따로 규율하고 있다. 이른바 민중소송은 우리 법질서에서는 허용되지 않는다.

(다) **사법권의 한계** : 사법작용의 한계로는 이른바 통치작용에 대한 사법적 판단이 허용되는가 하는 문제가 있다. 대통령의 외교행위, 법률안에 대한 거부권 행사, 대통령의 헌법기관구성행위 또는 헌법개정안 발의행위 등이 여기에 해당하고 대통령의 국가긴급권 행사는 사법적 판단의 대상에서 제외되지 않는다.

(3) 사법권의 독립

(가) **개념**

㉠ 형식적 의미 : 권력분립차원에서 사법부를 입법 · 집행부로부터 분리 · 독립하게 하는 것이다.

㉡ 실질적 의미 : 사법권을 행사하는 법관이 구체적 사건을 재판할 때 누구의 간섭 없이 독립하여 재판을 한다. 즉, 판결의 자유를 의미한다. 이는 법관의 재판상 독립과 신분상 독립에 의하여 실현된다.

(나) **법원의 독립**

㉠ 의회로부터의 독립

㉡ 정부로부터의 독립

㉢ 대법원의 규칙제정권

(다) **법관의 독립**

㉠ 신분상 독립(인적 독립)

ⓐ 의의 : 법관의 신분보장, 즉 법관의 인사를 독립시키고, 법관의 자격 · 임기를 법률로 규정함으로써 법관의 신분을 보장하는 것을 법관의 신분상 독립이라 한다.

ⓑ 법관인사의 독립 : 대법원장 및 대법관은 국회의 동의를 얻어 대통령이 임명하고, 일반법관은 대법관회의의 동의를 얻어 대법원장이 임명하며, 법관에 대한 보직권도 법원의 자율로 맡기고 있다.

ⓒ 법관의 임기 · 정년 : 법관의 임기는 10년으로 법률이 정하는 바에 의하여 연임할 수 있다. 대법원장과 대법관은 임기가 6년이며, 대법원장은 중임할 수 없다. 법원조직법은 대법원장의 정년을 70세, 대법관은 65세, 판사의 정년은 63세로 한다.

ⓓ 법관의 신분보장 : 법관은 탄핵 또는 금고 이상의 형의 선고에 의하지 아니하고는 파면되지 아니한다. 또한, 징계처분에 의하지 아니하고는 정직 · 감봉 또는 불리한 처분을 받지 아니한다.

ⓔ 법관의 겸직금지와 정치적 중립성 : 법관은 국회의원, 지방의회의원, 행정부서의 공무원 등 타 기관의 공직을 겸할 수 없고, 정치운동의 관여가 금지되며 기타 영리목적의 활동에 종사할 수 없다.

ⓛ 직무상 독립(물적 독립)

ⓐ 의의 : 법관의 직무상 독립이란 법관의 재판상의 독립인 판결의 자유를 의미하며 사법권의 독립의 핵심적 요소인 바, 물적 독립 또는 기능상의 독립이라고도 한다.

ⓑ 타국가기관으로부터의 독립 : 법관은 재판권을 행사함에 있어서 정부나 국회의 지시나 감독 그리고 기타의 간섭을 받지 아니한다.

ⓒ 소송당사자나 정치적 · 사회적 권력으로부터의 독립 : 법관이 재판을 함에 있어서는 소송당사자로부터 독립하여야 하며 매스컴, 여론, 대중시위 등으로부터도 독립하여야 한다.

ⓓ 헌법과 법률에의 구속 : 이는 재판의 민주적 정당성을 보장하기 위한 것이다. 만일 법률이 헌법에 위반된다고 판단되면 위헌 여부 심사를 헌법재판소에 제청할 수 있다.

ⓔ 양심에의 구속 : 법관은 양심에 따라 재판하여야 한다.

(4) 법원의 구성과 관할과 상소제도

법원은 대법원을 최고법원으로 하는 각급 법원(고등법원, 특허법원, 지방법원, 행정법원, 가정법원)으로 구성된다. 군사법원 외에 특별법원을 둘 수 없으며, 군사법원의 상고심은 대법원이다. 하급법원의 확정되지 않은 판결에 대해 상급법원의 구제를 구하는 불복신청제도를 상소(上訴)라고 한다.

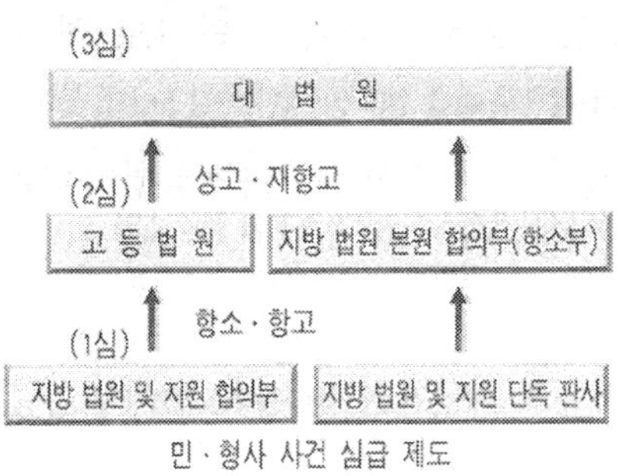

민 · 형사 사건 심급 제도

항소	1심의 판결에 대해 불복하여 2심 법원에 소를 제기하는 것
상고	2심 판결에 불복하여 대법원에 소를 제기 하는 것
항고	법원의 결정이나 명령에 대하여 이의를 제기하는 것
재항고	항고법원의 결정이나 명령에 대하여 대법원에 이의를 제기하는 것

(5) 재판에 관한 원칙

㈎ **심급재판의 원칙** : 심급제에 따라 3심제를 원칙으로 하여 합의부관할사건은 지방법원합의부 ⇨ 고등법원 ⇨ 대법원으로, 단독판사관할사건(소액사건 및 경미한 사건에 관한 소송)은 지방법원단독부 ⇨ 지방법원합의항소부 ⇨ 대법원으로 진행된다.

㈏ **재판공개의 원칙** : 재판의 공정과 소송당사자의 인권보장을 위하여 재판을 소송당사자 이외의 일반에게 공개함을 원칙으로 한다(헌법 §109).

㈐ **증거재판주의** : 사실의 인정은 증거에 의하여야 하며(형소법 §307), 증거의 증명력은 법관의 자유판단에 의한다.

(6) 법원의 권한

㈎ **위헌법률심판제청권** : 법률이 헌법에 위반되는 여부가 재판의 전제가 된 경우에는 법원은 헌법재판소에 제청하여 그 심판에 의하여 재판한다.

㈏ **명령 · 규칙심사권** : 명령이나 규칙이 헌법이나 법률에 위반되는지 여부가 재판의 전제가 된 때에는 대법원은 이를 최종적으로 심사할 권한을 가진다.

㈐ **법정질서유지권** : 법정에서 질서를 유지하고 심판을 방해하는 행위를 배제하기 위한 법원의 권리이다.

6. 헌법재판제도

(1) 헌법재판 일반론

㈎ **헌법재판소의 헌법상 지위** : 헌법재판소는 헌법보호기관으로서 헌법에 대한 최종적인 해석권을 갖는다. 헌법재판소는 헌법에 반하는 국가권력의 권한행사의 효력을 상실시킴으로써 권력통제기능을 수행하고, 이로써 개인의 기존권을 보호한다. 헌법재판소는 국회의 다수의사에 의하여 의결된 법률을 헌법에 위반하는가의 여부를 기준으로 심사하기 때문에 소수보호의 기능을 하기도 한다.

㈏ **헌법재판소의 조직** : 대통령이 임명하는 9인의 재판관으로 구성되는데, 이 중 3인은 국회에서 선출하는 자를, 3인은 대법원장이 지명하는 자를 임명하여야 한다. 헌법재판소 소장은 국회의 동의를 얻어 대통령이 임명한다. 재판관의 임기는 6년이며, 연임이 가능하다.

㈐ **운영원칙** : 헌법재판의 심리에는 변호사강제주의, 변론공개주의, 심판비용의 국가부담을 원칙으로 한다.

(라) **헌법재판의 결정** : 결정유형에는 법률위헌결정, 탄핵결정, 정당해산결정, 권한쟁의결정, 헌법소원인용결정이 있는데, 일반적으로 7인 이상의 출석으로 심리하고 과반수의 찬성으로 결정하나, 법률의 위헌결정, 탄핵결정, 정당해산결정, 헌법소원인용결정, 종전에 판시한 헌법 또는 법률의 해석을 변경하는 경우에는 6인 이상의 찬성으로 한다.

(2) 헌법재판소의 권한

(가) 위헌법률심판권

㉠ 법률이 헌법에 위반되는가의 여부가 재판의 전제가 되었을 때 법원이 직권으로 혹은 당사자의 신청에 의해서 위헌법률심판제청을 함으로써 진행된다.

㉡ 결정의 유형으로는 단순위헌결정과 단순합헌결정이 있는데, 헌법재판소는 경우에 따라서 ⓐ한정합헌과 한정위헌결정, ⓑ헌법불합치결정, ⓒ입법촉구결정, ⓓ부분위헌결정, ⓔ일부위헌결정, ⓕ위헌불선언결정, ⓖ조건부위헌결정 등의 변형결정을 내린다.

㉢ 위헌결정은 국가기관을 기속하며, 결정시로부터 법률 또는 법률의 조항은 효력을 상실한다. 즉, 원칙적으로 소급효를 갖지 않는다.

(나) **탄핵심판권** : 국회가 공무원에 대한 탄핵소추를 하면 헌법재판소는 탄핵심판을 한다. 탄핵결정의 효력은 공직으로부터의 파면된다.

(다) **정당해산심판권** : 정부는 정당의 목적이나 활동이 민주적 기본질서에 위배될 때 헌법재판소에 그 해산을 제소할 수 있으며 그 결정으로 정당은 해산되고 정당의 재산은 국고에 귀속된다.

(라) **권한쟁의심판** : 국가기관 상호간, 국가기관과 지방자치단체간 및 지방자치단체 상호간에 권한의 존부 또는 범위에 관하여 다툼이 있을 때 당해 기관의 청구에 대하여 헌법재판소는 정당한 관할권을 판정한다.

(마) **헌법소원심판권** : 헌법소원이란 국민의 헌법상의 권리가 공권력의 행사 또는 불행사로 인하여 직접 그리고 현실적으로 침해된 경우 최종적으로 헌법재판소에 제소하여 구제를 청구하는 제도이다. 이에는 권리구제형 헌법소원과 위헌심사형 헌법소원이 있는데, 그 청구를 위하여는 다른 법률의 모든 구제절차를 거친 후에야 가능하고 공권력의 행사라도 법원의 재판은 그 대상에서 제외된다.

제3편 행정법

제1장 행정법 일반론

제1절 행정 및 행정법

1. 행정(行政)이란?

행정은 법의 규제를 받으면서 현실적·구체적으로 국가 목적 또는 공익을 능동적·적극적으로 실현하기 위하여 수행되는 전체로서 통일성을 가지는 계속적·형성적 국가작용이다.

(1) 권력분립원리와 행정의 개념

몽테스키외의 3권분립론에 의하여 국가권력은 입법·행정·사법으로 분리되는데, 행정작용은 공익을 목적으로 하면서도 입법·사법작용에 비하여 보다 구체적이며 사회형성을 위한 적극적인 국가활동이다.

(2) 형식적 의미와 실질적 의미의 행정

형식적 의미의 행정(현실적 국가기관 기준, 제도적 입장)은 행정부에 의해 행하여지는 국가작용을 말하며, 실질적 의미의 행정(국가작용의 성질 표준)은 국가목적을 구체적으로 실현하기 위해 법아래에서 행하여지는 국가작용이다.

(3) 행정의 등장과 범위 확대

㈎ **근대 이전** : 치안 유지, 과세, 군대 유지·관리 하는 작용 존재 → 행정이라기보다는 군주의 통치 작용에 불과

㈏ **근대 입헌 국가** : 권력 분립의 원칙 등장(치안과 국방에 한정 → '최소한의 정부가 최선의 정부') → '행정'의 개념이 본격 출현

권력 분립

국가 권력 상호간의 견제와 균형을 통해 권력 남용을 방지하고(국가 권력에 대한 불신에서 출발), 궁극적으로 국민의 자유와 권리를 보장하기 위한 원칙. 로크(2권 분립-의회와 왕)에 의해 제창되었고, 몽테스키외(입법, 행정, 사법의 3권 분립)에 의해 완성되었다.

(다) **현대** : 행정부의 권한과 조직 확대 → 모든 국민의 인간다운 생활을 보장하는 복지국가 지향

2. 행정법의 의의

(1) 행정법의 개념

행정법이란 행정부의 조직·작용 및 행정구제에 관한 국내 공법(행정조직법·행정작용법·행정구제법)을 말한다. 즉 국가 또는 공공단체의 조직, 권한 및 기관상호간의 관계를 규율하거나, 국가 또는 공공단체라는 행정주체와 개인인 행정객체 사이에 생기는 행정상의 법률관계를 규율하는 법규법의 총체를 말한다. 널리 행정법이라고 할 때에는 행정의 조직 및 작용·구제에 관한 법규범의 총체로 단일법으로 되어있지 않다.

(2) 행정법의 특성과 기본원리

(가) **행정법의 특성** : ㉠ 형식면에서 법적안정성을 보장하기위해서 성문법을 원칙으로 하고 불문법을 보충한다. ㉡ 규정의 성질면에서 모든 사람을 대상으로 하는 획일성과 ㉢ 부과된 의무의 강제적 실현을 도모하는 강행성, ㉣ 내용면에서 행정주체의 우월적 지위가 강조되는 권력적 명령성, ㉤ 자유재량성, ㉥ 기술성을 들 수 있다.

(나) **행정법의 기본원리** : 법치행정(법의 지배)의 원리, 민주행정의 원리, 지방분권주의, 복지행정의 원리 및 비례의 원칙, 평등의 원칙과 행정의 자기구속의 원칙, 신뢰보호의 원칙, 부당결부금지의 원칙 등의 원칙이 적용된다.

한국의 행정법은 헌법의 이념을 구현하여 민주적인 제도를 채택하고 있다. 그 내용은 실질적 법치주의, 민주행정주의, 지방분권주의, 복지국가주의, 사법국가주의 등을 들 수 있다.

❖ 행정법의 기본 원리

민주행정의 원리	국민주권의 원리에 따라 행정은 국민의 의사가 반영되는 방향으로 진행되어야 함 → 공개 행정의 원칙, 행정 과정에의 국민 참여 등
법치행정의 원리	행정 작용이 법에 위배되어서는 안 될 뿐만 아니라, 미리 정해진 법률에 의거하여 행정권이 발동되어야 함 → 행정 규제적 기능(법률로 행정을 규제함으로써 자의적인 권력행사를 막는 것), 행정 유도적 기능(법률에 행정이 해야 할 기능을 규정하고 그 활동을 촉진)
복지행정의 원리	행정 작용이 국민의 소극적인 자유권의 보호 작용에 머무를 것이 아니라, 적극적으로 국민의 인간다운 생활을 보장해야 함
사법국가주의 원리	행정에 대한 재판을 행정 재판소에서 하는 행정 국가주의를 지양하고, 행정에 대한 개괄적 사법(司法) 심사를 인정하는 것
지방분권주의 원리	지방 행정은 그 지역 주민의 자치에 의해 이루어져야 한다는 원리

3. 행정법의 법원(法源)

행정법의 법원이란 행정법의 인식근거 또는 행정에 관한 실정법의 존재형식을 의미한다. 행정법은 원칙으로 성문법의 형식으로 존재하지만 불문의 형식으로도 존재한다.

성문법으로서 행정법(헌법 · 법률 · 명령 · 규칙 · 자치법규, 국제조약)은 그 규율대상이 복잡하고 전문 · 기술적인 성격을 지니고 있어 오늘날 행정영역이 확대되어 적기에 빠짐없이 규율하기는 불가능하므로 불문법원(관습법 · 판례법 · 조리)에 의해 보충한다.

제2절 행정상 법률관계

1. 행정상 법률관계의 의의와 종류

(1) 행정상 법률관계

(가) 의의: 행정상 법률관계란 행정주체가 당사자로 되어 있는 법률관계로 행정에 관한 권리 · 의무관계를 말한다.

(나) 종류: 이에는 국가적 공권의 문제와 개인적 공권의 문제로 나누어 볼 수 있다.

㉠ 국가적 공권의 문제는 국가와 공공단체 사이나 공공단체 또는 행정기관 상호간의 법률관계에서의 문제이다.

㉡ 개인적 공권의 문제는 국가 또는 공공단체 등의 행정주체와 그 상대방인 개인과의 법률관계에서의 문제이다.

(2) 행정법관계

(가) 행정법관계는 행정상 법률관계 가운데 특히 행정법이 규율하는 법률관계를 말한다.

(나) 종류: 대국민 행정을 위한 전제로 내부관계를 조직하는 **행정조직법관계** 및 행정주체와 국민간의 **행정작용법관계**로 및 행정(공)법관계와 행정상 사법관계 등으로 나눠 볼 수 있다. 행정(공)법관계는 행정상의 법률관계 가운데에서 특히 행정법이 규율하는 법률관계로 이는 권력관계와 비권력(관리)관계로 나누어 볼 수 있다.

㉠ **행정조직법관계**: 행정조직 내부관계(국가와 공공단체간, 행정관청 상호간), 행정주체 상호간의 관계를 말한다. 조직법관계는 행정법을 적용하지만 권리·의무의 발생은 없는 특수한 법률관계로 광의의 행정상 법률관계에는 포함시키지만 협의의 행정상 법률관계에서는 제외시킨다. 다만, 예외로 행정조직법 관계에서도 권리·의무가 발생하는 경우가 있다(예 자치단체장의 처분에 대하여 중앙행정기관의 장이 취소·정지권을 행사한 때 이것이 위법한 경우 대법원에 취소소송을 제기할 수 있는 것은 권리·의무의 법적 효과가 인정된 결과).

㉡ **행정공법(公法, 작용법)관계**(대외적 관계: 협의의 행정상 법률관계)

ⓐ권력관계(본래적 공법관계)- 행정주체가 권력의 주체로서 국민에 대하여 일방적으로 명령·강제하는 법률관계로 원칙적으로는 공법관계원리가 적용되어 분쟁 발생시 행정쟁송의 대상이 된다. 다만, 공법규정의 흠결이 있는 경우 사법규정의 유추적용이 가능하다(특별권력관계인 공무원관계, 교도소수형자, 군인, 국립대학생 관계 등과 일반권력관계인 대통령령 발령 등 행정입법과 행정처분, 강제집행 등).

ⓑ비권력 관리관계(전래된 공법관계): 행정주체가 공법상 재산관리권의 주체로서 하는 작용으로 공법상 계약, 공법상 합동행위, 공물관리작용, 공기업경영작용, 행정지도 등을 들 수 있다. 원칙상 사법(私法)원리적용(민사소송의 대상, 예외: 공익·윤리성이 강한 경우 공법원리-당사자쟁송)

㉢ **행정상 사법(私法)관계**: 행정주체가 사인과 같은 지위에서 국민과 맺는 관계를 말한다. 사법관계는 국고관계와 행정사법관계로 구분된다.

ⓐ국고관계: 행정주체가 일반 사인과 같은 지위에서 사법상의 행위를 함에 있어서 사인과 맺는 관계를 말한다(예 행정에 필요한 물품의 구매계약, 청사·도로·교량의 건설도급계약, 국유재산의 매각, 수표의 발행, 금전차입 등).

ⓑ행정사법관계: 행정주체가 사법상의 재산권의 주체로서 사법형식에 의해 공행정

작용을 수행함에 있어서 국민과 맺는 관계를 말한다(예 행정주체가 공행정작용인 전기·수도의 공급을 사법상 계약에 의해 행하는 경우 등).

(3) 특별권력관계

(가) **의의**: 일반권력관계에 대한 관념으로서, 공법상의 특별한 원인에 기하여 특별한 목적에 필요한 범위 내에서 특정한 자에게 포괄적 지배권이 부여되고 상대방은 이에 복종해야 할 지위에 있는 관계를 말한다.

(나) **특별권력관계의 특색**: 법치주의의 원칙이 배제되어 법률의 유보·기본권의 보장·사법심사의 보장 등이 제한된다. 특별행정법관계·특수기능적 법률관계·특별신분관계·특별의무관계 등으로 달리 부르기도 한다. 소위 특수신분관계에 있는 자로는 공무원·군인·군무원·전투경찰관·학생·수형자 등이 있다. 특별권력관계는 법률 또는 상대방 동의 등 특별한 법률상 원인에 의해 성립하며, 이에는 공법상 근무관계, 공법상 영조물이용관계, 공법상 특별감독관계, 공사단관계 등의 종류가 있다.

2. 행정법관계의 당사자

(1) 행정법관계의 당사자

행정법관계도 법률관계이므로 권리의무의 귀속주체로서 행정을 행하는 주체와 그 대상이 되는 객체라는 대립하는 두 당사자가 있어야 한다.

(2) 행정주체와 행정객체

행정권의 담당자인 당사자를 행정주체라 하고, 행정권 발동의 대상이 되는 당사자를 행정객체라 한다. 행정주체는 행정작용의 법률효과가 궁극적 통일적으로 귀속되는 주체로서 국가·공공(자치)단체·공무수탁사인이 있다. 공공단체는 지방자치단체, 공공조합(특정 국가목적을 위해 설립된 인적 결합체- 예 의료보험조합·상공회의소 등), 영조물법인(특정 국가목적에 제공된 법인격이 부여된 인적·물적 시설-예 한국도로공사 등의 각종공사, 한국은행 등), 공법상 재단(예 한국연구재단, 한국학중앙연구원 등)이 있다. 공무수탁사인은 국가적 공권을 수여받은 개인으로서 수권된 범위안에서 행정주체의 지위에 있는 자(예 소득원천징수의무자, 학위수여하는 사립대총장, 경찰사무를 행하는 상선의 선장, 운행중 항공기 기장의 질서유지권, 국가자격시험 위탁관리자 등)를 말한다. 이들은 행정을 행할 권리와 의무를 갖고 자기의 이름과 책임으로 행정을 행한다. 행정객체는 행정작용의 상대방으로 행정법관계에서 행정주체와는 상반되는 권리의무를 가지며, 공공단체와 사인(私人)이 있다.

3. 행정법관계의 특질

행정법관계(권력관계)는 당사자 일방인 행정주체가 우월한 지위에서 국민에게 지배권을 행사하기 때문에 법률적합성 · 공정력 · 확정력 · 강제력(권력관계에서만 인정되는 특성), 권리의무관계 · 권리구제수단의 특수성 등의 특성이 있다.

1) 행정주체의 특권

일방적 조치권은 원칙상 법률의 근거가 있어야 하는데, 법률상 행정주체에게 '행정결정'에 의해 일방적으로 법질서에 변경을 가할 수 있는 권한이 주어지는 경우가 있다. 또한 행정주체는 일방적으로 국민의 자유와 재산에 물리력을 행사할 수 있는 권한이 부여된다. 또한 공법상 계약의 경우에 행정주체에게는 공익상 필요한 경우에 계약을 철회하거나 계약내용을 일방적으로 변경할 수 있는 권한이 부여되기도 한다.

2) 행정법관계의 특수성-행정의사의 공정력 · 확정력 · 강제력

(1) 공정력(예선적 효력)

행정행위가 성립함에 있어서 위법 · 부당하여 하자가 있는 경우에도 하자가 중대 · 명백하여 당연무효가 아닌 한 권한 있는 국가기관에 의해 취소될 때까지는 일단 유효인 것으로 추정되어 상대방은 물론 제3자 및 다른 국가기관까지 이에 구속되고 상대방과 제3자가 그 효력을 부인하지 못하는 절차상의 성질(힘)을 말한다(통설).

구 분	공 정 력	구성요건적 효력
의미(개념)	- 행정행위의 잠정적 통용력 - 행정행위가 무효가 아닌 한 상대방 또는 이해관계인은 행정행위가 권한 있는 기관에 의해 취소되기까지는 그의 효력을 부인할 수 없는 구속력	유효한 행정행위가 존재하는 이상 비록 흠이 있는 행정행위일지라도, 모든 국가기관은 그의 존재, 유효성 및 내용을 존중하며, 스스로의 판단의 기초 내지는 구성요건으로 삼아야 하는 모든 국가기관에 대한 구속력
이론적 근거	- 행정정책설(통설) - 행정의 원활한 수행, 행정법관계의 안정성을 보장하기 위하여 필요하다. 행정의 안정성과 실효성 확보이다.	권한과 직무 또는 관할을 달리하는 국가기관은 상호 타 기관의 권한을 존중하며 침해해서는 안된다.
실정법상의 근거	행정소송법상의 취소소송에 관한 배타적 관할, 직권취소에 관한 규정, 처분의 쟁송기간을 제한하는 규정	행정권과 사법권의 분립규정, 행정기관 상호간의 사무분장규정

(2) 확정력(존속력)

㈎ **의미**: 하자 있는 행정행위라도 법적 안정성을 위하여 일정한 경우에는 행정행위에 취소될 수 없는 힘이 부여되는데 이것을 **존속력**이라 한다.

㈏ **종류**: 확정력에는 불가쟁력(형식적 확정력)과 불가변력(실질적 확정력)이 있다.

㉠불가쟁력(형식적 확정력, 절차법적 효력)-하자 있는 행정행위라 할지라도 그에 대한 불복기간이 경과하거나 쟁송절차가 종료된 경우에는 더 이상 그 행정행위의 효력을 다툴 수 없게 하는 효력을 말한다.

㉡불가변력(실질적 확정력)-불가변력은 행정행위의 성질상 인정되는 행정청이 당해 행정행위를 취소 또는 변경할 수 없게 하는 힘이다.

(3) 강제력

㈎ 자력집행력 : 행정법상의 의무를 이행하지 아니할 경우에 행정청이 직접 실력을 행사하여 자력으로 그 의무의 이행을 실현시킬 수 있는 힘이다. 사법관계에서는 인정되지 않지만 국민의 행정법상의 의무불이행에 대하여는 자력으로 의무의 이행을 강제할 수 있다(법률의 근거가 있어야 함).

㈏ 제재력 : 행정행위의 상대방이 행정행위에 의해 부과된 의무를 위반하는 경우(㉦ 무허가건축)에는 그에 대한 제재로서 행정벌이 과해진다(명시적인 법률의 근거).

(4) 행정의사의 법적합성

사적 자치가 인정되는 사법관계와 달리 행정법관계는 법치주의 원리상 법률유보와 법률우위가 지켜져야 한다.

(5) 권리 · 의무의 특수성(상대성)

공권 또는 공의무는 공익의 실현을 위하여 인정되는 것이므로 사법상의 권리 또는 의무와는 다른 상대적인 특수성이 인정된다. 공법상의 권리는 동시에 의무의 성격을 띠는 상대적 성질을 가지며, 공권과 공의무는 이전성과 포기성이 제한되는 경우가 있다. 공권에는 특별한 보호가 행하여지고, 공의무에는 특별한 강제가 가하여진다.

3) 권리구제의 특수성

행정권의 행사에 의해 국민의 권리가 침해된 경우에는 특별한 구제수단이 인정되고 있는데, 이는 권리침해가 우월한 지위에 있는 공권력주체에 의해 행하여졌다는 점과 국민의 권리구제와 함께 공익의 보장도 고려하여야 한다는데 있다.

(1) 행정상 손해전보

행정상 손해전보란 공권력 행사로 야기된 손해를 전보하여 주는 제도이다. 현행 행정상 손해전보제도는 위법한 공권력 행사로 인하여 발상된 손해를 국가나 지방자치단체가 배상하도록 하는 국가배상과 적법한 공권력 행사로 인하여 발생한 손실을 보상하여 주는 행정상 손실보상으로 나누어진다.

(2) 행정쟁송

행정상 쟁송제도에는 행정심판과 행정소송, 헌법소원이 있다. 헌법소원은 공권력 행사에 의해 국민의 기본권이 침해된 경우에 그 침해된 기본권의 구제를 위해 인정된다.

4) 특별한 부담

(1) 법에 의한 엄격한 기속

행정권의 우월적 지위가 잘못 행사되어 국민의 권익을 침해할 수 있기 때문에 공권력 행사에는 엄격한 법적 규율이 가해진다.

(2) 엄격한 국가배상책임

국가배상책임은 위법한 공권력 행사로 인하여 가해진 손해에 대한 배상책임이므로 민사상 불법행위책임보다 엄격하게 인정된다.

제2장 행정조직법

제1절 행정조직법의 개요

1. 행정조직법의 개념

행정권의 주체인 국가 또는 공공단체의 조직, 즉 그 기관의 설치·구성 및 권한 등의 행정주체의 설치·폐지·명칭 구성·권한 및 기관상호간의 관계 및 기관조직을 구성하는 인적·물적 요소에 관한 법이다. 행정조직법은 행정권의 조직을 규율하는 법으로 국가행정조직법·자치행정조직법·공무원법 등을 대상으로 한다.

2. 행정조직과 행정기관

(1) 행정조직은 국가가 직접 행정을 담당하는 국가행정과 지방자치단체가 행하는 자치행정조직으로 구분된다.

(2) 한국 행정조직의 기본원리로는 책임행정주의, 행정조직 법정주의, 지방분권주의, 독임제원칙과 합의제, 직업공무원제도 등이다.

(3) 행정기관은 행정조직을 구성하고 행정사무를 담당하는 기관을 말한다. 그 역할 및 권한을 기준으로 행정관청, 보조·자문·의결·집행·감사·공기업·영조물(공공시설)·부속 기관으로 나눌 수 있다.

행정주체와 행정기관

- **행정 주체** : 행정 관청의 권한과 의무 및 책임의 주체가 되는 국가, 지방 자치단체 및 기타 공공 단체
- **행정기관** : 행정 기관은 행정 주체를 위해 권한을 행사하는 기관에 불과하며, 그 효과는 국가나 지방 자치단체 등과 같은 행정 주체에게 돌아간다. 그러므로 행정 기관의 행위는 행정 주체의 행위로 간주된다.
  - **광의의 행정기관** : 국가나 지방 자체 단체의 행정 사무를 담당하는 모든 기관
  - **협의의 행정기관** : 국가나 지방 자치 단체의 의사를 결정, 표시하는 권한을 가진 기관 → 행정관청
  - 국가경찰제하에서 국가는 경찰 행정의 주체이며 경찰은 경찰행정기관이다. 단 자치경찰제가 시행되면 지방자치단체도 경찰 행정의 주체가 된다.

<table>
<tr><th>기관</th><th colspan="2">개념</th><th>예시</th></tr>
<tr><td rowspan="2">행정기관</td><td>광의</td><td>국가 또는 지방자치단체의 행정사무를 담당하는 모든 기관</td><td></td></tr>
<tr><td>협의</td><td>국가나 지방자치단체의 의사를 결정·표시하는 권한을 가진 기관(행정관청)</td><td>각부 장관</td></tr>
<tr><td rowspan="2">보조기관</td><td colspan="2">행정관청을 보조하는 기관, 자기 의사를 결정·선고하는 권리가 없음</td><td>차관, 실장, 국장, 과장</td></tr>
<tr><td colspan="2">*보좌기관: 정책의 기획·입안 및 연구·조사 등을 통해 참모적 기능을 담당하는 기관</td><td>비서(실), 조정실, 참모</td></tr>
<tr><td>자문기관</td><td colspan="2">행정관청이 의사를 결정할 때 그 자문에 응하거나 의견을 진술하는 기관(구속력은 없음)</td><td>국가안전보장회의,
국민경제자문회의</td></tr>
<tr><td>집행기관</td><td colspan="2">행정관청의 명령을 받아 실력으로 집행하는 임무를 가진 기관(구속력 있음)</td><td>경찰·세무 공무원</td></tr>
<tr><td>감사기관</td><td colspan="2">행정기관이 행하는 행정을 감사하여 그의 옳고 그름을 판단하는 것을 임무로 하는 기관</td><td>감사원</td></tr>
</table>

제2절 행정조직

1. 국가행정조직

(1) 국가행정조직

국가행정조직은 광의로 국가의 행정을 담당하는 모든 기관을 의미하고, 좁게는 국가행정에 관하여 국가의 의사를 결정하고 표시하는 기관인 행정기관을 의미한다. 행정기관은 일정한 사무를 분담하는 조직으로 행정청을 중심으로 하여 그에 부속된 보조기관 등을 포함하는 총합체로서의 조직체를 의미한다.

(2) 공공단체

특정한 국가목적을 위하여 설립된 법인격이 부여된 단체로 공공조합, 영조물 법인, 공법상 재단 등이 있다. 공공단체는 특정한 행정목적을 수행함에 있어서 필요한 한도내에서 행정주체의 지위를 가지며 그 자체가 행정청이다.

2. 자치행정조직

(1) 자치행정조직

㈎ 자치행정은 국가가 행정을 자체 기관에 의하거나 일정 독립법인(공공단체)에게 하게 하는 경우로, 그 주체에는 공공단체 및 공법인이 있다. 「지방자치법」을 특별행정법의 한 영역으로 볼 때는 지방자치에 관한 법적 문제연구를 대상으로 하는 개별 행정법을 의미한다. 법의 내용으로 볼 때는 지방자치단체의 법적 지위 및 조직과 기관의 구성, 의사결정과정, 자치권 행사의 범위와 그 형식 등에 관하여 규율하는 공적 법규의 총체를 의미한다.

㈏ 자치행정에는 주민자치와 단체자치가 있으며 자치행정의 주체에는 공공단체 및 공법인이 있다.

구분	주민자치	단체자치
의 의	정치적 의미의 자치(중앙정부의 간섭배제, 지방주민 스스로의 의사에 의한 자주적 행정수행)	지방분권주의, 법률적 의미의 자치(국가로부터 독립적으로 설치된 법인격을 가진 지역단체의 기관에 의해 지방행정수행)
채용국가	영·미의 특유제도	독일, 프랑스 등
자치권 성질	자연법상의 권리	실정법상의 권리
민주주의 형태	직접민주주의	간접민주주의
지방정부 형태	의결·집행기관 통합	의결 · 집행기관 분리
권한 배분방법	개별적 지정주의	포괄적 위임주의
지방세제	독립세주의	부가세주의
국가 감독	입법 · 사법적 (약한) 통제	행정 · 집행적 (강한) 통제

(2) 지방자치단체

국가의 영토내에서 일정한 지역 및 그 지역의 주민으로 구성되며 그 지역내에서 일정한 통치권을 행사하는 법인격을 갖는 공공단체를 말한다. 여기에는 보통지방자치단체와 특별 지방 자치단체가 있는데, 전자는 광역자치단체와 기초자치단체로 구별된다(지방자치법 §2).

중앙 행정 조직	대통령, 국무총리, 부, 처, 청	
지방 행정 조직	보통 지방 행정 조직	특별시, 광역시, 특별자치시, 도, 특별자치도 / 시, 구, 군
	특별 지방 행정 조직	지방 검찰청, 지방 경찰청, 지방 보훈청, 지방 병무청 등

3. 공무원

1) 공무원의 개념

공무원이란 일반적으로 국가나 지방자치단체에 대하여 공법적인 직무관계에 있는 사람을 총칭하는 개념으로 국가나 공공단체의 모든 기관 구성원을 말한다.

2) 공무원의 종류

㈎ **국가공무원과 지방공무원** : 행정주체와 경비부담자가 국가냐 지방이냐에 따라서 국가공무원과 지방공무원으로 구별된다.

구 분	국가공무원	지방공무원
선임권자	국가	지방자치단체
담당사무	국가행정사무	지방자치단체 사무
경비(봉급)부담주체	국가	지방자치단체
적 용 법	국가공무원법	지방공무원법

㉠ 국가공무원 : 국가공무원법상에 규정된 공무원을 말한다. 이에는 국가공무원법 규정에 따라 경력직 공무원과 특수경력직 공무원으로 나뉜다. 전자는 특성상 실적과 자격에 의하여 임명되고 그 신분이 보장되며, 원칙적으로 정년이 보장될 것이 예정되는 공무원을 말한다. 일반직 공무원, 특정직 공무원, 기능직 공무원 등이 이에 해당된다. 특수경력직 공무원으로 정무직 공무원, 별정직 공무원, 계약직 공무원 및 고용직 공무원 등이 있다.

구 분	경력직 공무원	특수경력직 공무원
임명	공개경쟁에 대한 실적과 자격에 의하여 임명	공개경쟁 이외의 방법에 의하여 임명
신분보장 직업공무원적 성격	강함(평생근무 예정)	약하다
공무원법의 적용	원칙으로 모두 적용	원칙으로 적용되지 않으나 보수와 복무에 관한 규정은 적용

ⓛ 지방공무원 : 지방공무원이란 지방자치단체의 경비로써 부담되는 공무원으로서 지방공무원법상에 규정된 공무원을 말한다.

㈏ 공무원개념의 확장 적용

㉠ 준공무원 : 공무원 신분을 보유하지는 않지만 업무집행의 공적 성격을 보장하기 위해서 공무원에 준하는 처벌(형법상 수뢰죄 등)을 예정하는 경우 공무원개념이 확대 적용되는데, 이를 준공무원이라고 한다. 이에는 정부투자기관의 임원 및 대통령령이 정하는 직원과 개인정보보유기관 및 개인정보를 위탁받아 처리하는 기관의 종사자 등이 있다.

ⓛ 국가배상법상 공무원 : 국가배상에 있어서 공무원이란 신분을 갖는 외에 외관상 공무를 수행하는 것으로 보이기 때문에 공무원으로서 인식 될 수 있는 사람을 포함하는 개념으로 이해한다. 따라서 사실상 공무원에 해당하는 경우는 물론 사실상 공무를 보조하는 입장에 있는 집행관, 조세원천징수자, 동원훈련중인 향토예비군, 국가나 지방자치단체에 근무하는 청원경찰 등이 이에 해당한다.

3) 공무원의 권리와 의무

㈎ **공무원의 권리** : 공무원으로서의 신분 자체와 직접 관계되는 신분상 이익을 향유하는 신분상 권리로는 신분·직위 보유권, 직무집행권·직명사용권·제복제모착용권, 쟁송제기권, 인사상담권 및 고충심사청구권 등이 있다.

또 공무원은 국가·지방자치단체에 대하여 보수·연금·실비변상 청구권 등의 재산상 권리를 행사할 수 있다.

㈏ **공무원의 의무** : 공무원은 국가기관의 담당자로서 국민 전체에 대한 봉사자이며, 국민에 대하여 책임을 지므로(헌법 §7①) 이에 따른 특별한 의무를 진다. 그 근거는 법령에 의해서가 아니라, 공무원과 국가와의 공법상근무관계라는 특별권력에 근거를 둔 것이므로, 법령에 규정된 각종 의무는 그 예시에 불과할 뿐, 그 의무는 포괄적인 것이다.

법령상 의무는 국가공무원법과 지방공무원법 및 기타 교육공무원법 · 군인사법 · 군무원인사법 등에 규정되어 있으며, 따라서 공무원의 의무는 공무원의 종류나 직무의 성질에 따라 그 내용이 다르고, 또 각종 법령에서 개별적으로 규정하고 있으나, 일반적으로는 국가공무원법을 준용하고 있는 바, 그 내용은 ㉠성실의 의무, ㉡법령준수의 의무, ㉢복종의 의무, ㉣직무에 전념할 의무, ㉤친절 · 공정의 의무, ㉥비밀엄수의 의무, ㉦품위유지의 의무 등이 있다.

㈐ **공무원의 책임** : 일정한 경우 공무원도 의무위반에 대하여 공무원법상 징계 · 변상책임, 형사상 책임, 민사상 손해배상책임을 부담한다.

국가나 지방자치단체는 공무원이 직무를 집행하면서 고의 또는 과실로 법령을 위반하여 타인에게 손해를 입히거나, 「자동차손해배상 보장법」에 따라 손해배상의 책임이 있을 때에는 「국가배상법」에 따라 그 손해를 배상하여야 한다(국가배상법 §2). 이 경우 공무원 개인이 민사상 책임을 진다.

제3장 행정작용법

제1절 일반행정작용법

1. 행정작용법의 의의

행정작용법이란 행정주체가 행정목적을 달성하기 위하여 행하는 법률적·사실적 작용에 관한 법을 말한다. 이를 행정작용의 권력적 기초의 유무를 기준으로 할 때 권력적 행정작용인 행정행위·행정입법·행정계획 등과 비권력적 행정작용인 공법상계약·행정지도 등으로 대별할 수 있다.

2. 행정입법

1) 행정입법의 의의

행정권이 일반적·추상적 법규범을 정립하는 작용 또는 그에 따라 정립된 규범(학문상의 관념)으로, 이에는 법규명령과 행정규칙을 포함한다.

2) 법규명령의 한계와 행정규칙의 효력

행정부의 입법작용 중에서 위임명령(법규명령)은 구체적으로 범위를 정할 것이 요구되며(백지위임의 금지), 상위법령의 수권 없이 스스로 정립한 행정규칙(행정명령)은 법규성이 부인되고 재판규범성과 법원성도 인정되지 않는다.

3) 법규명령과 행정규칙의 비교

구 분	법규명령	행정규칙
의 의	행정권이 정립하는 법규의 성질을 가진 명령	행정권이 정립하는 법규의 성질을 가지지 아니한 명령(사무처리기준)
법규성	- 행정주체와 국민간의 관계를 규율하는 법규범 - 양면적 구속력을 갖는 법규	- 행정조직내부에서 적용되기 위한 규범 - 원칙상 행정기관만을 구속하는 일면적 구속력만을 지님
근 거	- 법률의 법규창조력의 원칙, 법률유보의 원칙이 적용(법적 근거가 필요). 위임명령 제정에는 개별적 법률 근거 필요, 집행명령은 헌법에서 포괄적인 근거	행정규칙의 제정에는 법적 근거가 필요하지 않음. 행정규칙 제정권은 각급기관의 감독권 또는 행정기관의 재량처분권에 포함. 행정상 특별권력관계 내부
종 류	- 형식을 표준(대통령의 긴급명령, 대통령령, 총리령과 부령, 조례와 규칙) - 수권근거(위임명령, 집행명령)	- 형식상 : 훈령, 지시, 예규, 고시 - 내용상 : 조직규칙, 근무규칙(공무원근무규칙), 영조물규칙(국립도서관규칙)
형 식	- 요식행위(문서로) - 법규명령의 형식을 취하고 공포가 효력발생요건	- 불요식행위(口頭로도 가능) - 공표도 의무적이지 않음. 다만 행정절차법 제20조 제1항에 의해 처분기준이 되는 행정규칙은 공표되어야함.
적용범위 대외적 구속력	- 쌍면적 구속력(국가와 일반국민에게 적용) - 대외적 구속력을 갖는다. - 법규명령에 반하는 행정권 행사는 위법.	- 일면적 구속력(수령기관만 구속) - 행정기관만을 구속하며 원칙상 대외적 구속력 갖지 않음(행정조직 내부). - 행정규칙에 반하는 행정권행사에도 위반사실자체에 의해 위법하지는 않음.
유사점	일반적 추상적 성질을 갖는 규범으로서 행정의 기준이 되는 규범. 행정기관은 이 둘을 모두 준수하여야 할 법적 의무를 짐	

3. 행정행위

1) 행정행위의 의의와 특질

(1) 의의

행정행위란 강학상의 용어로 행정주체가 법 아래서 구체적인 사실에 대한 법집행행위로서 하는 공권력의 발동으로서의 단독적 공법행위를 말한다. 행정행위는 법적합성 · 공정성 · 실효성 · 불가변성과 불가쟁성 · 구제수단의 특수성을 갖는데, 법률행위적 행정행위와 준법률행위적 행정행위, 기속행위와 재량행위로 나눌 수 있다.

(2) 특질

행정행위의 특색은 ㉠항상 법에 따라 행해야 하는 **법적합성**(法適合性), ㉡성립에 하자가 있어도 절대 무효인 경우 외에는 적법하다는 추정을 받고, 권한이 있는 기관의 취소가 있을 때까지는 유효한 구속력을 갖는 **공정성**, ㉢일정한 기간이 경과된 뒤에는 그 효력이 형식적으로 확정되는 **불가쟁성**(不可爭性), ㉣특수한 경우에는 행정주체도 이를 변경할 수 없는 **불가변성**(不可變性), ㉤상대방이 의무를 이행하지 않는 경우 행정청이 강제력을 발동하여 그 의무를 실현시킬 수 있는 자력집행력과 제재력인 **강제성**(强制性), ㉥행정행위에 의하여 권리 · 이익이 침해된 경우 행정심판 · 행정소송 등에 의한 **특별한 구제절차**(救濟節次)가 설정된 구제제도의 특수성이 있다.

2) 행정행위의 내용

법의 기속여부에 따라 법령에 기속되어 재량을 허용치 않는 기속행위(羈束行爲)와 재량이 주어진 재량행위(裁量行爲)로 나눌 수 있다. 법의 구체화 또는 집행으로 행해지는 행위를 기속행위라 하고 어느 정도 행정청의 재량이 인정되고 이 재량에 의해 행하여지는 행위를 재량행위라 한다. 행정행위는 법규하에서 법의 구체화 또는 집행으로 행해지는 행위이지만 근대행정의 광범위성과 복잡다기성 때문에 엄격한 법의 기속이 요청되는 행정분야에 있어서나, 구체적인 사정에 적극적으로 공익목적 달성을 위한 사명을 가진 행정분야에 있어서나, 행정청의 재량을 어느 정도껏 인정함은 불가피 하다. 재량의 정도에 따라 기속재량행위와 자유재량행위로 나누어 볼 수 있다.

또한 행정행위의 구성요소인 의사표시의 내용과 법률적 효과의 발생원인을 기준으로 법률행위적 행정행위와 준법률행위적 행정행위가 있다. 법률행위적 행정행위는 행정주체의 의사표시를 요소로 그 의사내용에 따라서 법률효과를 발생하는 것으로, 이는 다시 행정청이 재량권을 가지고 하명 · 금지 · 허가 · 면제 등 국민에 대해 의무를 명(자연적인 자유의 제한)하거나 해제를 목적으로 한 명령적 행위와 특허 · 인가 · 대리 등 자연적으로 가지고 있지 않은 권리 · 권리능력 · 행위능력을 부여하거나 박탈하여 법률관계를 설정 · 변동시키는 형성적 행위로 나눌 수 있다. 준법률적 행정행위는 행정청이 재량권을 가지고 있지 않은 확인 · 공증 · 통지 · 수리 등 의사표시 이외의 정신작용의 발현을 요소로 한다. 이때 법률행위는 의사와 동작을 기본요소로 한다. 하지만 준법률행위적 행정행위는 행정청의 의사를 요소로 하지 않지만 일정한 효과를 부여한다. 즉 인간의 판단작용에는 의사, 인식, 느낌 등이 있는

데 이때 인식적 작용에도 불구하고 일정한 효과를 부과하는 것으로 선거인의 당선자 확정을 예로 들 수 있다. 당선자가 요구하지 아니하더라도 효과가 부여되는 것이다. 이러한 준법률적 행정행위에는 확인, 공증, 통지(通知), 수리(受理) 등이 있다. 확인(確認)이란 특정한 사실 또는 법률관계의 존부 또는 적부에 관해 의문이나 다툼이 있는 경우에 행정청이 이를 공적으로 확정하는 행위를 말한다. 도로, 하천 등의 구역결정, 발명의 특허, 당선인의 결정, 교과서의 검정이 이에 해당하며 분쟁을 전제로 하는 판단작용이라는 점에서 판결과 유사점이 있어 '준사법적 행위'라고 부르기도 한다. 확인은 언제나 구체적 처분의 형식으로 취해지며 일정한 형식이 요구된다. 그리하여 확인은 특정한 사실이나 정당성 여부에 관해 공적으로 확정하는 효과를 발생시킨다. 공증(公證)이란 특정한 사실 또는 법률관계의 존재를 공적으로 증명하는 행위를 말하는데 각종 등기, 등록, 증명서 발급 등이 이에 해당한다.

- 법률행위
  - 명령적행위
    - 下命
      - 作爲하명
      - 不作爲하명(禁止)
      - 給付하명
      - 受忍하명
    - 許可 – 대인(운전면허) · 대물 · 혼합
    - 免除 – 의무해제
  - 형성적행위
    - 상대방
      - 設權行爲
        - 권리설정행위(特許) – 예 광업허가
        - 능력설정행위 – 예 법인설립 · 공고
        - 포괄적법률관계설정행위 – 예 귀화허가
      - 變更行爲 – 예 轉職
      - 奪權行爲 – 예 면제
    - 제3자
      - 보충행위(認可) – 예 비영리법인설립인가
      - 대리(代理)행위 – 예 行旅病死者遺留品賣却
- 준법률행위
  - 確認(Feststellung)
  - 公證(Beurkudung) – 예 등재 · 검인 · 증명서발급 등
  - 通知(Mitteilung) – 예 관념 · 의사의 통지(출원공고 · 납세독촉 등)
  - 受理(Annahme) – 예 신고서 · 소장 등의 수리

행정행위의 종류

(가) **법률 행위적 행정행위** : 행정청의 의사표시를 구성요소로 하고 의사표시 내용대로 효과가 발생하는 행위

㉠ 명령적 행정행위 : 상대방에 대하여 일정한 의무를 과하거나 이미 과하여진 의무를 해제함을 내용으로 하는 행정행위

*하명 : 작위 · 부작위, 급부 · 수인을 명하는 행정행위 – 예 위법건축물 철거, 도로통행금지, 납세고지

*허가 : 법령에 의하여 일반적으로 금지되어 있는 행위를 특정의 경우에 특정인에 대하여 해제하는 행정처분. 예 여관, 대중목욕탕, 음식점 등의 영업허가, 의사나 약사의 면허

*면제 : 법령에 의하여 일반적으로 부과되어 있는 '작위, 급부의무' 등을 특정한 경우에 해제하는 행정행위

㉡형성적 행정행위 : 국민에게 새로운 권리, 능력 기타 포괄적 법률관계를 발생, 변경, 소멸시키는 행정행위
* 특허 : 권리, 능력 등을 설정해 주는 행위
* 인가 : 제3자의 법률행위를 보충하여 그 법률상 효력을 완성시켜 주는 행정행위. 즉 어떤 당사자의 법률행위가 행정주체의 인가를 받아야 하도록 법률에 특히 규정하고 있는 경우에, 그 법률행위에 동의하여 그 행위를 완전히 유효하게 만드는 행정주체의 동의행위이다. 예 사립학교 등 법인설립의 인가
* 대리 : 제3자가 해야 할일을 행정청이 대신 행하면, 제3자가 한 것과 같은 효과 발생

㈏ **준법률행위적 행정행위** : 의사표시가 아닌 판단, 관념, 인식 등의 단순한 정신작용을 요소로 하고 효과는 법정(法定)되어 있는 행위
㉠ 확인 : 특정한 사실, 법률관계에 대해 의문이 있는 경우에 공적으로 그 존부(存否) 또는 정부(正否)를 판단하는 행위
㉡ 공증 : 특정 사실이나 법률관계의 존부를 공적으로 증명하는 행정행위
㉢ 통지 : 특정인 또는 불특정 다수인에 대하여 일정한 사실을 알리는 행정행위
㉣ 수리 : 타인의 행위를 유효한 행위로 받아들이는 행위

3) 행정행위의 효력

행정행위는 그 효력으로 구속력 · 공정력 · 불가쟁력 · 불가변력 · 집행력을 가진다.

(1) **구속력** : 행정행위가 그 내용에 따라 당사자들에게 대해 법적효력을 발생하는 힘

(2) **구성요건적 효력** : 행정행위 사실 그 자체가 다른 국가기관의 결정에 대하여 미치는 효력

(3) **공정력**(예선적 효력) : 행정행위에 하자가 있는 경우에 무효가 아닌 한 권한있는 기관에 의해 취소되기 전에는 행정행위의 상대방이나 이해관계인들을 절차법적으로 구속하는 힘

(4) **존속력**(확정력) : 행정행위는 유효하게 성립하고 효력요건을 갖추면 일정한 효력을 갖게 되는데, 존속력이란 이러한 효력 중에서 **불가쟁력**(不可爭力, 형식적 · 절차법적 존속력)이란 행정행위의 효력을 일정한 기간의 경과로 인하여 상대방 기타의 이해관계인이 다툴 수 없는 것을 말하며, **불가변력**(不可變力, 사실적 · 실질적 존속력)은 그 행정행위를 처분한 행정청도 직권으로 취소 · 변경함을 불허하는 힘을 말한다.

(5) **강제력**(자력집행력, 실효성) : 행정행위를 통하여 사인에게 내려진 특정의무가 이행되지 않은 경우에 행정행위의 실효성을 확보하기 위한 차원에서 인정되는 효력을 말한다. 이에는 의무이행을 강제하여 사실상 의무가 이행되는 상태를 실현하는 **집행력**과 의무위반이라는 사실에 착안하여 이에 대해 일정한 제재를 가하는 **제재력**이 있다.

4) 행정행위의 부관

(1) 의의 : 행정행위의 효과를 제한 또는 보충하기 위하여 행정기관에 의하여 의사

표시의 주된 내용에 부가된 종된 의사표시를 행정행위의 부관이라 한다.

(2) **유형** : 행정행위에 붙여지는 부관에는 조건 · 기한 · 부담 · 철회권의 유보 · 법률효과의 일부배제 등이 있다.

㉠ **조건**(條件)은 행정행위의 효력의 발생 또는 소멸을 불확실할 장래의 사실의 성부에 따르게 하는 행정청의 의사표시를 말한다. 조건이 붙은 행정행위를 조건부행정행위라고 한다. 조건은 행정행위의 효력의 발생을 장래 발생할 것이 불확실한 사실의 성부에 따르게 하는 정지조건과, 행정행위의 효력의 소멸을 장래 발생할 것이 불확실한 사실의 성부에 따르게 하는 해제조건으로 구분된다.

㉡ **기한**(期限)은 법률행위의 효력의 발생 · 소멸 및 채무의 이행을 장래의 확정적인 사실에 좌우시키는 법률행위의 부관을 말한다. 기한의 종류에는 법률행위의 효력의 발생 또는 채무의 이행시기를 정하는 시기와, 법률행위의 효력의 소멸을 정하는 종기, 기한의 내용이 되는 사실의 발생시기가 확정되어 있는 확정기한과, 발생시기가 확정되어 있지 않는 불확정기한이 있다.

㉢ **부담**(負擔)은 행정행위에 부수하여 그 행정행위의 상대방에 대하여 일정한 의무를 과하는 행정청의 의사표시를 말한다. 부담은 본체인 행정행위의 일반적인 효력 또는 효과를 제한하는 구실을 하는 것이 아니라, 부담 그 자체가 하나의 행정행위로서 그 존속만이 본체인 행정행위에 의존할 뿐이라는 특색이 있다.

㉣ **철회권의 유보**(留保)는 행정행위에 부가하여 특별한 사정이 발생한 경우에 행정행위를 철회할 수 있는 권한을 유보하는 부관을 말한다.

㉤ **법률효과의 일부배제**는 법령이 그 행정행위에 대해 일반적으로 부여하고 있는 법률효과의 일부를 배제하는 행정청의 의사표시를 말한다. 예컨대 택시영업허가를 함에 있어서 격일제 운행을 부관으로 하거나, 버스 영업허가를 함에 버스노선 지정을 부관으로 하는 것 등이다. 이는 법령상의 효과를 특정한 경우에 제한하는 것이므로 원칙적으로 법령에 근거가 있을 때에 한하여 붙일 수 있다.

5) 행정행위의 흠[하자]

행정행위의 효력을 저해하는 사정을 행정행위의 흠 또는 하자라고 한다. 이에는 행정행위의 무효와 취소 및 부존재 등이 있다.

(1) **행정행위의 무효** : 무효인 행정행위라 함은 외관상으로는 행정행위로서 존재하고 있음에도 불구하고 그 흠이 중대하고 명백함으로 말미암아 권한 있는 기관의

취소를 요하지 아니하고 처음부터 당연히 그 법률적 효과를 전혀 발생하지 아니하는 행위를 말한다. → 처분 등이 무효 또는 부존재인 경우에는 공정력(公定力, 유효성 추정)이 없고 처음부터 효력이 없으므로 상대방이나 기타 이해관계인은 무효를 전제로 곧바로 현재의 법률관계에 관한 주장(부당 이득 반환 청구, 공무원 보수 지급 청구 등)을 할 수 있다. 그러나 무효인 경우에도 처분의 외관이 존재함으로써 행정청에 의해 집행될 우려가 있다. 따라서 상대방 또는 이해관계인은 처분의 무효임을 공적으로 확인받을 제도 장치가 필요한 것이다.

(2) **행정행위의 취소** : 취소할 수 있는 행정행위는 그 성립에 흠이 있음에도 불구하고 예선적 효력(豫先的 效力, 유효성 추정)의 결과로서 권한 있는 행정청 또는 법원의 취소가 있을 때까지는 유효한 행정행위로서 그 효력을 지속하는 행위를 말한다.

구 분	무효(無效)	취소(取消)
효 력	처음부터 발생하지 않음	취소 될 때 까지는 효력인정
공정력	인정되지 않음	인정
행정쟁송의 형태	무효확인심판(소송) 무효선언을 구하는 의미에서 취소송	취소심판, 취소소송
행정소송의 제기요건	불요, 무효소송을 구하는 의미에서 취소소송→필요	행정심판전치주의, 제소기간에 관한 요건 충족→필요
사정재결(사정판결)	불가능	가능
선결문제	민.형사사건의 수소법원이 위법성 심사가능(학설일치)	위법성 심사 가능성 여부에 대해 학설 대립이 있다.
하자의 승계	독립하여 별개의 효과를 가져오는 경우에도 승계	독립하여 별개의 효과를 가져오는 경우에는 승계 불가능
하자의 치유와 전환	전환만 가능	치유만 가능

(3) **행정행위의 부존재** : 무효인 행정행위는 행정행위가 외관상으로 존재하고 있는 경우이며, 행정행위의 부존재는 행정행위가 그 성립요건의 어떤 중요한 요소를 전혀 결여함으로써 법률효과를 발생할 수 없으며, 행정행위로서 성립조차 못한 경우를 말한다.

6) 비권력적 행정작용

(1) 공법상 계약

공법적 효과의 발생을 목적으로 하는 복수 당사자의 반대 방향의 의사의 합치에 의하여 성립되는 법률행위를 공법상 계약이라 하며 이에는 임의적 공용부담이나 공법상 보조금 교부 등이 있다.

(2) 공법상 합동행위

공법상 효력발생을 목적으로 하는 복수 당사자의 동일 방향의 의사의 합치에 의하여 성립되는 공법행위로 공용목적을 위한 동일한 공공조합 설립행위(정관작성) 등을 들 수 있다.

(3) 행정지도

행정기관이 행정목적의 달성을 위하여 상대방의 임의의 협력을 기대하여 행하는 비권력적 사실행위를 행정지도라 한다. 이에는 공해방지를 위한 규제적인 것이나 공업시설의 계열화 권고와 같은 조정적 행정지도 등이 있다.

(4) 행정계획

행정주체가 일반적으로 달성해야 할 목표 및 그 실현을 위한 과정이나 재정상 기타 수단을 포함한 행정의 구상이나 지침, 활동기준 등을 설정하는 행위를 말한다.

제2 절 특별행정작용법

1. 경찰(질서)행정

1) 경찰의 개념

민주주의, 법치주의, 인권존중주의, 정치적 중립주의, 경영주의(능률주의) 등을 이념으로 추구하는 경찰은 사회공공의 안녕과 질서를 유지하기 위하여 일반통치권에 의거서해 국민에게 명령·강제하는 권력적 작용을 의미했으나, 현대적 의미의 경찰은 사회 공공질서를 유지하고 범죄로부터 국민 각자의 생명과 재산을 보호하고 다양한 사회적 구원을 응원하는 공공서비스를 제공하는 작용을 말한다.

2) 경찰행정법

경찰의 조직과 작용에 관한 법이 경찰행정법이다. 경찰작용은 광범한 정보수집, 범죄예방, 진압작용을 효율적으로 수행하기 위하여 조직적 실력을 가지고 있는 조직편재가 필요하다.

(1) 경찰법원

경찰관련 법의 존재형식을 의미하는 법원(法源)으로는 경찰에 관련된 성문경찰법과 불문경찰법으로 나눌 수 있는 바, 전자는 헌법, 법률, 조약·국제법규, 명령(대통령령·총리령·부령), 조례와 규칙(자치경찰) 등을 포함한다. 널리 일반경찰법의 법원은 경찰법·경찰공무원법·경찰관직무집행법·행정절차법·행정대집행법·도로교통법·국가배상법·행정심판법·행정소송법, 형사소송법(범죄수사) 등을 들 수 있고, 특별경찰법원은 건축법·공중위생법·식품위생법·폐기물관리법 등에 산재해 있다. 경찰관련 불문법원으로는 관습법, 판례법(사실상 구속력), 조리(신뢰보호의 원칙, 평등의 원칙, 비례의 원칙, 부당결부금지의 원칙) 등을 들 수 있다.

(2) 경찰조직법

경찰권의 주체인 국가가 경찰목적을 실현하기 위하여 경찰기관의 설치·구성 및 권한 등에 관하여 규정한 여러 법률을 총칭한다. 경찰주체가 경찰목적을 실현하기 위해서는 경찰임무를 수행하는 경찰기구와 그 기구를 구성하는 경찰공무원과 물적 요소인 경찰청사 등의 공물이 필요로 하는데 이를 규율하는 「경찰법」과 「경찰공무원법」, 공물법 등이 경찰조직법에 해당한다. 그 외에도 「정부조직법」, 경찰청과 그 소속기관의 조직과 직무범위 기타 필요한 사항을 규정하기 위한 「경찰청과 그 소속기관 직제」, 「경찰대학 설치법」, 「전투경찰대 설치법」, 「경찰위원회규정」, 「치안행정협의회규정」, 「경찰서의 명칭·위치 및 관할구역」 등이 있다.

(3) 경찰작용법

법치행정에 따라 명령·강제하는 권력작용을 말한다. 경찰권의 행사는 그 요건이 경찰관의 자유재량에 맡겨진 것이 아니라 일정한 조리상의 한계를 지니며, 이러한 한계로는 보통 경찰소극의 원칙, 경찰책임의 원칙, 경찰공공의 원칙, 평등의 원칙, 경찰비례의 원칙이 요구된다.

2. 급부행정과 공용부담

국민의 복지를 적극적으로 증진시키기 위하여 행하는 수익적 행정작용으로 급부행정과 공용부담이 있다.

1) 급부행정법

(1) 공물(公物)법

국가나 지방자치단체가 행정활동을 할 때에는 이를 담당하는 인적 수단과 그 목적에 공용되는 물적 수단을 필요로 한다. 이러한 물적 수단에는 그 '자본가치'에 의하여 간접적으로 행정목적에 기여하는 물건과 그 '사용가치'에 의하여 직접 행정목적에 제공되는 물건이 있는데 전자를 사물(私物), 후자를 공물(公物)이라고 한다. 즉, 공물은 "국가 · 지방 자치단체 등의 행정주체에 의하여 직접 행정목적에 공용된 개개의 유체물"을 말한다.

공물은 공용되는 목적에 따라 공공용물 · 공용물 및 보존공물로, 그 실체의 성립과정에 따라 자연공물과 인공공물로, 그의 소유권의 귀속에 따라 국유공물 · 공유공물 및 사유공물로, 그 물건의 소유권자와 관리주체가 동일인인지의 여부에 따라 자유공물과 타유공물로 구분된다.

공물은 직접 행정목적에 공용되기 때문에 그 목적을 달성하기 위하여 필요한 한도 내에서 사법의 적용이 배제되며 특수한 법적 규율을 받는다. 즉, 공물의 불융통성, 강제집행 · 취득시효 · 공용수용의 제한, 공물과 상린관계, 공물의 범위결정과 경계확정 · 등기의 특수성, 공물의 설치 · 관리의 흠으로 인한 손해배상 등에서 특수성이 인정된다.

(2) 공기업법

공기업(公企業)이란 국가 또는 공공단체가 직접 사회공공의 이익을 위하여 스스로 경영하는 기업을 말한다. 공기업의 개념은 공익사업 또는 공공사업처럼 사업의 성질에 의해서가 아니라 오히려 그 경영주체에 착안하여 정해진 개념인 바 이 뜻에 있어서의 공기업에 관하여는 그 주체가 국가 또는 공공단체이기 때문에 그 조직(인적 요소는 공무원, 물적 요소는 공물), 회계경리(예산회계상의 제약) 등에 사기업과 다른 특색이 인정되며, 또 여기에 경제상(기업독점권 등) · 형벌상 그 밖에 특별한 보호가 주어지며, 그 이용관계에 있어서도 간혹 법률상 또는 사실상의 강제가 가해지는 등 여러 가지의 법률상의 특색이 인정된다.

공기업은 그 경영주체에 따라 국영기업 · 공영기업 · 국영공비기업 및 특수법인기업으로, 그 경영주체가 법률상 그 경영에 관한 독점권을 가지고 있는지의 여부에 따라 독점기업과 비독점기업으로, 그 조직이 일반조직에 대하여 독립적 지위에 있는지의 여부에 따라 독립적 기업과 비독립적 기업으로, 그 조직형태에 따라 행정청형기업과 법인체기업으로 나눌 수 있다.

「공공기관의 운영에 관한 법률」에서 공기업은 기획재정부장관이 시장형 공기업(자산규모가 2조원 이상이고, 총수입액 중 자체수입액이 대통령령이 정하는 기준 이상인 공기업)과 준시장형 공기업(시장형 공기업이 아닌 공기업)으로 구분해 세분하여 직원 정원이 50인 이상인 공공기관 중에서 지정한다(동법 §5).

지방자치단체가 직접 설치·경영하거나, 법인을 설립하여 경영하는 지방공기업의 운영에 관하여 필요한 사항을 정하여 그 경영을 합리화함으로써 지방자치의 발전과 주민의 복리증진에 이바지 함을 목적으로 「지방공기업법」이 제정되어 있다.

2) 공용부담법

(1) 공용부담법

특정 공익사업·공익목적을 위하여 또는 특정물건의 효용을 보존하기 위하여 개인에게 강제적으로 부과되는 경제적 부담인 공용부담에 관한 법을 말한다. 공용부담은 특정 공익사업을 위한 것에 한정되지 않고, 행정계획에 의거한 합리적인 국토(그 전부 또는 일부)의 이용·개발 등을 위하여서도 빈번히 사용되고 있다. 「국토이용관리법」에 의하여 광범한 지역의 토지이용을 제한하거나, 「도시계획법」에 의거한 지역·지구의 지정으로 당해 지역의 토지의 이용이나 거래를 제한하는 것이 그 예이다. 이러한 경우는 엄격한 의미에서는 특정 공익 사업을 위한 것이 아니라, 국토의 합리적인 이용을 위한 재산권의 제한인 것이나, 이들도 공공복리의 증진을 위하여 개인에게 강제적으로 가하여지는 부담이라는 점에서는 공용부담의 새로운 형태로 보아야 할 것이다.

(2) 공용부담의 당사자

공용부담의 주체는 원칙적으로 행정주체, 즉 국가나 지방자치단체이며, 예외적으로 공기업이나 특허기업도 법률에 근거하여 행정주체로부터 공용부담을 명할 수 있는 특권을 부여받기도 한다. 공용부담의 상대방은 개인이 된다. 따라서 국가나 지방자치단체 상호간의 부담은 이 개념에서 제외된다.

(3) 공용부담의 법적 근거

공용부담은 공공복리를 위한 목적을 갖는 것이지만 그 내용은 당사자에게 부담적인 의무를 부과하는 것이다. 따라서 법률유보(法律留保)의 원칙이 적용되어진다.

제 4 장 행정상 의무이행확보

제1절 행정상 제재

법은 그 이념과 목적을 달성하기 위하여 법규위반자에 대하여 가하는 법적 강제수단이 마련되어 있는데 이를 법의 제재(制裁)라고 한다. 행정상 의무를 이행하지 않을 경우 이를 확보하기 위한 제재조치도 마련되어 있는데, 행정상 제재는 행정법규정의 위반행위에 대한 행정법에 의한 제재를 말한다. 행정법규정의 위반행위는 행정행위에 의해 과해진 행정상 의무의 위반행위인 것이 일반적이나, 즉시강제의 경우와 같이 행정행위 없이 직접 행정법상의 의무위반행위인 경우도 있다.

제2절 일반국민에 대한 제재

일반국민에 대한 제재는 행정법상의 의무를 지는 자가 그 의무를 이행하지 아니하거나, 이를 위반한 경우에 행정목적을 실현·확보하기 위하여 발동하는 국가의 권력적 수단을 말한다. 이에는 장래 의무이행을 위한 행정강제와 과거 의무위반을 이유로 가하는 제재인 행정벌이 있다.

1. 행정강제

행정강제(行政强制)란 행정법규 또는 행정처분에 의하여 일정한 의무가 있는 자가 그 의무를 이행하지 않는 경우에, 행정권의 주체가 강제력으로써 그 의무를 이행시키거나 또는 그 이행이 된 것과 같은 상태를 실현시키는 행정작용을 말한다. 행정권 스스로 신속하고 명확하게 행정목적을 달성할 수 있도록 하기 위함이다. 행정강제는 상대방에게 의무의 불이행을 전제로 하는지의 여부에 따라서 행정상의 강제집행과 행정상의 즉시강제로 구분한다.

1) 행정상 강제집행

행정상 강제집행이란 행정법상의 의무불이행에 대하여 행정주체가 실력을 행사하여 의무를 이행시키거나 의무가 이행된 것과 같은 상태를 실현시키는 작용을 말한다. 이에는 대집행 · 집행벌 · 직접강제 및 행정상 강제징수가 있다. 대집행과 행정상의 강제징수가 일반적이고, 집행벌 · 직접강제는 개별법에서 예외적으로 허용하고 있다.

(1) 대집행(代執行)이란?

행정법상의 대체적 작위의무를 가진 자가 그 의무를 이행하지 아니한 경우에, 행정기관이 스스로 이를 행하거나 제3자로 하여금 이를 행하게 하여 행정목적을 실현시킨 후, 그 비용을 의무자로부터 징수하는 방법을 말한다. 이에 대한 일반법으로 행정의무의 이행확보에 관하여서는 따로 법률로써 정하는 것을 제외하고는 「행정대집행법」에 의한다. 예컨대 위법광고물의 철거, 불법주차차량의 견인 등이 그것이다.

(2) 집행벌(執行罰)이란?

행정법상의 부작위의무(예 무기 또는 폭발물불소지의무 등) 또는 전염병예방주사를 맞을 의무와 같은 비대체적 작위의무를 가진 자가 이를 이행하지 않는 경우에, 의무이행을 간접적으로 강제하기 위하여 과하는 금전부담의 제재이다. 우리 나라에서는 집행벌은 일반적으로 인정되지 않고 있다.

(3) 직접강제(直接强制)란?

행정법상의 의무가 이행되지 아니한 경우, 특히 대집행 또는 집행벌로써는 그 목적을 달성할 수 없는 경우에 의무자의 신체 또는 재산에 실력을 가함으로써 직접 의무의 이행이 있는 것과 같은 상태를 실현하는 강제집행이다. 이는 극히 예외적인 경우에 개별적으로 인정되고 있다. 예컨대 출입국관리법상 외국인의 출국정지 또는 강제퇴거명령이 있다.

(4) 행정상의 강제징수(强制徵收)란?

행정법상의 금전지급의무를 이행하지 아니한 경우에, 행정청이 의무자의 재산을 강제적으로 압류·매각함으로써 그 의무가 이행된 것과 같은 상태를 실현시키는 행정법상의 강제집행이다. 국세징수에 관한 일반법으로 「국세징수법」이 있다. 국세징수법에 의한 강제징수의 절차는 독촉·재산의 압류·압류재산의 환가처분 및 환가대금의 배분 등으로 나눌 수 있다.

❖ 경찰상 강제집행의 수단

대집행	경찰법상의 대체적 작위의무의 불이행의 경우의 강제수단이다. 경찰상 강제집행에 관한 일반법인 「행정대집행법」에서 규정하고 있다. 대집행의 절차는 대집행의 계고→대집행영장의 의한 실행의 통지→대집행실행→비용징수의 순서로 이루어진다.
집행벌	경찰법상 부작위의무나 비대체적 작위의무의 불이행위 경우의 강제수단이다. 경찰의무자에게 심리적 압박을 가하여 의무이행을 장래에 향하여 간접적으로 강제하기 위해 과하는 금전벌이다. 건축법 제83조에 집행벌인 이행강제금 조항이 신설되어 우리나라의 집행벌의 법적 근거가 되고 있다.
직접강제	경찰법상 의무불이행이 있는 경우에 경찰상 최후의 수단으로서 직접 의무자의 신체·재산에 실력을 가해 의무내용이 이행된 것과 동일한 상태를 실현하는 작용이다.
강제징수	금전급부의무 불이행의 경우에 국세징수법에 의한 강제수단이다. 강제징수 절차는 독촉 및 체납처분절차(압류→매각→청산)로 이루어진다.

2) 행정상 즉시강제

행정상 즉시강제(卽時强制)란 목전의 긴급한 행정상 장애를 제거하기 위하여 필요한 경우 또는, 미리 의무를 명하는 것으로는 행정목적을 달성할 수 없는 성질의 경우에, 의무의 이행을 기다릴 것 없이 직접 개인의 신체나 재산에 실력을 가함으로써 행정상 필요한 상태를 실현시키는 행정작용(예 가택수색, 압수, 강제수용, 교통차단 등)이다. 이것은 직접적인 실력행사인 점에서 행정상의 강제집행 특히 직접 강제와 같으나 의무불이행을 전제로 하지 않는 점에서 차이가 있다. 이는 사전에 의무를 부과함이 없이 즉시로 실력을 발동하여 국민의 권리·자유를 침해할 가능성이 있으므로 이의 발동에는 엄격한 법적 근거를 요한다. 예컨대 「감염병의 예방 및 관리에 관한법률」에 의한 강제처분(동법 §42), 「경찰관직무집행법」에 의한 무기사용(동법 §10의4), 「소방기본법」에 의한 소방대상물의 파괴(동법 §27) 등을 들 수 있다.

❖ 경찰상 즉시강제의 수단

대인적 강제	경찰관직무집행법상의 대인적 강제	불심검문(§3), 보호조치(§4), 위험발생시 방지조치(§5), 범죄예방·제지조치(§6), 장구의 사용(§10의2), 무기의 사용(§10의4) 등
	개별적 경찰법규상의 대인적 강제	전염병예방법상의 강제격리·교통차단·강제진찰, 마약법상의 강제수용, 소방법상의 원조강제 등
대물적 강제	경찰관직무집행법상의 대물적 강제	무기·흉기·위험물의 임시영치(§4③) 등
	개별적경찰법규상의 대물적 강제	토지·물건의 사용·처분제한(주택건설촉진법), 영치(행형법), 검역, 부패식품 폐기(식품위생법) 등
대가택 강제	소유·점유·관리자의 의사에 반하여 타인의 건물·선박·영업소에 출입하거나 검사 또는 수색하는 경우이다. 예 경찰관직무집행법 제7조에 의한 위험방지를 위한 가택 등의 출입	

2. 행정벌

행정벌(行政罰)이란 행정법상의 의무위반행위에 대하여 국가 또는 공공단체가 일반통치권에 가하여 과하는 제재를 말한다. 행정벌은 직접적으로 의무위반에 대한 제재로서의 의미를 가지나, 간접적으로는 의무자에게 심리적 압박을 가함으로써 장래의 의무이행을 확보함을 목적으로 한다.

행정벌은 그 처벌의 내용에 따라 형법상의 형벌(형법 §41)로 벌하는 행정형벌과 형법상의 형명이 없는 과태료를 부과할 정도의 단순한 행정법규의 위반인 행정질서벌로 나뉜다. 법률(지방자치단체의 조례 포함)상의 의무를 위반하여 과태료를 부과하는 질서위반행위를 규제하기 위한 「질서위반행위규제법」이 있다.

또한 처벌의 대상에 따라 경찰벌·재정벌·군정벌·규제벌·공기업벌 등으로 나눌 수 있다. 특히 행정형벌은 「형사소송법」이 정하는 절차에 의하여 집행되는 것이 원칙이지만 통고처분이나 즉결심판 등의 준사법적 행위에 의하기도 한다.

(1) 통고처분(通告處分)

정식재판에 갈음하여 절차의 간편·신속을 중점으로 하여 행정기관이 의무위반자에 대한 복종을 조건으로, 일정한 벌금 또는 과료에 상당하는 금액의 납부를 명하는 준사법적 행정행위이다. 통고처분은 조세범, 관세범, 전매사범, 출입국사범, 교통사범 등에 인정되고 있다. 통고처분의 효과는 범칙자가 통고받은 날로부터 15일 내에 통고된 내용을 이행함으로써 통고처분은 확정판결과 동일한 효력을 발생하고, 그 결과 일사부재리의 원칙이 적용되며, 통고처분이 있음으로써 공소시효는 중단된다.

(2) 즉결심판

20만원 이하의 벌금·구류 또는 과료에 처할 수 있는 경미한 행정사범에 대한 행정형벌을 말한다. 이는 「즉결심판에 관한 절차법」이 정하는 바에 따라, 지방법원, 지원 또는 시·군법원의 판사가 즉결심판에 의하여 처하며 그 형은 경찰서장에 의하여 집행된다. 즉결심판에 불복이 있는 피고인은 고지를 받은 날로부터 7일 이내에 정식재판을 청구할 수 있다. 즉결심판은 정식재판의 청구기간의 경과, 정식재판 청구권의 포기 또는 그 청구의 취하에 의하여 확정판결과 동일한 효력이 생긴다. 정식재판청구를 기각하는 재판이 확정된 때에도 같다(동법 §16).

3. 기타 행정상의 강제수단

이상의 것 이외에도 행정상의 강제수단으로는 행정기관이 행정작용을 적정하게 실행하기 위하여 필요한 자료·정보 등을 수집하기 위하여 행하는 권력적 조사활동인 **행정조사**[7)]와 금전적 부담을 부과하는 **과징금**[8)]·**가산금**제도, 행정상의 편익의 제공을 거부하는 **공급거부**, 불리한 사항을 공개하는 **공표**, 인·허가의 철회·정지 등이 있다.

제3절 공무원에 대한 제재

1. 징계처분

징계처분이란 공무원의 행정법상 의무위반행위에 대하여 특별권력에 기하여 특별권력관계의 질서를 유지하기 위하여 과하는 제재를 말한다. 징계의 종류에는

7) "행정조사"란 행정기관이 정책을 결정하거나 직무를 수행하는 데 필요한 정보나 자료를 수집하기 위하여 현장조사·문서열람·시료채취 등을 하거나 조사대상자에게 보고요구·자료제출요구 및 출석·진술요구를 행하는 활동을 말한다(행정조사기본법 §2제1호).

8) 과징금(過徵金)이란 일정한 행정법상 의무를 위반하거나 이행하지 않을 때에 행정청이 의무자에게 부과 징수하는 금전적 제재이다. 행정의 실효성 확보수단이다. 원래 과징금은 「독점규제 및 공정거래에 관한 법률」상 의무 위반으로 인한 경제적 이익을 환수하기 위한 장치로 도입되었다(동법 §6).

파면 · 해임 · 정직 · 감봉 · 견책 등이 있다(국가 · 지방공무원법).

㈎ 파면(罷免)은 공무원의 신분을 박탈하는 것으로 가장 무거운 징계벌이다. 파면을 당하면 5년간 공무원이 될 수 없다(국가공무원법 §33①제7호).

㈏ 해임(解任)은 공무원의 신분을 박탈하나 연금은 지급한다. 해임을 당하면 3년간 공무원에 임용될 수 없다(국가공무원법 §33①제8호).

㈐ 강등(降等)은 1계급 아래로 직급을 내리고(고위공무원단에 속하는 공무원은 3급으로 임용하고, 연구관 및 지도관은 연구사 및 지도사로 한다) 공무원신분은 보유하나 3개월간 직무에 종사하지 못하며 그 기간 중 보수의 3분의 2를 감한다(국가공무원법 §80①).

㈑ 정직(停職)은 공무원 등에 대한 징계처분의 일종으로서 일정한 사유가 존재할 경우에, 공무원으로서의 신분을 보유시키면서 일정기간 직무에 종사하지 못하며 보수는 전액을 감한다.

㈒ 감봉(減俸)은 공무원의 지위변동은 없으나 봉급의 지급액을 1개월 이상 3개월 이하의 기간 동안 보수의 3분의 1을 감하는 징계처분이다.

㈓ 견책(譴責)은 국가공무원 · 지방공무원에 대한 징계처분 중 가장 가벼운 것으로서, 전과(前過)에 대하여 훈계하고 회개하게 하는 것이다.

2. 직위해제

직위해제는 공무원에 대하여 직위를 계속 유지시킬 수 없다고 인정되는 사유가 있는 경우에, 공무원으로서의 신분은 보존시키되 직위를 부여하지 않는 것이다. 본인의 무능력 등으로 인한 보직 해제 등 제재적 의의를 가진 불이익 처분의 하나이다.

제5장 행정구제법

제1절 행정구제

1. 행정구제의 의의

행정기관의 행위로 인하여 권리 또는 이익을 침해받은 자가 행정기관이나 법원에 대하여 그 행정행위의 취소, 변경 또는 손해의 전보를 구하는 절차를 행정구제(行政救濟)라고 한다.

2. 행정구제의 종류

행정구제는 그 구제의 시점에 따라 **사전적 행정구제**와 **사후적 구제 제도**가 있는데, 전자의 대표적인 것은 행정절차법에 따른 행정처분의 사전통지, 청문(聽聞), 청원, 행정예고, 고충민원처리, 행정정보공개, 이유부기, 공청회 등을 들 수 있고, 후자에 해당하는 제도로서는 행정상 손해전보(손해배상 · 손실보상)제도, 행정상 쟁송(행정심판 · 행정소송)제도를 들 수 있다.

제2절 사전 구제

1. 행정절차와 정보공개

1) 국민의 행정참여보장

행정기관에서 허가취소, 영업정지 등의 행정처분을 결정하기 전에 이해당사자의 의사를 듣는 청문절차 등을 반드시 거치게 함으로써 주민들의 부당한 권익침해를 사전에 막고 행정과정을 투명하게 공개하는 것을 골자로 하는 제도로 「행정절차법」을 마련하고 국민의 요구에 공공기관의 정보를 제공하도록 규정하는 「정보공개법」과 함께 국민들의 행정참여를 보장하는 장치이다.

행정절차를 법으로 규율하여 구속적 행정결정이 내려지기 이전에 다양한 경로를 통하여 이해관계를 갖는 자들을 참여시키는 것을 목적으로 「행정절차법」이, 헌법상 국민의 알 권리를 구체화하기 위하여 행정주체가 관리하는 정보나 의사결정과정을 주민의 청구로 공개하기 위한 법을 「정보공개법」이 마련되어 있다(공공기관의 정보공개에 관한 법률, 국회·법원·선거관리위원회·헌법재판소 정보공개규칙 등).

2) 행정절차

(1) 사전통지

행정청은 당사자에게 의무를 과하거나 권익을 제한하는 처분을 하는 경우에는 미리 일정한 사항을 행정청의 처분에 대하여 직접 그 상대가 되는 당사자와 행정청이 직권 또는 신청에 의하여 행정절차에 참여하게 한 이해관계인에게 알리는 일종의 준법률행위적 행정행위다.

(2) 청문

청문(聽聞)은 행정청이 어떠한 처분을 하기에 앞서 불이익을 입게 될 당사자 또는 이해관계인의 의견을 직접 듣고 자신의 의견을 진술하거나 증거를 제출·조사하는 절차를 말한다.

(3) 서면결정과 결정이유의 명시

확인적·부담적 행정행위를 하는 경우 행정청이 그 '결정의 이유를 명시한 문서'로써 행정행위를 하도록 의무화하고 있다.

(4) 입법예고

법령 등을 제정·개정 또는 폐지하는 입법을 하고자 할 때에는 당해 입법안을 마련한 행정청은 이를 예고한다.

2. 청원

국민이 국가에 대해 불만 또는 희망을 개진하고 시정을 요구하는 기본권의 하나로 국가는 청원에 대하여 심사할 의무를 진다. 이러한 헌법 제26조의 규정에 의한 청원권행사의 절차와 청원의 처리에 관한 사항을 규정하기 위해 「청원법」을 마련하고 있다.

국가기관, 지방자치단체와 그 소속기관, 법령에 의하여 행정권한을 가지고 있거나 행정권한을 위임 또는 위탁받은 법인 · 단체 또는 그 기관이나 개인은 ㉠피해의 구제, ㉡공무원의 위법 · 부당한 행위에 대한 시정이나 징계의 요구, ㉢법률 · 명령 · 조례 · 규칙 등의 제정 · 개정 또는 폐지, ㉣공공의 제도 또는 시설의 운영, ㉤그 밖에 국가기관 등의 권한에 속하는 사항 등에 관하여 문서로써 청원을 제출할 수 있다(청원법 §3 · 4). 청원을 관장하는 기관이 청원을 접수한 때에는 특별한 사유가 없는 한 90일 이내에 그 처리결과를 청원인에게 통지하여야 하되, 청원사항이 그 기관이 관장하는 사항이 아니라고 인정되는 때에는 그 청원사항을 관장하는 기관에 청원서를 이송하고 이를 청원인에게 통지하여야 한다. 청원을 수리한 기관은 성실하고 공정하게 청원을 심사 · 처리하여야 한다.

3. 옴부즈만(호민관)제도

스웨덴에서 유래한 것으로서 의회에서 임명되지만 의회로부터는 광범위한 독립성을 부여받은 의회의 의뢰인으로서, 개개 국민의 권리 보호를 그 임무로 한다. 옴부즈만(ombudsman 護民官)제도란 행정이 합법적이고 합목적적으로 수행되고 있는가를 조사 · 감찰하여 보고함으로써 국민의 권익보호에 기여하는 행정감찰제도로, 일명 '행정감찰전문인제도'라고도 하며 이러한 직책을 맡은 사람이 '옴부즈만'이다.

이를테면 공무원의 위법 · 부당한 행위로 말미암아 권리의 침해를 받은 시민이 제기하는 민원사항이나 불평 등을 조사해 관계기관에 시정을 권고하는 것이 주요 임무인데 민원인의 신청이 없더라도 옴부즈만의 직권으로도 할 수 있다. 그 특징은 입법부 소속 공무원, 직무의 독립성(한국의 감사원), 시정권고는 인정 되지만 처분과 변경권은 인정되지 않는다.

'기업옴부즈만제도'도 바로 이같은 옴부즈만제도의 장점을 활용, 기업이 행정기관으로부터 부당한 처우와 조치를 당했을 때 기업의 권익을 보호하려는 취지다.

제3절 사후 구제

사후적 행정구제란 위법·부당한 행정작용 등으로 권익의 침해가 있는 경우에 그 위법·부당한 행정작용을 시정하거나 손해를 전보하는 것을 말한다.

1. 행정상 손해전보

행정기관의 위법·부당한 행정작용을 시정하고 행정작용에 의해 발생한 국민의 재산적 손해의 전보에 관한 법제도를 행정전보제도(행정구제법)라 한다.

국가 또는 공공단체가 책임지는 손해전보의 원인행위에 따라 행정상 손해배상과 손실보상으로 구별되는데, 전자는 국가 또는 공공단체가 전보책임의 원인행위가 위법행위로 인한 것일 때 인정되는 것이다. 후자는 그 원인행위가 적법행위로 인한 것일 때 인정되는 손해전보제도이다. 국가배상의 유형으로 공무원의 위법한 직무행위로 인한 인적 손해배상과 공공의 시설의 설치·관리의 하자로 인한 물적 손해배상이 있다(헌법 §29, 국가배상법 §2·5).

공공필요에 의한 재산권의 수용·사용 또는 제한 및 그에 따른 손실보상에 관한 법률로는 토지수용법, 징발법, 도로법 등이 있으며 헌법상 정당한 보상을 하여야 한다.

구 분	손해 배상	손실 보상
본 질	위법한 행정 작용	적법한 행정 작용
근 거	헌법 §29, 국가배상법 §2·5	헌법 §23③ (정당한 보상)
기본이념	개인주의 사상에 기초	단체주의 사상에 기초
발생원인	공무원의 직무상 불법 행위	공공복리를 위한 사유 재산의 특별한 희생
전보기준	상당한 인과 관계가 있는 모든 손해	정당한 보상, 완전한 보상이 원칙
전보내용	재산상+정신상 손해	재산상 손실

(1) **행정상 손해배상제도** : 위법한 행정작용으로 인하여 손해를 받은 자에 대해 국가 또는 지방자치단체가 그 손해를 배상하는 제도이다. 이에는 공무원의 위법한 직무행위로 인한 경우나 영조물의 설치·관리상 하자로 인한 손해배상 등이 있다.

(2) **행정상 손실보상제도** : 공공의 필요에 의한 적법한 행정상의 공권력 행사(재산권의 수용·사용·제한)에 의하여 사유재산에 가해진 특별한 희생에 대하여 사유재산권 보장과 전체적 평등부담의 견지에서 행정주체(국가, 공공단체, 공무수탁사인)가 행하는 조절적인 재산적 보상제도이다(헌법 §23③).

2. 행정상 쟁송제도

1) 행정쟁송법의 의의

민사소송절차를 정하는 「민사소송법」이 있듯이 행정소송절차를 규율하고 있는 법으로 「행정소송법」이 있다. 행정상의 법률관계에 관하여 분쟁이 있을 때 그 절차를 정하는 것이 행정쟁송법(行政爭訟法)이다. 행정소송법(行政訴訟法)이라 함은 개인과 국가 또는 공공단체간의 분쟁을 다루거나, 행정청 또는 그 소속기관의 위법에 대한 그 처분의 취소 또는 변경에 관한 소송 기타 공법상의 권리관계에 관한 행정소송에 관한 법률을 말한다.

2) 행정쟁송의 종류

위법·부당한 행정작용으로 인하여 권익을 침해당한 자가 법원이나 행정청에 쟁송을 제기하여 그 효력을 다툴 수 있는 절차를 정한 행정쟁송법에는 행정기관에 의한 심리·판정절차인 행정심판에 관하여 규율하는 「행정심판법」과 행정법원에 의한 판결절차를 정한 「행정소송법」이 있다.

(1) **행정심판** : 행정기관이 행하는 행정쟁송의 절차로 대한민국 헌법은 이에 대해 행정소송의 전심절차로서의 지위를 인정하고 사법절차의 규정을 준용하고 있다.

(2) **행정소송제도** : 위법한 행정작용으로 인하여 권익을 침해당한 개인이 법원에 소송을 제기하여 그러한 행정작용의 취소·변경·무효확인을 구하는 행정상 권리구제제도를 말한다. 행정법원의 행정소송에는 개인의 권익보호를 위한 주관적 소송으로 위법한 행정행위에 대하여 그 취소 또는 변경을 구하는 항고소송(抗告訴訟)과 대등하게 대립되어 있는 당사자 사이의 공법상의 권리관계의 분쟁이 있는 경우 법원에 대하여 그 해결을 구하는 당사자소송(當事者訴訟)이 있다. 객관적 소송이란 개인의 권리가 아닌 행정법규의 적정한 적용의 보장을 주된 내용으로 하는 행정소송으로 민중소송과 기관소송으로 구분된다(행소법 §3).

처분이 원인이 되어 형성된 법률관계에 관한 소송	공법상 법률관계에 관한 소송
* 위법한 처분 등으로 인하여 발생한 손해의 배상을 구하는 소송 * 부당 징수된 세금의 반환을 구하는 소송 등	* 공공용지의 취득에 관한 협의 성립 후 보상금 미지급시 보상금지급 청구소송 등 공법상의 계약에 관한 소송 * 공법상의 신분 또는 지위의 확인에 관한 소송 * 공법상의 손실 보상 소송 * 공무원 보수 미지급에 대한 보수지급 청구소송 등 공법상 금전지급청구소송 등

3) 행정심판법

행정심판법(行政審判法, 행심법)은 행정청의 위법이나 부당한 처분 또는 공권력 등으로부터 국민의 권리와 이익을 보호·구제하기 위하여 제정된 법(1984.12.15. 법률 제3755호)이다.

국민의 권리와 이익이 행정청의 부당한 처사로 침해당할 경우, 국민은 행정심판절차를 통하여 이에 대한 이의를 제기할 수 있다. 행정심판은 행정권을 사법권의 제약에서 벗어나게 하여 행정청의 자율적 통제를 보장하고 쟁송의 신속한 해결과 전문지식을 활용하여 경비나 시간을 절감하여 행정청으로 하여금 분쟁을 심판하도록 하는 것이다.

청구인	처분 행정청(피청구인)	재결청
재결청 또는 행정청(피청구인)에 심판청구서 제출 → 행정심판법 §17	i) 심판청구서를 받은 행정청이 그 심판청구가 이유 있다고 인정할 때에는 심판청구의 취지에 따르는 처분이나 확인을 하고 이를 재결청과 청구인에게 통지	소속 행정심판위원회에서 행정심판 청구사건을 재결
	ii) 청구 내용이 이유 없다고 인정할 경우 답변서를 첨부하여 재결청과 청구인에게 통지	

행정심판은 취소심판(행정청의 위법 또는 부당한 처분의 취소 또는 변경을 하는 심판), 무효 등 확인심판(행정청의 처분의 효력 유무 또는 존재 여부에 대한 확인을 하는 심판), 의무이행심판(행정청의 위법 또는 부당한 거부처분이나 부작위에 대하여 일정한 처분을 하도록 하는 심판)의 3가지로 구분되며(행심법 §5), 심판기관으로는 심판청구의 대상에 따라 당해 행정청이나 당해 행정청의 직근(直近)상급행정기관이 재결청(裁決廳)이 된다.

심판청구는 서면으로 하며 처분이 있음을 안 날로부터 90일 이내에 제기하여야 한다. 그리고 피청구인인 행정청은 부득이한 사정이 없는 한 심판청구서를 받은 날로부터 60일 이내에 재결하여야 한다. 행정심판 청구를 심사할 의결기관으로 행정심판위원회를 각 재결청 소속하에 두도록 되어 있다.

행정심판청구를 심의하여 결정을 내리는 재결에는 다음과 같은 종류가 있다(행심법 §43).

각하 재결	심판청구의 요건을 검토, 부적격하다고 인정될 때 내리는 결정
기각 재결	심판 청구가 요건은 갖추었지만, '청구의 내용이 이유 없다'고 인정하여 청구를 배척
인용 재결	청구의 내용이 이유 있다고 받아들이는 결정
사정 재결	심판 청구의 내용은 이유 있다고 인정되지만, 그 처분을 취소·변경하는 것이 공공복리에 현저히 어긋난다고 인정될 때 그 심판 청구를 기각하는 결정 → 행정청은 청구인에게 상당한 구제 방법을 강구해야 함, 무효 등 확인 심판에는 적용하지 않음(행심법 §44).

4) 행정소송법

형식적 의의의 「행정소송법」(行政訴訟法)은 행정소송절차에 관하여 필요한 사항을 규정한 법률로 제5장으로 나누어진 전문 46조와 부칙으로 되어 있다.

행정소송절차를 통하여 행정청의 위법한 처분과 그 밖에 공권력의 행사·불행사 등으로 인한 국민의 권리 또는 이익의 침해를 구제하고, 공법상의 권리관계 또는 법적용에 관한 다툼을 적정하게 해결함을 목적으로 한다.

행정소송은 항고소송, 당사자소송(행정청의 처분 등을 원인으로 하여 형성된 법률관계에 관한 소송과 공법상의 법률관계에 관한 소송으로서 그 법률관계의 한쪽 당사자를 피고로 하여 대등한 입장에서 하는 소송), 입법정책적으로 행정법규의 정당한 확보를 목적으로 하는 객관적 소송으로서 구체적으로 권리나 이익의 침해를 받지 않았더라도 객관적인 행정법규의 위법적용에 대하여 이를 시정하기 위하여 일반선거인·일반주민이 제기할 수 있는 민중소송(民衆訴訟, 집단소송), 행정기관 상호간에 주관쟁의가 있는 경우에 그 해결을 구하는 기관소송(機關訴訟)으로 하며, 항고소송은 행정청의 처분 등이나 부작위에 대하여 제기하는 소송으로 취소소송·무효등확인소송·부작위위법확인소송으로 한다.

취소소송	무효 등 확인소송	부작위 위법 확인소송
행정청의 위법한 처분이나 재결의 취소 또는 변경을 구하는 소송	행정청의 처분이나 재결의 효력 유무 또는 존재 여부를 확인하는 소송	행정청의 부작위가 위법하다는 것을 확인하는 소송
지방세 부과처분 취소소송 운전면허 취소처분 취소소송	해외건설면허 무효 확인소송 공무원의 해고 무효 확인소송	허가증 미교부 위법확인

행정소송의 기간계산에서 국외에서의 소송행위추완에 있어서는 그 기간을 연장한다. 원고의 고의 또는 중대한 과실 없이 행정소송이 심급을 달리하는 법원에 잘못 제기된 경우에는 민사소송법의 사건의 이송에 관한 규정에 의한다. 행정소송에 관하여

특별한 규정이 없는 사항에 대하여는 법원조직법과 민사소송법의 규정을 준용한다.

행정소송은 행정법원이 관할하며, 취소소송은 처분 등의 취소를 구할 법률상 이익이 있는 자가 제기할 수 있고, 무효등확인소송은 처분 등의 효력 유무 또는 존재 여부의 확인을 구할 법률상 이익이 있는 자가 제기할 수 있으며, 부작위위법확인소송은 부작위의 위법의 확인을 구할 법률상 이익이 있는 자가 제기할 수 있다. 당사자소송은 국가·공공단체 등의 권리주체를 피고로 하며, 민중소송 및 기관소송은 법률이 정한 경우에 법률이 정한 자에 한하여 제기할 수 있다. 행정소송은 당해 처분에 대한 행정심판을 제기할 수 있는 경우에도 법률에 당해 처분에 대한 행정심판의 재결을 거치지 않으면 행정소송을 제기할 수 없다는 규정이 있는 때를 제외하고는 행정심판을 거치지 않고 제기할 수 있다.

취소소송에 관하여 재판관할, 당사자, 소의 제기, 심리, 재판 등에 대한 상세한 규정이 있으며, 취소소송 외의 항고소송, 당사자소송, 민중소송 및 기관소송에 대하여는 몇 개의 특별한 규정을 제외하고는 기본적으로 취소소송의 규정이 준용된다.

구 분	행정소송	행정심판	심사청구
중점기능	권리구제	행정내부통제	행정외부통제 및 권리구제
대 상	행정처분의 적법성	행정처분의 적법성 및 합목적성	행정처분, 기타 공법 및 사법행위의 적법성 및 합목적성
판정기관	법원	행정기관	감사원
심리절차	구술변론주의	서면심리원칙	서면심리원칙
집행정지의 효력	집행부정지의 원칙 (예외 인정)	집행부정지의 원칙 (예외 인정)	집행부정지의 원칙 (예외 불인정)
관계기관의 지위	대심구조	대심구조	시정조치권 인정
불고불리(불이익변경금지)원칙	적용	적용	적용
소제기(청구) 기간	행정심판청구서를 받은 날부터 90일이내, 행정심판 미경유사건은 처분이 있음을 안날부터 180일, 처분이 있은 날부터 1년이내	행정처분이 있은 것을 안 날부터 90일, 행정처분이 있은 날부터 180일 이내	청구의 원인이 되는 행위가 있는 것을 안날부터 90일, 그 행위가 있은 날부터 180일 이내
판결(결정)의 효력	기속력, 형성력, 확정력, 집행력	기속력, 형성력, 확정력, 집행력	기속력, 확정력
행정소송과의 관계		전심절차	전심절차인정(결정통지를 받은 날부터90일내 행정소송제기가능)

제4편 형사법

제1장 형법

제2장 형사소송법

제1장 형법

제1절 형법 총칙

1. 형법총론

1) 형법의 의의

형법(刑法, criminal law)은 어떠한 행위가 범죄(crime)가 되고, 또한 범죄에 대하여 어떠한 형벌(punishment)이 과하여지는가를 정한 기본법으로, 특히 형법에 총칙규정은 다른 법령에 정한 죄에도 적용된다.

(1) 형법의 개념

형법은 범죄와 범죄에 대한 법률효과인 형벌 또는 보안처분을 규정하는 국가법규범의 총체를 말한다.

(2) 형법의 범위

(가) 협의의 형법: 형식적 의미의 형법(형법전을 의미)

(나) 광의의 형법: 실질적 의미의 형법(협의의 형법외에 형벌과 보안처분을 그 제재 효과로 규정한 모든 법규범)

2) 형법의 성격

(1) 형법의 체계적 지위

공법, 사법법(司法法), 실체법, 형사법, 국내법

(2) 형법의 규범적 성격

가언규범, 행위규범과 재판규범, 평가규범과 의사결정규범

- 총론
  - 형법의 기본원칙 — 죄형법정주의(헌§12 제1항)
  - 형법의 적용범위(형법의 효력)
    - 장소에 관한 효력(§2~6)
    - 사람에 관한 효력(§2~6)
    - 시간에 관한 효력
      - 형벌불소급의 원칙(헌§13)
      - 예외(§1제1항,2항)
      - [한시법]
  - 범죄 — 범죄의 성립에 관한 규정
    - 구성요건에 관한 규정
      - 고의/과실(§13,14)
      - 사실의 착오(§15)
    - 위법성에 관한 규정 — 정당행위(§20)/정당방위(§21)/긴급피난(§22)/자구행위(§23)/피해자의 승낙(§24)
    - 책임성에 관한 규정
      - 책임능력(§9~11)
      - 법률의 착오(§16)
      - 강요된 행위(§12)
    - 미수에 관한 규정
      - 미수범(협의)(§25)
      - 중지범(§26)
      - 불능범(§27)
    - 공범에 관한 규정
      - 공동정범(§30)([공모공동정범])
      - 교사범(§31)
      - 종범(방조범)(§32)
      - 공범과 신분(§33)
      - 간접정범(§34)
  - 형벌
    - 범죄의 경합(한사람에 대하여 수개의 죄가 성립하는 경우)
      - 경합범(§37~39)
      - 과형상1죄 — 상상적 경합(§40)
    - 형벌의 종류
      - 주형
        - 생명형 : 사형
        - 자유형 : 징역/금고/구류
        - 명예형 : 자격상실/자격정지
        - 재산형 : 벌금/과료/몰수
        - 재산형 : 몰수
      - 부가형
    - 형벌의 적용
      - 형벌의 경중(§50)
      - 형벌의 가중
        - 누범가중(§56)
        - 경합범 가중(§38,56)
      - 형벌의 감경
        - 법률상 감경 — 법률상의 감경 (§55) (정당방위/긴급피난/자수/착오/미수/중지)
        - 작량감경(재판상감경) (§53,54)
      - 형벌의 면제
        - 필요적면제(§26)
        - 임의적면제(§27)
      - 형벌의 가중감경의 순서[형벌의 양정(선고형의 결정)] — 가감례(§53~57)
    - 형벌의 집행
      - 집행유예(§62~65,사면법§7)
      - 선고유예(§59~61)
      - 가석방(§72~76)
    - 형의 시효(§77~80)
    - 형의 소멸(§81,82)
    - 기간(§83~86)
- 각론
  - 국가적 법익에 관한 죄
    - 국가의 존립에 대한 죄 — 내란의 죄(1장), 외환의 죄(2장)
    - 국가의 권위와 국교에 대한 죄 — 국기에 관한 죄(3장), 국교에 관한 죄(4장)
    - 국가의 기능에 대한 죄 — 공무원의 직무에 관한 죄(7장), 공무집행방해죄(8장), 도주와 범인은닉의 죄(9장) 위증과 증거인멸의 죄(10장), 무고의 죄(11장)
  - 사회적 법익에 관한 죄
    - 공공의 안전과 평온에 대한 죄 — 공안을 해하는 죄(5장), 폭발물에 대한 죄(6장), 공무방해죄(8장), 방화와 실화의 죄(13장), 일수(溢水)와 수리에 관한 죄(14장), 교통방해의 죄(15장)
    - 공공의 신용에 대한 죄 — 통화에 관한 죄(18장), 문서에 관한 죄(20장),유가증권위조죄(19장), 인장에 관한 죄(21장)
    - 공중의 건강에 대한 죄 — 음용수에 관한 죄(16장), 아편에 관한 죄(17장)
    - 사회의 도덕에 대한 죄 — 성풍속에 관한죄(22장), 도박과 복표에 관한 죄(23장)
    - 신앙에 관한 죄(12장) — 장례식등방해죄(§158) ,사체등오욕죄(§159) ,분묘발굴죄(§160)
  - 개인적 법익에 관한 죄
    - 생명과 신체에 대한 죄 — 살인의 죄(24장), 상해와 폭행의 죄(25장), 과실치사상의 죄(26장), 낙태의 죄 (27장), 유기와 학대의 죄 (28장)
    - 자유에 대한 죄 — 체포와 감금의 죄(29장), 약취와 유인의 죄(31장), 협박의 죄(30장) ,강간과 추행죄(32장)
    - 명예와 신용에 대한 죄 — 명예에 관한죄 (33장),신용/업무와 경매에 관한 죄 (34장)
    - 사생활의 평온에 대한 죄 — 비밀침해의 죄(35장), 주거침입의 죄 (36장)
    - 재산에 대한 죄 — 절도/강도의 죄(38장), 사기/공갈의 죄(39장), 횡령/배임의 죄(40장) ,장물의 죄(41장) 손괴의 죄(42장), 권리행사를 방해하는 죄(37장)

3) 형법의 기능

(1) 보호적 기능 : 사회질서의 기본가치를 보호

(2) 보장적 기능

국가형벌권의 한계를 명백히 하여 자의적인 형벌로부터 국민의 자유와 권리보장 (죄형법정주의 근본원리)

(3) 사회보호적 기능(사회보전적 기능 또는 예방적 기능)

형벌과 보안처분을 수단으로 범죄로부터 사회질서 유지보호하는 것으로, 이에는 일반예방적 기능과 특별예방적 기능이 있다.

4) 형법 이론

(1) 의의 : 형법을 해석 · 적용하고 그 입법정책을 수립하는데 있어서 지도원리로 범죄와 형벌에 관한 기초관념을 전제하는 법철학적 이론을 형법이론이라고 한다. 이에는 범죄의 본질에 대한 범죄이론과 형벌의 본질 · 목적 · 의미를 규명하는 형벌이론으로 구별한다.

(2) 형법학파

구 분	구파(고전학파)	신파(근대학파)
성립시기(배경)	18~19세기 초반 계몽주의에 입각한 개인 · 자유주의에 따른 법치국가사상	19세기 후반~현대의 범죄로부터 사회를 방위하려는 사회적 국가관
인간형	의사자유주의	의사결정주의
범죄론	객관 · 행위 · 결과 주의	주관 · 행위자(성격) 주의
책임론	도의적 책임론	사회적 책임론
형벌론	응보형 · 일반예방 주의	교육형 · 목적형 · 특별예방 주의
형벌과 보안처분	이원론	일원론
대표 학자	Beccaria, Kant, Hegel, Feuerbach, Binding	Liszt, Lombroso, Ferri, Garofalo

(3) 무엇 때문에 범죄에 대해 형벌을 과할 것인가?

가) 응보형주의 : 형벌의 목적은 범죄라고 하는 과거의 사실에 대하여 응보를 하는 데 있다고 한다. 응보 이외에는 아무런 목적이 없기 때문에 이를 절대설이라고도 한다. 이 설에 의하면 응보를 바로 정의와 동일시하고 있다.

나) 목적형주의 : 형벌은 범죄라고 하는 침해적 사실에 대하여 공동생활의 안전을 확보하는 데 있다고 주장한다. 형벌을 범죄에 대한 사회방위의 수단으로 보기 때문에 사회방위설이라고도 하며, 이 주장은 결국 형벌에 의한 사회방위는 범죄인을 고용하여 선량한 사회인으로 만드는 것이 가장 좋은 방법이라고 보기 때문에 드디어는 교육형론에 도달하게 된다.

(4) 일반예방주의와 특별예방주의

가) 일반예방주의 : 형벌의 대사회적 작용에 중점을 두어 범죄에 대하여 형벌을 과함으로써 일반사회인을 위하여 장차 범죄를 범하지 아니하도록 예방하려는 것을 형벌의 목적이라고 보는 입장이다.

나) 특별예방주의 : 범죄인 그 자체에 대한 형벌의 적용에 중점을 두어 형벌은 범죄인의 범죄성에 대응하는 것이고, 형벌은 범죄인 자신으로 하여금 다시 범죄를 범하지 아니하도록 예방을 목적으로 하는 수단이라 보는 입장이다.

(5) 객관주의와 주관주의

가) 객관주의 : 범죄는 자유의사에 의한 법익침해이며, 자유의사는 개개인이 평등하게 구비하고 있으므로 형벌은 범죄라고 하는 외부에 나타난 행위에 의하여 결정되어야 한다는 입장이다.

나) 주관주의 : 형벌의 기본을 범죄인의 행위에서가 아니라 성격에서 찾으려는 입장이다.

5) 죄형법정주의

죄형법정주의(罪刑法定主義, principle of legality)란 '법률없으면 범죄없고 형벌없다'는 원리로 범죄에 대한 형벌은 법률로 정하여야 한다는 원칙이다. 이는 보장적 기능과 적극적 일반예방 기능을 하는 근대형법을 지도하는 최고의 원리로, 일정한 행위를 범죄로 하고 이에 대하여 일정한 형벌을 부과하기 위하여서는 반드시 행위시 이전에 명확히 제정된 성문의 법률을 필요로 한다는 원칙이다.

죄형법정주의와 그 파생원칙

(가) **죄형법정주의** : 어떤 행위가 범죄가 되고, 그 범죄에 대하여 어떤 처벌을 할 것인가는 미리 성문(成文)의 법률에 규정되어 있어야 한다는 원칙→ "법률이 없으면 범죄도 없고 형벌도 없다."

(나) **목 적** : 국가 형벌권의 남용 및 자의적인 행사로부터 국민의 자유와 인권 보장

(다) **형식적 법치주의와 실질적 법치주의**

㉠ **형식적 법치주의** : "(어떤 내용이라도) 법률만 있으면 범죄도 있고 형벌도 있다."
* 악법도 법이다.
* 통치의 합법성(법적 안정성) 강조

㉡ **실질적 법치주의** : "적정한 법률이 없으면 범죄도 없고 형벌도 없다."
* 악법은 법이 아니다(정의).
* 통치의 정당성 중시
* 죄형법정주의는 실질적 법치주의를 의미

(라) **파생 원칙**

㉠ **관습형법 금지의 원칙**[慣習刑法의 排除] : 법관이 적용할 범죄와 형벌에 관한 법은 오직 성문(成文)의 법률뿐이고, 전통적인 관습이나 불문(不文)의 법은 적용할 수 없다는 원칙 → 같은 성문법이라도 법률의 위임이 없는 명령과 조례에 의해 벌을 부과할 수 없다.

㉡ **명확성의 원칙**(절대적 부정기형금지의 원칙-刑期를 전혀 不確定하게 하는 것) : 어떤 행위가 형법에 의하여 금지되는 행위인지가 명확함으로써 누구나 알 수 있어야 한다는 원칙. 구성요건과 그 법적 결과를 명확하게 규정해야 한다는 원칙(구성요건의 명확성과 제재의 명확성), 절대적 부정기형은 불가하나 상대적 부정기형은 가능
* 불명확한 범죄 예 '건전한 국민감정을 해치는 행위', '민주주의적 사회질서의 원칙을 침해하는 행위'
* 불명확한 형벌 예 형벌의 종류와 형기를 정하지 않은 '처벌한다.' '징역에 처한다.'

㉢ **유추해석**(유추적용)**금지의 원칙** : 형법을 해석할 때는 법조문의 문장과 표현대로 엄격히 해석해야 하고, 해석자(수사기관, 재판 기관)가 자의적으로 해석(耳懸鈴鼻懸鈴)해서는 안 된다는 원칙 → 피고인에게 유리하거나 형을 감경(減輕)하는 유추해석까지 금지하지는 아니함. 법률에 규정이 없는 사항에 대하여 그것과 유사한 성질을 가지는 사항에 관한 법률을 적용하는 것을 금지한다는 원칙이다. 그러나 피고인에 유리한 유추해석과 소송법규정의 유추해석은 가능하다. 예 업무상비밀누설죄(형법 §317)에서 변호사 아닌 변호인도 변호사에 포함시켜 처벌해야 한다는 해석

㉣ **소급효금지의 원칙**[刑罰不遡及의 원칙 法律不遡及 내지 事後法금지] : 형벌 법규는 시행 이전의 행위까지 소급하여 적용할 수 없다는 원칙 → 법적 안정성과 법률에 대한 예측가능성을 높여줌. 형벌법규는 그것이 시행된 이후의 행위에 대해서만 적용되고, 시행 이전의 행위에까지 소급하여 적용할 수 없다는 원칙이다(소급입법 및 소급적용의 금지).

㉤ **적정성의 원칙** : 법률 자체가 불합리하거나 부정한 것을 배제하여 적정(適正)해야 한다는 원칙 → 형법은 사회 질서를 침해하는 행위 제재에 한정해야 하고, 범죄와 형벌 간에 적정한 균형이 이루어져 범죄와 형벌을 규정하는 법률의 내용은 기본적 인권을 실질적으로 보장할 수 있도록 적정해야 한다는 원칙이다(실질적 의미의 죄형법정주의).

2. 범죄론

1) 범죄의 기본개념

사회의 안정과 이익을 해치는 반사회적 행위인 범죄가 법적으로 성립하기 위하여는 구성요건해당성 · 위법성 · 책임성의 요건을 구비해야 형벌로 처벌할 수 있다. 그러나 구성요건에 해당하더라도 개별적 구체적 사정으로 보아 정당행위, 정당방위, 긴급피난, 자구행위, 피해자의 승낙 등 위법성을 배제하는 조각사유에 해당하면 범죄로 되지 않는다. 그리고 육체적 건전과 정신적 성숙에 의하여 사회적 행동을 할 수 있는 책임능력이 있어야 되는데, 형사 미성년자나 심신상실자를 책임무능력자로 하고 심신미약자와 농아자(聾啞者)를 한정책임무능력자로 하여 벌하지 않거나 형을 감경하기도 한다.

(1) 범죄의 의의

㈎ **형식적 범죄개념** : 구성요건에 해당하고 위법 · 유책한 형벌을 과할 수 있는 행위
㈏ **실질적 범죄개념** : 사회에 유해하거나 법익을 침해하는 반사회적 행위

(2) 범죄행위의 체계적 기본개념

㈎ **행위**
 ㉠ 범죄체계 구성의 초석
 ㉡ 모든 가벌적 인간행태는 먼저 행위로서 존재하여야 한다.

㈏ **범죄의 성립요건**
 ㉠ 구성요건해당성 : 구체적 사실이 추상적인 구성요건에 해당하는 성질
 ㉡ 위법성 : 구성요건에 해당하는 행위가 법률상 허용되지 않는 성질
 ㉢ 책임성 : 당해 행위를 한 자에 대한 비난가능성

㈐ **범죄의 처벌조건**
 ㉠ 의의 : 범죄가 성립한 경우에 형벌권의 발생을 위한 필요조건(가벌조건)
 ㉡ 종류 :
  ⓐ 객관적 처벌조건 : 범죄의 성립여부에 영향을 미치지 않고 일단 성립한 범죄의 가벌성만을 좌우하는 외부적 · 객관적 사정(적극적 가벌요건). 이에는 진정 객관적 처벌조건과 부진정 객관적 처벌조건(초과된 외적 경향, 초객관적 요소)이 있다.
  ⓑ 인적 처벌조건 : 이미 성립한 범죄에 관하여 행위자의 특별한 신분관계(인적 처벌조각사유) 또는 태도(인적 처벌소멸사유)로 형벌권의 발동을 저지시키는

인적 사정(소극적 가벌요건). 예 친족상도례(형법 §328)

㈑ 범죄의 소추(訴追)조건

㉠ 의의 : 객관적 처벌조건 및 인적 처벌조건은 실체법적 요건이지만, 형사소송법(절차법)적 관점에서 공소제기 및 소추와 관련된 조건이 소추조건이다.

㉡ 종류 :

친고죄(親告罪)

- 가해자의 행위가 범죄가 되지만, 피해자가 고소를 하지 않으면 수사하여 처벌하지 못하는 범죄
- 형법상 모욕죄, 사자명예훼손죄, 비밀침해죄(2013.6.19. 성범죄에 관한 친고죄 규정폐지)

☞ 법문 : …죄는 고소가 있어야 공소를 제기할 수 있다.

ⓐ 친고죄 : 공소제기를 위하여 피해자 기타 고소권자의 고소를 요하는 범죄

ⓑ 반의사불벌죄 : 피해자의 의사와 관계없이 공소를 제기할 수 있으나 피해자가 명백하게 처벌을 희망하지 않을 때에는 처벌 할 수 없는 범죄

반의사불벌죄(反意思不罰罪)

- 가해자의 행위가 범죄가 되어 수사하여 처벌할 수 있지만, 피해자가 가해자 처벌을 원치 않을 때는 형사처벌을 하지 않는 경우
- 단순폭행, 단순협박, 명예훼손, 협박죄, 과실치상죄, 교통사고특례법상 범죄

☞ 법문 : …죄는 피해자의 명시한 의사에 반하여 공소를 제기할 수 없다.

㉢ 효과 : 소추조건이 결여된 경우에는 공소기각 등의 형식판결을 한다.

(3) 범죄의 종류

㈎ 결과범과 형식범(결과가 구성요건요소로 필요한가의 여부에 따른 구별)

㉠ 결과범(실질범) : 구성요건이 행위 외에도 결과발생을 요함(예 살인죄, 상해죄, 손괴죄 등의 대부분의 범죄)

㉡ 형식범(거동범) : 행위만 있으면 구성요건 충족, 결과발생 불요(예 주거침입죄, 무고죄, 위증죄 등)

㈏ 침해범과 위험범(행위객체에 대한 위해의 강도, 보호법익의 침해정도)

㉠ 침해범 : 보호법익의 현실적 침해를 요하는 범죄(예 살인죄, 상해죄 등)

㉡ 위험범 : 구성요건이 전제로 하는 보호법익에 대한 위험의 야기로 족한 범죄

ⓐ 구체적 위험범(부진정위험범) : 현실적인 위험성 발생(예 자기소유 일반건조물 방화·실화죄, 일반물건 방화·실화죄, 중손괴죄, 중권리행사방해죄 등)

ⓑ 추상적 위험범(진정위험범) : 일반적인 위험성 발생(예 현주건조물·공공건조물 방화죄, 무고죄, 위증죄, 낙태죄, 유기죄 등)

㈐ 행위에 의해 야기된 위법상태의 계속성 유무에 따른 구별

㉠ 즉시범 : 법익의 침해 또는 위험의 야기로 기수에 이름과 동시에 종료되는 범죄

㉡ 상태범 : 구성요건적 행위가 기수 이후에도 위법상태가 계속되는 범죄→ 불가벌적 사후행위→ 불가벌적 사후행위

㉢ 계속범 : 행위에 의해 야기된 위법상태가 원하는 시점까지 계속됨으로써 행위의 계속과 위법상태의 계속이 일치하는 범죄(예 체포감금죄, 주거침입죄 등)

㈑ 일반범과 신분범 및 자수범

㉠ 일반범 : 누구나 정범이 될 수 있는 범죄

㉡ 신분범 : 구성요건적 행위의 주체에 일정한 신분, 즉 범인의 인적관계인 특수한 지위나 상태를 요하는 범죄

- 적극적 신분범

ⓐ 진정신분범 : 행위자의 신분이 가벌성의 존부를 결정(구성적 신분)하는 범죄(예 직무유기 등 공무원범죄, 수뢰죄, 위증죄, 허위공문서작성죄, 허위진단서작성죄, 유기죄, 업무상비밀누설죄, 횡령죄, 배임죄, 배임수증죄 등)

ⓑ 부진정신분범 : 신분이 범죄의 가벌성의 정도를 가감시키는 범죄(가감적 신분, 예 업무상과실치사상죄, 업무상낙태죄, 영아유기죄, 업무상횡령죄, 업무상배임죄, 불법체포감금죄, 영아살해죄, 존속살해죄, 불법체포감금죄 등)

– 소극적 신분범

ⓐ 위법조각적 신분 : 일반인에게 금지된 행위를 특정신분자에게만 허용하는 경우의 신분(불구성적 신분)

ⓑ 책임조각적 신분 : 특정신분자의 행위도 구성요건에 해당하고 위법하지만 책임을 조각시키는 신분

ⓒ 형벌조각적 신분 : 범죄자체는 성립하지만 특정신분의 존재로 형벌이 면제되는 신분(처벌조각신분)

– 자수범 : 행위자 자신이 실행해야 범할 수 있는 범죄

ⓐ 진정자수범 : 신분자 혼자만이 당해범죄를 저지를 수 있는 범죄

ⓑ 부진정자수범 : 신분자는 비신분자를 도구로 하여 간접정범이 될 수 있으나, 비신분자는 신분자를 이용하여서 간접정범이 될 수 없고 단지 교사방조범이 될 수 있다.

㈒ 목적범, 경향범, 표현범(Mezger의 분류)

㉠ 목적범 : 초과된 내적 경향을 가진 범죄로 진정목적범과 부진정목적범이 있다.

㉡ 경향범 : 강화된 내적 경향을 가진 범죄(감경)
㉢ 표현범 : 내심적 상태의 모순된 표현을 가진 범죄

(바) **단일범과 결합범**(행위의 반복에 따른 구별)
㉠ 단일범 : 하나의 구성요건이 한 개의 법익보호
㉡ 결합범 : 하나의 구성요건이 다수의 법익보호

(사) **작위범과 부작위범**(행위의 적극성 · 소극성에 따른 구별)
㉠ 작위범 : 행위자가 적극적인 행위로 구성요건을 실현시키는 범죄
㉡ 부작위범
ⓐ 진정부작위범 : 구성요건에 부작위가 가벌적인 것으로 규정
ⓑ 부진정부작위범 : 작위범을 전제한 구성요건을 부작위로 실현한 것

(아) **기수범과 미수범**
㉠ 구성요건 실현행위의 결과 충족의 정도에 따른 분류
㉡ 원칙적으로 기수범만 처벌, 예외적으로 형사정책상 미수범처벌(형법 §29)

2) 행위론

행위개념은 형법적 평가의 대상인 행위와 비행위를 구별하는 기준이 되며, 범죄성립요건(구성요건해당성, 위법성, 책임성)에 논리적으로 선행한다.

(1) 행위개념의 기능

(가) **기초요소로서의 기능**(분류기능 · 상위개념)
모든 종류의 인간행위를 하나의 통일개념으로 파악할 수 있어야 한다.

(나) **결합기능**(체계적 기능)
행위-구성요건해당성-위법성-책임-형벌의 순서로 이어지는 형법 체계안에서 불법과 책임판단에 결합될 수 있는 것이어야 한다.

(다) **한계기능행위론**은 행위와 비행위를 구별, 처벌의 대상이 되지 않는 거동은 행위에서 제외시킬 수 있어야 한다.

(2) 행위론의 내용

(가) **인과적 행위론** : 인간의 의사에 지배된 행동에 의한 외부세계의 변동(유의성 거동성) → 과실범 설명에 가장 적합

(나) **목적적 행위론** : 인간의 의사에 의하여 지배되고 목적지향적인 인간 활동 → 고의범, 작위범 설명에 적합

(다) **사회적 행위론** : 인간의 의사에 의하여 지배되거나 사회적으로 의미있는 인간

의 행태 → 부작위범설명에 가장 적합

㈑ 인격적 행위론 : 인격의 발현(Roxin)

- 의사에 의해 지배할 수 있는 인과적 결과를 가진 유책적이며 의미 부합적인 현실의 형성(Kaufmann)

3) 범죄체계(행위의 주체와 객체)

(1) 행위의 주체

㉠ 형법에서 행위의 주체는 원칙적으로 자연인에 한하나, 오늘날 양벌규정의 증가에 따라 법인의 범죄능력 유무가 문제된다.

㉡ 법인의 범죄능력(범죄주체로서의 법인)

- 법인의 본질과 범죄능력

ⓐ 독일은 법인실재설을 취하나 법인의 범죄능력 부정

ⓑ 영미는 법인의제설을 취하나 법인의 범죄능력 인정

ⓒ 양자는 필연적 관계없다.

- 법인의 범죄능력 인정여부

ⓐ 부정설 : 법인은 의사와 육체가 없어 행위능력이 없기에 법인의 기관인 자연인 처벌로 족하다.

ⓑ 긍정설 : 법인실재설의 견지에서 법인의 범죄능력이 인정되며 법인도 기관을 통하여 행위 할 수 있다고 한다.

㉢ 법인의 수형능력

ⓐ 범죄능력부정설(통설): 양벌규정 근거로 형벌능력을 인정(다수설) - 무과실책임설

ⓑ 범죄능력긍정설: 논리적 귀결로 형벌능력 인정 - 과실책임설

(2) 행위의 객체

㉠ 행위의 객체는 구성요건적 행위수행의 구체적 대상을 의미한다.

㉡ 성질

ⓐ 물질적·외형적 대상으로서 감각적으로 지각할 수 있는 존재이다.

ⓑ 법률에 규정되어 있고 객관적 구성요건요소가 된다.

ⓒ 행위의 객체가 없는 범죄도 있다(단순도주죄, 퇴거불응죄, 다중불해산죄 등).

4) 구성요건

(1) 구성요건의 의의

형법상 금지 또는 요구되는 행위가 무엇인가를 추상적 · 일반적으로 기술해 놓은 것으로 구체적으로 개개의 행위가 구성요건에 합치됨을 구성요건해당성이라 한다.

(2) 구성요건이론의 발전

㈎ Beling의 구성요건론(고전적 구성요건개념)

㉠ 위법성 · 책임성에 앞서는 독립된 범죄체계상의 한 범주로 파악

㉡ 범죄유형의 윤곽을 기술한 것으로 객관적 · 몰가치적 개념으로 봄.

㈏ **주관적 구성요건표지의 발견** : 마이어(M.E. Mayer)는 목적 · 경향 등의 내심적 · 주관적 요소를 책임요소가 아니라 위법성 여부를 확정하는 위법요소, 즉 주관적 불법요소로 인정

㈐ **규범적 구성요건표지의 발견** : 마이어에 의하면 구성요건은 원칙적으로 몰가치적이지만 예외적으로 규범적 구성요건요소에 대해서는 법률이 이를 고의의 대상으로 만들었기 때문에 위법성요소이면서 구성요건요소로도 인정한다.

(3) 구성요건과 위법성의 관계

㈎ **인식근거설** : 구성요건에 해당하는 행위는 위법성을 징표한다는 견해. 마이어는 연기와 불의 관계로 비유.

㈏ **존재근거설** : 구성요건해당성은 그 자체가 유형화된 위법성이기 때문에 구성요건에 해당하는 행위는 위법성을 근거지우는 것이라는 견해

㈐ **소극적 구성요건표지이론**(2단계 범죄체계론) : 구성요건을 위법성의 존재근거로 인정하지만, 구성요건요소를 적극적 구성요건표지로, 위법성조각사유를 소극적 구성요건표지로 이해하는 입장

(4) 구성요건의 구분

㈎ 기본적 구성요건과 변형된 구성요건

㉠ 기본적 구성요건 : 형법이 규정한 일정한 불법유형에 속하는 여러 형태 중 가장 본질적이고 공통된 표지의 구성요건

㉡ 변형된 구성요건 : 기본적 구성요건에 범죄가중요소나 범죄감경요소를 포함하는 구성요건

(나) 폐쇄적 구성요건과 개방적 구성요건

㉠ 폐쇄적 구성요건 : 범죄 형태에 관한 개별표지를 남김없이 기술한 구성요건

㉡ 개방적 구성요건 : 구성요건표지의 일부만 기술하고 법관에 의해 보충·구체화될 것이 요구되는 구성요건

(5) 구성요건표지의 구분

(가) 기술적 구성요건표지와 규범적 구성요건표지

㉠ 기술적 구성요건표지 : 물적·대상적으로 기술되어 사실의 확정만으로 그 의미를 알 수 있는 것

㉡ 규범적 구성요건 표지 : 법관에 의한 구체적 가치판단을 필요로 하는 구성요건표지

(나) 기술된·기술되지 않은 구성요건표지

㉠ 기술된 구성요건표지

㉡ 기술되지 않은 구성요건표지

(6) 부작위범

(가) 부작위는 규범적으로 요구되는 일정한 행위를 하지 않는 소극적 행위를 말한다.

(나) 부작위범의 종류

㉠ 진정부작위범 : 구성요건이 부작위로 실현되도록 규정된 범죄

㉡ 부진정부작위범 : 작위범의 구성요건을 부작위에 의하여 실현한 범죄

(다) 부작위범의 처벌 : 진정부작위범의 처벌은 형법 각칙에 규정되어 있다. 그러나 부진정부작위범에 대한 독립된 처벌규정은 없다. → 작위범과 동일한 처벌

(7) 인과관계와 객관적 귀속

구성요건상 일정한 결과를 필요로 하는 결과범에서는 객관적 구성요건에서의 귀속은 두 가지 단계를 거쳐 판단한다. 제1단계는 인과관계의 존부판단이고 제2단계는 객관적 귀속에 관한 판단이다. 결과범에 있어서 인과관계와 객관적 귀속가능성의 여러 기준들은 기술되지 아니한 구성요건요소이다(통설).

가) 인과관계론(인과관계의 존부에 관한 이론)

㉠ 조건설 : 행위와 결과 사이에 조건만 있으면 인과관계를 인정하는 견해(등가설) →절대적 제약공식

㉡ 원인설 : 결과발생에 중요한 영향을 준 조건과 단순한 조건을 구별하여 전

자를 원인이라 하고, 원인이 될 조건에 대하여만 결과관계에 대한 인관관계를 인정하려는 이론

㉢ 상당인과관계설 : 행위당시 주의 깊은 일반인이면 인식할 수 있었던 사정과 행위자가 특히 인식하고 있던 사정을 기초로 판단하여 상당성이 있으면 인과관계를 인정하려는 이론(절충설, 판례)

㉣ 합법칙적 조건설 : 합법칙성이 있을 때, 즉 결과가 행위에 시간적으로 뒤따르면서 자연법칙으로 연관이 있을 때 인과관계를 인정하려는 이론

나) 객관적 귀속이론

'인과관계가 인정되는 결과를 행위자의 행위에 객관적으로 귀속시킬 수 있는가를 확정하는 이론'으로 법적·규범적 문제에 속하는 것이다. 객관적 귀속의 판단기준에 대하여는 다음과 같은 이론이 있다.

㉠ 회피가능성의 이론(Honig) : 결과에 대한 객관적 지배가능성(회피가능성)이 있었으면 객관적 귀속을 인정하는 이론

㉡ 위험실현의 이론(Roxin)

ⓐ허용되지 않는 위험을 창출하고 그 위험이 구성요건적 결과로 실현된 때에 객관적 귀속을 인정할 수 있다는 이론

ⓑ허용되지 않는 위험을 창출했으나 그 결과가 구체적인 경우에 구성요건의 범위나 규범의 보호목적에 포함되지 않는 때에는 객관적 귀속이 부정된다.

다) 형법 제17조[9] 해석

㉠ '어떤 행위라도 ... 그 결과로 인하여' : 합법칙적 조건설로

㉡ '죄의 요소되는 위험발생에 연결되지 아니하는 때에는' : '객관적 귀속이 부정되면'의 의미

㉢ '그 결과로 인하여 벌하지 아니한다' : '결과를 이유로 기수범으로 벌 할 수 없다'는 의미이다. 따라서 미수로는 처벌가능

(8) 구성요건적 고의

고의(故意)란 자기 행위가 불법구성요건을 실현함을 의식하는 행위자의 정신적·심리적 태도를 말한다.

가) 고의 개념의 구성요소

㉠ 지적 요소(구성요건인식) → 결여시 구성요건적 착오의 문제 발생

---

9) 제17조(인과관계) 어떤 행위라도 죄의 요소되는 위험발생에 연결되지 아니한 때에는 그 결과로 인하여 벌하지 아니한다.

㉡ 의지적 요소(구성요건실현의사) → 결여시 인식있는 과실의 문제 발생

나) 고의의 종류

㉠ 확정적 고의(직접고의) 구성요건적 결과의 실현을 행위자가 인식하였거나 확실히 예견한 경우의 고의

㉡ 불확정적 고의 - 구성요건적 결과에 대한 행위자의 인식 또는 예견이 불명확한 경우

ⓐ 택일적 고의 : 결과 발생은 확정적이나 객체가 택일적인 경우의 고의

ⓑ 개괄적 고의 -결과자체가 발생하는 것은 확정적이나 객체가 불특정인 경우의 고의(행위자가 사람을 살해하였다고 믿고 강물에 던졌으나 사실은 익사한 경우), -인과관계의 착오(사람을 익사시키려고 교각 밑으로 던졌는데 교각에 부딪쳐 사망한 경우) 와 구별

ⓒ 미필적 고의 : 행위자가 결과발생이 가능한 것으로 인식하고 그것을 감수 내지 용인하는 의사를 가진 경우의 고의로 인식 있는 과실과의 구별에서는 용인설에 따른다.

(9) 사실의 착오

착오(錯誤)란 주관적 인식과 객관적 실재가 일치하지 않는 것을 말한다.

가) 사실의 착오와 법률의 착오

사실의 착오란 고의에 필요한 구성요건적 불법요소에 대한 인식이 없는 것을 말한다. 사실의 착오의 종류로는 구성요건을 표준으로 하여 구체적 사실의 착오와 추상적 사실의 착오로, 구성요건요소를 표준으로 객체의 착오·방법의 착오와 인과관계의 착오로 분류할 수 있다.[10)]

㉠ 구체적 사실의 착오[동가치적 객체간의 착오] : 인식사실과 발생사실이 구성요건적 동가치성이 인정되지만 구체적으로 일치하지 않는 경우

㉡ 추상적 사실의 착오[이가치적 객체간의 착오] : 인식사실과 발생사실이 구성요건적 동가치성이 인정되지 않는 경우

구분	객체의 착오	방법의 착오
구체적 사실의 착오	甲인줄 알고 죽였으나 실은 乙을 살해한 경우	甲을 죽이려고 총을 쏘았으나 빗나가 乙이 맞아 죽은 경우
추상적 사실의 착오	甲인줄 알고 죽였으나 실은 甲의 개를 죽인 경우	甲을 죽이려고 총을 쏘았으나 빗나가 甲의 개가 명중한 경우

10) 형법 제15조(사실의 착오) ①특별히 중한 죄가 되는 사실을 인식하지 못한 행위는 중한 죄로 벌하지 아니한다. - 구성요건적 착오 → 고의조각시킴.
②결과로 인하여 형이 중할 죄에 있어서 그 결과의 발생을 예견할 수 없었을 때에는 중한 죄로 벌하지 아니한다.

㉢ 객체의 착오 : 행위객체의 동일성에 관한 경우
㉣ 방법의 착오 : 타격의 착오
㉤ 인과관계의 착오 :
ⓐ 현실로 진행된 인과관계가 예견된 인과의 진행과 본질적인 차이가 있는 경우 (익사시킬 고의로 교각 밑으로 던졌으나 사실은 교각에 머리를 부딪쳐 사망한 경우)
ⓑ 개괄적 고의설, 미수설, 인과관계설, 객관적귀속설, 계획실현설이 대립
ⓒ 개괄적 고의(살인에 성공한 줄 알고 교각에 던졌으나 교각에 부딪쳐 사망한 경우)와 구별

☞ **형법 제16조(법률의 착오)** 자기의 행위가 법령에 의하여 죄가 되지 아니하는 것으로 오인한 행위는 그 오인에 정당한 이유가 있는 때에 한하여 벌하지 아니한다.
- 금지착오 → 고의조각 안됨 → 책임조각시킴. 구성요건착오가 반전되면 가벌적인 불능미수가 되고, 금지착오가 반전되면 불가벌적 환각범이 된다.

나) 고의 기수 책임의 인정범위(사실의 착오의 관계)
㉠ 구체적 부합설 행위자가 인식한 사실과 현실적으로 발생한 사실이 구체적으로 부합하면 발생사실에 대한 고의 성립인정(객관주의 시각, 현재의 다수설)
㉡ 법정적 부합설 행위자가 인식한 사실과 현실적으로 발생한 사실이 구성요건적으로 부합되면 발생사실에 대한 고의 인정(객관주의 시각, 종래의 다수설, 판례)
㉢ 추상적 부합설 인식한 사실과 발생사실이 추상적으로 일치하면 고의 인정 (주관주의 시각)

<table>
<tr><th colspan="2">구 분</th><th>구체적 부합설</th><th>법정적 부합설</th><th>추상적 부합설</th></tr>
<tr><td rowspan="2">구체적 사실의 착오</td><td>객체의 착오</td><td></td><td colspan="2" rowspan="2">발생사실에 대한 고의범의 기수(고의 전용)</td></tr>
<tr><td>방법의 착오</td><td>인식사실미수와 발생사실과실의 상상적 경합</td></tr>
<tr><td rowspan="2">추상적 사실의 착오</td><td>객체의 착오</td><td colspan="2">인식사실의 불능미수와 발생사실의 과실의 상상적 경합</td><td rowspan="2">1. 경한 죄 고의로 중죄 실현 → 경한죄고의기수와 중한죄과실의 사상적 경합
2. 경한 죄 고의로 중죄 실현 → 중한죄미수(경한 죄기수를 흡수)</td></tr>
<tr><td>방법의 착오</td><td colspan="2">인식사실의 미수와 발생사실의 과실의 상상적 경합</td></tr>
</table>

(10) 과실범

과실(過失)이란 정상의 주의를 태만히 함으로써 죄의 성립요소인 사실을 인식하지 못한 행위를 말하며, 이는 특별규정이 있어야 처벌한다.

가) 과실범의 구성요건

㉠ 주의의무 위반 : 객관적 주의의무 위반은 구성요건요소로서의 과실이고, 주관적 주의의무 위반은 책임요소로서의 과실을 말하는데 그 내용에는 예견의무와 결과회피의무가 있다.

㉡ 결과발생 : 구성요건적 결과가 발생해야 한다.

㉢ 인과관계 및 객관적 귀속 : 고의범과 동일

나) 과실범의 위법성과 책임

㉠ 고의범에서와 같이 구성요건의 실현으로 위법성 징표

⇨ 위법성 조각사유 없는 한 위법

㉡ 책임은 '구성요건에 해당하는 위법한 행위에 대한 비난가능성' 이다.

☞ 허용된 위험이란 그 자체 속에 이미 법익침해의 위험을 내포하고 있으나 현대산업사회가 그 유용성과 필요성 때문에 불가피하게 인정해야 하는 위험이다. 따라서 발생하는 법익 침해를 이유로 행위자에게 형사책임을 지울 수 없다. 육상·해상·항공교통, 공장운영, 지하자원 채굴, 원자력 기타 에너지자원 이용 등에서 적용된다.

다) 신뢰의 원칙

교통규칙을 준수하는 운전자는 상대방도 준수하리라는 것을 신뢰하면 충분하며, 상대방이 교통규칙을 위반하는 경우까지 예상하여 이에 대한 방어조치를 취할 의무는 없다는 원칙으로 허용된 위험의 특수한 경우로 특히 도로교통과 관련하여 인정된다.

신뢰의 원칙은 기업할동이나 외과수술과 같이 다수인의 공동에 의하여 실행되는 모든 형태의 과실범에 대하여 그 적용범위가 확대되고 있다. 그러나 신뢰의 원칙의 적용에 있어서 ㉠상대방의 규칙 위반을 이미 인식한 경우, ㉡상대방의 규칙 준수를 기대할 수 없는 경우, ㉢운전자가 스스로 교통규칙을 위반한 경우, ㉣상대방과의 사이에 보호감독의 관계가 있는 경우에 한계를 나타낸다.

☞ 독일판례를 통해 인정 → 일본과 한국판례에 영향

(11) 결과적 가중범

결과적 가중범은 고의에 의한 기본법에 의하여 행위자가 예견하지 않았던 중한 결과가 발생한 때 그 형이 가중되는 범죄를 말한다.

가) 결과적 가중범의 종류

㉠ 진정결과적 가중범 : 고의에 의한 기본범죄에 의하여 과실로 중한 결과를 발생하게 한 경우

㉡ 부진정결과적 가중범 : 중한 결과를 과실로 야기한 경우는 물론 고의에 의해 발생하게 한 경우에도 성립하는 결과적 가중범

나) 결과적 가중범의 구성요건해당성

㉠ 고의의 기본범죄 : 기본범죄의 기수·미수 불문

㉡ 중한 결과의 발생

㉢ 인과관계 및 객관적 귀속 : 직접성의 원칙

㉣ 중한 결과에 대한 예견가능성(과실)

다) 결과적 가중범의 위범성과 책임

㉠ 기본범죄와 중한 결과에 대한 과실범 모두에 위법성이 인정될 때 결과적 가중범의 위법성이 인정된다.

㉡ 일반범죄와 동일한 책임표지가 기본범죄와 중한 결과에 대한 과실범 모두에 존재하여야 한다.

5) 위법성

위법성이란 인간의 행위가 법질서 전체에 객관적으로 모순·충돌하는 것을 말하며, 이는 행위에 의하여 실현되는 법에 의하여 부정적으로 평가된 반가치 자체인 불법과 구분된다.

(1) 구성요건해당성 및 책임과의 관계

가) 구성요건에 해당하는 행위는 위법성 조각사유에 해당하지 않으면 원칙적으로 위법성이 추정·징표된다.

나) 위법성은 법질서 전체의 입장에서 내리는 행위에 대한 객관적 판단이며, 책임은 비난가능성의 유무를 판단하는 행위자에 대한 주관적 판단이다.

(2) 위법성조각사유

위법성조각사유에는 정당방위, 긴급피난, 자구행위, 피해자의 승낙, 정당행위 등이 있다. 위법성이 조각되면 가벌성이 탈락되어 형벌, 보안처분의 제재를 받지 않는다.

(3) 정당방위

가) 의의

정당방위란 자기 또는 타인의 법익에 대한 현재의 부당한 침해를 방위하기 위한 상당한 이유 있는 행위를 말한다.

정당방위

- 현재의 부당한 침해에 대하여 자기 또는 제3자의 이익을 방위하기 위하여 부득이 타인에게 가해행위를 한 자는 위법성이 조각되어 민사·형사책임을 지지 않음(민법§761①, 형법§21①).

나) 정당방위의 성립요건

㉠ 현재의 부당한 침해→타인의 불법행위에 대한 반격(부정 : 정)

㉡ 자기 또는 타인의 법익을 방위하기 위한 행위

㉢ 상당한 이유(객관적으로 판단, 방위의 필요성과 상당성)

다) **효과** - 위법성을 조각한다. 정당방위에 대한 정당방위는 불가

라) **과잉방위와 오상방위** - 방위행위가 상당성의 정도를 넘어선 경우가 과잉방위이고, 객관적으로 정당방위의 요건이 구비되지 않았음에도 이것이 있는 것으로 오인하고 방위행위로 나아간 경우가 오상방위이다.

정당행위	법령에 의한 행위 또는 업무로 인한 행위 기타 사회상규에 위배되지 아니하는 행위는 벌하지 아니한다(형법§20). 예 경찰관의 현행범 체포, 의사의 수술, 전쟁터에서의 군인의 전투 행위, 상대방의 도발이나 폭행을 피하기 위한 소극적 저항(판례)
정당방위	자기 또는 타인의 법익에 대한 현재의 부당한 침해를 방위하기 위한 행위는 상당한 이유가 있는 때에는 벌하지 아니한다(형법§21). 예 강도와 맞서 싸우다 강도를 다치게 한 경우 ☞정당방위는 부정(不正)한 침해에 대한 방어행위이며, 사람에 의한 침해(사람의 사주에 의한 동물의 침해 포함)이어야 한다.
긴급피난	자기 또는 타인의 법익에 대한 현재의 위난을 피하기 위한 행위는 상당한 이유가 있는 때에는 벌하지 아니한다(형법§22). 예 달려오는 자동차를 피하려다 옆에 있는 가게의 진열장을 깬 경우 ☞긴급피난은 위난이 위법할 필요가 없다.
자구행위	법정절차에 의하여 청구권을 보전하기 불능한 경우에 그 청구권의 실행불능 또는 현저한 실행곤란을 피하기 위한 행위는 상당한 이유가 있는 때에는 벌하지 아니한다(형법§23). 예 해외로 도피하려는 채무자를 붙잡고 그의 물건을 빼앗는 경우
피해자의 승낙	처분할 수 있는 자의 승낙에 의하여 그 법익을 훼손한 행위는 법률에 특별한 규정이 없는 한 벌하지 아니한다(형법§24). → 승낙은 범죄 전에 있어야 한다. 예 물건의 소유주가 가져가도 좋다고 말한 물건을 가져가는 경우

(4) 긴급피난

가) 의의

긴급피난이란 자기 또는 타인의 법익에 대한 현재의 위난을 피하기 위한 상당한 이유있는 행위를 말한다.

긴급피난

- 급박한 현재의 위난을 피하기 위하여 부득이 타인에게 가해행위를 한 자는 위법성이 조각되어 민사책임, 형사책임을 지지 않음(민법 §761②, 형법 §22①).

나) 긴급피난의 구성요건

㉠ 자기 또는 타인의 법익에 대한 현재의 위난

㉡ 위난을 피하기 위한 행위-타인의 불법행위가 개입되지 않은 '급박한 위난'에 대한 피난행위(정 : 정)

㉢ 상당한 이유 : 피난의 필요성, 보충성의 원칙, 균형성의 원칙, 적합성의 원리(실질적 상당성의 원리)를 요한다.

다) **효과** - 위법성을 조각한다. 긴급피난(적법행위)에 대한 정당방위는 불가하나 긴급피난은 가능하다.

라) **의무의 충돌** - 동시에 둘 이상의 법적 의무가 존재하며 그 중 어느 한 의무만을 이행하여 다른 의무로 인한 구성요건을 실현한 경우

(5) 자구행위

가) **의의** - 자구행위란 사법상의 청구권 보전이 법정절차에 의해서는 불가능할 때 청구권의 실행불능이나 실행곤란을 피하기 위한 자력에 의한 행위이다(과거의 침해에 대한 회복, 민법상 점유이탈시 자력구제).

자구행위

- 법정절차에 의하여 청구권을 보전하기 불능한 경우 권리자가 스스로 청구권을 실현하는 것은 위법성이 조각되어 민사책임, 형사책임을 지지 않음(민법 §209, 형법 §23①).

나) 자구행위의 성립요건

㉠ 법정절차에 의하여 청구권의 보전불능(자구행위상황)

㉡ 청구권의 실행불능 또는 현저한 실행곤란을 피하기 위한 행위(자구행위)

㉢ 상당한 이유 : 필요성, 보충성, 적합성을 요한다.

다) 효과 - 위법성조각 ⇨ 자구행위에 대해서 정당방위 불가

(6) 피해자승낙

법익주체의 자유로운 처분이 가능한 법익에 대한 침해를 본인이 승낙하는 것이다. 피해자가 그 법익침해에 동의함으로써 구성요건해당성 자체를 조각시키는 양해와는

구분된다.

가) 피해자승낙의 요건

㉠ 법익주체의 승낙

㉡ 처분할 수 있는 법익에 대한 승낙 : 개인적 법익에 한한다.

㉢ 승낙능력과 자유의사에 의한 승낙

㉣ 승낙의 표시는 어떤 방법으로든지 외부에서 인식할 수 있으면 족하며 법익 침해 이전이면 된다.

나) 효과 : 위법성을 조각한다.

다) 추정적 승낙

피해자가 부재중이거나 의식이 없어 '현실적으로' 승낙을 받을 수 없지만 모든 사정을 객관적으로 판단할 때 피해자가 행위당시의 사정을 알았더라면 틀림없이 승낙했을 것이라고 확실히 기대되는 경우를 말한다. 추정적 승낙도 위법성이 조각된다.

(7) 정당행위

정당행위는 법령에 의한 행위 또는 업무로 인한 행위 기타 사회상규에 위배되지 아니하여 국가적 · 사회적으로 정당시 되는 행위이다.

가) 법령에 의한 행위

법령의 근거에 의하여 권리 또는 의무로써 행하여지는 행위로 공무원의 직무집행행위, 징계권자의 징계행위, 현행범인의 체포, 노동쟁의행위, 모자보건법상의 낙태행위 등이 있다.

나) 업무로 인한 행위

업무란 사람이 사회생활상의 지위에 의하여 계속 · 반복의 의사로 행하는 사무로 법령에 규정이 없는 경우에도 업무의 내용이 사회윤리상 정당하다고 인정되는 때에는 위법성이 조각된다. 이에는 의사의 치료행위, 안락사, 교사의 징계행위, 변호사 또는 성직자의 업무행위 등이 있다.

다) 기타 사회상규에 위배되지 않는 행위

사회상규란 국가질서의 존엄성을 기초로 한 국민일반의 건전한 도의감 또는 공정하게 사유하는 평균인의 건전한 윤리감정으로 이에 위배되지 않는 행위로는 소극적인 저항행위, 교육목적을 위한 징계권 없는 자의 징계행위, 권리실행행위, 전투 중 군인의 적군 살해행위 등이 있다.

라) 효과 - 위법성이 조각된다.

6) 책임론

책임(責任)이란 규범이 요구하는 합법을 결의하고 이에 맞게 행동할 수 있었을 때에도 불구하고 불법을 결의하고 위법한 행위를 행한 행위자에 대한 비난가능성이다. 이에는 책임주의원칙이 전제되어야 하는데, 책임주의란 개인에게 형벌을 과하기 위해서는 행위자가 자신의 행위에 대한 법적 금지사실을 인식하거나 인식할 수 있었음을 전제로 하는 것을 말한다.

(1) 책임의 근거(무엇을 근거로 행위자에게 책임비난을 할까?)

㉠ 도의적 책임론 : 위법한 행위에 대한 윤리적 비난
㉡ 사회적 책임론 : 행위자의 반사회성에 대한 사회적 비난
㉢ 인격적 책임론 : 범죄적 인격성에 대한 비난

(2) 책임판단의 대상 : 책임개념의 핵심요소인 비난을 행위에 둘 것인가 행위자에 둘 것인가에 미리 행위책임과 행위자 책임으로 구분되는데 행위책임을 원칙으로 행위자 책임을 보충한다.

(3) 책임능력 : 책임능력이란 형법이 전제하고 있는 자유로운 의사결정을 할 수 있는 능력을 말한다.

가) 책임무능력자(형사미성년자, 심신상실자)

㉠ 형사미성년자 - 14세가 되지 아니한 자로 발육상태를 불문하고 생물학적 방법으로만 판단하는 절대적 책임무능력자이며 책임을 조각한다.
㉡ 심신상실자
ⓐ 심신장애인(형법 §10①)[11] - 생물학적으로 심신장애가 있는 자로 그 판단은 전문가의 감정에 의하는 것이 보통이나 법관이 이에 기속되지는 않는다.
ⓑ 심리적 요소는 법관이 행위시의 평균인의 일반적 능력을 기준으로 판단
ⓒ 심신상실의 효과 : 책임능력이 없어 책임조각(불벌)되나 「치료감호 등에 관한 법률」상 치료감호는 가능
㉢ 강요된 행위자(형법 §12) - 저항할 수 없는 폭력이나 자기 또는 친족의 생명, 신체에 대한 위해를 방어할 방법이 없는 협박에 의하여 강요된 행위는 벌하지 아니한다.

나) 한정책임능력자 : 책임능력자로서 한정된 책임만 부담

---

11) 심신장애로 인하여 사물을 변별할 능력이 없거나 의사를 결정할 능력이 없는 자의 행위는 벌하지 아니한다.

㉠ 심신미약자 : 심신장애로 사물변별능력이나 의사결정능력이 미약한 자(+생물학적 심신장애+법관판단)로 필요적으로 책임감경

㉡ 농아자 : 청각과 발음기능 모두 장애가 있는 자로 필요적으로 책임감경

다) 원인에 있어서 자유로운 행위(형법§10③) : 행위자가 고의 또는 과실에 의하여 자기를 심신장애 상태에 빠지게 한 후 이러한 상태에서 범행하는 것을 말하며, 행위와 책임의 동시존재원칙과 관련하여 면책되거나 형을 감경하지 아니한다.

(4) 위법성의 인식(불법의식)

행위자가 자신의 행위가 공동사회의 질서에 반하고 법적으로 금지되어 있다는 것을 인식하는 것으로 책임비난의 핵심이다. 위법성의 인식은 법적으로 금지되고 있다는 인식을 의미한다. 가벌성의 인식이나 구체적인 법규정의 인식까지는 필요치 않다.

(5) 법률의 착오

법률착오란 행위자가 구성요건적 사실에 대한 인식은 있으나 착오로 그 사실의 위법성을 인식하지 못한 경우, 즉 책임비난에 필요한 위법성의 인식이 없는 경우(위법성의 소극적 착오)

㉠ 직접적 착오 : 행위자가 금지규범을 인식하지 못하는 착오이다. 법률의 부지란 행위자가 규범의 존재 자체를 전혀 알지 못한 결과 자기행위의 위법성을 인식하지 못한 경우로 대법원은 법률의 부지가 범죄의 성립에 영향을 미치지 않는다는 입장이나, 통설은 금지착오의 한 형태로 인정한다. 이 외에도 포섭의 착오, 효력의 착오가 있다.

㉡ 간접적 착오 : 위법성조각사유의 존재 · 한계 · 객관적 전제사실과 관련된 착오이다.

가) 형법 제16조[12]와 정당한 이유

① '정당한 이유가 있는 때'의 의미 통설은 착오를 회피할 수 없었던 때로 이해하고, 판례는 오인에 과실이 없는 때로 이해한다.

② '벌하지 아니한다'의 의미 정당한 이유가 있으면 책임조각(책임설)

나) 위법성조각사유의 전제사실의 착오

행위자가 그 요건이 존재하면 위법성이 조각되는 상황이 존재한다고 오인한 경우로 이를 허용구성요건의 착오라고도 하는데 이에는 오상방위, 오상피난, 오상자구행위가 있다.

형법에 규정이 없기에 그 법적 효과는 학설에 의하는데 고의설, 엄격책임설, 소극적 구성요건표지이론 등의 견해도 있지만, 제한적 책임설에 의하면 원칙적으로

---

12) (법률의 착오) 자기의 행위가 법령에 의하여 죄가 되지 아니하는 것으로 오인한 행위는 그 오인에 정당한 이유가 있는 때에 한하여 벌하지 아니한다.

처벌하지 않지만, 과실범 처벌규정이 있으면 과실범으로 처벌하여야 한다고 본다.

(6) 기대가능성

행위 시의 구체적 사정으로 보아 행위자가 범죄행위를 하지 않고 적법행위를 할 것을 기대할 수 있는 가능성을 의미한다. 기대불가능성은 책임조각사유의 기본원리이므로 이를 일반적인 초법규적 책임조각사유로 인정하는데, 이러한 기대가능성의 판단은 평균인을 표준으로 한다.

7) 미수

(1) 범죄실현단계

예비 · 음모 → 미수 → 기수 → 종료

예비란 범죄 실현을 위한 준비행위로서 아직 실행의 착수에 이르지 않은 일체의 행위를 말하며 원칙적으로 불법이나, 법익의 중대성, 행위의 위험성이 있는 경우 예외적으로 처벌(각칙 규정)한다. 미수범에는 장애미수, 불능미수, 중지미수가 있으며, 미수범 처벌규정이 있어야 처벌한다.

(2) 예비 · 음모

범죄의 예비 또는 음모행위가 실행의 착수에 이르지 아니한 때에는 법률에 특별한 규정이 없는 한 처벌되지 아니한다(형법 §28).

(3) 협의의 장애미수

행위자가 범죄의 실행에 착수하여 행위를 종료하지 못하였거나 결과가 발생하지 아니한 때를 의미하는데 기수범의 형보다 감경할 수 있다(주형에 대한 임의적 감경).

(4) 중지미수

범죄의 실행에 착수한 자가 그 범죄가 완성되기 전에 자의로 이를 중지하거나 결과의 발생을 방지한 경우에 성립하는데 형을 감경 또는 면제한다(필요적 감면).

(5) 불능미수

실행의 수단 또는 대상의 착오로 인하여 결과의 발생이 불가능하지만 위험성이 있기 때문에 처벌하는 경우(단, 형을 감경 또는 면제할 수 있다. 임의적 감면)로 특히 그 성립요건으로서 '위험성'의 의미에 관하여 객관설, 구체적 위험설, 주관설 등의 대립이 있으나 다수설인 추상적 위험설에 따르면 행위당시 행위자의 인식사실을 기초로 하여 일반인의 판단에 의해 위험성 유무를 결정한다.

8) 범죄참가형태(정범 및 공범론)

(1) 범죄참가형태

<table>
<tr><th colspan="4">단독범 (직접정범·동시범)</th></tr>
<tr><td rowspan="8">최광의 공범</td><td rowspan="4">광의의 공범
(임의적 공범)</td><td colspan="2">간접정범</td></tr>
<tr><td colspan="2">공동정범(횡의 공범)</td></tr>
<tr><td rowspan="2">협의의 공범
(종의 공범 · 가담범)</td><td>교사범</td></tr>
<tr><td>종범(방조범)</td></tr>
<tr><td rowspan="4">필요적 공범</td><td rowspan="2">진정필요적 공범</td><td>집합범(중합범, 다중범)</td></tr>
<tr><td>대향범(대립범 · 화합범)</td></tr>
<tr><td rowspan="2">부진정필요적 공범</td><td>합동범(견해대립)</td></tr>
<tr><td>기타 부진정 필요적 공범</td></tr>
</table>

* 범죄참가형태는 원칙적으로 고의범에서만 문제된다. 범죄참가형태의 규율방식으로는 정범 · 공범 분리형식과 단일정범체계가 있으며, 우리형법의 체계는 정범 · 공범분리형식을 취한, 과실범에는 사실상 단일정범체계이다.

(2) 정범과 공범의 구별

방법론적으로 정범의 우선적 확정이 필요(정범개념 우위성)하다. 정범(正犯)은 자기의 범죄를 스스로 행하는 자로 단독(직접)정범, 공동정범(형법 §30), 간접정범(§34) 등이고, 공범(共犯)은 타인의 범죄를 교사 또는 방조하는 자로 교사범(§31), 방조범(§32)을 말한다.

가) 구별기준

㉠ 객관설 : 구성요건에 해당하는 행위를 직접 행한 자만이 정범이라는 학설

㉡ 주관설 : 구별기준이 구성요건을 실현하기 위하여 정범의사를 가지고 하였는가, 아니면 공범의사를 갖고 하였는가에 있다는 학설

㉢ 행위지배설 : 구성요건을 직접 실현한 자는 물론 실질적으로 행위를 지배하거나 혹은 공동으로 지배하는 자도 정범이라는 학설

☞ 현행법의 태도 : 형법상의 공범규정을 형벌확장사유로 보는 제한적 정범개념을 따른 것으로 보는 견해가 통설. 단, 과실범에 있어서는 과실의 공범이 인정되지 않고 과실로 결과를 야기한 모든 자가 정범이 되므로 확장적 정범개념에 입각하고 있다.

나) **공범의 종속성** : 정범이 성립하여야 이에 따라 공범도 인정될 수 있다는 전제 아래 정범의 성립범위를 둘러싼 문제이다. 독립성설과 종속성설(통설·판례)이 있으며 종속성의 정도에 관하여는 정범의 행위가 구성요건에 해당하고 위법하여야 공범도 성립한다고 보는 제한적 종속형식을 취하고 있는 것이 다수설이다.

(3) 간접정범

간접정범이란 타인을 도구로 이용하여 범죄를 실행하는 것(형법 §31①)을 말한다. 이는 어느 행위로 인하여 처벌되지 아니하는 자 또는 과실범으로 처벌되는 자를 교사 또는 방조하여 범죄행위의 결과를 발행케 할 것을 성립요건으로 하고 있다.

피이용자의 범위에 관하여는 견해의 대립이 있는데 대체로 ㉠구성요건에 해당하지 않는 행위를 한 자의 행위를 이용한 경우(예 피이용자의 고의 없는 행위를 이용한 경우), ㉡구성요건에 해당하지만 위법성이 없는 행위를 한 자의 행위를 이용한 경우(예 피이용자로 하여금 정당방위를 하게 하여 구성요건을 실현시킨 경우), ㉢구성요건에 해당하고 위법하지만 책임이 없는 피이용자의 행위를 이용한 경우(예 책임무능력자의 행위를 이용한 경우), ㉣ 구성요건에 해당하고 위법·유책한 행위를 이용한 경우 등이 있다.

간접정범은 교사 또는 방조의 예에 의해 처벌한다(형법 §34①).

(4) 공동정범

2인 이상이 공동하여 죄를 범한 경우가 바로 공동정범이다. 공동정범의 정범성은 분업적 행위실현에 의한 기능적 행위지배와 기능적 역할분담의 원칙에 근거(일부실행 전체책임)한다.

가) 성립요건

㉠ 주관적 요건으로 공동가공의 의사(의사연락)를 요하며 공동가공의 의사가 실행행위 도중에 형성되는 경우인 승계적 공동정범이 인정되나, 이때 후행자는 가담후의 부분에만 공동정범 성립

㉡ 과실범의 공동정범 : 2인 이상이 공동의 과실로 과실범의 구성요건을 실현한 경우, 과실범의 공동정범을 인정할 것인가에 대하여 판례는 긍정하나, 범행이 아닌 단순한 주의의무위반에 관한 의견교환은 공동정범의 설립요건을 충족한다고 보기 어렵다.

㉢ 객관적 요건으로 공동의 실행행위를 요하며 2인 이상이 공모하여 그 공모자 중 일부가 공모에 따라 범죄의 실행에 나아간 때에는 실행행위에 나아가지 아니한 공모자에게도 공동정범을 인정하는 것(이른바 공모공동정범)이 판례에 의하여 확립되었다.

나) **공동정범**은 공동의사 내에서 각자를 그 죄의 정범으로 처벌한다(형법 §30①).

(5) **동시범** : 동시범이란 2인 이상의 행위자가 상호 의사의 연락이 없이 개별적으로 구성요건을 실현시키는 범행형태를 말한다. 동시범은 수인이 범행을 하지만 단순한 단독범의 결합 형태에 불과하다.

가) 동시범의 처벌

결과발생에 대한 원인행위가 판명되지 않으면 미수범으로 처벌한다.

나) 상해죄의 동시범

상해죄의 경우에는 동시범이라 할지라도 공동정범의 기수범으로 처벌한다.

(6) **교사범**

교사범(教唆犯)이란 범죄의사가 없는 타인으로 하여금 범죄를 결의하여 그 죄를 실행하게 한 자를 말한다. 자기의 지휘·감독을 받는 자를 교사한 때에는 정범에 정한 형의 장기 또는 다액의 2분의 1까지 가중한다(형법 §31②).

교사범의 성립에는 교사자의 교사행위와 피교사자의 실행행위가 있어야 하는데 범행의 일시·방법·장소 등의 세부적인 사항까지를 특정하여 교사할 필요는 없으나 피교사자가 이미 범행을 결의하고 있는 경우에는 교사범이 성립할 여지가 없다.

미수의 교사(소위 함정수사)에 대하여는 교사자의 고의가 피교사자의 실행행위로 인한 결과발생에 대한 인식을 요한다고 보아야 하는데, 이러한 기수의 고의가 없기 때문에 교사범의 성립을 부정한다.

교사범은 정범과 동일한 형으로 처벌한다(형법 §31①).

(7) **종범**(방조범)

종범[幇助犯]은 정범의 범죄 실행을 용이하게 하거나 정범에 의한 법익침해를 강화시키는 것으로 정범의 범행에 대한 행위지배가 없다는 점 및 상호간의 의사합치를 전제로 하지 않는 편면적인 방조행위가 가능하다는 점에서 공동정범과 구별되며 이미 범행을 결의한 자에 대하여도 성립되는 점에서 교사범과 다르다.

가) 성립요건

종범의 방조행위와 정범의 실행행위를 요한다. 주의할 것은 범죄가 종료(완료, 실질적 기수)된 후에는 방조범이 성립할 수 없으므로 종료 후 범인은닉, 증거인멸, 장물취득 등은 사후 종범이 아니라 독립된 범죄가 된다는 점이다.

나) 종범의 형은 정범의 형보다 감경한다(형법 §32②). 필요적 감경사유

(8) 공범과 신분

가) 의의

공범과 신분이란 신분이 범죄의 성립이나 형의 가감에 영향을 미치는 경우에 신분 있는 자와 없는 자가 공범관계에 있을 때 신분 없는 자를 종속적으로 볼 것인가의 문제로 일정한 신분이 있어야 범죄가 성립하는 진정신분범(예 수뢰죄, 위증죄, 허위진단서작성죄, 업무상비밀누설죄, 횡령죄, 배임죄 등)과 일정한 신분이 있으면 형이 가중 혹은 감경되는 부진정신분범(예 존속살해죄, 업무상횡령죄 등)이 있다.

나) 형법규정과 그 해석

형법 제33조[13] 본문은 신분 없는 자는 단독으로는 신분범의 정범이 될 수 없지만 그 공범(공동정범 · 교사범 · 종범)은 될 수 있다는 의미이다(예 의사가 아닌 자도 의사와 함께 허위진단서작성죄의 공동정범이 될 수 있다). 여기에서 '신분관계로 인하여 성립할 범죄'에는 진정신분범에 국한된다고 보는 통설에 따르면 진정신분범의 경우에 비신분자는 공동정범이 되지 않는다. 동조 단서의 해석을 둘러싸고는 가중적 신분과 감경적 신분의 공범에 대한 적용에 차별을 둘 것인가가 문제되는데(예 영아살해죄를 친모와 함께 범한 경우에 이에 가담한 자(비신분자)를 상대적으로 무겁게 처벌하는 보통살인죄의 공동정범으로 처벌할 것인가, 아니면 형이 가벼운 영아살해죄를 적용할 것인가?) 가중적 신분범의 경우에는 적용되나 감경적 신분의 경우에는 비신분자인 공범은 언제나 경한 형으로 처벌받아야 한다는 소수설도 있지만, 다수견해는 단서규정이 책임개별화에 본질이 있으므로 형의 가감사유는 언제나 신분자에게만 한하고 공범에게는 미치지 않는다고 본다.

3. 죄수론

1) 죄수(罪數)의 개념 및 처벌기준

범죄의 수가 한 개인가 또는 수개인가의 문제를 다루는 것이 죄수론이다.

☞ 수죄(數罪)의 처벌기준

㈎ 병과주의 - 각죄에 정한 형을 병과(합산)하는 주의

㈏ 흡수주의 - 가장 중한 죄의 형으로 처벌하는 주의

㈐ 가중주의 - 가장 중한 죄의 정한 형을 가중하여 전체형을 선고하는 주의

---

13) 제33조(공범과 신분) 신분관계로 인하여 성립될 범죄에 가공한 행위는 신분관계가 없는 자에게도 전3조의 규정을 적용한다. 단, 신분관계로 인하여 형의 경중이 있는 경우에는 중한 형으로 벌하지 아니한다.

2) 일 죄

범죄의 수가 1개인 것을 일죄(一罪)라 하며 단순일죄와 법조경합 · 포괄일죄가 있다.

가) 법조경합(法條競合, 외형상의 경합, 不眞正競合)

한 개 또는 수개의 행위가 외관상으로는 수개의 형벌법규(구성요건)에 해당하는 것 같이 보이나 형벌법규의 성질상 하나의 형벌법규만이 적용되고 다른 형벌법규의 적용을 배척하여 1죄만 성립하는 것으로 특별관계, 보충관계, 흡수관계, 택일관계가 있다. 그 효과로는 배제된 법률이 적용되지 아니하여 행위자가 그 법률에 의하여 처벌받지 않는다.

☞ **불가벌적 사후행위** : 범죄에 의하여 획득한 위법한 이익을 확보하거나 사용처분하는 구성요건에 해당하는 사후행위가 이미 주된 범죄에 의하여 완전히 평가된 것이기 때문에 별죄를 구성하지 않는 경우(외견상 실체적 경합, 예 절도범이 절취한 재물을 손괴하여도 절도죄 이외에 손괴죄를 구성하지 않는 것). 불가벌적 사후행위에 있어서는 주된 범죄와 사후행위가 법익침해에 관하여 단일한 평가를 받는다는 점에 특색이 있다.

나) 포괄일죄

수개의 행위가 포괄적으로 한 개의 구성요건에 해당하여 일 죄를 구성하는 경우로 이에는 결합범(예 강도죄), 계속범(예 감금죄), 접속범(예 절도범이 하룻밤에 창고에서 계속하여 몇 가마의 쌀을 훔친 경우), 연속범(예 수일간에 걸쳐 창고에서 매일 밤 1가마씩의 쌀을 훔친 경우), 집합범(예 영업범, 상습범)이 있다. 포괄일죄는 실체법상 일죄이므로 하나의 죄로 처벌된다.

3) 수 죄(數罪)

(1) 상상적 경합

한 개의 행위가 수개의 죄에 해당하는 경우(관념적 경합)로 정리기능을 갖는다. 그 요건으로 행위의 단일성과 수개의 죄에 해당할 것을 요하며 그 처벌은 가장 중한 죄의 정한 형으로 한다(형법 §40).

(2) 경합범(실체적 경합)

범죄행위가 다수행위로 평가되면 이것이 불가벌적인 사전 혹은 사후행위인가의 여부를 판단하여 부정되는 경우에 이를 실체적 경합이라 하며, 판결이 확정되지 아니한 수개의 죄 또는 금고 이상의 형에 처한 판결이 확정된 죄와 그 판결확정 전에 범한 죄를 경합범으로 한다(형법 §37). 이는 판결이 확정되지 아니한 수개의 죄(동시적 경합범)로 구별된다. 이 경우 수죄가 성립하기 때문에 이론상 형을 병과 하여야 하나, 이는 불합리한 중형의 결과를 낳기 때문에 이를 피하기 위해 가중주의를 원칙으로 흡수주의 및 병과주의를 보완하고 있다.

4. 형벌론

1) 형벌의 의의

범죄행위에 대한 형사제재로서의 형벌은 해악을 내용으로 하는 국가적 강제수단이다. 그 본질은 법익침해적인 범죄행위에 대한 사회적 · 공적인 반가치 판단이다.

이와 같은 범죄에 의한 법익의 침해에 대하여 국가가 사회를 보호하고 방위하는 수단이 형벌(刑罰)이다. 형벌은 그것이 박탈하는 법익의 내용에 따라 생명형 · 자유형 · 재산형 및 명예형으로 나눌 수 있다.

2) 형벌의 종류

형법이 규정하고 있는 형벌에는 사형, 징역, 금고, 자격상실, 자격정지, 벌금, 구류, 과료, 몰수의 9종이 있다.

생명형	–사형 : 범죄자의 생명을 박탈하는 극형[絞首刑], 범죄 최고형(존폐논란)
자유형	–징역 : 30일 이상 교도소에 구금(유기 : 1월~30년, 무기 : 1월~50년), 노역 부과 –금고 : 30일 이상 교도소에 구금(유기, 무기), 노역 부과는 없음 –구류 : 1일~30일 미만 동안 교도소 등의 수용시설에 구치, 노역 부과 없음
명예형	–자격상실 : 일정한 형의 선고(사형, 무기징역, 무기금고 등)가 있으면 그 형의 효력으로서 당연히 일정한 자격이 상실되는 것. • 형법상 상실되는 자격 : 공무원이 되는 자격, 공무원의 선거권과 피선거권, 법률로 요건을 정한 공법상의 업무에 관한 자격, 법인의 이사 · 감사 또는 지배인 기타 법인의 업무에 관한 검사역이나 재산 관리인이 되는 자격 –자격정지 : 유기 징역 · 금고의 판결을 받은 자는 위와 같은 자격을 1년–15년 이하 정지의 선고가능
재산형	–벌금 : 5만원 이상(판결확정일부터 30일이내에 납입) –과료 : 2천원 이상 5만원 미만(경미한 범죄의 경우) –몰수 : 유죄 판결을 선고할 때 범죄행위에 관련되었거나 범죄행위의 대가로 획득한 것을 국가에 귀속시키는 형벌, 부과형

가) 생명형(사형)

범죄인의 생명을 박탈하는 형벌이다. 사형이 이에 속하고, 극형이라고도 한다. 죄를 범할 당시 18세 미만의 소년이 죄를 범한 경우 사형 또는 무기형으로 처벌할 것인 때에는 15년의 유기징역으로 한다(소년법 §59). 사형을 감경할 때에는 무기 또는 20년 이상 50년 이하의 징역 또는 금고로 한다(형법 §55①제1호). 한국 형법상 사형집행은 형무소내에서 교수형으로 하도록 하고 있고(형법 §66), 군형법은 총살형으로 하도록 하고 있다(군형법 §3). 그러나 오늘날 인간생명의 존엄성을 이유로 사형제도의 존폐에 대한 찬반논의가 계속되고 있다.

나) 자유형

수형자의 신체적 자유를 박탈하는 형벌로 근대형벌체계의 가장 중요한 위치를 차지하는데 그 종류로는 정역(노동)에 복무하는 징역과 정역에 복무하지 않는 금고, 구류(1일 이상 30일 미만)가 있다.

다) 재산형

일정한 재산을 박탈하는 형벌로 ㉠벌금: 벌금은 5만원 이상으로 한다. 다만, 감경하는 경우에는 5만원 미만으로 할 수 있다. ㉡과료: 과료는 2천원 이상 5만원 미만으로 한다. ㉢몰수 : 범죄의 반복을 막거나 범죄로부터 이득을 얻지 못하게 할 목적으로 범행과 관련된 재산을 박탈하여 국고에 귀속시키는 재산형이 있다(형법 §69, 「벌금 미납자의 사회봉사 집행에 관한 특례법」). 벌금 또는 과료를 선고할 때에는 납입하지 아니하는 경우의 유치기간을 정하여 동시에 선고하여야 하는데, 이때 선고하는 벌금액이 1억원 이상 5억원 미만인 경우에는 300일 이상의 유치기간을, 5억원 이상 50억원 미만인 경우에는 500일 이상의 유치기간을, 50억원 이상인 경우에는 1,000일 이상의 유치기간을 정하여야 한다(형법 §70②).

라) 명예형

범죄인의 명예감정을 손상시키거나 명예롭게 누릴 수 있는 권리를 박탈하거나 제한하는 형벌

㉠ 자격상실 : 사형, 무기징역 또는 무기금고의 판결을 받은 자는 ⓐ공무원이 되는 자격, ⓑ공법상의 선거권과 피선거권, ⓒ법률로 요건을 정한 공법상의 업무에 관한 자격, ⓓ법인의 이사, 감사 또는 지배인 기타 법인의 업무에 관한 검사역이나 재산관리인이 되는 자격을 상실한다.

㉡ 자격정지 : 일정한 기간 동안 일정한 자격의 전부 또는 일부를 정지시키는 형벌

마) 형의 경중(형법 §41)

사형 → 징역 → 금고 → 자격상실 → 자격정지 → 벌금 → 구류 → 과료 → 몰수

3) 양 형

형법에 규정된 형벌의 종류와 범위 내에서 법관이 구체적인 행위자에 대하여 선고한 형을 정하는 것(형의 양정 또는 형의 적용)으로 [법정형 → 처단형 → 선고형]의 과정으로 한다.

양형의 조건으로 ㉠ 법인의 연령 · 성행 · 지능 · 환경, ㉡ 피해자에 대한 관계, ㉢

범행의 동기 · 수단 · 결과, ㉣ 범행 후의 정황 등을 고려하여 정한다.

☞인적처벌조각사유(人的處罰阻却事由, 일신적 형벌조각사유) : 범죄는 성립되나 행위 당시에 존재하는 특별한 신분관계로 가벌성이 배제되는 경우를 말한다[예 친족상도례(형법 §344 · 328)[14]에서 직계혈족 · 배우자 · 동거친족 · 가족 또는 그 배우자 그리고 국회의원의 면책특권(헌법 §45), 외교사절의 외교특권 등]. 이는 인적처벌 소멸사유와 구별되는 바, 인적처벌 소멸사유란 가벌적 행위 후 발생한 행위자의 특별한 태도에 따라 이미 성립한 가벌성을 소급적으로 소멸시키는 사정을 말한다[예 형법 §90①단서 및 §101①단서 소정의 자수로 인한 형의 면제 등].

4) 형의 유예제도와 가석방

구 분	선고유예	집행유예	가석방
요건	1) 처단형의 1년 이하의 징역 · 금고, 자격정지, 벌금의 형을 선고할 경우 2) 개정의 정이 현저할 것 3) 자격정지 이상의 형을 받은 전과가 없을 것	1) 선고형이 3년 이하의 징역·금고의 형[15]을 선고할 경우 2) 정상에 참작할 만한 사유, 개전의 정이 현저할 것 3) 금고 이상의 형을 선고받아 집행을 종료하거나 면제된 후 3년이 경과 하였을 것	1) 징역 또는 금고의 집행 중 무기에 있어서는 10년, 유기에 있어서는 형기의 1/3을 경과하였을 것 2) 개전의 정이 현저할 것 3) 병과된 벌금 · 과료를 완납할 것
기간	2년	1년 이상 5년 이하	무기형-10년, 유기형-잔여형기(단 10년 초과 불가)
결정	법원의 재량	법원 재량	행정기관의 재량처분
효과	면소된 것으로 간주 * 유죄판결의 일종(전과는 남지 않음)	형선고의 효력 상실 * 전과는 남지 않음	형 집행이 종료된 것으로 간주 * 유죄판결 자체에 영향이 없음
실효	유예기간 중 자격정지 이상의 형에 대한 판결이 확정되거나 자격정지 이상의 형에 대한 전과가 발견된 때	유예기간 중 고의로 범한 죄로 금고이상의 실형을 선고 받아 그 판결이 확정된 때	가석방 중 금고 이상의 형을 선고받아 그 판결이 확정된 때 (단, 과실로 인한 경우 예외)
취소	취소제도 없음	임의적 취소	임의적 취소

5) 형의 실효와 소멸

형의 실효(失效)는 형의 집행권을 일정한 기간이 경과하면 소멸케 하는 제도로서, 일정한 기간이 경과된 후 공소권이 소멸되는 공소시효와는 그 성격이 다르다.

14) 형법 제328조(권리행사 방해죄에 있어서 친족 간의 범행과 고소) ① 직계혈족, 배우자, 동거친족, 동거가족 또는 그 배우자간의 제323조(권리행사방해)의 죄는 형을 면제한다.
② 제1항 이외의 친족 간에 제323조의 죄를 범한 때에는 고소가 있어야 공소를 제기할 수 있다.

15) 500만원 이하의 벌금형에 대해서도 집행을 유예할 수 있도록 벌금형에 대한 집행유예 제도를 도입함(형법 §62①). [법률 제13719호, 2016.1.6. 일부개정, 2018.1.7. 시행]

형의 소멸은 징역 또는 금고의 집행을 종료하거나 집행이 면제된 자가 피해자의 손해를 보상하고 자격정지 이상의 형을 받음이 없이 7년을 경과한 때에는 본인 또는 검사의 신청에 의하여 재판의 실효를 선고받을 수 있다(형법 §81). 특히 「형의 실효 등에 관한 법률」에 의하여 형의 집행을 종료 또는 면제받은 후, 3년을 초과하는 징역 또는 금고는 10년, 3년 이하의 징역 · 금고는 5년, 벌금은 2년 동안 자격정지 이상의 죄를 범하지 않은 경우에는 자동적으로 형이 실효되어 수형인명표는 폐기하고, 수형인명부에는 그 해당란을 삭제한다(동법 §7).

6) 보안처분

보안처분은 사회적으로 위험한 행위를 할 우려가 있는 자에 대하여 이를 사회로부터 격리하여, 그 위험성을 교정하는 것을 목적으로 하는 처분을 말한다. 한국의 보안처분은 법률에 의해서만 과할 수 있으며, 비례성의 원칙, 범죄행위를 전제로 재범위험성이 중요한 판단기준이 된다.

그 종류로는 ㉮형법상 집행유예시 보호관찰과 사회봉사 · 수강명령(형법 §62의2), 선고유예 · 가석방시 보호관찰(§59의2, §73의2②), ㉯「보호관찰 등에 관한 법률」(보호관찰법)[16]에 의한 보호관찰, ㉰소년법상의 보호처분(소년법 §4조, §32조-§42, 「보호소년 등의 처우에 관한 법률」), ㉱「보안관찰법」상의 보안관찰처분(동법 §4), ㉲「치료감호 등에 관한 법률」(치료감호법)[17] 및 구 사회보호법상의 보호감호 · 치료감호[심신장애 상태, 마약류 · 알코올이나 그 밖의 약물중독 상태, 정신성적(精神性的) 장애가 있는 상태 등에서 범죄행위를 한 자로서 재범(再犯)의 위험성이 있고 특수한 교육 · 개선 및 치료가 필요하다고 인정되는 자에 대하여 적절한 보호와 치료를 함] · 보호관찰(치료감호법 §2, §2의2, §32), ㉳「특정범죄자에 대한 보호관찰 및 전자장치 부착 등에 관한 법률」상 특정(성폭력 · 미성년자유괴 · 살인) 범죄자에 대한 보호관찰 및 위치추적 전자장치(전자발찌) 부착 등이 있다.

보호관찰, 사회봉사, 수강 또는 갱생보호는 해당 대상자의 교화, 개선 및 범죄예방을 위하여 필요하고도 적절한 한도 내에서 이루어져야 하며, 대상자의 나이, 경력, 심신상태, 가정환경, 교우관계, 그 밖의 모든 사정을 충분히 고려하여 가장 적합한 방법으로 실시되어야 한다(보호관찰법 §4).

---

16) 이 법은 죄를 지은 사람으로서 재범 방지를 위하여 보호관찰, 사회봉사, 수강(受講) 및 갱생보호(更生保護) 등 체계적인 사회 내 처우가 필요하다고 인정되는 사람을 지도하고 보살피며 도움으로써 건전한 사회 복귀를 촉진하고, 효율적인 범죄예방 활동을 전개함으로써 개인 및 공공의 복지를 증진함과 아울러 사회를 보호함을 목적으로 한다(보호관찰법 §1).

17) 이 법은 심신장애 상태, 마약류 · 알코올이나 그 밖의 약물중독 상태, 정신성적(精神性的) 장애가 있는 상태 등에서 범죄행위를 한 자로서 재범(再犯)의 위험성이 있고 특수한 교육 · 개선 및 치료가 필요하다고 인정되는 자에 대하여 적절한 보호와 치료를 함으로써 재범을 방지하고 사회복귀를 촉진하는 것을 목적으로 한다(치료감호법 §1).

제2절 형법 각론

1. 개인적 법익에 관한 죄

개인적 법익에 대한 범죄로는 생명 · 신체에 대한 죄, 자유 · 안전 · 정조에 대한 죄, 명예 · 신용 · 비밀에 대한 죄, 재산에 대한 강도 · 절도 횡령과 배임죄 등이 있다.

1) 생명 · 신체에 대한 죄

(1) 살인죄

사람을 살해함으로써 성립하는 범죄(형법 §250①)를 말한다. 살인죄의 보호법익은 사람의 생명이며, 객체는 자연인인 타인에 한한다. 자살은 범죄가 아니다. 그러나 타인을 교사 또는 방조하여 자살하게 한 자는 처벌한다(형법 §252②).

㉠ 안락사 : 고통을 덜어주기 위해 죽음에 임박한 환자의 생명을 단축시켜 사망케 하는 것을 말한다(간접적 · 소극적 안락사는 인정, 적극적 안락사는 부정).

㉡ 사망의 시점 : 장기이식문제와 관련하여 의학계에서 뇌사설이 주장되나 여전히 맥박종지설의 입장이 통설이다.

㉢ 존속살해죄 : 신분에 의한 차별이라 하여 위헌성이 제기되고 있다.

(2) 상해죄

상해죄는 사람의 신체를 상해함으로써 성립하는 범죄로 "상해"의 의미에 관하여 견해가 대립되나 생리적 기능훼손설에 따른다. 상해죄에 대하여는 동시범에 대한 특례(§263)가 인정되고 있다. 즉 두 사람 이상이 의사의 연락 없이 개별적으로 동시에 죄를 범한 경우에는 동시범이라 하여 각자가 자기의 행위에 대해서만 책임을 지며, 원인된 행위가 판명되지 않으면 미수범으로 처벌되는 것이 원칙이지만, 상해의 결과가 발생한 경우에는 공동정범으로 처벌된다. 단체 또는 다중의 위력을 보이거나 위험한 물건을 휴대하여 상해하거나 신체를 상해하여 생명에 대한 위험을 발생하게 하는 특수(중)상해죄가 신설되었다(§258의2, 2016.1.6).

(3) 폭행죄

폭행죄는 사람의 신체에 대하여 폭행을 가하는 범죄로 폭행의 개념에 관하여는 협의의 폭행, 즉 사람의 신체에 대한 유형력의 행사를 말한다.

(4) 과실치사상의 죄

과실로 사람의 신체를 상해하면 과실상해죄가 성립하며 이는 반의사불벌죄이다. 또한 과실로 사망에 이르게 하면 과실치사죄로 처벌된다. 특히 업무상 과실치사상죄에서 업무의 개념이 중요한데 "업무"란 사람이 사회생활상의 지위에 기하여 계속하여 행하는 사무로서 반복계속의 의사 또는 사실이 있는 한 그 사무에 대한 각별한 경험이나 법규상의 면허를 필요로 하지 아니한다.

(5) 낙태죄

발육 정도를 불문하고 약물·기구 등으로 태아(胎兒)를 모체 내에서 죽이거나 조산(早産)시킴으로써 성립하는 죄가 낙태죄(落胎罪, 형법 §269~270)이다. 태아가 살아서 모체 밖으로 나온 경우에 죽이는 것은 살인죄(영아살해죄)가 되므로 그 이전의 단계에서 죽이는 경우이다. 낙태죄의 보호법익에 관하여는 이를 부녀의 신체라는 견해와 태아의 생명이라는 견해 및 태아의 생명과 부녀의 생명·신체라는 견해가 대립되고 있으나, 본 죄의 주된 보호법익은 태아의 생명이지만 임부도 부차적인 보호법익이 된다는 견해가 통설이다.

형법은 자기낙태죄(형법 §269①)를 낙태죄의 기본적 구성요건으로 하고, 동의낙태죄의(형법 §269②)를 파생적 구성요건으로 하여 이와 동일한 형으로 처벌한다. 업무상 동의낙태죄(형법 §270①)는 동의낙태죄에 대하여 신분관계로 책임이 가중되는 가중적 구성요건이며, 부동의낙태죄(형법 §270②)는 자기낙태죄에 대하여 불법이 가중되는 가중적 구성요건이다. 그리고 낙태치사상죄(§269③·270③)는 동의낙태죄, 업무상 동의낙태죄, 부동의낙태죄의 결과적 가중범으로 규정한 것이다. 어느 낙태죄이건 미수범은 처벌하지 않는다. 낙태죄에 대한 예외는 「모자보건법」에 규정되어 있다.

(6) 유기죄

유기죄는 노유·질병 기타의 사정으로 인하여 부조를 요하는 자를 보호할 법률상 또는 계약상 의무 있는 자가 유기(遺棄)한 때에 성립한다(형법 §271).

2) 자유에 대한 죄

(1) 협박죄

협박죄는 사람에 대하여 해악을 고지함으로써 상대방에게 공포심을 일으키게 하는 범죄이다. 해악의 고지내용으로는 생명·신체 뿐만 아니라 자유·명예·재산·

정조 · 신용 등 일체의 것을 포함한다.

(2) 체포 · 감금죄

사람을 체포 · 감금함으로써 신체의 자유를 침해하는 범죄이다. 이는 계속범으로서 체포 · 감금 상태가 종료될 때까지 범죄행위는 계속된다.

(3) 약취 · 유인 · 인신매매죄

약취는 폭행 · 협박을 수단으로 피해자의 의사에 반하여 사람을 현재의 보호 상태로부터 이탈시켜 자기 또는 제3자의 실질적 지배에 옮기는 것을 말한다. 유인이란 기망 · 유혹의 수단으로 사람을 자기 또는 제3자의 실질적 지배에 두는 것을 말한다.

아울러 「인신매매방지의정서」의 이행입법으로 2013.4.5, 「형법」을 일부 개정(법률 제11731호)해 제31장(章)명을 "약취, 유인 및 인신매매의 죄"로 개정하여 인신매매 관련 처벌조항을 신설하는 한편, 목적범 형태의 약취, 유인 등의 죄에 '추행, 간음, 결혼, 영리, 국외이송 목적'외에도 "노동력 착취, 성매매와 성적 착취, 장기적출" 등 신종범죄를 목적으로 하는 경우를 추가하고, 결과적가중범을 신설하되 상해와 치상, 살인과 치사 등의 법정형을 구분하여 책임주의에 부합하도록 하고, 종래 방조범 형태로 인정되던 약취, 유인, 인신매매 등을 위하여 사람을 모집, 운송, 전달하는 행위를 독자적인 구성요건으로 처벌하도록 하며, 인류에 대한 공통적인 범죄인 약취, 유인과 인신매매죄의 규정이 대한민국 영역 밖에서 죄를 범한 외국인에게도 적용될 수 있도록 세계주의 규정을 도입하였다(형법 §287부터 §292까지, §294, §295, §295의2 및 §296, §296의2).

(4) 강간과 추행의 죄

㉠ 강간죄는 폭행 · 협박으로 사람을 강간하는 것이며, 강제추행죄는 폭행 · 협박으로 사람에 대하여 추행을 함으로써 성립한다. 강간죄(형법 §297)와 강제추행죄는 성기의 삽입 여하에 의해 구분되며, 강간죄의 구성요건보다 포괄적인 범죄 형태이다. 미수범도 처벌되며(§300), 이 죄를 범한 자가 사람을 치사상(致死傷)한 경우에는 형을 가중하는 가중범이 된다(§301). 폭행 또는 협박으로 사람에 대하여 구강, 항문 등 신체의 내부에 성기를 넣거나 성기, 항문에 신체의 일부 또는 도구를 넣는 유사강간행위를 한 자는 2년 이상의 유기징역에 처하도록 하였다(§297의2).

㉡ 준강간죄와 준강제추행죄는 상대방의 심신상실상태나 항거불능의 상태를 이용하여

강간 또는 추행을 한 경우에 성립하며 그 처벌은 강간죄, 강제추행죄와 동일하다.

㉢ 미성년자 · 심신미약자에 대한 간음죄는 이들에 대하여 위계 또는 위력으로써 간음 또는 추행을 한 경우에 성립한다.

3) 명예 · 신용 및 업무에 관한 죄

(1) 명예훼손죄

㉠ 명예: 사람의 인격적 가치에 대한 사회적 평가를 의미한다(외부적 명예).

㉡ 전파성의 이론: 공연성과 관련하여 판례는 '전파성의 이론'을 취하는데 이는 사실을 적시한 상대방이 특정한 한 사람인 경우라 하더라도 그 말을 들은 사람이 불특정 또는 다수인에게 이를 전파할 가능성이 있는 때에는 공연성을 인정하는 입장이다.

㉢ 형법 제310조 위법성조각사유 : 공연히 사실을 적시하여 사람의 명예를 훼손한 행위(§307①)가 진실한 사실로서 오로지 공공의 이익에 관한 때에는 처벌하지 아니한다.

(2) 모욕죄

공연히 사람을 모욕함으로써 성립하는 죄(§311, 친고죄)로써, 모욕(侮辱)이란 구체적인 사실의 적시 없이 단순히 사람에 대한 사회적 평가를 저하시킬 만한 추상적인 경멸의 표시를 말한다.

(3) 신용훼손죄

허위의 사실을 유포하거나 기타 위계로써 사람의 신용을 훼손한 경우(§313)에 성립한다. 여기서 신용(信用)이란 사람의 경제적 활동에 대한 사회적 평가로서 구체적으로는 사람의 지급능력이나 지급의사에 대한 사회적 신뢰를 의미한다.

(4) 업무방해죄

허위사실을 유포하거나 위계 · 위력으로써 사람의 업무를 방해한 자에게 성립한다. 허위의 사실을 유포하거나 기타 위계로써 사람의 신용을 훼손(신용훼손죄)의 방법 또는 위력으로써 사람의 업무를 방해하거나, 컴퓨터 등 정보처리장치 또는 전자기록 등 특수매체기록을 손괴하거나 정보처리장치에 허위의 정보 또는 부정한 명령을 입력하거나 기타 방법으로 정보처리에 장애를 발생하게 하여 사람의 업무를 방해하는 경우에도 성립한다(형법 §314).

4) 사생활의 평온에 관한 죄

(1) 비밀침해죄

봉함 기타 비밀장치한 사람의 편지, 문서 또는 도화를 개봉한 경우나 봉함 기타 비밀장치한 사람의 편지, 문서, 도화 또는 전자기록 등 특수매체기록을 기술적 수단을 이용하여 그 내용을 알아낸 경우에 성립하는 것이다(§316).

(2) 주거침입죄

사람의 주거, 간수하는 저택, 건조물이나 선박 또는 점유하는 병실에 침입한 경우 혹은 이러한 장소로부터 퇴거요구를 받고 퇴거하지 아니한 경우에 성립한다(§319).

(3) 권리행사방해죄

타인의 점유 또는 권리의 목적이 된 자기의 물건 또는 전자기록 등 특수매체기록을 취거·은닉 또는 손괴하여 타인의 권리행사를 방해하거나, 강제집행을 면할 목적으로 채권자를 해하는 것을 내용으로 하는 범죄를 말한다(형법 §323). 권리행사를 방해하는 죄의 보호법익은 소유권이 아닌 제한물권(용익권·담보권) 또는 채권이다.

(4) 강요죄

강요죄는 폭행 또는 협박으로 사람의 권리행사를 방해하거나 의무 없는 일을 하게 하는 것을 말하고, 여기에서 '의무 없는 일'이란 법령, 계약 등에 기하여 발생하는 법률상 의무 없는 일을 말하므로, 법률상 의무 있는 일을 하게 한 경우에는 강요죄가 성립할 여지가 없다. 단체 또는 다중의 위력을 보이거나 위험한 물건을 휴대하여 강요죄를 범한 특수강요죄가 있으며, 사람을 체포·감금·약취 또는 유인하여 이를 인질로 삼아 제3자에 대하여 권리행사를 방해하거나 의무없는 일을 하게 하는 경우는 인질강요죄가 성립한다(형법 §324의2).

(5) 강제집행면탈죄

강제집행을 면할 목적으로 재산을 은닉·손괴·허위양도 또는 허위의 채무를 부담하여 채권자를 해함으로써 성립하는 범죄를 말한다(형법 §327). 본죄의 보호법익은 국가의 강제집행권이 발동될 단계에 있는 채권자의 채권이다. 이 죄는 채권자의 채권을 보호하는 데에 그 근본취지가 있는 것이므로, 본죄의 강제집행은 「민사집행법」상의 강제집행이나 동법이 준용되는 가압류·가처분만을 의미한다.

5) 재산에 관한 죄

<table>
<tr><th colspan="3">분류기준</th><th colspan="2">해당죄명</th></tr>
<tr><td rowspan="3">보호법익</td><td colspan="2">소유권</td><td colspan="2">절도죄, 횡령죄, 손괴죄, 장물죄</td></tr>
<tr><td colspan="2">소유권외의 재산적 가치(채권·질권 등)</td><td colspan="2">권리행사방해죄, 자동차 등 불법사용 죄, 강제집행 면탈 죄, 특별법상의 파산범죄</td></tr>
<tr><td colspan="2">전체로서의 재산</td><td colspan="2">강도죄, 사기죄, 공갈죄, 배임죄, 장물죄, 부당이득죄, 특별법상의 경제범죄</td></tr>
<tr><td rowspan="3">객 체</td><td colspan="2">재물죄</td><td colspan="2">절도죄, 횡령죄, 손괴죄, 장물죄</td></tr>
<tr><td colspan="2">이득죄</td><td colspan="2">배임죄</td></tr>
<tr><td colspan="2">재물죄와 이득죄의 결합범죄</td><td colspan="2">강도죄, 사기죄, 공갈죄</td></tr>
<tr><td rowspan="5">행위태양</td><td rowspan="2">이전행위</td><td>취거행위</td><td colspan="2">절취, 강취, 횡령</td></tr>
<tr><td>교부행위</td><td colspan="2">사기, 공갈</td></tr>
<tr><td colspan="2">손괴행위</td><td colspan="2">손괴죄</td></tr>
<tr><td colspan="2">이전행위+손괴행위</td><td colspan="2">배임죄, 권리행사방해죄, 강제집행 면탈죄</td></tr>
<tr><td colspan="2">유지행위</td><td colspan="2">장물죄(취득, 보관, 운반, 양여)</td></tr>
<tr><td rowspan="2">영득의사 유무</td><td colspan="2">영득죄(이득죄)</td><td colspan="2">절도죄, 강도죄, 사기죄, 공갈죄, 횡령죄</td></tr>
<tr><td colspan="2">비영득죄</td><td colspan="2">협의의 손괴죄</td></tr>
<tr><td rowspan="3">침해방법</td><td colspan="2">탈취죄</td><td>절도죄, 강도죄, 장물죄</td><td rowspan="2">(광의의)탈취죄</td></tr>
<tr><td colspan="2">횡령죄</td><td>횡령죄, 점유이탈물횡령죄</td></tr>
<tr><td colspan="2">편취죄</td><td colspan="2">사기죄</td></tr>
</table>

(1) 절도죄

절도죄는 타인의 재물을 절취함으로써 성립하는 범죄이다(§329). 절취란 타인이 점유하는 재물을 점유자의 의사에 반하여 그 점유를 배제하고 자기 또는 제3자의 점유로 옮기는 것을 말한다. 특히 부동산이 그 객체가 될 수 있는가에 대해서는 견해의 대립이 있으나 절취행위의 성격상 부정함이 타당하다.

(2) 강도죄

강도죄는 폭행 또는 협박을 통하여 타인의 재물이나 재산상의 이익을 취득하거나 제3자로 하여금 취득하게 함으로써 성립한다(§333). 여기에서의 폭행·협박은 상대방의 반항을 억압할 정도여야 한다.

준강도죄는 절도가 재물의 탈환을 면탈하거나 죄적을 인멸할 목적으로 폭행 또는 협박을 가한 때에 성립한다(§335).

(3) 사기죄

사기죄는 사람을 기망하여 자기 또는 제3자가 재물의 교부를 받거나 재산상의 이익을 취득한 경우에 성립한다(형법 §347).

㉠ 준사기죄는 미성년자의 지려천박 또는 사람의 심신장애를 이용하여 자기 또는 제3자가 재물의 교부를 받거나 재산상의 이익을 취득하는 것을 말한다(§348).

㉡ 컴퓨터 등 사용사기죄는 정보처리장치에 허위의 정보 또는 부정한 명령을 입력하거나 권한 없이 정보를 입력 · 변경하여 정보처리를 하게 함으로써 재산상의 이익을 취득하거나 제3자로 하여금 취득하게 하는 것이다(형법 §347의2).

㉢ 부당이득죄는 사람의 궁박한 상태를 이용하여 현저하게 부당한 이익을 취득하거나 제3자로 하여금 취득하게 한 때에 성립한다(형법 §349).

(4) 공갈죄

공갈죄는 사람을 공갈하여 자기 또는 제3자가 재물의 교부를 받거나 재산상의 이익을 취득한 경우에 성립한다(§350). 공갈이란 타인에게 폭행 · 협박을 수단으로 하여 상대방이 공포심을 갖도록 하는 행위를 말한다. 여기의 폭행 · 협박은 상대방의 반항을 억압할 정도임을 요하지 않는다. 단체 또는 다중의 위력을 보이거나 위험한 물건을 휴대하여 공갈죄를 범한 경우는 특수공갈죄가 성립한다(형법 §350의2).

(5) 횡령죄

횡령죄는 타인의 재물을 보관하는 자가 그 재물을 횡령하거나 그 반환을 거부할 때에 성립한다(§355). 타인의 재물을 보관하는 자만이 주체가 될 수 있으므로 횡령죄는 신분범이다. 점유이탈물횡령죄는 유실물 · 표류물 · 매장물 또는 타인의 점유를 이탈한 재물을 횡령한 자를 처벌한다(§360).

(6) 배임죄

배임죄는 타인의 사무를 처리하는 자가 그 임무에 위배하는 행위에 의하여 재산상의 이익을 취득하거나 제3자로 하여금 취득하게 하여 본인에게 손해를 가한 때에 성립한다(§355). '타인의 사무를 처리하는 자'란 양자 간의 신임관계에 기초를 두고 타인의 재산관리에 관한 사무를 대행하거나 타인 재산의 보전행위에 협력하는 경우 등을 가리킨다(신분범). 여기서 '임무에 위배하는 행위'란 당해 사무의 내용 · 성질 등 구체적 상황에 비추어 법률의 규정, 계약의 내용 또는 신의성실의 원칙상 당연히 할 것으로 기대되는 행위를 하지 않거나, 당연히 하지 않아야 할 것으로 기대되는 행위를 함으로써 본인에 대한 신임관계를 저버리는 일체의 행위를 포함한다(예 부동산의 이중매매).

(7) 장물죄

장물에 관한 죄(§362~§365)는 장물의 취득 · 양도 · 운반 · 알선 · 보관하는 행위를 처벌한다. 장물이란 재산범죄에 의해 취득된 물건을 말한다. 양도란 장물인 줄 모르고 취득하였다가 이를 알고 다시 타인에게 유 · 무상으로 장물을 수여하는 것을 의미한다.

(8) 손괴죄

손괴죄는 타인의 재물 또는 문서를 손괴 또는 은닉 기타 방법으로 그 효용을 해하는 행위를 처벌한다(§366).

2. 사회적 법익에 관한 죄

공중의 안전과 평온에 관한 죄, 공공의 신용에 관한 죄, 공중의 건강에 관한 죄, 사회도덕에 관한 죄로 구분된다.

1) 공공의 안전과 평온에 관한 죄

(1) **공안을 해하는 죄**는 공공의 법질서 또는 공공의 안전과 평온을 해하는 것을 내용으로 하는 범죄(형법 각칙 제5장)를 말한다. 형법은 공안을 해하는 죄로 제114조 이하에서 범죄단체조직죄(§114), 소요죄(§115), 다중불해산죄(§116), 전시공수계약불이행죄(§117) 및 공무원자격사칭죄(§118)의 범죄를 규정하고 있다.

(2) **폭발물에 관한 죄**(제6장) : 전쟁 · 천재 기타 사변에 있어서 폭발물을 사용하여 사람의 생명 · 신체 또는 재산을 해하거나 기타 공안을 문란케 하는 범죄 및 전쟁 또는 사변에 있어서 정당한 이유없이 폭발물을 제조 · 수입 · 수출 · 수수 또는 소지함으로써 성립하는 범죄(형법 §119~§121)를 말한다. 폭발물이란 점화 등 일정한 자극을 가하면 고체 · 액체 또는 가스 등의 급격한 팽창에 의하여 폭발작용을 하는 물체를 말한다. 그러나 폭발물은 이화학적 개념에 의존할 필요가 없는 법률적 개념 또는 규범적 개념이므로 폭발의 파괴력이 사람의 생명 · 신체 · 재산을 해하거나 공안을 문란케 할 정도에 이르러야 한다. 따라서 소총의 실탄발사는 폭발물이 될 수 없으며, 화염병도 또한 폭

발물이라고 할 수 없다. 폭발물사용죄(형법 §119①)와 전시폭발물사용죄(§119②)를 범할 목적의 예비 · 음모 및 선동을 처벌하며, 다만 예비 · 음모의 경우 그 목적한 죄의 실행에 이르기 전에 자수한 때에는 그 형을 감경 또는 면제한다(§120).

(3) **방화와 실화의 죄**(제13장) : 방화죄는 불을 놓아 물건을 소훼하는 죄이며, 실화죄는 과실로 인하여 물건을 소훼하는 죄이다.

(4) **일수와 수리에 관한 죄**(제14장) : 일수죄(溢水罪)는 물을 넘겨 건조물 등을 침해하는 죄이고, 수리방해죄는 제방이나 수문을 파괴하거나 기타 방법으로 수리를 방해하는 죄이다.

(5) **교통방해의 죄**(제15장) : 육로, 수로 또는 교량을 손괴 또는 불통하게 하거나 기타 방법으로 교통을 방해하거나 사람의 현존하는 기차, 전차, 자동차, 선박 또는 항공기를 전복, 매몰, 추락 또는 파괴시키는 등의 행위를 하는 죄이다.

2) 공공의 신용에 관한 죄

(1) 통화에 관한 죄(제18장)

행사할 목적이 있어야 성립하는 목적범이며 통화란 국가 또는 국가에 의하여 발행권한이 부여된 기관에 의하여 금액이 표시된 지급수단으로서 강제 통용력이 인정된 것을 말한다.

(2) 유가증권 · 우표 · 인지에 관한 죄(제19장)

이에는 유가증권의 위조 · 변조 및 허위작성죄가 있다. 유가증권에는 대한민국 또는 외국의 공채증서 기타 유가증권을 포함하는데 공채증서 뿐만 아니라 어음, 채권 등이 그 예이다.

(3) 문서에 관한 죄(제20장)

문서를 공문서와 사문서로 구분하여 공문서는 유형위조와 무형위조를 모두 처벌하나, 사문서의 경우에는 유형위조만을 처벌하는 것을 원칙으로 하고, 무형위조의 경우에는 허위진단서작성죄(§233)만을 예외적으로 처벌한다.

유형위조란 문서의 작성명의인에 허위가 있는 것을 말하며, 무형위조란 작성명의인은 진실하나 내용이 허위인 위조를 말한다. 형법상 문서로서의 기능을 갖기 위해서는 지속적 기능, 증명적 기능, 보장적 기능을 하여야 한다. 문서의 위조란 작성권한 없는 자가 타인명의를 모용하여 문서를 작성하는 것을 말하며, 변조란 이미 진정하게 성립한 문서에 대하여 권한 없이 내용에 변경을 가는 것을 말한다. 자격을 모용한다 함은 대리권 또는 대표권이 없는 자가 타인의 대리자격 또는 대표자격이 있는 것으로 가장하여 문서를 작성하는 것을 말한다.

(4) 인장에 관한 죄(제21장)

본죄에는 공인 및 사인 등의 위조, 부정사용에 관 죄로써, 행위객체는 인장·서명·기명 또는 기호이다. 행사할 목적으로 공무원 또는 공무소의 인장, 서명, 기명 또는 기호를 위조 또는 부정사용한 자나 위조 또는 부정사용한 공무원 또는 공무소의 인장, 서명, 기명 또는 기호를 행사한 자는 5년 이하의 징역에 처한다(§238).

3) 공중의 건강에 관한 죄

(1) **음용수에 관한 죄**(제16장)는 음용에 공할 정수 또는 그 수원에 오물·독물 기타 건강을 해할 물건을 혼입하거나, 수도 기타의 시설을 손괴 또는 기타의 방법으로 불통하게 하여 공중의 음용수의 이용과 그 안전을 위태롭게 함으로써 성립하는 범죄를 말한다. 공공위생의 견지에서 공중의 건강 또는 공중의 보건을 보호법익으로 하는 공공위험죄라고 할 수 있다. 음용수에 관한 죄에는 음용수 사용방해죄(형법 §192①), 음용수 유해물혼입죄(§192②, 행위의 방법으로 인하여 불법이 가중되는 경우), 수도음용수사용방해죄(§193①), 수도음용수 유해물혼입죄(§193②)와 수도불통죄(§195), 음용수혼독치사상죄(§194) 등이 있다.

(2) **아편에 관한 죄**(제17장)는 아편을 흡식하거나, 아편 또는 아편흡식기구를 제조·수입·판매 또는 소지하는 것을 내용으로 하는 범죄이다(보호법익은 공중의 건강). 이 죄는 아편흡식 등 죄(형법 §201①)를 기본으로 동 장소제공죄(§201②), 아편 등 제조·수입·판매 또는 판매목적소지죄(§199), 세관공무원의 아편 등 수입죄(§200)와 상습범(§203)에 관한 규정 등이 있다.

이에 대한 감경적 구성요건으로는 아편 등 소지죄(§205)가 있으며, 이외에 특별법으로「마약류관리에 관한 법률」등이 제정되어 있고, 마약에 대하여는「특정범죄가중처벌 등에 관한 법률」에 가중처벌 규정을 두고 있다(동법 §11).

4) 사회도덕에 관한 죄

(1) **성도덕에 반하는 풍속을 해하는 죄**로 성풍속에 관한 죄(제22장)에는 음행매개(§242)·음화반포 등(§243)·음화제조 등(§244)·공연음란(§245) 등의 행위를 내용으로 하는 범죄가 있다.

(2) **도박(賭博)과 복표(福票)에 관한 죄**(제23장)에는 도박·상습도박(§246)·도박개장(§247)·복표의 발매 등(§248)의 죄가 있다.

(3) **신앙에 관한 죄**(제12장)은 종교적 평온과 종교감정을 침해하는 것을 내용으로 하는 범죄를 말한다. 신앙에 대한 죄는 종교적 평온과 종교적 감정을 보호하기 위한 범죄이며, 종교 자체를 보호하는 것은 아니다. 형법에는 신에 대한 모독죄의 규정이 없기 때문이다. 여기서 종교적 감정이란 개인의 종교적 감정이 아니라 다수인 또는 일반의 그것을 의미한다. 형법은 신앙에 관한 죄로 장례식 등 방해죄(형법 §158), 사체 등 오욕죄(§159), 분묘 발굴죄(§160), 사체 등 손괴 · 영득죄(§161) 및 변사자 검시 방해죄(§163) 등을 규정하고, 그 중 분묘 발굴죄와 사체 등 손괴 · 영득죄의 미수범을 처벌한다(§162).

3. 국가적 법익에 관한 죄

국가적 법익에 대한 죄는 국가존립에 대한 죄와 국가의 권력 · 권위 · 기능에 대한 죄로 나눌 수 있다.

1) 국가의 존립에 관한 죄

(1) **내란의 죄**(제1장)는 국토를 참절(僭竊)하거나 국헌을 문란하게 할 목적으로 폭동을 일으키는 죄(형법 §87). 이 죄의 보호법익은 국가의 존립이며, 외환(外患)의 죄가 국가의 외부로부터 이를 위태롭게 함에 반하여 내란죄는 국가의 내부에서 위태롭게 하는 것이다. 이 죄는 집합적 범죄(중합범)이고 목적범이다. 국토의 참절이란 영토권의 일부 또는 전부를 배제하는 것을 말하며, 폭동이란 다수인이 결합해서 폭행 · 협박하여 그 지방의 평온을 해할 정도가 되는 것을 말한다. 집단범죄의 특질에 비추어, 그 관여자는 자기의 역할에 따라 수괴(首魁), 모의에 참여하거나 지휘 및 기타 중요한 임무에 종사한 자, 부화수행(附和隨行)하거나 단순히 폭동에만 관여한 자로 나누어 주도적인 자에게는 중형(重刑), 군중심리에 끌렸음에 불과한 자에게는 경(輕)한 형이 규정되어 있다. 또한 미수범 · 예비 · 음모 · 선동 · 선전도 처벌하며, 실행에 이르기 전에 자수한 때에는 그 형을 경감 또는 면제한다(§89 · 90). 본죄의 행위는 폭동하는 것으로, 폭동이란 다수인이 결합하여 폭행 · 협박하는 것을 말한다. 본죄는 목적범이므로 다수인이 폭동한다는 고의가 있어야 하는 이외에, 국토를 참절하거나 국헌을 문란할 목적이 있어야 한다. 미수범은 처벌하며(§89), 예비 · 음모(§90①) · 선동 · 선전(§90②)도 처벌한다.

(2) **외환의 죄**(제2장)는 외국으로 하여금 무력행사를 유발케 하거나, 대한민국에 항적하거나, 적국을 위하여 인적 · 물적 이익을 제공하여 국가의 존립과 안전을 위태롭게 하는 범죄를 말한다. 외환(外患)의 죄도 국가의 존립과 안전을 위태롭게 하는 범죄라는

점에서는 내란의 죄와 본질을 같이 하나, 국가의 외부로부터 국가의 존립과 안전을 위태롭게 한다는 점에서 국가의 내부로부터 위태롭게 하는 내란의 죄와 구별된다. 따라서 내란의 죄의 보호법익이 국가의 내적 안전이라 한다면, 외환의 죄의 보호법익은 국가의 외적 안전이다. 형법의 외환의 죄는 외환유치죄(형법 §92), 여적죄(§93), 이적죄(§94~§97·99), 간첩죄(§98) 및 전시군수계약불이행죄(§103)로 구성되어 있다. 이적죄의 기본적 구성요건은 일반이적죄(§99)이며, 모병이적죄(§94)·시설제공이적죄(§95) 및 시설파괴이적죄(§96)와 물건제공이적죄(§97)는 그 가중적 구성요건이다.

(3) **국교에 관한 죄**(제4장)는 외국과의 평화로운 국제관계를 침해하여 국제법상 보호되는 외국의 이익을 해하고, 외국과의 국교관계 내지 자국의 대외적 지위를 위태롭게 하는 범죄를 말한다. 본죄의 유형은 (i)외국원수·사절·국기에 대한 죄는 외국원수나 사절에 대한 폭행·협박·모욕 또는 명예훼손을 가중처벌하고 외국 국기 등을 특별취급 하는 규정이다. 외국원수에 대한 폭행 등 죄(형법 §107), 외국사절에 대한 폭행 등 죄(§108) 및 외국 국기·국장 모독죄(§109)가 여기에 해당한다. (ii)외국에 대한 국제적 의무위반 내지 평화를 침해하는 것을 처벌하는 범죄유형으로 외국에 대한 사전죄(§111)와 중립명령위반죄(§112)가 있다. (iii)외교상 비밀누설죄(§113)는 외환죄의 성격을 가지고 있는 범죄라고 할 수 있다.

2) 국가의 권위와 기능에 관한 죄

(1) **국기에 관한 죄**(제3장)는 대한민국을 모욕할 목적으로 국기(國旗) 또는 국장(國章, 국가를 나타내는 상징)을 손상, 제거 또는 오욕비방하는 죄이다.

(2) **공무원의 직무에 관한 죄**(제7장)은 공무원이 의무에 위배하거나 직권을 남용하여 국가기능의 공정을 해하는 것을 내용으로 하는 범죄를 말한다. 즉 공무원의 직무범죄이다. 이는 국가의 기능이 직권남용·뇌물 기타의 이유로 부패되는 것을 방지하기 위한 범죄라고 할 수 있다. 본죄의 보호법익은 국가기능이며, 특히 국가질서에 대한 내부로부터의 침해에 그 본질이 있다고 할 수 있다. 그러나 공무원의 직무범죄는 하나의 법익을 보호하기 위한 것이라고 할 수 없을 정도로 이질적 구성요건이 결합되어 있는 범죄이다. 형법이 규정하고 있는 공무원의 직무에 관한 죄는 직권남용죄와 직무위배죄 및 뇌물죄의 세가지 유형으로 분류되고 있다.

(3) **도주와 범인은닉죄**(제9장)에는 법률에 의하여 체포 또는 구금된 자가 도주함으로써 성립하는 도주죄(형법 §145), 수용설비 또는 기구를 손괴하거나 사람에게 폭행

또는 협박을 가하거나 2인 이상이 합동하여 도주함으로써 성립하는 특수도주죄(§146), 벌금 이상의 형에 해당하는 죄를 범한 자를 은닉 또는 도피하게 함으로써 성립하는 범인은닉죄(§151)가 있다.

(4) 위증과 증거인멸에 관한 죄(제10장)에는 법률에 의하여 선서한 증인이 허위의 공술을 한 때에 성립하는 위증죄(형법 §152①), 타인의 형사사건 또는 징계사건에 관한 증거를 인멸 · 은닉 · 위조 또는 변조하거나 위조 또는 변조한 증거를 사용함으로써 성립하는 증거인멸죄(§155①) 등이 있다.

(5) 무고의 죄(제11장)는 타인으로 하여금 형사처분 · 징계처분을 받게 할 목적으로 공무소 또는 공무원에 대하여 허위의 사실을 신고함으로써 성립하는 범죄(형법 §156)을 말한다. 본죄는 국가의 심판기능을 주된 보호법익으로 하는 국가적 법익에 대한 범죄이며, 부수적으로는 부당하게 처벌받지 않을 개인의 이익도 보호하는 이중성격을 가진 범죄이다. 다만 무고죄의 주된 보호법익은 국가의 심판기능이라 할 것이므로 피무고자의 승낙은 본죄의 성립에 영향을 미치지 못한다. 본죄는 추상적 위험범이다.

제2장 형사소송법

제1절 형사소송법의 의의와 구조

1. 형사소송의 의의

1) 형사소송법의 개념

범죄가 구체적으로 발생하였을 때는 형법에 따라서 현실적으로 범죄사실 및 범죄자를 확인하고 그에 형벌을 과하여야 한다. 그런데 그 절차는 법률이 규정한 공정한 절차에 의하지 않으면 안 된다. 전자의 요구를 실체진실주의, 후자의 요구를 법의 적정절차(適正節次, due process of law)라고 한다. 예를 들어 수사기관이 불법으로 영장없이 수집한 증거물에 터잡아 피고인의 유죄를 인정할 수 있는지 문제될 때, 전자는 진실은 밝혀졌으니 유죄인정에 무리가 없다고 할 것이지만 후자는 적법절차를 무시하고 얻은 증거의 증거능력을 부정함으로써 형사절차의 공정성을 확보하려고 할 것이다.

그 국가형벌권을 구체적으로 실현하는 형사재판에 관한 절차가 형사소송(criminal procedure)이며, 그 절차를 규율하는 법률이 형사소송법이다. 이는 형사소송절차를 규율하는 법률로써, 형사소송절차는 범죄를 인정하고 형벌을 과하기 위한 절차이다. 즉 형벌을 청구하는 자와 방어하는 자가 대립하고, 제3자인 법원이 이것에 관하여 판단한다는 소송의 구조를 가지는 일련의 절차를 규정한 법률이다. 이 법은 형벌권의 실현의 절차를 규정하는 고로 절차법 또는 형식법이라고 한다.

형식적 의미의 형사소송법은 「형사소송법」이라는 이름을 가진 법률(1954. 9. 23 법률 제341호)을 말하며, 제1편 총칙, 제2편 제1심, 제3편 상소, 제4편 특별소송절차, 제5편 재판의 집행의 제5편 제493조와 부칙으로 되어 있다.

실질적 의미의 형사소송법은 형사절차에 관한 법규범의 총체를 말한다. 즉, 형사사건에 대해 수사를 진행하고, 공소를 제기를 하며, 재판하고, 선고된 형벌을 집행하는 일련의 형사절차를 규율하는 법이다. 정확하게는 형사절차법이라는 용어가 더 적절하지만, 형사절차의 중심이 소송절차에 있으므로 형사소송법이라고 한다.

실질적 의미의 형사소송법에는 형식적 의미의 형사소송법 이외에도 형사조직에 관한 법률로서 법원조직법 · 검찰청법 · 변호사법 등과 특별절차에 관한 법률로서 소년법, 「즉결심판에 관한 절차법」, 그 밖에 형사소송비용법 · 형사보상법 · 「형의 집행 및 수용자의 처우에 관한 법률」 · 사면법 등과 대법원규칙으로서 형사소송규칙 등과 행정입법으로서 사법경찰관리집무규칙, 검찰사건사무규칙 등 형사절차와 관련되는 모든 법이 포함된다.

2) 형사소송법의 성격

형사소송법은 형사절차법정주의에 근거한다. 형사절차법정주의는 형사절차가 법률에 의하여 규율되어야 한다는 원칙을 말하며, 죄형법정주의와 이념적 기초를 같이 한다. 곧 형사절차법정주의는 국가의 형벌권의 실현과정에서 개인의 인권이 부당하게 침해되지 않도록 하여야 한다는 것을 이념으로 한다. 헌법은 "법률에 의하지 않고는 체포 · 구속 · 압수 · 수색 또는 심문을 받지 않으며, 법률과 적법한 절차에 의하지 않고는 처벌 · 보안처분 또는 강제노역을 받지 않는다"(헌법 §12)고 함으로써 형사절차법정주의를 명백하게 규정하고 있다. 그러나 형사소송법은 형법과는 달리 법률불소급의 원칙이 철저하게 적용되지는 않는다. 형사소송법의 변경이 있는 경우에는 공소의 제기시를 기준으로 하여 형사소송법의 시행 전에 공소가 제기된 사건에 대하여는 구법(舊法)을 적용하고(형소법 부칙 §1), 형사소송법의 시행 후에 공소가 제기된 사건에 대하여는 신법(新法)을 적용하되 구법에 의하여 행한 소송행위의 효력에는 영향이 없다(형소법 부칙 §2)고 하는 것이 일반적이다.

형사소송법은 국가와 개인 사이에서 국가의 통치권의 발동에 관련되는 법으로서 공법에 속하며, 재판에 관한 법으로서 사법법(司法法)에 속한다. 그리고 형사소송법은 사법법 중에서도 형사법에 속하며, 형사법 중에서도 재판의 대상이 되는 사건에 대한 판단과 평가를 하기 위한 절차법에 속한다.

형사소송법은 형법과 밀접한 관계를 가진다. 형법은 어떠한 행위가 범죄가 되는가와 그 범죄에 대하여 어떠한 종류의 형벌을 얼마만큼 부과할 것인가를 규정하고 있는 법이며, 형사소송법은 실제로 일어난 범죄에 대하여 형법을 적용하여 실현시키는 절차를 규정하고 있는 법이다. 따라서 국가의 형벌권의 발생요건에 관한 형법과 국가의 형벌권의 실현절차에 관한 형사소송법은 형사사건에 관한 절차법으로서, 형사법의 체계를 이루며 매우 밀접한 관계를 가지고 있다.

2. 형사소송법의 이념

1) 실체적 진실주의

형사소송은 형법을 구체적으로 실현시키기 위한 절차이므로 사건의 진상을 정확하게 밝히는 것이 중요하며, 이것은 실체적 진실주의로 나타난다. 그러나 실체적 진실을 추구함에 있어서 피고인의 인권을 유린할 우려가 있으므로 그 방지를 위하여 ㉠ 적정절차의 원칙과 ㉡ 신속한 재판의 원칙이 강조된다.

실체적 진실주의는 문제되는 사건의 진상을 규명하여 객관적 진실을 발견하는 것을 말하며, 이는 형사절차의 제1의 목표이다. 객관적 진실의 발견이란 죄 있는 자에게는 벌을 주고 죄 없는 자에게 벌을 주지 않음으로써, 죄 있는 자가 벌을 받지 않거나 죄 없는 자가 벌을 받거나 하는 일이 없도록 한다는 것을 의미한다. 실체적 진실주의는 형사소송법상 법원(法院)의 피고인 및 증인의 신문제도, 법원의 직권증거조사제도, 전문법칙, 상소(上訴)·재심제도 등에 의하여 구현된다. 다만 실체적 진실주의에 대하여는, 인간의 힘으로는 객관적 진실을 완전하게 밝혀내기 어렵다는 사실상의 제약과 형사절차를 통하여 얻어지는 이익보다 더 큰 공익을 위한 초소송법적 이익에 의한 제약이 있다.

2) 적정절차의 원칙

적정절차의 원칙은 형사절차가 공정한 법정절차에 의하여야 한다는 원칙을 말한다. 이는 곧 형사절차가 헌법의 인권보장의 정신에 부합하여야 한다는 것을 의미한다. 적정절차의 원칙은 형사피고인의 인권을 존중할 뿐 아니라, 공정한 형사절차를 유지함으로써 법질서에 대한 신뢰를 제고하고 국가의 형벌권의 남용을 견제하는 데에 그 의의가 있다. 적정절차의 원칙은 헌법에 의하여 선언되어 있으며(헌법 §12), 공정한 재판의 원칙과 과잉금지의 원칙을 내용으로 하고, 형사소송법상 법관의 제척·기피·회피제도, 피고인에 대한 변호인의 조력권, 법원의 피고인에 대한 묵비권고지의무와 피고인의 묵비권, 구속적부심사제도 등에 의하여 구현된다.

3) 신속한 재판의 원칙

신속한 재판의 원칙이란 형사재판절차가 적정한 기간 내에 종료되어야 한다는 원칙을 말한다. 재판의 지연은 재판의 거부와 같은 효과를 가져올 수 있다. 신속한 재판의 원칙은 피고인의 부당한 장기구금과 재판의 지연으로 인해 발생할 수 있는 피고인의 방어력 약화를 방지하고, 피고인의 불안과 피고인에 대한 비난을 최소화하기 위한 것이다. 나아가 신속한 재판의 원칙은 실체적 진실주의 및 적정절차의 원칙을 뒷받침하고, 소송절차의 촉진 및 소송비용의 절감 등 공익을 위해서도 필요하다. 신속한 재판의 원칙은 헌법에 명시되어 있으며(헌법 §27), 형사소송법상 수사기관의 구속기간제한, 공소시효제도, 공판준비절차, 궐석재판제도, 집중심리주의, 구속기간 및 판결선고기간제한, 신속한 상소심재판의 등으로 구현된다.

형사절차의 진행단계

- 단서(인지, 고소, 고발, 진정 등) – 입건 – 수사(경찰, 검찰) – 기소
- 구속 : 현행범과 준현행범은 영장없이 체포 가능. 그러나 사후에 영장을 받아야 한다. 그 외의 구속에는 반드시 검사가 청구하여 법관이 발부한 영장에 의하여야 한다.
- 구속자의 석방 : 구속적부심, 기소전 보석, 보석, 집행유예, 가석방 등

3. 형사소송의 기본구조

1) 실체적 진실주의와 형식적 진실주의

실체적 진실주의는 재판의 기초가 되는 사실의 인정에 관해 객관적 진실을 추구하는 주의, 법원이 당사자의 사실상 주장·사실의 인부 또는 제출한 증거에 구속되지 않고 실질적 사안의 진상을 규명하여 객관적으로 진실한 사실을 인정하는 주의를 말한다.

형식적 진실주의는 당사자의 사실상 주장·사실의 인부 또는 제출한 증거에 구속되어 이를 기초로 사실을 인정하는 법원이 구속되는 주의를 말한다.

2) 탄핵주의와 규문주의

(1) 탄핵주의

재판기관과 소추기관을 분리해서 소추기관의 공소제기에 의하여 법원이 절차를 개시하는 주의를 말한다. 탄핵주의에서는 법원이 공소제기된 사건에 대하여만 심판할 수 있다는 불고불리의 원칙이 적용되고, 피고인도 소송의 주체로서 절차에 관여하여 형사절차는 소송의 구조를 갖게 된다. 탄핵주의는 이를 소추주의라 하고,

소추권자의 여하에 따라 국가소추주의, 피해자소추주의, 공중소추주의로 분류된다. 탄핵주의는 또한 규문주의에 상대되는 개념이다. 유럽대륙에서는 프랑스혁명 후 나폴레옹의 치죄법을 시발점으로 하여 국가소추주의에 입각한 탄핵주의적 형사소송제도가 확립되었으며, 영국이나 미국 등 영미법계의 국가에서는 그 역사적 · 정치적 특수성으로 인하여 비교적 일찍부터 공중소추주의, 배심제도를 기초로 한 탄핵주의적 형사제도가 확립되었다.

(2) 규문주의

규문주의는 법원이 스스로 절차를 개시하여 심리 · 재판하는 주의를 말한다. 심리개시와 재판의 권한이 법관에게 집중되어 있다는 점에 특색이 있다. 따라서 규문주의에 있어서는 소추기관이나 피고인도 없이 오직 심리 · 재판하는 법관과 그 조사 · 심리의 객체가 있을 뿐이다. 이 규문주의는 근세 초기의 절대주의국가에서는 전형적으로 형성되었지만, 그러나 이 주의는 (i) 법관에게 지나친 부담을 주게 되고, (ii) 법관은 공평한 재판을 하기보다는 주로 소추기관으로 활동하게 되며, (iii) 조사와 심리의 객체에 지나지 않는 피고인은 충분한 방어를 할 수 없다는 결함이 있다는 이유로 프랑스혁명을 계기로 유럽에서 자취를 감추게 되었다. 이 주의를 대신한 것이, 재판기관과 소추기관을 분리하여 소추기관의 공소제기에 의하여 절차를 개시하는 탄핵주의이다.

3) 당사자주의와 직권주의

(1) 당사자주의

형사소송에 있어서 소송당사자에게 소송의 주도적 지위를 인정하여 당사자 상호간의 공격 · 방어를 중심으로 심리가 진행되고 법원은 제3자적 입장에서 양당사자의 주장과 입증을 판단하는 주의를 말한다. 이 점에서 법원에 소송의 주도권을 인정하는 직권주의와 비교된다. 당사자주의와 직권주의는 탄핵주의적 소송구조를 전제로 하는 개념이라고 하겠다.

현행 「형사소송법」은 피고인의 방어권 행사를 보장하기 위하여 방어의 대상을 의미하는 심판대상의 명확한 한정을 요구하고 있으며(형소법 §254), 특히 공소장변경제도를 채택하고 있고, 법관이 백지의 심경으로 제1회 공판에 임함으로써 법원을 공평한 제3자적 지위에 머물도록 하기 위해서 공소장일본주의를 채택하고 있으며, 공판기일의 피고인신문에 관하여 당사자에게 주도적 신문권을 인정하고, 법원에 보충신문권만을 인정하고, 증거조사에 관하여 당사자의 신청에 의한 증거조사를 원칙으로 하고 법원의 직권에 의한 증거조사를 보충적으로 인정하며, 증인신문의 방식에 관하여 교호신문제를 채택하여(형소법 §161의2) 증인신문에 대한 당사자의 주도권을 인정하고, 당사자의 증거조사신청권 · 증거조사심사권 · 의견진술권 · 이의신청권을 보장하고 있는 점 등 당사자주의를 원칙으로 하고 있다.

(2) 직권주의

이는 당사자주의에 상대되는 개념으로, 소송에서의 주도적 지위를 법원에게 인정하는 소송구조를 말한다. 따라서 직권주의에서는 (i) 법원이 실체진실을 발견하기 위하여 검사나 피고인의 주장 또는 청구에 구속받지 않고 직권으로 증거를 수집 · 조사해야 하며 (직권탐지주의), (ii) 소송물은 법원의 지배 아래 놓이게 되고 따라서 법원이 직권으로 사건을 심리할 것을 요구한다(직권심리주의). 당사자주의적 소송구조를 원칙으로 하는 현행 형사소송법에서 직권주의는 당사자주의에 대해서 규제적 · 보충적 기능을 하고 있다. 직권주의의 규제적 기능이라 함은 당사자의 소송활동을 제한 · 규제하는 작용을 말한다. 예컨대 당사자의 증거신청에 대한 법원의 증거결정(형소법 §295), 당사자의 변론에 대한 재판장의 제한(형소법 §299), 검사의 공소장변경에 대한 법원의 허가(형소법 §298) 등은 규제적 기능에 중점을 둔 직권주의적 소송제도이다. 직권주의의 보충적 기능이란 당사자의 소송활동을 법원이 보충하는 작용을 말한다. 예컨대 직권에 의한 증거조사(형소법 §295후단), 피고인에 대한 보충신문(형소법 §287② · ③), 당사자가 신청한 증인에 대한 보충신문(형소법 §161의2), 검사에 대한 공소장변경요구(형소법 §298②), 직권에 의한 변론재개(형소법 §305), 항소심에서의 직권심판(형소법 §364②) 등은 보충적 기능을 담당하는 직권주의적 소송제도이다.

4) 현행 형사소송법의 기본구조

현행 형사소송법은 실체적 진실발견주의에 입각하고 있으며 탄핵주의 소송구조(불고불리의 원칙, 국가소추주의, 검사 기소독점주의 등)를 취하며, 기본적으로 유럽의 직권주의(예 피고인신문에 있어 당사자의 신문이 끝난 뒤 재판장의 피고인 신문, 당사자의 증거신청에 대한 법원의 결정권, 법원에 의한 직권증거조사, 법원에 의한 공소장 변경요구 등)를 채택하면서도 영미의 당사자주의(예 공소장 변경제도 등)를 대폭 도입하여 절충적 소송구조를 취하고 있다.

이외에도 증거재판주의와 공판중심주의(공개주의 · 구두변론주의 · 직접심리주의 · 계속심리주의)를 취한다.

4. 형사소송의 주체

1) 소송주체

소송주체는 소송절차를 발전 · 진행시킴에 있어서, 주체적인 지위를 갖고 이에 관여하는 자를 말한다. 법원과 소송당사자가 그것이다. 법원이 소송의 주체인 것은 당연한 일이지만, 그 밖에 재판이나 집행을 구하는 자와 그 상대방이 주체로서 이에 관여한다는데 소송이라고 하는 절차의 특색이 있다. 특히 형사소송에서는 피고인이 소송의 주체인가가 문제되는데, 과거 규문절차에 있어서 피고인인은 규문판사의 조사의 객체가 되는데 그치고, 소송의 주체로서의 지위가 인정되지 아니하였다.

피고인의 소송주체로서의 지위를 인정한 결정적 계기는 19C에 이르러 자유주의의 영향에 의하여 확고한 위치를 차지하게 된 탄핵주의 소송구조의 영향이라 할 수 있으며, 탄핵주의 소송구조는 피고인에게 소송의 주체인 지위를 인정하는 점에 일치하고 있다.

2) 형사소송의 주체 및 관계인

(1) 형사소송의 구조와 관련자

형사소송절차는 공소권을 행사하여 형벌을 청구하는 원고인 검사와 공소가 제기되어 이를 방어하는 자인 피고인이 대립하고 이에 대하여 제3자인 법원이 심판하는 소송구조를 이루고 있다.

소송주체		법원 · 검사 · 피고인	
소송관계인	당사자	검사	피고인
	보조인	사법경찰관리	변호인, 보조인
소송관여자		증인, 감정인, 고소인, 고발인	

형사소송의 주체는 형사법원 · 검사 · 피고인의 3자이다. 즉 국가기관인 검사가 원고로 되며, 공익을 위하여 피고인을 소추하는 재판절차가 형사소송이다.

(2) 법원

법관으로 구성되어 사법권을 행사하는 기관(헌법 §101①)을 말한다. 심급을 기준으로 1심법원과 상소법원이 있고, 구성방법에 따라 합의부법원과 단독법원이 있다.

재판은 사건에 따라 판사 한사람이 하기도 하고 판사 3인으로 구성된 합의부에서 하기도 하는데 원칙으로 단기 1년 이상의 징역에 해당하는 사건은 합의부의 관할이다. 단독판사가 한 재판에 대하여는 지방법원의 항소부, 합의부에서 한 재판에 대하여는 고등법원에 각 항소를 할 수 있고 이에 대하여는 다시 대법원에 각 상고할 수 있다.

(3) 검사

검사는 능동적 당사자, 즉 공소권의 행사를 주요임무의 하나로 하는 공익의 대표자로서 ㉠범죄수사 · 공소제기와 그 유지에 필요성 행위, ㉡범죄수사에 관한 사법경찰정리의 지휘 · 감독, ㉢법원에 대한 법령의 정당한 적용의 청구, ㉣재판집행의 지휘 · 감독 등에 대한 직무와 권한을 가진다. 검사는 공소권을 독점하고(기소독점주의), 소송에 있어서 당사자로서 원고의 지위에 서서 피고인과 대립한다.

(4) 피고인

형사소송에 있어서 피고인(被告人)이라 함은 수동적 당사자, 즉 형사사건에 관하여 형사책임을 져야 할 자로서 검사에 의하여 공소를 제기당한 자를 말한다. 피고인은 공소를 제기당한 자를 의미한다는 점에서 범죄의 혐의를 받아 수사기관에 의하여 수사의 대상이 되어 있는 자로서 아직 공소의 제기가 없는 피의자(被疑者)와 구별되며, 또한 유죄판결이 확정된 수형자와도 구별된다. 피고인은 당사자로서 각종 소송행위를 할 수 있는 권리가 보장되어 있으며, 진술권과 묵비권(진술거부권 : 형소법 §283의2)을 행사할 수 있다.

(5) 변호인

형사소송법상 피고인 또는 피의자의 방어력을 보충함을 임무로 하는 보조자를 말한다. 법률의 문외한인 피고인 또는 피의자에게 검사와 대등한 법률지식을 가지고 있는 변호인에게 그를 보조하게 함으로써 공정한 재판을 실현하고 당사자주의의 실효를 거두게 하는데 변호인제도의 존재이유가 있다.

우리 헌법은 구속된 피고인 또는 피의자의 변호인의 도움을 받을 권리를 국민의 기본적 인권의 하나로 보장하고 있다(헌법 §12④). 변호인은 변호사 중에서 선임하여야 한다. 다만 대법원 아닌 법원은 특별한 사정이 있으면 변호사 아닌 자를 변호인으로 선임함을 허가할 수 있는데(형소법 §31), 이를 특별변호인이라 한다. 다만 상고심에 있어서는 변호사 아닌 자를 변호인으로 선임하지 못한다(형소법 §386).

변호인선임의 효과는 그 심급에 한하여 미친다. 따라서 변호인은 심급마다 선임하여야 한다(형소법 §32①). 다만 공소제기 전의 변호인선임은 제1심에도 그 효력이 있다(형소법 §32②). 변호인은 그 선임방법에 따라 사선변호인(형소법 §30)과 국선변호인(형소법 §33 · 283 · 438④)으로 구별된다. ㉠피고인이 구속된 때, ㉡피고인이 미성년자인 때, ㉢피고인이 70세 이상인 때, ㉣피고인이 농아자인 때, ㉤피고인이 심신장애의 의심이 있는 때, ㉥피고인이 사형, 무기 또는 단기 3년 이상의 징역이나 금고에 해당하는 사건으로 기소된 때 등의 어느 하나에 해당하는 경우 변호인이 없는 때에는 법원은 직권으로 변호인을 선정하여야 한다. 또한 법원은 피고인이 빈곤 그 밖의 사유로 변호인을 선임할 수 없는 경우에 피고인의 청구가 있는 때에는 변호인을 선정하여야 한다. 법원은 피고인의 연령 · 지능 및 교육 정도 등을 참작하여 권리보호를 위하여 필요하다고 인정하는 때에는 피고인의 명시적 의사에 반하지 아니하는 범위 안에서 변호인을 선정하여야 한다(형소법 §33).

그리고 일정한 사건에 있어서는 변호인 없이는 개정하지 못하게 되어 있는데(형소법 §282), 이를 필요적 변호라고 한다.

제2절 형사소송절차

1. 형사사건의 처리(수사와 공소)

1) 수사

(1) 수사의 개념 및 주체

살인사건처럼 어떤 종류의 문제는 너무나 중대하기 때문에 개인들끼리 해결을 하도록 놓아둘 수 없는 것이 있다. 그러한 문제는 국가가 법률로 범죄라고 규정하여 강제로 형벌을 과하는데 이러한 것을 형사사건이라 한다. 수사(搜査)란 범죄의 혐의 유무를 명백히 하여 공소의 제기와 유지 여부를 결정하기 위하여 범인을 발견 · 확보하고 증거를 수집 · 보전하는 수사기관의 활동을 말한다. 이러한 활동을 법적으로 규제하는 절차를 수사라고 한다. 형사절차는 수사에 의하여 개시된다. 따라서 수사는 형사절차의 제1단계라고 할 수 있다.

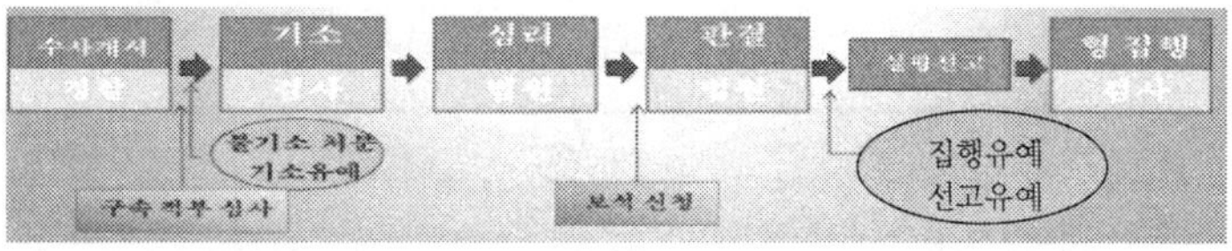

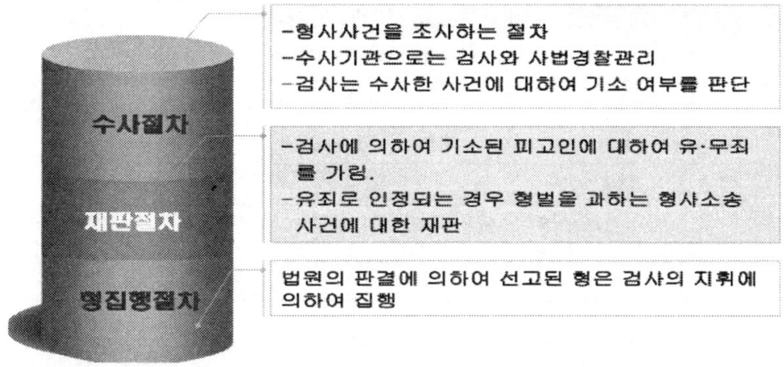

검사가 수사의 주재자이고 사법경찰관리는 검사를 보조하는 기관이다. 수사기관[檢事·司法警察官吏]은 범인을 발견하고 범죄의 혐의가 있다고 생각할 때에는 범죄사실과 증거를 수집활동을 하는 수사를 하여야 한다. 이것은 공소를 제기·수행하기 위하여 범인과 증거를 발견하고 수집하는 절차로서 검사와 그의 감독을 받는 사법경찰관이 행한다. 검사에 필요하면 피의자의 임의적 출두를 구하여 조사하지만 그렇지 않은 특별한 경우는 구속·검색·압수 등의 강제처분에 의하여 하는데 현행범인 이외에는 반드시 법관이 발부하는 영장이 있어야 한다.

(2) 수사의 단서

검사는 범죄의 혐의가 있다고 사료되는 때에 범인·범죄사실과 증거를 수사해야 하며, 사법경찰관은 검사의 지휘를 받아 수사해야 한다(형소법§195·196). 이와 같이 수사는 수사기관의 주관적 혐의에 의해 개시된다.

범죄수사의 원인이 되는 단서에는 ㉠현행범인의 체포·변사자 검시·불심검문·타사건 수사중의 범죄발견 등과 같이 수사기관자신의 체험에 의하는 경우, ㉡고소·고발·자수·진정·범죄신고 등과 같이 타인의 체험의 청취에 의한 경우가 있다.

현행범(現行犯)이란 범죄의 실행 중이거나 실행의 직후인 자이며, 준현행범인(형소법§211②)도 현행범인과 마찬가지로 취급된다. 현행범인은 누구든지 체포할 수 있다.

고소(告訴)는 범죄로 인한 피해자나 그와 일정관계에 있는 자, 즉 고소권자가 수사기관에 범죄사실을 신고하여 범인의 처벌을 희망하는 의사표시를 말한다. 이에 대해 고발(告發)은 고소권자와 범인 이외의 제3자가 신고하는 것을 말한다.

❖ 고소와 고발의 차이점

구 분	고 소	고 발
주 체	고소권자	범인 및 피해자외의 제3자
기 간	-비친고죄는 무제한 -친고죄 : 범인을 안날로부터 6월	무제한
대 리	허용	불허
취소시기	제1심판결 선고전	무제한
재고소·고발	불허	허용
공통점	• 수사의 단서가 된다. • 구두나 서면으로 가능 • 자기 또는 배우자의 직계존속을 고소·고발할 수 없다.	

고소에 관한 법률상식

(1) **고소란** 범죄의 피해자 등 고소권을 가진 사람이 수사기관에 대하여 범죄사실을 신고하여 범인을 처벌해 달라고 요구하는 것이다. 단순히 피해신고를 하는 것과는 다르다.

(2) **고소권을 가진 사람 –** 모든 범죄의 피해자와 피해자가 제한(무)능력자인 경우의 법정대리인 그리고 피해자가 사망한 경우의 배우자, 직계친족, 형제 자매이다. 다만 자기나 배우자의 직계존속 즉 부모나 시부모, 장인, 장모 등은 원칙적으로 고소할 수 없으나 예외적으로 직계존속으로부터 성폭행을 당했을 때는 직계존속이라도 고소할 수 있다.

(3) **고소는 수사기관에 해야 한다.** 대통령이나 국무총리, 국회의장, 대법원장, 법무부장관 등 수사기관이 아닌 고위공직자에게 고소장을 제출하는 것은 해당수사기관으로 고소장이 전달되기는 하나 전달되기까지 상당한 기간이 소요되므로 그만큼 수사가 지연되어 고소인에게 손해가 되고 불필요한 국가의 일만 만드는 것이 된다.

(4) **고소를 하는 방식은 제한이 없다.** 직접 수사기관에 출석하여 구두로 고소할 수도 있고 고소장을 작성하여 제출할 수도 있다. 고소장은 일정한 양식이 없고 고소인과 피고소인의 인적사항, 그리고 피해를 입은 내용, 처벌을 원한다는 뜻만 들어 있으면 반드시 무슨 죄에 해당하는지 밝힐 필요는 없다. 다만 피해사실 등의 내용이 무엇인지 알 수 있을 정도로 가능한 한 명확하고 특정되어야 한다. 가명이나 허무인 또는 다른 사람의 명의를 도용하여 고소해서는 안된다. 그렇게 되면 피고소인만 수사기관에 불려다니면서 근거없이 조사를 받는 불이익을 입게 되므로 수사기관은 수사를 중단하고 사건을 종결할 수 있다.

(5) **적법한 고소가 있으면,** 고소인은 수사기관에 출석하여 고소사실을 진술할 권리가 있고 수사에 협조할 의무도 있다. 또 검사가 고소사건을 불기소처분 하게 되면 그 처분통지를 받을 권리가 있고 불기소처분의 사유를 알고 싶으면 알려달라고 요구할 수 있으며, 불기소처분에 불만이 있으면 상급 고등검찰청과 대검찰청에 항고 및 재항고를 할 수 있다. 그외 특별한 범죄에 대하여는 재정신청도 할 수 있다.

(6) **친고죄 –** 범죄중에는 피해자의 명예나 입장을 고려하여 고소가 없으면 처벌할 수 없는 죄가 있는데 그것을 親告罪라 한다. 친고죄는 범인을 알게된 날로부터 6개월이 지나면 고소를 할 수 없다. 또 한번 고소를 취소하면 다시 고소할 수 없고, 1심의 판결이 선고된 후에는 고소를 취소하더라도 소용이 없다. 그리고 공범이 있는 경우에는 고소인 마음

대로 일부만 고소하거나 취소할 수 없고 공범 전부에게 고소와 취소를 하여야 한다. 친고죄와 달리 고소가 없어도 처벌할 수 있으나 피해자가 처벌을 원하지 않는다는 의사를 표시하면 처벌할 수 없는 죄가 있는데 이를 反意思不罰罪라하고 명예훼손죄, 폭행죄 등이 그것이다. 처벌을 원하지 않는 의사표시는 친고죄의 고소취소와 같은 효력이 있다.

(7) **고 발 –** 범죄의 피해자나 고소권자가 아닌 제3자가 수사기관에 대하여 범죄사실을 신고하여 범인을 처벌해 달라는 의사표시를 고발이라고 하는데 형사소송절차에서는 대체로 고소와 그 취급을 같이 한다.

(8) **무고죄 –** 고소인은 있는 사실 그대로 신고하여야 한다. 허위의 사실을 신고하는 것은 국가기관을 속여 죄없는 사람을 억울하게 처벌받게 하는 것이므로 피해자에게 큰 고통을 줄 뿐만 아니라 억울하게 벌을 받은 사람이 국가를 원망하게 되어 결국 국가의 기강마저 흔들리게 되므로 무고죄는 엄벌로 다스리고 있다. 흔히 고소장에 상대방을 나쁜 사람으로 표현하기 위하여 자신의 피해사실과 관계가 없는 사실을 근거없이 과장되게 표현하는 고소인들이 있는데 이는 옳지 않은 일일 뿐 아니라 잘못하면 그 때문에 무고죄에 해당될 수가 있다(예 소문난 사기꾼이라든지, 노름꾼으로 사회의 지탄을 받는다든지 하는 등의 표현). 또 수사기관에서 불기소처분이 내려졌다거나 국가기관에서 법률상 들어줄 수 없다고 판정이 된 문제에 관하여 고소인 자신이 그와 다른 견해를 가지고 있다 하여 자기의 뜻을 관철하고자 같은 내용의 고소나 진정을 수없이 제기하는 것도 무고죄에 해당될 가능성이 많은 것이다.

(9) **고소에 앞서 생각할 일 –** 일시적 기분에 좌우되어 경솔하게 고소를 하여 후회를 하는 수가 많다. 우리는 고소가 사건해결의 첩경이라고 생각하기 전에 당사자끼리 상호 원만히 해결하는 자세가 필요하다. 피해를 핑계삼아 과중한 돈을 요구하다가 화해가 결렬되자 홧김에 고소를 하거나, 수십통의 고소장이나 진정서를 작성하여 여러 곳에 제출하는 사람이 있으나 모두 바람직한 일은 아니다. 또한 가해자측에서도 자신의 잘못을 피해자에게 정중히 사과하고 상호 원만한 합의를 이루도록 노력하여야 한다.

(2) 수사의 방법

가) 임의수사

임의적인 조사에 의한 조사를 임의수사라고 한다. 즉 강제력을 행사하지 않고 상대방의 동의나 승낙을 받아서 행하는 수사이다. 형사소송법에 의하면 수사에 관하여는 그 목적을 달성하기 위하여 필요한 수사를 할 수 있다. 다만 강제처분은 법률에 특별한 규정이 있는 경우에 한하며, 필요한 최소한도의 범위안에서만 하여야 한다(형소법 §199). 이와 같이 수사는 원칙적으로 임의조사에 의하고 강제수사는 법률에 규정된 경우에 한하여 허용된다는 원칙을 임의수사의 원칙이라 한다.

임의조사의 방법으로는 피의자 출석요구(형소법 §200), 참고인조사(형소법 §221), 감정 · 통역 · 번역의 위촉(형소법 §221), 형사조회(형소법 §199②)가 대표적이다.

나) 강제처분과 강제수사

임의수사(任意搜査)에 대하여 강제처분에 의한 수사를 강제수사라고 한다. 수사에 있어서는 그 목적을 달성하기 위하여 필요한 조사를 할 수 있으나, 체포 · 구금 · 압수 · 수색 등의 강제처분은 형사소송법에 특별한 규정이 있는 경우가 아니면 할 수 없다(형소법 §199①). 강제수사는 원칙적으로 법원의 영장을 필요로 한다.

수사상의 강제처분은 수사기관이 영장없이 행하는 것과 영장에 의해서 행하는 것, 그리고 판사에게 청구하여 행하는 것으로 구분할 수 있고, 이는 각각 대인적 강제처분과 대물적 강제처분으로 나누어진다.

(i) 대인적 강제처분으로서 영장없이 행할 수 있는 것은 현행범인의 체포(형소법 §212) 등이 있으며, 영장에 의해서 행하는 것은 보통의 구속(형소법 §201), 판사에게 청구하여 행하는 것은 증거보전절차상의 증인신문(형소법 §184①) 등이며,

(ii) 대물적 강제처분으로서 영장없이 행할 수 있는 것은 피의자구속을 위한 수색과 그 현장에서의 압수 · 검증(형소법 §216 · 217), 유류물이나 임의로 제출된 물건의 압수(형소법 §218) 등이고, 영장에 의해서 행하는 것은 보통의 압수 · 수색 · 검증(형소법 §215), 판사에게 청구하여 행하는 것은 증거보전절차상의 압수 · 수색 · 검증 · 감정(형소법 §184①) 등이다. 강제처분 내지 강제수사는 형사사법에 있어서 불가결한 제도이지만 이로 인하여 개인의 기본권을 침해하는 필요악이다. 여기에 강제처분을 제한하기 위한 법적 규제가 필요하게 된다.

형사사건의 처리

(1) **수사개시** – 수사기관이 수사를 개시하는 단서에는 제한이 없다. 고소, 고발처럼 범죄신고를 받거나 풍문이나 신문기사를 보고 시작하거나 우연히 목격하고 인지를 할 수도 있다. 수사기관은 범죄의 혐의가 있다고 사료되는 때는 범인, 범죄사실과 증거를 수사하여야 한다. 그러나 범죄의 혐의가 없거나 범죄가 되더라도 처벌할 수 없음이 명백한 때에는 수사를 할 수 없다.

(2) **입건** – 수사기관이 수사를 개시하여 형사사건으로 되는 것을 입건한다고 하며, 이와 같이 입건이 되어 수사대상이 되면 형사소송법상 '*被疑者*'가 되는 것이다. 그런데 우리는 가끔 용의자라는 말과 내사라는 말을 듣게 된다. 아직 범죄의 혐의는 뚜렷하지 않아 정식으로 입건하기에는 부족하지만 진정이나 투서가 있다든가 또는 진정 등이 없더라도 조사를 해 볼 필요가 있는 경우에는 정식입건을 하지 않고 내부적으로 조사를 할 때가 있다. 이를 흔히 내사라고 하는데 내사를 할 때에는 내사사건부에 기재함은 물론이다. 그리고 예컨대 살인사건이 났다고 할 때 범인이 아닌가 하는 상당한 의심이 가는 자가 있으나 범인이라는 뚜렷한 혐의가 아직 발견되지 않은 경우 흔히 그 자를 용의자라고 부른다. 이에 대하여 조사가 더 진행되어 범죄의 혐의가 인정됨으로써 정식으로 입건되면 그 때부터는 그 자는 피의자의 신분이 되는 것이다.

(3) **체포** – 입건된 피의자가 죄를 범하였다고 의심할 만한 상당한 이유가 있고 정당한 이유없이 출석요구에 응하지 아니하거나 응하지 아니할 우려가 있는 때에는 피의자를

체포할 수 있다. 체포를 하기 위하여는 원칙적으로 판사가 발부한 체포영장이 있어야 하며, 사법경찰관이 피의자를 체포하기 위하여는 먼저 검사에게 체포영장을 신청하면 검사는 판사에게 청구하여 체포영장을 발부받게 되는데, 명백히 체포의 필요가 인정되지 아니하는 경우에는 검사나 판사는 체포영장을 기각할 수 있다. 다만, 수사기관은 범죄가 무겁고 긴급한 사정이 있어 판사의 체포영장을 발급받을 여유가 없을 때에는 그 사유를 알리고 영장없이 피의자를 체포할 수 있는데 이를 긴급체포라 한다. 사법경찰관이 피의자를 긴급체포한 경우에는 즉시 검사의 승인을 얻어야 한다. 범죄의 실행중이거나 실행의 직후인 자를 **현행범인**이라 하는데, 현행범인은 누구든지 영장없이 체포할 수 있다. 수사기관이 아닌 자가 현행범인을 체포한 때에는 즉시 수사기관에 인도하여야 한다. 체포 또는 긴급체포한 피의자를 구속하고자 할 때에는 체포한 때부터 48시간이내에 판사에게 구속영장을 청구하여야 하며, 그 기간이내에 구속영장을 청구하지 아니하거나(영장에 의한 체포 또는 현행범인 체포의 경우) 구속영장을 발부받지 못한 때(긴급체포의 경우)에는 피의자를 즉시 석방하여야 한다.

(4) **구속과 불구속** – 수사기관은 수사를 한 결과 범죄가 무겁고 죄질이 나쁘며 일정한 주거가 없거나 도망 또는 증거인멸의 염려가 있는 경우에는 피의자를 구속 할 수 있다. 구속을 하기 위하여는 증거가 있어야 함은 물론 반드시 판사가 발부한 구속영장이 있어야 한다. 구속영장의 청구절차 및 방법은 체포영장의 경우와 같으며, 상당한 이유가 있는 경우에는 검사나 판사는 영장을 기각할 수 있다.

(5) **구속전 피의자심문제도** – 수사기관에서 피의자의 범죄혐의 유무를 조사하여 피의자가 죄를 범하였다고 의심할 만한 상당한 이유가 있고 도망이나 증거인멸의 우려가 있는 경우에는 법원에 구속영장을 청구하여 판사가 발부한 구속영장에 의하여 피의자를 구속하게 된다. 이 경우 피의자는 수사 과정에서 변명의 기회를 가지게 되는 것은 물론이고 1997.1.1.부터는 형사소송법 개정에 따라 구속여부가 결정되기 전에 판사 앞에서 변명의 기회를 가질 수 있게 되었는데 이 제도가 바로 구속전 피의자심문제도이다. 피의자들중 현행범인이나 체포영장, 긴급체포의 방식으로 수사기관에 체포된 피의자는 위와 같은 구속전 피의자심문을 신청할 수 있는 권리가 있고, 피의자의 변호인, 법정대리인, 배우자, 직계존속, 형제자매, 가족이나 동거인 또는 고용인은 피의자와 별도로 구속전 피의자심문을 신청할 수 있는 권리가 있다. 다만, 피의자나 변호인등의 신청이 있는 경우에도 판사가 반드시 피의자를 심문하여야 하는 것은 아니며 피의자를 심문하지 않아도 구속여부를 결정할 수 있다고 판단되는 사안에 대하여는 신청이 있는 경우에도 심문을 실시하지 아니한 채 구속영장을 발부할 수도 있다.

또한 피의자가 체포되지 아니한 상태에서 구속영장이 청구되는 경우에는 피의자나 변호인, 가족 등에게 심문(審問)신청권을 부여하지 않고 판사가 직권으로 심문실시 여부를 결정하여 심문이 필요하다고 판단되는 사안에 대하여 심문을 실시한다. 피의자가 체포되지 아니한 상태에서 구속여부를 결정하는 것이기 때문에 따로 심문신청권을 부여하지 않는 것이다. 이 경우 판사가 심문을 실시하고자 할 때에는 피의자의 심문을 위하여 심문을 위한 구인영장을 발부하여 피의자를 법원에 구인한 후 심문을 실시한다.

(6) **송치** – 형사사건화된 모든 사건은 사건의 크고 작음에 구별이 없이 검사만이 수사를 종결할 수 있다. 그러므로 사법경찰관은 그가 수사한 모든 형사사건에 대하여 기록과 증거물을, 그리고 구속한 경우에는 피의자를 검찰청으로 보내야 하는데 이를 송치한다고 한다. 일반인 중에는 간혹 경찰서에서 조사를 받고 다 끝났는데 검찰청에서 또

부르는 것은 무슨 까닭인가라고 묻는 경우가 있는데, 그것은 검사만이 수사를 종결할 수 있는 권한이 있다는 것을 이해하지 못하였기 때문이다. 그리고 사법경찰관은 송치할 때 그동안 수사한 결과를 종합하여 사법경찰관으로서의 의견(예 기소, 불기소 또는 기소중지, 무혐의 등)을 붙여서 송치하는데 이를 송치의견이라고 한다. 이 의견은 검사가 수사를 종결하는데 참고가 되지만 그 의견에 기속되는 것은 아니다. 검사는 그 책임하에 사건에 대하여 종국결정을 하여야 한다.

(7) **체포와 구속의 적부심사제도** – 일단 영장에 의하여 수사기관에 체포 또는 구속되었다고 하더라도 피의자는 적부심사절차에 따라 다시 법원으로 부터 체포 또는 구속의 적부(適否) 여부를 심사 받을 수가 있다. 이 절차에서 체포 또는 구속이 부당하다고 하여 법원이 석방을 명하면 피의자는 즉시 석방되며, 이에 대하여 검사는 항고를 하지 못한다. 체포 또는 구속적부심의 청구는 피의자 본인이나 변호인은 물론 배우자, 직계친족, 형제자매, 가족, 나아가 동거인이나 고용주도 피의자를 위하여 청구할 수 있다. 체포 또는 구속적부심은 사건이 경찰에 있는가 검찰에 있는가를 가리지 아니하고, 검사가 법원에 기소를 하기 전이면 청구할 수 있다는 점에서 기소된 피고인에 대하여 인정되는 보석제도와 다르다.

체포 또는 구속적부심을 청구받은 법원은 지체없이 구속된 피의자를 심문하고 증거를 조사하여 결정을 하여야 하는데, 청구권자 아닌 자가 청구하거나 동일한 영장에 대하여 재청구한 때, 수사방해의 목적이 분명한 때 등에는 청구를 기각할 수 있으며, 이에 대하여 피의자는 항고하지 못한다. 형사소송법은 구속의 적부심사를 청구받은 피의자에 대하여도 피의자의 출석을 보증할 만한 보증금의 납입을 조건으로 석방을 명하는 피의자보석제도를 채택하고 있는 바, 석방의 요건·집행절차 등은 보석의 경우와 거의 동일하다.

구 분	체포·구속적부심	보석	구속 집행정지	구속의 취소(결정)
주 체	법원	법원	법원, 검사, 사법경찰관	법원, 검사, 사법경찰관
대 상	피의자	피고인	피의자, 피고인	피의자, 피고인
사 유	구속의 불법부당	필요적 보석이 원칙	상당한 이유가 있을 때	구속사유가 없거나 소명될 때
구속영장의 효력	소멸	지속	지속	소멸
보증금 제도	예외적으로 있다.	있다.	없다.	없다.
청구권자	체포·구속된 피의자 또는 그 변호인, 법정대리인, 배우자, 가족, 동거인·고용주	피고인 또는 그 변호인, 법정대리인, 배우자, 직계친족, 형제자매, 가족, 동거인·고용주		검사, 피고인, 변호인, 법정대리인, 배우자, 직계친족, 형제자매, 피의자

2) 공소제기

(1) 수사종결과 공소제기

사법경찰관리가 범죄를 수사했을 때에는 신속히 관계서류와 증거물을 검사에게 송치하고, 검사는 사건의 기소·불기소 기타의 처분을 함으로써 수사가 종결된다.

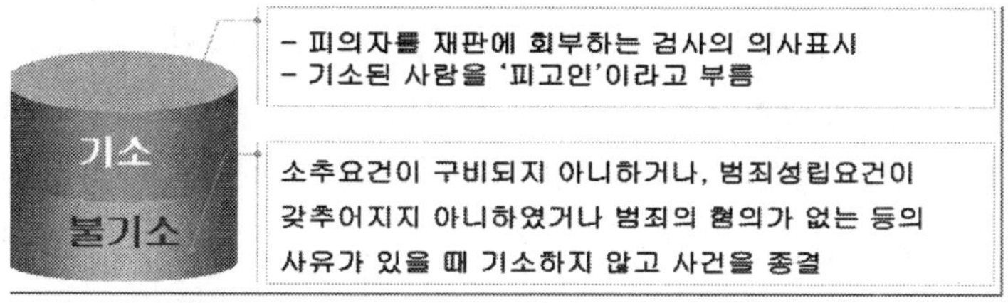

검사가 특정범죄에 관한 형벌권의 존부 및 그 범위를 확정하기 위해 법원에 대하여 심판을 구하는 의사표시를 공소(公訴)라고 하는데, 수사가 끝나 공소가 제기(기소)됨은 공판절차가 개시된다.

【 형사소송 절차 흐름도 】

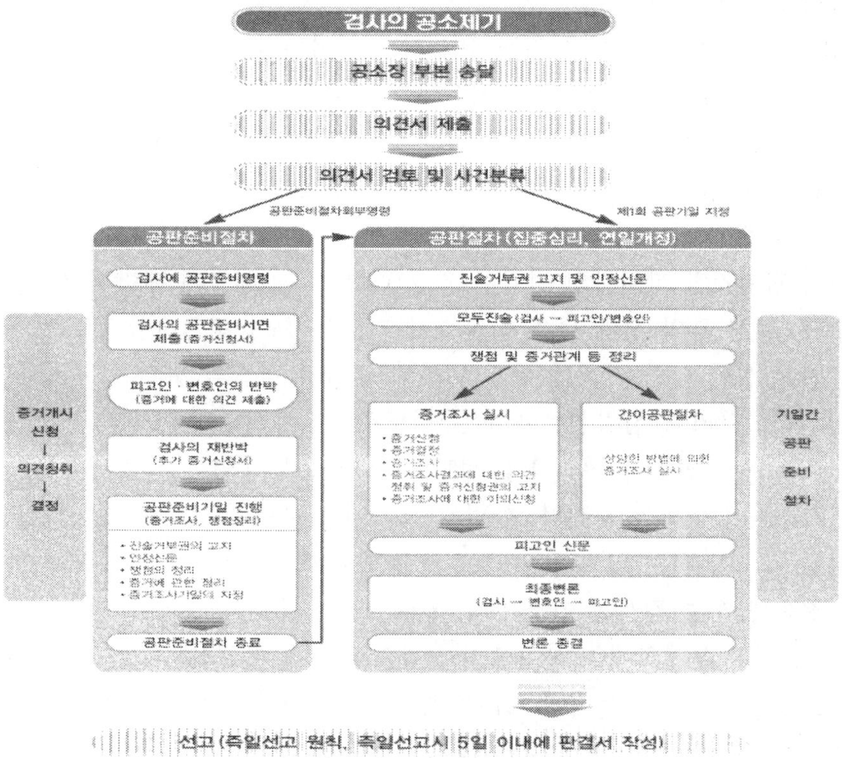

(2) 공소제기의 원칙과 방식

가) 기소독점주의와 약식기소

공소는 검사만이 제기할 수 있는데 이것을 기소독점주의(起訴獨占主義)라고 하며 검사에 의해 기소된 사람을 피고인(被告人)이라고 한다. 그런데 검사가 피의자에 대하여 징역형이나 금고형에 처하는 것보다 벌금형에 처함이 상당하다고 생각되는 경우에는 기소와 동시에 법원에 대하여 벌금형에 처해 달라는 뜻의 약식명령을 청구할 수 있는데 이를 약식기소(略式起訴)라고 한다. 따라서 구속된 사람에 대하여 검사가 약식기소를 하는 경우에는 석방을 하여야 한다. 이 경우 판사는 공판절차를 거치지 않고 수사기록만으로 재판을 하게 된다. 그러나 판사는 약식절차에 의하는 것이 불가능 또는 부적당하다고 생각하는 경우에는 정식재판에 회부하여 공판을 열어 재판을 할 수도 있다. 피고인이나 검사는 판사의 약식명령에 대하여 불복이 있으면 7일 내에 정식재판을 청구할 수 있다.

나) 기소편의주의와 불기소처분

검사는 수사의 결과 범죄사실이 있다고 인정한 경우에도 반드시 기소해야 하는 것은 아닌데, 양형조건(형법 §51: ㉠범인의 연령 · 성행 · 지능과 환경, ㉡피해자에 대한 관계, ㉢범행의 동기 · 수단과 결과, ㉣범행후의 정황)을 참작하여 기소를 아니할 수 있는데 이를 기소편의주의(起訴便宜主義)라고 한다(형소법 §247). 검사가 사건을 수사한 결과 재판에 회부하지 않는 것이 상당하다고 판단되는 경우에는 기소를 하지 않고 사건을 종결하는데 이를 불기소처분(不起訴處分)이라고 한다.

불기소처분으로 중요한 것은 기소유예와 무혐의 처분이 있다. 기소유예(起訴猶豫)는 죄는 인정되지만 피의자의 연령이나 성행, 환경, 피해자에 대한 관계, 범행의 동기나 수단, 범행 후의 정황 등을 참작하여 기소를 하여 전과자를 만드는 것보다는 다시 한번 성실한 삶의 기회를 주기 위하여 검사가 기소를 하지 않고 용서해 주는 것을 말한다. 그리고 검찰실무에서는 '선도조건부기소유예제도'를 많이 활용하고 있는데 이는 선도위원이 피의자를 선도하여 앞으로 재범하지 않는다는 조건으로 검사가 기소를 유예하는 것이다. 한번 기소유예를 하면 특별한 사정이 없으면 다시 같은 죄로 기소를 하지 않지만 만약 기소유예 후에 또 죄를 저질렀다고 하는 경우 등의 사정이 있으면 검사는 기소유예 처분한 범죄에 대하여 새로 기소를 할 수 있다. 그리고 이는 무혐의에 대하여도 마찬가지로 만약 새로운 증거가 발견된다면 검사는 기소를 할 수 있다. 무혐의 처분은 법률전문가인 검사가 수사한 결과 범죄를 인정할만한 증거가 없는 경우에 피의자의 무고함을 최종적으로 판단하는 처분이다.

고소 · 고발의 각하처분은 무익한 고소 · 고발의 남용 · 남발에 의한 피고소 · 피고발인의 인권침해를 방지하고, 고소 · 고발인의 권익을 합리적으로 보호조정하기 위한 제도로 고소인 또는 고발인의 진술이나 고소장 또는 고발장에 의하여도 처벌할 수 없음이 명백한 고소 · 고발사건의 경우에는 검사는 피고소 · 피고발인을 소환 조사하지도 아니하고 각하 결정할 수 있다.

다) 공소제기의 방식

공소를 제기함에는 ㉠피고인의 성명 기타 피고인을 특정할 수 있는 사항, ㉡죄명, ㉢공소사실(범죄의 시일 · 장소와 방법을 명시하여 사실을 특정), ㉣적용법조를 기재한 공소장(公訴狀)을 관할법원에 제출하여야 한다(형소법 §254). 공소장에는 피고인수에 상응한 부본을 첨부하되, 사건에 관하여 법원에 예단이 생기게 할 수 있는 서류 기타 물건을 첨부해서는 안된다(공소장일본주의).

2. 공판절차

공판절차는 공판기일에서의 심판절차를 말하나 넓은 의미로는 공소제기 이후 종국재판의 확정에 의하여 소송절차가 종결하기까지 공판법원에 의하여 행하여진 모든 절차를 말한다. 따라서 공판절차에는 공판기일에서의 절차 외에 공판준비절차나 공판법원에 의한 강제처분절차가 포함된다. 그러나 증거보전절차(형소법 §184)나 수사상 참고인에 대한 증인신문절차(§221의2)는 수소법원과 관계없이 행하여지는 절차이므로 공판절차에 포함되지 않는다. 약식절차 또는 즉결심판절차는 공판절차가 아니다. 이에 대해서 간이공판절차는 공판절차이다. 공판절차는 양당사자의 공격 · 방어를 중심으로 하여 진행되는 당사자소송구조를 취하고 있으며, 공개주의 · 구두변론주의 · 직접심리주의 등의 원칙이 지배하고 있다. 특히 형사소송법은 예심제도를 폐지하였을 뿐만 아니라, 공소장일본주의를 채택하여 법원의 심리를 공판절차에 집중함으로써 공판중심주의를 확립하고 있다.

1) 공판준비절차

검사가 기소한 사건에 대하여 법원은 공판(公判)을 열어 재판을 하게 된다. 그러나 검사가 약식기소한 사건에 대하여는 공판을 열지 않고 기록만으로 재판을 하지만 판사가 정식재판을 할 필요가 있다고 생각하면 사건을 정식재판에 회부할 수도 있다.

공판은 보통 법원에 마련된 공판정에서 공개리에 진행이 된다. 이 재판에서 피고인은 자기의 억울함이나 정당함을 주장할 수 있고 또 변호인의 도움을 받을 수 있다. 공판절차는 형사소송의 중심단계로서 공개된 법정에서 심리·변론을 거쳐서 피고사건에 관하여 판단하여 종국적으로 재판하는 절차이다.

한국 형사소송법에 있어서는 공판중심주의를 채택하여 변론주의·구두주의·직접주의·공개중의의 원칙이 행하여진다. 공판의 심리 및 변론은 공판정에서 한다. 법원은 검사로부터 공소의 제기가 있으면 지체없이 공소장의 부본을 피고인 또는 변호인에게 제1회 공판기일 5일 전까지 송달하여 변론을 준비할 시간을 주어야 한다. 공판정은 판사와 서기관 또는 서기가 열석하고 검사가 출석하며 피고인과 변호인이 출두하여 개정한다. 공판기일의 소송지휘는 재판장이 한다.

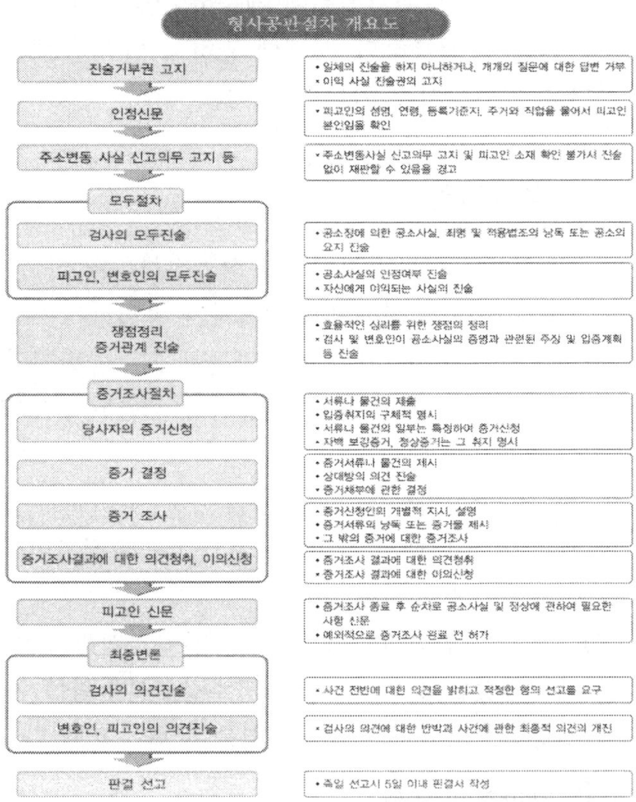

2) 공판기일 절차

(1) 모두절차

가) **진술거부권 등의 고지** : 재판장은 인정신문을 하기 전에 피고인에게 진술을 하지 아니하거나 개개의 질문에 대하여 진술을 거부할 수 있고, 이익 되는 사실을 진술할 수 있음을 알려 주어야 한다(형소규칙 §127).

나) **인정심문** : 공판기일의 절차는 먼저 재판장의 인정심문(人定訊問)에서 시작된다. 즉 재판장은 피고인의 성명·연령·본적·주소와 직업을 물어서 피고인임에 틀림없음을 확인하여야 한다(형소법 §284).

다) **검사의 모두진술** : 검사는 공소장에 의하여 공소사실·죄명 및 적용법조를 낭독하여야 한다. 다만, 재판장은 필요하다고 인정하는 때에는 검사에게 공소의 요지를 진술하게 할 수 있다(형소법 §285).

라) **피고인의 모두진술** : 재판장은 검사의 모두진술 절차를 마친 뒤에 피고인에게 진술거부권을 행사하는 경우를 제외하고 공소사실을 인정하는지 여부에 관하여

물어야 하며, 피고인 및 변호인은 공소에 관한 의견 그 밖에 이익이 되는 사실 등을 진술할 수 있다(형소법 §286, 형소규칙 §127의2).

(2) 사실심리절차

가) 피고인 심문

검사가 공소장에 의하여 기소의 요지를 진술하고 심판을 구한 후, 피고인심문으로 들어간다. 즉 검사와 변호인은 순차로 피고인에 대하여 공소사실과 정상에 관하 필요사항을 직접 신문하고 재판관은 이것이 끝난 후에 심문한다. 검사, 변호인, 재판장, 합의부원(형소법 §287)의 순서로 심문하며 방법상 진술강요 · 유도심문이 금지된다.

나) 증거조사

재판장의 쟁점정리 및 검사 · 변호인의 증거관계 등에 대한 진술, 피고인심문이 끝나면 증거조사에 들어간다. 법원은 검사가 신청한 증거를 조사한 후 피고인 또는 변호인이 신청한 증거를 조사하고 그 조사가 끝난 후 직권으로 결정한 증거를 조사한다(§290-§291의2).

증거조사의 방법으로는 증인신문, 요지의 고지 또는 낭독(증거서류), 증거물제시, 제시 및 요지의 고지(증거물인 서류)가 있다.

다) 최종변론〈소송관계인의 의견진술〉

㈎ **검사의 의견진술**(논고와 구형) : 공판절차에 있어서 피고인신문과 증거조사가 종료한 때에는 검사는 사실과 법률적용에 관하여 의견을 진술하여야 한다. 만약 검사의 출석 없이 개정한 경우(형소법 §278)에는 공소장의 기재사항에 의하여 검사의 의견진술이 있는 것으로 간주한다(형소법 §302). 이를 논고(論告)라하고 이에 대해 검사의 양형에 대한 의견의 진술을 구형(求刑)이라고 한다.

㈏ **피고인의 최후진술** : 재판장은 검사의 의견을 들은 후 피고인과 변호인에게 최종의 의견을 진술할 기회를 주어야 한다(형소법 §303).

3) 법원의 재판과 판결의 선고

법원은 이러한 공판절차를 통하여 구두의 심리 및 변론에 기초하여 재판한다. 심리결과 피고인의 죄가 인정되면 판사는 유죄의 판결을 하는데 정상에 따라 실형을 선고하는 수도 있고 집행유예를 붙여주는 경우도 있으며 정상이 특히 참작될 때는 선고유예를 하는 수도 있다. 집행유예는 형(예 징역 1년)을 선고하면서 일정 기간 그 형의 집행을 미루어 두었다가 그 기간동안 재범을 하지 않고 착실히 살면 형의 선고를 실효시켜 아예 집행을 하지 않는 것이며, 선고유예는 형의 선고자체를 미루어 두었다가 일정기간 무사히 경과하면 면소(免訴)된 것으로 간주하는 것이다. 물론 기소한 사건에 대하여 유죄로 인정할 증거가 없으면 판사는 무죄를 선고한다. 재판은 당해 피고사건에 대한 한 판결(예 면소 · 무죄 · 형의 언도)의 형식이다.

구속되었다가 법원에서 무죄의 판결을 받거나, 검사로부터 불기소처분(기소유예처분은 제외)을 받은 사람중 범인이 아닌 것이 명백한 사람 및 처음부터 잘못 구속된 사람은 「형사보상법」에 따라 구속에 대한 보상을 청구할 수 있다.

판결은 피고사건에 대한 종국적 판결이므로 당해법원에 있어서는 이를 변경할 수 없다. 다만 피고인 또는 검사가 판결이 확정되기 전에 상급법원에 기간 안에 심판을 청구할 수 있다.

3. 증거

증거조사는 가장 주요한 것이므로 피고인에게도 증거의 신청이나 증거조사에 관한 이의신청을 할 수 있는 권리가 있다. 그런데 증거의 증명력은 법관의 자유 판단에 의한다(自由心證主義). 그러나 자유심증주의에는 임의성이 없는 자백, 불이익한 유일한 증거인 자백, 전문증거, 피고인이 부인하는 검사나 사법경찰관이 작성한 조서는 증거능력이 없는 등의 몇 가지 제한이 있다. 피고인은 진술거부권을 행사하여 진술을 거부 할 수 있다. 증거조사가 끝나면 검사, 피고인 및 변호인은 사실 및 법률의 적용에 관하여 의견을 진술할 수 있다.

모든 수사의 최종 책임자는 검사(檢事)이다. 범죄가 성립되는지, 어떤 처분을 해야 하는지를 결정하는 것은 매우 어렵고 중요하므로 판사와 동등한 자격 및 능력을 갖춘 검사를 책임자로 한 것이다. 사법경찰관리(司法警察官吏)는 검사의 지휘를 받아 수사를 한다. 사법경찰관리에는 일반형사사건을 취급하는 일반사법경찰관리와 철도공안 · 산림 · 소방 · 해사 등 특별한 사항만 수사할 수 있는 특별사법경찰관리가 있다.

수사의 방법에는 피의자심문 · 참고인조사 · 감정(鑑定) · 통역 또는 번역 등의 임의수사와 체포 · 구속 · 압수 · 수색 · 검증(檢證) 등의 강제수사가 있는데 전자가 원칙이다.

수사절차는 공소를 제기할 것인가를 판단할 수 있을 정도로 피의사건이 해명되었을 때 종결된다. 수사는 검사의 공소제기, 불기소처분, 타관송치 등으로 종결된다. 불기소처분에는 협의의 불기소처분(혐의 없음, 죄가 안 됨, 공소권 없음)과 기소유예 및 기소중지가 있다.

4. 재판

1) 재판의 의의

재판(裁判)은 좁은 의미에 있어서는 피고사건의 실체에 대한 법원의 공권적 판단, 즉 유죄 또는 무죄의 판결을 의미하나, 넓은 의미에 있어서는 법원 또는 법관의 의사표시적 소송행위를 말한다. 소송법상 재판은 보통 후자의 의미로 사용된다.

2) 재판의 종류

(1) 재판 기능에 의한 분류: 소송계속을 종결시키는가 아니하는가의 기능에 따라

구분	종국재판	종국전 재판
개념	소송을 그 심급에서 종결시키는 재판을 말한다.	종국재판에 이르기까지의 절차에 관한 재판을 말한다(중간재판).
종류	유·무죄의 실체재판, 관할위반, 공소기각, 면소의 재판, 상소심의 파기재판, 상소기각의 판결, 파기환송, 파기이송판결	종국재판 이외의 결정, 명령 (예 공소장변경 허가 결정)
취소·변경	불가	가능
상소여부	상소의 이익이 있는 한 항소가 허용된다.	종국 전 재판에 대해서는 원칙적으로 상소가 허용되지 않는다.

(2) 재판 형식상 분류: 판결 · 결정 · 명령

구분	판결	결정	명령
개념	수소법원에 의한 종국재판의 원칙적 형식이다.	수소법원에 의한 종국전 재판의 원칙적 형식이다	재판장, 수명법관, 수탁판사의 재판형식이다.
구속력	구속력 있다.	구속력 없다.	구속력 없다.
변론	필요적 변론	임의적 변론	임의적 변론
종류	유 · 무죄판결, 관할위반, 공소기각, 면소판결	·보석허가결정, 이의신청에 대한 결정, 공소장변경의 허가 ·공소기각결정, 항소기각결정	종국 전 재판(약식 명령은 명령이 아니라 독립된 형식의 재판이다)
심리	구두변론이 원칙	구두변론 생략 가능	구두변론 생략 가능
판결	이유를 명시하여야 하며 재판서를 작성하여야 함	상소를 불허하는 결정 또는 명령은 이유 명시가 불필요하며, 재판서를 작성하지 아니하고 조서에만 기재할 수 있음	
상소	·항소·항고 ·재심·비상상고는 판결만 가능	항고	·일반적 항소방법 없음 ·예외적으로 이의신청, 준항고 가능

(3) 재판 내용에 의한 분류: 사건의 실체를 판단하느냐 아니하느냐의 내용에 따라

구분	실체(본안)재판	형식(본안외)재판
개념	피고사건의 실체에 관하여 구체적 형벌권의 존부를 판단하는 재판	사건의 실체에 관하여 심리하지 않고 절차적·형식적 법률관계를 판단하는 재판
종류	종국재판 중 유·무죄판결	종국 전 재판, 종국 재판 중 관할 위반·공소기각·면소판결
상소	판결	판결·결정·명령
기판력	있음	없음(그러나 면소판결은 발생)

(4) 재판은 합의체에 의할 때에는 합의에 의하여, 단독판사가 할 때에는 재판서의 작성에 의하여 내부적으로 성립하고, 선고나 고지에 의하여 외부적으로 성립한다. 불복신청을 불허하는 재판은 외부적 성립과 동시에 확정하고, 불복신청을 허용하는 재판은 불복신청기간의 경과에 의하여 확정된다. 재판을 할 때에는 재판서를 작성하여야 하나, 결정·명령은 조서에 기재함으로써 족하고(형소법 §38), 상소를 불허하는 결정·명령 이외의 재판에는 이유를 붙여야 한다(형소법 §39). 재판의 선고나 고지는 공판정에서는 재판서에 의하여야 하고, 기타의 경우에는 재판서 등본의 송달 또는 다른 적당한 방법으로 하되, 법률에 다른 규정이 있으면 그에 의한다(형소법 §42). 유죄판결에는 판결이유에 범죄될 사실, 증거의 요지와 법령의 적용을 명시하여야 한다(형소법 §323).

5. 상소심절차

1) 상소의 종류와 상소권자

상소(上訴)란 미확정 재판에 대하여 상급법원의 심판에 의한 구제를 구하는 불복신청이다. 상소에는 ㉠제1심판결에 불복하는 항소(형소법 §357)·㉡항소판결에 불복하는 상고(§371)·㉢법원의 결정에 대한 상소인 항고(抗告)의 3종이 있는데, 일정한 조건하에 일정한 기간 안에 한다. 상소를 원심법원에 하면 재판의 확정이 정지되고 소송은 상소심에 이전된다.

형사소송에 있어서 상소를 할 수 있는 자는 검사 또는 피고인이며(형소법 §338), 피고인의 법정대리인도 피고인을 위하여 상소할 수 있다(형소법 §340), 또한 피고인의 배우자, 직계친족·형제자매 또는 원심의 대리인이나 변호인 등은 피고인을 위하여 상소할 수 있으며, 이 경우의 상소는 피고인의 명시한 의사에 반하여 하지 못한다(형소법 §341).

2) 항소

항소는 제1심판결에 대한 상소방법으로서 적법한 항소가 7일안에 항소법원(지방법원합의부, 고등법원; 형소법 §357 · 358)에 제기되면 피고사건은 항소법원에 이전되고 항소법원은 법률심 및 사실심에 관하여 사후 심사한다. 항소의 제기이유는 헌법의 위반에서부터 사실의 오인, 형량의 부당에 이르기까지 널리 인정되어있다. 항소심에서는 피고인이 정당한 이유 없이 계속하여 출정하지 않으면 피고인의 진술 없이 재판할 수 있다. 또 피고인이 항소한 사건과 피고인을 위하여 항소한 사건에 대하여는 원심판결의 형보다 중한 형을 선고하지 못한다(형소법 §368, 불이익변경의 금지).

3) 상고

상고는 원심판결에 대하여 법령위반을 가기 하기 위하여 인정되는 것이다. 따라서 원칙적으로 법률문제에만 한정되어 심판한다. 예외적으로 1심판결에 대한 비약적 상고제도가 인정되어 있다. 상고도 7일 이내에 제기하며, 통지를 받은 후 20일안에 상고이유서를 제출하여야 한다.

4) 항고 및 준항고

항고는 결정에 대한 상소방법으로서 사실점이나 법률점에 관하여 상소의 이유로 할 수 있다. 항고에는 일반항고(보통항고와 즉시항고) 및 대법원에 즉시 항고할 수 있는 것이 허용된 재항고가 있다. 항고를 하려면 항고장을 원심법원에 제출하여야 한다(형소법 §406).

법관의 재판 또는 수사기관의 처분에 대하여 법원에 그 재판 또는 처분의 취소 · 변경을 청구하는 불복신청을 말한다. 준항고는 상급법원에 대한 불복신청이 아니므로 상소가 아니나 재판 · 처분의 취소 · 변경을 구하는 불복신청이란 점에서 실질적으로 항고에 준하는 성질이 있으므로 항고의 장에 규정하고 항고에 관한 규정을 준용하고 있다(형소법 §419). 현행 형사소송법은 준항고의 대상을 엄격하게 제한하고 있다(형소법 §416 · 417).

6. 비상구제절차

1) 비상구제절차(재심 · 비상상고)

판결이 확정되고 이미 상소방법이 없을 때에는 국가의 종국적 의사표시로서 절대적인 것이 되어 움직일 수 없게 하는 것은 법적 안정성의 요구이지만, 판결이 법률상 · 사실상 현저한 결점이 있는 경우에 이것을 고집하는 것은 오히려 정의에 반한다. 이것을 구제하기 위하여 재심 및 비상상고(非常上告)제도가 있다.

2) 재심

재심(再審)은 확정판결에 대하여 주로 사실예정의 부당을 시정하기 위하여 인정되는 비상구제절차를 말한다. 재심 청구가 허용되는 경우는 법률상 한정되어 있고 재심의 청구는 원판결의 법원이 관할한다.

재심은 확정판결에 대한 비상구제절차라는 점에서 미확정재판에 대한 불복신청제도인 상소와 구별된다. 재심의 대상은 주로 확정된 유죄판결이나 그 뿐 아니라 확정된 항소기각의 판결 또는 상고기각의 판결도 재심의 대상으로 된다(형소법 §421). 재심사유는 「형사소송법」 제420조에 규정되어 있으며, 한국은 유죄판결을 받은 자의 이익을 위해서만 재심이 허용된다. 청구권자는 검사, 유죄의 선고를 받은 자 및 그 법정대리인과 및 유죄의 선고를 받은 자가 사망하거나 심신장애가 있는 경우에는 그 배우자 · 직계친족 또는 형제자매이며(형소법 §424), 청구의 시기에는 제한이 없다(형소법 §427). 재심청구는 형의 집행정지의 효력이 없으나 검사는 재심청구에 대한 재판이 있을 때까지 형의 집행을 정지할 수 있고(형소법 §428), 법원이 재심개시결정을 할 때에는 형의 집행을 정지하는 결정을 하여야 한다(형소법 §435). 필요한 경우 법원은 사실조사를 할 수 있고(형소법 §431), 그 청구가 법률상의 방식에 위반하거나 청구권소멸 후인 때 또는 청구의 이유가 없을 때에는 결정으로 기각하고(형소법 §433 · 434), 그 이유가 있을 때에는 재심개시의 결정을 한다(형소법 §435①). 이러한 결정에 대하여는 즉시항고가 허용된다(형소법 §437). 재심개시의 결정이 확정되면 심급에 따라 다시 심판하며(형소법 §438), 이 때 불이익변경금지의 원칙이 적용되고(형소법 §439), 재심에서 무죄를 선고한 때에는 무죄판결의 공시를 하며(형소법 §440), 또 형사보상의 이유가 된다(형사보상법 §1). 재심판결이 확정된 때에는 원판결은 당연히 그 효력을 잃는다.

구 분	재심	비상상고
본 질	판결확정 후에 주로 사실인정의 부당을 구제하기 위하여 허용되는 비상구제절차	판결확정 후 심판의 법령위반을 이유로 하여 허용되는 비상구제절차
목 적	구체적 사건의 사실인정의 부당을 구제	법령해석의 통일을 기하는 것(사건의 구체적 구체는 부수적 효과)

청구권자	검사, 유죄의 선고를 받은 자, 유죄의 선고를 받은 자의 법정대리인, 유죄의 선고를 받은 자가 사망하거나 심신장애가 있는 경우에는 그 배우자, 직계친족 또는 형제자매(§424)	검찰총장(§441)
관할법원	원판결을 한 법원(§423)	대법원(§441)
청구절차	재심청구서에 원판결사본, 증거자료를 청구하여 제출(형소규칙 §166)	이유를 기재한 신청서를 대법원에 제출, 제출기한의 제한은 없다(§442).
청구가 인정되는 경우	형소법 제420조(재심이유) 참조	사건의 심판(심리=소송절차)에 법령 위반이 있는 경우(§441)
사실의 조사	-결정하는데 있어 필요할 때에는 사실조사를 할 수 있다(§37③). -재심개시결정 확정 후에는 다시 심리한다(§438①).	관할, 공소의 수리 및 소송절차에 관한 사실조사를 할 수 있다(§444②).
재판	(1) 기각결정의 청구(§433) (가)약식위반 (나)청구권 소멸 (다)이유가 없는 때 (라)제436조의 경우 (2) 재심개시결정(이유가 있는 때, §435) 개시결정이 확정된 경우 심급에 따라 다시 심판(§438조 제1항)이 경우 특칙(§438②,③,④)이 판결에 대하여 통상의 상소를 할 수 있다.	(1)기각판결(이유 없는 때, §445) (2)원판결의 법령위반파기(§446) (3)원판결의 위반부분의 파기와 피고사건에 대한 새로운 판결(원판결이 피고인에게 불이익한 경우, §446) (4)법령위반의 소송절차의 파기(§446)
재판의 효과에 관한 특칙	무죄의 선고를 한 때에는 관보 및 신문지에 기재하여 판결을 공시한다(§440).	원판결을 파기하고 다시 판결을 하는 경우 외에는 피고인에게 효력을 미치지 아니한다(§447).

3) 비상상고

비상상고는 판결이 확정된 후 심판의 법령위반을 이유로 검찰총장이 대법원에 한다. 형사소송법상 확정판결에 대하여 그 심판의 법령위반을 이유로 하여 인정되는 비상구제절차이다. 확정판결의 제정제도인 점에서 미확정판결의 시정제도인 상소 특히 상고와 다르다. 비상상고는 신청의 이유가 심판의 법령위반이고 신청권자가 검찰총장에 국한되며 관할법원이 대법원이고 그 판결의 효력은 원칙적으로 피고인에게 미치지 아니한다. 비상상고는 법령의 해석·적용·통일을 목적으로 하는 관계로 사건의 구체적 구제를 목적으로 하는 재심제도와 다르다. 대법원은 신청서에 포함된 이유에 한하여 조사하여야 한다.

비상상고의 신청이 부적법한 경우, 예컨대 검찰총장 이외의 자가 비상상고를 신청하거나 신청서에 이유의 기재가 없는 경우에도 기각판결을 하여야 한다고 본다. 비상상고가 이유있다고 인정한 때에는 원판결 또는 소송절차를 파기하는 판결을 한다.

원판결이 법령에 위반한 때에는 그 위반된 부분을 파기하여야 한다. 단, 원판결이 피고인에게 불이익한 때에는 원판결을 파기하고 피고사건에 대하여 다시 판결한다. 소송절차가 법령에 위반한 때에는 그 위반된 절차를 파기하여야 한다. 이 경우에는 원판결은 파기하지 않는다. 비상상고의 판결은 파기재판의 경우를 제외하고는 피고인에게 효력이 미치지 않는다.

7. 재판의 집행절차

재판이 이미 소송절차로서 다툴 수 없는 상태, 즉 재판이 확정되었을 때에는 이것을 집행하여 재판의 내용을 실현한다. 이처럼 재판의 내용을 국가의 강제에 의하여 구체적으로 실현하는 절차를 재판의 집행이라 한다. 법원의 판결에 의해 선고된 형은 검찰청검사의 지휘에 의하여 집행되는데(형소법 §460), 형의 집행에는 사형 · 자유형 · 자격형 · 재산형의 집행이 있다.

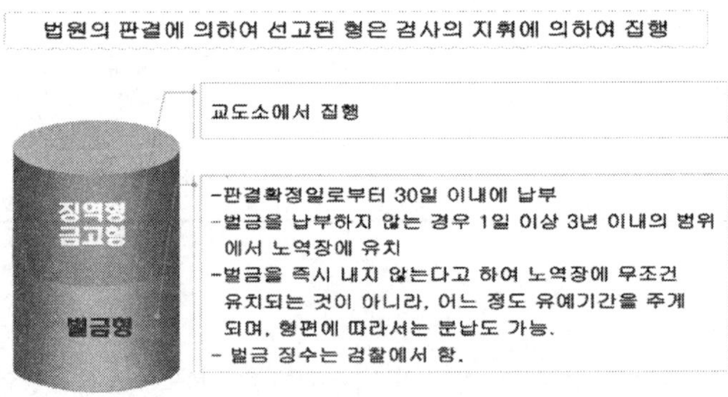

형의 집행과 실효

법원의 판결에 의하여 선고된 형은 검사의 지휘에 의하여 집행하는데 징역이나 금고형은 교도소에서 집행한다. 그리고 벌금은 판결 확정일로부터 30일 이내에 납부하여야 하며 벌금을 납부하지 않는 경우에는 1일 이상 3년 이내의 범위에서 노역장에 유치하게 되므로 스스로 납부하여 불이익을 면해야 한다.

(1) **가석방과 형집행정지** – 징역 또는 금고의 형의 집행중에 있는 자 가운데 복역성적이 양호하고 뉘우침이 있는 때에는 무기에 있어서는 10년, 유기에 있어서는 형기의 3분의 1을 경과한 후에 법무부장관이 가석방을 할 수 있다. 가석방의 기간은 무기형에 있어서는 10년으로 하고, 유기형에 있어서는 남은 형기로 하되, 그 기간은 10년을 초과할 수 없다. 가석방된자는 가석방 기간중 보호관찰을 받는다. 그러나 가석방 중에 행실이 나쁘거나 다시 죄를 저지르면 가석방이 취소 또는 실효되어 남은 형기를 마저 복역하여야 한다.
그리고 예컨대 형의 집행으로 생명을 보전할 수가 없거나 잉태 후 6개월 이상인 때 또는 연령이 70세 이상인 때 기타 중대한 사유가 있으면 검사는 형집행을 정지시키고 석방할 수도 있다.

(2) **형의 실효** – 징역 또는 금고의 집행을 종료하거나 집행이 면제된 자가 피해자의 손해를 보상하고 자격정지 이상의 형을 받음이 없이 7년을 경과한 때에는 본인이 신청을 하면 재판의 실효를 선고 받을 수 있다. 그러나 일반인들은 이 신청절차 등을 모르고 있기 때문에 「형의 실효 등에 관한 법률」을 제정하여 형의 집행을 종료 또는 면제 받은 후 일정기간동안 자격정지 이상의 죄를 저지르지 않은 경우에는 자동적으로 형을 실효시키도록 하였다. 그 기간은 3년을 초과하는 징역 또는 금고는 10년, 3년이하의 징역 또는 금고는 5년, 벌금은 2년이고 다만 구류나 과료는 형의 집행을 종료하거나 그 집행이 면제된 때에 그 즉시 실효된다.

제3절 특수한 소송절차

1. 약식명령절차

약식절차(略式節次)란 지방법원의 관할사건에 대하여 검사의 청구가 있을 때 공판절차에 의하지 않고 검사가 제출한 자료만을 서면심리(書面審理)하여 약식명령으로 피고인에게 벌금·과료 또는 몰수의 형을 가하는 재판절차를 말하며 약식절차에 의하여 형을 선고하는 재판을 약식명령(略式命令)이라고 한다. 이는 형사소송법상의 특별절차(약식절차)로서 독일의 민사소송법상 독촉절차에서 유래한 과형명령(科刑命令)의 제도를 본받은 것이다.

약식명령의 청구는 검사가 지방법원에 대하여 공소제기와 동시에 서면으로 하여야 하며, 약식명령을 할 수 있는 사건은 지방법원의 관할에 속한 벌금·과료 또는 몰수에 처할 수 있는 사건이다. 이 경우에 추징(追徵) 기타 부수(附隨)의 처분을 할 수 있다(형소법 §448). 약식명령의 청구가 있으면 원칙적으로 서면심사를 하게 되지만, 법원은 필요한 때에 사실조사를 할 수 있다(형소법 §37③). 약식절차에 의하여 법원이 약식명령을 하는 경우 그 재판을 불복하는 자는 정식 재판절차에 의한 심판을 청구할 수 있다. 그러나 약식명령은 정식재판의 청구에 의한 판결이 있는 때에는 그 효력을 잃는다.

검사 또는 피고인은 약식명령의 고지를 받은 날로부터 7일 이내에 정식재판의 청구를 할 수 있으며, 피고인은 정식재판의 청구권을 포기할 수 없다(§453). 약식명령에는 범죄사실 · 적용법령 · 주형(主刑) · 부수처분과 7일 이내에 정식재판을 청구할 수 있음을 명시하여야 하고, 검사 · 피고인에 대한 재판서의 송달로써 고지하여야 한다(형소법 §451 · §452). 피고인이 정식재판을 청구한 사건에 대하여는 약식명령의 형보다 중한 형을 선고하지 못한다(§457의2). 약식명령은 정식재판의 청구기간의 경과, 그 청구의 취하 또는 청구를 기각하는 결정이 확정된 때에는 확정판결과 동일한 효력이 있다(§457).

구 분	약식절차	즉결심판절차
청구권자	검사	경찰서장
심리방식	서면심리	공개된 법정에서 피고인 직접심문
청구대상	벌금 · 구류 · 몰수에 처할 사건	20만원 이하 벌금 · 구류 · 몰수에 처할 사건
법적근거	형소법 §448 이하	즉결심판절차법
공통점	–법적 효력은 확정판결과 동일한 효력 –공소장 일본주의 부적용 –정식재판 확정시 실효	

2. 즉결심판절차

즉결심판(卽決審判)이란 경미한 범죄사건에 대하여는 정식수사와 재판을 거치지 않고 간략하고 신속한 절차로 처벌을 마침으로써 법원과 검찰의 부담을 줄이고 당사자에게도 편의를 주려는 제도이다. 즉 경찰서장의 청구로 지방법원 지원 또는 시 · 군법원의 순회판사가 경미한 범죄에 대해 공판절차를 거치지 않고 「즉결심판에 관한 절차법」(즉결심판법)에 의해 신속하게 처리하는 약식재판절차이다.

즉결심판의 청구권자는 경찰서장이라는 점에서 검사가 청구하는 약식절차와 다르다. 이것은 공소권은 검사에게 있다는 이른바 기소독점주의에 대한 예외이다. 즉결심판의 청구는 서면으로 하여야 하고, 즉결심판청구서에는 피고인의 성명 · 기타 피고인임을 지정할 수 있는 사항 · 죄명 · 범죄사실과 적용법조를 기재하여야 한다. 즉결심판은 기일(期日)을 지정하여 심판하되 심리는 공개된 장소에서 행하여야 하며, 경찰관서(해양경찰관서 포함) 외의 장소임을 요한다(즉결심판법 §7①). 피고인이 출석하지 않으면 개정할 수 없는 것이 원칙이나, 예외적으로 벌금 또는 과료를 선고하는 경우에는 피고인의 진술을 듣지 않고 형의 선고를 할 수 있다(동법 §8 · §8의2).

즉결심판에 있어서는 피고인의 자백만으로써 유죄의 인정을 할 수 있고, 또 사법경찰관이 작성한 피의자 신문조서나 피고인의 진술서 등도 유죄의 증거로 할 수 있는 등, 증거조사의 특례가 인정된다(동법 §10). 즉결심판에 대하여는 7일 이내에 정식재판을 청구할 수 있고(즉결심판법 §14), 정식재판의 판결이 있을 때에는 그 효력을 잃는다. 그러나 정식재판의 청구기간의 경과, 정식재판청구권의 포기, 청구의 취하 또는 기각에 의하여 확정판결과 동일한 효력이 있다(즉결심판법 §16). 즉결심판의 형의 집행은 경찰서장이 한다.

현재 한국에서 실시하고 있는 즉결심판은 「도로교통법」과 「경범죄처벌법」 위반이 대부분이다. 「도로교통법」에서는 즉결심판에 회부하기 전의 단계로서 경찰서장이 범칙자로 인정되는 사람에게 서면으로 범칙금을 국고에 납입하도록 통고한다. 통고를 받은 사람이 통고처분을 이행하지 않을 경우에는 경찰서장은 즉결심판에 회부하여야 한다. 경찰서장의 통고처분으로 처리될 수 있는 범칙행위는 벌금이나 과료 등 범칙금액에 해당되는 경우에 한한다.

즉결심판을 받은 피고인이 이에 불복하는 경우에는 법정에서 구두로 또는 즉결심판의 고지를 받은 날로부터 7일 이내에 경찰서장에게 정식 재판청구서를 제출하여 정식재판을 청구할 수 있다.

즉결심판은 정식재판을 청구하지 아니하거나 초기한 때, 청구한 정식재판을 취하한 때 또는 정식재판의 청구가 기각된 때, 즉결심판이 확정된 때에는 확정판결과 같은 효력이 있다.

즉결심판절차

(1) **즉결심판의 대상** – 20만원 이하의 벌금, 구류, 과료에 처할 경미한 범죄로서, 중요한 것을 예로 들면, ㉠행정법규위반 사건(도로교통법상의 자동차주정차금지위반, 향토예비군설치법상의 예비군훈련불참자 등), ㉡형법위반 사건(폭행죄 등), ㉢거짓신고, 무임승차 등 47개 항목의 경범죄처벌법위반사범 등이 있다.

(2) **처리절차** – 즉결심판은 경찰서장이 법원에 청구한다. 이를 위한 사전조치로서는 ㉮보호처리(주거와 신원이 확실하지 않고, 석방하면 형집행에 지장이 있다고 판단되는 경우에는 즉결심판회부시까지 경찰서에 보호), ㉯비보호처리(보호처리의 필요가 없는 경우는 출석지시서를 발부하여 바로 석방하고 본인이 나중에 법정에 가서 재판을 받도록 함. 불출석재판), ㉰통고처분(경범죄처벌법이나 도로교통법을 위반한 사항중 일정한 범칙행위에 대하여는 먼저 범칙금을 납부하도록 통고처분하고, 위반자가 그 범칙금을 기일내에 납부하지 아니할 때에 비로소 즉결심판을 청구), ㉱훈계방면(범죄사실이 가볍고, 피해자가 없으며 잘못을 뉘우치는 경우에는 지서장, 파출소장 또는 경찰서장이 훈계하고 방면할 수 있음) 등이 있다.

(3) **심판절차** – 즉결심판은 판사의 주재하에 경찰서가 아닌 공개된 법정에서 열린다. 피고인이

출석하는 것이 원칙이지만 벌금·과료를 선고하는 경우나 피고인이 불출석 심판을 청구하여 법원이 이를 허가한 경우에는 불출석재판도 한다. 판사는 피고인에게 사건내용을 알려주고 변명의 기회도 주며, 피고인은 변호사를 선임할 수도 있지만, 신속·간편한 심리를 위하여 경찰의 조서만을 증거로 삼아 유죄를 선고할 수도 있다. 판사는 보통 구류, 과료 또는 벌금형을 선고하지만 즉결심판을 할 수 없거나 즉결심판절차에 의하여 심판함이 적당하지 아니 하다고 인정할 때에는 즉결심판의 청구를 기각하도록 하고 있다. 청구기각된 사건은 경찰서장이 지체없이 검찰에 송치하여 일반의 형사절차에 따라 처리된다.

(4) **정식재판의 청구** – 즉결심판에 불복이 있는 피고인은 선고일로부터 7일 이내에 정식재판청구서를 경찰서장에게 제출하면 정식재판을 받을 수 있게 된다.

(5) **형의 집행** – 즉결심판이 확정되면 확정판결과 같은 효력이 있게 되며 형의 집행은 보통 경찰서장이 하고 검사에게 보고한다. 벌금은 20만원 이하이고, 과료는 2천원 이상 5만원 미만인데 경찰서장에게 납입하며 구류는 1일 이상 30일 미만으로서 보통 경찰서유치장·구치소 또는 교도소에서 집행하나 검사의 지휘하에 구치소 또는 교도소에서 집행하는 경우도 있다.

3. 배상명령절차

배상명령절차란 공소제기된 범죄로 인하여 형사사건의 피해자에게 손해가 발생한 경우 법원의 직권 또는 피해자의 신청에 의해 형사재판 과정에서 따로 민사소송절차를 밟지 않고 신속·간편한 방법에 의하여 가해자인 피고인에게 민사적 손해배상을 명하는 절차(「소송촉진 등에 관한 특례법」 §25)로 이를 부대소송(附帶訴訟)이라고도 한다.

배상명령을 신청할 수 있는 형사사건으로 제1심 또는 제2심의 형사공판절차에서 상해·중상해·상해치사·폭행치사상·과실치사상·절도·강도·사기·공갈·횡령·배임·손괴죄 등에 관하여 유죄판결을 선고할 경우에 법원은 직권 또는 피해자나 그 상속인('피해자')의 신청에 의하여 피고사건의 범죄행위로 인하여 발생한 직접적인 물적 피해, 치료비손해 및 위자료의 배상을 명할 수 있다. 법원은 위의 죄에 대한 피고사건에 있어서 피고인과 피해자 사이에 합의된 손해배상액에 관하여도 그 배상을 명할 수 있다. 배상명령이 기재된 유죄의 형사판결문은 민사판결문과 동일한 효력이 인정되므로 강제집행이 가능하다. 또한 배상명령의 신청이 이유 없다고 각하 되거나 일단 배상명령이 내려지면, 배상명령을 다시 신청할 수 없다. 그러나 법원은 ㉠피해자의 성명·주소가 분명하지 아니한 때, ㉡피해금액이 특정되지 아니한 때, ㉢피고인의 배상책임의 유무 또는 그 범위가 명백하지 아니한 때, ㉣배상명령으로 인하여 공판절차가 현저히 지연될 우려가 있거나 형사소송절차에서 배상명령을 하는 것이 타당하지 아니하다고 인정되는 경우에는 배상명령을 하여서는 아니된다.

형사사건과 합의

범죄를 저질러 남에게 피해를 입히면 적절히 피해를 보상해 주고 합의를 하는 것이 사람의 도리이다. 따라서 형사사건 처리과정에서 검사나 판사는 피의자나 피고인에게 합의를 권유하고 또 합의를 하면 이를 참작하여 가벼운 처분이나 판결을 하는 것이 관례이다. 그러나 피해보상은 근본적으로 민사문제이므로 형사사건에서 참고가 될 뿐이고 수사기관이나 법원에서 강요할 수는 없는 것이므로 가해자가 검사나 판사의 권유에 따라 적절한 피해보상을 하지 아니하는 경우에는 민사재판을 통하여 해결할 수밖에 없다.

어떤 피해자들은 수사기관이나 법원에서 피해보상도 받아주지 않고 형사사건을 처리한다는 이유로 각종 민원을 제기하는 사례가 있는데 법제도의 취지를 잘 이해하여야 할 것이다. 다만 일정한 형사사건의 경우에는 배상명령을 신청하여 민사문제까지 처리되는 수도 있다.

배상명령제도

배상명령은 형사사건의 피해자가 범인의 형사재판 과정에서 간편한 방법으로 민사적인 손해배상명령까지 받아 낼 수 있는 제도이다. 절도나 상해를 당한 경우에 그 범인이 절도죄나 상해죄로 형사처벌을 받는다고 하더라도 피해자가 피해보상을 받으려면 따로 민사소송절차를 밟아야 하는 것이 원칙이지만 피해자에게 신속·간편하게 보상을 받도록 해주기 위해 마련된 제도이다.

(1) **배상명령을 신청할 수 있는 형사사건** – ㉠상해를 당했을 때, ㉡상해를 당하여 불구가 되거나 난치의 병에 걸렸을 때, ㉢폭행을 당하여 상처를 입거나 죽었을 때, ㉣과실 또는 업무상 과실로 상처를 입거나 죽었을 때, ㉤절도나 강도를 당했을 때, ㉥사기나 공갈을 당했을 때, ㉦횡령이나 배임의 피해자일 때, ㉧재물을 손괴당했을 때로 한정되어 있다.

(2) **배상명령을 신청하는 방법** – 위에 정한 범죄의 직접적인 피해자 또는 그 상속인만이 신청할 수 있다. 범인이 피고인으로 재판받고 있는 법원에 2심의 변론이 종결되기 전까지 배상명령신청서를 제출하면 된다. 다만 그 형사재판에 증인으로 출석하여 증언할 때에는 구두로도 신청할 수 있다. 그리고 배상명령을 신청할 때에는 별도로 인지를 붙일 필요가 없다.

(3) **배상명령의 신청범위** – 범죄로 인하여 발생한 직접적인 물적 피해와 치료비, 손해 및 위자료의 배상이다.

(4) **배상명령의 효과** – 배상명령이 기재된 유죄판결문은 민사판결문과 동일한 효력이 있어 강제집행도 할 수 있다. 신청인은 신청이 이유없다고 각하되거나 일단 배상명령이 있으면 배상명령을 다시 신청할 수 없고 또 인용된 금액 범위내에서는 민사소송을 제기할 수도 없다. 피고인은 배상명령에 불만이 있으면 유죄판결에 대하여 상소를 하면 된다.

제5편 민사법

제1장 민법
제2장 경호경비업무와 손해배상
제3장 민사소송법

제1장 민 법

제1절 민법 총칙

1. 민법의 의의

1) 민법

(1) 민법(民法)이란

실질적 의미로 시민사회에 있어서의 개인 상호간의 사적 생활관계를 규율하는 일반(보통)사법을 말하고, 형식적으로는 1960년 1월 1일부터 시행되었고 그 후 몇 차례 개정된 바 있는 「민법」(1958.2.22. 법률 제471호)이라는 이름의 성문법을 가리킨다.

(2) 민법의 성격과 대상

사인(私人)상호간의 관계를 규율하는 사법이며, 일반사법으로 특별사법인 상법·노동법 등이 적용되지 않는 한 사법관계에 일반적으로 적용되는 원칙법으로서 사법의 근간을 이룬다. 민법은 직접적으로 권리의무에 관하여 발생·소멸과 그 내용 기타 법률관계의 판단기준을 정하는 실체법으로 실체법상의 권리를 실행하거나 또는 의무를 실현시키기 위한 절차를 정한 절차법과 구별된다.

국가생활에 대비하여 생각되는 인류생활의 규율을 정하는 사법은 재산관계와 가족관계를 다루는 재산법(물권법·채권법)과 가족법(친족법·상속법)이 있다. 전자는 합리적·타산적·이익사회적·계수성이 농후한 반면, 후자는 비합리적·토속적·관습성·보수적·공동사회적이고 계수성이 미약하다는 특성이 있다.

2) 민법의 구조[체계 및 내용]

한국 민법은 판덱텐 체계에 따라 총칙, 물권법(재산법), 채권법, 친족·상속법(가족법)의 제5편으로 구성되어 있다. 즉, 일반 사인간의 민사관계를 규율하는 일반사법으로 물건에 대한 소유권을 중심으로 한 물권과 일정한 급부를 청구할 수 있는 채권의 재산에 관한 부분과 가족간의 성립과 내용에 관한 친족법 · 상속법으로 구성되어 있다.

민법전은 제1편 총칙(§1~§184), 제2편 물권(§185~§372), 제3편 채권(§373~§766), 제4편 친족(§767~§979), 제5편 상속(§997~§1118) 그리고 부칙으로 구성되어 있다.

민법은 제정 후 현재까지 여러 차례 개정을 하였으며 주로 친족 · 상속에 관하여 개정을 해왔다.

(1) 민법총칙

민법총칙은 민법전체의 통칙적인 규정으로서 제1장 제1조에서 법원(法源), 제2조에서 신의성실을 규정하고, 권리의 주체와 관련하여 제2장 人(자연인)과 제3장 법인을 규정한다.

권리의 객체에 해당하는 물건을 제4장 물건에서 규정하고, 권리의 변동과 관계있는 법률행위를 제5장 법률행위에서 규정하고 있다.

제6장 기간에서 시간과 관련한 규정인 기간을 규정하고, 제7장 소멸시효에서는 시간의 경과에 따른 권리의 소멸에 관하여 소멸시효를 두고 있다.

(2) 물권법

물권법은 채권법과 함께 재산법을 이루고 있는데 민법 제185조 이하(§185~§372)에서 규정하고 있다. 민법전은 제2편 물권이라는 제목 하에, 제1장 총칙 · 제2장 점유권 · 제3장 소유권 · 제4장 지상권 · 제5장 지역권 · 제6장 전세권 · 제7장 유치권 · 제8장 질권 · 제9장 저당권으로 구성되어 있으며, 학문상으로 이들 중에서 소유권과 점유권을 기본물권이라 하고 지상권 · 지역권 · 전세권을 용익물권이라 하며 유치권 · 질권 · 저당권을 담보물권이라 한다.

물권법은 채권법과 달리 물권법정주의(§185)를 그 기본으로 하기에 물권의 종류나 내용을 마음대로 바꿀 수 없으며, 대부분의 규정이 강행적 성격(강행규정)을 가지고 있고, 또한 물권은 배타적 지배권을 본질로 하며 공시의 원칙을 제도적인 바탕으로 하고 있다.

(3) 채권법

민법전은 제3편 채권이라는 제목 하에 제1장 총칙 · 제2장 계약 · 제3장 사무관리 · 제4장 부당이득 · 제5장 불법행위 5개장으로 규정되어 있는데, 이론상으로 총칙이란 채권총칙을 말하고 계약 · 사무관리 · 부당이득 · 불법행위는 채권각론이라 말한다.

채권법의 특성으로 채권법은 물권법과는 달리 사적자치의 원칙이 널리 허용되며 따라서 대부분의 규정이 임의적 성격(임의규정)을 가진다.

이는 물권법이 배타적지배권 즉 제3자에게도 영향을 미치는데 반해 채권법은 채권자와 채무자 사이를 규율하기 때문이다.

(4) 친족상속법

친족상속법은 신분적인 관계를 규율하는 제4편 친족법(§767~§996)과 재산에 관한 사후처리 문제를 규율하는 제5편 상속법(§997~§1118)을 말하며, 이는 혈연관계를 기초로 한 재산관계를 규율하기에 당사자가 임의로 이에 반하는 내용을 정하거나 변경할 수 없는 강행적인 성격(강행규정)을 가진다.

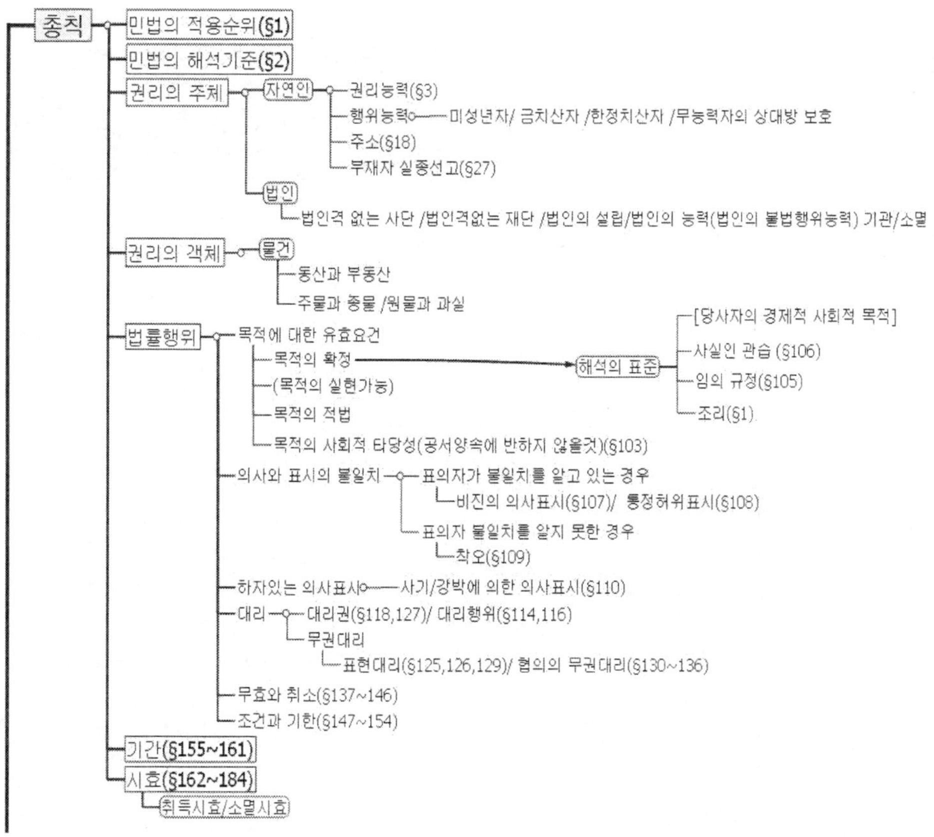

- 재산법
  - 물권법
    - 총론
      - 물권의 종류(물권법정주의)(§185)
        - 점유권,소유권, 지상권, 지역권, 전세권, 유치권, 질권,저당권
      - 물권의 변동
        - 물권의 변동을 목적으로 하는 법률행위의 효력발생 — 형식주의
        - 물권변동에 있어서의 공시
          - 부동산 — 등기(§186)
          - 동산 — 인도,간이인도(§188)
          - [일정한 입목 분묘기지권등 — 명인방법]
        - 동산물권의 선의취득(§249)
        - 물권의 소멸 — 혼동(§507)
    - 점유권(물권적 지배의 질서유지)
    - 소유권(물건의 전면적인 지배)
      - 상린관계, 소유권의 취득
      - (취득시효, 선점/습득/발견/첨부/부합/혼합/가공).공동소유(공유/총유/합유)
    - 용익물권(물건의 이용) — 지상권, 지역권, 전세권
    - 담보물권(물건의 담보가치의 이용) — 유치권,질권, 저당권,[변칙담보]
  - 채권법
    - 총론
      - 채권의 목적(§373)
      - 채권의 효력
        - 채무불이행에 기초한 손해배상청구(§390~399)
        - 채권자지체(§400)
        - 책임재산의 보전 — 채권자대위권(§404)/채권자취소권(§406,407)
      - 채권의 소멸 — 변제/대물변제(§466)/공탁/상계/경개/면제/혼동
      - 다수당사자간의 채권관계
        - 분할채권관계(§408)/불가분채권관계(§409)/연대채무(§413~427)/보증채무(§428~448)
      - 채권양도(§449~452)
      - 채무인수(§453~459) — 중첩적 채무인수/면책적 채무인수
    - 각론
      - 계약
        - 총론
          - 계약의 성립 — 청약/승낙,계약체결상의 과실(§535)
          - 계약의 효력
            - 쌍무계약의 특수한 효력
              - 동시이행의 항변권(§536)/위험부담(§537)
            - 제3자를 위한 계약(§539~542)
          - 계약의 해제/해지(§543~553) — 약정해제/법정해제
        - 각론
          - 재산을 대상으로 하는 계약
            - 재산의 양도를 목적으로 하는 계약
              - 증여/매매/교환
            - 재산의 이용(대차)를 목적으로 하는 계약
              - 소비대차/사용대차/임대차
          - 노무를 대상으로 하는 계약 — 고용/도급/현상광고/위임/임치
          - 기타 계약 — 조합/종신정기금/화해
      - 사무관리(§734~740)
      - 부당이득(§741~749)
      - 불법행위
        - 일반적 불법행위 성립요건
          - 주관적요건 — 고의/과실(§750)/책임능력(§753,754)
          - 객관적요건
            - 이익의 침해/가해의 위법성(§750)
            - 가해행위에 따른 손해 발생
        - 특수한 불법행위
          - 책임무능력자의 감독자의 책임(§755)
          - 사용자의 배상책임(§756)/공작물의 하자에 의한 책임(§758)
          - 동물점유자의 책임(§759)/공동불법행위자의 책임(§760)
          - [자동차 손해배상책임/환경오염책임/제조물책임/의료과오책임]
        - 불법행위의 효과 — 손해배상청구(§750,751,752,762,763)
- 가족법
  - 친족법
    - 친족관계(§767~772,775~777)
      - 친족의 범위(§777)
        - 8촌이내의 혈족/4촌이내의 인척/배우자
    - 가족의 범위와 자의 성과 본
      - 가족의 범위(§779),자의 성과 본(§781)
    - 혼인
      - 약혼(§800~806)
      - 혼인의 성립
        - 실질적 요건(§807~811)/형식적 요건(§812~814)
        - 혼인의 무효와 취소(§815~825)
      - 혼인의 효력
        - 일반적 효력(§826~828)
        - 재산상 효력(§829~833)
          - 부부재산계약(§829)
          - 법정재산제
            - 일상가사채무의 연대책임(§832)
            - 부부별산제(§830)
      - 이혼
        - 협의이혼(§834~839의3)/재판상이혼(§840~843),
        - 이혼의 효과(일반적 효과, 자에대한 효과-면접교섭권, 재산상효과-위자료,재산분할청구권)
      - [사실혼]
    - 부모와 자
      - 친생자
        - 혼인중의 출생자/혼인외의 출생자(§844~854)
        - 인지(§855~864),준정
      - 양자
        - 입양의 요건(§866~882)/입양의 무효와 취소(§883~897)/파양(§898~908)
      - 친양자(§908의2~908의8)
      - 친권
        - 친권자(§909)/친권의 효력(§913~923)/친권의 상실(§924~927)
    - 후견
      - 후견인(§928~940),후견인의 임무(§941~956),후견의 종료(§957~959)
    - 친족회(§960~973)
    - 부양(§974~979)
      - 부부간의 부양
      - 가족간의 부양
  - 상속법
    - 상속
      - 상속의 개시(§997~999)
      - 상속인(§1000~1004)
        - 직계비속-지계존속-형제자매-4촌이내의 방계혈족(§1000)
        - 배우자(§1003)
      - 상속의 효력
        - 일반적 효력(§1005~1008의3)
        - 상속분(§1009~1011)
        - 상속재산의 분할(§1012~1018)
      - 상속의 승인 및 포기
        - 단순승인(§1025~1027)
        - 한정승인(§1028~1040)
        - 포기(§1041~1044)
      - 재산의 분리(§1045~1052)
      - 상속인의 부존재(§1053~1059)
    - 유언
      - (일반적인 방식)자필증서(§1066)/녹음(§1067)/공정증서(§1068)/비밀증서(§1069)/구수증서(§1070),유증
    - 유류분
      - (유류분권리자)직계비속/배우자/직계존속/형제자매(§1112)

3) 민법의 지도원리와 수정

(1) 근대민법의 지도원리

근대 시민법에서는 "인간은 출생과 생존에 있어서 자유와 평등의 권리를 가진다"고 하여 개인주의, 자유주의, 합리주의 등을 기본으로 하였다.

가) 소유권절대(사유재산 존중)의 원칙

시민의 소유권은 국가라 할지라도 이를 존중하지 않으면 안된다. 따라서 국가가 무상으로 사용하거나 침해를 해서는 안된다.

나) 계약자유(사적자치)의 원칙

계약체결 여부의 자유, 계약 체결의 상대방을 선택할 자유, 계약내용을 결정할 자유, 계약의 방식을 결정할 자유를 그 내용으로 한다.

다) 과실책임(자기책임)의 원칙

개인은 고의 또는 과실로 위법하게 타인에게 가한 손해에 대하여만 손해배상책임을 진다는 원칙이다.

(2) 지도원리의 현대적 수정

가) 현대적 수정 : 소유권공공의 원칙 및 소유권의 사회적 구속성이 강조되어 소유권절대의 원칙은 권리남용 금지의 법리에 의하여 그 자의적 행사가 억제되고 사적 소유권과 공공복리의 조정이 중요하게 되었다.

나) 계약공정의 원칙 : 계약자유의 공서양속, 공정한 법률행위, 신의성실의 원칙 속에서만 유지되고 이러한 사회적 기준에 이르지 못하는 계약은 성립하지 못한다.

다) 무과실책임의 원칙 : 무과실책임의 원칙에 있어서도 기업의 경우 고의·과실을 묻지 않고 손해배상책임을 부담하게 하는 무과실책임이 인정되고 있다.

소유권 공공의 원칙	개인의 재산권은 법에 의해 보장되지만, 사회 전체의 이익을 위해 그 권리의 행사가 제한될 수 있음 → 헌법 §23②재산권의 행사는 공공복리에 적합하도록 하여야 한다. ㉼ 공공필요에 따른 재산권 수용·사용·제한의 감수, 개발제한지역(greenbelt)설정
계약 공정의 원칙	매우 공정성을 잃은 계약은 법의 보호를 받을 수 없음(㉼ 부합계약 등 국가 감독) → 민법 제2조(신의성실) ① 권리의 행사와 의무의 이행은 신의에 좇아 성실히 하여야 한다. → 민법 제104조(불공정한 법률행위) 당사자의 궁박(窮迫), 경솔 또는 무경험으로 인하여 현저하게 공정을 잃은 법률행위는 무효로 한다.
무과실 책임의 원칙	과실이 없는 경우에도 일정한 상황에 대해서는 관계있는 자에게 책임을 물을 수 있음(고의·과실 불문 위험책임 인정)

2. 권리의 주체 · 객체

민법상 권리의 주체가 될 수 있는 지위 또는 자격인 권리의 주체는 사람으로서 이에는 자연인과 법인이 있다.

1) 권리일반

권리란 이익을 향수하기 위하여 법이 인정하는 힘으로 (1)내용에 따라 재산권 · 인격권 · 가족권 · 사원권으로, (2)작용에 따라 지배권 · 청구권 · 형성권 · 항변권으로, (3)의무자에 따라 절대권 · 상대권으로, (4)권리주체와의 관계에 따라 일신전속권과 비전속권으로 성립요건의 성부에 따라 완성권과 기대권으로 나누어 볼 수 있다.

2) 신의성실원칙

(1) 사회공동생활체의 일원으로서 서로 상대방의 신뢰를 헛되이 하지 않도록 성의있게 행동하여야 한다는 원리이다. 민법 제2조에 규정되어 직접적으로는 권리행사자유의 한계, 간접적으로는 권리의 공공성과 사회성을 인정하는 의미를 갖는다.

(2) 연혁적으로 로마법에서 유래하는데 채권법에서의 원리로 시작되었지만 민법 전체로, 공 · 사법전반으로 확장되어 일반화 되었으며 사법의 최고원리, 일반조항적 성질, 강행규정성을 갖는다.

(3) 파생원칙으로는 사정변경의 원칙과 실효의 원칙을 들 수 있으며, 특히 민법 제2조 제2항 권리남용금지의 원칙과는 표리의 관계에 있어 민법의 최고이념으로서 공통점을 갖지만 발생사적으로는 신의칙은 채권법에서, 권리남용금지의 원칙은 물권법에서 주로 기능한다는 차이점이 있다.

3) 권리의 주체

권리를 향유하고 의무를 부담하는 자를 권리의 주체라고 한다. 권리능력이나 인격이란 권리의 주체가 될 수 있는 법률상의 지위 또는 자격을 의미하며 민법상 권리의 주체에는 자연인과 법인이 있다.

(1) 자연인

가) 권리능력 : 사람은 생존한 동안 권리와 의무의 주체가 된다.

㈎ **시기** : 사람은 출생에 의하여 권리능력을 취득하는데, 출생이 완료된 시기는 태아가 모체로부터 전부 노출된 때(전부노출설)이다.[18] 태아는 불법행위로 인한 손해

배상청구 · 재산상속 · 유증 등의 경우에 예외적으로 권리능력이 인정된다. 외국인의 경우에도 원칙적으로 내국인과 동일한 권리능력을 갖는데 광업권, 선박소유권, 특허권, 토지소유권 등의 일정한 경우에는 권리능력이 부인 또는 제한된다.

(나) **종기** : 사망에 의하여 권리능력을 상실하는데 사망시기는 맥박이 정지된 때[심폐(심장박동과 호흡)기능정지설]이다.[19)]

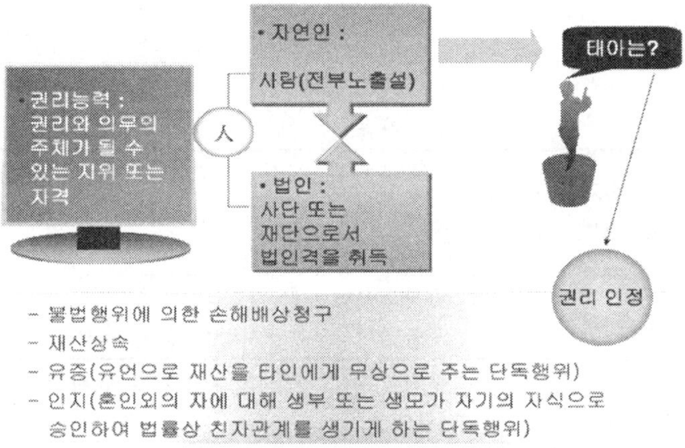

나) 의사능력

의사능력이란 개개의 법률행위를 함에 있어 자기의 행위의 의미나 결과를 정상적인 인식력과 예기력으로서 합리적으로 판단할 수 있는 능력을 말한다.

구분	의 미	귀속자(효과)	결여시 효과
권리능력	권리의무 주체가 될 수 있는 지위 · 자격	자연인, 법인	법률관계의 주체가 될 수 없음
의사능력	자기 행위의 의미와 결과를 판별할 수 있는 정신 능력	의사무능력자(유아, 정신병자, 만취자) 제외	법률행위 무효
책임능력	자기 행위가 불법한 행위로 법률상 책임을 발생하게 됨을 인식할 수 있는 능력	15세 전후(형사미성년-14세 형법 §9, 민법 §753-§755)	불법행위책임없음(책임성 조각)
행위능력	단독으로 완전 유효한 법률행위를 할 수 있는 능력	행위무능력자(미, 한, 금) 제외	취소 가능

18) 권리능력을 취득할 수 있는 출생의 시기에 관하여 ㉠**수태설**(정자와 난자가 결합하여 잉태된 시기를 권리능력의 주체로 봄-헌법상 통설), ㉡**진통설**(분만개시설, 태아가 모체로부터 분리되려고 진통이 시작된 때-형법상 통설·판례, 형법 §251-영아살해죄), ㉢**일부**(두부)**노출설**(모체로부터 태아의 어느 일부가 노출된 때-日本 통설), ㉣**전부노출설**(모체로부터 살아서 완전히 노출된 때-영미, 민법상 통설), ㉤**독립호흡설**(모체로부터 전부 분리된 후 자신의 폐로 독립하여 호흡하게 된 때) 등의 학설이 있다.

19) 사망 시기에 관하여 ㉮**호흡**(맥박)**종지설**(호흡 또는 맥박이 멈춘 때), ㉯**심장박동정지설**(심폐기능이 멎은 때-다수설), ㉰**뇌사설**(사람의 뇌의 기능을 되돌릴 수 없게 뇌파가 정지된 때-「장기등 이식에 관한 법률」) ㉱ 종합판단설 등의 학설이 있다.

【 연령별 아동 · 청소년의 법적 지위 】

나이	내용	관련 법조문
만14세 미만	형사미성년자	「형법」 제9조 (형사미성년자)
만15세 미만	취업 제한	「근로기준법」 제64조 (최저연령과 취직 인허증) → 15세 미만인 자(「초 · 중등교육법」에 의한 중학교에 재학 중인 18세 미만인 자를 포함)는 근로자로 사용하지 못한다. 단, 고용노동부 장관이 발급한 취직 인허증을 소지한 자는 취업 가능
만16세 이상	원동기 장치 자전거 운전면허 취득 가능	「도로교통법」 제82조 (운전면허의 결격사유) → 운전면허는 18세이상, 원동기장치자전거는 16세이상이 되어야 면허취득 가능
	법정 증인 선서 가능	「민사소송법」 제322조 (선서무능력), 「형사소송법」 제159조 → 만16세 미만인 사람은 증인 선서를 하지 못함
만17세 이상	주민등록증 발급	「주민등록법」 제24조 (주민등록증의 발급 등) 주민등록증 발급대상
	군 지원 입대	「병역법」 제20조 (현역병의 모집)
	유언 가능	「민법」 제1061조 (유언적령) → 만17세에 달하지 못한 자는 유언을 하지 못한다.
만18세 이상	자동차 운전면허 취득	「도로교통법」 제82조
	부모 동의하에 약혼과 결혼 가능	「민법」 제801조 (약혼연령) → 만18세가 된 자는 부모 또는 후견인의 동의를 얻어 약혼할 수 있음 「민법」 제807조 (혼인적령) → 만18세에 달한 때에는 혼인할 수 있음
	경범죄처벌법상의 범칙자가 될 수 있음	「경범죄 처벌법」 제6조(정의) →만18세 미만자는 경범죄 처벌법 상의 범칙자가 되지 않음
	제1국민역 편입	「병역법」 제8조 (제1국민역에의 편입)
만19세 이상	징병 검사	「병역법」 제11조 (징병검사) - 19세가 되는 해에
	교도소 수감	「형의 집행 및 수용자의 처우에 관한 법률」 제11조 (구분수용)→만19세 미만의 수형자는 소년교도소, 19세이상은 교도소에 수용
	선거권 · 투표권 행사	「공직선거법」· 「지방자치법」 (선거권), 「국민투표법」 제7조 (투표권), 「부패방지 및 국민권익위원회의 설치와 운영에 관한 법률」 제72조(주민감사청구권)
	부모 동의 없이 약혼과 결혼 가능	「민법」 제4조(성년기), 제800조(약혼의 자유)

다) 행위능력

(가) 의의 : 행위능력이란 단독으로 완전 유효한 법률행위를 할 수 있는 지위 또는 자격을 말한다. 이러한 행위능력을 가지지 못한 자를 행위제한능력자라 한다.

(나) 행위제한능력자

<table>
<tr><th>구분</th><th>미성년자</th><th>피한정후견인(한정치산자)</th><th>피성년후견인(금치산자)</th></tr>
<tr><td>의 의</td><td>만19세 미만자</td><td>사무처리능력 부족한 사람</td><td>사무처리능력 지속적 결여자</td></tr>
<tr><td>규 정</td><td>민법 제4조</td><td>민법 제12조</td><td>민법 제9조</td></tr>
<tr><td>행위능력</td><td colspan="2">단독 또는 법정대리인의 허락에 의한 제한적 능력인정
㉠ 權利만을 얻거나 義務만을 면하는 행위(민법 §5①단서)
㉡ 범위를 정해 처분을 허락한 재산의 처분행위(민법 §6)
㉢ 허락된 영업에 관한 행위(민법 제8조, 등기요-상법 §6)
㉣ 대리행위(민법 §117) ㉤ 임금청구행위(근기법 §68)
㉥ 회사의 무한책임사원자격으로 인한 행위(상법 §7)</td><td>전면적 행위제한(무)능력자
(법률행위는 항상 취소가능, 민법 §10①)</td></tr>
<tr><td rowspan="2">법정대리인의 권한</td><td colspan="2">법정대리인-성년후견인, 한정후견인
동의권(민법 §5·6·8), 철회권(§7·8②), 대리권(§920·949), 취소권(§5·140), 추인권(§143)</td><td>요양·감호(§947), 재산관리·대리(§938·949), 취소권(§10·140), 대리권 제한(§949②·920·950·956)</td></tr>
<tr><td colspan="3">영업의 대리는 등기요(상법 §8)</td></tr>
</table>

(ㄱ) 미성년자

ⓐ 미성년자란 만19세 미만의 자를 말하며 미성년자가 법률행위를 함에는 법정대리인이 행하거나 법정대리인의 동의를 얻어야 한다(§4, §5①).

ⓑ 법정대리인의 동의 없이 미성년자가 단독으로 한 법률행위는 법정대리인은 물론 미성년자도 취소할 수 있다(§5②).

ⓒ 예외적으로 권리만을 얻거나 의무만을 면하는 행위, 범위를 정하여 처분을 허락한 재산의 처분, 영업이 허락된 미성년자가 그 영업에 관하여 하는 행위, 대리행위, 유언행위(만17세이상), 무한책임사원의 자격에서 하는 행위, 임금의 청구 등을 단독으로 할 수 있다.

ⓓ 이러한 미성년자도 혼인하면 성년에 달한 것으로 본다.

(ㄴ) 피한정후견인(한정치산자)

㉠ 피한정후견인(한정치산자)이란 질병, 장애, 노령, 그 밖의 사유로 인한 정신적 제약으로 사무를 처리할 능력이 부족한 사람에 대하여 일정한 청구권자(본인, 배우자, 4촌 이내의 친족, 후견인, 후견감독인, 검사 등)의 청구에 의하여 법원으로부터 본인 의사를 고려해 한정후견개시의 심판을 받은 자를 말한다(§12).

㉡ 피한정후견인의 행위능력은 미성년자의 행위능력과 같이 취급된다.

(ㄷ) 피성년후견인(금치산자)

ⓐ 피성년후견인(금치산자)이란 질병, 장애, 노령, 그 밖의 사유로 인한 정신적 제약으로 사무를 처리할 능력이 지속적으로 결여된 사람에 대하여 일정한 청구권자(본인, 배우자, 4촌 이내의 친족, 미성년후견인, 미성년후견감독인, 한정후견인, 한정후견감독인, 특정후견인, 특정후견감독인, 검사 또는 지방자치단체의 장)의 청구에 의하여 가정법원으로부터 본인의 의사를 고려하여 성년후견개시의 심판을 받은 사람을 말한다(§9).

ⓑ 피성년후견인의 법률행위는 반드시 법정대리인이 대리하여 할 수 있을 뿐 법정대리인의 동의를 얻더라도 유효한 법률행위를 할 수는 없다.

ⓒ성년후견종료의 심판 : 성년후견개시의 원인이 소멸된 경우에는 가정법원은 본인, 배우자, 4촌 이내의 친족, 성년후견인, 성년후견감독인, 검사 또는 지방자치단체의 장의 청구에 의하여 성년후견종료의 심판을 한다(§11).

ⓓ 피성년후견인의 법률행위는 법정대리인의 동의 여부를 불문하고 취소할 수 있다(§10).

(ㄹ) 피특정후견인

피특정후견인이란 "질병, 장애, 노령, 그 밖의 사유로 인한 정신적 제약으로 일시적 후원 또는 특정한 사무에 관한 후원이 필요한 사람"으로서 일정한 청구권자(본인, 배우자, 4촌 이내의 친족, 미성년후견인, 미성년후견감독인, 검사 또는 지방자치단체의 장)의 청구에 의하여 가정법원으로부터 본인의 의사를 고려하여 특정후견개시의 심판(특정후견의 기간 또는 사무의 범위를 정해야 함)을 받은 사람을 말한다(§14의2).

(ㅁ) 제한(무)능력자의 상대방 보호 : 제한(무)능력자의 상대방은 거래의 안전과 신속을 도모하기 위하여 최고권 · 철회권 · 거절권 등이 인정된다.

ⓐ상대방의 확답을 촉구할 권리(최고권)

(a)제한(무)능력자의 상대방은 제한능력자가 능력자가 된 후에 이에 대하여 1월 이상의 기간을 정하여 그 취소할 수 있는 행위의 추인 여부의 확답을 최고할 수 있다. 능력자가 된 자가 그 기간내에 확답을 발송하지 아니 한때에는 그 행위를 추인한 것으로 본다(§15①).

(b)제한(무)능력자가 아직 능력자가 되지 못한 때에는 그 법정대리인이 그 기간내에 확답을 발송하지 아니한 때에는 그 행위를 추인한 것으로 본다(§15②).

(c)특별한 절차를 요하는 행위에 관하여는 그 기간 내에 그 절차를 밟은 확답을 발송하지 아니하면 취소한 것으로 본다(§15③).

ⓑ상대방의 철회권과 거절권

(a)철회권 : 제한(무)능력자가 맺은 계약은 추인 있을 때까지 상대방이 그 의사표시를 철회할 수 있다. 그러나 상대방이 계약당시에 제한(무)능력자임을 알았을 때에는 예외(§16①).

(b)거절권 : 제한(무)능력자의 단독행위는 추인 있을 때까지 상대방이 거절할 수 있다(§16②).

(c)철회와 거절의 의사표시는 제한(무)능력자에 대하여도 할 수 있다(§16③).

ⓒ제한(무)능력자의 속임수(사술) : 제한(무)능력자가 속임수[詐術]로써 능력자로 믿게 한 때나, 미성년자나 피한정후견인이 속임수[詐術]로써 법정대리인의 동의 있는 것으로 믿게 한 때에는 그 행위를 취소하지 못한다(민법 §17).

라) 주소

㈎ 주소란 생활의 근거가 되는 곳(민법 §18)으로 동시에 두 곳 이상 둘 수 있다. 정주의 의사를 요하지 않는다. 한국은 주소에 대하여 실질주의·객관주의·복수주의를 취한다.

㈏ 구별개념으로 거소는 사람과 장소의 밀접한 정도가 주소만 못한 곳을 말하며, 주소를 알 수 없으면 거소를 주소로 본다(§19). 가주소란 생활의 근거되는 곳은 아니지만 거래의 편의를 위해 당사자가 설정한 것으로 어느 행위에 있어서 가주소를 정한 때에는 그 행위에 관하여는 가주소를 주소로 본다(§20). 주민등록지란 등록기준지 이외에서 30일 이상 거주할 목적으로 일정한 장소에 주소 또는 거소를 갖는 자가 주민등록법에 의해 등록한 장소로서 반증이 없는 한 주소로 추정된다.

마) 부재와 실종

㈎ 부재

㈀ 부재자 : 종래의 주소나 거소를 떠나 쉽사리 돌아올 가망이 없는 자이다.

㈁ 부재자의 재산관리 : 부재자가 재산관리인을 정하지 않은 때 또는 부재 중 권한이 소멸한 때에는 이해관계인 또는 검사가 가정법원에 청구하여 가정법원이 재산관리에 필요한 처분을 명하는 것으로, 본인이 그 후에 재산관리인을 정한 때에는 본인·재산관리인·이해관계인 또는 검사의 청구에 의하여 명령을 취소하여야 한다.

㈏ **실종** : 실종이란 사람의 소재 및 생사를 알 수 없는 생사불명의 상태를 말한다.

㈀ 실종선고

ⓐ 부재자로서 일정기간(보통실종: 5년, 특별실종 : 1년)의 생사불명 상태가 계속될 때 이해관계인·검사가 청구하여 가정법원의 선고로 사망한 것으로 간주하는 제도이다(§27①).

ⓑ 전지(6·25전쟁, 월남참전)에 임한 자, 침몰한 선박 중에 있던 자, 추락한 항공기(KAL기 사고) 중에 있던 자, 기타 사망의 원인이 될 위난을 당한 자의 생사가 전쟁종지 후 또는 선박의 침몰, 항공기의 추락 기타 위난이 종료한 후 1년간 분명하지 아니한 때에도 법원은 이해관계인이나 검사의 청구에 의

하여 실종선고를 하여야 한다(특별실종: §27②).

ⓒ 효과: 실종기간 만료시 사망한 것으로 본다(§28).

(ㄴ) 실종선고의 취소

ⓐ 원칙(§29①본문) : 실종자의 생존한 사실 또는 전조의 규정과 상이한 때에 사망한 사실의 증명이 있으면 법원은 본인, 이해관계인 또는 검사의 청구에 의하여 실종선고를 취소하여야 한다. 그러나 실종선고 후 취소 전 선의로 한 행위(잔존배우자의 재혼, 상속인의 재산처분)의 효력에 영향을 미치지 않는다(§29①단서).

ⓑ 실종선고의 취소가 있을 때에 실종의 선고를 직접 원인으로 하여 재산을 취득한 자가 선의인 경우에는 그 받은 이익이 현존하는 한도에서 반환할 의무가 있고 악의인 경우에는 그 받은 이익에 이자를 붙여서 반환하고 손해가 있으면 이를 배상하여야 한다(§29②).

구 분	인정사망	실종선고
기간경과	즉시 사망인정	생사불명상태가 일정기간(1년 · 5년) 계속될 필요
절 차	관공서의 사망 보고	일정한 사람(이해관계인, 검사)의 청구에 의해 법원이 선고
효 과	사망 추정	사망 의제(사망의 대세적 효과)

바) 사망

(가) 동시사망의 추정 : 2인 이상이 동일한 위난으로 사망한 경우에는 동시에 사망한 것으로 추정한다(§30). 이는 수인이 각각 다른 위난으로 사망한 경우에 준용한다.

(나) 인정사망 : 사망의 확률이 대단히 높은 수난이나 화재 기타 사변(2003년 대구지하철사고 등)에 있어서 사망의 확증이 없으나 사망한 것이 거의 확실한 경우 이를 조사한 관공서의 보고에 따라 사망한 것으로 인정하는 제도이다(가족관계등록법 §87).

(2) 법인

가) 의의 및 종류

(가) 법인이란 자연인 이외의 자로서 법에 의하여 권리능력이 인정된 자이다. 법인에는 공법인(국가, 공공단체)과 사법인(사단법인, 재단법인)이 있는데 공법인은 사법의 규율을 받지 않고 사법인만 사법의 규율을 받는다. 한국 민법은 법인성립에 대하여 준칙주의, 인가주의, 허가주의, 특허주의, 강제주의 등에 의한다.

(나) 법인의 종류

<table>
<tr><td rowspan="6">법인</td><td rowspan="5">내국법인</td><td rowspan="3">사단법인</td><td colspan="2">비영리사단법인</td></tr>
<tr><td rowspan="2">영리사단법인</td><td>민사회사(민법 §39, 상법 §5②-의제상인)</td></tr>
<tr><td>상사회사(상법 §169)</td></tr>
<tr><td rowspan="2">재단법인</td><td colspan="2">비영리재단법인</td></tr>
<tr><td colspan="2">사립학교법인(사립학교법)</td></tr>
<tr><td colspan="4">외국법인</td></tr>
<tr><td colspan="5">권리능력 없는 사단, 재단/중간(특수)법인</td></tr>
</table>

(ㄱ) 사단법인 : 사단법인이란 법인의 실체가 일정한 목적을 위하여 결합된 사람의 단체를 말한다. 「경비업법」(§3)에 의하면 경비업은 법인이 아니면 영위할 수 없으며, 경비협회도 법인으로서 민법의 사단법인에 관한 규정이 준용된다(§22④).

(ㄴ) 재단법인 : 재단법인이란 법인의 실체가 일정한 목적을 위하여 바쳐진 재산인 경우를 말한다.

(ㄷ) 영리법인과 비영리법인: 영리법인이란 영리를 목적으로 하는 법인이다. 그러므로 경비업체는 영리사단법인에 해당한다. 이에 반하여 비영리법인이란 학술 · 종교 · 자선 · 기예 및 그 밖의 공익 등을 목적으로 하는 사단 또는 재단이므로 주무관청의 허가를 얻어 이를 법인으로 할 수 있는데 한국경비협회는 비영리사단법인에 속한다.

(ㄹ) 공법인과 사법인: 공법인이란 그 설립 및 관리에 관하여 국가의 공권력이 관여하는 법인이며, 사법인이란 주로 경제적 목적을 위한 사적 또는 자치적인 조직체가 되는 법인이다.

(다) 법인자격의 성립과 소멸

자연인은 누구나 권리, 의무의 주체가 되지만 법인은 주무관서의 허가를 얻어 등기를 하는 등의 법정요건을 갖추어 설립등기를 한 때에 권리의무의 주체가 되고 해산해서 청산절차를 사실상 마칠 때까지 권리능력이나 상인자격을 갖는다.

<table>
<tr><th>구 분</th><th>취 득</th><th>상 실</th></tr>
<tr><td rowspan="2">회 사</td><td>설 립 등 기</td><td>청 산 등 기</td></tr>
<tr><td colspan="2">-설립중의 회사는 상인은 아니나 설립준비행위는 보조적 상행위로서 상법을 적용.
-청산중의 회사는 상인이고 청산종결로 회사는 법인격을 잃고 상인자격을 상실한다.</td></tr>
<tr><td>자연인, 회사이외의 법인</td><td>영업준비행위가 객관적으로 인정될 때</td><td>기업활동을 사실상 종결한 때</td></tr>
</table>

나) 법인의 능력

㈀ 권리능력 : 법인은 법률의 규정에 따라 정관으로 정한 목적의 범위내에서 권리와 의무의 주체가 된다(§34).

㈁ 행위능력 : 권리능력의 범위내에서 행위능력을 갖는다.

㈂ 불법행위능력

ⓐ 법인은 이사 기타 대표자가 그 직무에 관하여 타인에게 가한 손해를 배상할 책임이 있다. 이사 기타 대표자는 이로 인하여 자기의 손해배상 책임을 면하지 못한다(민법 §35①).

ⓑ 법인의 목적범위 외의 행위로 인하여 타인에게 손해를 가한 때에는 그 사항의 의결에 찬성하거나 그 의결을 집행한 사원, 이사 기타 대표자가 연대하여 배상하여야 한다(§35②).

다) 법인의 주소

법인의 주소는 그 주된 사무소의 소재지에 있는 것으로 한다(§36). 법인의 주소는 정관에 기재하고 등기하여야 한다(§40, §49).

라) 법인의 기관(법인행위 담당조직)

㈎ 이사

㈀ 이사는 대외적으로 법인을 대표한다(대표기관). 이는 이사의 행위가 법인의 행위로 취급된다는 의미이며 이사가 수인인 경우에는 각자가 단독으로 법인을 대표한다.

㈁ 정관이나 사원총회의 결의로 이사의 대표권을 제한할 수 있지만, 이사의 대표권에 대한 제한은 등기하지 아니하면 제3자에게 대항하지 못한다.

㈂ 이사는 대내적으로는 법인의 사무집행을 한다(업무집행기관).

㈃ 이사는 자연인만이 될 수 있는 필수기관이다.

㈏ 감사

㈀ 감사는 법인의 재산상황과 이사의 업무집행상황을 감시하는 임의기관이다.

㈁ 법인은 법인 또는 사원총회 결의로써 감사를 둘 수 있다.

㈐ 사원총회

㈀ 사원총회는 사단법인의 전 사원으로 구성되는 최고의사결정기관이다(필수기관).

㈁ 사원총회의 정관으로 이사 기타 임원에게 위임한 사항 외에는 사단법인의 일체의 사무에 대하여 결정권을 가진다.

㈂ 총회의 결의는 민법 또는 정관에 다른 규정이 없으면 사원과반수의 출석과 출석사원의 과반수로 의결한다.

구 분	이 사	감 사	청산인
의 의	대외적으로 법인을 대표하고, 대내적으로 법인의 업무를 집행하는 상설적 필요기관	이사의 직무집행을 감독하는 임의기관	이사에 갈음하는 청산법인의 업무집행기관
선 임	위임유사계약 임면방법: 정관의 필요적 기재사항	이사와 동일. 단 정관의 필요적 기재사항은 아님	정관 또는 총회의 결의 해산 당시 이사 법원의 선임 순
해임·퇴임	정관 위임규정 준용	이사와 동일	법원 해임(중요사유)
직무권한	대표권(각자대표) 업무집행권(이사과반수)	법인의 재산상황감사, 이사의 업무집행상황감사 위 상황을 총회 혹은 주무관청에 보고	해산의 등기와 신고 현존사무의 종결 채권추심 · 채무변제

4) 권리의 객체

(1) 권리의 객체인 물건

가) 권리의 객체

권리의 객체란 권리가 미치는 대상을 말하나, 민법 총칙에서는 권리의 객체에 대한 일반적 규정을 두지 않고, 다만 물건에 대한 규정만 두고 있다. 권리의 객체를 분류하자면, 물권-물건, 채권-채무자의 행위, 지식재산권-저작 · 발명 등의 정신적 산물, 인격권-권리주체 자신 등이 있다.

나) 물건의 의의

민법에서 물건이라 함은 유체물 및 전기 기타 관리할 수 있는 자연력을 말한다(민법 §98). 물건은 독립성을 갖는 지배가능성이 있어야 하고 외계의 일부라야 한다.

(2) 물건의 분류

기 준	분 류	예 시
거래의 객체가 될 수 있는가의 여부	융통물(거래재)	상품, 재산
	불융통물(비거래재)	공용물, 공공용물, 금제물
물건의 성질 · 가치의 손상없이 분할이 가능한가의 여부	가분물	분할에 의해 성질을 잃는 물건
	불가분물	한 마리의 소나 말, 1동의 건물
거래상 물건의 개성이 무시되어 동종 · 동질 · 동량의 다른 물건으로 바꾸어도 영향이 없는가의 여부(객관적)	대체물	금전이나 곡물 · 술 · 서적 등
	비(부)대체물	그림이나 골동품 · 소 · 건물 등
반복적인 사용이 가능한가의 여부	소비물	쌀 · 석유 · 식료품 등
	비소비물	2번이상 같은 용도로 사용 가능
당사자간 물건의 대체가 가능한 상태인가의 여부(주관적 구별)	특정물	대체로 부대체물과 일치
	불특정물	대체로 대체물과 일치

(3) 물건의 종류

가) 부동산과 동산

㈎ 부동산 : 토지와 그 정착물(건물 등), 판례에 의한 토지정착물(수목의 집단, 미분리의 과실, 농작물 등)

㈏ 동산 : 부동산 이외의 물건(시계, 전기 등, 항공기 · 건설기계 · 자동차 · 선박 등은 준부동산)

㈐ 취급상의 차이 : 물권변동의 공시방법(부동산-등기, 동산 - 인도) · 동산점유의 공신력 · 무주물선점 등에 차이가 있고, 용익물권은 부동산에만 설정되고 담보물권 중 저당권은 부동산에만 설정되며, 동산에는 유치권 · 질권만 설정되고, 시효취득의 요건 · 효과, 재판관할권과 강제집행의 절차 · 방법 등이 다르다.

구 분	부동산	동산
개념정의	토지와 그 정착물(민법 §99①)	부동산 이외의 물건(민법 §99②)
공시방법	등기(민법 §186)	인도(민법 §188)
공신력·선의취득	부정	인정(§249)
무주물 선점	국고에 귀속(민법 §252②)	선점자에 귀속(민법 §252①)
취득시효	10년 또는 20년(§245)	5년 또는 10년(§246)
환매기간	5년	3년
부합효과	부동산의 소유자가 그 부동산에 부합한 물건의 소유권 취득(민법 §256)	주된 동산의 소유자에게 속함(민법 §257)
혼화 · 가공	없음	민법 §258, §259
용익물권	인정	부정
담보물권	유치권, 저당권	유치권, 질권
특별 재판적	인정	부정
강제집행	민사집행법 제78조이하	민집법 제188조이하

나) 주물과 종물

물건의 소유자가 그 물건의 상용에 제공하기 위하여 자기소유인 다른 물건을 아예 부속하게 한 때 그 물건을 '주물'이라 하고 주물에 부속된 다른 물건을 '종물'이라 한다. 종물은 주물의 처분에 따른다(§100). 종물은 주물의 경제적 효용에 이바지 하는 것이므로 양자를 법률적으로 같은 운명에 놓이게 함으로서 사회 · 경제적 유용성을 증진시키려 하기 때문이다(㉠ 배와 노, 건물 본체와 광, 시계와 시계줄 등).

다) 원물과 과실

어떤 물건에서 나오는 수익물을 과실(果實)이라 하고, 그 수익을 낳는 물건을 원물(元物)이라 한다. 과실에는 천연과실과 법정과실이 있다. 천연과실이란 물건의 용법에 따라 수취·분리하는 산출물(우유, 야채, 달걀 등)을 말하고 법정과실이란 물건의 사용대가로 받는 금전 기타의 물건(이자, 집세 등)을 말한다.

3. 법률행위(法律行爲)

1) 법률행위 일반

(1) 법률관계 · 권리의 변동 · 법률요건 · 법률효과

가) 법률관계

인간의 생활관계 중에서 법의 규율을 받는 생활관계를 법률(권리 · 의무)관계라고 한다.

나) 권리의 변동

권리의무관계는 항상 고정되어 있는 것이 아니라 우리들의 사회생활의 유동·변화와 함께 변동하는 것이며, 이것을 권리(의무)의 변동이라 한다. 권리의 변동은 권리의 발생·변경·소멸이다.

다) 법률사실과 법률요건

권리의 변동은 반드시 일정한 원인이 있어야 하며 이러한 원인을 법률요건이라 하고, 이러한 법률요건을 구성하는 요소를 법률사실(法律事實)이라고 한다.

법률사실의 종류

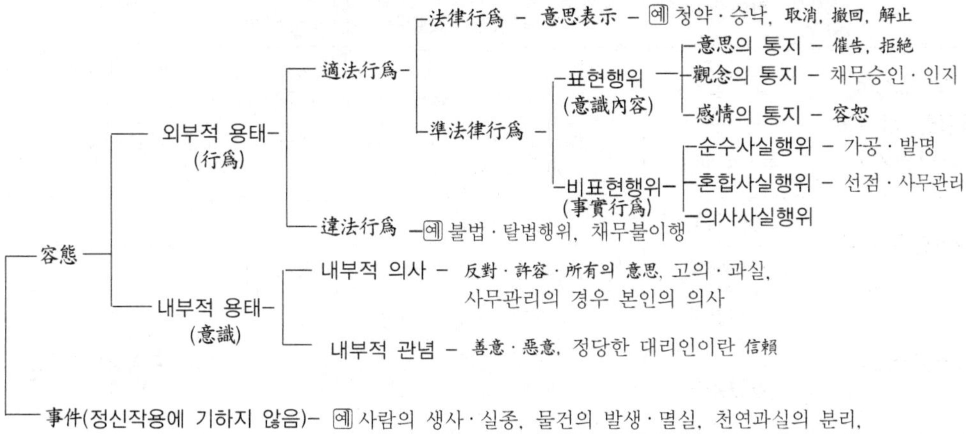

라) 법률효과

법률요건이 있을 때에 비로소 법이 인정하는 일정한 효과가 발생하게 되며 이 효과를 법률효과라고 한다.

(2) 법률행위

가) 권리변동을 일으키게 하는 법률요건 가운데 가장 중요한 것이 법률행위이다. 즉 법률행위란 일정한 법률효과의 발생을 목적으로 하는 의사표시를 필요불가결의 요소로 하는 법률요건을 말한다. 법률행위는 의사표시만으로 구성되기도 하고 다른 법률사실이 포함될 수도 있다(매매 · 임대차 · 혼인 · 증여 · 유언 등).

나) 의사표시란 일정한 법률효과의 발생을 의욕하는 의사의 표시로서, 법률행위에는 한 개의 의사표시로 성립하는 경우(취소 · 추인 · 유언), 두 개 이상의 의사표시로 성립하는 경우(매매계약 · 사안법인의 정관작성), 의사표시와 법률사실과의 결합에 의하여 성립하는 경우(질권설정)가 있다.

(3) 법률행위의 종류

분류기준	유 형	내용, 예시
의사표시의 태양	단독행위*	일방적 의사표시만으로 법률효과가 생기고 그에 따라 상대방을 구속하게 되므로 원칙적으로 법률의 규정이 있을 때에 한하여 할 수 있다. 원칙으로 조건·기한을 붙이지 못함(예 유언)
	계약	2人이상의 당사자의 청약과 승낙이라는 서로 대립하는 반대방향의 의사표시의 합치로써 성립하는 법률행위(예 매매·임대차·도급)
	합동행위	방향을 같이하는 2개 이상의 의사표시의 합치로써 성립하는 법률행위(예 社團法人의 설립행위)
의사표시에 일정한 방식을 요하는가?	요식행위	의사표시가 서면이나 기타 일정한 방식에 따라 행하여질 때 효력이 부여되는 법률행위(예 혼인·유언, 어음수표행위)
	불요식행위	일정한 방식을 요하지 않고 당사자의 합의만으로 법적 구속력이 생기는 법률행위
사인행위여부	생전행위	사인행위 이외의 모든 행위
	사후행위	행위자의 사망으로 인하여 효력이 발생하는 행위
주종여부	주된행위	종된행위의 전제가 되는 법률행위
	종된행위	유효하게 성립하기 위하여 다른 법률행위의 존재를 전제로 하는 법률행위(예 채권행위를 전제로 한 담보계약, 혼인을 전제로 한 부부재산계약)

구분			내용
발생하는 권리	채권행위		채권 · 채무를 발생시키는 법률행위(예 증여 · 매매 · 임대차) '이행'이라는 문제를 남기는 점에서 물권행위나 준물권행위와 구별
	물권행위		물권변동을 목적으로 하는 법률행위(예 소유권이전 · 저당권 설정) '이행'이라는 문제를 남기지 않는다.
	준물권행위		채권 · 지식재산권 등 물권 이외의 권리를 종국적으로 변동시키고 '이행'이라는 문제를 남기지 않는 법률행위이다(예 채권양도 · 채무면제 · 지식재산권의 양도 등). 이행의 문제를 남기지 않는 물권행위와 준물권행위를 합하여 '처분행위'(處分行爲)라고 한다.
출연재산의 대가유무	출연행위	유상행위	출연행위(자기의 재산을 감소시키고 타인의 재산을 증가하게 하는 효과를 발생시키는 법률행위) 중 상대방으로부터 대가를 수반하는 행위(예 매매 · 임대차 · 고용 · 도급 등)
		무상	출연행위 중 상대방으로부터 대가를 수반하지 않는 행위(예 증여 · 사용대차 등)
	비출연행위		타인의 재산을 증가시키지 않고 자기의 재산만 감소시키거나(소유권포기), 직접 재산의 증감을 일어나게 하지 않는 행위(대리권 수여)
원인되는 법률관계의 영향유무	유인행위		원인되는 법률관계의 효력유무에 의하여 영향을 받는 법률행위
	무인행위		원인 법률관계의 효력유무에 의하여 영향을 받지 않는 법률행위

이 외에도 독립행위 · 보조행위, 재산행위 · 신분행위, 신탁행위 · 비신탁행위 등의 분류가 있다. 단독행위는 일방적 의사표시로 성립하는 법률행위이다. 그 종류로는

가) **상대방 없는 단독행위** : 의사표시가 어떤 특정한 상대방에게 행하여질 필요가 없는 단독행위이다. 이 경우 의사표시가 있은 때에 단독행위가 성립한다(예 유언, 재단법인의 설립행위, 소유권의 포기, 상속의 포기, 공탁소에 대한 채권자의 공탁승인 등). 상대방 없는 단독행위에는 도달주의(§111), 통정허위표시(§108), 자기계약과 쌍방대리의 금지(§124)가 적용되지 아니하며 자연적 해석을 하게 된다.

나) **상대방 있는 단독행위** : 상대방이 있는 경우에 상대방의 의사에 관계없이 단독행위의 법률효과가 발생하려면 의사표시가 상대방에게 도달하여야 한다(예 법정대리인의 동의, 채무면제, 취소, 상계(相計), 추인(追認), 해제(解除), 해지[형성권의 행사]).

(4) 법률행위의 요건

가) 성립요건

일반적으로 당사자, 목적, 의사표시가 있어야 법률행위가 성립한다.

나) 효력발생요건

(ㄱ) 당사자의 권리능력 · 행위능력 · 의사능력이 존재하고

(ㄴ) 목적의 확정성 · 가능성 · 적법성 · 사회적 타당성이 있어야 하며

(ㄷ) 의사표시에 있어 의사와 표시가 일치하고 결함이 없어야 한다.

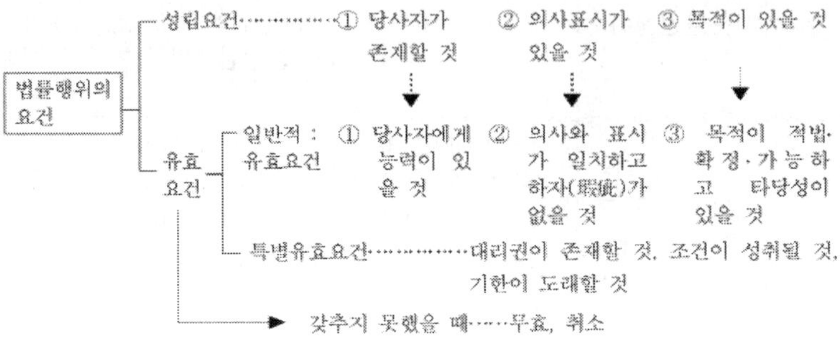

(5) 법률행위의 목적(내용)

가) 목적(내용)의 확정[법률행위의 해석]

법률행위는 의사표시로 구성되므로 법률행위의 해석은 곧 의사표시의 해석이다. 이는 내심의 진의를 탐구하는 것이 아니라, 외부에 표시된 표시행위에 대한 사회적 평가를 하는 것이다. 법률행위의 해석의 기준에 관하여 민법은 일반규정을 두고 있지 않으며, 다만 임의규정과 사실인 관습(§106)에 대해서만 명시하고 있지만, 다음과 같은 순으로 그 기준을 삼을 수 있다.

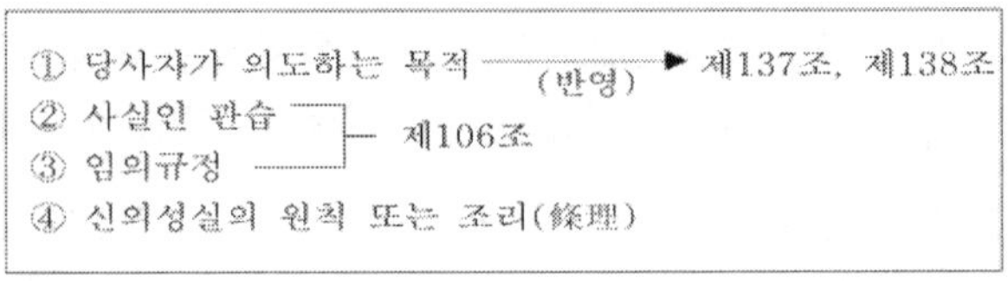

나) 목적(내용)의 가능

이는 해석으로 정해진 법률행위의 목적이 사실상 또는 법률상 그 실현이 가능한 것을 말하는데 그 목적이 불가능하면 무효로 한다(사회통념).

- 불능
  - 원시적 불능
    - 객관적 불능
      - 전부불능 – 무효……계약체결상 과실책임(제535조)
      - 일부불능……① 담보책임(제574조), ② 일부무효(제137조)
    - 주관적 불능
      - 전부불능……담보책임(제570조)
      - 일부불능……담보책임(제572조)
  - 후발적 불능(유효)
    - 위험부담(귀책사유가 없을 때)……채무자주의(제537조)
    - 이행불능(귀책사유가 있을 때)……해제(제546조), 손해배상청구권(제390조)

다) 목적(내용)의 적법

목적의 적법이란 그 내용이 강행규정에 반하지 않는 것을 말하며 이에 어긋나는 행위는 무효이다(§103). 강행법규에는 위반시 처벌만 될 뿐 그 사법상의 거래행위는 유효한 단속규정과, 처벌과 함께 사법상 효력도 부인되는 효력규정이 있다.

* 탈법행위 : 강행규정에 정면으로 위반하지는 않으나, 이를 회피하여 간접적으로 그 규정이 금지하는 바와 동일한 효과를 발생시키는 것이다.

강행규정……개별적 규정 제103조……일반원칙

라) 목적(내용)의 사회적 타당성

법률행위의 목적이 '선량한 풍속 기타 사회질서'에 반하는 때, 즉 사회적으로 보아서 타당성을 잃고 있는 경우에는 그것을 직접 규제하는 개별적인 강행규정이 없더라도 당연히 무효이다(§103). 당사자의 궁박, 경솔 또는 무경험으로 인하여 현저하게 공정을 잃은 법률행위는 무효로 한다(§104). 법률행위가 반사회질서를 이유로 무효일 때 이에 의해 권리를 취득한 자는 이행을 청구하지 못하고 이미 이행한 자는 불법원인급여가 되어 그 반환을 청구하지 못한다(§746).

제103조	제104조
일반원칙	예시규정 또는 특별규정
불확정개념 (추상적)	구체적
불법원인급여	부당이득반환

- 법규
  - 강행규정(계약자유의 한계)
    - 효력규정
      - 공서양속
        - 제103조(일반원칙)
        - 개별규정
      - 정책목적……토지거래허가제, 부동산실권리자명의등기에관한법률 등
    - 단속규정……행정법규, 부동산등기특별조치법 등
  - 임의규정(계약자유의 원칙)

2) 의사표시

(1) 의사표시의 의의

의사표시란 일정한 법률효과를 발생시키기 위한 권리주체의 의사를 표시하는 행위로서 법률행위의 불가결한 요소가 되는 법률사실이다.

| 원칙 |…… 유효(표시주의) ← 선의+무과실

| 예외 |…… 무효(의사주의) ← 상대방이 알았거나(악의) 알 수 있었을 때(과실)

→ 선의의 제3자에게는 대항치 못한다(거래안전의 도모).

(2) 의사표시의 구성 및 행해지는 과정

<table>
<tr><td rowspan="7">내부적 의사</td><td>행위 의사</td><td colspan="3">어떤 행위를 한다는 인식
-'행위사실의 인식'만으로 곧 인정된다(수면, 의식불명상태에서의 행위와 같은 경우에만 행위의사 결여로 되어 의사표시는 불성립한다).</td></tr>
<tr><td rowspan="3">표시 의사</td><td colspan="3">의사를 외부에 발표하려는 의사
- 최소한 자기행위가 법적 의미를 가짐을 인식하여야 한다(포도주경매 사건이나, 계약청약서를 초대장으로 잘못 알고 서명한 경우 등이 표시의사 결여 사례이다).</td></tr>
<tr><td rowspan="2">의사표시의 요소인가</td><td>다수설</td><td>표시의사는 의사표시의 요소가 아니므로, 위의 사례에서 의사표시는 유효하게 성립하나, 착오에 의한 취소가 가능하다고 본다.</td></tr>
<tr><td>소수설</td><td>표시의사는 의사표시의 요소이므로, 위의 사례에서 의사표시 자체가 성립하지 않는다고 본다.</td></tr>
<tr><td rowspan="3">효과 의사</td><td colspan="3">일정한 법률효과를 지향하는 의사(법률효과 아닌 도의적·사교적 효과 발생을 의욕하는 경우는 효과의사 결여의 경우)</td></tr>
<tr><td colspan="2">내심적 효과의사(진의)</td><td>소수설에 의할 때 의사표시의 본체이다.</td></tr>
<tr><td colspan="2">표시상 효과의사</td><td>다수설에 의할 때 의사표시의 본체이다.</td></tr>
<tr><td colspan="2">표시행위</td><td colspan="3">효과의사를 외부에 표현하는 행위(명시적 표시, 묵시적 표시)</td></tr>
</table>

의사표시는 심리적 과정에 따라 ㈎ 일정한 법률효과의 발생을 의욕하는 내심의 의사를 결정[行爲意思인 效果意思]한 다음, ㈏ 이 효과의사를 외부에 발표하려는 의사[表示意思]를 가지고, ㈐이 표시의사를 외부에 발표하는 행위[表示行爲]의 세 단계를 거쳐 성립하게 된다.

(3) 불완전한 의사표시

가) 의사와 표시와의 불일치

내심의 의사와 표출된 표시행위가 일치하지 않는 경우로는 ㉠ 비진의표시[심리적 유보], ㉡ [통정]허위표시, ㉢ 착오 등이 있다.

㉠ **진의 아닌 의사표시**[非眞意表示] : 표의자가 진의 아님을 알면서 진의와 다른 표시를 한때, 상대방이 이를 모르는 경우로, 예컨대 친구에게 자전거를 빌려주면서 주겠다고 했으나 그럴 생각은 없는 경우이다. 당사자의 진의를 절대적으로 요구하는 가족법상의 신분행위에는 적용되지 않는다.

㉡ **통정허위표시** : 표의자가 진의 아님을 알면서 진의와 다른 표시를 한 때, 상대방과 통정하여 하는 진의 아닌 의사표시로 이러한 허위표시를 요소로 하는 법률행위를 가장행위라고 한다. 예컨대 친구에게 자전거를 빌려주면서 주겠다고 했으나 그럴 생각은 없고 친구도 그 사실을 알고 있는 경우이다.

㉢ **착오** : 효과의사와 표시행위의 불일치를 표의자 스스로 모르고 있는 것을 말한다. 예컨대 친구에게 자전거를 빌려줄 생각이었으나 주겠다고 말했고 본인은 그렇게 말한 사실을 모르는 경우이다.

구분	진의 아닌 의사표시	허위표시	착오
요건	㉠ 의사표시가 있어야 함. ㉡ 의사와 표시가 일치하지 않음. ㉢ 표의자가 그 불일치를 알고 있어야함. ㉣ 상대방은 그 불일치를 모르고 있어야함. ㉤ 표의자가 그렇게 한 이유는 묻지 않음.	㉠ 의사표시가 있어야 함. ㉡ 의사와 표시가 일치하지 않음. ㉢ 표의자가 그 불일치를 알고 있어야함. ㉣ 상대방은 그 불일치를 알고 있어야함. ㉤ 표의자가 그렇게 한 이유는 묻지 않음.	㉠ 의사표시가 있어야 함. ㉡ 의사와 표시가 일치하지 않음. ㉢ 표의자가 그 불일치를 모르고 있어야함.

효과	㉠ 표시한 대로 효과발생(원칙). ㉡ 상대방이 진의아닌 의사표시임을 알았거나 알 수 있을 경우 의사표시는 무효(예외). ㉢ 무효가 된 경우라도 선의3자에게 그 무효를 주장하지 못함.	㉠ 당사자간에는 무효. ㉡ 선의(善意)3자에게 그 무효를 주장하지 못함.	㉠ 중요부분이 착오로 인한 때 그 의사표시는 취소할 수 있음. ㉡ 표의자의 중대한 과실로 인한착오는 취소불가. ㉢ 취소가능의 경우라도 선의3자에게 취소를 주장하지 못함
예시	- 친구에게 자전거를 빌려주면서 주겠다고 했으나 그럴 생각이 없는 경우	- 친구에게 자전거를 빌려주면서 주겠다고 했으나 그럴 생각이 없고 친구도 그 사실을 알고 있는 경우	- 친구에게 자전거를 빌려줄 생각이었으나 주겠다고 말했고 본인은 그렇게 말한 사실을 모르는 경우

나) 하자있는 의사표시

의사와 표시가 일치하지만 의사결정과정에 있어서, 타인의 사기나 강박이 개입하여 자유로운 의사결정을 하지 못한 상태에서 의사를 표시한 경우이다.

기망
강박 → 의사결정과정(착오, 공포심), 효과의사=표시행위

㉠ 사기에 의한 의사표시 : 표의자를 기망하여 착오에 빠뜨리게 한 상태에서 의사표시를 한 경우를 말한다. 기망한다는 것은 적극적으로 허위사실을 진실이라고 하거나 또는 진실을 은폐, 침묵하여 허위사실을 믿게 하는 행위를 말한다.

㉡ 강박에 의한 의사표시 : 표의자에게 공포심을 일으키게 한 상태에서 의사표시를 한 것을 말한다. 공포심은 물리적 · 무형적 힘에 의하여 심적 압박을 받는 경우를 말한다.

구분	사기에 의한 의사표시	강박에 의한 의사표시
요건	㉠ 사기자의 고의가 필요. ㉡ 위법한 기망행위의 존재. ㉢ 사기로 인한 의사표시를 할 것.	㉠ 강박의 고의가 있어야 함. ㉡ 위법한 강박행위가 존재해야 함. ㉢ 강박으로 인한 의사표시를 할 것.
제3자에 의한	- 표의자는 그 의사표시의 상대방이 제3자에 의한 사기의 사실을 알았거나 알 수 있었을 경우에 그 의사표시를 취소할 수 있다.	- 표의자는 그 의사표시의 상대방이 제3자에 의한 강박의 사실을 알았거나 알 수 있었을 경우에 그 의사표시를 취소할 수 있다.
효과	㉠ 상대방이 사기를 한 경우 그 의사표시를 취소할 수 있음. ㉡ 사기를 이유로 의사표시를 취소한 경우 선의의 제3자에게는 대항하지 못한다.	㉠ 상대방이 강박을 한 경우 그 의사표시를 취소할 수 있다. ㉡ 강박을 이유로 의사표시를 취소한 경우 선의의 제3자에게는 대항하지 못한다.

3) 법률행위의 대리

(1) 대리의 의의

가) 대리(代理) : 대리인이 본인을 대신하여 제3자에게 의사표시를 하거나(능동대리), 상대방으로부터 의사표시를 받음으로써(수동대리), 그 법률효과가 직접 본인에게 귀속하는 제도이다. 대리는 ㉠대리인이 본인과 대립하는 지위에 서서 대리권을 가지며(동일 지위로 간주되는 代表와 다름), ㉡대리인의 행위는 대리인에 의한 독자적인 행위이고(본인의 의사표시를 전달하는 使者와 다름), ㉢그 행위의 효과가 모두 직접 본인에게 귀속된다(타인의 계산으로 자기명의로 취득한 권리를 이전하는 間接代理와 다름).

나) 대리인이 그 권한내에서 본인을 위한 것임을 표시한 의사표시는 직접 본인에게 대하여 효력이 생긴다(민법 §114①). 민법 제114조 제1항의 규정은 대리인에게 대한 제3자의 의사표시에 준용한다(§114②).

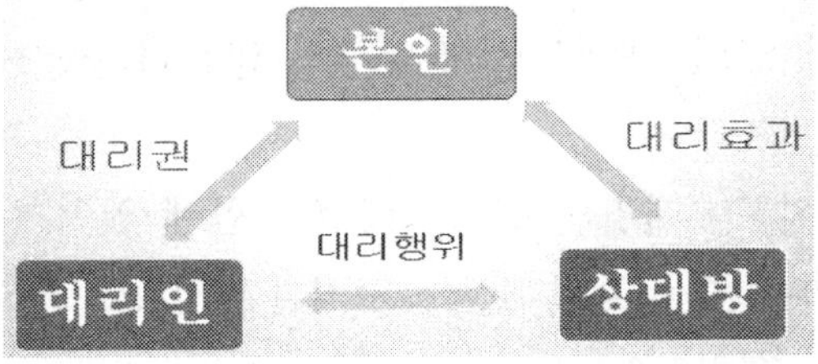

(2) 대리관계

가) 대리권 : 대리관계의 본체를 이루는 것은 대리권(代理權)으로, 이는 대리인이 될 수 있는 지위 또는 자격을 말한다. 즉 타인이 본인의 이름으로 의사표시를 하거나 또는 의사표시를 받음으로써 직접 본인에게 법률효과를 귀속시킬 수 있는 타인의 본인에 대한 법률상의 지위 또는 자격을 말한다.

㉠ 대리권의 발생원인 - 법정대리권은 법률의 규정에 의하여 일정한 자가 당연히 법정대리인이 되거나 또는 법원의 결정이나 선임 또는 일정한 사인의 지정에 의하여 발생하는데, 즉 ⓐ법률의 규정(친권자 · 후견인 등), ⓑ지정권자의 지정행위(지정후견인 · 지정유언집행자 등), ⓒ법원의 선임행위(부재자 · 상속재산관리인 · 유언집행자 등)에 의하여 성립하여 그 범위가 결정된다. 임의대리권은 본인의 의사표시에 기한 수권[代理權授與]행위에 의하여 발생한다.

㉡ 대리인은 의사능력만 있으면 족하고 행위능력자임을 요하지 않는다(민법 §117).

㉢ 대리권의 제한

ⓐ 자기계약 · 쌍방대리의 금지(민법 §124)

(i) 자기계약의 금지: 대리인이 한편으로는 본인을 대리하고, 다른 한편으로는 자기 자신의 자격으로서 자기 혼자서 본인 · 대리인 사이의 계약을 맺는 자기계약은 본인의 이익을 보호하기 위해 원칙적으로 금지된다. 법정대리와 임의대리에 모두 적용된다.

(ii) 쌍방대리의 금지: 대리인이 한편으로는 본인을, 다른 한편으로는 상대방을 대리하여 자기만으로써 쌍방의 계약을 맺는 쌍방대리는 금지된다.

ⓑ 다수인의 각자대리(§119)의 경우에는 대리인이 각자 본인을 대리한다.

㉣ 대리권의 소멸 - 대리권은 ⓐ본인의 사망, ⓑ대리인의 사망 · 성년후견의 개시 또는 파산으로 소멸하는 것이 원칙이다(민법 §127). 그러나 임의대리에 있어서 그 기초가 되는 대내관계가 본인의 사망에도 불구하고 존속하는 때에는 그 범위에서 대리권도 존속하며(민법 §691), 상행위의 위임에 따른 대리권[商事代理權]은 본인의 사망으로 소멸하지 않는다(상법 §50).

나) 대리행위

㉠ 현명주의의 원칙 : 대리인이 대리행위를 함에 있어서는 본인을 위한 것임을 표시해야 한다[본인을 위한 것임을 표시한 이상 본인의 이익을 해치는 대리권 남용의 경우에도 원칙적으로 유효한 대리행위가 된다].

ⓛ 현명(顯名)하지 아니한 행위 : 대리인이 본인을 위한 것임을 표시하지 않고서 한 의사표시는 그 대리인 자신을 위한 것으로 본다[따라서 착오를 이유로 취소할 수 없다]. 그러나 상대방이 대리인으로서 의사표시한 것임을 알았거나 알 수 있었을 때에는 그 의사표시는 대리행위로써 효과를 발생한다(§115). 상행위의 대리에 있어서는 상행위의 신속·민활주의 원칙상 현명주의의 원칙이 적용되지 아니한다(비현명주의, 상법 §48).

ⓒ 대리행위의 하자(瑕疵) 유무는 대리인을 표준으로 하여 결정한다. 대리행위에 있어서 의사의 흠결[非眞意表示·虛僞表示·錯誤] 및 사기·강박, 선의·악의, 과실 등의 문제는 (本人이 아니라) 대리인을 기준으로 하여 결정하지만, 대리인이 사기를 한 경우에는 그 상대방에게 하자(흠)가 있는 것이 되므로 이것이 적용되지 아니한다(민법 §116).

다) 대리효과

대리행위에 의한 법률효과는 모두 직접 본인에게 돌아간다(민법 §114). 그러나 대리인이 대리행위를 함에 있어서 불법행위를 한 경우에는 본인은 그에 대하여 책임을 지지 않는다. 불법행위는 대리가 인정되지 않기 때문이다.

(3) 대리의 종류

가) 법정대리와 임의대리

㉠ 법정대리……법률의 규정에 의해 대리권의 범위가 결정되는 것을 말한다. 부부 간에는 일상가사에 관한 법정대리권이 있다(§827). 친권자는 자(子)와 이해관계가 상반되는 때에 한하여 대리권이 제한되며(§921), 후견인이 피후견인의 부동산을 처분하거나 차재(借財)·보증(保證) 등을 할 때는 후견감독인의 동의를 얻어야 한다(§950).

ⓛ 임의대리……1차적으로 본인의 수권행위의 해석에 따라 대리권의 범위가 결정된다. 2차적으로 본인의 의사에 따라 대리인·대리권의 범위가 결정되며 제118조(보충규정)에 따라 범위를 정하지 아니한 대리권의 범위는 다음과 같다.

ⓐ 처분행위……할 수 없다.

ⓑ 보존행위……제한 없이 할 수 있다.

ⓒ 이용·개량행위……권리의 성질을 변하지 않게 하는 범위 내에서만 할 수 있다.

나) 능동대리와 수동대리

㉠ 능동대리……본인을 위하여 제3자에 대하여 의사표시를 할 수 있는 대리

ⓛ 수동대리……본인을 위하여 제3자의 의사표시를 수령하는 대리

다) 유권대리와 무권대리

㉠ 유권대리……대리를 하는 자가 정당한 대리권을 가지고 하는 대리

㉡ 무권대리……대리권 없이 행한 대리(유동적 무효)

종 류	내 용
임의대리(任意代理)	본인의 수권행위에 의해 대리권이 발생하고 본인의 의사에 따라 대리인, 대리권의 범위가 결정된다.
법정대리(法定代理)	법률의 규정에 의하여 대리권이 부여되는 것을 말한다.
유권대리(有權代理)	대리를 하는 자가 정당한 대리권을 가지고 하는 대리
무권대리(無勸代理)	대리권 없이 행한 대리
능동대리(能動代理)	본인을 위하여 제3자에 대하여 의사표시를 할 수 있는 대리
수동대리(受動代理)	본인을 위하여 제3자의 의사표시를 수령하는 대리

(4) 무권대리(無權代理)

무권대리란 대리권 없이 행한 대리행위, 즉 대리행위의 요건을 갖추고 있으나 대리권만 없는 행위이다. 상대방과 본인의 이익을 함께 고려하고 거래의 안전과 대리제도의 발전을 도모하기 위한 것으로 본인의 추인과 표현대리가 이에 해당한다.

가) 표현대리(表見代理)

대리권이 없음에도 불구하고 마치 대리권이 있는 것과 같은 외관을 나타내는 경우에 그 무권대리행위에 대하여 본인이 책임을 지게 함으로써 그러한 외관을 신뢰한 선의·무관실의 제3자를 보호하고 거래의 안전을 보장하며 대리제도의 신용을 유지하기 위한 제도이다.

㉠ **대리권 수여의 표시에 의한 제125조의 표현대리**(임의대리에 국한) : 제3자에 대하여 타인에게 대리권을 수여함을 표시한 자는 그 대리권의 범위내에서 행한 타인과 그 제3자간의 법률행위에 대하여 책임이 있다. 그러나 제3자가 대리권 없음을 알았거나 알 수 있었을 때에는 그러하지 아니하다. 예컨대 본인이 위임장을 교부하였으나 아직 대리권을 수여하지 않은 상태에서 소지하고 있던 위임장을 제시하고 상대방과 대리행위를 한 때에는 제125조의 표현대리가 성립할 수 있다.

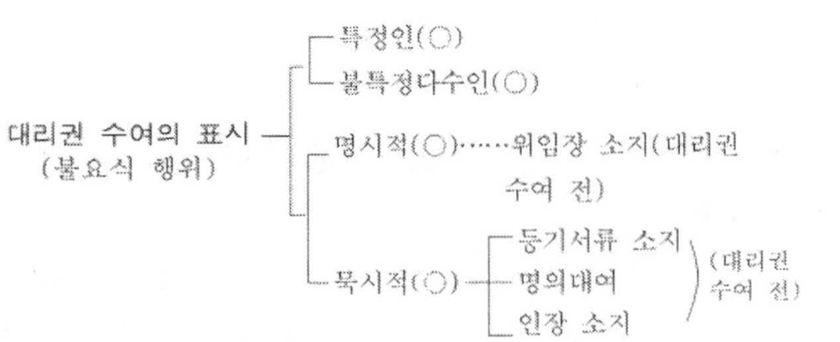

㉡ **권한을 넘는 제126조의 표현대리** : 대리인이 그 권한외의 법률행위를 한 경우에 제3자가 그 권한이 있다고 믿을 만한 정당한 이유가 있는 때에는 본인은 그 행위에 대하여 책임이 있다.

ⓐ공법행위와 소송행위에는 표현대리가 부인되나, 제126조의 표현대리에서 기본 대리권은 공법행위[등기신청]에 관한 것이어도 된다.

ⓑ제126조에서는 기본대리권과 행사한 대리권이 동종 · 유사하지 않아도 된다.

ⓒ표시기관인 사자(使者)가 본인의 의사를 변경하여 표시한 때에 상대방이 선의 · 무과실이면 제126조의 표현대리가 성립할 수 있다.

ⓓ후견인이 후견감독인의 동의 없이 본인의 부동산을 처분한 경우, 처(妻)가 남편 명의(名義)의 부동산을 처분한 경우에도 대리권이 있다고 믿을 만한 정당한 사유, 즉 특별한 사정이 있는 경우에는 제126조의 표현대리가 성립할 수 있다.

㉢ **대리권 소멸 후의 제129조의 표현대리** : 대리권의 소멸은 선의의 제3자에게 대항하지 못한다. 그러나 제3자가 과실로 인하여 그 사실을 알지 못한 때에는 그러하지 아니하다. 대리권 소멸 후에 대리인이 선임한 복대리인이 한 대리행위도 제129조의 표현대리가 성립할 수 있다.

무권대리	표현(表見)대리
본인 혹은 상대방 보호	외관을 신뢰한 상대방의 거래안전 보호
· 본인 추인 가능 · 추인거절 가능: 본인이 추인 거절할 경우, 상대방은 무권대리인의 책임추궁 가능	· 외관형성에 본인에게 책임: 상대방이 표현 대리를 주장하면 법률효과는 본인에게 귀속 · 본인 추인거절 불가 · 상대방은 무권대리인의 책임추궁 불가 · 본인은 추인 가능: 상대방이 철회하기 전

나) 협의의 무권대리

무권대리 중에서 표현대리의 요건을 갖추지 않은 경우로서, 대리권 없는 자가 타인의 대리인으로 한 계약은 본인이 이를 추인하지 아니하면 본인에 대하여 효력이 없다(민법 §130).

4) 법률행위의 무효 · 취소

(1) 법률행위의 무효

가) 법률행위의 무효란 법률행위가 성립한 당초부터 법률상 당연히 그 효력이 생기기 아니하는 것으로 확정되어 있는 것을 말한다. 따라서 특정인의 주장을

필요로 하지 않으며 처음부터 당연히 효력이 없다(소급효).

나) 무효에는 그 무효의 효과를 어느 누구에 의하여서도 또 누구에 대하여서도 언제나 이를 주장할 수 있는 절대적 무효와 특정한 제3자에게는 주장할 수 없는 상대적 무효가 있다.

따라서 법률상 이해관계 있는 자는 누구든지 무효임을 주장할 수 있고, 또한 원칙적으로 누구에게나 효력이 없는 것으로 주장할 수 있다.

다) 민법상 법률행위의 무효로는 의사무(제한)능력자의 법률행위 · 불능한 법률행위 · 강행규정에 반하는 법률행위 · 사회질서에 반하는 법률행위 · 불공정한 법률행위 · 비진의 의사표시, 통정허위표시 등이 있다. 또한 시간이 경과할지라도 효력에 변동이 없다.

구분	무효	취소
개념	누구의 주장을 기다릴 필요없이 처음부터 당연히 법률효과가 발생하지 않음.	일정한 취소권자가 취소하기 전에는 일단 법률효과가 발생하지만 취소하면 법률행위시에 소급하여 그 법률효과가 처음부터 발생하지 않았던 것으로 인정
사례	의사무능력자, 반사회질서(§103), 불공정행위(§104), 강행법규위반(§105), 불법조건(§151), 비진의 의사표시(§107①단서), 허위표시(§108①)	제한능력자의 행위(§5·10·13), 착오(§109), 사기·강박(§110)
주장권자	누구라도 주장할 수 있다.	취소권자에 한한다.
주장기간	제한이 없다.	일정 기간내(추인가능일로3년, 행위로부터10년)한(§146)
효과	특정인의 행위를 기다리지 않고 처음부터 당연히 효력이 발생하지 않는다.	취소권자의 취소라는 적극적인 행위에 의하여 비로소 무효가 된다.
추인	추인이 있더라도 무효가 치유되지 않는다.	추인하면 확정적으로 유효가 된다.

(2) 법률행위의 취소

가) 법률행위의 취소란 취소권자의 의사표시에 의하여 법률행위의 효과를 처음부터 소멸시키는 것을 말한다.

나) 취소할 수 있는 법률행위는 취소되기까지는 일단 유효하지만, 취소되면 소급하여 무효로 확정된다. 취소권자가 취소권을 포기하거나(추인), 취소권이 소멸하면 처음부터 유효로 확정된다. 취소한 법률행위는 처음부터 무효인 것으로 본다.

다) 취소권을 행사할 수 있는 자는 제한(무)능력자 · 하자있는 의사표시를 한 자 · 그 대리인 또는 승계인이다.

라) 제한(무)능력자는 취소된 법률행위로 인하여 받는 이익이 현존하는 한도에서 상환할 책임이 있다. 취소의 효과는 누구에 대하여도 주장할 수 있는 것이 원칙이나 거래의 안전을 보호하기 위하여 착오 · 사기 또는 강박에 의한 의사표시의 취소는 선의의 제3자에게는 대항할 수 없다.

마) 취소할 수 있는 행위로는 제한(무)능력자의 법률행위 · 착오로 인한 법률행위 · 사기 또는 강박에 의한 법률행위 등이다.

5) 조건과 기한

(1) 법률행위의 부관

가) 법률행위의 부관이란 법률행위의 당사자가 그 효과의 발생 또는 소멸을 제한하기 위하여 법률행위에 부가한 약관을 말한다.

나) 약관이 붙은 법률행위를 약관부 법률행위라고 한다. 부관에는 조건 · 기한 · 부담이 있는데 민법은 조건과 기한에 대하여만 규정하고 있다.

(2) 조건

조건이란 법률행위의 효력의 발생 또는 소멸을 장래의 도래가 불확실한 사실의 성부에 의존시키는 부관이다. 이에는 정지조건과 해제조건, 기성조건과 불능조건이 있다.

구분	정지조건	해제조건
기성조건(민법 §151②)	조건없는 법률행위	무 효
불능조건(민법 §151③)	무 효	조건없는 법률행위

법률행위에 조건을 붙이는 것은 당사자의 자유가 원칙이나, 혼인이나 어음행위와 같이 불확정한 법률상태가 생기는 것을 허용치 않는 행위에는 조건을 붙일 수 없다. 단독행위에 조건을 붙이는 것은 상대방에 불리하게 되므로 허용하지 않는 것이 원칙이다.

❖ 조건을 붙일 수 없는 행위

구 분	원칙(조건을 붙일 수 없다)	예외
단독행위	취소, 해제, 해지, 추인, 상계 등	채무면제, 유증 등(상대방에게 이익만을 주거나 상대방의 지위를 불안케 할 염려가 없는 행위), 그리고 상대방의 잘못을 전제로 하는 정지조건부 계약해제의사표시
가족법상 행위	혼인, 인지, 입양, 상속 승인·포기	유증
어음·수표행위	어음·수표의 발행, 배서 등	어음보증 – 판례의 입장

(3) 기한

기한(期限)이란 법률행위의 효력의 발생·소멸 또는 채무의 이행을 장래 도래할 것이 확실한 사실의 발생에 의존시키는 부관이다. 이에는 확정기한·불확정기한, 시기·종기가 있다. 정지조건(효력의 발생)에 해당하는 것을 시기(始期)라 하고, 해제조건(효력의 소멸)에 해당하는 것을 종기(終期)라 한다.

6) 기간

(1) **기간(期間)이란** 1년, 1월, 1시간 등과 같이 한 시점에서 다른 시점으로 계속된 한정된 시간이다. 일시적인 기일 및 법률행위의 부관인 기한과 다르다.

(2) 기간의 계산방법

가) 기간의 계산방법에는 순간에서 순간까지 계산하는 '자연적 계산법'과 역에 의하여 계산하는 '역법적 계산법'이 있다.

나) 기간을 시·분·초로 정한 때에는 자연적 계산법에 의하여 즉시로부터 기산한다.

다) 기간을 일·주·월 또는 년으로 정한 때에는 역법적 계산법에 의하여 기간의 초일은 산입하지 않고 익일로부터 계산하는 것이 원칙이다. 그러나 오전0시로부터 시작하는 때에는 초일도 산입한다.

라) 연령의 계산에는 초일인 출생일을 산입한다.

마) 기간의 말일의 종료로써 기간은 종료하는데 주·월 또는 년의 처음으로부터 기산하지 아니하는 때에는 최후의 주·월 또는 년에서 그 기산일에 해당하는 날의 전일로 기간이 만료하며 월 또는 년으로 기간을 정한 경우에 만일 최종

의 월에 해당일이 없는 때에는 그 월의 말일로써 그 기간이 만료한다.

바) 기간의 말일이 토요일 또는 공휴일에 해당한 때에는 기간은 그 익일로 만료한다.

7) 시효

(1) 시효

일정한 사실상태가 일정한 기간 계속하는 경우에 이러한 사실상태가 진실의 권리관계에 합치하는가의 여부를 불문하고 오로지 그 사실상태를 그대로 권리관계로 인정하는 제도이다.

(2) 종류

가) 취득시효

권리행사의 외형인 점유 또는 준점유가 일정한 기간 계속됨으로써 권리취득의 효과가 생기는 시효로서 한국 민법은 물권편에서 규정하고 있다.

㉠ 부동산소유권의 경우에는 소유의 의사로 평온·공연하게 부동산을 20년간 점유하는 자는 등기함으로써 그 소유권을 취득한다(민법 §245①, 점유취득시효). 그리고 부동산의 소유자로 등기한 자가 소유의 의사로 평온·공연하게 선의이며 과실없이 그 부동산을 10년간 점유한 때에는 소유권을 취득한다(민법 §245②, 등기부취득시효).

점유취득시효(민법 §245①)	등기부취득시효(민법 §245②)
·소유의 의사, 평온·공연한 점유	소유의 의사, 평온·공연한 점유
·점유자의 선악불문, 무과실 불요	점유자의 선의·무과실 점유 요함, 무과실 추정 안됨
·20년간의 점유	10년간의 점유 및 등기
·등기함으로써 소유권 취득	요건구비 즉시 소유권 취득

㉡ 동산의 경우에는 소유의 의사로 평온·공연하게 점유하여야 하는 바, 점유자가 악의인 때에는 10년(민법 §246①), 선의·무과실인 때에는 5년(민법 §246②)을 경과함으로써 소유권을 취득한다.

나) 소멸시효

권리의 불행사라는 사실상태가 일정한 기간 계속됨으로써 권리소멸의 효과가 생기는 시효로서, 우리 민법은 총칙편에서 규정하고 있다.

권 리	시 효
채권 및 소유권 이외의 재산권(민법 §162②)	20년
보통 채권, 판결·파산절차·재판상 화해 기타 판결과 동일한 효력이 있는 것에 의하여 확정된 채권(민법 §165)	10년
상법상의 채권	5년
민법 제163조(특히 도급받은 자), 근로기준법상의 임금채권	3년
민법 제164조(음식료, 숙박비, 노역비)	1년
불법행위로 인한 손해배상청구권	3년 또는 10년

일정기간 권리를 행사하지 않으면 소멸하는 소멸시효와 유사한 것으로 일정 권리에 관하여 법률로 그 행사를 제한하는 제척기간(除斥期間)이 있는데 이는 권리관계를 신속하게 확정하기 위하여 법률이 미리 정하여 놓은 권리의 존속기간을 의미하는데, 이를 예정기간·실권기간이라고도 한다.

❖ 소멸시효와 제척기간의 차이

구분내용	소멸시효	제척기간
효 력	기산일에 소급하여 소멸	불소급·장래에 향하여 발생할 뿐
재판상 참작	당사자의 원용이 있어야 참작	당사자의 원용이 없어도 법원이 직권으로 판단
중단·정지효과	있음	없음
시효이익포기	가능	불가능
단축가능여부	가능	불가능
구 별 표 준	법조문에 '시효로 인하여'란 문자가 있음	없음(대개 기간이 짧음)
관 련 법 규	민법 §162 ~ §184	민법 §146, §204③, §205③, §573, §575③, §819이하, §889, 민소법 §396, §425, 형소법 §358, §374, 상법 §376① 등

다) 형사법상의 형사시효(刑事時效)에는 형을 선고하고 그 판결이 확정된 사건에 관하여 그 집행을 받지 않고 일정 기간이 경과 한 때에는 그 집행이 면제되는 刑의 시효(형법 §78)가 있으며, 어떤 범죄에 대하여 일정 기간이 경과하면 공소를 제기할 수 없는 공소시효(公訴時效, 형소법 §249[20])가 있다. 전자는 일정 목적

20) 형사소송법 제249조(공소시효의 기간) ①공소시효는 다음 기간의 경과로 완성한다. <개정 2007.12.21>
1. 사형에 해당하는 범죄에는 25년(刑 시효 : 30년)
2. 무기징역 또는 무기금고에 해당하는 범죄에는 15년(20년)
3. 장기10년이상의 징역 또는 금고에 해당하는 범죄에는 10년(15년)
4. 장기10년미만의 징역 또는 금고에 해당하는 범죄에는 7년

의 경과로 인하여 이미 확정된 형벌권에 따른 집행권을 소멸케하는데 대하여, 후자는 일정한 일시의 경과로 인하여 미확정 형벌권, 즉 공소권을 소멸시키는 제도이다.

(3) 소멸시효의 중단과 정지

가) 시효의 중단

시효기간의 경과 중에 시효의 바탕이 되는 사실상태와 상반하는 사실이 생긴 때에 이미 진행한 시효기간을 전혀 무효로 하는 것을 의미한다(예 청구·압류 또는 가압류·가처분·승인 등).

나) 시효의 정지

시효완성 직전에 그대로 시효를 완성시켜서 권리자에게 가혹하다는 사정이 있을 때 시효의 완성을 일정기간 유예하는 제도이다.

제2절 물권법

1. 물권법 총론

1) 물권법의 의의

물권은 특정의 물건을 직접 지배하는 배타적인 권리이다. 실질적 의미로는 이러한 물권적 지배관계를 규율하는 법규를 물권법이라고 한다. 형식적으로는 민법전 제2편(§185~§372)을 의미한다.

2) 물권의 객체

물권의 객체는 원칙적으로, '유체물 및 전기 기타 관리할 수 있는 자연력'을 말한다(§98). 즉 (1) 현존하는, (2) 특정된, (3) 독립한(1물 1권주의), (4) 물건(유체물+관리 가능

5. 장기5년미만의 징역 또는 금고, 장기10년이상의 자격정지 또는 벌금에 해당하는 범죄에는 5년
6. 장기5년이상의 자격정지에 해당하는 범죄에는 3년
7. 장기5년미만의 자격정지, 구류, 과료 또는 몰수에 해당하는 범죄에는 1년

②공소가 제기된 범죄는 판결의 확정이 없이 공소를 제기한 때로부터 25년을 경과하면 공소시효가 완성한 것으로 간주한다. 〈신설 1961.9.1, 2007.12.21〉

한 動力)이다. 그러나 예외적으로 민법은 채권 기타의 권리도 물권의 객체로 삼는 것이 있다. 즉, 재산권의 준점유(§210) · 재산권을 목적으로 하는 권리질권(§34) · 지상권과 전세권을 목적으로 하는 저당권(§371①)의 경우이다.

3) 일물일권주의

물권의 배타성 · 절대성의 당연한 귀결로 하나의 물권은 하나의 독립한 물건을 그 객체로 한다는 원칙을 일물일권주의라 한다.

4) 물권의 종류

(1) 물권법정주의

물권의 종류와 내용을 정형화(定型化)하여 공시의 원칙을 관철함으로써 거래의 안전 · 신속을 도모한다는 데 이론적 근거가 있다. 따라서 당사자가 법률 또는 관습법에 의하는 외에는 임의로 창설하지 못한다(§185). 이와 같이 물권법은 물권법정주의를 취하므로 강행규정이 원칙이다.

물권법 : 물권법정주의 ⇨ 강행규정
채권법 : 계약자유의 원칙 ⇨ 임의규정

(2) 물권의 종류

가) 점유권과 본권

㉠ 점유권 : 민법은 제192조 제1항에서 "물건을 사실상 지배하는 자는 점유권이 있다"고 함으로써 점유의 성립에 어떤 의사(意思)를 별도로 요구하고 있지는 않지만 통설은 물건을 사실상 지배하고자 하는 '점유설정의사(占有設定意思)'가 필요하다고 한다.

㉡ 본권 : 물건을 사실상 지배하고 있느냐의 여부와 관계없이 물건을 지배할 수 있는 권리를 말한다. 이에는 물권의 사용가치와 교환가치를 지배하는 완전물권인 소유권과 사용가치와 교환가치 중 한가지만을 지배하는 제한물권이 있다. 물건이 갖는 사용가치의 지배를 목적으로 하고 있는 용익물권에는 지상권 · 지역권 · 전세권 등이 있고, 채권의 담보를 위하여 물건이 갖는 교환가치의 지배를 목적으로 하는 담보물권에는 법정담보물권인 유치권과 약정담보물권인 질권 · 저당권이 있다. 또한, 법률상 점유하는 것을 정당하게

하는 권리를 말하는 것으로서, 점유권 그 자체와는 별개의 권리이다.

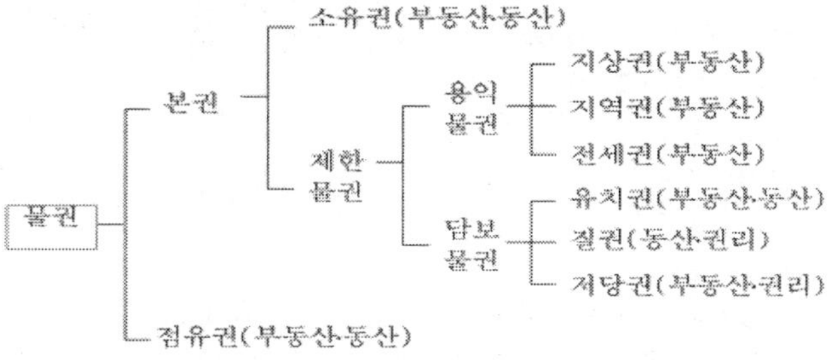

나) 부동산물권과 동산물권

㉠ 부동산물권 : 객체가 부동산인 물권을 말한다. 이에는 점유권, 소유권과 지상권 · 지역권 · 전세권 등의 용익물권과 유치권 · 저당권 등의 담보물권이 있다.

㉡ 동산물권 : 객체가 동산인 물권을 말한다. 이에는 점유권, 소유권과 유치권 · 질권 등의 담보물권이 이에 속한다.

5) 물권의 효력

물권에는 여러 종류가 있고, 각종의 물권에는 특유한 효력이 있다. 그러나 물권은 물건을 배타적 · 직접적으로 지배할 수 있는 절대권이라는 일반적 효력을 가진다. 이러한 물권의 일반적 효력의 내용으로 우선적 효력과 물권적 청구권이 있다.

(1) **우선적 효력** : 물권상호간에는 먼저 성립한 물권이 우선(예외: 부동산임대차를 등기한 때에는 그 후의 물권에 우선, 주택인도와 주민등록을 마친 임차인의 권리-주택임대차보호법)

(2) **물권적 청구권** : 물권반환청구권, 물권적 방해제거청구권, 물권적 방해예방청구권

6) 부동산물권의 변동

(1) 법률행위에 의한 부동산물권의 변동

가) 원칙

부동산에 관한 법률행위로 인한 물권의 득실변경은 등기(登記)하여야 그 효력이 생긴다(§186)[형식주의]. 따라서 법률행위에 의한 부동산 물권변동의 요건은 '물권행위'와 '등기'이다.

나) 적용범위

점유권 · 유치권을 제외한 그밖에 민법이 인정하는 부동산물권의 법률행위에 의한 모든 물권변동에 관하여 적용된다.

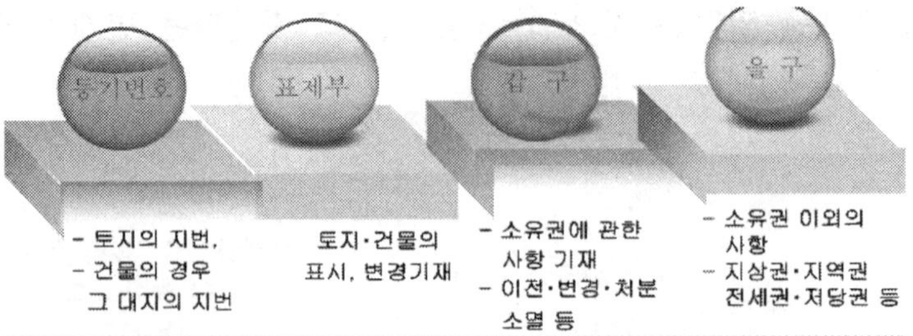

■ 건물등기부, 토지등기부
■ 부동산 물권 중 등기사항 : 소유권, 지상권, 지역권, 전세권, 저당권
■ 부동산에 관한 법률행위로 인한 물권의 득실변경은 등기하여야 그 효력이 생김(§186).
■ 상속·공용징수·판결·경매 기타 법률의 규정 등으로 일어나는 부동산 물권의 변동에는 등기를 요하지 않음. 즉, 등기를 갖추지 않더라도 법률상 당연히 변동의 효과가 발생함.

(2) 법률행위에 의하지 않는(법률의 규정에 의한) 부동산물권의 변동

가) 원칙

상속 · 공용징수 · 판결 · 경매 기타 법률의 규정[법률행위가 아닌 것]에 의한 부동산물권의 변동에는 등기를 요하지 아니한다. 그러나 등기하지 아니하면 이를 제 3 자에게 처분하지 못한다(§187).

나) 제187조의 적용범위

제187조는 물권의 취득이라고만 규정하고 있으나, 이는 물권의 취득뿐만 아니라 소멸까지도 포함한다.

㉠ 상속 : 피상속인의 사망으로 상속은 개시된다. 이때 부동산물권변동이 일어나는 시기는 피상속인이 사망하는 순간이다. 포괄유증, 법인의 합병 등 포괄승계 취득인 경우에는 상속과 마찬가지로 등기를 요하지 아니한다. 재단법인의 설립시 출연재산(出捐財産)의 귀속에 대하여, 판례는 내부적으로 설립자와 법인 사이에는 법인설립등기시에 출연재산이 법인에 귀속되고 등기가 불필요하나, 외부적으로 제 3 자에게 대항하기 위해서는 등기가 필요하다는 입장을 취하고 있다.

㉡ 공용징수 : 공익사업을 위하여 국민의 특정재산권을 법률의 힘에 의하여 강제적으로 취득하는 것을 말한다. 공용징수에는 협의수용과 재결수용이 있는데, 협의수용의 경우에는 협의에서 정하여진 시기에 물권의 변동이 있게 되고, 재결수용의 경우에는 보상금의 지급을 정지조건으로 하여 수용기일에 물권의 변동이 있게 된다. 토지수용절차에서는 기업자[사업주체]는 토지수용위원회의 재결에 따라 보상금을 지급하거나 공탁함으로써 수용대상물인 토지를 원시취득한다. 따라서 소유권 이하 기존의 제한물권은 모두 소멸한다[다만 지역권은

존속가능].

㉢ 판결 : 판결의 확정으로 권리변동이 일어나는 것은 형성판결에 국한된다. 따라서 형성판결만이 등기를 요하지 않고 이행판결[이전등기를 명하는 판결], 확인판결은 등기를 필요로 한다. 예컨대 형성판결에는 사해(詐害)행위의 취소판결, 공유물 분할판결, 상속재산 분할판결, 말소등기를 명하는 판결, 경계확정판결 등이 있다.

㉣ 경매 : 제187조에서 말하는 경매는 공경매를 의미한다. 또한 경락허가결정 확정 후 경매대금을 완납한 때에 경락인은 저당권이 원인무효가 아닌 한 경락부동산의 소유권을 취득한다.

다) 민법 제187조의 예외

점유취득시효(§245①)에 의한 부동산물권의 취득은 법률의 규정에 의한 물권변동이지만 등기를 하여야만 그 물권을 취득하게 된다.

7) 동산물권의 변동

(1) 권리자로부터의 취득

가) 동산물권양도의 효력

동산에 관한 물권의 양도는 그 동산을 인도하여야 효력이 생긴다(§188①). 즉 물권적 합의와 인도의 두 요소가 갖추어져야 비로소 물권변동의 효력이 생긴다.

나) 인도

㉠ 의의 : 현실의 인도 외에 간이인도나 반환청구권의 양도에 의하는 방법으로도 선의취득을 할 수 있다. 그러나 점유개정(占有改定)에 의하여는 선의취득을 할 수 없다.

㉡ 종류 :

ⓐ 현실의 인도

ⓑ 간이인도

ⓒ 점유개정

ⓓ 목적물반환청구권의 양도

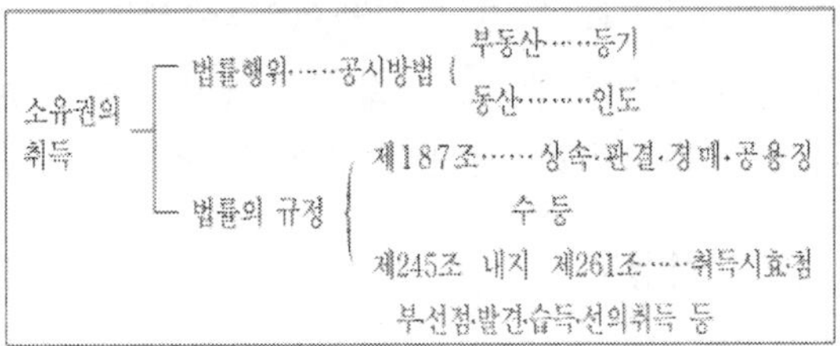

(2) 무권리자로부터의 취득(선의취득)

가) 선의취득의 개념

동산에 대하여 상대방의 점유를 신뢰하여 평온·공연·선의·무과실로 그 물건을 거래상 양수한 자는 설사 상대방이 무권리자라 할지라도 그 동산의 소유권 또는 질권을 유효하게 취득하는 제도를 말한다.

나) 요건

㉠ 목적물에 관한 요건 : 목적물은 동산에 한한다. 따라서 지상권 · 저당권과 같은 부동산에 대한 권리는 선의취득의 대상이 될 수 없다. 또한 동산이라도 점유가 아닌 등기 · 등록에 의해 공시되는 동산(자동차 · 선박 · 항공기 등)에는 선의취득이 인정되지 않는다.

㉡ 거래행위 : 거래행위에 의하여 동산을 취득하였어야 한다. 동산을 원시취득하거나 상속 등으로 포괄승계한 경우에는 선의취득은 적용되지 않는다. 또한 거래행위는 유효하여야 하며, 무효 또는 취소의 원인이 있어 실효(失效)하면 선의취득은 있을 수 없다.

㉢ 양도인에 관한 요건 : 전주가 점유하고 있어야 하며, 무권리자이어야 한다.

㉣ 양수인에 대한 요건 : 선의취득자가 점유를 취득하여야 하며, 그 점유가 평온 · 공연 · 선의 · 무과실 상태로 거래를 했어야 한다.

다) 효과

선의취득자는 그 동산에 관하여 소유권 또는 질권을 원시취득한다.

2. 점유권과 소유권

1) 점유권

(1) 점유권의 의의

민법은 제192조 제 1 항에서 "물건을 사실상 지배하는 자는 점유권이 있다"고 함으로써 물건을 사실상 지배하는 경우에 그 지배를 정당화시켜 주는 법률상의 권리가 있느냐 여부를 묻지 않고서 현재 그 사실상의 지배 상태에 대해 일정한 법률효과를 부여하려는 것이 점유제도이다.

(2) 간접점유

가) 간접점유의 의의

지상권 · 전세권 · 질권 · 사용대차 · 임대차 · 임치(任置)기타의 관계로 타인으로 하여금 물건을 점유하게 한 자는 간접으로 점유권이 있다(§194). 타인에게 점유를 이전하여 물건을 사실상 지배하지는 않지만 보호할 필요가 있을 때 그 자에게 점유를 인정하는 간접점유를 인정한다.

나) 성립요건

특정인의 직접점유가 있어야 한다. 그리고 직접점유자는 타주점유(他主占有)를 하여야 한다. 점유매개관계가 있어야 한다.

다) 간접점유자의 지위

직접점유자가 그 점유를 침탈당하거나 방해당하고 있는 경우에는 간접점유자도 점유보호청구권을 가진다. 즉 간접점유자는 그 물건을 직접점유자에게 반환할 것을 청구할 수 있고 직접점유자가 그 물건의 반환을 받을 수 없거나 이를 원하지 아니하는 때에는 자기에게 반환할 것을 청구할 수 있다(§207).

라) 간접점유의 소멸

직접점유자가 점유를 상실하거나 직접점유자가 점유매개자의 역할을 그만두는 경우[점유물의 횡령]에 소멸한다.

(3) 점유보조자

가) 점유보조자의 의의

가사상 · 영업상 기타 유사한 관계에 의하여 타인[점유주]의 지시를 받아 물건에 대한 사실상의 지배를 하는 때[점유보조자]에는 그 타인만을 점유자로 한다(§195). 즉 점유주(占有主)만이 점유권을 가진다. 타인의 지시를 받아 사실상 지배하고 있지만 점유자가 되지 못하는 자를 점유보조자라고 한다. 예컨대 상점의 점원, 가정부 등은 물건에 대한 사실상의 지배를 하고 있더라도 점유자가 아니며, 점주, 주인이 점유자이다.

나) 점유보조관계의 요건

사실상의 지배가 있을 것과 점유보조관계가 존재해야 한다.

다) 점유보조자의 지위

점유주만이 점유자이고 점유보조자는 점유자가 아니다. 따라서 점유권에 관한 일반적인 보호가 점유보조자에 대해서는 주어지지 않는다. 그러므로 점유방해자에 대한 점유보호청구권의 행사는 점유보조자에게 인정되지 않는다. 다만 점유보조자도 점유주를 위하여 자력구제권은 행사할 수 있다(통설).

(4) 점유권의 효력

가) 점유의 추정적 효력

㉠ 점유태양의 추정 : 점유자는 소유의 의사로 선의(善意) · 평온(平穩) · 공연(公然)하게 점유한 것으로 추정한다(§197①). 그러나 무과실(無過失)은 추정되지 않으므

로 점유자 스스로 무과실을 입증하여야 한다(판례). 선의의 점유자라도 본권(本權)에 관한 소(訴)에서 패소(敗訴)한 때에는 그 소(訴)가 제기된 때로부터 악의의 점유자로 간주된다(§197②). 따라서 이에 대한 입증책임은 상대방에게 있다.

㉡ 점유계속의 추정 : 전후 양시(前後兩時)에 점유한 사실이 있으면 그 점유는 계속한 것으로 추정(推定)한다(§198).

㉢ 권리적법의 추정 : 점유자가 점유물에 대하여 행사하는 권리는 적법하게 보유하는 것으로 추정된다(§200).

나) 점유자와 회복자의 관계

㉠ 과실취득권

ⓐ 선의(善意)의 점유자의 과실취득권 : 선의의 점유자는 점유물에서 생기는 과실(果實)을 취득할 수 있다(§201①). 따라서 부당이득반환의무를 지지 아니한다.

ⓑ 악의(惡意)의 점유자의 과실반환의무 : 악의점유자란 과실취득권이 없는 본권에 관하여 오신한자, 폭력 또는 은비에 의한 점유자(§201②·③) 등 선의의 점유자가 아닌 점유자를 말한다. 악의의 점유자는 수취한 과실을 반환하여야 할 뿐만 아니라, 이미 소비하였거나 과실(過失)로 인하여 훼손 또는 수취하지 못한 과실(果實)의 대가(代價)를 보상하여야 한다. 본권에 관한 소가 계속 중인 점유자는 선의라 하더라도 패소한 때에는 소가 제기된 때로부터 악의의 점유자가 된다.

㉡ 점유물의 멸실·훼손에 대한 책임 : 점유자가 자신의 책임있는 사유로 점유물을 멸실·훼손한 때에는 악의의 점유자는 그 손해의 전부를 배상하여야 한다. 그러나 선의(善意)의 자주점유자(自主占有者)는 이익이 현존하는 한도에서 배상하면 된다. 소유의 의사를 가지지 않은 타주점유자[임차인·전세권자·질권자 등]는 선의이더라도 악의점유자와 같은 배상책임을 진다(§202).

㉢ 점유자의 비용상환청구권

ⓐ 필요비상환청구 : 점유자는 선의·악의 또는 소유의 의사 유무를 묻지않고서 전액의 상환을 청구할 수 있다. 점유자가 점유물을 반환할 때에는 회복자에 대하여 점유물을 보존하기 위하여 지출한 금액 기타 필요비의 상환을 청구할 수 있다. 그러나 점유자가 과실(果實)을 취득한 경우에는 통상(通常)의 필요비는 청구하지 못한다(§203①).

ⓑ 유익비상환청구 : 점유자가 점유물을 개량하기 위하여 지출한 금액 기타 유익비에 관하여는 그 가액의 증가가 현존한 경우에 한하여 회복자의 선택에 따라 그 지출금액이나 증가액의 상환을 청구할 수 있다. 단 사치비는

그 액수가 상당한 고액이라도 반환청구를 할 수 없다. 이 경우 법원은 회복자의 청구에 의하여 상당한 상환기간을 허여(許與)할 수 있다(§203②·③).

ⓒ 점유보호청구권 : 점유보호청구권은 본권의 유무를 불문하고 점유 그 자체를 보호하기 위한 물권적 청구권의 일종이다. 유형으로는 점유물반환청구권, 점유물방해제거청구권, 점유물방해예방청구권이 있다.

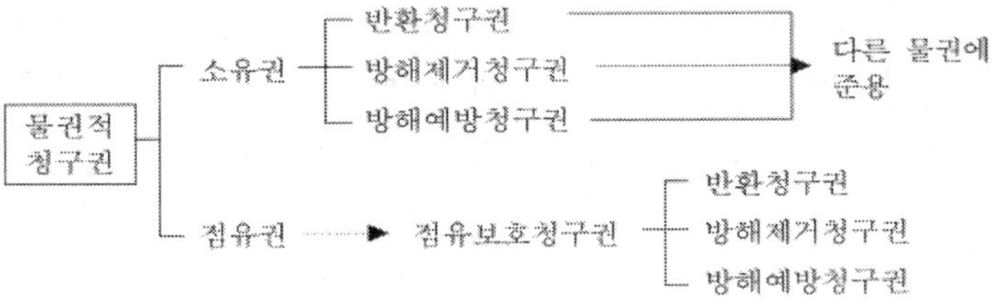

2) 소유권

(1) 소유권이란 법률의 범위내에서 그 소유물을 사용·수익·처분할 수 있는 물건을 전면적으로 지배하는 권리를 말한다.

(2) 소유권의 성질

전면성	물건을 전면적으로 지배하므로 사용가치와 교환가치에 전부 미친다.
혼일성	여러 권능의 집합이 아니라 객체를 모든 면에서 지배할 수 있는 혼일한 지배권능이다. →소유권의 사용, 수익, 처분 등 권원은 혼일하나, 기능상 분리하여 제한물권화한다.
탄력성	제한물권에 의해 소유권이 제한되었다가도 제한물권이 소멸하면 본래의 상태로 복귀된다.
항구성	소유권은 존속기간의 제한이 없으며, 소멸시효에 걸리지 않는다.

(3) **소유권의 취득** : 소유권의 일반적 취득원인으로서 법률행위·상속·토지수용 등이 있으며, 민법 제245조 이하에서 규정하는 특수한 취득원인으로서는 취득시효·선의취득·선점·습득·발견·혼화·가공 등의 원시취득이 있다.

(4) **첨부**: 물건과 물건 또는 물권과 노력이 결합되는 것으로, 부합·혼화(소유자가 2이상의 물건을 결합), 가공(소유자외의 자가 새 물건으로 가공)을 말한다.

(5) 공동소유

구 분	공유(共有)	합유(合有)	총유(總有)
의 의	물건이 지분(持分)에 의하여 수인(數人)의 소유로 된 때(§262①)-개인주의	수인(數人)이 조합체(組合體)로서 물건을 공동소유-개인+단체주의	법인이 아닌 사단(社團)의 소유형태(§275①)-단체주의
사용 · 수익	지분비율로 전부	조합계약, 지분비율	정관 또는 규약
보존행위	각자 단독	각자 단독	총회 결의로 단독
분할청구	자유	존속하는 동안 분할 금지	불가
목적물의 처분 · 변경	전원의 동의	전원의 동의	사원총회 결의
지분의 처분	자유	전원의 동의	지분이란 있을 수 없다.
종료사유	-공유물 양도 -분할	-조합체 해산 -합유물 양도	-사원지위 취득·상실 -총유물 양도

3. 제한물권

1) 용익물권

(1) 지상권

지상권이란 타인의 토지에 건물 기타의 공작물이나 수목을 소유하기 위하여 그 토지를 사용할 수 있는 권리를 말한다.

(2) 지역권

지역권이란 설정행위에서 정한 일정한 목적을 위하여 타인의 토지를 자기의 토지의 편익에 이용하는 용익물권을 말한다.

(3) 전세권

전세권은 전세금을 지급하고 타인의 부동산을 점유하여 그 부동산을 용도에 좇아 사용 · 수익하는 용익물권으로, 그 소멸시 목적부동산 전부의 매각대금으로부터 전세금의 우선변제를 받을 수 있는 권능이 인정되는 것을 말한다.

가) 타물권

전세권은 타인의 부동산을 목적으로 하는 권리이다. 전세권의 객체인 부동산은 반드시 1필의 토지 또는 1동의 건물이어야 할 필요는 없고, 1필의 토지 또는 1동의 건물의 일부라도 무방하다. 그러나 농경지는 전세권의 목적이 될 수 없다(§303②).

나) 용익물권

전세권은 목적부동산을 점유하여 그 용도에 따라 사용·수익하는 권리이다. 이와 관련하여 전세권자는 지상권과 동일한 목적을 위하여 전세권을 설정할 수 있는가가 문제되나, 통설은 이를 인정한다.

다) 담보물권

한국 민법은 부동산에 대하여 질권을 인정하지 않으나 전세권이 부동산질권의 작용을 한다. 전세권에는 원칙적으로 담보물권의 통유성인 부종성·수반성·불가분성·물상대위성과 담보물권의 효력인 우선적 효력·유치적 효력·수익적 효력·경매 신청권·별제권이 있다.

2) 담보물권

(1) 담보물권의 성질

가) 부종성

부종성이란 피담보채권의 존재를 전제로 하면서 담보물권이 존재할 수 있는 성질을 말한다. 따라서 채권이 성립하지 않으면 담보물권이 성립하지 않고, 채권이 소멸하면 담보물권도 소멸한다. 부종성은 유치권과 같은 법정담보물권에서 엄격하게 요구되지만, 질권과 저당권과 같은 약정담보물권에서는 상당히 완화되어 있다. 즉 민법은 근저당권을 인정하고 있다.

나) 수반성

수반성이란 담보물권이 피담보채권의 이전에 따라 이전하고, 피담보채권 위에 부담이 설정되면 그 부담에 복종하는 성질을 말한다.

다) 불가분성

불가분성(不可分性)이란 담보물권은 피담보채권 전부에 대한 변제가 있을 때까지 목적물 전부에 대하여 그 효력을 미친다는 성질을 말한다. 유치권과 질권·저당권에 모두 인정된다(§321, §343, §370).

라) 물상대위성

물상대위성(物上代位性)이란 담보물권의 목적물이 멸실 · 훼손 · 공용징수에 의하여 그 목적물에 갈음하는 기타의 물건이 목적물 소유자에게 귀속하게 된 경우에 그 목적물에 갈음하는 금전 기타의 물건에 관하여 존속하는 성질로서 질권과 저당권에만 인정되고 유치권에는 그 적용이 없다(§342, §370).

(2) 유치권

유치권이란 타인의 물건 또는 유가증권을 점유하는 자가 그 물건이나 유가증권에 관하여 생긴 채권을 가지는 경우에 그 채권의 변제를 받을 때까지 그 물건이나 유가증권을 유치할 수 있는 권리를 말한다.

(3) 질권

채권자가 채무의 변제를 받을 때까지 그 채권의 담보로 채무자 또는 제3자로부터 인도받은 물건 또는 재산권을 유치함으로써 채무의 변제를 간접적으로 강제하다가, 변제가 없으면 그 매각대금으로부터 우선적으로 변제를 받을 수 있는 담보물권을 말한다.

(4) 저당권

저당권이란 채권자가 채무담보를 위하여 채무자 또는 제3자가 제공한 부동산 기타 목적물의 점유를 이전받지 않은 채 그 목적물을 관념상으로만 지배하다가, 채무의 변제가 없으면 그 목적물로부터 우선변제를 받을 수 있는 담보물권을 말한다.

가) 근대적 저당권의 특질과 민법

㉠ 공시의 원칙 : 저당권의 존재는 반드시 등기 · 등록에 의하여 공시되어야 한다는 원칙이다. 저당권은 점유를 수반하지 아니하므로 등기없이 저당권에 대세적 효력을 인정하게 되면 거래의 안전을 해칠 염려가 있기 때문이다. 우리 민법도 공시의 원칙을 엄격히 준수하고 있다. 다만 극히 제한된 경우에 법정저당권이 인정되고 있다(§649).

㉡ 특정의 원칙 : 저당권은 특정 · 현존의 목적물 위에만 성립할 수 있다는 원칙이다. 이는 저당권에 의하여 파악되는 가치에 대해서 객관성을 부여함과 동시에 채무자의 전재산 위에 인정되는 일반 저당권을 배척하기 위한 것이다. 우리 민법도 특정의 원칙을 인정한다. 다만 법정저당권이나 조세 우선특권에 있어서는 관철되지 않는다.

㉢ 순위확정의 원칙 : 동일한 목적물 위에 여러 개의 저당권이 존재할 때에는 각 저당권은 확정된 순위를 가지고 있어 서로 침범하지 않는다는 원칙이다.

ⓐ 순위불승진의 원칙 : 한 번 주어진 저당권의 순위는 선순위의 저당권이 소멸 하더라

도 그 순위가 상승하지 않는다는 원칙을 말한다. 그러나 민법은 1번 저당권이 소멸하면 2번 저당권은 그 순위가 자동적으로 올라가서 1번 저당권으로 되는 순위승진의 원칙을 인정하고 있다.

ⓑ 순위불하강의 원칙 : 저당권의 순위는 등기의 선후에 의하여 결정되고, 먼저 등기된 저당권은 후에 등기된 저당권에 의하여 그 순위가 내려가지 않는다는 원칙을 말한다. 이 원칙은 우리 민법에도 인정되고 있다.

ⓒ 독립의 원칙 : 저당권을 특정채권의 담보라는 종된 지위에서 해방시켜 재화의 교환가치를 지배하는 가치권으로서 금융거래의 객체로서의 독자적인 지위를 확보하게 하려는 원칙이다. 우리 민법은 독립의 원칙을 인정하지 않는다.

나) 근저당

근저당이란 계속적인 거래관계로부터 발생하는 다수의 불특정의 채권을 장래의 결산기에서 일정한 한도액까지 담보하는 저당권을 말한다.

다) 공동저당

공동저당이란 동일한 채권을 담보하기 위하여 수개의 부동산 위에 저당권을 설정하는 것을 말한다.

제3절 채권법

1. 채권 일반론

1) 채권법

특정인[債權者]이 다른 특정인[債務者]에 대하여 일정한 행위[給付]를 청구할 수 있는 권리인 채권의 발생 · 변경 · 이행의 관계를 규율하는 민법 제3편을 채권법이라고 한다. 채권이 성립하려면 실현가능성, 적법성과 사회적 타당성, 내용의 확정성의 요건이 필요하다.

2) 채권의 목적

(1) 특정물채권

특별히 지정한 물건의 인도를 목적으로 하는 채권을 말한다. 물건 인도까지 선량한 관리자의 주의로 보존해야 한다. 물건 인도 장소를 정함이 없을시 성립당시의 장소로 한다.

(2) 종류채권

일정 종류에 속하는 물건의 일정량을 인도할 목적으로 하는 채권으로 불특정물채권이라고도 한다. 종류나 분량만 정해지고 품질은 미정(예 쌀 10가마, 사과 5상자, 콜라 3상자 등), 품질에 차등 있을 때 법률행위 당사자 의사에 의하여 정하며 정하지 못할 경우는 평균중등품질로 한다.

(3) 금전채권과 이자채권

금전채권은 금전의 급부를 목적으로 하는 채권을 말하고, 이자채권은 이자 지급을 목적으로 하는 채권을 말한다. 법정이율은 민사채권의 경우 연 5푼이고 상사채권은 연 6푼이다. 약정이율은 당사자간에 계약한 이자로 한다.

(4) 선택채권

채권의 목적이 선택적으로 정하여져 있는 채권을 말한다.

3) 채권의 효력

(1) 채무불이행

가) **이행지체** : 채무가 이행기에 있고, 그 이행이 가능함에도 불구하고 채무자가 그에게 책임있는 사유로 채무의 내용에 좇은 이행을 하지 않는 것을 말한다.

나) **이행불능** : 채권이 성립한 후에 채무자에게 책임있는 사유로 이행이 불능으로 되는 것을 말한다.

다) **불완전이행** : 채무자가 채무의 이행으로 일정한 급부를 하였으나 급부의 목적에 하자가 있거나 또는 채무불이행과 관련된 주의의무를 위반함으로써 채권자에게 손해를 끼친 경우를 말한다.

라) **채권자지체** : 채무의 이행에 있어 채권자의 수령 기타의 협력을 필요로 하는 경우에 채무자가 채무의 내용에 좇은 이행의 제공을 하였음에도 불구하고 채권자가 필요한 협력을 하지 않는 것을 말한다. 수령지체라고도 한다.

(2) 채권자대위권

채권자가 자기의 채권을 보전하기 위하여 그의 채무자에 속하는 권리를 행사할 수 있는 권리를 말한다.

(3) 채권자취소권

채무자가 채권자를 해하는 사해행위를 한 경우 그 행위를 취소하고 재산을 원상회복할 수 있는 권리를 말한다.

4) 수인의 채권자 및 채무자

(1) 분할채권관계

1개의 급부에 관하여 채권자 또는 채무자가 다수 있는 경우에 특별한 의사표시가 없으면 그 채권 또는 채무가 수인의 채권자나 채무자사이에서 분할되는 다수 당사자의 채권관계이다.

(2) 불가분채권관계

1개의 급부를 목적으로 하는 수개의 독립된 채권인데, 다만 급부가 불가분적으로 각 채권자는 전부의 급부를 청구할 수밖에 없다.

(3) 연대채무

수인의 채무자가 각각 전액을 변제할 의무를 지고, 그중의 1인이 변제하면 다른 자도 전부 채무를 면하는 제도이다.

(4) 보증채무

채권자의 보증인 사이에 맺어지는 보증계약에 의하여 성립하는 채무로서 주채무자가 그의 채무를 이행하지 않는 경우에 보증인이 이를 이행할 책임을 지고, 그러함으로써 주채무자에 대한 채권을 담보하는 것을 말한다.

5) 채권양도

(1) **채권양도**란 채권의 동일성을 유지하면서 계약에 의하여 채권을 이전하는 것을 말한다.

(2) **채권의 이전**은 법률상(배상자대위, 변제자의 법정대위), 법원의 전부명령, 유언으로 발생하기는 하나 이는 채권양도가 아니고 오직 '계약'에 의한 채권이전만이 채권양도이다.

6) 채무인수

채무를 그의 동일성을 유지하면서 그대로 인수인에게 이전하는 것을 목적으로 하는 계약을 말하며, 면책적 채무인수라고도 한다.

7) 채권의 발생과 소멸

(1) 채권발생원인

채권이 발생하는 원인으로는 ㉠ 청약과 승낙으로 성립하는 계약(契約)과 ㉡ 법률상 의무 없이 타인을 위하여 타인의 사무를 처리하는 사무관리(事務管理), ㉢ 법률상 원인 없이 타인의 재산 또는 노무로 인하여 이익을 얻고 이로 인하여 타인에게 손해를 끼친 경우의 부당이득(不當利得), ㉣ 고의 또는 과실로 인한 위법행위로 손해를 받은 자는 손해배상을 청구할 권리를 가지는 불법행위(不法行爲)가 있다.

가) **약정채권** : 계약(契約)

나) **법정채권**

㉠ 사무관리 : 법률상 의무없이 타인을 위하여 사무를 관리하는 행위로 그 법적 성질은 준법률행위의 일종인 혼합사실행위이다.

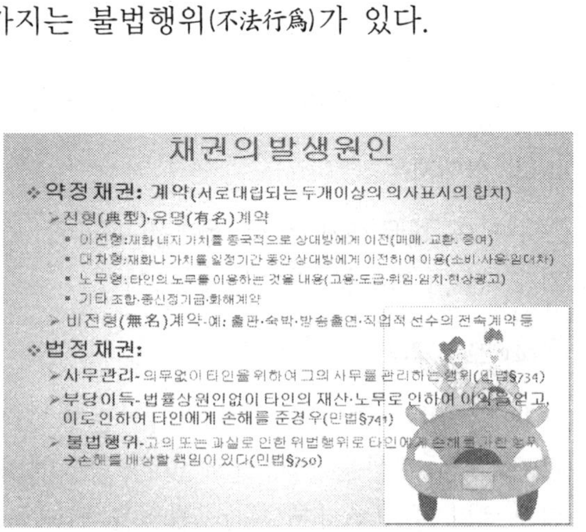

㉡ 부당이득 : 법률상 원인없이 타인의 재산 또는 노무로 이익을 얻고 이로 인하여 타인에게 손해를 가한 자에 대하여 그 이익의 반환을 명하는 제도를 말하며, 법적 성질은 사건이다.

㉢ 불법행위 : 불법행위란 고의 또는 과실로 인한 위법행위로 타인에게 손해를 가하는 것을 말한다. 불법행위의 성립 요건은 다음과 같다.

ⓐ 가해자의 고의 또는 과실에 의한 행위일 것

ⓑ 가해자가 책임능력이 있을 것

ⓒ 가해행위가 위법할 것

ⓓ 가해행위로 인해 손해가 발생할 것

(2) 채권의 소멸 원인

법률행위의 취소 · 계약해제 · 소멸시효완성 등의 일반적 소멸원인 외에 변제(辨濟, 채권의 내용을 실현하는 행위) · 대물변제(代物辨濟, 예 현금100만원 대신 어음 · 수표를 교부하거나 집을 넘겨주는 것) · 공탁(供託, 채권자가 변제를 받지 아니하거나 받을 수 없는 때, 또는 과실 없이 채권자를 알 수 없는 때에는 채권자를 위하여 목적물을 공탁소에 임치하여 채무를 면제하는 것) · 상계(相計, 예 100만원의 채무를 부담하고 있는 채무자가 자기도 그 채권자에 대해 50만원의 채권을 취득할 경우 50만원을 한도로 자기의 채무와 채권을 소멸시키는 경우) · 경개(更改, 채무의 중요부분을 변경하여 신 채무를 성립시킴으로써 구 채무를 소멸시키는 계약, 예 쌀 10가마를 받을 채권을 돈 100만원을 받을 채권으로 바꾸는 것) · 면제(免除, 채권자의 단독행위로서 무상으로 채권을 소멸시키는 것) · 혼동(混同, 혼동은 병존시켜 둘 필요가 없는 두개의 법률상의 지위 또는 자격이 동일인에게 귀속하는 것) 등의 특수한 원인으로 소멸한다. 여기서 혼동은 물권(민법 §191)과 채권(§507)의 공통소멸원인이다.

가. 변제

가) 변제의 제공

채권의 협력을 필요로 하는 채무에 있어서 급부의 실현에 필요한 준비를 하여 채권자의 협력을 요구하는 것을 변제의 제공이라고 한다.

나) 대물변제

㉠ 의의 : 채무자가 부담하고 있는 본래의 급부에 갈음하여 다른 급여를 현실적으로 실현함으로써 채권을 소멸시키는 채권자 · 변제자 사이의 계약을 말한다(§466).

㉡ 법적 성질 : 특수한 요물 · 유상계약

㉢ 요건 :

ⓐ 당사자 사이에 합의 내지 계약이 있을 것 : ㈎채무자가 채권자의 승낙을 얻어, 이행에 갈음한다는 것이 밝혀져야 한다. ㈏대물변제는 계약이기에 당사자는 능력이 있어야 한다.

ⓑ 채권이 존재할 것 : 채권이 존재하지 않거나 무효, 취소된 경우의 대물변제는 비채변제에 해당한다.

ⓒ 본래의 급부와 다른 급부를 할 것 : ㈎ 본래의 급부와 대물급부는 동가치일 것을 요하지 않는다. 단 대물변제가 폭리행위에 해당할 경우 제104조 위반으로 인하여 무효가 될 수 있다. ㈏부동산소유권을 이전하는 경우에는 등기까지 완료하여야 대물변제가 성립하며, 점유의 이전을 요하지 않는다. 동산의 경우에는 인도하여야 하고, 증권적 채권의 경우 배서 · 교부 등의 공시방법을 갖추어야 한다.

㉣ 효과 :

ⓐ 변제와 같은 효력이 있어 채권 · 담보권이 모두 소멸한다(§466).

ⓑ 대물변제로 급부된 목적물에 하자가 있는 경우 대물변제는 유상계약이므로 매도인의 담보책임에 관한 규정(§567)이 준용된다. 따라서 채권자는 계약해제 또는 손해배상을 청구할 수 있다.

다) 변제의 충당

채무자가 동일한 채권자에 대하여 같은 종류를 목적으로 한 수개의 채무를 지는 경우에, 변제의 제공이 그 채무 전부를 소멸케 하지 못한 때에는, 그 급부를 가지고 어느 채무에 충당할 것인가 문제되며, 이때 그 충당의 순위를 정하는 것을 '변제의 충당'이라 한다.

나. 공탁

공탁이란 변제자가 금전 · 유가증권 기타의 물건을 공탁소에 임치하는 것으로, 공탁자와 법률이 정하는 공탁기관과의 사이에 체결되는 임치계약을 말한다.

다. 상계

채권자와 채무자가 서로 동종의 채권 · 채무를 가지는 경우에 그 채권과 채무를 대등액에 있어서 소멸케하는 일방적 의사표시를 말한다.

라. 경개(更改)

채무의 요소를 변경함으로써 신채무를 성립시키는 동시에 구채무를 소멸케하는 일종의 채권계약이다.

마. 면제

채무자에 대한 채권자의 일방적 의사표시에 의하여 채무를 소멸시키는 단독 · 무상행위이다.

바. 혼동

채권과 채무가 동일인에게 귀속되어 채권이 소멸하는 것을 말한다.

2. 계약 총론

1) 계약의 의의

계약(契約)이란 사법상의 일정한 법률효과의 발생을 목적으로 하는 2인 이상의 당사자의 의사표시의 합치, 즉 합의에 의하여 성립하는 법률행위를 말한다.

계약의 성립요건 ⇨ 합의……청약=승낙

2) 계약의 종류

(1) 전형계약 · 비전형계약

가) 전형계약

채권법에서 규정하는 15종의 계약을 전형계약이라 하며 유명계약이라고도 한다.

㉠ 재산권이전을 목적으로 하는 전형계약 : 증여 · 매매 · 교환계약

㉡ 재산권이용을 목적으로 하는 전형계약 : 소비대차 · 사용대차 · 임대차계약

㉢ 노무이용을 목적으로 하는 전형계약 : 고용 · 도급 · 여행 · 현상광고 · 위임 · 임치계약

나) 비전형계약

㉠ 의의 : 민법전에 규정되어 있지 않은 그밖의 계약을 비전형계약 또는 무명계약이라 한다.

㉡ 혼합계약 : 혼합계약이란 비전형계약의 일종으로서 전형계약과 비전형계약, 전형계약과 전형계약의 내용이 혼합되어 있는 계약유형을 말한다.

(2) 유상계약 · 무상계약

가) 유상계약

계약당사자가 서로 대가적 의미를 가지는 출연을 하는 계약을 말한다. 매매 · 교환 · 임대차 · 고용 · 도급 · 조합 · 화해 · 여행 · 현상광고 등이 이에 속한다.

나) 무상계약

당사자 일방만이 급부를 할 뿐이거나 쌍방 당사자가 급부를 하더라도 그 급부 사이에 대가적 의미 있는 의존관계가 없는 계약을 말한다. 증여 · 사용대차 등이 이에 속한다.

다) 유 · 무상계약

소비대차 · 위임 · 임치 · 종신정기금은 이자 또는 보수의 유무에 따라 유상계약이 될 수도 무상계약이 될 수도 있다.

라) 구별실익

유상계약에는 매매의 규정이 준용되어 담보책임을 지며(§567), 무상계약인 경우에는 증여에 관한 담보책임의 규정이 적용된다(§559). 특히 유상계약의 채무불이행책임에 있어서는 채무자의 과실은 추상적 경과실을 기준으로 하지만, 무상계약의 경우에는 구체적 경과실을 기준으로 한다.

(3) 쌍무계약 · 편무계약

가) 쌍무계약

계약당사자가 서로 대가적 의미를 가지는 채무를 부담하는 계약을 말한다. 매매 · 교환 · 임대차 · 고용 · 도급 · 여행 · 조합 · 화해 등이 이에 속한다. 또한 소비대차 · 위임 · 임치도 유상인 때에는 쌍무계약이다.

나) 편무계약

당사자의 일방만이 채무를 부담하거나, 또는 쌍방이 채무를 부담하더라도 그 채무가 서로 대가적 의미를 갖지 않는 계약을 말한다. 증여 · 사용대차 등이 이에 속한다. 또한 소비대차 · 위임 · 임치도 무상인 때에는 편무계약이다.

다) 구별실익

쌍무계약에서는 동시이행항변권 · 위험부담 등의 문제가 생기지만, 편무계약에는 이러한 문제가 생길 여지가 없다.

(4) 낙성계약 · 요물계약

가) 낙성계약

당사자의 합의만으로 성립하는 계약을 말한다. 민법상 전형계약 중 현상광고를 제외한 모든 계약이 이에 속한다.

나) 요물계약

당사자의 합의 이외에 당사자의 일방이 물건의 인도 기타의 급부를 하여야 성립하는 계약을 말한다. 현상광고계약 · 보증금계약 · 계약금계약 · 동산질권계약 등이 이에 속한다. 채권의 소멸원인 중의 하나인 대물변제의 경우에 이를 변제의 변칙적 방법의 하나라는 견해도 있으나, 이를 계약이라고 보는 견해가 다수설이다.

(5) 일시적 계약 · 계속적 계약

가) 일시적 계약

급부의 실현, 즉 이행이 어느 시점에서 행하여지는 것으로 끝나는 것을 말한다. 매매 · 증여 · 교환 · 도급 등이 이에 속한다.

나) 계속적 계약

어느 기간 동안 계속해서 행하여져야 하는 것을 말한다. 소비대차 · 사용대차 · 고용 · 위임 · 조합 · 종신정기금 등이 이에 속한다.

(가) 특성

㉠ 급부가 시간적 계속적 실현을 요하므로 존속기간이 정해지고, 존속간의 약정이 있으면 해지가 인정된다.

㉡ 기본채권과 지분채권이 존재한다.

㉢ 당사자간의 신뢰성이 중요하므로 당사자의 착오는 법률행위의 중요부분의 착오가 된다.

㉣ 신의성실의 원칙이 강하게 적용되어 사정변경의 원칙이 적용되기 쉽다.

㉤ 당사자간의 지배관계가 성립할 수가 있으므로 법적 규제의 필요성이 크다. 「주택임대차보호법」, 「근로기준법」 등에서 이에 대하여 규제하고 있다.

(나) 광의의 계속적 계약에 포함되는 것

㉠ 계속적 공급계약 : 일정기간이나 기간의 정함이 없이 정하여진 종류의 물건을 대가를 받고 계속적 공급을 약정한 때에 성립하는 계약을 계속적 공급계약이라 한다.

㉡ 회귀적 채권관계 : 일정기간에 걸쳐 반복적으로 급부를 실현할 것을 내용으로 하는 계약으로 광의의 계속적 계약에 포함된다.

(다) 분할공급계약

당사자간의 합의된 총급부량을 단지 분할하여 공급하는 계약을 말한다. 예컨대 책상 100개를 총 5회에 나누어 공급하는 계약이 이에 속한다. 이는 계속적 계약은 아니다.

3) 계약의 효력

(1) 쌍무계약의 효력

가) 쌍무계약의 특질

㉠ 성립상의 견련성 : 일방의 채무가 불능 · 불법 등의 이유로 성립하지 않거나 무능력 또는 착오 · 사기 · 강박 등의 이유로 취소된 때에는 그것과 의존관계에 있는 상대방의 채무도 성립하지 않는다(유인성).

㉡ 이행상의 견련성 : 쌍무계약의 각 채무는 일방의 채무가 이행될 때까지는 타방의 채무도 이행하지 않아도 좋다는 관계에 서게 된다. 이를 공평의 이상을 반영한 동시이행의 항변권이라 한다.

㉢ 존속상의 견련성 : 쌍무계약의 각 채무가 완전히 이행되기 전에, 하나의 채무가 채무자의 책임 없는 사유로 인하여 이행불능으로 되어 소멸한 경우 다른 채무는 어떠한 영향을 받느냐가 문제된다. 이를 위험부담의 문제라고 한다.

견련성[의존성]
- 성립상……원시적 불능→계약체결상의 과실(제535조)
- 이행상……동시이행의 항변권
- 존속상……후발적 불능→위험부담

(2) 동시이행의 항변권

쌍무계약으로부터 생기는 각 채무는 서로 대가적 의미를 가지고 연결되어 있으므로 쌍무계약의 당사자 일방은 상대방이 채무의 이행을 제공할 때까지 자기의 채무의 이행을 거절할 수 있는 권리를 말한다.

(3) 위험부담

쌍무계약의 당사자 일방의 채무가 당사자 쌍방의 책임 없는 사유로 후발적 불능이 되어 소멸한 경우에, 그에 대응하는 타방의 채무의 운명은 어떻게 될 것인가의 문제가 이른바 위험부담의 문제이다.

(4) 제3자를 위한 계약

계약당사자가 아닌 제3자로 하여금 직접 계약당사자의 일방에 대하여 채권을 취득케 하는 계약을 말한다. 계약당사자 중에서 제3자에게 그 계약상의 의무를 부담하는 자를 낙약자, 그 상대방을 요약자, 그 제3자를 수익자라고 한다.

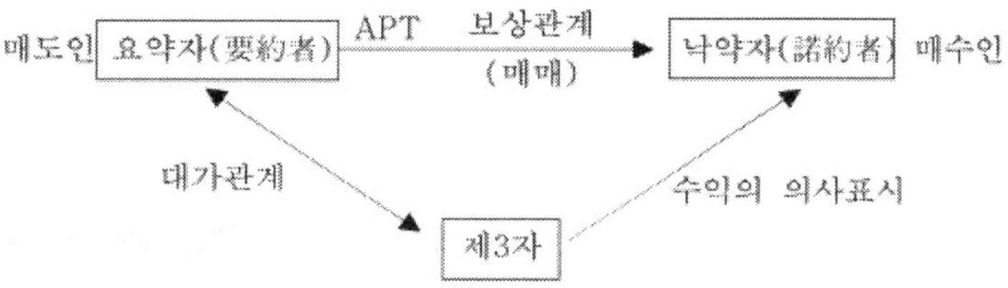

4) 계약의 해제 · 해지

(1) 계약의 해제

계약의 해제란 당사자 일방의 의사표시에 의하여 유효하게 성립한 계약을 소급적으로 소멸시키고, 당초부터 계약이 체결되지 않았던 것과 마찬가지의 상태로 회복시키는 것을 말한다.

(2) 계약의 해지

계속적 계약에서 당사자의 일방적 의사표시만으로 그 효력을 장래에 대하여 소멸시키는 것을 해지라고 한다. 해지를 하기 위해서는 해지권이 주어져야 하지만, 해지권은 해제권과는 달리 해지권의 유보가 있거나 채무불이행이 있는 경우에만 주어지는 것이 아니다.

해제	1회적 계약	소급효	원상회복	손해배상청구
해지	계속적 계약	비소급효	청산의무	손해배상청구

3. 계약 각론

민법상 전형계약의 종류를 유형별로 나누어 보면, 재화 내지 가치를 종국적으로 상대방에게 이전시키는 **이전(양도)형**으로 매매 · 교환 · 증여계약이 있고, 재화나 가치를 한정된 기간 동안 상대방에게 이전하여 이용시키는 **대차형**으로 소비 · 사용 · 임대차계약, 타인의 노무 내지 노동력을 이용하는 것을 내용으로 하는 **노무공급**계약으로 고용 · 도급 · 여행 · 위임 · 임치 · 현상광고가 있고, 기타 조합 · 종신정기금 · 화해계약 등이 있다.

1) 양도형계약

(1) 증여

증여(贈與)는 당사자 일방[贈與者]이 재산권을 무상으로 상대방[受贈者]에게 주는 의사표시를 하고 상대방이 이를 수락함으로써 성립하는 무상 · 낙성 · 불요식 · 편무계약이다.

(2) 매매

매매(賣買)는 당사자의 일방[賣渡人]이 재산권을 상대방[買受人]에게 이전할 것을 약정하고 상대방은 그 대금지급을 약정함으로써 성립하는 낙성 · 쌍무 · 불요식의 전형적인 유상계약이다(민법 §563~595).

매도인의 의무	매수인의 의무
소유권 이전의무	대금지급 의무
목적물 인도의무	목적물 수령 의무
과실의 귀속	매매계약의 비용부담
선량한 관리자의 주의 의무(특정물매매)	계약금 지급의무

매매계약은 재산권의 이전의무와 대금의 지급의무가 서로 견련관계에 있으므로 쌍무계약이며, 양 급부의 이행은 서로 대가성을 갖는 출연관계에 있기 때문에 유상계약이다. 특히 매매는 유상계약 가운데 가장 대표적인 계약으로서 매매에 관한 규정은 다른 유상계약에 준용된다(§567).

매매계약은 당사자간의 의사의 합치만으로 성립하는 낙성계약이다. 또한 매매계약은 어떠한 방식도 요구하지 않는다.

(3) 교환

매매계약의 목적물이 금전 이외의 재산권일 때에는 교환(交換)이라고 하는데, 토지와 건물을 서로 바꾸는 경우를 들 수 있다. 교환은 당사자 쌍방이 금전이외의 재산권을 서로 이전할 것을 약정함으로써 성립하는 계약이다.

2) 대차형계약

민법에서는 물건의 이용(대차)을 목적으로 하는 전형계약으로 소비대차(민법 §598) · 사용대차(민법 §609) · 임대차(민법 §618)의 세 가지를 규정하고 있다.

(1) 소비대차

소비대차(消費貸借)는 당사자의 일방이 금전 기타의 대체물(쌀, 보리 등)의 소유권을 상대방[借主]에게 이전할 것을 약정하고 상대방은 그와 같은 종류 · 품질 · 수량으로 반환할 것을 약정함으로써 성립하는 낙성 · 무상 · 편무(무이자의 경우) 혹은 유상 · 쌍무(이자부의 경우) · 불요식계약이다. 금전의 소비대차가 가장 대표적인 것이다.

(2) 사용대차

당사자 일방(대주)이 상대방(차주)에게 무상으로 사용 · 수익케 하기 위하여 목적물을 인도할 것을 약정하고, 상대방은 이를 사용 · 수익한 후 그 물건을 반환할 것을 약정함으로써 성립하는 낙성 · 무상 · 편무 · 불요식계약이다(민법 §609~617).

(3) 임대차

임대차(賃貸借)는 임대인이 상대임차인에게 목적물을 사용 · 수익하게 할 것을 약정하고, 상대방이 이에 대해 차임지급을 약정함으로써 성립하는 낙성 · 유상 · 쌍무 · 불요식계약이다(민법 §618~654). 부동산을 사용 · 수익하는 방법에는 용익물권(지상권 · 전세권 등)을 설정하는 것과 임대차계약을 체결하는 것이 있으나, 현실의 거래에서는 부동산임대차계약이 많이 이용되고 있으며 경제적 약자인 임차인보호를 위한 일련의 조치도 마련되고 있다(민법 §621 · §622, 주택임대차보호법 · 상가건물임대차보호법 등).

3) 노무공급계약

(1) 고용

고용(雇傭)은 당사자의 일방(노무자)이 상대방(사용인)에 대하여 노무를 제공할 것을 약정하고 상대방이 이에 대해서 보수의 지급을 약정하는 유상 · 쌍무 · 낙성 · 불요식의 계약이다.

(2) 도급

도급(都給)은 당사자의 일방(수급인)이 어떤 일을 완성할 것을 약정하고 상대방(도급인)이 그 일의 결과에 대하여 보수를 지급할 것을 약정함으로써 성립하는 노무공급계약의 일종으로 낙성 · 유상 · 쌍무 · 불요식의 계약이다.

(3) 여행계약

당사자 한쪽이 상대방에게 운송, 숙박, 관광 또는 그 밖의 여행 관련 용역을 결합하여 제공하기로 약정하고 상대방(여행자)이 그 대금을 지급하기로 약정함으로써 효력이 생기는(§674의2) 유상 · 쌍무 · 복합계약이다.

(4) 위임

위임(委任)은 당사자의 일방(위임인)이 상대방(수임인)에 대하여 사무의 처리를 위탁하고 상대방이 이를 승낙함으로써 성립하는 편무 · 무상계약이다(§680).

(5) 임치

임치(任置)는 당사자 일방[受取人]이 상대방[任置人]에 대해 금전이나 유가증권 기타 물건의 보관을 위탁하고 상대방이 이를 승낙함으로써 성립하는 낙성 · 불요식계약으로 무상 · 편무계약이 원칙이다(민법 §693~702).

(6) 현상광고

현상광고(懸賞廣告)는 당사자의 일방(광고자)이 특정의 행위를 한 자에게 일정한 보수를 지급할 것을 표시하고 이에 응한 자가 지정한 행위를 완료함으로써 성립되는 유상 · 편무 · 요물계약이다.

4) 기타 전형계약

(1) 조합

조합(組合)은 2인 이상의 특정인이 서로 출자하여 공동사업을 경영할 목적으로 결합한 단체설정계약이다(민법 §703~724). 조합의 재산은 합유(合有)로 하며 업무집행에 있어서 다수결원리를 택하며, 조합원의 탈퇴 · 제명으로 그 동일성을 유지한다.

(2) 종신정기금

종신정기금(終身定期金)은 당사자 일방(정기금채무자)이 자기나 상대방 또는 제3자의 사망시까지 정기로 금전 기타의 물건을 상대방 또는 제3자에게 지급할 것을 약정함으로써 성립하는 유상·낙성·불요식계약이다.

(3) 화해

화해(和解)는 당사자가 서로 양보하여 그들 사이의 분쟁을 종지할 것을 약정함으로써 성립하는 낙성·유상·불요식 계약이다.

제4절 가족법(친족·상속법)

1. 가족생활과 법

1) 가족법

가족이나 친족과 같이 특정한 관계에 있는 사람들 간의 권리와 의무를 규정하는 가족법으로는 친족법과 상속법이 있다. 전자는 친족관계에 관한 민법 규정이고, 상속법은 일정한 친족관계에 있는 사람의 사망 등으로 법률관계에 변동이 있을 때 그 지위를 승계하는 것에 관한 법이다.

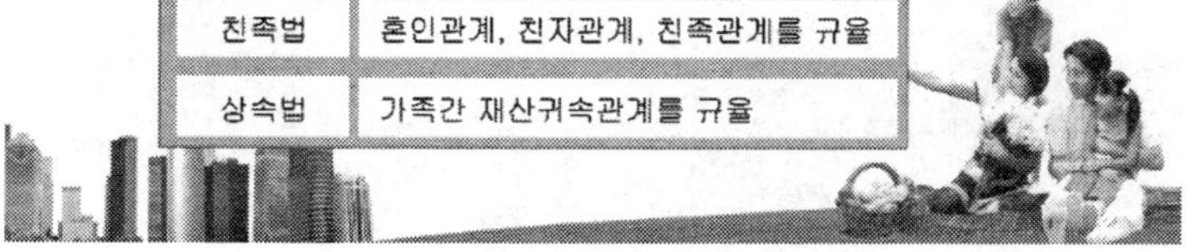

2) 가족법의 개정

한국 민법 중 가족법은 제4편(친족)과 제5편(상속)에 해당하는데, 민법이 제정되어(1958.2.22 법률 제471호) 1960년 시행된 이래 1962년, 1977년, 1990년, 1997년, 2002년에 이어

2005년 3월말에 가족법 중 친족법을 대폭 개정하였다(법률 제7427호).

부계혈통주의 조항은 헌법상 남녀평등의 원칙에 위배된다는 주장이 제기되어 왔고, 헌법재판소에 위헌심판이 제청되어, 한국 정부가 1984년에 UN의 「여성에 대한 모든 형태의 차별철폐에 관한 협약」에 가입할 당시 유보한 바 있는 국적취득에 있어서의 남녀평등 조항에 대한 유보를 철회하여 국제조류에 따를 필요성이 있기 때문에 민법중 각종 남녀차별적 요소를 남녀평등의 원칙에 부합되는 방향으로 정비함과 아울러, 1948년 제정이래 동일한 골격을 유지하여 온 「국적법」의 내용중 현실에 맞지 아니하거나 입법상 미비된 점을 합리적으로 개선·보완하기 위한 민법의 개정이 있었다(1997.12.13, 법률 제5431호).

민법의 친족편에 규정되어 있는 호주를 중심으로 가(家)를 구성하는 호주제도 및 자녀의 성(姓)과 본(本)에 관한 규정은 양성평등이라는 헌법이념과 시대변화에 부합하지 아니하므로 이를 전면폐지 또는 개선하고, 동성동본금혼제도와 친생부인의 소의 제척기간을 헌법불합치결정의 취지에 따라 합리적으로 조정하며, 입양제도의 현실을 반영하고 양자의 복리를 증진시키기 위하여 양친과 양자에게 친족관계를 인정하면서 양친의 성과 본을 따르게 하는 친양자제도를 도입하는 한편, 공동상속인간의 실질적 형평 및 가족관계의 건전한 가치관 정립을 위하여 상당한 기간동안 동거하면서 피상속인을 부양한 자에게도 기여분이 인정될 수 있도록 하기위해 2005년 민법의 가족법을 개정하였다.

3) 2005년 개정의 주요내용

종전 민법의 친족편에 규정되어 있는 호주를 중심으로 가(家)를 구성하는 호주제도를 폐지하고, 동성동본금혼제도와 친생부인의 소의 제척기간을 헌법불합치결정의 취지에 따라 합리적으로 조정하며, 입양제도의 현실을 반영하고 양자의 복리를 증진시키기 위하여 친양자제도를 도입하였다(2005.3.31, 법률 제7427호).

개정 민법[2005년 3월 31일 법률 제7427호]

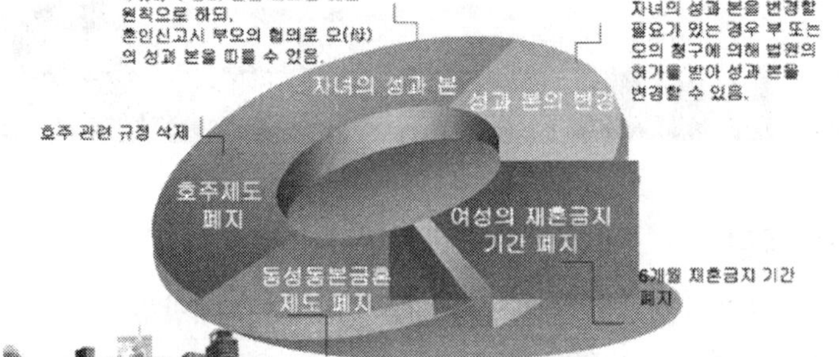

가) 호주제도 폐지(2008.1.1. 시행)

호주에 관한 규정과 호주제도를 전제로 한 입적 · 복적 · 일가창립 · 분가 등에 관한 규정을 삭제하는 한편, 호주와 가(家)의 구성원과의 관계로 정의되어 있는 가족에 관한 규정을 새롭게 규정하였다(민법 §778 · §780 및 §782 내지· §796 삭제, §779).

나) 자녀의 성(姓)과 본(本)(2008.1.1. 시행)

자녀의 성(姓)과 본本)은 부(父)의 성과 본을 따르는 것을 원칙으로 하되, 혼인신고시 부모의 협의에 의하여 모(母)의 성과 본도 따를 수 있도록 하고, 자녀의 복리를 위하여 자녀의 성과 본을 변경할 필요가 있는 때에는 부(父) 또는 모(母) 등의 청구에 의하여 법원의 허가를 받아 이를 변경할 수 있도록 하였다(민법 §781①⑥).

다) 동성동본금혼제도 폐지

남녀평등과 혼인의 자유를 침해할 우려가 있는 동성동본금혼제도를 폐지하고 근친혼금지제도로 전환하되, 8촌 이내의 부(父)계혈족 또는 모(母)계혈족 사이에서는 혼인을 금지하는 근친혼제한의 범위를 조정하였다(민법 §809).

라) 여성에 대한 재혼금지기간 제도 폐지

부성추정의 충돌을 피할 목적으로 여성에 대하여 6월의 재혼금지기간을 두고 있는 것은 여성에 대한 차별적인 규정으로 비쳐질 수 있고, 친자관계감정기법의 발달로 이러한 제한 규정을 둘 필요성이 없어졌으므로 이를 삭제하였다(민법 §811 삭제).

마) 처(妻)의 친생부인의 소 제기 인정

지금까지 친생부인의 소는 부(夫)만이 제기할 수 있고 제소기간도 출생을 안 날부터 1년내로 제한하였으나, 앞으로는 부(夫)뿐만 아니라 처(妻)도 제소할 수 있도록 하고, 제소기간도 친생부인사유를 안 날부터 2년내로 연장하는 등 친생부인제도를 합리적으로 개선하였다(민법 §846 및 §847).

바) 친양자제도 신설(2008.1.1. 시행)

종전 양자제도를 그대로 유지하면서 양자의 복리를 더욱 증진시키기 위하여, 양친과 양자를 친생자관계로 보아 종전의 친족관계를 종료시키고 양친과의 친족관계만을 인정하며 양친의 성과 본을 따르도록 하는 친양자제도를 신설하였다(민법 §908의2 내지 §908의8 신설).

사) 부모 등 친권자가 친권을 행사함에 있어서는 자의 복리를 우선적으로 고려하여야 한다는 의무규정을 신설하였다(민법 §912 신설).

아) 상당한 기간동안 동거하면서 피상속인을 부양한 상속인에게도 공동상속인의 협의 또는 법원에 의하여 기여분이 인정될 수 있도록 하였다(민법 §1008의2).

2. 친족법

1) 친족과 가족

(1) 친족

친족은 배우자, 8촌이내의 혈족 및 4촌이내의 인척을 말하고(민법 §777), 친족법은 부부, 가족, 부모와 자녀, 친척 등의 권리의무를 규율하는 법이다. 자기의 직계존속과 직계비속을 직계혈족(直系血族)이라 하고 자기의 형제자매와 형제자매의 직계비속, 직계존속의 형제자매 및 그 형제자매의 직계비속을 방계혈족(傍系血族)이라 한다(§768). 혈족의 배우자, 배우자의 혈족, 배우자의 혈족의 배우자를 인척(姻戚)으로 한다(§769).

(2) 가족

현재 혼인관계에 있는 배우자, 생존하고 있는 부 · 모계의 직계혈족 및 형제자매, 생계를 같이 하는 직계혈족의 배우자(계부모, 며느리나 사위 등), 배우자의 직계혈족(배우자가 전혼에서 출생한 자녀, 시부모와 장인 등) 및 배우자의 형제자매(시숙, 시누이, 처남, 처제 등)가 가족의 범위에 속한다. 따라서 본인을 중심으로 당연히 가족에 포함되는 경우와 생계를 같이하는 경우 가족으로 편입되는 유형도 있다(생계공동형).

2) 약혼

(1) 약혼의 성립과 효력

가) 혼인의 예약

약혼(約婚)은 남녀가 부부로서 결혼생활을 하는 '혼인'의 전단계로 혼인을 위한 남녀 쌍방간의 신분계약이다. 약혼은 당사자의 합의를 바탕으로 계약을 하는 것이며 특별한 형식을 필요로 하지 않다. 약혼이란 장차 혼인을 하고자 하는 남녀 당사자가 혼인을 기약하면서 미리 맺는 계약으로(민법 §800), 실질적인 결혼생활을 하고 있으면서 혼인신고를 하지 않고 있는 사실혼과는 구별된다.

나) 약혼의 성립요건

약혼의 요건으로 당사자간의 합의가 필요하다(부모들간의 정혼은 무효). 성년자는 의사능력만 있으면 장래 혼인하려는 당사자의 합의에 의하여 약혼할 수 있으나, 약혼할 수 있는 나이는 만19세 이상이면 자유로이 약혼할 수 있고, 미성년자는 만18세에 달하여야 부모 또는 미성년후견인의 동의를 얻어 약혼할 수 있으며(민법 §801), 피성년후견인의 경우에도 부모 또는 성년후견인의 동의를 요한다(민법 §802).

다) 약혼의 효과

약혼은 혼인할 것을 목적으로 하는 혼인의 예약(豫約)이므로 당사자 일방은 자신의 학력, 경력 및 직업과 같은 혼인의사를 결정하는데 중대한 영향을 미치는 사항에 관하여 이를 사실대로 상대방에게 알릴 신의성실 원칙상의 의무가 있다(판례). 약혼에 의하여 당사자는 적당한 시기에 혼인을 할 법적 의무를 부담하게 되나, 약혼은 강제이행을 청구하지 못한다(민법 §803). 약혼이 깨지게 되면 정당한 이유없이 혼인을 이행하지 않는 상대방에게 손해배상을 청구할 수 있다. 물론 장차 결혼하기로 약혼한 경우에 제3자가 이를 알면서도 침해한 경우에는 약혼권 침해로 인한 손해배상을 청구할 수 있다.

약혼과 관련된 법률상식

- **약혼하면 꼭 결혼해야 하나** - 약혼을 했더라도 결혼하고 싶지 않을 때에는 파혼할 뜻을 상대방에게 통보함으로써 파혼 할 수 있다. 약혼당사자는 혼인을 성립시킬 의무를 지나 결혼을 강제할 수는 없기 때문에 어느 한 쪽이 약혼 후 결혼에 응하지 않는다고 해도 상대방은 의무위반에 대한 손해배상을 청구할 수 있을 뿐 강제이행을 청구할 수는 없다. 정당한 이유없이 약혼상의 의무를 이행하지 않으면 물질적 · 정신적 손해배상을 청구할 수 있다. 그리고 자기가 받은 약혼 예물을 돌려주지 않아도 되나 상대방에게 준 것은 돌려 받을 권리가 있다(유책당사자는 반환청구불가).
- **혼인을 전제로 한 성관계** - 결혼을 전제로 한 육체관계는 육체관계를 맺었더라도 상대방이 원하지 않으면 혼인을 강제할 수는 없다. 만약 남자가 혼인할 마음은 없으면서 혼인할 것처럼 속여서 육체관계를 맺었다면 손해배상 청구는 할 수 있다.

(2) 약혼의 해제

가) 약혼의 해제사유

약혼의 해제(解除)는 약혼을 한 당사자가 합의 또는 법정된 사유에 의하여 약혼관계를 해소시키는 행위를 말한다. 민법 제804조는 당사자 일방에 다음과 같은 정당한 파혼사유가 있을 때에는 상대방이 약혼을 해제할 수 있는 것으로 하고 있다. 즉 (i) 약혼 후 자격정지 이상의 형의 선고를 받은 경우, (ii) 약혼 후 성년후견개시나 한정후견개시의 심판을 받은 경우, (iii) 성병, 불치의 정신병 기타 불치의 병질(病疾)이 있는 때, (iv) 약혼 후 타인과 약혼 또는 혼인한 때, (v) 약혼 후 타인과 간음한 때, (vi) 약혼 후 1년 이상 생사가 불명할 때, (vii) 정당한 이유없이 혼인을 거절하거나 그 시기를 지연하는 때, (viii) 기타 중대한 사유가 있는 때 등이다.

나) 약혼해제의 방법과 효과

약혼의 해제는 상대방에 대한 의사표시로 한다. 그러나 상대방에 대하여 의사표시를 할 수 없는 때에는 그 해제의 원인 있음을 안 때에 해제된 것으로 본다(민법 §805). 약혼을 해제한 때에는 당사자의 일방은 과실있는 상대방에 대하여 이로 인한 재산상 · 정신상의 손해배상을 청구할 수 있다(민법 §806① · ②). 정신상 고통에 대한 배상청구권은 양도 또는 승계하지 못하지만, 당사자 사이에 이미 그 배상에 관한 계약이 성립되거나 소를 제기한 후에는 그러하지 아니하다(민법 §806③). 잘못이 있는 상대방에게 손해배상을 청구할 수 있는데, 이에 응하지 않는 경우에는 상대방의 주소지 관할 가정법원에 조정을 신청하고 이를 거쳐 소송을 제기할 수 있다.

다) 약혼식과 예물반환청구권

관습상행해지고 있는 약혼식은 약혼사실을 확실히 해둔다는 의미는 있으나 약혼식을 통해 법적 효과가 있는 약혼이 되는 것은 아니다.

약혼시 흔히 교환하는 예물은 혼인성립을 예정한 증여로서 혼인이 성립되지 않을 경우라면 주지 않았을 것으로 약혼해제로 인한 손해배상청구권과는 성질이 다른 것이다. 약혼이 해제되면 약혼예물도 서로 반환하는 것이 원칙이다. 그러나 약혼해제에 대하여 책임이 있는 당사자는 자신이 받은 예물은 상대방에게 반환해야 하지만, 자신이 상대방에게 준 예물은 반환을 요구할 수 없다(민법 §806).

3) 혼인과 이혼

(1) 혼인

가) 혼인이란?

혼인(婚姻, marriage)은 가족관계의 바탕인 부부관계(夫婦關係)를 성립하게 하는 사회제도로서 승인된 남녀의 계속적인 성적 결합관계(혼인관계) 또는 이러한 관계를 가지는 법률행위(혼인행위=혼인의사의 합치+혼인신고)를 말한다. 이것은 국가적 · 사회적 공동체의 중요한 근본사회조직으로써 법률은 사회도덕질서 및 기타 여러 가지 정책적인 면을 고려하여 혼인의 요건을 정하고 이에 적합한 것만을 법적으로 보호하고 있다[법률혼주의].

구민법하의 혼인제도는 가(家)제도 중심의 것으로서 혼인은 호주의 동의를 필요로 하였으나, 현행 민법은 혼인을 모든 신분관계의 기초로서 민주적인 혼인제도를 의도하고 개인의 존엄과 양성의 평등이라는 기본원리(헌법 §36)에 입각하여 혼인의 봉건적 제구속을 배척하고 자유로운 의사에 입각하는 일남일녀의 혼인, 부부의 협력에 의거하는 혼인관계를 수립하고 있다. 혼인은 남녀모두 만19세가 넘으면 부모의 동의 없이 혼인할 수 있다. 혼인은 신의성실의 의무를 바탕으로 하므로 서로에게 행해야 할 의무사항이 뒤따른다.

나) 혼인의 성립요건

민법상 혼인은 실질적 요건과 함께 형식적 요건을 갖추어야 한다.

㉠ 혼인의 실질적 요건

실질적 요건이란 (i) 혼인의 의사가 있을 것, (ii) 혼인적령(만18세)일 것(민법 §807), (iii) 중혼이 아닐 것(민법 §810), (iv) 근친혼이 아닐 것(민법 §809), (v) 일정한 자는 부모 또는 후견인 · 후견감독인의 동의를 얻을 것(민법 §808) 등 민법 소정의 장애가 없어야 한다는 것이다.

㉡ 혼인의 형식적 요건

형식적 요건이란 혼인의 신고이다. 신고는 당사자 쌍방과 성년자인 증인 2인이 연서하고 「가족관계의 등록 등에 관한 법률」에 정한 바에 의하여 신고함으로써 그 효력이 생긴다(민법 §812). 형식혼주의를 취하는 관계로, 이 신고가 없으면 혼인은 성립될 수 없고 사실혼(事實婚)에 불과하다.

다) 혼인의 효과

혼인의 효과에는 신분적 효과와 재산적 효과가 있다. 신분적 효과로는 동거 · 부양 · 협조의 의무(민법 §826①), 정조의무, 후견의 권리 · 의무(민법 §928 내지 940), 혼인을 기초로 하는 인척관계(민법 §777) 등의 관계 발생 등이 있고, 재산적 효과로는 부부재산제(민법 §829), 생활비공동부담, 일상가사채무 연대책임 등이 있다.

(2) 혼인의 해소

가) 혼인의 해소원인

혼인을 소멸시키는 사유에는, 좁게는 당사자의 사망과 이혼이 있으며, 넓게는 혼인의 취소까지 포함된다. 이혼으로 부부 공동생활을 전제로 하는 혼인의 본체적 효과는 종료한다. 또 배우자의 일방이 사망하면 부부관계는 소멸한다. 그러나 사망에 의한 소멸은 이혼과는 다르며, 그 효과는 배우자의 생존을 전제로 하는 것에 의한 혼인효과의 소멸만에 한하며, 혼인에 의해 발생한 혼인관계에는 미치지 않는다. 따라서 생존 배우자와 그 인척관계는 종료하지 않는다. 부부의 일방이 사망한 경우에 생존 배우자가 재혼한 때에는 인척관계는 종료한다(민법 §775). 실종선고는 사망을 의제하기 때문에(민법 §28) 혼인도 실종기간이 만료한 때에 해소된다.

나) 이혼

이혼(離婚, divorce)은 부부가 생존 중에 있어서 혼인을 해소하는 것을 말한다. 이는 부부관계를 인위적으로 소멸시키는 점에서 부부일방의 사망에 의하는 혼인의 자연적 해소와 다르다. 이혼의 종류에는 협의이혼과 조정이혼 그리고 재판상 이혼이 있다.

㉠ 협의이혼

부부가 이혼하기로 합의하는 협의이혼제도는 당사자의 이혼의사 합치, 가정법원의 확인, 이혼신고 등 간편한 절차만으로도 이혼의 효력이 발생함으로써 혼인의 보호보다는 자유로운 해소에 중점을 두고 있다. 민법 개정(2007.12.21, 2009.5.8)을 통해 이혼숙려기간제도를 도입하였는데(§836의2 신설), 이에 따라 협의상 이혼을 하려는 자는 가정법원이 제공하는 이혼에 관한 안내를 받아야 하고, 가정법원은 필요한 경우 당사자에게 상담에 관하여 전문적인 지식과 경험을 갖춘 전문상담인의 상담을 받을 것을 권고할 수 있으며, 협의이혼 당사자는 일정 기간(양육하여야 할 자녀가 있는 경우는 3개월, 양육하여야 할 자녀가 없는 경우는 1개월)이 경과한 후 가정법원으로부터 이혼의사 확인을 받아야만 이혼이 가능하다.

㉡ 조정이혼

조정이혼은 가사소송법(§50)에 따라 조정전치주의를 채용하여 재판상 이혼의 심판청구를 위해 가정법원의 조정을 받아야 한다. 그리하여 조정에 의해 이혼합의가 이루어지면 그것을 조서에 기재함으로써 재판상 화해와 동일한 효력을 인정받는다(가사소송법 §59).

㉢ 재판상 이혼

재판상의 이혼은 부부일방의 이혼원인에 의거하여 타방을 상대방으로 하여 가정법원에 이혼심판을 청구하는 것이다. 즉 부부의 일방은 ⓐ배우자에게 부정한 행위가 있을 때, ⓑ부부중 일방이 상대방을 고의로 돌보지 않을 때, ⓒ배우자가 그 부모로부터 심히 부당한 대우를 받았을 때, ⓓ자기 부모가 배우자로부터 심히 부당한 대우를 받았을 때, ⓔ3년이상 생사불명인 때, ⓕ그밖에 혼인을 계속하기 어려운 중대한 사유 있을 때의 사유가 있는 경우에 법원에 청구할 수 있다. 혼인을 계속하기 어려운 사유로 들 수 있는 것은 알콜중독, 도박, 의처증, 범죄행위 및 실형선고, 성적 불능, 불치의 정신병, 광적인 신앙, 경제적 · 정신적(성격) · 육체적 파탄 등으로 이로 인해 혼인생활의 계속이 불가능할 정도로 혼인관계가 파탄된 경우를 말한다.

4) 친자관계(부모와 자녀의 법률관계)

(1) 친생자

친생자(親生子)는 법정자에 상대되는 개념으로 부모와 혈연관계가 있는 자를 말한다. 친생자에는 ㉠혼인 중의 출생자(혼중자; 적출자), 즉 혼인관계가 있는 부모로부터 출생한 자와 ㉡혼인외의 출생자(혼외자; 비적출자), 즉 혼인관계가 없는 부모로부터 출생한 자가 있다.

혼인중의 출생자[婚中子]는 혼인관계에 있는 남녀간의 출생자를 말한다. 혼인중의 출생자에는 생래(生來)의 혼인중의 출생자(출생시부터 혼인중의 출생자의 신분을 취득하는 자)와 준정(準正)에 의한 혼인중의 출생자가 있으며, 혼인중의 출생자에는 '친생자추정을 받는 혼인중의 출생자'와 '친생자추정을 받지 않는 혼인중의 출생자'가 있다.

혼인중의 출생자이기 위해서는, ⓐ모가 혼인성립후 출생한 자(준정은 예외)이어야 한다. 혼인해소 후에 출생하여도 상관없다. ⓑ부와의 성적 교섭에 의하여 포태한 자이어야 한다. ⓒ포태가 혼인성립 전이라도 상관없다. 다만 이러한 혼인중의 출생자는 친생자추정을 받지 못한다. 이와 같은 친생자의 추정을 받아서 취득한 혼인중의 출생자의 지위는 대단히 견고한 것이며, 다투는 경우에도 다투는 측에서 부의 자, 즉 혼인중의 출생자가 아니라는 반증을 들어야 한다. 그것을 다투기 위해서는 친생자관계부존재확인의 소에 의할 수 없으며(민법 §865), 부부의 일방이 친생부인의 소에 의하여야 한다(민법 §846).

<table>
<tr><td rowspan="4">친자
관계</td><td rowspan="2">친생자(혈연관계)</td><td>혼인 중의 출생자</td><td>법률혼 부부 사이에서 출생</td></tr>
<tr><td>혼인 외의 출생자</td><td>사실혼 부부 사이에서 출생</td></tr>
<tr><td>양 자</td><td colspan="2">입양(계약)에 의한 법률상 친자관계 형성</td></tr>
<tr><td>친양자</td><td colspan="2">입양+친양자재판(친생자 인정)</td></tr>
</table>

(2) 양자

가) 양자제도

양자(養子)는 생리적인 혈연관계가 없는 자들간에 입양(入養)에 의하여 혼인 중의 출생자로서의 가족관계를 취득한 자를 말한다. 이는 생리적 친생자관계가 없는데도 인위적으로 친자관계를 창설하는 의제된 법정친자이다. 입양이란 양친과 양자가 되려는 사람이 법률상 친자관계를 맺는 신분상의 계약이다. 따라서 입양은 양친이 될 자와 양자 사이의 의사의 합치에 의하여 성립한다. 입양의사는 사회관념상 진실의 양친자관계를 설정하려고 하는 의사로 입양신고시에 존재하여야 한다. 그리고 입양은 사회의 공서양속 및 가족질서와 밀접한 관계가 있기 때문에 민법은 입양의사의 합치 외에도 몇가지 요건을 요구하고 있다(민법 §866·867·869·870·871·877·884).

나) 친양자제도

입양제도의 현실을 반영하고 양자의 복리를 증진시키기 위하여 양친과 양자에게 친족관계를 인정하면서 양친의 성과 본을 따르게 하는 친양자제도를 도입하는 민법(§908의2부터 §908의8까지)을 일부개정(2005.3.31 법률 제7427호)하고, 친양자 입양은 미성년자면 가능하다(2012.2.10 개정).

친양자제도는 만15세 미만자에 대하여 가정법원의 친양자재판을 받아 친생자관계를 인정받는 제도이다. 친양자는 혼인중의 출생자로 보아 친생부모와 친족관계가 모두 소멸된다. 이는 입양제도와 달리 성과 본의 변경이 가능하고, 재판상 파양만 인정된다. 친양자입양과 입양은 다른 점은 다음과 같다.

구 분	일반입양	친양자 입양
성립요건	협의	재판
자녀의 성과 본	친생부의 성과 본 유지	양부의 성과 본으로 변경
친생부모와의 관계	유지	종료, 단절
효 력	입양시부터 혼인중의 자로 간주되지만 친생부모와의 관계에서도 친권을 제외하고는 변함이 없다.	재판확정시부터 혼인중의 자로 간주되며 동시에 친생부모와의 법적인 관계가 모두 소멸된다.

다) 파양

양친자관계는 입양당사자의 사망만으로 해소되지 않고 파양에 의해서 비로소 해소된다. 파양(罷養)이란 양친자관계를 해소시키는 행위를 말한다. 양친자관계는 파양에 의해서 해소된다. 파양으로 인하여 입양으로 시작된 친족관계는 소멸하고(민법 §776), 양자는 원칙적으로 생가에 복적한다. 또한 양자의 신분에서 생겼던 양친과의 사이의 법률효과, 즉 부양관계·상속관계·친권관계 등은 소멸한다. 양자가 미성년자이면 친생부모의 친권이 부활한다.

5) 친권과 후견

(1) 친권

가) 친권(親權)이란 부모가 미성년자인 자를 위하여 갖는 신분상 · 재산상의 보호 교양을 내용으로 하는 권리 · 의무의 총칭[자녀에 대한 보호와 교양의 권리 및 의무, 거소(居所)지정권, 징계권(친권자의 직접 징계, 가정 법원의 허가를 얻어 감화 또는 교정 기관에 위탁), 자녀의 재산관리권, 대리 및 동의권 등]이다.

나) 미성년자인 자는 부모의 친권에 복종하여야 하는데, 친권은 부모가 혼인 중인 때에는 부모가 공동으로 이를 행사하나, 부모의 의견이 일치하지 아니하는 경우에는 당사자의 청구에 의하여 가정법원이 이를 정하고, 부모의 일방이 친권을 행사할 수 없을 때에는 다른 일방이 이를 행사한다. 또 혼인외의 자가 인지된 경우와 부모가 이혼한 경우에는 부모의 협의로 친권을 행사할 자를 정하고 협의할 수 없거나 협의가 이루어지지 아니하는 경우에는 당사자의 청구에 의하여 가정법원이 이를 정하는데, 친권자를 변경할 필요가 있는 경우에도 또한 같다. 양자의 경우에는 양부모(養父母)가 친권자가 되므로 양자는 양부모의 친권에 복종한다(민법 §909).

다) 친권의 효력

친권의 내용을 의미하며, 친권의 내용은 자녀의 신분에 관한 법률관계와 재산에 관한 권리의무로 나누어진다. 이러한 친권을 행사함에 있어서는 자의 복리를 우선적으로 고려하여야 한다(민법 §912).

라) 친권의 상실

친권은 자녀의 보호와 교양을 위하여 인정되는 의무적인 성격을 내용으로 하므로 친권자가 친권행사에 적합하지 않거나 친권을 남용하는 경우에는 그 권리의 전부나 일부를 박탈할 수 있다. 한국 민법은 친권상실의 사유로 친권상실의 선고(§924), 대리권 및 재산관리권 상실적 선고(§925)를 규정하고 있으며, 일반적으로 친권은 (i)절대적 소멸로 자의 성년 도달이나 사망, (ii)상대적 소멸로 친권자의 사망, 친권상실선고, 친권사퇴, 자의 입양 · 파양 · 이혼 · 인지나 인지취소 등에 의하여 상실된다. 이혼 등으로 단독 친권자로 정해진 부 또는 모가 친권을 상실하거나 소재불명이 되는 등 친권을 행사할 수 없는 중대한 사유가 있는 경우에는 단독 친권자가 사망한 경우 미성년자의 법정대리인을 선임하는 절차를 준용하여 미성년자의 법정대리인을 선임하도록 하되, 미성년자의 법정대리인이 정해진 후 단독 친권자이었던 부 또는 모가 친권을 회복하거나 소재가 발견되는 등 친권을 행사할 수 있게 된 경우에는 그 부 또는 모, 미성년자, 미성년자의 친족의 청구에 의하여 친권자를 새로 정할 수 있다(§927의2). 단독 친권자가 유언으로 지정한 미성년자의 후견인이 선임된 경우라도 가정법원이 미성년자의 복리를 위하여 필요하다고 인정하면 생존하는 부 또는 모, 미성년자의 청구에 의하여 후견을 종료하고 생존하는 부 또는 모를 친권자로 지정할 수 있다(§931②).

민법개정(법률 제10645호, 2011.5.19, 2013.7.1., 2016.12.2)내용

㈎ **단독 친권자의 사망, 입양 취소, 파양 또는 양모부의 사망의 경우 가정법원에 의한 미성년자 법정대리인의 선임**(친권자 지정, 「민법」 §909의2 신설)

㉠이혼 등으로 단독 친권자로 정해진 부모의 일방이 사망한 경우 생존하는 부 또는 모, 미성년자, 미성년자의 친족이 그 사실을 안 날부터 1개월, 사망한 날부터 6개월 내에 가정법원에 생존하는 부 또는 모를 친권자로 지정할 것을 청구할 수 있도록 하되, 친권자 지정의 청구가 있는 경우라도 미성년자의 복리를 위하여 적절하지 아니하다고 인정하면 가정법원이 직권으로 후견인을 선임하면서 청구를 기각할 수 있도록 민법(§909의2 신설)을 개정하였다.

㉡생존하는 부 또는 모, 미성년자, 미성년자의 친족이 친권자 지정의 청구를 하지 아니하는 경우에는 가정법원이 직권으로 또는 미성년자, 미성년자의 친족, 이해관계인, 검사의 청구에 의하여 후견인을 선임할 수 있도록 하되, 이 경우 생존하는 부 또는 모의 의견을 듣도록 하고, 후견인 선임 청구가 있는 경우라도 후견인 선임이 미성년자의 복리를 위하여 적절하지 아니하다고 인정하면 가정법원이 직권으로 생존하는 부 또는 모를 친권자로 지정하면서 후견인 선임 청구를 기각할 수 있도록 개정하였다.

㉢미성년자에게 법정대리인이 없는 기간이 생기지 않도록 하기 위하여 가정법원이 직권으로 또는 미성년자, 미성년자의 친족, 이해관계인, 검사의 청구에 의하여 미성년자에 대한 친권자 또는 후견인이 정해질 때까지 후견인의 임무를 대행할 사람을 선임할 수 있도록 개정하였다.

㉣생존하는 부 또는 모를 친권자로 지정하는 것이 미성년자의 복리를 위하여 적절하지 아니하다는 이유로 후견인이 선임된 경우라도 후견인 선임 후 양육환경이나 양육능력의 변경 등으로 생존하는 부 또는 모가 친권을 행사하는 것이 미성년자의 복리를 위하여 필요한 경우에는 가정법원이 생존하는 부 또는 모, 미성년자의 청구에 의하여 후견을 종료하고 생존하는 부 또는 모를 친권자로 지정할 수 있도록 개정하였다.

㉤입양이 취소되거나 파양된 경우 또는 양부모가 모두 사망한 경우에도 친생부모 또는 그 일방, 미성년자, 미성년자의 친족이 가정법원에 친생부모 또는 그 일방을 친권자로 지정할 것을 청구할 수 있도록 하는 등 단독 친권자가 사망한 경우 미성년자의 법정대리인을 선임하는 절차와 동일한 절차를 거쳐 미성년자의 법정대리인을 선임하도록 개정하였다.

㈏ **단독 친권자에게 친권 상실, 소재불명 등 친권을 행사할 수 없는 중대한 사유가 있는 경우 가정법원에 의한 미성년자 법정대리인의 선임**(「민법」 §927의2 신설) : 이혼 등으로 단독 친권자로 정해진 부 또는 모가 친권을 상실하거나 소재불명이 되는 등 친권을 행사할 수 없는 중대한 사유가 있는 경우에는 단독 친권자가 사망한 경우 미성년자의 법정대리인을 선임하는 절차를 준용하여 미성년자의 법정대리인을 선임하도록 하되, 미성년자의 법정대리인이 정해진 후 단독 친권자이었던 부 또는 모가 친권을 회복하거나 소재가 발견되는 등 친권을 행사할 수 있게 된 경우에는 그 부 또는 모, 미성년자, 미성년자의 친족의 청구에 의하여 친권자를 새로 정할 수 있도록 개정하였다.

㈐ **단독 친권자가 유언으로 미성년자의 후견인을 지정한 경우 가정법원에 의한 친권자의 지정**(「민법」 §931② 신설) : 단독 친권자가 유언으로 지정한 미성년자의 후견인이 선임된 경우라도 가정법원이 미성년자의 복리를 위하여 필요하다고 인정하면 생존하는 부 또는 모, 미성년자의 청구에 의하여 후견을 종료하고 생존하는 부 또는 모를 친권자로 지정할 수 있도록 개정하였다.

㈑ 부부가 이혼하는 경우 자녀를 직접 양육하지 아니하는 부모 일방과 자녀의 상호 면접교섭권을 인정하고 있으나(「민법」 §937의2개정) 자녀를 직접 양육하지 아니하는 부모 일방이 사망하거나 자녀를 직접 양육하지 아니하는 부모 일방이 중환자실 입원, 군복무, 교도수 수감 등 피치 못할 사정으로 면접교섭권을 행사할 수 없는 경우에는 자녀가 오로지 친가나 외가 중 한쪽 집안과 교류하게 되어 양쪽 집안간의 균형 있는 유대를 상실하는 경우가 많이 발생함. 이는 자녀의 심리적 안정과 건전한 성장에도 부정적인 영향을 미치게 될 것인바, 이러한 경우에는 조부모의 면접교섭권을 인정하여 최소한의 교류를 이어나갈 수 있게 할 필요가 있다. 이에 자녀를 직접 양육하지 아니하는 부모 일방이 사망하거나 자녀를 직접 양육하지 아니하는 부모 일방이 피치 못할 사정으로 면접교섭권을 행사할 수 없을 때 그 부모의 직계존속이 가정법원의 허가를 받아 손자녀와 면접교섭이 가능하도록 개정하였다.

(2) 후견

후견(後見)이란 친권자가 없거나 기타의 사유로 친권에 의한 보호를 받지 못하여 친권자가 법률행위의 대리권 및 재산관리권을 행사할 수 없는 때, 또는 한정후견개시, 성년후견개시, 특정후견개시 및 임의후견감독인선임의 심판의 선고가 있는 때에, 친권자가 없는 미성년자와 정신장애자인 피성년후견인·피성년후견인을 보호·교양하고 그 자의 행위를 대리하여 재산을 관리하기 위하여 마련한 제도이다(민법 §928~959의20). 2011년 3월 개정 민법에서는 기존의 금치산·한정치산 제도를 현재 정신적 제약이 있는 사람은 물론 미래에 정신적 능력이 약해질 상황에 대비하여 후견제도를 이용하려는 사람이 재산 행위뿐만 아니라 치료, 요양 등 복리에 관한 폭넓은 도움을 받을 수 있는 성년후견제로 확대·개편하여 후견을 내실화하며, 성년후견 등을 요구하는 노인, 장애인 등에 대한 보호를 강화하고, 피성년후견인 등과 거래하는 상대방을 보호하기 위하여 성년후견 등에 관하여 등기로 공시(민법 §959의15, §959의19 및 §959의20)하도록 하였다.

아울러 후견을 받으려는 사람이 사무를 처리할 능력이 부족한 상황에 있거나 부족하게 될 상황에 대비하여 재산관리 및 신상보호에 관한 사무의 전부 또는 일부를 자신이 원하는 후견인[21]에게 위탁하는 내용의 후견계약을 공정증서에 의하여 체결

21) 민법 제937조(후견인의 결격사유) 다음 각 호의 어느 하나에 해당하는 자는 후견인이 되지 못한다. 〈개정 2016.12.20.〉 1. 미성년자

할 수 있도록 하고, 그 효력발생 시기를 가정법원의 임의후견감독인 선임시로 하는 등 피후견인의 권익을 보호할 수 있는 제도적 장치를 마련하였다(민법 §959의14부터 §959의20). 후견은 미성년자 · 피성년후견인 · 피한정후견인을 보호 교양하고 그 자의 행위를 대리하며 그 재산을 관리하는 것으로, 미성년자의 경우는 친권자가 없거나 친권자가 법률행위의 대리권과 재산관리권을 행사할 수 없는 경우에는 미성년후견인을 두어야 한다(민법 §928). 후견기관으로는 후견의 사무자체를 집행하는 후견인과, 후견인을 감독하는 후견감독인과 법원이 있다.

3. 상속법

1) 상속

상속(相續)은 일정한 친족관계에 있는 사람의 사망 등으로 법률관계에 변동이 있을 때 그 지위를 승계하는 것이다.

상속개시의 시기는 상속원인이 발생한 때, 즉 피상속인이 사망한 때(사실상의 사망시점, 실종기간의 만료시점), 피상속인(사망자)의 주소지에서 개시된다(민법 §997 · 998).

㉮ 재산상속은 누가 받나? - 사망한 사람의 아들 · 딸과 배우자, 부모 · 조부모, 형제 · 자매, 4촌이내의 방계혈족 순으로 상속받게 된다. 이 같은 상속인이 없을 때는 사망자와 최후까지 생계를 같이 하고 있던 사람(예 사실혼의 배우자)이나, 그를 요양 · 간호한 사람, 그밖에 특별한 연고가 있던 사람도 재산을 상속할 수 있다. 배우자는 제1순위 및 제2순위의 자가 상속을 하는 경우에 그 상속인과 같은 순위로 공동상속인이 되고, 그 상속인이 없는 경우에는 단독상속인이 된다(예 아내와 자녀를 남기고 사망한 父의 재산은 아내와 자녀가 공동상속). 자녀가 없는 기혼남자가 사망하면 아내와 사망자의 부모가 공동 상속한다. 자녀도 없고 부모도 없는 자가 사망한 경우 그가 기혼자이면 배우자가 단독상속하고, 독신이면 형제자매가 공동상속한다. 이 때 형제자매도 없으면 4촌 이내의 방계혈족이 상

---

2. 피성년후견인, 피한정후견인, 피특정후견인, 피임의후견인
3. 회생절차개시결정 또는 파산선고를 받은 자
4. 자격정지 이상의 형의 선고를 받고 그 형기(刑期) 중에 있는 사람
5. 법원에서 해임된 법정대리인
6. 법원에서 해임된 성년후견인, 한정후견인, 특정후견인, 임의후견인과 그 감독인
7. 행방이 불분명한 사람
8. 피후견인을 상대로 소송을 하였거나 하고 있는 사람
9. 제8호에서 정한 사람의 배우자와 직계혈족. 다만, 피후견인의 직계비속은 제외한다.

속하고 그들도 없으면 국가에 귀속한다.

㉯ **재산상속의 비율은?** - 맏아들이나 시집간 딸이나 차별이 없이 아들·딸은 모두 똑같은 몫을 받는다. 다만 사망자의 배우자인 남편이나 아내는 자녀 각자의 몫보다 50%를 더 받는다.

㉰ **자녀없이 죽은 딸의 재산은** - 전에는 아들이 자녀없이 죽으면 부모는 며느리와 공동으로 아들의 재산을 상속받지만 딸이 자녀없이 죽었을 때 친정부모는 상속을 받지 못하고 사위가 딸의 전재산을 상속받게 되어 있었다. 민법에서는 이를 고쳐 자녀없이 죽은 딸의 재산을 친정부모도 사위와 공동으로 상속받게 하였다. 이때 며느리나 사위는 시부모나 장인·장모보다 50%를 더 받을 수 있다(직계비속간 상속분은 균등하게 상속, 배우자의 상속분은 직계비속의 상속분에 5할 가산).

㉱ **재산 축적에 특별히 공이 있는 사람에 대한 대우** - 공동 상속인 중에서 사망자의 재산을 유지하거나 증가시키는데 특별히 기여한 사람은 자기 고유의 상속 몫에 그 공로의 몫만큼을 더 받을 수 있다. 이때 그 몫에 대해 상속인끼리 협의가 안되면 법원에서 특별기여의 시기와 방법 또는 기여의 정도 그리고 그밖에 여러 가지 사정을 고려하여 기여분을 정해준다.

㉲ **한정승인** - 상속인은 상속채무가 상속재산을 초과하는 사실을 중대한 과실없이 상속개시일부터 3월의 기간내에 알지 못하고 단순승인(민법 §1026제1호 및 제2호의 규정에 의하여 단순승인한 것으로 보는 경우를 포함)을 한 경우에는 그 사실을 안 날부터 3월내에 가정법원에 한정승인을 할 수 있다(민법 §1019③).

동시사망과 대습상속

■ **동시사망의 상속 문제** : 동시 사망의 경우 사망자간에는 상속이 발생하지 않는다.

예 교통사고로 '본인'과 '자'가 사망하였다.

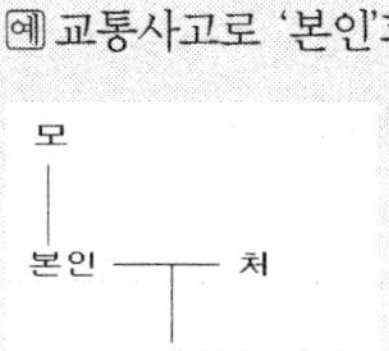

1. '본인'이 '자'보다 먼저 사망한 경우
→ 상속인은 직계비속(자)과 배우자(처)
→ '자'의 사망으로 직계 존속인 '처'가 '자'의 유산 상속
→ 최종적으로 '처' 단독으로 유산 상속
2. '자' 가 먼저 사망
→ 직계 비속이 없으므로 직계존속인 '모'와 배우자인 '처'가 공동 상속
3. 동시 사망
→ '본인'과 '자' 사이에서는 상속이 발생하지 않는다.
→ 직계존속인 '모'와 배우자인 '처'가 공동 상속

■ **대습상속** : 상속인이 상속 개시 전에 사망 또는 상속권을 상실한 경우 사망한 상속인의 직계비속이나 배우자가 재산을 상속하는 것. 위의 사례에서 '자'에게 배우자나 직계 비속이 있었

다면 이들이 대습상속인이 된다. → 동시사망의 추정을 받는 자에게 배우자나 직계비속이 있는 경우에는 대습상속이 이루어진다.

예 1997년 8월 대한항공기 괌 추락사고 당시 숨진 이** 전 인천**상호신용금고 회장(甲)의 1천억대 유산 상속 문제를 놓고 甲 형제들과 사위간에 벌어진 법정 다툼에서 대법원이 사위의 손을 들어줬다. 재판부는 판결문에서 '민법상 대습상속은 상속인이 될 직계 비속이 상속 개시 전에 사망한 경우로 규정돼 있으나 직계 비속이 상속 개시와 동시에 사망한 것으로 추정되는 경우도 대습상속 범위에 포함돼야 한다.'고 밝혔다. 이에 따라 대습상속 원칙에 근거, '사위인 김씨에게 상속권이 있다'고 설명했다. 사고 당시 甲은 부인, 아들과 딸, 며느리, 친손자와 손녀, 외손녀 등 사위 김씨를 제외한 일가족 7명과 함께 숨졌다.

☞ 상속분의 계산 : 부(父)가 사망한 경우

상 속 인	모	장남	장남 사망시 대습		차녀
			처	자	
상 속 분	1.5	1	(3/5)	(2/5)	1
분 배 율	3/7	2/7	6/35	4/35	2/7

2) 상속분

공동상속에서 각 공동상속인이 가지는 상속재산의 지분(배당률)을 상속분(相續分)이라 한다. 상속분으로서 피상속인은 유언에 의하여 상속분을 자유로 지정할 수 있다. 그러나 유류분에 반하는 지정은 할 수 없다. 상속의 비율은 맏아들이나 시집간 딸이나 차별이 없이 아들·딸은 모두 똑같은 몫을 받는다. 다만 사망자의 배우자인 남편이나 아내는 자녀 각자의 몫보다 50%를 더 받는다.

지정상속분	유언에 의해 상속인의 상속분을 지정한 경우	
법정상속분	동순위 상속인	상속분 균분
	배우자	- 직계비속과 공동으로 상속하는 때 직계비속의 상속분의 5할 가산 - 배우자의 직계존속과 공동으로 상속하는 때 직계존속 상속분의 5할 가산
	대습상속인	피대습상속인의 상속분에 의함

3) 유언 및 유류분

(1) 유언제도

유언(遺言)은 유언자의 사망 후 효력이 발생할 것을 목적으로 일정한 방식[要式]에 따라서 하는 특정사항에 관한 상대방 없는 단독의 의사표시로, 통속적으로는 죽음에 임하여 남기는 말을 뜻하기도 한다. 유언은 단독행위인 점에서 계약인 사인증여(死因贈與)와 구별되고, 요식행위이므로 법정의 방식에 따르지 않은 유언은 무효이다(민법 §1060). 유언은 사유재산제도에 입각한 재산처분 자유의 한 형태이며, 이에 의하여 죽은 뒤의 법률관계까지 지배하도록 인정된 것이다(유언자유의 원칙).

㉮ **유언의 방식은?** - 만17세 이상이면 누구나 자유롭게 유언을 할 수 있다. 그 방식은 법률이 정한대로 자필증서 · 녹음 · 공정증서 · 비밀증서 · 구수(口授)증서의 5가지로 해야만 법적 효력이 있으며, 자필증서에 의한 유언을 제외하고는 모두 증인의 참여가 요구되는데 (i)미성년자, (ii)피성년후견인과 피한정후견인, (iii)유언에 의하여 이익을 받을 자, 그 배우자와 직계혈족은 유언에 참여하는 증인이 되지 못한다(민법 §1072).

㉯ **유언할 수 있는 내용은?** - 재산의 증여[유증], 재단법인의 설립, 인지 · 친생부인의 소, 후견인 지정, 상속재산 분할방법의 지정 또는 위탁, 상속재산분할금지, 유언집행자의 지정 또는 위탁, 신탁 등이다.

㉰ **유언한 후 철회할 수 있나?** - 유언은 유언자가 사망한 후에 효력이 발생되므로 본인이 살아있는 한 언제라도 유언의 전부 또는 일부를 철회할 수 있고, 내용이 다른 유언을 새로이 하면 먼저 한 유언은 효력이 없어진다.

㉱ **전재산을 제3자에게 준다고 유언을 할 경우** - 1979년부터 신설한 유류분제도는 유언으로도 마음대로 처분할 수 없는 일정한 몫을 가족(직계존비속 · 배우자 · 형제자매)을 위해 남기게 한 것으로 자녀와 배우자는 법정 상속몫의 2분의 1, 부모와 형제자매는 3분의1을 반환받을 수 있다. 따라서 아내와 자녀 등 법정상속인은 제3자에게 법정 상속몫의 2분의1을 반환청구할 수 있다.

(2) 유류분

유류분(遺留分)은 유언으로도 마음대로 처분할 수 없는 일정한 몫을 가족(직계존비속 · 배우자 · 형제자매)을 위해 남기게 한 것이다. 피상속인은 유언(또는 증여)에 의하여 재산을 자유로이 처분할 수 있지만, 일정한 범위의 유족에게 일정액을 유보해 두지 않으면 안 되며, 그 한도를 넘는 유증이나 증여가 있을 때 그 상속인은 반환을 청구할 수 있게 한 제도이다. 이러한 민법의 유류분제도는 개인재산처분의 자유 · 거래의 안전과 가족생활의 안정 · 가족재산의 공평한 분배라고 하는 서로 대립하는 요구의 타협과 조정위에서 이루어지고 있다.

가) 유류분의 비율

유류분은 모든 상속순위자에게 인정되는 것이 아니라 제3순위 재산상속인(피상속인의 형제자매)까지만 인정되며 그 비율은 피상속인의 직계비속(자녀)과 배우자는 그 법정상속분의 2분의1, 직계존속(부모)과 형제자매는 그 3분의1을 반환받을 수 있다. 따라서 전재산을 제3자에게 준다고 유언을 할 경우라도 아내와 자녀 등 법정상속인은 제3자에게 법정 상속몫의 2분의1을 반환청구할 수 있다.

나) 유류분의 산정

유류분은 피상속인이 상속 개시시에 가진 재산의 가액(價額)에 증여 재산의 가액을 가산하고, 채무의 전액을 공제하여 이를 산정한다. 조건부권리 또는 존속기간이 불확정한 권리는 가정법원이 선임한 감정인의 평가에 의하여 그 가격을 정한다.

증여는 상속개시 전의 1년간에 행한 것에 한하여 그 가액을 산정하며, 당사자 쌍방이 유류분권리자에 손해를 가할 것을 알고 증여를 한 때에는 1년 전에 한 것도 합산한다(§1114).

다) 유류분의 반환청구

유류분을 침해하는 증여 또는 유증으로 유류분권리자의 유류분에 부족이 생긴 경우에는, 그 부족의 한도에서 유류분권리자는 그 재산의 반환을 청구할 수 있다(유류분반환청구권).

제2장 경비업무와 손해배상

1. 경비계약과 분쟁의 형태

1) 경비계약의 체결

민간경비는 경비업자가 사전에 고객과 체결한 경비계약에 의하여 실시된다. 계약은 당사자의 의사로 성립하지만 계약의 이행에 있어서 문제가 발생할 경우를 대비하여 경비계획서에 경비대상, 내용, 방법, 요금, 손해배상의 한도 등을 기재하여 상호 합의함으로써 경비업무가 개시된다.

경비계약은 일정한 범위의 경비대상시설에 대한 포괄적·전속적 경비를 실시하고 그에 의한 일정기간 화재나 도난 등의 사고발생을 방지하기로 약정하는 도급형 유상계약이다.

경비계약상 채권채무에 대하여 양당사자는 신의에 따라 성실하게 이행하여야 한다. 이러한 경비계약상 의무가 이행되지 않은 경우 상대방은 강제이행, 손해배상, 계약해제 등을 청구할 수 있으며 계약이 해제되더라도 그와 동시에 손해배상을 청구할 수도 있다.

2) 경비업자와 고객과의 분쟁유형과 책임

(1) 경비업자의 책임

경비업자가 계약상 의무를 이행하지 않거나(채무불이행), 업무집행의 과정에서 타인의 권리나 이익을 불법으로 침해하여 상대방에게 손해를 끼친 경우(불법행위)에는 그 양태에 따라 직접 손해를 끼친 자나 혹은 업주가 사용자로서 손해배상책임을 지게 된다. 특히 불법행위가 성립하는 경우에는 형사상 책임이 발생하는 경우가 많아 이중책임을 지는 경우도 있다.

(2) 분쟁의 양태

경비업무를 실시하는 과정에서 발생하는 분쟁의 형태에는 그 대상에 따라 채무불이행, 불법행위, 손해배상 등으로 나타날 수 있다.

가) 분쟁의 원인

경비업무이행중 약정한 순회경비를 태만히 하여 도난사고가 발생하거나 경비원의 부주의로 고객의 시설 및 설비를 파손하거나 업무과정에서 지득한 고객의 비밀을 공개하여 재산상의 손해를 끼친 경우에 분쟁이 발생한다.

나) 제3자와의 관계

경비원이 업무과정에서 과실로 제3자에게 부상을 입히거나 기물을 파손하고 경비원의 과실로 제3자가 자유를 속박당하거나 폭력을 행사한 경우에도 분쟁이 발생하게 된다.

다) 경비원과의 관계

경비원이 근무중 사용자의 안전배려의무가 결여되어 재해사고가 발생한 경우도 있을 수 있다. 이러한 경우는 대부분 고용주인 경비업자가 사용자로서 그 책임을 부담하게 된다.

2. 분쟁의 법적 근거와 손해배상책임

1) 채무불이행과 손해배상

(1) 채무불이행

가) 채무불이행이란?

경비계약도 민법상 채권계약의 일종으로 경비업자는 계약상의 의무에 대하여 신의에 따라 성실히 이행하여야 한다. 채무자가 채무를 이행하기로 하고서 채무의 내용실현을 불가능하게 만들었거나, 채무를 이행기가 되도록 이행하지 않았거나, 이행을 하긴 했으되 불완전하게 이행하여 채무의 내용에 좇은 이행이 되지 않았고, 그러한 상태(급부장애)에 대해 채무자에게 귀책사유(자신 및 이행보조자의 고의 및 과실)가 있을 때 이를 채무불이행이라고 한다(민법 §390).

나) 채무불이행 책임이 발생하기 위한 요건

객관적으로 채무가 불이행되었어야 하고, 객관적으로 그 불이행이 위법해야 하며, 주관적으로 채무자의 고의 또는 과실이 있어야 한다.

다) 채무불이행책임의 발생원인

채무불이행책임의 발생원인에는 이행지체와 이행불능, 그리고 불완전이행이 있다.

㉠ 이행지체(履行遲滯)는 채무의 이행이 가능함에도 불구하고 채무자가 이행을

하지 않거나 자기 귀책사유로 이행을 못하게 되거나 하여 이행기를 경과한 경우를 말한다.

㉡ 이행불능(履行不能)은 채권관계의 성립 이후 채무자의 귀책사유로 인하여 급부가 불가능하게 된 경우를 말한다.

㉢ 불완전이행(不完全履行)은 채무자에 의하여 적극적으로 이행행위가 행하여졌으나 그것이 채무의 내용에 좇은 완전한 이행이 되지 못한 경우를 말한다.

라) 채무불이행의 효과

㉠ 채권자는 채무자의 강제이행을 청구할 수 있다.

㉡ 채권자는 채무자의 채무불이행으로 인하여 자신에게 손해가 발생한 경우 채무자에게 그 배상을 청구할 수 있다.

㉢ 채권자는 당해 계약을 해제 또는 해지할 수 있으며, 계약이 해제되더라도 그와 동시에 손해배상을 청구할 수도 있다.

(2) 채무불이행에 기한 손해배상

위법한 행위에 의해 타인에게 끼친 손해를 전보하여 손해가 없었던 것과 동일한 상태로 복귀시키는 일이다. 불법행위 · 채무불이행이 전형적인 발생 원인이며, 원칙적으로 손해의 발생에는 손해를 준 자의 고의나 과실을 요한다. 그러나 형평의 원칙이나 사회정책적 견지에서 위법행위가 아니더라도 손해배상의무를 지우는 경우가 있고(자동차손해배상보장법 등), 공해 보상 등 무과실책임론도 주장되고 있다. 사죄광고 등의 예외를 제외하고는 금전배상이 원칙이며, 원상회복을 한다고 하더라도 손해는 금전적으로 그러한 위법행위가 있을 때 피해자가 입으리라고 예상되는 손해를 말한다. 정신적 손해나 얻을 수 있었던 이익 등도 배상의 대상이 된다.

채무자가 채무의 내용에 좇은 이행을 하지 아니한 때에는 채권자는 손해배상을 청구할 수 있다. 그러나 채무자의 고의나 과실없이 이행할 수 없게 된 때에는 그러하지 아니하다(민법 §390). 타인에게 입힌 손해를 전보(塡補)하고, 손해가 발생하지 않았을 때와 똑 같은 상태로 회복시키는 것이다. 발생된 손해와 채무불이행 사이에 사실적 인과관계가 존재한다고 하여 채무자가 모든 손해를 배상해야 한다면 손해배상의 범위는 무한정 확대된다. 따라서 원인사실과 인과관계에 있는 손해 중 채무자가 배상해야 할 한계를 일정한 규정에 따라 확정하는 것이 요구된다. 민법 제393조에서는 이러한 배상범위를 합리적으로 제한하려고 한다.

2) 불법행위와 손해배상

(1) 불법행위란?

불법행위는 고의 또는 과실로 위법하게 타인에게 손해를 주는 행위를 말한다(민법 §750). 민법상 불법행위는 행위자의 고의 또는 과실로 인한 위법행위로 타인에게 손해를 가하는 행위이며, 채무불이행과 함께 손해배상청구권의 중요한 발생원인이 된다. 따라서 불법행위로 인해 생긴 손해는 가해자가 배상해야 한다. 불법행위는 동시에 범죄를 구성하는 경우도 많다. 이때 행위자의 사회에 대한 책임을 물어 형벌을 가하는 것을 형사책임이라고 하고, 피해자 개인에 대한 책임을 물어 피해자에게 발생한 손해를 전보(塡補)시키는 것이 민사책임이다. 민사책임을 광의로 해석할 때에는 채무불이행으로 인한 손해배상책임도 포함시키는 경우가 있으나, 보통은 불법행위로 인한 손해배상책임만을 민사책임이라고 한다. 그런데 자동차 · 철도 · 선박 · 항공기 등의 사고로 인하여 여객이 피해를 입은 경우나, 임차인의 실화로 임차가옥이 불에 탄 경우에는 채무불이행에 의한 손해배상청구권과 불법행위에 의한 손해배상청구권이 모두 성립할 수 있게 된다. 이 경우에 피해자는 그의 선택에 따라 가해자에 대하여 계약책임을 묻거나 불법행위책임을 물을 수 있다.

(2) 불법행위의 성립 요건

불법행위가 성립되기 위하여는 타인에게 손해를 야기시킨 행위가 있어야 하고, 그 행위가 객관적으로 위법해야 하며, 주관적으로 가해자에게 고의나 과실이 있어야 한다. 전통적인 불법행위법리에 따르면 불법행위책임을 묻고자 하는 자는 우선 상대방의 행위, 자기의 손해, 행위와 손해 사이의 인과관계를 입증하여야 한다. 이러한 요건이 입증되면 원칙적으로 위법성조각사유가 없는 한 가해행위는 위법한 것으로 인정되지만, 피해자는 가해자의 고의 · 과실을 입증하여야 손해배상을 받을 수 있다.

일반불법행위는 다음의 요건을 갖추었을 때 성립한다.

㉠ 가해자에게 고의 또는 과실이 있어야 한다. 고의(故意)란 결과의 발생을 인식하면서도 감히 이를 행하는 심리상태를 말하며, 과실(過失)이란 일정한 결과의 발생을 인식해야 할 것임에도 불구하고 부주의로 그것을 알지 못하고 어떤 행위를 하는 심리상태를 말한다. 근대 민법은 이처럼 고의 또는 과실이 없으면 손해배상책임이 발생하지 않는다는 '과실책임의 원칙'을 선언하고 있지만, 오늘

날 자본주의의 발달과 더불어 대규모 교통기관이나 대기업의 활동으로 인한 손해에 대해서는 무과실책임을 인정하는 경우가 점점 많아지고 있다.

㉡ 가해자에게 책임능력이 있어야 한다. 자기 행위의 책임을 인식할 지능이 없는 미성년자가 타인에게 손해를 가한 경우에는 배상책임이 없다(§753). 단 19세 미만의 미성년자라고 하여 무조건 책임능력이 없는 것이 아니고, 책임능력의 유무는 구체적인 경우에 따라 그 미성년자의 연령, 환경, 기타의 사정에 비추어 판단해야 한다. 또 심신상실(心神喪失)중에 타인에게 손해를 가하여도 불법행위책임을 지지 않는다(§754).

㉢ 가해행위에 위법성이 있어야 한다. 위법성은 법규위반에 한하지 않고 선량한 풍속, 기타 사회질서에 반하는 것도 포함하여 법률이 보호할 가치있는 이익을 위법하게 침해하는 것을 말한다. 위법성을 결정함에 있어서는 피침해이익의 성질과 침해행위의 태양의 상관관계에서 구체적으로 판단해야 한다. 일반적으로 위법성을 띠는 행위이지만, 별도로 정당방위(§761①) · 긴급피난(§761②) · 피해자의 승낙 · 정당행위 등의 사유가 있을 때에는 위법성이 조각되어 행위자는 그 손해를 배상할 책임이 없다.

㉣ 가해행위에 의해 손해가 발생해야 하고, 또 가해행위와 그 손해와의 사이에는 인과관계가 존재해야 한다. 손해의 종류는 재산적 손해에 한하지 않고 정신적 손해도 포함된다. 그 가해행위와 손해의 인과관계의 범위는 상당인과관계에 있는 범위 내의 것이어야 한다.

(3) 책임능력

㉠ **미성년자의 책임능력** : 미성년자가 타인에게 손해를 가한 경우에 그 행위의 책임을 변식할 지능이 없는 때에는 배상의 책임이 없다(민법 §753).

㉡ **심신상실자의 책임능력** : 심신상실 중에 타인에게 손해를 가한 자는 배상의 책임이 없다. 그러나 고의 또는 과실로 인하여 심신상실을 초래한 때에는 그러하지 아니하다(민법 §754).

(4) 불법행위의 효과(☞ 손해배상책임)

손해배상은 타인에게 입힌 손해를 전보(塡補)하고, 손해가 발생하지 않았을 때와 똑 같은 상태로 회복시키는 것이다. 불법행위가 성립하게 되면 가해자는 피해자에게 그 손해를 배상해야 한다. 배상의 방법은 원칙적으로 금전배상이다(민법 §763). 일시에 손해의 전액을 지급하는 것이 원칙이지만, 타인의 신체 · 자유 · 명예를 해하거나 기타 정신상의 고통을 가함으로 인해 생긴 손해의 배상에 대해서는, 법원은 이를 정기금채무로 지급할 것을 명할 수 있고, 또 그 이행을 확보하기 위해 상당한 담보의 제공을 명할 수 있다(§751②). 채무불이행이나 불법행위로 손해가 발생한 경우에 채권자나 피해자에게 과실이 있는 때에는 법원은 과실을 참작하여야 한다(민법 §396, 과실상계). 금전배상에 대한 예외로서 명예훼손의 경우에 법원은 피해자의 청구로 손해배상을 대신하거나 또는 손해배상과 함께 명예회복에 적당한 처분을 가해자에게 명할 수 있다(§764). 가해자로 하여금 신문지상에 사죄광고를 내게 하는 것 등이 그 예이다. 불법행위로 인한 손해배상의 청구권은 피해자나 그 법정대리인이 그 손해가 발생한 사실 및 가해자를 안 날로부터 3년, 또는 불법행위를 한 날로부터 10년간 행사하지 않으면 소멸된다(§766).

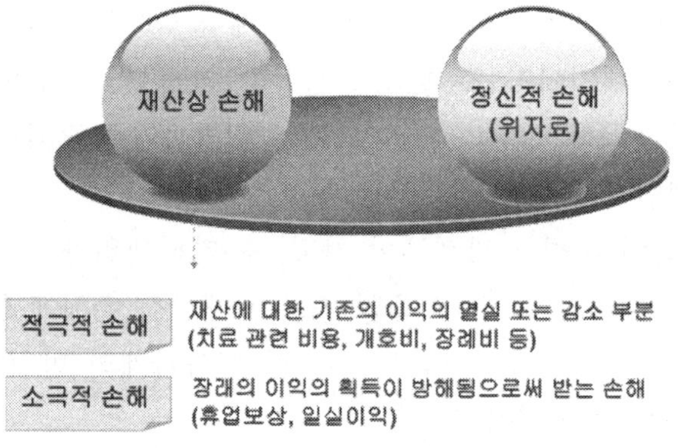

㉠ **손해배상 청구권의 발생원인** : 불법 행위가 대표적이며, 과실책임주의가 원칙이고, 예외적으로 무과실책임주의가 인정되는 경우도 있다.

㉡ **손해 배상의 방법** : 금전 배상이 원칙이고, 명예훼손의 경우에는 손해 배상과 함께 명예회복에 적당한 처분(사죄 광고 등)을 명할 수 있다.

㉢ **교통사고와 손해 배상** : 교통사고로 인한 손해배상액의 합의는 공소제기를 저지하는 효과가 있다.

㉣ **후발 손해** : 당사자 간의 합의 당시 예측할 수 없었던 현저한 후발 손해에 대해서는 배상을 인정한다.

(5) 특수한 불법행위

특수불법행위는 일반불법행위의 성립 요건과 달리 책임의 성립 요건이 경감되거나 타인의 행위에 대해서도 책임을 인정하거나, 고의 · 과실의 입증책임의 전환이나 무과실책임을 인정하고 있다. 특수불법행위에 따른 책임에는 다음과 같은 종류가 있다.

감독자책임	민법 제755조(감독자의 책임) ① 다른 자에게 손해를 가한 사람이 전2조(§753 · 754)의 규정에 따라 책임이 없는 경우에는 그를 감독할 법정의무가 있는 자가 그 손해를 배상할 책임이 있다. 다만, 감독의무를 게을리하지 아니한 경우에는 그러하지 아니하다.
사용자책임	민법 제756조(사용자의 배상책임) ① 타인을 사용하여 어느 사무에 종사하게 한 자는 피용자가 그 사무집행에 관하여 제3자에게 가한 손해를 배상할 책임이 있다. 그러나 사용자가 피용자의 선임 및 그 사무 감독에 상당한 주의를 한 때 또는 상당한 주의를 하여도 손해가 있을 경우에는 그러하지 아니하다. ② 사용자에 갈음하여 그 사무를 감독하는 자도 전항의 책임이 있다. ③ 전2항의 경우에 사용자 또는 감독자는 피용자에 대하여 구상권을 행사할 수 있다.
공작물 또는 동물의 점유자·소유자 책임	민법 제758조(공작물 등의 점유자, 소유자의 책임) ① 공작물의 설치 또는 보존의 하자로 인하여 타인에게 손해를 가한 때에는 공작물점유자가 손해를 배상할 책임이 있다. 그러나 점유자가 손해의 방지에 필요한 주의를 해태하지 아니한 때에는 그 소유자가 손해를 배상할 책임이 있다. (☞소유자의 무과실 책임) ③ 제2항의 경우에 점유자 또는 소유자는 그 손해의 원인에 대한 책임 있는 자에 대하여 구상권을 행사할 수 있다. 민법 제759조(동물의 점유자의 책임) ① 동물의 점유자는 그 동물이 타인에게 가한 손해를 배상할 책임이 있다. 그러나 동물의 종류와 성질에 따라 그 보관에 상당한 주의를 해태하지 아니한 때에는 그러하지 아니하다. → 점유자가 따로 있을 경우 동물의 소유자는 배상책임을 지지 않는다. * 소유자는 물건의 주인, 점유자는 실제 물건을 가지고 있는 사람
공동 불법행위 책임	민법 제760조(공동불법행위자의 책임) ① 수인이 공동의 불법행위로 타인에게 손해를 가한 때에는 연대하여 그 손해를 배상할 책임이 있다. (☞ 연대책임) ② 공동 아닌 수인의 행위 중 어느 자의 행위가 그 손해를 가한 것인지를 알 수 없는 때에도 전항과 같다.

㈎ 책임제한(무)능력 때문에 직접 가해자가 책임을 지지 않는 경우에는 이를 감독할 법정의무가 있는 자(친권자, 후견인, 아동보호시설의 장 등), 또는 감독의무자를 대신하여 제한(무)능력자를 감독하는 자(탁아소의 보모, 유치원과 초등학교의 교원, 정신병원 의사 등)가 배상책임을 진다(민법 §755). 이를 책임제한(무)능력자를 감독하는 자의 책임이라고 한다.

㈏ 사업을 위해 타인을 사용하는 자는 피고용자가 그 사무집행에 관해 제3자에게 가한 손해를 배상할 책임이 있다(§756). 사용자를 대신하여 사무를 감독하는 자도 마찬가지이다. 이를 타인을 사용하는 자의 책임이라고 한다.

㈐ 공작물의 설치 · 보존 또는 수목의 재식 · 보존에 하자가 있어서 그것으로 인해

타인에게 손해를 가한 때에는, 우선 그 공작물이나 수목의 점유자가 손해배상의 책임을 진다. 만약 점유자가 손해의 발생을 방지하는 데 필요한 주의를 게을리 하지 않았음을 증명하여 책임을 면한 때에는 제2차적으로 인위적인 노력을 가함으로써 토지에 고정하여 설비된 공작물의 소유자가 책임을 진다(§758). 이때 소유자의 책임은 무과실책임이다. 이것이 공작물 등을 점유 또는 소유하는 자의 책임이다.

㈑ 동물의 점유자 또는 이에 갈음하여 동물을 보관하는 자는 그 동물이 타인에게 가한 손해를 배상해야 한다(§759).

㈒ 수인이 공동으로 불법행위를 하여 타인에게 손해를 주는 경우를 공동불법행위라고 하며, 연대하여 손해를 배상할 책임이 있다(§760).

㈓ 특수불법행위책임으로 인정되는 것은 ㈀자동차 운행자의 책임으로 자기를 위해 자동차를 운행하는 자는 그 운행으로 타인의 생명 또는 신체를 사상한 때 그로 인해 생긴 손해를 배상할 책임을 진다. 자동차 운행자에게 가중한 내용의 무과실의 입증책임을 과함으로써 사실상의 무과실책임을 부과하고 있는 것이 특징이다.

㈁근대적 기업활동에 따르면 매연 · 진동 · 소음 · 폐수 등의 방산(放散)으로 다수의 시민이 그 건강이나 생활환경의 침해를 받거나 혹은 재산적 손해를 입는 경우에, 개연성만으로 인과관계가 있다고 판단함으로써 가해자의 책임을 엄격하게 하고 있다.

㈂제조자로부터 소매상을 통해 판매된 상품에 결함이 있어 소비자나 이용자 또는 그 밖의 사람들이 신체 · 생명 · 재산에 손해를 입었을 때에 제조자에게 배상책임을 묻는 것을 제조물책임이라고 한다.

3) 도급인의 책임

도급(都給)은 계약당사자 일방(수급인)이 어느 일을 완성할 것을 약정하고, 상대방(도급인)이 그 일의 결과에 대하여 보수를 지급할 것을 약정함으로써 성립하는 계약이다(민법 §664).

이것은 고용 · 위임(委任) · 임치(任置) 등과 같이 타인의 노무를 이용하는 것을 목적으로 하지만 구체적인 성질이나 내용은 조금씩 차이가 있다. 즉 고용은 노무의 제공 자체를 계약의 목적으로 하기 때문에 일의 완성이란 점에서 본다면 지휘자는 고용주이며, 고용인은 그에 종속된 자로서 단순 노무 또는 전문적인 노무를 제공하는데 불과하다. 그러나 도급의 경우는 수급인(受給人)의 일의 완성에 있어 독립성이 인정된다. 위임은 위임자와 수임인(受任人)사이의 신뢰관계를 바탕으로 하여 사무처리 자체를 계약의 목적으로 하지만(예 변호사 선임은 승소라는 결과가 목적이 아니라 대신 변론한다는 사무처리가 목적인 위임계약으로, 패소했을 때도 일정한 보수가 지급됨), 도급은 일의 완성이라는 결과를 목적으로 하는 점에 차이가 있다. 따라서 특별한 신뢰관계가 없으므로 하도급(수급인이 그 일을 다시 제3자에게 도급하는 계약)도 가능하다. 이 개념들을 의사와 병원 간에서 구체적으로 살펴본다면, 먼저 고용주가 아닌 의사는 병원에 고용된 관계이지만 이때 병의 치료를 목적으로 계약했다면 도급이고, 병의 치료라는 사무의 처리를 목적으로 했다면 위임이 된다.

도급은 역사적으로 수공업자에 의한 주문생산이 가장 큰 의의를 가졌던 중세에서 활발했고, 자본제 경제발달에 의한 공장제 공업, 나아가 대량생산까지 가능한 현대에 와서는 오히려 고용이나 위임에 의해 대체되는 경향이 농후하다. 그렇지만 아직도 공장제 공업이 불가능한 건축 · 선박축조 등에서는 도급이 여전히 유효하다. 그외 사회발달에 의한 새로운 형태의 도급도 나타나고 있는데 출판계약, 연예인 출연계약, 과학적 연구의뢰에 관한 계약, 여행계약 등이 그것이다. 특히 경비업무도급에 관해서는 「경비업법」이, 건축도급에 관해서는 「건설산업기본법」(1971.1.19. 법률 제2290호)이 제정되어 특별히 규율하고 있다.

민법상 도급의 효력으로는 우선 수급인의 일의 완성과 목적물인도의무, 도급인의 보수지급의무가 기본적으로 발생되고 부차적으로 일의 결과에 하자가 있을 경우 수급인이 부담하는 담보책임이 있다. 최근 도급과 유사한 것으로서 제작물공급계약(製作物供給契約)이 있다. 이것은 제작자가 오로지 또는 주로 자기의 재료를 사용하여 제작한 물건을 공급하고 상대방은 이에 대해서 보수를 지급한다는 계약으로 흔히 가구 · 양복 제작에서 그 예를 찾을 수 있다. 이것은 민법에는 명문으로 규정된 바가 없어 매매로 볼 것인가, 도급으로 볼 것인가, 아니면 양자의 성질을 모두 갖고 있다고 보아야 하는가 하는 것이 법규정의 적용과 관련하여 논란이 있다. 통설은 독일의 그것과 같이 제작물이 대체물이면 매매이고, 불대체물이면 도급으로 보아야 한다는 입장이다.

4) 공동불법행위책임

여러 사람이 공동으로 불법행위를 하여 타인에게 손해를 가하는 행위를 한 때에는 각자가 연대하여 배상책임을 진다. 예컨대 기계경비업무에서 감시업무와 현장대처업무를 각기 다른 기업이 공동으로 실시한 경우에 어느 한쪽의 과실로 현장대처가 현저하게 지연되어 사고의 확대방지조치를 취할 수 없었거나 현장확인이 철저하지 못하여 사고를 방지할 수 없었던 이유로 공동으로 손해배상책임을 지는 경우가 이에 해당한다.

공동불법행위의 유형으로는 ㈀좁은 의미의 공동불법행위로서, 각자가 제각기 일반적인 불법행위의 요건을 갖추는 경우이다(민법 §760①). 공동이란 모의(謀議)나 공동의 인식이 있어야만 하는 것이 아니고 개개인 사이에 객관적인 연관이 있으면 된다.

(ㄴ)누가 손해를 가했는지를 알 수 없는 경우(예 여러 사람이 한 사람을 구타한 경우에, 그 중의 한 사람의 행위로 부상을 입었으나 그것이 누구의 행위인지를 알 수 없는 경우), 이런 경우의 여러 사람은 각각 연대하여 손해배상의 책임을 진다(§760②).

(ㄷ)불법행위를 교사(敎唆) 또는 방조한 경우로서, 교사자 · 방조자는 공동행위자로 보며 연대하여 손해배상 책임을 진다(§760③).

민법의 이와 같은 공동불법행위에 대한 규정은 피해자가 누구에게나 피해 전액의 배상을 받을 수 있게 해줌으로써 피해자를 보호하려는 데에 그 목적이 있다.

5) 자동차손해배상책임

자동차의 운행으로 사람의 생명 또는 신체가 사상된 경우에 손해배상 보장제도를 확립함으로써 피해자의 보호를 도모하고 자동차 운송의 건전한 발달을 촉진하기 위하여 「자동차손해배상 보장법」이 제정되어 있다. 자동차 손해배상책임, 보험의 가입, 운행의 제한, 증명서의 비치, 자동차손해배상 자가보장의 허가 및 기준, 자동차손해배상 지급준비금, 자기보장증명서의 교부요건과 효력, 자동차에 사고, 피해지원사업, 벌칙 등에 관하여 규정하고 있다.

자기를 위하여 자동차를 운행하는 자는 그 운행으로 다른 사람을 사망하게 하거나 부상하게 한 경우에는 그 손해를 배상할 책임을 진다. 다만, ㉠승객이 아닌 자가 사망하거나 부상한 경우에 자기와 운전자가 자동차의 운행에 주의를 게을리 하지 아니하였고, 피해자 또는 자기 및 운전자 외의 제3자에게 고의 또는 과실이 있으며, 자동차의 구조상의 결함이나 기능상의 장해가 없었다는 것을 증명한 경우, ㉡승객이 고의나 자살행위로 사망하거나 부상한 경우 등의 어느 하나에 해당하면 손해배상책임을 지지 않아도 된다(동법 §3).

6) 실화책임

형법상 과실로 불을 놓아 현주건조물(現住建造物), 공용건조물, 일반건조물 또는 일반 물건을 소훼(燒毁)하는 행위에 대한 책임이 실화책임이다. 과실이란 주의의무의 위반을 말한다. 실화는 작위(作爲)에 의한 경우도 있지만 부작위(不作爲)에 의한 경우도 많다. 실화로써 타인에게 손해를 입힌 자는 민법 제750조에 따라 불법행위로 인한 손해배상책임을 져야 할 것이지만, 실화로 인한 손해는 의외로 다액이어서 그 배상은 실화자에게 가혹한 때가 많다. 따라서 「실화책임에 관한 법률」은 민법 제750조에 대한 특례를 규정하여 실화자의 고의 또는 중대한 과실이 있을 때에 한하여 그 책임을 인정하도록 했다.

제3장 민사소송법

제1절 민사소송 일반

1. 민사분쟁의 해결방법

1) 의의

(1) 사람들 사이에 이해관계가 충돌하여 분쟁이 생기면 원시시대에는 스스로의 힘에 의하여 이를 해결할 수밖에 없었다. 금전대차, 토지 · 건물의 임대차와 관련된 싸움, 교통사고로 인한 손해배상을 둘러싼 싸움, 부부, 부모와 자식 사이의 신분관계를 둘러싸고 발생하는 개인간의 법률사건을 **민사분쟁**이라고 한다.

(2) **분쟁의 해결방법**: 현대 문명사회에서는 힘으로 분쟁을 해결하는 것은 금지되어 민사사건(民事事件) 혹은 사적분쟁에 대하여 화해 · 중재 · 조정 등 여러 가지 자주적 · 자치적 방법으로 분쟁을 해결하거나, 재판기관[법원]을 통하여 공권적 · 강제적 민사소송 · 가사소송 및 그에 부수된 재판절차로 사익을 보호하고 사법질서를 수호한다.

2) 자치적 분쟁해결제도

(1) **일반분쟁해결방법**: 사적인 클레임단계에서의 당사자간에 우의적 해결방법인 교섭 · 상담을 통한 협의(協議) · 합의(合意)나 화해(和解, compromise) · 청구권의 포기(waiver of claim) · 사적결정(private judging) 등이 있고, 제3자의 개입에 의한 비강제적인 알선(斡旋, intercession, recommendation) · 주선(周旋, good office) · 중개(仲介, mediation) · 조정(調停, conciliation, arrangement) · 심사(審査, inquiry, investigation) · 간이심리(mini-trial) 및 제3자의 개입에 의한 종국적 해결로서 중재인의 개입에 의한 중재(仲裁, arbitration) · 법관에 의해 엄격한 법정절차에 따라 해결하는 재판(litigation, 訴訟) 등의 방법이 있다.

(2) 분쟁이 발생하게 되면 분쟁당사자간의 자유로운 선택에 의한 해결 수단에 따

라 처리하는 것이 원칙이나[이를 '手段의 自由로운 選擇 原則'이라고 하며 이 선택의 자유는 어디까지나 분쟁 당사자간의 합의를 전제로 하는 것임], 일단은 당사자간의 협상을 통하여 해결을 시도한 후에 제3자에 의한 해결방법이 강구된다.

(3) 어느 방법에 의할 것인가는 관계 법령의 규정과 당사자간의 과 계약 및 합의에 의하여 결정된다. 계약 기타 법률관계의 당사자들은 시간과 비용의 막대한 출혈을 막기 위해 가능한 분쟁 해결을 재판권에 의하지 않고 자치적으로 해결하려는 소송외적 · 대체적 분쟁해결방안(Alternative Dispute Resolutions: ADR)이 모색되고 있다.

3) 우의적 해결 및 화해

(1) 교섭과 화해

가) 교섭 · 협상을 통한 합의 · 협의

분쟁해결의 첫 단계는 분쟁당사자들간에 직접 교섭 내지 협상(Negotiation)을 통한 당사자간의 합의(合意) 또는 협의(consultation)를 도출하는 방법이다. 우호적으로 협상 · 교섭을 유도하는 직접교섭은 당사자간에 직접 대화로써 조정하고 화해를 이룸으로써 분쟁을 해결하는 방법이다. 이는 제3자 개입없이 당사자들의 주도하에 분쟁을 해결하는 것으로, 계약내용의 수정을 둘러싸고 일어나는 분쟁해결 및 예방에 있어서 효과적이지만 분쟁이 심각할 경우에는 의견의 합치를 기대하기가 어려운 문제점이 있다. 협상이 실패로 끝나는 경우에는 제3자가 개입하여 그 분쟁을 해결할 수밖에 없다.

나) 화해제도

화해(和解, compromise, settlement; Vergleich)제도는 분쟁의 당사자가 서로 자신의 주장을 양보하여 합의가 이루어 질 때 분쟁을 종료하게 되는 자주적 분쟁해결제도이다. 한국법상의 화해제도는 재판외의 화해계약과 중재 및 재판상 화해가 있다.

(가) 재판외 화해

재판외 화해는 당사자가 상호 양보하여 당사자간의 분쟁을 끝낼 것을 약정함으로써 그 효력이 생기는 계약을 화해(和解)라고 한다(민법 §731). 이것은 당사자 쌍방의 양보를 필요로 하기 때문에, 당사자 일방이 조금도 양보하지 않는다는 권리의 확인이나 포기와는 다르며, 당사자가 서로 분쟁해결에 나서지 않고 제3자인 중재인에게 맡기는 중재와도 구별된다. 화해는 서로 양보하여 손실을 입는다는 것을 승인하는 약정이므로 쌍무·유상의 낙성계약이며, 계약자유의 원칙상 그 내용에 있어서 제약이 없으며 방식에도 어떠한 제한이 없다(불요식 계약). 당사자사이에 다투어졌던 법률관계는 화해계약의 내용에 따라서 확정된다.

화해는 국가기관이 전혀 관여하지 않는 분쟁해결 방식으로 교통사고를 당한 피해자와 가해자가 치료비 등에 관하여 합의한 후 작성하는 '합의서(각서)'가 이에 해당한다.

계약자유의 원칙상 화해계약의 내용과 방식에 전혀 제한이 없이 분쟁의 당사자가 자주적으로 해결한다는 면에서 가장 바람직한 방식이다.

(나) **중재상 · 재판상 화해**

화해에는 이외에도 중재절차 중에 화해한 경우 합의된 화해조항을 중재판정으로 기재하여 중재판정과 동일한 효력을 부여하는 중재상 화해와 재판 중에 법원이 관여하여 화해사실을 조서에 기재하여 확정판결과 동일한 효력을 부여하는 재판상 화해도 있다.

재판상 화해는 법원에서 이루어지는 화해로 법원이 관여하기 때문에 재판외의 화해와 달리 확정판결과 동일한 효력이 발생한다(민소법 §220). 재판상의 화해에는 제소전 화해와 소송상의 화해가 있는데, 순수한 자주적 분쟁해결방법으로 보기는 어렵지만 당사자의 합의를 필요로 한다.

제소전 화해는 소송계속전에 분쟁당사자의 일방이 지방법원 또는 시·군법원 단독판사에게 화해신청을 하여 법관의 주제하에 행하는 것으로 화해가 성립하면 화해조서를 작성한다. 행정소송에서 집행정지신청이나 간접강제신청에 대한 심리절차중의 화해도 포함된다고 본다.

법원은 소송계속후 판결선고전까지 화해권고결정을 할 수 있도록 하고, 그 조서 또는 결정정본을 송달한 후 2주내에 이의가 없으면 화해가 성립되도록 하며, 당사자는 변론준비기일 또는 변론기일에서 진술하는 방법외에 언제나 서면으로 화해·인낙(認諾)·포기의 의사표시를 할 수 있도록 하고 있다(민소법 §148③, §225 내지 §232). 이처럼 소송상의 화해는 본안소송계속 중 소송물인 권리관계에 대하여 당사자가 상호 양보한 끝에 일치된 결과를 법원에 진술함으로서 화해가 성립하는 것으로 이를 조서에 기재하면 그 조서는 확정판결과 동일한 효력을 갖게 된다. 이것은 분쟁의 자주적 해결이라는 제도의 본지와는 달리 고리채권이나 기업자가 담보권을 실행함에 있어서 간편하고 완전 · 무결하게 실행하는 방편으로 이용되기도 한다. 또한 소송상 화해는 소송의 계속 중인 사건에 대하여 당사자 이익, 그밖의 모든 사정을 참작하여 청구의 취지에 어긋나지 아니하는 범위 안에서 법원 · 수명법관 또는 수탁판사가 사건의 공평한 해결을 위한 화해권고결정을 할 수 있다. 이 경우 일정 기간내에 이의신청이 없거나 포기·취하 또는 이의신청 각하결정이 확정될 경우에는 화해권고결정은 재판상 화해와 동일한 효력을 갖게 되며 그 내용에 따라 기판력·집행력이 생기게 된다.

(2) 알선 · 주선과 중개

분쟁 당사자들이 직접 교섭을 통해 분쟁을 해결할 수 없을 경우 제3자의 개입을 통해 해결책을 마련할 수도 있다. 알선 · 주선과 중개는 제3자의 개입의 정도에 의하여 구별되는데, 전자는 제3자가 분쟁의 내용에는 개입하지 않고 당사자간 교섭의 타결에 조력하는 것이고 후자는 분쟁의 내용까지 개입하여 의견을 조정하거나 자진해서 분쟁해결안을 제시하는 것이라고 할 수 있다. 알선(斡旋)은 당사자 간에 해당 분쟁이 자주적으로 해결되도록 교섭 장소의 제공, 자료의 제시 및 쟁점의 정리 등을 통해 그간의 교섭과 상의가 원활하게 진행되도록 중개하는 제도이고, 주선(周旋, good offices)이란 제3자가 분쟁당사자간의 협상의 재개를 촉구하고 의견교환의 경로를 제공해 주는 것이며, 중개(仲介, mediation)는 제3자가 보다 더 적극적으로 개입하여 일방 당사자의 제안을 타방 당사자에 전달함과 아울러, 분쟁당사자를 기속하지 않는 해결방안을 제안하는 방법이다.

주선과 마찬가지로 중개도 교섭(협상)의 보조역할을 하지만 중개자(mediator)의 임무는 주선에 비해 상당히 포괄적이며, 조정자와 달리 자신의 제안을 비공식적으로 내놓는다. 그 제안을 근거로 하는 정보도 당사자들에게 제공하는 것이다.

중개는 당사자들의 요청에 의해 이루어질 수도 있고 분쟁과 관계없는 외부자(개인 · 국가 · 국제기구)에 의해 자발적으로 제공될 수도 있으나, 당사자들의 동의가 있어야 한다. 그리고 중개자가 제시한 타협안 · 해결책은 구속력이 없으며 중개안은 거부될 수 있다. 그러나 중개자는 효과적인 정보전달의 통로가 될 수 있으며, 단순히 주선을 하거나 당사자들간의 교섭 · 대화가 용이하도록 분위기를 조성하는 것만으로도 분쟁해결에 도움을 줄 수는 있다.

4) 심사와 조정

심사와 조정은 제3개입의 주체가 대개 심사위원회나 조정위원회와 같은 기관이 분쟁에 개입하여 분쟁을 해결하는 방식이다.

(1) 심사

심사(審査, inquiry)라고 하는 것은 당사자의 명예 또는 중대이익에 관한 것을 제외하고 당사자간에 다투어지고 있는 사실문제를 명백히 하는 절차를 말한다. 이를 사실조사라고도 한다. 심사는 사실문제에 관한 분쟁을 해결하기 위하여 법원이나 기타 기관에서 사용하는 특정한 방법이다. 분쟁은 사실의 불명 또는 오해에 기인하는 일이 많으므로 사실을 명확화 하는 것만으로도 분쟁의 해결에 도움을 주는 일이 많다.

또한 사실조사는 당사자들이 논란이 되고 있는 문제를 독립된 제3자에 의해 조사되도록 하기 위하여 중재 등의 다른 수단을 사용하는 대신에 특별한 합의를 통해 만든 기구를 이용하는 것이다. 이런 제도적 관점에서 말하는 심사는 1899년 헤이그 협약에 의해 도입된 심사위원회로 불리는 특수한 국제기구를 통한 분쟁해결 방법을 지칭하기도 한다.

(2) 조정

가) 의의와 종류

㈎ 조정의 개념

단순히 사실문제의 보고에 그치는 심사(審査)와는 달리 조정(調停, conciliation, 調整, arrangement)은 제3자인 조정자나 조정위원회가 사안을 심리하고 사실관계에 대한 조사와 확인을 하여 화해조건을 권고하는 등 구체적인 해결조건까지 제시하여 분쟁을 우호적으로 해결하는 방법이다. 조정은 보다 더 공식적인 성격이 강하고, 사실의 확인과 분쟁당사자의 주장을 포함한 관련된 요인들을 고려하여 조정안을 마련하여 당사자들의 합의를 권고함으로써 분쟁을 임의적으로 해결한다.

그러나, 조정자(conciliator)는 최종 결정을 내릴 권한이 없으므로 조정은 구속력이 없는 비공식적인 절차라고 볼 수 있다. 조정은 법적 구속력은 없는 그 수락여부가 당사자의 자유재량에 속하는 분쟁해결방법이며 그 의미도 매우 다의적이라 할 수 있는데, 경우에 따라서는 중재나 재판과 제휴하기도 한다.

조정에 의한 분쟁해결방법은 제3자가 개입한다는 점 때문에 중재와 유사하게 보일 수 있는데 조정은 분쟁당사자에게 조정인의 선정이나 기피권이 없으며 조정인이 분쟁사안에 대하여 결정권을 갖고 있지 못하여 분쟁해결의 종국성과 강제성이 보장되지 못하다는 점 등에서 중재와 명백한 차이가 있다. 따라서 조정을 어떻게 분쟁해결의 방법으로 이용할 것인가는 여타의 분쟁해결방법과 비교하여 구체적인 사안별로 검토하여야 한다.

넓은 의미로는 제3자인 조정인이 분쟁당사자 쌍방의 주장을 절충하여 화해에 이르도록 알선 권고하는 것을 말하지만 현행제도는 대부분 국가기관이 제도적으로 행하는 경우를 말한다.

조정제도의 장점은 간이 절차와 적은 비용으로 분쟁관계인의 합의에 의하여 원만하게 분쟁을 해결한다는데 있다. 즉 조정은 절차가 단순 · 신속 · 저렴하며 분쟁을 타협과 양보를 통하여 당사자간의 인적관계를 파괴하지 않고 원만히 해결할 수 있으며 오랜 적대감정을 없앨 수 있다.

그러나 조정은 당사자가 상호 양보하여 분쟁이 해결되므로 조정자의 노력에도 불구하고 당사자 사이에 합의가 이루어지지 않으면 오히려 시간이 많이 소요되고 분쟁이 해결되지 못하는 한계가 있다. 또한 당사자들이 지식, 경제력, 협상기술 등 정도의 격차가 심하면 적용되기 어렵고 조정에 합의하더라도 강제집행수단이 존재하지 아니한다.

소송은 절차의 엄격성과 판사와 변호사 등에 의한 소송수행이라는 경직성 그리고 단적인 판결로써 분쟁을 해결하므로 소송당사자간에는 분쟁이 해결되더라도 인적 관계를 파괴하는 경우가 많고 비용과 시간이 많이 필요하다. 조정제도는 중재제도와 함께 소송외의 대체분쟁해결수단(ADR)으로써 널리 알려져 왔다.

㈏ 조정의 종류

조정은 국제분쟁에 대한 국제조정과 국내분쟁에 관한 국내조정이 있다. 국제조정은 국제조정위원회를 설치하여 분쟁의 사실을 심사하는 동시에 조정안까지 제시하는 평화적 분쟁해결 방식이다. 조정에 관한 조약은 2국간 조약인 경우가 많으나 다자조약인 경우도 있으며 재판과 결부시킨 재판조정조약도 있다.

국내조정에는 법원에 의한 조정과 각종 행정위원회에 의한 조정이 있다. 한국법상 조정제도에는 민사에 관한 분쟁을 간이한 절차에 따라 당사자사이의 상호양해를 통하여 조리를 바탕으로 실정에 맞게 해결함을 목적으로 제정된 「민사조정법」에 의한 민사조정(民事調停)과 가사사건에 대하여 하는 가사조정(家事調停, 가사소송법 §49) 및 각종 특별법에 의하여 설치된 각종 조정위원회에 의한 특수조정이 있다.

조정은 영미법계에서 배심원제도와 맥락을 같이하는 것으로 한국에서는 가사심판법 · 대외무역법 · 건축업법 · 전기공사법 · 「하도급거래 공정화에 관한 법률」 · 특허법 · 전자거래기본법 · 해난심판법 · 「노동조합 및 노동관계 조정법」 · 환경분쟁조정법 · 「금융위원회 설치 등에 관한 법률」 등 약30여개의 개별법에서 민원처리차원에서 조정제도를 규정하고 있다. 주요한 행정조정제도로서 행정부 산하에 설치된 각 종의 조정위원회에는 노동위원회, 소비자분쟁조정위원회(소비자기본법 §60), 의료분쟁조정위원회(「의료사고 피해구제 및 의료분쟁 조정 등에 관한 법률」), 금융분쟁조정위원회, 건설분쟁조정위원회, 저작권위원회(저작권법 제8장), 환경오염분쟁조정위원회, 개인정보분쟁조정위원회 등이 있다. 언론중재위원회의 중재는 그 명칭에 불구하고 실질은 조정이다.

나) 민사조정제도

민사조정(民事調停)은 민사분쟁을 법관 또는 법원에 설치된 조정위원회가 간단한 절차에 따라 분쟁 당사자로부터 각자의 주장을 듣고 관계자료를 검토한 후 여러 사정을 참작하여 당사자들이 서로 조금씩 양보하고 타협하여 합의를 하도록 주선 · 권고함으로써 종국적으로 화해에 이르게 하는 법적 절차이다.

조정이 성립되어 조정조서가 작성되면 재판상 화해와 동일한 효력을 가지며 그 효력은 준재심 절차에 의해서만 다툴 수 있다.

조정은 비교적 자유로운 분위기에서 당사자가 하고 싶은 이야기를 충분하게 할 수 있으며 절차는 비공개로 진행될 수 있으므로 비밀유지가 가능하다.

또한 동 제도는 판결에 비하여 채무자의 경제적 사정 등을 고려하여 원만하고 융통성 있는 결정을 함으로써 당사자 사이의 날카로운 감정의 대립을 방지할 수 있다는 장점이 있다.

㈎ 민사조정의 의의

민사관계의 분쟁에 관하여 법관 또는 조정위원회가 당사자간에 서로 양보해서 합의에 이르게 함으로써 분쟁을 해결하도록 유도[알선]하는 조정제도를 통하여 권리를 보호할 수 있다. 조정절차는 조정담당판사 또는 조정위원회가 분쟁당사자로부터 주장을 듣고 여러 사정을 참작하여 조정안을 제시하고 서로 양보와 타협을 통하여 합의에 이르게 함으로써 분쟁을 평화적이고, 간이 · 신속하게 해결하는 제도이다. 분쟁당사자 쌍방이 권리를 주장하고 다툼있는 사실관계에 대한 증거를 제출하면 법원이 어느 당사자의 주장이 옳은지를 판단하여 판결로써 분쟁을 강제적으로 해결하는 소송절차와 함께 민사분쟁을 해결하는 제도이다. 특히 분쟁이 상호 타협과 양보에 의하여 평화적으로 해결되기 때문에 상대방과 감정 대립이나 원한 관계가 남지 않고 상대방의 임의 이행을 기대할 수 있다.

조정이 성립되어 조정조서가 기재되면 재판상 화해와 동일한 효력이 생기게 된다. 소송에 비하여 그 비용이 저렴하며, 신속 간편하게 처리된다는 장점이 있는 당사자의 자주적 분쟁해결 방식이다.

(나) **민사조정의 종류**

한국법 체계에서 인정되는 법원부속형 조정제도로서는 민사조정 · 가사조정이 있으며, 그 중에 대표적인 ADR이 민사조정제도이다. 민사조정제도는 1993. 3. 1.부터 서울민사지방법원에 전담재판부가 처음으로 설치된 이래 현재 각급 지방 · 고등법원에 전담부가 설치되어 상당한 성과를 나타내고 있으나 판결위주의 오랜 재판관행, ADR제도에 관한 인식부족 등 여러 요인으로 인하여 아직 실험적인 단계라고 볼 수 있다.

민사조정은 분쟁 당사자 일방 또는 쌍방의 신청에 의한 조정과 소송사건을 심리하고 있는 판사가 직권으로 조정에 회부한 수소법원 조정이 있다. 그리고 조정제도는 제1심 민사사건 가사사건(이혼의 합의 등 당사자가 임의로 처분할 수 있는 나 · 다 · 마류 가사비송사건) 및 항소심에서도 인정된다.

(다) **민사조정의 관할과 절차의 진행**

법원에서의 조정은 상대방의 주소지, 사무소 또는 영업소의 소재지, 근무지, 분쟁의 목적물 소재지 또는 손해발생지를 관할하는 지방법원, 지방법원지원, 시 · 군법원에 신청할 수 있으며, 당사자는 합의하여 관할법원을 정할 수도 있다.

조정사건은 조정담당판사가 처리한다. 다만 조정담당판사가 직권으로 조정 · 위원회로 하여금 조정하게 하거나, 당사자가 특별히 조정위원회에 조정을 신청한 때에는 조정위원회에서 처리한다. 조정위원회는 판사 중에서 지정된 조정장(調停長) 1인과 2인이상의 조정위원으로 구성된다. 다만, 당사자는 합의하여 조정위원을 따로 선정할 수도 있다. 조정사건의 내용에 따라 수소법원(受訴法院)이 직접 담당할 수 있다(민사조정법 §7).

민사조정은 원칙적으로 모든 민사에 관한 분쟁을 그 대상으로 하나, 특히 주택임대차 관련 사건, 교통사고 · 산재사고로 인한 손해배상사건, 인간관계가 중요한 친척 · 친구사이의 사건, 원만한 해결이 요구되는 건물명도 또는 철거사건, 전문적인 지식이 요구되는 의료사고, 건축공사에 관한 분쟁, 환경오염사건, 양쪽이 모두 피해자이어서 서로 양보할 필요가 있는 사건(빚보증으로 인한 사건, 도난수표의 분실자와 취득자 사이의 분쟁 등) 등에 적합하다.

조정신청이 있으면 즉시 조정기일을 정하여 신청인과 상대방에게 그 일시 및 장소를 통지한다. 당사자 쌍방이 법원에 출석하여 조정신청을 한 때에는 특별한 사정이 없는 한 그 신청당일이 조정기일이 된다.

당사자는 지정된 기일 장소에 직접 출석하여야 한다. 다만 조정담당 판사의 허가가 있으면 당사자의 친족이나 피용자 등을 보조인으로 동반하거나 대리인으로 출석하게 할 수 있다. 조정의 결과에 대하여 이해 관계있는 사람도 조정담당 판사의 허가를 얻어 조정에 참가할 수 있다.

신청인이 두 번 조정기일에 출석하지 않으면 조정신청은 취하된 것으로 처리되고 반대로 피신청인이 출석하지 아니하면 조정담당판사는 상당한 이유가 없는 한 피신청인의 진술을 듣지 아니하고 직권으로 '조정에 갈음하는 결정'을 한다.

조정기일에 조정담당판사나 조정위원회는 당사자 쌍방의 의견을 듣고 당사자가 제시한 자료를 검토하며, 필요한 경우 적당한 방법으로 여러 가지 사실과 증거를 조사하여 쌍방이 납득할 수 있는 합의를 권고하는 등 조정절차를 진행한다.

일반적으로 민사조정절차는 딱딱한 법정이 아닌 자유로운 분위기의 조정실에서 당사자의 말을 충분히 듣고 실정에 맞게 분쟁을 해결하고, 비공개로 진행되기 때문에 비밀이 보장된다.

㈑ 조정의 성립과 불성립

㉮ 조정의 성립: 조정은 당사자사이에 합의된 내용을 조서에 기재함으로써 성립한다(민사조정법 §28). 당사자가 합의하여 조정이 성립되면 조정조서가 작성되어 당사자에게 송달되며, 조정은 재판상 화해와 동일한 효력이 있고(민사조정법 §29), 화해는 확정판결과 동일한 효력이 있기 때문에 만일 상대방이 조정조항에서 정한 의무를 성실하게 이행하지 않는 경우에는 조정조서를 집행권원(債務名義)으로 하여 강제집행을 할 수 있다. 그러나 예외적으로 당사자간 합의내용이 상당하지 아니한 경우에는 조정담당판사(또는 조정위원회)는 합의를 무시하고 조정이 성립되지 아니한 것으로 하여 사건을 종결시키거나 합의내용과 다른 내용으로 조정에 갈음하는 결정을 할 수도 있다.

㉯ 조정에 대한 결정과 이의신청: 사건의 성질상 조정을 함에 적당하지 않다고 인정되거나 당사자가 부당한 목적으로 조정을 신청하였다고 인정되는 경우에는 조정담당판사는 '조정을 하지 아니하는 결정'으로 사건을 종결시킬 수 있다. 또한 당사자가 임의로 처분할 수 없는 사항(가사소송 가운데 혼인의 취소, 이혼의 취소, 친생부인 등 形成의 訴)은 조정이 불가능한 사건이다.

조정기일에 피신청인이 출석하지 않거나 당사자 쌍방이 출석하더라도 합의가 성립되지 아니한 경우에는 조정담당판사(또는 조정위원회)는 상당한 이유가 없는 한 직권으로 당사자의 이익 기타 모든 사정을 참작하여 신청인의 신청취지에 반하지 아니하는 한도 내에서 사건의 공평한 해결을 위하여 '조정에 갈음하는 결정'(이른바 직권결정 또는 강제조정결정)을 하게 된다.

조정기일에 합의가 이루어지지 아니하거나 상대방이 출석하지 아니한 경우라도 필요한 경우에는 조정에 갈음하는 강제조정결정을 할 수 있다. 강제조정결정에 대하여 이의가 있으면 결정서 정본을 송달받은 날로부터 2주일 이내에, 조정에 갈음하는 결정에 대하여 당사자는 그 내용이 기재된 조서정본 또는 결정서 정본을 송달받은 날로부터 2주일 이내에 이의신청을 할 수 있다. 이의신청이 있으면 결정은 효력을 상실하게 되고 사건은 자동적으로 소송으로 이행된다. 조정담당판사는 당사자의 이의신청이 적법하지 않다고 인정될 때에는 결정으로 이의신청을 기각하여야 한다. 이에 대하여는 즉시 항고할 수 있고 즉시항고는 집행정지의 효력이 있다.

㉰ **조정의 불성립**: 당사자간 합의가 이루어지지 않거나 직권으로 '조정에 갈음하는 결정'을 하기에 적절치 못하다고 인정되는 사건에 대해서는 조정담당판사(조정위원회)는 조정이 성립되지 아니한 것으로 사건을 종결시킨다.

조정신청을 하였으나 '조정을 하지 아니하는 결정'이 있거나 조정이 성립되지 아니한 경우 또는 '조정에 갈음하는 결정'에 대하여 당사자가 이의신청을 한 경우에는 당사자가 별도의 신청을 하지 않더라도 그 사건은 자동적으로 소송절차로 넘어가 심리·판단하게 된다.

㈒ **조정의 효력 및 집행**

조정이 성립된 경우 또는 조정에 갈음하는 결정에 대하여 당사자가 그 내용이 기재된 조서정본 또는 결정서 정본을 송달받은 날로부터 2주일내에 이의신청을 하지 않거나 이의신청을 취하된 경우 및 이의신청의 각하결정이 확정된 경우에는 그 조정 또는 결정은 모두 재판상 화해의 효력이 있다. 따라서 당사자 사이의 분쟁은 최종적으로 종결된다. 조정이 성립되었거나 조정에 갈음하는 결정이 확정되었음에도 불구하고 상대방이 그 결정에 대한 의무를 이행하지 않을 경우에는 위 조정조서나 결정으로 강제집행을 실시할 수 있다.

5) 중재

(1) 중재제도

가) 중재의 의의

일반적으로 중재(仲裁, Arbitration, Arbitrage)란 분쟁 당사자의 합의에 의하여 사법상의 분쟁을 법원의 판결에 의하지 아니하고 자주적으로 선정한 제3자인 중재인 또는 중재 기관의 판정(award)에 의하여 신속하게 최종적으로 해결하려는 절차를 말한다. 이것은 국가재판기관인 법원에서 행해지는 권력적 활동인 재판이나 소송과는 다른 재판 외의 임의적인 분쟁해결 방법이다. 따라서 중재는 화해나 조정과 유사한 당사자 자치에 의한 자주법정(autonomy)이며, 국가 재판주권에 따라 강제적 분쟁해결인 재판과 다른 중간적 위치에 있는 분쟁해결방법이라고 할 수 있다.

중재는 분쟁당사자에 의해 제3자인 중재인을 선임하고 그의 판단에 따라 분쟁을 해결하는 방식인 점에서 조정과 다르다. 이는 성질상 당사자의 자주적인 해결법으로서의 일종의 사적 재판이라고 할 수 있다.

중재는 가능한 신속하고 간이 절차에 의해 분쟁을 해결하는 것이 최상의 목적이다. 이러한 중재는 내국관계에서의 국내중재이건 국제중재이건 분쟁해결방식 그 자체에는 다를 바 없다. 다만 중재절차의 개시를 위해서는 당사자사이에 중재계약이 필요하다.

중재제도는 단심제이기 때문에 법원의 재판에 비하여 분쟁이 신속하게 해결되고 비용이 저렴하다는 장점 외에도 관계 분야의 전문가를 중재인으로 선정함으로써 실정에 맞는 분쟁해결을 할 수 있다(전문성과 신속성과 탄력적 운용). 특히 비공개 심리를 하므로 기업상의 비밀을 유지할 수 있다.

나) 중재의 종류

중재는 분쟁 사건의 조건이나 범위에 따라서 일반적으로 사법상의 분쟁해결을 목적으로 하고 있는 상사중재를 비롯하여 해사중재 · 언론중재 · 노동쟁의중재 등으로 분류되기도 한다. 이와 관련된 법률로 「중재법」을 비롯하여 「노동조합 및 노동관계조정법」, 「근로기준법」, 「교원의 노동조합 설립 및 운영에 관한 법률」, 「근로자참여 및 협력증진에 관한 법률」, 「노동조합법」 등에서의 노동관련 중재, 「언론중재 및 피해구제 등에 관한 법률」, 「정기간행물의 등록 등에 관한 법률」, 「방송법」, 「유선방송법」 등에서의 언론관련 중재 등에서도 중재제도를 마련하고 있다.

그리고 일반 개인에 의한 중재와 중재법상의 중재인에 의한 중재로 구분 지어 볼 수가 있는데, 일반인이 계약당사자의 지정 또는 위탁에 의하여 하는 중재는 당사자의 합의에 의한 분쟁해결과 유사한 방법에 불과하므로 여기서 말하는 중재에 의한 분쟁해결은 중재법에 의한 분쟁해결을 말한다.

또 중재절차의 준거법에 따라 특정 상설중재기관의 중재규칙에 의한 상설 · 기관 · 제도적 중재(institutional arbitration)와 당사자간의 합의에 의해 선택된 중재절차에 의하여는 비상설 · 특별 · 임시적 중재(*ad hoc* arbitration)로 나누기도 한다.

(2) 중재계약과 중재요소

가) 중재계약의 개념

중재제도는 사인간의 분쟁을 법원의 판결에 의하지 아니하고 "당사자의 합의"로 중재에 의하여 신속하게 해결함을 목적으로 한다. 따라서 당사자의 합의는 중재제도의 기초가 되는 것이며 또한 그것은 계약의 성질을 띠고 있다. 이와 같이 분쟁을 "중재에 의하여 해결하기로 합의"하는 것을 중재계약 또는 중재합의(Arbitral Agreement)라고 한다.

한국 중재법(제3조 제2호)에서 "중재합의라 함은 계약상의 분쟁인지 여부에 관계없이 일정한 법률관계에 관하여 당사자간에 이미 발생하였거나 장래 발생할 수 있는 분쟁의 전부 또는 일부를 중재에 의하여 해결하도록 하는 당사자간의 합의를 말한다"고 규정하고 있다. 따라서 중재는 제1의 방법의 파생된 해결방법으로써 당사자 합의를 보완하고 발전시켜주는 제도라고 볼 수 있다.

나) 중재의 주체와 객체(대상)

㈎ 당사자와 중재인

국제중재의 당사자는 자연인 · 법인 · 공공기관 · 국가로 대별되지만, 그대부분이 자연과 법인이다. 그밖에 중앙은행 · 지방자치단체 및 국영기업들도 자주 중재의 당사자로 등장한다. 중재는 일정한 사인간의 분쟁을 사인인 제3자 중재인 · 중재기관에게 위탁하여 해결하기로 중재신청인과 피신청인이 합의하여 이루어지게 된다. 중재인이란 당사자의 합의 또는 일정한 지정으로 중재판정을 내리는 권한이 부여된 사인인 제3자를 말하며, 중재판정부를 구성한다. 중재인은 중재계약에 따라 중재판정을 내리기 위한 권리의무가 있으며, 이는 중재인의 수락과 동시에 발생하는 것이다.

㉮ 중재인의 선정: 당사자는 중재계약에서 중재인의 선정방법 및 그 수를 정할 수 있다. 중재계약에 중재인의 선정을 약정하지 아니하였을 때에는 각 당사자는 1인의 중재인을 선정한다. 상행위로 인하여 발생되는 법률관계에 관한 중재계약에서 중재인의 선정을 약정하지 아니하였거나 당사자의 의사가 분명하지 아니하는 경우에는 산업통상자원부장관이 지정하는 사단법인의 상사중재규칙에 의하는 것으로 추정한다. 중재법은 당사자간의 합의로 중재인의 수를 자유롭게 정할 수 있되, 그러한 합의가 없는 경우에는 중재인의 수를 3인으로 하여 3인 중재를 원칙으로 한다.

중재인이 직무를 수행할 수 없거나 직무수행을 지체하는 경우에는 자진하여 사임하거나 당사자가 합의하는 경우에는 중재인의 권한은 종료된다. 중재계약을 체결한 당사자의 일방이 중재인의 선정을 거부하거나, 선정한 중재인이 직무의 수행을 태만히 하거나 거부한 때, 중재인이 그 직무수행이 불가능한 때, 중재인이 사망한 때에는 그 상대방은 중재인의 선정 또는 궐원의 보충이나 대체를 최고할 수 있다. 최고후 7일이내에 최고를 받은 자가 중재인을 선정하지 아니하거나 보충 또는 대체하지 아니한 경우에는 법원은 그 최고를 한 당사자의 신청에 의하여 중재인을 선정 또는 보충하거나 대체하여야 한다. 그리고 중재인을 다시 선정하는 경우 그 선정절차는 대체되는 중재인의 선정에 적용된 절차에 따르게 된다.

㉯ **중재인의 결격사유**: 일정한 경우에 중재인이 될 수 없거나, 그 직무집행으로부터 기피할 수 있다(중재법 §13). 중재인이 되어 달라고 요청받은 사람 또는 중재인으로 선정된 사람은 자신의 공정성이나 독립성에 관하여 의심을 살 만한 사유가 있을 때에는 지체 없이 이를 당사자들에게 고지(告知)하여야 한다. 중재인은 이와 같은 사유가 있거나 당사자들이 합의한 중재인의 자격을 갖추지 못한 사유가 있는 경우에만 기피될 수 있다. 다만, 당사자는 자신이 선정하였거나 선정절차에 참여하여 선정한 중재인에 대하여는 선정 후에 알게 된 사유가 있는 경우에만 기피신청을 할 수 있다.

⑷ 중재의 대상

중재위탁의 대상(객체)은 사법상의 법률관계, 즉 당사자 처분할 수 있는 법률관계에 관하여 현재 발생하거나 장래에 발생할 분쟁의 일부 또는 전부를 그 대상으로 하는 것이다. 즉 계약으로부터 이와 관련된 모든 분쟁이나 의견차이를 말한다.

중재계약에는 중재에서 다뤄야 할 분쟁의 범위를 명확히 정해 놓아야 한다. 중재계약은 사법상의 법률관계, 즉 "당사자가 처분할 수 있는 법률관계에 관하여 현재 발생하여 있거나 또는 장래에 발생할 분쟁의 일부 또는 전부"를 대상으로 하는 것으로 채무불이행·불법행위에 의한 손해배상청구권, 부당이득반환청구권, 사무관리에 의한 배상청구권, 채무부존재확인 등의 사법상 분쟁이다. 특히, 사법분쟁중 행정사건, 형사사건 등은 중재부탁의 대상에서 제외되며 또한 일정한 분쟁이고 당사자가 처분할 수 있는 것이어야 하므로 형사·행정사건, 비송사건, 가사심판사건 등도 제외된다.

다) 방식 및 서면성

중재합의(仲裁合意)는 계약서상의 중재조항이나 별도의 계약으로 그 진실성을 담보하고 계약내용이 가지는 중요성을 일깨워 주기 위하여 서면에 의해 작성하는 것이 보통이다.

중재합의는 독립된 합의 또는 계약중 중재조항의 형식으로 할 수 있도록 하되, 서면으로 하여야 한다고 규정하고, 당사자들이 서명한 문서에 중재합의가 포함되어 있는 경우나 서신 · 전보 · 전신 · 모사전송(Fax) 기타 통신수단의 교환에 중재합의가 포함되어 있는 경우, 일방 당사자가 당사자간에 교환된 문서의 내용에 중재합의가 있는 것을 주장하고 상대방 당사자가 이를 다투지 아니하는 경우에 해당하는 경우에는 이를 서면에 의한 중재합의로 보고, 계약이 중재조항을 포함한 문서를 인용하고 있는 경우에는 중재합의가 있는 것으로 되, 그 계약이 서면으로 작성되고 중재조항을 그 계약의 일부로 하고 있는 경우에 한한다.

한편 중재계약 또는 중재합의는 '중재조항'(Arbitration Clause)과 '중재부탁합의'(Submission to Arbitration)의 두 가지의 종류가 있는데, '중재조항'은 장래에 발생할 분쟁'의 해결에 대비하여 주로 분쟁 발생 전에 주된 계약중의 한 조항으로 삽입되는 중재계약을 말하며, '중재부탁합의'는 현재 발생되어 있는 분쟁의 해결을 위하여 중재에 부탁하기로 하는 계약을 말한다.

통상 사용되고 있고 또한 권장되고 있는 표준중재조항으로 "이 계약과 관련하여 발생되는 모든 분쟁은 대한상사중재원의 상사중재규칙에 따라 중재로써 해결한다"라는 문구를 삽입하면 된다.

라) 중재요건

한국 중재계약의 성립요건으로는 당사자가 능력(當事者 適格) 있고 중재의사에 하자(흠)가 없고, 중재내용이 가능 · 확정 · 적법하고 사회적 타당성이 있어야 한다.

기관중재의 경우, 이 유효 요건으로 문제가 되는 것을 본다면, 중재절차가 행하여 질 장소나 국가인 중재지(이는 중재지 내의 특정한 審理場所 또는 仲裁場所와는 구별이 되어야 함), 중재기관(名稱을 정확하게 명기), 중재절차 및 준거법 등을 들 수 있다. 이러한 요건을 분명하게 기입하여야 유효한 중재계약이 될 수 있다.

마) 중재계약의 효력

한국 중재법 제9조(仲裁合意와 法院에의 提訴)에서는 중재합의의 대상인 분쟁에 관하여 訴가 제기된 경우에 피고가 중재합의존재의 항변을 하는 때에는 법원은 중재합의가 부존재 · 무효이거나 효력을 상실하였거나 그 이행이 불가능한 경우를 제외하고 그 소를 각하(却下)하도록 규정하고 있다. 여기서 피고의 항변은 본안에 관한 최초의 변론을 할 때까지 하여야 하며, 소송이 법원에 계속중인 경우에도 중재판정부는 중재절차를 개시 또는 진행하거나 중재판정을 내릴 수 있다. 이처럼 중재계약의 당사자는 원칙으로 중재판정에 따르도록 하여 직소(直訴)를 금지하고 있다. 그러나 중재계약이 무효이거나 효력을 상실하였거나 이행이 불능일 때에 한하여 소송을 제기할 수 있다.

중재는 소송과 같이 불복절차인 항소나 상고제도가 허용되지 않는 단심제이다. 또한 중재계약의 발효로 일반재판소의 관할권이 상실되고 중재인에게 당해 사건에 대하여 전속적 관할권이 발생하는 것을 의미한다. 또한 중재계약은 주계약이 무효라고 해도 그 계약의 일부인 중재조항도 당연히 무효로 되는 것이 아니며 오히려 중재판정부는 중재조항이 포함되어 있는 주계약의 존부 또는 효력에 관하여 결정을 가진다고 해석된다. 다시 말하면 유효 · 무효를 판단할 수 있는 권한, 즉 중재조항에 의거하여 관할권을 가진다는 하면, 주계약에 의한 것이다.

(3) 중재절차

중재절차(仲裁節次)는 중재신청절차, 중재인선정절차, 중재심리절차, 중재판정절차 등을 총칭하는 것이다. 당사자들은 분쟁해결은 주재할 중재인을 스스로가 선임하며 중재장소와 중재에 적용되는 절차에 관한 준거법을 합의할 수 있다.

중재절차에 관하여는 강행규정 · 공서에 반하지 아니하는 한 당사자가 이를 스스로 중재계약에 의해 정할 수 있으며 중재절차에 관해서 다른 절차규칙, 다른 증거규칙을 채택할 수 있는데, 이러한 당사자자치는 자신들의 의도에 맞게 절차를 합의할 수 있고 상설중재기관의 표준중재규칙을 선택할 수도 있다. 그러한 절차에 관하여 당사자의 합의가 없는 경우에는 중재법이 정한 절차가 있으면 그것을 따르고, 법에도 특별한 규정이 없으면 그러한 사항에 관하여는 중재인이 적절한 방식으로 정한다. 보통 중재절차는 중재신청으로 개시되며, 중재판정부의 구성, 심리절차의 진행, 중재판정, 중재판정의 집행 순으로 진행된다.

가) 중재신청

중재절차는 중재신청으로 개시되는데, 중재를 신청하고자 할 때에는 중재원 사무국에 중재비용과 함께 일정한 서류를 작성하여 제출하여야 한다. 중재에 있어서 사무국이 중재사건에 관한 당사자의 편의, 증거조사, 사건의 특수성 등 제반 사정을 고려하여 중재장소를 별도로 정할 수 있다.

나) 중재판정부의 구성

중재인의 선정방법에 관해 당사자의 약정이 있는 경우에는 그에 따라 중재인을 선정하고 당사자가 중재인을 선정하지 아니하거나 선정방법을 정하지 아니한 경우에는 중재 기관이 직권으로 선정하여 중재판정부를 구성한다. 중재판정부는 단독 중재인으로 구성될 수도 있고 수인의 중재인들로 구성될 수도 있다.

중재인은 법률가나 관련 사항에 관한 전문가들 중에서 선정된다. 국제중재의 실무에서 보면 당사자들에 의해 선정되는 중재인은 관련분야의 전문가들이고 의장중재인은 법률가가 되는 것이 보통이다. 각국의 중재법규는 중재인의 중립성과 독립성을 보장하기 위하여 법률적 또는 경제적 이해관계가 있는 자는 중재인이 될 수 없도록 제한하고 있다.

또한 공정성이나 독립성에 관하여 의심을 야기할 수 있는 사정이 있는 경우 또는 당사자들이 합의한 자격을 갖추지 못한 경우 기피할 수 있다.

중재인은 당사자의 대리인이 아니며 독립적이고 객관적인 입장에서 중재에 임해야 한다. 이러한 독립성을 해질 만한 이해관계가 있거나 재정적 · 직업적 관련이 있는 경우에는 이러한 사실을 통보하고 사임해야 하며 당사자들은 판정부에 중재인 기피신청를 할 수 있다.

다) 중재심리

당사자간에 달리 합의하지 않으면 중재절차는 피신청인이 중재요청서를 수령한 날부터 개시된다. 그리고 중재요청서에는 당사자의 표시, 분쟁대상 및 중재합의의 내용을 기재하여야 한다.

중재인은 중재판정전에 당사자를 심리하여야 한다. 심리기일에 행하는 심리절차는 당사자의 주장과 입증이 진행되는 중재절차의 핵심이다. 심리의 일시와 장소 및 방법은 중재판정부가 정하는 것이 보통이며 심리방식을 정함에 있어서는 절차상 지연이 없도록 배려해야한다. 심리절차는 비공개로 하며 서면심리로 대체할 수 있다.

법원의 소송절차와 그 성격을 달리하는 중재절차에서 당사자가 특별히 합의하지 않는 한, 중재판정부에 광범위한 재량을 인정하여 개별 사례의 상황에 따라 융통성 있게 절차를 진행할 수 있다. 그러나 구술심리는 절차적 기본권으로서 당사자의 심문청구권을 실현한다는 의미를 가지고 있으므로 비록 중재판정부가 재량에 따라 서면심리만으로 절차를 진행할 수 있다 하더라도 당사자의 요청이 있으면 반드시 구술심리가 행하여야 한다.

중재인은 임의로 출석한 증인 또는 감정인을 심리할 수 있으나 그 증인 또는 감정인을 선서시킬 수 없다. 중재판정에 필요한 경우에는 증거조사도 할 수 있으며, 당사자가 주장과 입증을 다했다고 인정되는 경우에는 심리를 종결하지만, 판정전이면 언제든지 재개할 수 있는 등 절차상의 신축성이 인정되고 있다.

중재인이 중재판정에 필요하다고 인정하는 행위로서 중재인이 직접 할 수 없는 것은 중재인이나 당사자의 신청에 의하여 법원이 이에 관한 사무를 행한다.

중재인은 제출된 증거의 신빙성과 유용성을 자유심증으로 양심과 이성에 따라 증거를 취사선택하여 논리법칙과 경험법칙에 따라 사회정의와 형평의 이념에 입각한 판정을 하게 된다.

라) 중재판정

중재판정(仲裁判定, arbitral award)은 중재계약에서 당사자가 부탁한 분쟁의 해결을 위하여 중재판정부가 내리는 최종적인 결정을 의미한다. 중재판정에는 종국판정 이외에도 임시판정, 중간판정 또는 부분판정이 있다. 중재판정은 중재계약의 범위 내에서의 계약의 현실이행뿐 아니라 공정하고 정당한 배상이나 기타 구제를 명할 수 있으며, 책임 있는 일방 또는 쌍방이 당사자에게 요금, 중재 경비, 중재인 수당 기타 경비부담을 명할 수 있다. 중재판정은 판정주문과 판정이유의 요지를 기재하는 서면으로 작성하고 중재인이 서명한다. 중재절차는 종국판정에 의하여 자동적으로 종료하며 중재신청의 철회 등의 경우에는 중재판정부의 결정에 의하여 종료한다.

당사자는 중재판정 정본을 받은 날부터 30일 이내에 중재판정부에 중재판정의 오류 정정, 해석 또는 추가판정을 신청할 수 있고, 중재판정부는 원칙적으로 30일(추가판정은 60일)이내 이를 판정하여야 한다. 중재판정의 해석에 관하여는 당사자가 합의한 경우에만 신청이 가능하도록 한 것은 패소당사자에 의한 중재절차의 남용을 방지하기 위한 것이다.

중재판정은 중재계약에 따로 정함이 있는 경우를 제외하고는 중재인이 수인인 경우에는 그 과반수의 찬성으로써 판정하며, 중재판정은 중재계약에서 약정된 기간내 또는 중재가 개시된 날로부터 3월내에 하여야 한다. 중재절차를 진행한 끝에 행한 판정은 확정판결과 동일한 효력이 있으며 중재판정에 의한 강제집행은 법원의 집행판결로 그 적법함을 선고한 때에 한하여 할 수 있다.

중재판정에 대한 불복은 '중재판정취소의 소'에 의해서만 할 수 있으므로 이것이 유일한 불복방법이다. 당사자가 증명해야 하는 취소사유로서 당사자의 무능력 또는 중재합의의 무효, 통지 또는 방어권보장의 결여, 중재부탁의 범위일탈, 중재판정부의 구성 또는 중재절차 위반을 규정하고 법원의 직권 취소사유로서 중재적격성의 결여 및 공서양속위반 등이 있다. 즉 당사자는 중재판정이 ㉮중재인의 선정 또는 중재절차가 중재법이나 중재계약에 의하지 아니한 때, ㉯중재인의 선정 또는 중재절차에 있어서 당사자가 소송무능력자이거나 대리인이 적법하게 선임되지 아니하였을 때, ㉰중재판정이 법률상 금지된 행위를 할 것을 내용으로 한 때, ㉱중재절차에 있어서 정당한 사유 없이 당사자를 신문하지 아니하였거나 중재판정에 이유를 붙이지 아니하였을 경우 등에는 중재판정의 취소의 소를 제기할 수 있다.

(4) 중재판정의 효력

중재법 제35조에는 "중재판정은 양쪽 당사자 간에 법원의 확정판결과 동일한 효력을 가진다."고 규정하고 있는데, 이는 중재가 단심제임을 나타내고 있으며, 이에 따라 중재판정은 통상의 불복신청이 허용되지 않는 최종적인 것으로서 분쟁해결의 종국적 해결방법이 된다.

가) 직소금지의 효력

중재는 원래 분쟁을 법원의 소송으로 해결하는 것이 아니라 오직 중재로서 해결하겠다는 당사자자치의 원칙을 존중하여 인정된 제도임으로 중재계약이 체결되었으면 그 중재계약이 무효이거나 효력을 상실하였거나 이행이 불가능한 경우가 아니라면 당사자는 소송을 제기할 수 없다. 원칙적으로 중재계약이 있는 경우에 법원에 직소(直訴)하는 것을 금지하는 이유는 원래 계약자치의 원칙을 존중한 것으로, 중재계약의 당사자는 그들간의 분쟁을 오직 중재에 의하여 최종적으로 해결하며 그 판정에 복종할 것을 서면으로써 분명히 합의했기 때문이다. 또한, 중재계약이 있음에도 불구하고 법원에 제소를 하는 경우에는 불제소 특약이 있는 경우처럼 상대방은 방소항변을 제기할 수 있고 법원은 이러한 경우에 소각하의 판결을 하게 된다. 영미법 국가에서는 이러한 경우 중재가 종결될 때까지 소송을 정지하고 있다. 그러나 중재계약이 존재함에도 불구하고 상대방이 응소하여 본안에 관한 준비서면의 제출이나 진술을 한 경우에는 결국 중재계약을 포기하고 소송을 하는 것에 동의한 것으로 볼 수 있으므로 그러한 때에는 방소항변권은 상실된다(대법원 1991.4.23 판례 91다4812호).

위와 같이 직소금지의 원칙은 그러나 법원의 보전처분에는 영향이 없다. 즉, 중재계약이 있더라도 당사자는 누구나 중재절차 개시 전 또는 중재절차 중이라도 분쟁사건과 관련하여 법원에 가압류 · 가처분을 신청할 수 있다.

나) 종국적 해결

중재판정은 당사자간에 있어서 법원의 확정판결과 동일한 효력을 가진다(중재법 §35). 확정판결이라 함은 판결의 상급법원에 의하여 취소될 가능성이 없는, 즉 통상의 불복신청방법이 다하였을 때 확정되는 것이다(민소법 §498). 그리하여 구속력을 가진다. 그러나 강제집행을 위한 집행력을 얻기 위하여는 별도의 재판을 받아야 하므로 법원의 판결집행에 비하여 이중절차를 거쳐야 하는 번거로움이 수반되어 집행판결을 받는 소송절차의 번잡과 지연으로 인하여 오히려 신속한 분쟁의 해결이라는 중재제도 당초의 이상이 변색될 우려마저 없지 않다.

(5) 중재판정의 승인과 집행

중재의 궁극적인 결과인 중재판정의 승인 및 집행에 관한 각국의 상이한 법제를 통일하기 위하여 「중재조항에 관한 제네바 의정서」(1923)와 「외국중재판정 집행에 관한 제네바협약」(1927) 및 이들을 보완 대체하는 것으로 1958년 「외국중재판정의 승인 및 집행에 관한 UN협약」(일명 '뉴욕협약')이 체결되어 이에 따라 동 협약 체약국간에는 외국중재판정의 승인 및 집행이 보장된다.

한국도 1973년 2월 8일에 상호주의와 상사한정 유보선언과 함께 42번째로 가입함으로써 한국에서 내려진 중재판정도 체약국에서의 승인과 집행이 보장되게 되었다.

외국중재판정은 중재합의와 중재판정의 존재를 입증하는 서류를 제출하여 그 승인·집행을 보장받을 수 있는 것이 원칙이나, 반대 당사자가 ㉮중재합의의 무효, ㉯중재에 응할 기회가 없었던 경우, ㉰중재인의 판정권한범위 일탈, ㉱중재기관 구성이나 절차의 부적합, ㉲중재판정의 구속력이 없음을 항변하거나, ㉳법원은 당사자의 주장에 의하거나 직권으로 중재대상이 중재적격을 갖지 않거나, ㉴중재판정의 승인·집행이 공서에 반하는 경우에는 그 판정의 승인·집행을 거부할 수 있도록 하고 있다(뉴욕협약 제4·5조). 외국중재판정을 승인하면 국내판정과 동일한 효력을 갖게 된다.

중재판정을 집행하기 위해서는 법원으로부터 별도의 집행판결을 받아야 한다. 뉴욕협약은 "각국은 중재판정을 승인하고 그 판정이 원용될 영토의 절차규칙에 따라서 집행해야 한다. 이 협약이 적용되는 중재판정의 승인 또는 집행에 있어서는 내국중재판정의 승인 또는 집행에 있어서 부과하는 것보다 실질적으로 엄중한 조건이나 고액의 수수료 또는 과징금을 부과해서는 안된다."고 규정하고 있다.

2. 민사소송이란?

1) 소의 개념과 종류

(1) 소(訴)란

소(訴)는 법원에 대하여 판결을 내려 달라는 신청으로 소송행위의 일종으로 공법행위이다. 이러한 소(訴)로 시작하여 판결로 끝나는 모든 법률적 절차를 소송이라고 한다. 소송의 목적은 이에 관여하는 주체의 여러 가지의 소송행위의 연속에 의하여 달성되며, 소송은 하나의 절차를 이루게 된다. 그리고 이러한 절차의 안정은 법규에 의하여 보장되어야 하는데, 이러한 법규가 소송법(訴訟法)이다.

(2) 소의 종류

청구의 성질이나 내용에 따라 이행 · 확인 · 형성의 소로 나뉜다.

㈎ **이행의 소**는 피고에게 일정한 급여의무를 명하는 판결을 구하는 소를 말한다. 소송의 목적인 청구권의 존재를 주장하고 그 청구권의 만족을 내용으로 하는 피고의 작위 · 부작위를 명하는 판결을 구하는 소이다. 청구권의 확정과 피고에 대한 이행명령을 목적으로 하는 소송이 이행소송(履行訴訟)이다.

㈏ **확인의 소**는 당사자간에 다툼이 있는 특정의 권리 또는 법률관계의 존재 · 부존재에 관하여 판결에 의한 유권적 확정을 요하는 소이다. 이는 현재의 법률관계의 확인만을 구하는 것으로 법률관계의 존부의 확정 및 이를 증명하는 문서의 진정확인을 구하는 소송이 확인소송(確認訴訟)이다.

㈐ **형성의 소**가 일정한 권리 또는 법률관계를 발생 · 변경 · 소멸을 주장하는 소로써 권리변경의 소 또는 창설의 소라고 한다. 법률관계를 변동시키는 것을 목적으로 하는 소송이 형성(形成)의 訴이다.

2) 민사소송

(1) 민사소송의 의의

사람들 사이에 이해관계가 충돌하여 분쟁이 생기면 원시시대에는 스스로의 힘에 의하여 이를 해결할 수밖에 없었다. 그러나 문명사회에서는 힘으로 분쟁을 해결하는 것은 금지되어 국가기관인 법원이 분쟁당사자 사이에 개입하여 분쟁을 조정 · 해결해 주도록 되었는데 그 절차를 민사소송(民事訴訟)이라 한다. 즉 사적분쟁을 법원이 공권력을 배경으로 분쟁당사자를 원고와 피고로 관여시켜 사권보호를 목적으로 법률적으로 심판하여 강행적으로 해결하기 위한 절차를 말한다.

민사소송 재판은 다음과 같이 법적 3단논법에 따른다.

소전제	구체적 사실확정	청구원인	판결이유	변론주의
대전제	법규적용 (법률요건)	법원의 권한		직권주의
결 론	법률효과	청구취지	판결주문	처분권주의

민사소송은 사법상의 권리관계의 확정 · 보존 · 실현을 목적으로 하는 재판상의 절차이므로, 사인에 대한 국가 형벌권의 존부의 확정을 목적으로 하는 형사소송, 공법상의 권리관계에 관한 쟁송을 그 대상으로 하는 행정소송, 민사분쟁 중 신분관계에 관한 분쟁을 대상으로 하는 가사소송과 구별된다. 민사소송절차에서 변론주의를 심리원칙으로 함에 대하여 형사소송절차에서는 직권주의에 의하고 있다.

(2) 민사소송절차

사인간의 특정 원고가 피고를 상대로 법원에 특정한 청구(訴訟物)에 관한 판결을 구하는 민사소송은 일정한 방식의 소장을 작성하여 원고가 피고에 대하여 관할법원에 제출하여 소(訴)을 제기하면 법원은 변론기일을 정하여 쌍방이 출석하여 재판장의 지휘에 따라 공격 · 방어의 변론(주장과 답변 · 항변) 등으로 소송(訴訟)을 진행한다. 증거조사 등의 심리절차를 종결하면 법원은 결심하여 원고의 승소 · 패소 또는 일부승소의 선고[종국 판결]를 하게 된다.

소송을 진행하기 전 · 후에 법관의 면전에서 서로 양보하여 다툼을 해결하는 소송[제소]전 화해와 소송상 화해의 화해조서로 확정판결과 같은 결과를 얻을 수 있다.

판결이 확정되었어도 자발적으로 의무를 이행하지 않을 경우에 국가의 집행기관으로 하여금 강제집행을 할 수 있다. 집행권원(채무명의) 확보, 집행문부여 신청, 강제집행 신청 등으로 채권의 강제집행을 신청하면 집행기관은 목적물을 압류하고, 이것을 경매 등으로 환가(현금화)한 다음 변제 · 배당절차를 거쳐서 집행을 끝낸다.

민사소송을 제기하는 방법과 마음가짐

◦ 민사소송은 소장을 작성하고 인지를 붙여서 관할 법원에 제출하면 되는 것이다. 다만 소송위임장과 같은 부속서류를 첨부하여야 할 때도 있다.

(개) 소장의 기재사항

㉠ 원고·피고의 주소·성명이 명확히 기재되어야 한다(전화번호와 우편번호도 기재). 피고가 있는 곳을 알 수 없을 때에는 소명자료를 첨부하여 공시송달을 신청할 수 있다.

㉡ 청구취지를 특정하여 기재하여야 한다. "피고는 원고에게 돈 천만원을 지급하라"는 식으로 원고가 판결을 통하여 얻어내려는 결론을 기재하여야 한다. ㉢청구원인을 기재하여야 한다. "원고는 2009.1.1. 피고에게 돈 천만원을 빌려주었으나, 피고는 이를 갚지 않고 있다" 는 식으로 판결을 구하게 된 원인이 무엇인가를 구체적으로 기재한다.

(내) 인지의 첩부 또는 현금납부 - 소장에는 소가에 따라 일정 금액상당의 인지를 붙이거나 현금을 납부하여야 한다.

(대) 송달료의 예납 - 내용 전부를 원 · 피고가 각각 1명인 경우를 기준으로하여 소액사건은 22,600원(1회분 2,260×5회분×2인), 단독사건은 36,160원(1회분 2,260원×8회분×2인), 합의사건은 45,200원(1회분 2,260원×10회분×2인)의 송달료를 은행에 미리 납부하여야 한다.

◦ 마음가짐

옛부터 "송사가 많은 집안과는 혼인을 하지 않는다" 라는 말이 있다. 송사에 모든 정력을 빼앗겨 생산적인 활동을 할 수 없고 자연히 주변 사람들의 인심도 잃게되어 집안이 기우는 수가 많았기 때문이다. 그러나 복잡한 현대생활에 있어서 본의 아니게 소송에 관여하게 될 수도 있고, 경우에 따라서는 적절히 소송을 이용할 줄 아는 지혜가 필요하다. 이를 위하여는 일상 생활에서의 모든 거래관계를 문서화하여 정확을 기하고 후일의 증거로 삼음으로써 분쟁가능성을 미리 막는 것이 절대적으로 필요하다. 부득이 소송을 하지 않으면 아니될 상황이 되면 변호사 등 전문가의 도움을 받아 정당한 방법으로 신속한 해결을 모색하여야 할 것이며, 사건브로커의 농간에 넘어가지 아니하도록 조심하여야 한다.

3) 관할의 종류

(1) 관할이란?

관할(管轄)은 여러 종류의 법원간에 재판권을 어떻게 분배하여 행사시킬 것인가와 동일지방법원 내의 단독판사와 합의부간의 재판사무의 분담을 말한다.

재판관할은 특정의 법원을 중심으로 하여 보면 그 행사할 수 있는 재판권의 범위, 즉 관할권의 문제이고, 특정한 사건 또는 사람을 중심으로 해서 보면 어느 법원이 그것을 행사할 수 있느냐 하는 관할법원의 문제이다. 관할은 관서로서의 법원별로 정하여지는 것으로서, 예컨대 각 단독판사 · 합의부의 재판장 · 합의부원과 같이 동일 법원내에서의 사무분담과 다르다. 관할은 재판권분장의 표준에 따라 재판권이 다른 작용을 어느 법원의 직분으로 하느냐 하는 직분(직무)관할, 사건의 성질에 따르는 사물관할, 장소적 관계에 따르는 토지관할로 구분된다. 또한 관할을 정하는 근거에 따라 민사사건에서는 법정관할 · 합의관할 · 응소관할의 구별이있고, 관할을 정하는 강행성이라는 점에서 전속관할과 임의관할로 구별된다.

(2) 관할의 분류

관할은 (i) 재판권을 분장하는 표준을 어디에서 구하느냐에 따라서 직무관할 · 사물관할 · 토지관할로 구분할 수 있고, (ii) 관할을 정하는 법규의 강행성의 정도에 따라서 전속관할 · 임의관할로 구분되며, (iii) 관할이 발생하는 근거에 따라서 법정관할 · 지정관할 · 합의관할 · 응소관할로 구분되고, (iv) 관할이 경합하는 경우의 우선성의 정도에 따라서 선택관할 · 우선관할로 구별된다. 관할권의 존재는 소송사건이므로 이에 위반한 경우에는 소각하판결을 내리는 것이 원칙이다.

㈎ 관할의 결정근거를 표준으로 한 분류

㉠ 법정관할은 법률에 의하여 직접 정해진 관할로 직분관할 · 사물관할 · 토지관할이 있다.

㉡ 재정(지정)관할은 재판의 적정이나 공정 등의 공익적 요구에 따라 특정법원만이 배타적으로 관할권을 갖는 경우를 말한다. 이는 구체적 소송사건에 관하여 상급법원이 관할법원을 지정함으로써 생기는 관할(민소법 §28)을 말한다. 지정관할은 관할법원이 법률상 또는 사실상 재판권을 행사할 수 없거나(㉳ 관할법원의 법관 전원이 제척원인에 의해 직무를 수행할 수 없는 경우), 법원의 관할구역이 분명하지 않거나 또는 고유 필요적 공동소송에 있어 공동소송인에게 공통된 재판적이 없는 경우에 생긴다. 지정관할에 대한 신청은 관계법원이나 당사자가 관계법원에 공통하는 상급법원에 행하며, 관할지정신청을 받은 법원은 관할지정결정을 하거나 기각결정을 해야 한다. 관할지정의 결정은 법원과 당사자를 구속하므로 지정된 법원이 지정한 법원과 다를 의견을 가져 지정결정이 부당하다고 보더라도 자신의 관할권을 부인할 수 없다. 그러나 원고가 법원을 기망하여 지정결정을 받은 경우에는 구속력이 없다.

심급관할이나 기타의 직무관할은 원칙적으로 전속관할이며(단 비약상고가 인정되는 범위내에서는 임의관할임), 토지관할은 원칙적으로 임의관할이고 법률에 특별히 규정된 경우에만 전속관할이 된다(예 재심의 소에 있어 재심을 제기할 판결법원, 민소법 §453①). 전속관할에 속하는 소송은 다른 법원에 이송할 수 없으며(민소법 §34④·35 단서), 전속관할 위반에 대해서는 항소에 의해 불복신청이 가능하나(민소법 §411 단서), 재심사유가 아니므로 판결이 확정되면 더 이상 다툴 수 없다.

㉢ 당사자 거동에 의한 관할은 당사자의 합의나 피고인의 응소에 관하여 발생하는 관할로 전자를 합의관할, 후자를 응소(변론)관할이라 한다.

(나) 소송법상 효과의 차이에 의한 분류

㉠ 전속관할은 법정관할 가운데서 재판의 적정·공평 등 고도의 공익적 견지에서 정해진 것으로 특정법원만이 오로지 배타적 관할권을 갖게 한 것을 말한다. 전속관할의 특색은 법원의 직권조사사항이며 당사자간 합의나 피고의 응소에 의하여 법정관할을 다른 법원으로 바꿀 수 없다(합의관할이나 응소관할 불인정).

㉡ 임의관할은 전속관할에 상대되는 개념으로, 당사자의 합의(민소법 §29)나 상대방의 응소(민소법 §30)에 의해 법정관할과 다른 법원에 관할권이 생기게 되는 경우를 말한다. 사물관할이나 토지관할은 원칙적으로 임의관할이다. 직분관할중 심급관할은 비약상고의 경우에 한하여 임의관할이다. 임의관할에 있어 관할이 경합될 경우에 법원은 편의상 다른 법원에 이송할 수 있으며, 임의관할을 위반한 경우 제1심판결이 선고되면 그 하자가 치유되어 더 이상 관할위반을 주장할 수 없다(민소법 §411).

3. 민사소송법

민사소송법(民事訴訟法, civil procedure)은 사인간의 생활관계에 관한 분쟁을 국가의 사법기관[法院]에 의하여 법률적·강제적으로 해결하기 위한 절차를 규정한 법률을 말한다. 재산권과 신분권의 발생·변경·소멸에 관한 민사소송관계 및 판결절차와 강제집행절차라는 민사소송절차를 규율하는 법을 총칭하여 민사소송법이라고 한다.

실질적 의미의 민사소송법에는 협의의 실질적 민사소송법 이외에 헌법·법원조직법·민법·소액사건심판법·민사집행법 등이 포함된다.

최근 민사소송법을 전면 개편해 제도남용에 의한 민사집행절차의 지연을 방지하고 불량채무자에 대한 철저한 책임추궁을 통하여 효율적이고 신속한 권리구제방안을 마련하여 통일적이며 일관된 법집행을 위하여 민사집행부분을 민사소송법에서 분리하여 별도의 「민사집행법」으로 제정하여 2002년 7월부터 되었다. 그 주요 내용은 채무자 재산조회제도 도입, 경매절차의 안정성과 효율성 강화, 불출석 증인에 대한 제재강화 등 증거조사 절차의 개선, 답변서 제출의무와 답변서 미제출시 변론 없이 원고승소판결 선고와 변론기일의 집중과 판결이유 기재의 간이화 등이다.

4. 민사소송의 주체

1) 민사소송의 주체

민사소송이 성립하기 위해서는 법원·원고·피고의 3주체가 필요하다. 원칙적으로 피고의 주소지를 관할하는 법원에 소송을 제기하여야 하지만 원고의 편의 등을 위하여 여러 가지 예외가 인정되고 있다. 예컨대, 대여금·물품대금·손해배상의 청구의 경우 그 채무이행지인 원고의 주소지를 관할하는 법원에도 소송을 제기할 수 있도록 한 것[義務履行地의 특별재판적], 교통사고를 당한 피해자가 사고장소를 관할하는 법원에도 소송을 제기할 수 있도록 한 것[不法行爲地의 특별재판적] 등이다. 그리고 소송물의 액수에 따라 5천만원을 초과하는 사건은 판사 3인으로 구성되는 재판부가 관할하며, 그 이외의 사건은 단독판사가 관할한다. 다만 예외적으로 소송물의 액수가 1억원이하인 자동차사고 또는 산업재해로 인한 손해배상청구사건과 모든 어음·수표 청구사건 등은 단독판사가 관할한다.

2) 법원

민사재판권은 법원이 행사하며 당사자는 관할권 있는 법원에 소를 제기해야 한다. 여기서 관할(管轄)은 법원간의 재판권의 분장관계를 말한다. 민사소송법은 원칙적으로 원고가 피고의 주소지에서 소를 제기해야 한다고 규정하고 있으나(민소법 §2), 여러 가지의 특별재판적을 인정하여 원고가 피고의 주소지 이외의 장소(예 근무지나 불법행위지 등)에서 소를 제기할 수 있다고 규정하고 있다. 지식재산권이나 국제거래와 같이 전문지식이나 거래실무가 심리의 주요 내용이 되는 특정한 유형의 소는 그에 관한 전문 재판부가 설치된 고등법원 소재지 지방법원에 특별재판정을 인정하여 심리의 원활을 기하고 있다(민소법 §24).

3) 민사소송의 당사자

민사소송에 있어서 당사자라 함은 소송의 주체로서 자기에 대한 법원의 재판권 행사를 구하는 자와 이에 대립하는 상대방으로서 재판권행사가 요구되는 자를 말한다. 민사소송을 먼저 제기하는 사람을 원고(原告), 당하는 사람을 피고(被告)라고 하는데, 개인이나 법인은 물론 종중 · 동창회 · 학교육영회 같은 사실상의 단체도 민사소송의 원고 · 피고가 될 수 있다. 다만, 미성년자 같은 제한(무)능력자는 법정대리인이 소송을 대리하여야 한다.

민사소송은 대립되는 이해를 가지는 두 당사자주의(두 당사자대립주의)를 기본적으로 취하고 있다(예외; 독립당사자 참가소송과 같은 다면소송도 있음). 따라서 소송중에 상속 또는 법인의 합병 등에 의하여 대립당사자의 혼동이 생기거나, 당사자의 일방이 사망하여 소송물이 승계불가능한 경우에는 대립관계가 없어져 소송의 종료를 초래하게 된다. 민사소송상 소송주체로서의 당사자와 관련된 문제는 당사장확정, 당사자능력, 당사자적격 및 소송능력 등이다.

양당사자의 명칭은 절차에 따라 다르다. 즉 제1심절차에 있어서는 원고 · 피고라고 하고, 제2심[抗訴審]절차에 있어서는 항소인 · 피항소인이라고 하며, 제3심[上告審]절차에 있어서는 상고인 · 피상고인이라고 한다. 또한 독촉절차 · 강제집행절차 · 집행보전절차에 있어서는 채권자 · 채무자라고 하고, 화해절차 · 증거보전절차에 있어서는 신청인 · 상대방이라고 한다. 특히 동일소송절차에서 서로 대립하는 당사자의 일방 또는 쌍방에 수인의 당사자가 있는 경우에는 각 당사자를 공동소송인이라고 한다. 원고와 피고 간의 소송의 결과에 관하여 법률상 이해관계가 있는 소송 외의 제3자가 자기의 이익을 위하여 계속 중인 소송에 가입하는 경우가 있는데 이를 소송참가(訴訟參加)라고 한다.

4) 대리인

한국은 변호사를 선임하지 않고 본인이 직접 소송을 할 수 있다(본인소송주의). 그러나 소송제한(무)능력자(미성년자 · 피한정후견인 · 피성년후견인)의 경우에는 그 법정대리인이 소송을 대리해야 한다(민소법 §55). 그리고 소송능력자라도 본인이 직접 소송을 하지 않고 소송대리인을 선임하여 소송을 할 수 있다. 소송대리인의 자격에는 제한이 있는데, 원칙으로 변호사가 아니면 소송대리인이 될 수 없으나(변호사소송대리의 원칙), 단독판사가 심판하는 사건에 있어서 당사자와 친족 · 고용 기타 일정한 관계에 있는 자가 법원의 허가를 얻어 소송대리를 할 수 있다(민소법 §88).

제2절 소송절차

1. 민사소송절차의 종류

민사소송은 개인사이의 경제거래에 있어서 생길 수 있는 각종 재산상의 분쟁을 해결하기 위한 절차로서 대여금청구소송, 소유권이전등기청구소송, 임대료청구소송, 어음 및 수표금청구소송 등이 있다. 기업거래분쟁이나 민사상의 분쟁에 대하여 원고와 피고 주도하에 법원이 제3자적 입장에서 객관적으로 판단하는 소송절차에 의하여 분쟁을 공권적·강제적으로 해결할 수 있다.

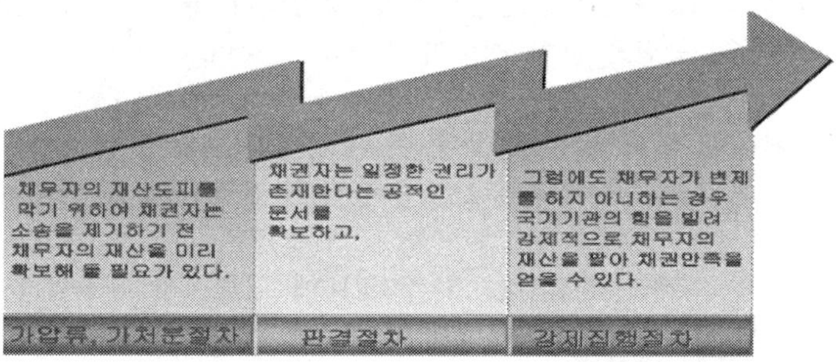

즉, 민사소송은 사인간의 생활관계에서 발생하는 법률상의 분쟁과 이해의 충돌을 국가의 재판권에 의하여 강제적으로 해결하기 위한 절차이다. 이러한 소송절차에는 통상소송절차로서 법원의 공권적인 법률판단인 판결에 의해 법규를 적용하여 권리관계를 확정하는 판결절차[협의의 민사소송]와 사법상의 의무가 임의로 이행되지 않을 때 공권력을 발동하여 강제적으로 그 이행된 상태를 실현하는 강제집행절차 및 이에 부수 하는 절차로 증거보전·소송비용액확정절차, 집행보전·집행문부여절차 등의 부수절차가 있다. 그리고 특수한 민사사건에 적용되는 절차로서 소액사건심판절차·독촉절차·가사소송절차·회생절차·파산절차·회사정리절차 등의 특별소송절차가 있다.

민사소송의 진행과정

㈎ **소의 제기** – 소장(필요적 기재사항: 당사자, 법정대리인, 청구취지, 청구원인) 제출
㈏ **소장심사** – 재판장이 필요적 기재사항, 인지첩부 여부를 심사한다. 심사결과 소장에 흠결이 있으면 보정명령을 하여 보정하면 절차가 속행되고 안하면 각하명령을 한다.

㈐ **피고에게 알림**(소장부본 송달) – 민사소송이 제기되면 재판장은 소장부본을 피고에게 송달하여 피고를 상대로 어떠한 소송이 제기되었는가를 미리 알려준다(답변서 제출 및 응소 안내).

㈑ **소송요건의 조사** – 법원, 당사자, 소송물 등 소송요건을 조사하여 흠결시 보정명령을 하거나 소각하판결을 한다.

㈒ **변론기일의 지정 및 소환** – 그 후 재판장은 사건이 접수된 순서에 따라 변론기일을 정하여 원·피고를 소환한다.

㈓ **주장·답변 및 항변** – 변론기일에 원고는 먼저 "돈 천만원을 빌려주었다"는 사실을 주장하고 피고는 이에 대하여 "빌린 사실이 있다(자백)" 또는 "없다(부인)"는 식의 답변을 한다. 주의할 점은 대답을 하지 않으면(침묵) 자백하는 것과 같이 취급되고, 모르겠다(부지)고 하는 것은 부인하는 것으로 취급된다는 것이다. 그 외에 피고는 "돈 빌린 사실이 있으나(자백) 그 후에 갚았다 또는 빚으로 상계했다"는 식으로 새로운 사실을 내놓을 수도 있는데 이를 항변이라 하고 그 항변에 대하여 원고는 자백, 부인 등의 답변을 하여 소송이 진행되는 것이다.

이러한 주장, 답변 등은 원·피고가 변론기일에 출석하여 구두로 하는 것이 원칙이나 서면으로 제출할 수도 있는데 이를 준비서면 또는 답변서(피고의 최초 준비서면)라고 부른다. 실제로는 소송상의 주장, 답변 등은 간단한 것을 제외하고는 미리 서면으로 준비하여 이를 제출하는 것이 좋다. 민소법은 피고가 원고의 청구를 다투는 때에는 소장의 부본을 송달받은 후 30일내에 답변서를 제출하도록 하고, 피고가 기한내에 답변서를 제출하지 아니한 경우에는 변론없이 판결할 수 있도록 함으로써 원고의 출석부담을 줄이고 소송의 촉진을 도모하고 있다(민소법 §256 및 §257).

소송절차를 신속하고 탄력적으로 운영하기 위하여 공격방어 방법은 소송의 정도에 따라 적절한 시기에 제출하도록 하고, 특정한 사항에 대한 주장을 제출하거나 증거를 신청할 기간을 정할 수 있도록 하며, 그 기간을 넘길 때에는 정당한 사유를 소명하지 아니하는 한 이를 제출할 수 없다(민소법 §146 및 §147).

㈔ **입증** – 주장 또는 항변사실에 대하여 상대방이 부인(또는 부지)하면 주장 또는 항변을 한 자가 이를 입증하여야 한다. 누가 입증할 책임이 있느냐 하는 것은 중요할 뿐만 아니라 매우 어렵고 복잡한 문제이다. 입증을 하는 방법은 제한이 없으나 서증, 증인신문, 검증, 감정, 당사자본인신문 등이 많이 쓰이는 방법이다. 특히 민소법은 문서소지자에 대한 문서제출의무를 확대하여 직무비밀·직업비밀 등 증인의 증언거절사유와 같은 일정한 사유가 있는 경우와 공무원이 직무상 보관하는 문서의 경우를 제외하고는 모든 문서를 제출하도록 함으로써 실체적 진실의 발견이 용이하도록 하고 있다(민소법 §344 내지 §347).

㈕ **변론에 있어서의 제원칙**

㉠ **공개심리주의** : 재판의 심리와 판결의 선고를 일반인이 방청할 수 있는 상태에서 행하는 주의이다.

㉡ **쌍방심리주의** : 소송의 심리에 있어서 당사자 쌍방에 평등하게 진술할 수 있는 기회를 주는 입장이다.

㉢ **구두심리주의** : 심리에 임하여 당사자 및 법원의 소송행위, 특히 변론 및 증거조

사를 구술로 행하는 원칙으로서 서면심리주의에 대립한다.

㉣ **직접심리주의** : 판결을 하는 법관이 직접 변론을 듣고 증거조사를 행하여야 하는 주의를 말한다.

㉤ **처분권주의** : 절차의 개시, 심판의 대상, 절차의 종결에 대하여 당사자에게 절차의 주도권을 주어 그 처분에 맡기는 입장이다.

㉥ **변론주의** : 소송자료, 즉 사실과 증거의 수집·제출의 책임을 당사자에게 맡기고, 당사자가 수집하여 변론에서 제출한 소송자료만을 재판의 기초로 삼아야 하는 입장이다.

㉦ **수시제출주의** : 당사자가 변론종결에 이르기까지 어느 때라도 자유롭게 공격방어방법을 제출할 수 있고, 어느 것을 먼저 제출하여야 하는 것과 같은 제출순서를 정해 놓고 있지 않은 주의를 말한다.

구분	당사자주의	직권주의
소송물의 선정·범위·처분	처분권주의	직권조사주의
소송자료수집의 권능·책임	변론주의(석명권)	직권탐지주의
소송절차의 진행·지휘	당사자 진행주의	직권진행주의(소송지휘권, 책문권)

(재) **변론기일 불출석에 따른 불이익**

㉠ **의제자백** - 원·피고중 어느 한쪽이 소환(공시송달 제외)을 받고도 불출석하면 출석한 쪽이 주장하는 사실을 자백한 것으로 간주되기 때문에(다만 불출석하더라도 준비서면으로 써낸 답변은 인정된다) 불리한 판결을 받을 가능성이 매우 크다.

㉡ **쌍불취하** - 쌍방이 모두 2회에 걸쳐서 적법한 소환을 받고도 불출석 하거나 변론을 하지 아니한 때에는 그후 1개월 내에 기일지정신청을 하지 아니하면 소가 취하된 것으로 간주한다.

(차) **변론의 종결**

(카) **판결의 선고**

(타) **판결의 송달** →심급종료(종국판결) 정본송달후 14일 내 다투면 상소, 다투지 않으면 판결확정

소송절차의 종류

(가) **종국판결** - 법원이 심리를 완료한 때에는 변론을 종결하고 보통 2주후 판결을 선고한다.

(나) **소의 취하** - 원고가 판결확정 전에 소를 취하하는 때에는 소송은 종결된다. 다만 피고가 준비서면을 제출하거나 변론을 한 후에는 피고의 동의를 얻어야만 소를 취하할 수 있다.

(다) **그밖에 청구의 포기, 인락, 화해 등으로 종료되기도 한다.**

상소(上訴)의 종류

㈎ **항소**

- 1심에서 패소판결을 받았으나 불복이 있는 사람은 판결을 송달받은 날로부터 2주 이내에 항소장을 작성하여 1심법원에 제출하면 판결이 확정되지 않고 항소심에서 또 다시 재판을 받게 된다. 항소장에 붙이는 인지액은 1심의 1.5배이다.
- 항소장 각하명령, 항소각하, 항소기각, 항소인용(원판결취소, 불이익변경금지)

㈏ **상고**

- 항소심의 판결에 대하여 불복이 있으면 판결 송달일로부터 2주 이내에 상고장을 항소심 법원에 제출하여야 한다. 상고장에 붙이는 인지액은 1심의 2배이다.
- 상고장 각하명령, 상고각하, 상고기각, 상고인용[원판결 파기시 환송이 원칙이나, 예외로 원심법원과 동등한 다른 법원에 이송하거나 자판(自判)을 한다]

당사자는 판결이 확정된 경우에는 소송기록이 있는 법원에서 판결확정증명을, 확정전 판결중 가집행선고가 붙은 판결인 경우에는 판결정본송달증명을 받고, 판결에 집행문을 부여받아 이를 집행명의로 하여 강제집행함으로써 소송의 목적을 달성하게 된다.

2. 통상의 소송절차

1) 재판(판결)절차

당사자간에 다투고 있는 법률상의 쟁점에 대하여 법원의 판결에 의해 사법상 권리관계를 확정하는 것이 판결절차이며, 이는 협의 민사소송이라고 한다. 사인간이 권리관계에 관한 분쟁이 발생하였을 때 이를 해결하기 위하여 법원의 판결을 요구하는 자(원고)가 분쟁의 상대방(피고)에 대하여 법원에 소를 제기함으로써 판결절차는 개시되어 변론을 거쳐 심리되며 그 종국판결에 의하여 종료된다. 다만 재판의 적정을 보장하기 위하여 3심제도를 인정하고 있는데, 제1심 법원의 종국판결에 불복이 있는 당사자는 상소(上訴, 항소와 상고)를 할 수 있다. 따라서 판결절차는 다시 심급에 의하여 제1심 · 항소심 · 상고심의 절차로 구분된다. 제1심절차라도 지방법원 합의부와 지방법원단독심상의 절차에는 약간의 차이가 있는데, 뒤의 절차에는 비변호사의 소송대리(민소법§88), 조서기재의 생략, 준비서면의 불요, 준비절차의 불실시 등의 절차상 특수에 의하는 이외에 그 중 소가 2천만원 이하의 소액사건의 심판에 있어서는 「소액사건심판법」에 의한다.

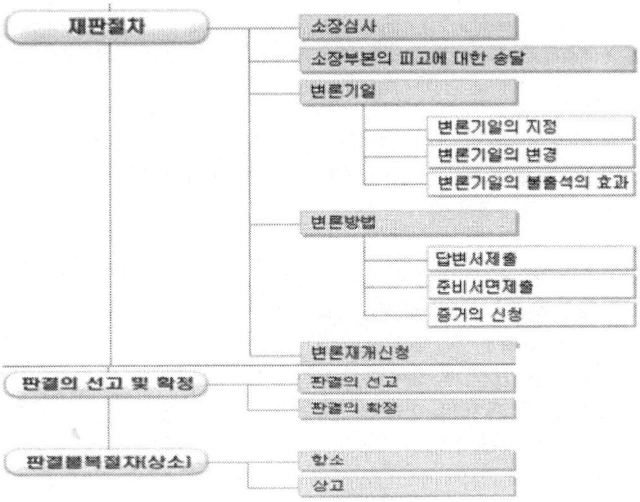

2) 강제집행절차

판결절차에 의하여 법규를 구체적으로 적용하여 권리의무의 존부를 확정시키지만, 그 확정된 채무를 자발적으로 이행하지 않는다면 채권자의 권리를 확보할 수 없다. 그러므로 이를 확보하기 위하여 채권자의 신청에 기하여 국가의 강제력에 의하여 채무자의 사법상 이행의무의 실현을 목적으로 강구하는 방법이 강제집행절차이다. 이것은 이행판결의 경우에만 행하여지며 확인판결과 형성판결과 같은 집행력이 없는 경우에는 강제집행이 있을 수 없다. 이를 위하여 민사소송법을 전면개편 · 분리하여 "강제집행, 담보권 실행을 위한 경매, 민법 · 상법 그 밖의 법률의 규정에 의한 경매(민사집행) 및 보전처분의 절차를 규정한" 「민사집행법」(민집법)을 별도로 제정하여 2002년 7월부터 시행한다. 이는 채무자 등의 제도남용에 의한 민사집행절차의 지연을 방지하고 불량채무자에 대한 철저한 책임추궁을 통하여 효율적이고 신속한 권리구제방안을 마련함으로써 정의로운 신용사회를 이룩하는 한편, 법률용어를 국민의 법감정에 맞도록 순화하고, 통일적이며 일관된 법집행을 위하여 민사집행부분을 민사소송법에서 분리하여 별도의 법률로 제정 · 공포하였다(2002.1.26).

강제집행은 사법상 권리의무를 국가공권력에 의하여 사실로써 실현하는 것이지만, 채무자의 인권과 최소한도의 생활에 필요한 범위는 보호되어야 하고 부당집행이 방지되고 당사자간에 공평과 이익조화가 이루어져야 한다.

민사집행법의 주요내용

(1) **집행의 실효성 확보**

민사집행법이 구민소법의 집행절차편을 분리하여 입법하면서 그 주된 개정 내용중 하나는 민사집행의 실효성을 강화한 것이다. 이를 위하여 도입한 수단으로는 기존의 재산명시명령제도와 채무불이행자명부제도를 정비·보완함과 아울러 새로이 재산조회제도를 도입한 것이다.

㉮ **재산명시제도의 강화** – 재산명시제도라 함은 법원이 금전채무를 이행하지 않는 채무자로 하여금 재산목록을 제출하게 하고 그 목록의 진실함을 선서하게 하는 제도로서 채권자로 하여금 집행대상 재산을 쉽게 발견할 수 있도록 하여 강제집행의 실효성을 확보하기 위하여 도입된 제도이다. 재산명시의무와 관련하여 이 법에서는 재산명시신청을 할 수 있는 채권자의 범위를 확장하고, 재산명시명령 불이행자에 대한 제재조치를 강화하며, 재산목록정정 및 명시신청의 남용금지를 새로이 규정하고 있다.

㉠ **재산명시신청을 할 수 있는 채권자범위의 확대**(§61) : 구민소법은 확정판결, 화해·포기·인낙조서, 확정된 지급명령 또는 민사조정조서에 의한 금전채무를 이행하지 아니하는 채무자에 대한 채권자를 재산명시신청을 할 수 있는 채권자로 규정하고 있음에 비하여 이 법은 그 집행권원을 금전채권에 관한 강제집행을 개시할 수 있는 집행권원을 가진 모든 채권자로 확장하되, 가집행 선고부 판결과 가집행 선고부 배상명령은 제외하고 있다.

㉡ **재산명시명령 불이행자에 대한 제재 강화**(§68) : 채무자가 재산명시절차에서 정당한 사유없이 재산명시명령을 이행하지 아니하는 경우 구민소법은 3년이하의 징역 또는 5백만원 이하의 벌금에 처하도록 규정하고 있으나, 이 법에서는 5년이하의 징역 또는 1천만원 이하의 벌금에 처하도록 그 형을 상향조정하여 규정하면서, 채권자의 명시한 의사에 반하여는 공소를 제기할 수 없도록 반의사불벌죄로 규정하고 있다.

㉢ **재산목록 정정제도의 도입**(§66) : 이 법은 채무자가 명시기일에 제출한 재산목록에 형식적인 흠이 있거나 불명확한 점이 있는 때에는 이미 제출한 재산목록을 정정할 수 있도록 하는 제도를 새로이 도입하고 있다. 이는 채권자의 집행을 용이하게 하는 동시에 채무자가 허위의 재산목록을 제출함으로 인하여 받게 되는 제재를 피할 수 있도록 하기 위한 것으로 보인다.

㉣ **명시신청의 남용금지**(§69) : 이 법에서는 명시신청이 기각·각하된 경우에는 그 명시신청을 한 채권자는 당해 기각·각하 사유를 보완하지 않는 한 동일한 집행명의로는 다시 재산명시신청을 할 수 없고, 채무자가 명시기일에 재산목록을 제출하고 선서한 경우에는 명시기일이 끝난 때부터 3년이 지나기까지는 채무자의 재산이 변동되거나 제출된 재산목록이 거짓임을 소명하지 않는 한 그 채무자에 대하여 다시 재산명시신청을 할 수 없도록 하는 내용을 새로이 규정하고 있다. 이는 사정변경이 없는 상황에서 채무자에 대한 명시신청의 남용을 방지하기 위한 것으로 보인다.

㉯ **채무불이행자명부제도의 강화**(§70 내지 §73) – 채무불이행자명부제도라 함은 채무이행을 하지 아니하는 채무자에 대해서 법원이 채권자의 신청이 있는 경우 결정으로 당해 채무자를 채무불이행자명부에 등재하는 결정을 하는 것을 의미한다. 구민소법에서는 이러한 채무불이행자명부를 등재결정을 한 법원에 비치하도록 하고, 채무자의 본적지의 장에게 그 부본을 송부하도록 하고 있으나, 이 법은 그 부본을 주소지의 장에게 송부하도록 함으로써 그 열람·복사를 용이하게 할 뿐만 아니라 대법원규칙이 정하는 바에 따라 일정한 금융기관의 장이나 금융기관 관련단체의 장에게 보

내어 채무자에 대한 신용정보로 활용할 수 있도록 규정하고 있다. 이는 채무자에 대하여 신용과 명예의 손상이라는 불이익을 가함으로써 채무변제에 대하여 간접적으로 강제하는 효과를 거두도록 하고자 하는 것으로 보인다.

㉰ **채무자 재산조회제도의 도입**(§74) – 민사집행법에서는 재산명시절차에서 채무자의 명시의무 위반이 있거나 채무자가 제출한 재산 목록상의 재산만으로는 집행 채권의 만족을 얻기에 부족한 경우에, 법원은 채권자의 신청에 의하여 개인의 재산 및 신용정보에 관한 전산망을 관리하는 공공기관, 금융기관, 단체 등에 대하여 채무자 명의의 재산에 관한 조회를 하고, 그 결과를 재산 목록에 준하여 관리하도록 하는 채무자재산조회제도를 새로이 도입하였다. 재산명시절차에 있어서 채무자가 재산을 은닉한 상태에서 명시기일에 출석하고, 재산목록을 제출하는 등 그 절차규정을 준수하는 경우 은닉사실이 발각되지 않는 한 강제집행을 면탈하면서 허위의 목록 제출에 대한 처벌도 피할 수 있게 된다. 따라서 재산명시절차만으로는 채무자의 재산을 찾아내거나 명시의무를 제대로 이행하지 않은 채무자를 처벌할 방도가 없게 되는 경우가 있다. 따라서 재산명시제도의 실효성을 확보하기 위해서는 제74조에서 보는 바와 같이 그 재산의 발견을 채권자의 신청에 의하여 법원이 개인의 재산 및 신용정보에 관한 전산망을 관리하는 공공기관, 금융기관, 단체 등에 대하여 채무자 명의의 재산에 관한 조회를 하고, 그 결과를 재산 목록에 준하여 관리하도록 할 필요성이 있다.

(2) 부동산 집행절차의 합리화

㉮ **미등기 건물에 대한 집행**(§81) – 미등기건물을 강제집행하는데 있어서는 토지의 정착물로서 동산집행의 방법에 의하도록 하는 일본의 예가 있으나 구민소법과 판례는 미등기건물에 대하여는 부동산집행방식뿐만 아니라 유체동산집행방식으로도 강제집행이 불가능하도록 되어 있다. 즉, 건축물 대장의 작성으로 소유권 보존 등기가 가능하게 되기 전까지의 미등기 건물에 관하여는 어떤 방법으로도 집행이 불가능하다. 따라서 이러한 미등기 건물에 관하여 그 집행방법을 어떻게 할 것인지에 대해 입법적으로 분명히 규정할 필요성이 제기되어 왔는바 이 법에서는 이러한 미등기건물에 대한 집행방법을 규정하고 있다. 즉, 건축법에 의한 건축신고 또는 건축허가를 적법하게 마쳤으나 사용승인을 얻지 아니하여 보존등기를 마치지 못한 건물에 대하여는 부동산집행의 방법으로 집행할 수 있게 하고 있는 바 그간의 입법적 공백을 해소하고 있다.

㉯ **일괄매각의 확대**(§98 내지 §101) – 일괄매각과 관련하여 구민소법에서는 수 개의 경매목적물의 매각에 관하여 분할매각을 원칙으로 하면서 일정한 요건 하에 부동산, 선박, 항공기집행에 한하여 일괄매각을 허용하고 있다. 그러나 경매현실에 있어서는 서로 다른 종류의 재산이라하더라도 일괄하여 매각하는 것이 경매가격의 적정화와 사회적 효용의 증대라는 측면에서 더 바람직한 경우가 있다. 예를 들면, 동일한 채무자에게 속하는 공장건물과 대지, 기계설비 등에 대하여 강제집행 신청이 있는 경우에 부동산 집행, 동산 집행에 따라 각각 다른 사람에게 경매되어 생산시설이 모두 해체됨으로써 저가로 매각되는 것보다는 동일인에게 일괄매각하는 것이 바람직할 것이다. 따라서 이 법에서는 그 일괄매각의 범위를 확대함으로써 금전채권을 제외한 경매목적물의 경우 서로 다른 종류의 재산이라도 그 이용관계를 고려하여 동일인에게 일괄매수하게 하는 것이 상당한 때에는 직권 또는 이해관계인의 신청에 의하여 이를 일괄매각 할 수 있도록 규정하고 있다.

㉰ **기간입찰제의 도입**(§103) – 기간입찰이라 함은 "특정한 입찰기일"에 특정한 입찰장소에서 입찰을 실시하는 현행의 기일입찰 제도와는 달리 "일정한 입찰기간"을 정하여 그 일정한 기간을 중심으로 실시하는 입찰방식을 의미한다. 이 경우 그 입

찰기간내에 입찰표를 직접 또는 우편으로 법원에 제출하게 하면서 법원이 정한 최저입찰가격의 1할 또는 2할을 일률적으로 법원의 은행계좌에 납입한 뒤 그 입금표를 입찰표에 첨부하게 하며, 입찰기간 종료 후 일정한 날짜 안에 개찰기일을 실시하여 최고가 매수신고인, 차순위 매수신고인을 정하고 경락기일에서 경락허가 결정을 하는 방식을 취하게 되는 것이다. 구민소법은 부동산의 매각방법으로서 경매를 원칙으로 하면서 특정한 입찰기일에 특정한 입찰장소에서 입찰을 실시하는 기일입찰제를 도입하고 있다. 이러한 기일입찰에 의한 경매는 일반인의 참가를 어렵게 하고 경매브로커로 인한 부작용을 가져오기 쉬운바, 이 법에서는 입찰의 방식으로 기간입찰제를 새로이 도입하고 있다. 기간입찰제는 다른 사람의 매수신청유무 및 그 신청액을 인식 또는 추측하는 것이 봉쇄됨으로써 일반 국민들의 적극적 매수를 유도할 수 있고, 경매브로커의 근절을 가져올 수 있어 매각 가격의 적정화를 기대할 수 있고, 원격지 거주자 등도 매수에 참가할 수 있는 효과가 있다.

㉣ **1기일 2회 입찰제**(§115) – 구민소법의 입찰에 있어서는 일단 입찰기일에 유찰되면 약 1월 후로 새로운 기일을 정하여 최저입찰가격의 저감(低減), 기일의 지정 및 공고, 통지 등의 절차가 새로이 진행되게 된다. 그러나 제1회 기일에 응찰하지 아니하였던 사람도 최저입찰가격의 저감없이 제2회 기일에 응찰할 경우도 있을 것이고, 경매절차의 신속을 기하기 위해서는 1기일 2회입찰의 도입이 필요할 것이다. 따라서 이 법에서는 입찰기일에 유찰되는 부동산에 대하여는 최저입찰가격의 저감없이 즉시 제2회의 입찰을 실시할 수 있도록 규정하고 있다. 이러한 1기일 2회입찰은 신속한 환가절차로 채권자는 권리구제를 신속하게 받을 수 있고, 채무자는 이자부담과 경매비용의 증가를 줄일 수 있는 장점이 있을 것이다.

㉤ **압류채권자의 보호 강화**(§84) – 구민소법 제605조 제1항은 채권자간의 평등주의를 철저하게 실현시키고 가능한 한 다수의 채권자에게 배당된 기회를 부여하기 위하여 배당요구의 종기를 경락기일까지로 규정하고 있다. 그러나 매수희망자들이 매수대금 신고 당시 주택임대차보호법에 의하여 배당요구를 할 수 있는 임차인이 배당요구를 할 것인지의 여부를 알 수 없고, 최종경매기일 이후 경락기일 사이에 위 임차인이 배당요구를 하는지 여부에 따라 이해관계인의 이해가 엇갈리는 등 매수 신고시 매각조건이 확정되지 아니하는 문제가 발생한다. 따라서 이 법에서는 배당요구의 종기를 경매기일 이전으로 앞당기고, 전세권·주택임차권의 소멸여부를 경매기일 이전에 확정할 수 있게 하여 경매참가자들이 매각조건이 확정된 상태에서 경매에 참여할 수 있도록 함으로써 경매제도의 활성화를 도모하고자 하였다.

㉥ **항고의 남용, 절차지연의 방지**

㉠ **외국송달의 특례**(§13) : 이 법에서는 집행절차에 관하여 외국으로 송달하는 경우에는 그 송달과 함께 한국 내에 송달장소를 신고할 것을 고지할 수 있도록 하고, 신고가 없는 경우에는 그 이후 당해 절차 내에서 하는 송달이나 통지 등을 실시하지 않을 수 있게 규정하고 있다. 경매개시 결정을 하게 되면 채무자와 소유자에게 그 결정 정본을 송달하여야 하고, 경매를 진행하면서 이해관계인, 경락인 등에게도 각종의 기일 통지나 최고 등을 하여야 하는 바, 경매기일과 경락기일의 통지와 같은 특례가 없는 경우에 송달할 장소가 외국인 때에는 그 송달에 3개월 내지 6개월 정도의 시간이 소요되어 경매의 신속한 진행에 장애가 되고 있다. 또한 이러한 제도를 악용하는 경락인의 경우 대금지급의 기일을 늦추기 위하여 의도적으로 주소를 외국으로 신고하기도 하는 바, 이 법에서 외국송달의 특례를 규정한 것은 이러한 점을 개선하기 위하여 도입한 것이다.

㉡ **항고이유서의 제출강제**(§15) : 이 법에서는 항고장에 항고이유를 기재하지 않은

때에는 항고장을 제출한 날부터 10일 안에 항고이유서를 원심법원에 제출하여야 하고, 이를 해태한 때에는 원심법원이 그 항고장을 각하하며, 항고법원은 원칙적으로 항고장 또는 항고이유서에 기재된 항고이유에 한하여 조사·판단하도록 규정하고 있다. 항고인으로 하여금 항고장에 항고이유를 기재하게 하고, 이를 기재하지 않은 때에는 10일 안에 항고이유서를 제출하게 한다면, 항고심의 심리를 촉진하고 濫항고를 방지하는 효과를 기대할 수 있을 것으로 보인다.

ⓒ **경락허가결정에 대한 항고시 보증공탁 확대(§130)** : 구민소법 제642조제4항은 채무자나 소유자 또는 경락인이 경락허가결정에 대하여 불필요하게 항고를 제기하여 절차를 지연시키는 것을 방지하기 위하여 항고시에 일정한 보증의 제공을 요구하고 있다. 그러나 이 규정에 의하면 채무자, 소유자 또는 경락인이 경매개시결정 기입등기후에 허위로 근저당권이나 전세권의 설정등기를 한 후 그 권리자로 하여금 등기사항증명서를 첨부하여 권리신고를 하게 하거나 임차인이 채무자나 소유자 또는 경락대금을 마련할 시간을 확보하거나 대금에 대한 이자상당의 경제적 이득을 얻으려고 하는 경락인과 담합하여 경매절차를 지연시킬 목적으로 항고권을 남용하는 경우가 발생하고 있다. 따라서 법 제130조에서는 경락허가결정에 대한 항고를 하는 경우에 보증공탁을 하여야 하는 항고인을 모든 항고인으로 확대하면서 경락허가 결정에 불복하는 모든 항고인에 대하여 경락대금의 10% 상당의 보증금을 공탁하도록 규정하고 있다. 또한 채무자 및 소유자가 한 항고가 기각된 때에는 보증으로 제공한 금전이나 유가증권을 돌려줄 것을 요구할 수 없고, 채무자 및 소유자외의 사람이 한 항고가 기각된 경우에는 항고를 한 날부터 항고기각결정이 확정된 날까지의 이율에 의한 금액에 대하여는 돌려줄 것을 요구할 수 없도록 규정하고 있다.

㉳ **경락대금 지급기한 제도의 개선(§142)** - 구민소법 제654조제1항 및 제2항은 경락허가결정이 확정되면 법원은 대금지급기일을 정하여야 한다고 규정하고 있고, 이에 관한 대법원 판례는 경락대금을 법원이 대금지급기일로 지정한 기일 이외의 날에 납부하거나 또는 그 이전에 공탁하여도 이는 대금납부로서의 효력이 없다고 판시하고 있다(대법원 1966. 6. 28. 선고 66다833). 구민소법에서 대금지급기일을 정하도록 한 입법취지는 경락인으로 하여금 그 자금을 마련할 시간을 주기 위한 것으로 보인다. 그러나 채무자 등이 대금지급기일 전에 채무를 변제하고 집행취소문서를 제출하는 등에 의하여 경매절차가 취소되는 경우 경락인은 그 소유권을 취득하지 못하게 되고, 경락인이 하루라도 빨리 경락대금을 지급하고 그 소유권을 취득하여야 할 사정이 있는 경우에도 그 지정된 대금납부기일까지 기다려야 하는 불합리한 점이 있다. 따라서 이 법안에서는 집행법원으로 하여금 대금지급기일이 아닌 2일 이상으로 제시되는 대금지급기한을 지정하게 함으로써 경락인이 그 대금지급기한내에 언제라도 경락대금이 마련되면 집행법원에 경락대금을 지급하고 그 소유권을 취득할 수 있도록 하여 경락인의 지위를 안정시키도록 하고 있다.

㉴ **인도명령제도의 정비(§136)** - 구민소법에 의하면 법원은 대금을 납부한 후 6월내에 경락인의 신청이 있는 때에는 채무자, 소유자, 또는 압류의 효력이 발생한 후에 점유를 시작한 부동산점유자에 대하여 부동산을 경락인에게 인도할 것을 명할 수 있도록 규정하고 있다. 즉, 인도명령의 상대방을 "채무자, 소유자 또는 압류의 효력이 발생한 후에 점유를 시작한 부동산점유자"로 엄격히 제한하고 있다. 또한 이법은 인도명령 발령시에는 그 점유자를 심문하되 다만, 채무자 또는 소유자가 점유하고 있는 때에는 생략할 수 있도록 규정하고 있었다. 부동산 집행에 있어서는 부동산이 적정한 가격으로 환가되는 것이 무엇보다도 중요한바, 경락인이 용이하게 경매목적물을 인도받을 수 있도록 함이 중요하다 하겠습니다. 그러나 실제에 있어서는 경락인이 인도명령만으로는 부동산의 인도를 받지 못하는 경우가 있고, 더구나 인도명령을 할 때에는 반드시 그 점유자를 심문하여야 하나 그 심문대상의 범위가 현행

법에서 넓게 규정되어 그 인도명령을 발하기 어려운 점은 인정된다. 따라서 이 법안은 인도명령을 쉽게 발할 수 있도록 상대방을 확장하여 점유자가 경락인에게 대항할 수 있는 권원을 가진 경우 이외에는 인도명령을 발할 수 있게 하였고, 그 절차에 있어서도 인도명령 발령시에는 그 심문 제외대상을 확장하여 채무자 또는 소유자가 점유하는 때, 경락인에게 대항할 수 있는 권원에 의하여 점유하고 있지 아니함이 명백한 때, 이미 그 사람을 심문한 때에는 심문을 생략할 수 있도록 함으로써 경매부동산의 인도를 용이하게 규정하고 있다.

(3) 부동산외의 재산에 대한 집행절차의 개선

㉮ **부동산소유권이전등기청구권에 대한 집행절차**(§242) - 구민소법에서는 부동산에 대한 권리이전청구권을 압류하는 경우에는 제3채무자로부터 채무자에게 권리이전의 등기를 하는 절차를 거친 뒤 그 부동산을 강제경매절차에 따라 환가(현금화)함으로써 최종적으로 채권의 만족을 얻도록 규정하고 있다. 그러나 이러한 환가방식으로는 채무자 앞으로 이전등기가 경료된 후 부동산 경매신청이 있기 전에 제3자 앞으로 이전등기가 경료되는 것을 막을 수 없다는 점 때문에 부동산소유권이전청구권의 압류는 실무상 신청되는 사례가 거의 없었다. 따라서 이 법에서는 부동산소유권이전등기청구권이 채권의 일종이라는 성격에 기초하여 그 채권 자체를 처분하게 함으로써 그 처분대금으로 채권자가 만족을 얻을 수 있도록 하고 있다.

㉯ **제3채무자의 공탁**(§248) - 구민소법은 채권집행에 있어서 제3채무자는 채권자가 경합하지 아니하는 경우에는 (권리)공탁을 할 수 없도록 하고 있는 바 압류채권자가 피압류채권의 추심을 하지 아니하는 경우나 압류채권자의 추심권의 행사가 제한되어 있는 경우에는 제3채무자는 변제에 의하여 그 채무로부터 해방될 수 없을 뿐만 아니라 그 지연손해금까지 부담하게 되어있다. 이러한 점을 개선하기 위하여 이 법안에서는 채권자가 경합하지 아니하더라도 압류채권액 상당액 또는 전액을 공탁할 수 있도록 규정하고 있다.

(4) 보전절차의 정비

보전처분절차는 보전처분의 발령이라는 소송절차와 그 보전처분의 집행이라는 집행절차로 나눌 수 있는 바 원칙적으로 말하면, 보전처분의 발령이라는 소송절차는 민사소송법에, 보전처분의 집행절차는 민사집행법에 규정하여야 할 것이나 보전처분의 발령은 집행을 전제로 하여 이루어지고 보전처분의 발령절차와 집행절차는 서로 밀접하게 연관되어 일련의 절차로 행하지지는 바 이 법에서는 함께 규정하고 있다.

㉮ **가처분재판절차의 현실화**(§303, §304) - 구민소법 제717조제2항에서는 보전 처분의 심리 절차에 관하여, 가처분의 경우 변론을 열어 심리하되 급박한 사정이 있으면 변론없이 할 수 있다고 명문으로 규정하고 있으나 건물의 명도·철거 단행 가처분에 관하여는 따로 특칙(§718)을 두어 반드시 당사자의 변론을 거치도록 하고 있다. 그러나 실무에서는 계쟁(다툼있는)물에 관한 가처분의 경우 비록 가압류에 비하여 피보전권리가 복잡하기는 하지만 채무자에게 알려지면 계쟁물의 처분이 우려된다는 점에 기초하여 대부분 변론없이 결정으로 행해지고 있으며, 임시의 지위를 정하는 가처분에 있어서는 채무자에게 알려지는 데 따른 집행 곤란의 위험성이 적고 권리관계가 복잡한 경우가 많아서 건물의 명도·철거 가처분등 필요적 변론을 거치도록 명문으로 규정하고 있는 가처분외의 경우에도 변론을 거쳐 판결로 재판하거나 양쪽 당사자의 심문절차를 거친 뒤 결정하는 경우가 많이 있다. 따라서 이러한 관행을 감안하여 이 법안에서는 가처분 절차에서 급박한 경우에는 변론없이 재판할 수 있도록 한 규정을 삭제하고, 명도, 철거 가처분재판에서의 필요적 변론 규정을 삭제하는 대신, 임시의 지위를 정하는 가처분 절차 일반에 대하여 구두 변론 또는 채무자

가 참석할 수 있는 심문절차를 반드시 거치도록 규정하되 다만, 기일을 열어 심리하면 가처분의 목적을 달성할 수 없는 사정이 있는 경우에는 예외를 인정하여 개정안에서는 가처분절차에서의 심리절차를 현실과 부합되게 개정하였다.

㉯ **가압류·가처분 명령의 신청을 기각 또는 각하하는 결정에 대한 즉시항고 인정**(§281, §301) – 구민소법으로는 결정이나 명령에 대한 즉시항고는 명문의 규정이 있는 때에만 인정되는데 가압류명령신청이나 가처분(injunction)명령신청을 각하 또는 기각하는 결정에 대한 불복 방법에 관하여는 별도의 규정이 없으므로 채권자는 즉시항고가 아닌 항고로 불복할 수 있다. 그러나 보전명령의 신청은 긴급한 필요가 있는 때에 하는 것이므로 그 신청을 배척하는 재판에 대한 불복도 신속하게 이루어져야 할 것인바 이 법에서는 보전소송의 특성에 부합시키고 사건의 조속한 확정을 통한 기록 처리상의 편의를 도모하기 위하여 신청을 각하 또는 기각하는 결정에 대한 불복은 즉시항고로 할 수 있도록 규정하고 있다.

㉰ **기간도과에 따른 보전처분 취소기간의 단축**(§288) – 구민소법 제706조는 채권자가 보전집행후 10년 이상 본안소송을 제기하지 아니하면 채무자 또는 이해관계인의 신청에 따라 보전처분을 취소하도록 규정하고 있다. 이 제도는 채무자의 재산권을 보호하고 미정리 등기부의 장기 방치를 방지하려는데 그 목적이 있다. 보전처분은 본안재판의 지체로 인한 손해를 회피하기 위하여 본안재판에 의하여 피보전권리의 존부가 확정될 때까지 잠정적 권리구제조치를 강구하여 주는 것이므로, 채권자가 보전집행 후 10년이라는 장기간 동안 본안소송을 제기하지 않는 것은 보전처분의 잠정적 성격에 반하는 것이고, 채무자에게 필요이상으로 구속을 가하여 그 지위를 열악하게 하는 측면이 있어 이 법안에서는 당해 기간을 10년에서 5년으로 단축함으로써 가압류·가처분을 한 후 이를 장기간 방치하는 사례를 방지하고자 하는 것이다.

(1) 강제집행의 방법

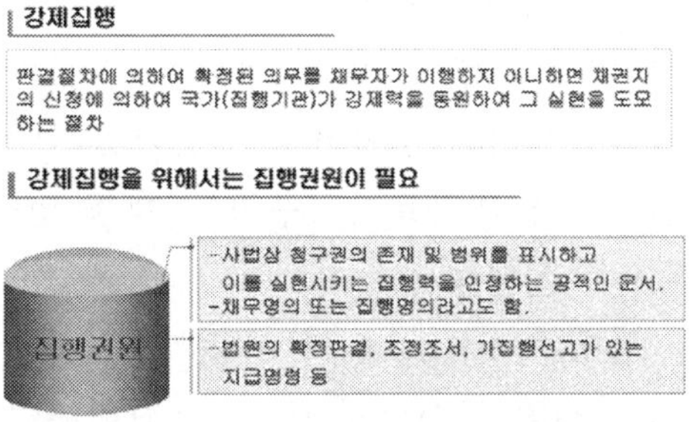

화폐의 지급을 목적으로 하는 금전채권에 관한 강제집행은 채무장의 재산으로 추인하여 경매의 방법에 의하여 이를 환가, 즉 금전화하여 채권자에게 변제하는 것이다. 강제집행법은 그 편제를 강제집행, 담보권 실행 등을 위한 강제경매 및 보전처분으로 대별하면서, 강제집행절차를 그 대상인 부동산, 선박 등 동산의 순으로 규정함으로써 부동산에 대한 강제집행절차를 다른 강제집행 절차에 준용하기 위하여 그에 관한 규정을 가장 먼저 규정하고 있다. 특히 민사집행법은 채무불이행자명부를 주소지 시 · 구 · 읍 · 면의 장에게 송부 · 비치하도록 하여 일반인이 열람 · 등사할 수 있게 함과 아울러 금융기관에도 통보하여 신용불량자로서 불이익을 받게 하고(민집법 §72), 개인의 재산 및 신용정보에 관한 전산망을 관리하는 공공기관 · 금융기관 등에 대하여 채무자 명의의 재산에 관한 조회를 할 수 있게 함으로써 채권자가 채무자의 재산을 쉽게 발견할 수 있도록 하여 재산의 투명성을 확보하되, 재산조회 결과를 강제집행 외의 목적으로 사용하는 자를 처벌하여 남용을 방지하고자 한다(민집법 §74 내지 §77).

금전 이외의 채권, 동산·부동산과 같은 유체물의 인도를 목적으로 하는 경우는 집행관이 직접 그 목적물을 점유하여 채권자에게 인도하는 직접강제의 방법에 의하고, 채권자의 작위·부작위를 목적으로 하는 경우에는 대집행 또는 간접강제의 방법에 의한다.

(2) 집행권원(채무명의)

집행절차에 있어서도 신속의 이념은 중요하며, 이를 실현함과 아울러 집행기관으로 하여금 다른 간섭도 받지 않고, 오로지 집행에 전념할 수 있게 하기 위한 제도가 집행권원[債務名義, exequatur]이다. 국가의 강제력에 의하여 실현된 청구권의 존재와 범위가 표시되고 집행력이 부여된 공정증서를 집행권원(채무명의) 또는 집행명의라고 한다. 이것이 되는 것은 주로 재판 및 이에 준하는 효력을 가진 조서이나, 법원의 관여없이 공증인 또는 합동법률사무소가 당사자의 진술에 기하여 작성한 공정증서도 집행권원이 되는 경우도 있다.

가. 종국판결

집행권원[債務名義] 중에서 가장 중심이 되는 것은 확정된 종국판결이나, 그 중에서도 이행판결에 한하며, 그 중에서도 그 집행이 불능인 것은 집행명의로서의 실질적 의미가 없다. 또한 재산권의 청구에 관한 판결에는 미확정의 종국판결에 대해 강제집행력을 부여하는 가집행을 선고할 수 있는데(민집법 §24), 이것은 비재산권상의 판결이나 의사표시의무의 이행을 명하는 판결에는 하지 못한다.

나. 집행증서

집행증서(執行證書)는 공증인 또는 합동법률사무소가 법률이 규정한 방식에 따라서 작성한 문서로서 특히 그 집행력이 인정되는 공정증서로, 집행증서가 되려면 일정한 금액의 지급이나, 다른 대체물 또는 유가증권의 일정한 수량의 급여를 목적으로 하는 청구에 관한 것이어야 하고, 그밖에 채무자가 즉시 강제집행을 받아도 좋다는 취지의 문언을 기재하여야 한다. 이 집행증서에 의한 강제집행은 법원의 관여가 전혀 없으며(간이집행) 그 절차는 종국적이다. 그러나 법원의 판단을 거치지 않고, 법률상 집행력 있는 권원[債務名義]으로서의 효력을 갖게 되므로 채권자가 채무자의 무지나 궁박을 이용하여 공정증서를 작성케 하고 부당 집행하는 따위의 폐해도 있으므로 이에 의한 채권의 집행력을 일정한 경우에 제한하거나 금하기도 한다.

다. 확정판결과 동일한 효력을 가지는 조서

확정판결과 같은 효력을 가지고 집행권원이 되는 조서로는, ㉮확정채권에 관한 채권표, 즉 채권조사 기일에 조사받을 채권을 특정하고 조사결과인 채권의 확정 여부를 명백히 하여 배당의 기초로 하기 위하여 법정사항을 기재한 서면, ㉯회사정리절차에 있어서 정리채권자의 신고에 기하여 신청채권장의 성명과 주소 · 채권의 내용과 원인 · 의결권의 액 · 우선권있는 채권 또는 후순위채권자가 있는 때에는 그 뜻을 기재한 정리채권자표가 있으며, ㉰원피고가 소송상의 주장을 상의하는 화해와 피고가 원고의 청구를 제안하는 인락(認諾)의 각 조서, ㉱「민사조정법」(§29)이나 「가사소송법」(§59)에 의한 조정조서 등도 역시 확정판결과 같은 효력이 있는 판결대용으로 집행명의가 된다.

라. 기타 집행명의

(ㄱ) 소송비용상환결정(민소법 §107), 확정결정(민소법 §110 · §111), 대체집행에 있어서의 비용선급결정, 부동산인도명령(민집법 §136), 파산선고결정 등과 같이 항소로써만 불복할 수 있는 결정이나 명령, (ㄴ) 가집행선고가 있는 지급명령, (ㄷ) 과태료 · 재산형 또는 소송비용 등의 재판(비송사건절차법 §249, 변호사법 §83, 형소법 §477)에 있어서 검사에 의한 집행명령, (ㄹ) 중재법에 의한 중재판정(중재법 제7장), 금전지금 · 물품인도 · 신고 · 등기 기타 의무이행을 명하는 심판(가사심판법 §28②), 특허심판에 관한 비용액의 결정과 특허법에 규정한 보상금액에 관한 결정과 심판(특허법 §190), 배상심의회의 배상결정(국가배상법 §16), 「소송촉진 등에 관한 특례법」에 의한 형사공판절차에서의 피고인에 대한 배상명령(동법 §34①), 「변호사법」에 의하여 설치된 법무법인이 작성한 공정증서(동법 §39), 합동법률사무소가 작성한 증서 등도 집행명의가 되어 강제집행이 가능하다.

그 밖의 집행권원으로써 민사집행법에서는 ㉮항고로만 불복할 수 있는 재판, ㉯가집행의 선고가 내려진 재판, ㉰확정된 지급명령, ㉱공증인이 일정한 금액의 지급이나 대체물 또는 유가증권의 일정한 수량의 급여를 목적으로 하는 청구에 관하여 작성한 공정증서로서 채무자가 강제집행을 승낙한 취지가 적혀 있는 것, ㉲소송상 화해, 청구의 인낙 등 그 밖에 확정판결과 같은 효력을 가지는 것 가운데 어느 하나에 기초하여서도 강제집행을 실시할 수 있도록 규정하고 있다(민집법 §56).

3) 부수절차

위와 같은 판결절차나 강제집행절차의 기능을 충분히 발휘하기 위하여 그에 부수하는 부수절차가 있다. 판결절차에 부수하는 것으로서 증거보전절차 · 소송비용액확정절차(민소법 §98 이하)가 있고, 강제집행에 부수하는 절차로서 가압류 · 가처분의 집행보전절차와 집행문부여절차(민집법 §276이하) 등이 있다.

집행보전절차

집행보전절차라 함은 현장을 방치하면 장래의 강제집행이 불가능하여지거나, 현저히 곤란하게 될 염려가 있는 경우 채무자의 처분을 금하는 따위의 방법으로 현장의 변경을 금하고, 강제집행의 보전을 하는 절차로 가압류·가처분절차가 그것이다. 가압류는 금전채권 또는 금전으로 환산할 수 있는 청구에 대하여 동산 또는 부동산에 대한 강제집행을 보전하기 위한 절차이고, 가처분은 금전채권 이외의 계쟁물에 관한 청구권의 집행을 보전하거나 가지위를 정하여 후일 법률관계가 확정할 때까지 잠정적 법률상태를 정하는 절차이다. 가처분결정이 지닌 위력 때문에 여러 경우에 있어서 가처분단계에서 분쟁이 종국적으로 해결되는데, 이를 가처분의 본안소송화경향이라고 한다. 보전처분절차는 소송절차와 집행절차의 양면을 포괄하고 있으나 일반적인 소송 및 집행절차와는 달리 보전처분의 발령은 집행을 전제로서만 이루어지고, 보전처분의 발령절차와 집행절차는 서로 연관되어 일련의 절차로 행해지므로 민사집행법(제4편 보전처분)에서 이를 함께 규정하고 있다. 또한 보전처분 집행후 10년내에 소를 제기하지 아니하는 경우 채무자 또는 이해관계인의 신청에 따라 보전처분을 취소하도록 하던 것을 5년이 지나면 취소하도록 함으로써 가압류·가처분을 한 후 이를 장기간 방치하는 사례를 방지하고자 하였다(민집법 §288④).

㈎ 가압류란?

가압류는 금전채권이나 금전으로 환산할 수 있는 채권에 대하여 장래 강제집행을 보전하려는 목적으로 미리 채무자의 재산을 압류하여 채무자가 처분하지 못하도록 하는 제도이다. 민사집행법상 가압류사건은 가압류할 물건의 소재지 지방법원이나 본안소송이 계속중이거나 앞으로 본안이 제소되었을 때 이를 관할 할 수 있는 법원 중 한곳에 제출하여야 한다. 강제집행에 관하여는 당사자의 합의에 의한 합의관할은 인정되지 않는다.

가압류신청서에는 당사자 및 법정대리인의 표시, 소송대리인의 표시, 신청의 취지, 신청의 이유, 법원의 표시, 소명방법의 표시, 년·월·일의 표시, 당사자 또는 대리인의 기명날인을 하여야 한다.

법원에서 가압류신청을 인용하는 재판은 담보를 조건으로 하는 경우와 담보없이 하는 경우가 있는바, 담보제공을 조건으로 하는 경우에는 그 조건에 따라 현금 공탁 후 공탁서 사본을 제출하거나 공탁보증보험증권을 제출하여야 한다. 유체동산의 가압류는 집행관이 이를 집행한다. 채권자는 가압류결정정본을 가지고 가압류할 유체동산의 소재장소를 관할하는 지방법원 관할 집행관에게 집행위임을 하고 수수료를 납부하면 집행관은 14일 이내에 집행에 착수함과 동시에 재판서 정본을 채무자에게 송달하게 된다.

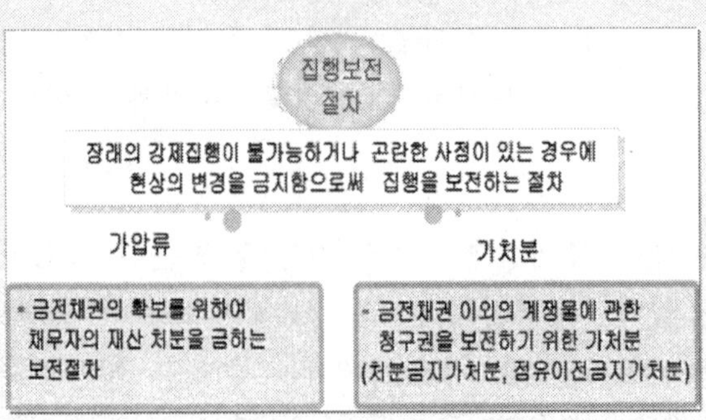

(나) 가처분이란?

채권자가 금전채권이 아닌 특정계쟁물에 관하여 청구권을 가지고 있을 때 판결이 확정되어 그 강제집행시까지 방치하면 그 계쟁물이 처분되거나 멸실되는 등 법률적 사실적 변경이 생기는 것을 방지하고자 판결을 받기 전에 그 계쟁물의 현상변경을 금지시키는 집행보전제도로서 그 방법은 천태만상이므로 가처분의 형식도 일정하지 않으나, 일반적으로는 처분행위를 금지하는 처분금지가처분과 점유 이전행위를 금지하는 점유이전금지가처분이 있고, 또한 당사자간에 현재 다툼이 있는 권리관계 또는 법률관계가 존재하고 그에 대한 확정판결이 있기까지 현상의 진행을 그대로 방치한다면 권리자가 현저한 손해를 입거나 목적을 달성하기 어려운 경우에 잠정적으로 임시의 조치를 행하는 보전제도로서 예컨대 건물의 명도청구권을 본안의 권리로 가지고 있는 자에게 임시로 그 건물 점유자의 지위를 준다든지, 해고의 무효를 주장하는 자에게 임금의 계속 지급을 명하는 따위의 가처분을 할 수 있다.

가처분신청의 관할법원은 현재 본안소송(통상의 소송절차 및 독촉절차, 제소전화해절차, 조정절차, 중재판정절차 등)이 계속중 이라면 그 법원이 관할법원이 되고, 현재 본안이 계속중에 있지 않으면 앞으로 본안이 제소되었을 때 이를 관할할 수 있는 법원에 제출하면 된다.

3. 특별소송절차

통상의 보통소송절차 이외에 사건의 특수한 성질이나 가격에 따라 일부 특수분쟁사건에 한하여 적용되는 특수소송절차로서 다음과 같은 것이 있다.

1) 간이소송절차

통상의 소송절차에 비하여 간이한 절차로서 소액사건심판절차 및 독촉절차 두 가지가 있는데, 이들은 모두 금전 기타 대체물의 지급을 목적으로 하는 채권을 하는 점에서는 공통이나, 전자는 쌍방심문주의에 의한 심판절차임에 대하여 독촉절차는 채권자 일방심문주의에 의한 판결에 선행하는 대용절차라는 점에서 주요한 차이가 있다.

(1) 독촉절차

채무자가 채무를 이행하지 않는 경우에 채권의 내용을 이행하는 방법으로 가장 전형적인 소송이지만, 법원에 의하면서도 간이 · 신속하게 목적을 달성하는 수단이 바로 독촉절차이다. 이것은 금전 기타 대체물이나 유가증권의 일정한 수량의 지급을 목적으로 하는 청구에 대하여 채무자가 다툼이 없을 경우에 채권자로 하여금 통상의 판결절차보다 약식으로 기판력 있는 집행명의를 얻게 하는 소송절차의 일종이다. 이 절차에 의하여 지급명령을 말할 때에는 채무자를 심문하지 않지만, 지급명령을 발한 뒤에 이의신청을 할 수 있으며, 이의신청이 있으면 통상소송으로 이행하는 점에서 그 선행절차인 것이다. 채권자는 통상소송절차와 독촉절차 중에서 자유롭게 선택할 수 있으며, 독촉절차는 채권자의 신청이 있으면 법원이 그 실질적인 당부에 대하여 재판하지 않고 채무자에 대해 그 이행을 명하고 이에 관해 일정기간 내에 채무자가 이의신청하지 않으면 그 명령은 최종적으로 확정판결과 같은 효력을 발생하게 되는데, 이에 의해 채권자는 강제집행을 할 수 있게 된다. 그러나 채무자가 이의를 신청한 경우에는 가집행선고가 있는 지급명령이라도 즉시 실효가 되는 동시에 채권자는 채무자를 피고로 하는 소를 제기한 것으로 보게 된다.

(2) 소액심판절차

소액심판(少額審判)제도는 2천만원 이하의 대여금, 임금이나 퇴직금, 공사대금, 물품대금, 손해배상금 등과 같이 금전지급을 목적으로 하는 비교적 단순한 사건에 대하여 보통 소송절차보다 그 절차를 대폭 간소화하고 신속하게 처리함으로써 누구라도 쉽게 법원을 이용하여 자기 권리를 찾을 수 있도록 특별히 인정된 제도이다. 다만 소액재판은 금전의 지급을 목적으로 하는 경우에만 인정되므로 '등기를 이전하라'든가, '집을 명도하라(비우라)'는 사건은 제외된다. 소액재판은 절차가 간단하여 자신이 직접 재판을 진행할 수 있어 비용과 시간이 절약된다.

이를 위하여 「소액사건심판법」이 마련되어 있다. 소액사건도 민사소송이므로 소장을 작성하여 법원에 접수시킴으로써 시작되고 이에 대하여 법원의 판결이 선고됨으로써 종료된다. 소액사건심판의 경우에는 민사소송법 제256조(답변서의 제출의무), 제257조(변론없이 하는 판결) 및 제258조(변론준비절차)의 규정에 불구하고 판사가 바로 변론기일을 정할 수 있도록 하고 있다.

소액재판은 단순 · 간편하여 변호사 등의 법률전문가의 도움 없이도 가능하기 때문에 당사자 스스로 진행할 수 있다. 채권자가 소액재판의 간편 · 신속함을 이용하기 위하여 원래는 소액사건에 해당하지 않는 청구를 여러 개로 분할하여 여러 개의 소액사건으로 청구하는 것을 금지하고 있다. 법원은 소장 · 준비서면 등에 의하여 원고의 청구가 이유 없음이 명백한 때에는 변론 없이 청구를 기각할 수 있다.

소액사건심판의 특징

(1) **간편한 소송제기** – 법원종합접수실 또는 민사과에 가면 누구나 인쇄된 소장서식 용지를 무료로 얻어서 해당사항을 써 넣으면 소장이 되도록 마련되어 있고, 그것마저 쓸

수 없는 사람은 법원직원에게 부탁하여 무료로 대서까지 받을 수 있다. 원고와 피고 쌍방이 임의로 법원에 출석하여 진술하는 방법으로도 소 제기가 가능하다.

(2) **신속한 재판** – 소장을 접수하면 즉시 변론기일을 지정(보통 30일 이내)하여 알려준다. 재판도 단 1회로 끝내는 것을 원칙으로 하므로 당사자는 모든 증거를 최초의 변론기일에 제출할 수 있도록 준비하여야 하며 판사는 변론기일전이라도 당사자로 하여금 증거신청을 하는 등 필요한 조치를 취할 수 있다. 재판에 불출석하면 즉시 불리한 결과가 닥친다. 피고가 불출석하고 답변서도 내지 않으면 즉석에서 원고에게 승소 판결이 선고되고, 원고가 두번 불출석하고 그후 1월내에 기일지정의 신청을 하지 아니하면 소송은 취하된 것으로 간주될 수 있다. 당사자의 편의를 위해 1995.9.1.부터 소도시나 군지역에 시법원 또는 군법원이 설치되었으므로, 시·군법원 관할의 소액사건에 대하여는 소장을 지방법원이나 지원에 제출하여서는 안되고, 시·군법원에 제출하여야 한다.

(3) **소송대리의 특칙** – 보통 재판과 달리 변호사가 아니라도 원·피고의 처, 남편, 부모, 자식, 형제자매, 등이 법원의 허가없이 대리하여 소송을 할 수 있다. 이 때는 위임장과 가족관계등록부 또는 주민등록등본을 제출하여야 한다.

2) 가사소송절차

가사소송(家事訴訟)은 가사사건의 심리절차를 다루기 위한 소송절차로 인사소송이라고도 한다. 합리적이며 타산적인 재산법과는 달리 가족법은 윤리적이고 관습적인 면이 강하여 합목적적인 성격을 띠기 때문에 가정내의 분쟁을 다루는 가사사건은 보통 민사사건에 비하여 덜 합리적이다. 예컨대 민사사건이 원고의 주장에 대한 사실인정 외에 법률의 이론을 적용하여 결론을 내는 것이라면 가사사건은 인정된 사실을 바탕으로 하여 당사자로 하여금 어떤 법적인 상태에 놓이게 하는 것이 좋은가 하는 구체적 타당성을 추구하게 된다.

가사소송절차는 혼인 · 친자와 같은 신분관계의 확정 · 형성에 관한 인사사건의 처리를 위한 특별판결절차로, 공익적 견지에서 진실을 탐지하여 해결하며 제3자에 대해서도 획일적인 확정을 할 필요가 있기 때문에 통상소송절차와 달리 변론주의를 제한하고 직권탐지주의를 채택하는 「가사소송법」이라는 특별법의 적용을 받게 된다.

인격의 존엄과 남녀의 평등을 기본으로 하고 가정평화와 친족 상조의 미풍양속을 유지 향상하기 위하여 가사에 관한 소송과 비송 및 조정에 대한 절차의 특례를 규정하고 있는 「가사소송법」에서는 법원의 직권을 많이 강화하였으며, 조정전치주의제도를 두어 조정이 가능한 모든 사건에 관하여 조정을 거치도록 하였고, 조정을 거치지 않고 심판을 청구하거나 소를 제기한 경우에는 조정에 회부하도록 하였다. 또 가사사건에서는 본인이 출두하여 의사를 표명하도록 하는 본인출석주의를 채택하고 있어, 출석의무를 위반한 때에는 과태료에 처할 수 있고 구인할 수도 있도록 되어 있다.

3) 파산 및 회생절차

도산절차에는 파산, 화의 및 정리절차가 있다. 파탄에 직면해 있는 개인이나 법인의 회생 및 재건에 관한 절차를 규정하는 회사정리절차와 화의절차로 이원화되어 있는 회생절차 중 화의절차를 전면 폐지하고 채무자 또는 그 대표자를 우선적으로 관리인으로 선임하도록 하는 내용을 골자로 하여 회생(갱생)절차를 일원화하였다. 재정적 어려움으로 인하여 파탄에 직면해 있는 채무자에 대하여 채권자·주주·지분권자 등 이해관계인의 법률관계를 조정하여 채무자 또는 그 사업의 효율적인 회생을 도모하거나, 회생이 어려운 채무자의 재산을 공정하게 환가·배당하는 것을 목적으로 「채무자 회생 및 파산에 관한 법률」(통합도산법)을 제정하였다(2005.3.31 법률 7428호). 이 법에서 급여소득자 등 정기적 수입이 있는 채무자에 대하여는 파산절차에 의하지 아니하고 채무를 조정할 수 있는 개인회생절차를 도입하고, 국제도산에 관한 규정을 신설하여 우리의 도산절차가 국제적 정합성을 확보할 수 있도록 하며, 그밖에 그간에 노정되어 온 현행 도산법제도의 운영상 문제점들을 시정하고 있다.

도산절차의 이해관계자로는 채무자, 채권자, 주주(출자자), 종업원, 보증인, 채무자의 채무자 등을 들 수 있고, 법원 또는 법원을 대리하는 회사정리절차의 관리인, 파산절차의 파산관재인, 화의절차의 화의관재인 등도 넓게는 이해관계자의 범주에 포함시킬 수 있다. 아울러 도산절차의 목적이 '채권자의 최대의 만족을 추구하는 것'이라는 데서 보여주듯이, 도산절차의 이해관계자 중에서도 가장 핵심이 되는 이해관계자는 채권자이다. 채권자는 통상 담보채권자와 무담보채권자로 분류되고 무담보채권자는 다시 우선권있는 채권자와 일반채권자로 분류되는데, 채무자가 도산절차에 들어가는 경우에는 그 취급에 상당한 변경이 가해진다.

채권의 변제순위에 관한 사법 일반의 원칙은 해당 채무자에 대하여 도산절차 즉, 파산절차나 화의절차 또는 회사정리절차가 진행되는 경우, 해당 채권의 권리내용의 변경을 수반하면서 일부 수정된다. 즉, 파산절차 및 회사정리절차에서는 일반의 법질서를 존중하되, 집단적 채권추심절차 내지는 포괄적 강제집행절차라는 도산절차의 공통적인 특성과 해체청산·재건갱생이라고 하는 각각의 절차적 특성을 반영하여 채권의 변제순위를 재편하고 권리행사를 제한하게 되는데, 특히 갱생절차에 있어서는 담보권에 상대적으로 많은 변화가 가해진다.

기업이 도산하면 도산기업은 청산과 갱생 중 어느 것을 선택할 지를 모색하게 되지만, 채권자측에서도 적극적으로 채권의 회수에 나서게 되어 쌍방이 대립하게 된다. 이러한 혼란상태와 관련된 이해관계집단으로는 담보채권자·우선채권자·일반

채권자 · 주주 등이 있는데, 이 중에서도 도산절차에 있어서 결정적인 힘을 발휘하는 집단은 바로 담보권 있는 채권을 가진 자이다. 도산기업의 재산에는 이미 채권자를 위한 담보권이 설정되어 있는 것이 보통이다. 담보권은 채권의 변제를 확보하기 위하여 담보목적물이 갖는 교환가치를 배타적으로 지배하는 권리를 말한다. 통합도산법은 도산절차로 해체청산절차인 파산절차와 재건갱생절차인 회생절차의 두 가지 절차만을 상정하고 있다.

제 6 편 상사법

제1장 상법 일반론

제2장 상법의 내용

제3장 어음 · 수표법

제1장 상법 일반론

제1절 상법의 의의

1. 상법의 개념과 구성

1) 상법이란?

(1) 실질적 의미의 상법

실질적 의미로는 기업적 생활 관계에 특유한 법률의 전체를 포함한다. 기업에 관한 특별상사법으로써 상법은 "기획적 · 계속적 영리행위 관계단위" 인 기업(enterprise)에 관한 법으로 기업법(business law)이라 할 수 있다[企業法說]. 이는 영리성, 기획 · 계속 · 반복 · 집단성, 정형 · 신속성, 진보적 기술성, 세계적 통일성 등의 특성이 있다.

(2) 형식적 의미의 상법

상법(商法, commercial or mercantile law)은 형식적 의미로 「상법」이라 부르는 실정 성문 법전에 규정되어 있는 법규를 말한다.

2) 상법의 이념

(1) 기업의 유지강화

㈎ 영리성 보장 ㈏ 자본집중 촉진 ㈐ 노동력 보충
㈑ 기업의 독립성 보전 ㈒ 소유와 경영의 분리

(2) 기업활동의 원활 · 합리화(상거래의 신속, 안전화)

㈎ **간이 · 신속주의** : 단기소멸시효(상법 §64), 계약체결방법의 간이 · 신속(발신주의)
㈏ **요식 · 불요식의 병행** : 불요식으로 가능한 거래를 보통거래약관을 이용, 요식화 함.
㈐ **신고의무제도** : 고가물의 송하인, 임치인의 종류가액명시의무(상법 §136, §153)

㈑ **거래객체의 유통성확보** : 주권(상법 §335), 신주인수권증서(상법 §420의2), 채권(상법 §478), 화물상환증(상법 §128), 선하증권(상법 §852), 창고증권(상법 §156)

㈒ **공시주의** : 상업등기제도(상업등기법)

㈓ **외관주의**(금반언의 원칙) : 외관을 신뢰하고 거래한 자를 보호

㈔ **엄격책임주의** : ㉠공중접객업자, 운송주선인, 운송인, 해상 · 항공운송인, 창고업자의 엄격한 책임, ㉡기업행위자의 연대채무(상법 §57①), 상사보증채무의 연대성(상법 §57②), ㉢순차운송인의 손해배상책임의 연대(상법 §138①)

3) 상법의 법원(法源)과 적용

(1) 상법의 법원(法源)

구체적인 사안에 대하여 적용하는 상법의 존재형태를 말한다.

(2) 상사법원의 종류

㈎ **상법전, 상사특별법령 및 상사관계조약**

㈏ **상관습법** : 사실인 상관습이 사회의 법적 확신에 의해 지지를 받게 된 법규범

☞ 판례가 상관습법을 부정한 경우로는 "수표의 분실계가 제출되면 지급은행이 수표금을 지급하지 아니하는 것", "통장없이 예금지급청구서만으로 지급하는 것", "지급보증서를 유가증권으로 유통시키는 것" 등이 있고, 상관습법이 인정된 판례로는 "상인간의 계속적인 물품공급거래에 있어 인수증이 발행 교부되는 것" 등이 있다.

㈐ **상사자치법** : 회사의 정관, 증권거래서의 업무규정 등. 법규설이 통설로 법원성 인정

㈑ **보통거래약관** : 자치법설도 있으나, 법원성을 부정하는 법률행위설(판례)이 타당하다.

(3) 법규적용의 순서 : 자치법(정관) → 상사특별법령 및 조약 → 상법전 → 상관습법 → 상사판례법 → 민사특별법 → 민법전 → 민사판례법 → 조리

제2절 상법의 구성

상법은 제1편 총칙, 제2편 상행위, 제3편 회사법, 제4편 보험, 제5편 해상, 제6편 항공운송으로 구성되어있으며, 대부분 기업활동에 관한 사법규정이 중심이지만 기업형벌과 소송법규 등의 공법적 내용도 포함되어 있다.

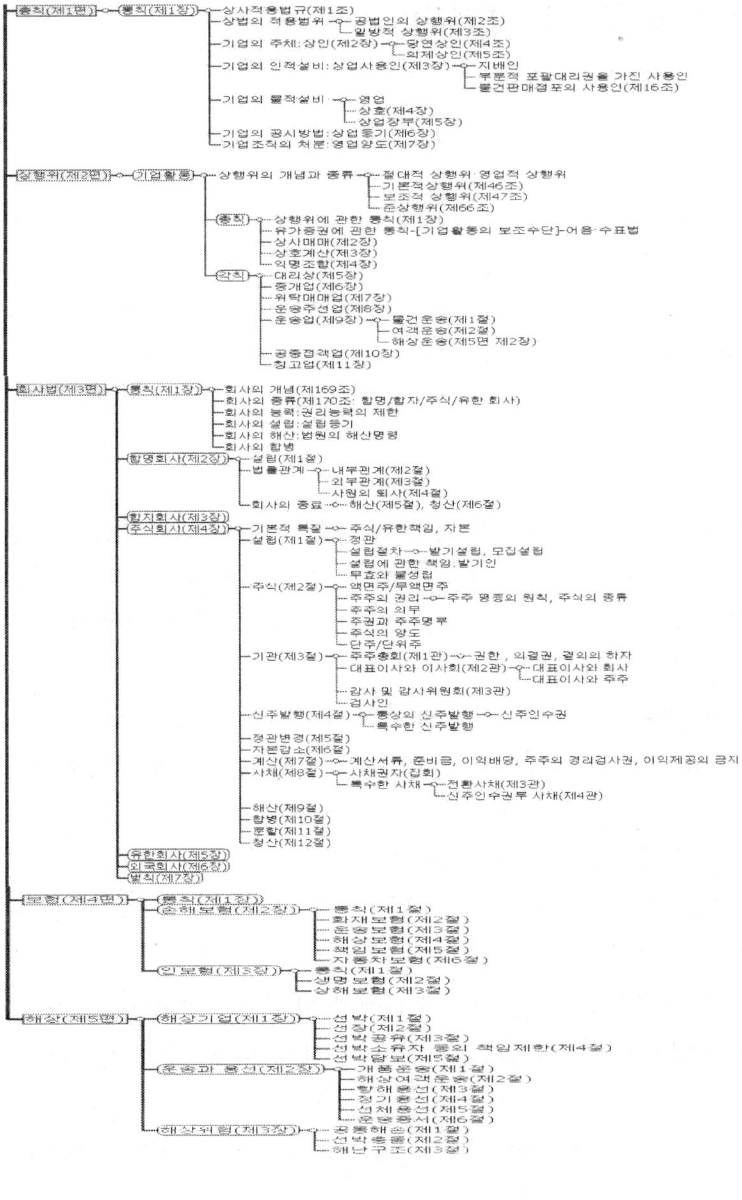

제2장 상법의 내용

제1절 상법 총칙 및 상행위

1. 상법총칙

상법총칙은 상인, 상업사용인, 상호, 상업장부, 상업등기, 영업양도 등을 규율한다. 기업의 인적조직으로는 기업적 생활관계의 주체인 상인을 비롯하여 특정한 상인을 위한 종속적·내부적 보조자로 상업사용인이 있고, 독립적 외부적 보조자로 특정상인을 위한 대리상 및 불특정 다수의 일반상인을 위한 중개인, 위탁매매인, 운송주선인 등이 있다.

1) 상인

상행위의 여하를 기준으로 자기명의로 상행위를 영업으로 하는 당연상인과 상행위를 영업으로 하지 않더라도 경영의 형식 내지 기업적 설비에 착안하여 상인으로 의제되는 의제상인으로 구분될 수 있다. 즉, 상인은 거래로 인해 발생하는 권리를 취득하고 의무를 부담하는 자이다.

㉠ 실질주의(상행위법주의) : 상행위개념을 정하고, 상인 결정(상법 §4, 당연상인)
㉡ 형식주의(상인법주의) : 상인개념을 정하고, 상행위 결정(상법 §5, 의제상인)
㉢ 절충주의 : 한국 상법(§4와 §5에서 양 주의를 모두 병행)

㈎ 당연상인 : 자기명의로 상행위를 하는 자

㉠ 자기명의로 "상행위" 를 하는 자 : 상법 §46의 기본적 상행위(22가지), 담보부사채신탁법상의 사채총액의 인수행위
㉡ "자기명의" 로 상행위를 하는 자 : 영업에서 발생하는 권리·의무의 주체가 되는 것, 임차명의인·납세명의인이라고 상인이 되는 것이 아니다.

㈏ 의제상인

㉠ 설비상인 : 점포, 기타 유사한 설비에 의해서 상인적 방법으로 영업을 하는

자(상행위를 하지 않더라도 상인으로 본다, 상법 §5①)

㉡ 민사회사 : 회사는 상행위를 하지 않더라도 상인으로 본다(상법 §5②).

㈐ 소상인

㉠ 회사가 아닌 1천만원 미만의 자본금을 가지고 영업을 하는 상인(상법 §9)

㉡ 규정적용배제의 특수성 : 지배인, 상호, 상업장부, 상업등기의 규정은 적용배제

2) 상업사용인

상업사용인이란 특정 상인에 종속하여 상인의 대외적인 영업활동을 보조하는 자로서 고용계약이 반드시 요구되지는 않는다. 대리권의 범위를 기준으로 하여 지배인, 부분적 포괄대리권을 가진 사용인, 물건판매점포의 사용인이 있다. 대내적 보조자(운전기사, 청소부 등)는 상업사용인이 아니다.

㈎ **지배인** - 영업주에 갈음하여 그 영업에 관한 재판상, 재판 외의 모든 행위를 할 수 있는 대리권을 가진 상업사용인

㉠ 선임 : 영업주 또는 영업주의 대리인이 선임(지배인은 다른 지배인을 선임할 수는 없고 다른 사용인에 대해서는 선임 또는 해임할 수 있음)

㉡ 종임 : 대리권 소멸의 일반원칙(대리인의 사망, 성년후견 개시, 파산, 위임종료 등), 영업의 폐지, 회사의 해산, 해임 등

㉢ 등기 : 본점 또는 지점에서의 등기사항(상법 §13)

㉣ 지배인의 대리권 : 그 영업에 관한 재판상 · 재판 외의 모든 행위, 대리권의 범위는 객관적 · 추상적으로 판단

• 대리권의 성질 ⓐ포괄성 [상법 §11①, 지배인 선임 불가-상법 §11②. 영업외의 사항 및 영업을 종료(폐지, 양도)하는 행위는 하지 못함]

ⓑ불가제한성 [상법 §11③ - 선의의 제3자에게 대항하지 못함]

㉤ 공동지배인(상법 §12②) : 공동으로 행위하여야, 수동적 대리는 1인도 가능

㉥ 표현지배인(상법 §14) : 명칭사용자로서 거래상대방의 신뢰를 보호하는 제도(외관법리)

ⓐ '본점 · 지점'의 실질을 갖출 것 : 보험회사 지사장이나 영업소장은 영업장소의 실질을 갖추지 못해 표현지배인 아님(판례)

ⓑ '본부장, 지점장 기타 유사명칭 사용' : 지점차장은 유사명칭이 아니다(판례).

ⓒ 영업주에 의한 명칭부여(귀책사유)

ⓓ 상대방의 선의 : 중과실은 악의와 동일시 ⇨ 지배인과 동일한 권한이 있는 것으로 본다. 다만 재판상행위 제외(상법 §14①)

㈏ **부분적 포괄대리권을 가진 사용인**(상법 §15) - 영업에 관한 특정한 종류와 사항에 대해 포괄적 권한이 있는 상업사용인(예 부장, 과장, 계장, 주임)

㉠ 대리권의 제한 : 대리권의 제한으로 선의의 제3자에게 대항하지 못한다.

㉡ 표현지배인의 유추적용 여부 : 외관책임의 요건을 갖추면 소위 '표현과장'의 성립 가능

㈐ **물건판매점포의 사용인**(상법 §16) - 판매에 관한 한 모든 권한이 있는 것으로 간주

㈑ **상업사용인의 의무**

㉠ 경업피지의무의 내용(상법 §17①) : 자기 또는 제3자의 계산으로 영업주의 영업 부류에 속한 거래를 하거나, 다른 회사의 무한책임사원 · 이사 또는 다른 상인의 사용인이 될 수 없다.

㉡ 의무위반의 효과: 손해배상청구, 계약해지 외에도 상인은 개입권(경업거래금지 위반의 경우에 한함)을 행사할 수 있다.

기업경영보조자	1) 독립보조자	대리상, 중개인, 위탁매매인 등	
	2) 종속보조자	㉠영업보조자	대외적 영업활동 보조 (☞상업사용인)
		㉡기술적보조자	대내적 생산과정에 참여

☞ 회사의 이사, 감사, 무한책임사원과 같은 기관은 상업사용인이 아니다.

3) 상호

상호란 상인이 영업상 자기를 표시하기 위하여 사용하는 명칭으로서, 상인은 상호자유의 원칙의 적용을 받는다.

㈎ **상호의 선정**

㉠ 상호자유주의 원칙 - 상인은 성명 또는 기타 명칭으로 상호를 정할 수 있다(상법 §18).

㉡ 상호자유주의 예외 ⓐ회사의 상호: 합명 · 합자 · 유한책임 · 주식 · 유한회사라는 종류 표시하는 문자 사용해야 한다(상법 §19). ⓑ회사가 아니면 회사임을 표시하는 문자를 사용 못한다(상법 §20). ⓒ특수사업(은행, 신탁, 보험) 목적의 회사는 업무도 표시, ⓓ부정한 목적으로 타인의 영업으로 오인할 수 있는 상호의 사용금지(상법 §23①), ⓔ상호단일의 원칙: 하나의 영업에 대해 하나의 상호(상법 §21①), ⓕ지점의 상호에는 본점과의 종속관계를 표시(상법 §21②)

㈏ **상호권**

적법하게 상호를 선정 · 사용함으로써 갖게 되는 권리로 등기여부와 불문

㉠ 상호사용권 : 타인의 방해를 받지 않고 상호를 사용할 수 있는 권리

㉡ 상호전용권(상법 §23) : 타인이 부정한 목적으로 동일 또는 유사상호를 사용할 경우 그 사용을 배제하는 권리로 등기여부와 관계없이 인정. 그 내용으로는 ⓐ손해배상청구, ⓑ상호사용의 폐지청구, ⓒ상호등기 말소청구를 들 수 있다.

- '부정한 목적' : 일반인으로 하여금 자기 영업을 그 명칭에 의해 표시된 타인의 영업으로 오인시키려는 의도(판례). 판례에 의하면 '「허바허바칼라」라는 상호를 양도한 후 「새 허바허바칼라」라는 상호로 영업을 개시한 경우'는 부정목적이 인정, '「고려당」과 「신용의 양과 서울 고려당 마산분점」' 사이에는 부정목적이 없다고 함.
- 등기시의 상호전용권 : 타인이 등기한 상호는 동일한 특별시 · 광역시 · 시 · 군에서 동종영업의 상호로 등기하지 못하며(상법 §22), 동일한 특별시 · 광역시 · 시 · 군의 타인이 등기한 상호를 사용하는 자는 부정한 목적으로 사용하는 것으로 추정(상법 §23④).

㈐ **상호의 등기**

개인상인은 등기여부가 자유이지만, 회사의 경우 상호는 설립등기의 필수기재사항이다. 타인이 등기한 상호는 동일한 특별시 · 광역시 · 시 · 군에서 동종영업 상호로 등기하지 못한다.

㉠ 상호의 가등기(상법 §22의2) : 상호의 등기요건이 갖추어지기 전에 타인이 동일 또는 유사상호를 등기함으로 인해 받을 수 있는 불이익을 줄이기 위한 제도로, ⓐ주식회사 또는 유한회사를 설립할 때, ⓑ회사가 상호나 목적 또는 상호와 목적을 변경하고자 하는 경우, ⓒ회사가 본점을 이전할 경우에 가능하다.

㉡ 가등기의 효력 : 상법 제22조(상호등기의 효력)의 적용에 있어서는 상호의 등기로 본다.

㈑ **상호의 양도와 폐지**

㉠ 상호의 양도 : 상호만의 분리양도는 불가능(영업폐지시에는 상호만의 양도가 가능). 상호의 양도는 등기하지 않으면 제3자에게 대항하지 못한다(상법 §25②).

㉡ 상호의 변경과 폐지 : 상호를 등기할 자는 변경 · 폐지한 경우에 등기를 하여야 한다(상법 §40). 변경 · 폐지한 경우 2주간 내에 변경 · 폐지의 등기를 하지 않으면 이해관계인은 그 등기의 말소청구를 할 수 있다(상법 §27).

㉢ 정당한 사유없이 2년간 상호를 사용하지 않으면 그 상호를 폐지한 것으로 본다(상법 §26).

㈒ **명의대여자의 책임**(상법 §24)

타인에게 자기의 명의를 대여하여 영업을 하게 한 경우, 그 명의를 믿고 거래한 외부의 제3자를 보호하기 위한 규정(외관주의와 금반언의 법리)

㉠ 요건으로 ⓐ외관의 존재 : 명의대여자와 명의차용자 간에는 영업외관의 동일성이 필요(호텔과 호텔나이트클럽사이에는 영업외관의 동일성 인정), 명의대여자는 상인일 필요 없음(판례). ⓑ 명의대여자의 사용 허락 : 묵시의 허락도 가능, ⓒ제3자의 선의 : 중과실인 경우 명의대여자 면책(판례)

㉡ 효과 : 명의대여자는 부진정연대채무를 부담하는데, 다만 책임범위는 명의대여자가 허락한 영업범위 내로 제한된다(정미소 영업을 위해 명의대여를 해준 경우, 명의차용인이 정미소를 임대한 행위는 영업범위 외의 거래이므로 명의대여자는 책임이 없다는 것이 판례).

4) 상업장부

상인이 모든 거래를 기록 · 정리하는 장부를 말한다. 상법은 상업 장부의 종류로서 회계장부 및 대차대조표를 규정하면서 그 작성을 상법상의 의무로 부과하고 있다.

5) 상업등기

상업등기란 상법, 「상업등기법」 등이 규정하는 바에 따라 영업에 관한 중요한 사항을 법원의 상업등기부에 하는 등기(상법 §34)로 상인의 영업에 관한 일정한 사항을 공시하여 거래의 원활과 안전을 도모하려는 제도를 말한다.

가) 등기절차

㉠ 당사자 신청주의 : 당사자의 신청에 의해 영업소의 소재지를 관할하는 법원의 상업등기부에 등기(상법 §34)

㉡ 등기소의 심사권 : 상법 또는 상업등기법의 규정에 따른 심사

ⓐ 형식적 심사주의(판례) : 신청사항의 형식적 내용만 심사

ⓑ 실질적 심사주의 : 신청사항의 사실여부까지 판단

ⓒ 수정실질적 심사주의 : 신청사항이 진실과 상이하다는 의심이 있는 경우에만 실질적 심사 가능

㉢ 등기의 공시 : 개별적 · 수동적 공시(등기부의 열람, 등본 · 사본의 청구)

나) 상업등기의 효력

㉠ 상업등기의 일반적 효력(상법 §37①) : 상업등기의 본질적 효력

- 등기 전의 효력(소극적 공시의 원칙)

ⓐ 등기사항을 선의의 제3자에게 대항하지 못한다. 제3자가 등기사실을 주장은 가능

ⓑ 선의의 제3자(거래상대방에 한하지 않고 등기사항에 관해 정당한 이해관계를 갖는 자를 포함)

- 등기 후의 효력(적극적 공시의 원칙) - 등기사항을 선의의 제3자에게도 대항가

능. 단 제3자가 정당한 사유로 인해 몰랐을 경우에는 그에게 대항하지 못함(정당한 사유에 대한 거증책임은 제3자가 짐)

ⓛ 특수적 효력 : 등기함으로써 비로소 발생

• 창설적 효력(확정적 효력)

ⓐ 상호양도등기로 특별한 대항력을 취득(상법 §25②),

ⓑ 상호가 그 등기로 배타성이 완성되는 것(상법 §22 · §23),

ⓒ 회사의 설립등기로 회사가 성립(상법 §172),

ⓓ 회사의 합병등기로 회사합병의 효력발생(상법 §234)

• 보완적 효력(등기 후 등기원인이 되는 법률관계의 전제 사실관계의 하자를 치유)

ⓐ 설립등기 후 주식인수인이 주식청약서의 흠결을 이유로 인수의 무효를 주장하거나, 사기 · 강박 · 착오를 이유로 인수를 취소하지 못한다(상법 §320①).

ⓑ 증자등기 후 1년이 경과하면 주식청약서 · 신주인수권증서의 요건의 흠결을 이유로 그 인수의 무효를 주장하거나 사기 · 강박 · 착오를 이유로 인수를 취소하지 못한다(상법 §427).

• 부수적(해제적) 효력(어떤 행위의 허용 또는 면책의 기초가 되는 것)

ⓐ 설립등기로 주권발행, 주식양도 가능(상법 §355, §335②, §319),

ⓑ 퇴사등기 후 2년이 경과하면 인적회사사원의 책임소멸(상법 §225),

ⓒ 해산등기 후 5년이 경과하면 인적회사사원의 책임소멸(상법 §267①)

ⓒ 부실등기의 공신력(상법 §39) : 고의 또는 과실로 인해 사실과 상위한 사항을 등기한 자는 그 상위를 선의의 제3자에게 대항하지 못한다(상법 §39). 부실등기의 원인이 상인 자신에게 있는 경우만 해당하고, 등기관의 착오나 제3자의 허위등기에 대하여는 선의의 제3자도 보호 못받는다.

6) 영업양도

영업양도는 조직화된 유기적 일체로서의 기능적 재산을 영업의 동일성을 유지하면서 양도하는 것을 말한다. 동일성이 인정되는 한 일부 양도(지점만의 양도) 인정, 거래법상의 특정승계이므로 개개 재산의 소유권 이전이 필요(포괄승계인 합병과 구별)

가) 영업양도의 방식

ⓖ 회사가 양도인인 경우

ⓐ 합명 · 합자 : 총사원의 동의(정관변경이 필요한 경우 : 상법 §204)

ⓑ 주식 · 유한 : 주주총회, 사원총회의 특별결의(영업의 전부 · 중요한 일부 양도시 : 상

법 §374, §576)

㉡ 회사가 양수인인 경우

ⓐ 합명 · 합자 : 총사원의 동의(정관변경이 필요한 경우 : 상법 §204)

ⓑ 주식 · 유한 : 영업전부를 양수할 때만 주주(사원) 총회의 특별결의(상법 §374)

㉢ 양도계약의 방식 : 특별한 규정 없음. 낙성 · 불요식의 계약

나) 영업양도의 효과

㉠ 당사자간의 효과

ⓐ적극적 효과(영업재산의 이전의무)

각각의 재산에 대해 개별적인 이전절차와 제3자에의 대항요건을 구비하여야 한다. 근로관계는 양수회사에 포괄적으로 승계된다(판례).

ⓑ소극적 효과(경업피지의무)

다른 약정이 없으면 10년간 동일한 특별시 · 광역시 · 시 · 군과 인접한 특별시 · 광역시 · 시 · 군에서 동종영업이 불가능(상법 §41①), 약정이 있으면 20년 한도 내에서만 약정이 유효함(20년을 초과하는 약정은 초과부분만 무효)

㉡ 영업상의 채권자 · 채무자에 대한 관계

ⓐ양수인의 책임 :

- 상호 계속사용시

양도인의 영업으로 인한 제3자의 채권에 대해 양수인도 변제책임(상법 §42①), 책임없음을 등기 또는 책임없음을 통지한 후에는 변제책임 안 짐(상법 §42②)

- 상호 불사용시

양수인의 변제책임은 없다. 단, 양도인의 영업채무를 인수할 것을 광고한 때에는 변제책임을 진다(상법 §44).

ⓑ양도인의 책임 : 양수인이 책임을 지지 않는 경우에는 단독으로, 양수인이 채무를 인수한 경우에는 양수인과 연대하여 책임을 진다. 양수인이 책임을 지는 경우에는 영업양도 후 또는 채무인수의 광고 후 2년의 경과로 양도인의 책임소멸(상법 §45)

ⓒ선의 변제자의 면책 : 상호가 속용되고 채무자의 양수인에 대한 변제가 선의이고 중과실이 없는 한 그 변제는 유효(상법 §43)

2. 상행위

1) 상행위법

상행위법에서는 영리에 관한 행위인 상행위에 관한 통칙과 대리상, 운송업 등에 관하여 규율하고 있다. 기업적 법률행위인 상행위(商行爲)에는 영업을 위한 기본적 상행위로 재산의 매매·임대차, 운송·임치·신탁의 인수, 보험 등의 22종이 있으며, 상인이 영업을 위하여 하는 행위는 상행위로 보고 상인의 행위는 영업을 위하여 하는 것으로 추정한다. 기획적·계속적으로 영리행위를 하는 영업의 유형으로는 보조기업으로서 대리상·중개인·주선인(위탁매매인·운송주선인·준위탁매매인)이 있고, 운송업·공중접객업·창고업 및 금융리스업·가맹업·채권매입업·보험업·해상기업 등이 있다.

(1) 상행위의 종류

가) 기본적 상행위의 종류(상법 §46)

영업적 상행위로 상법 제46조의 각 호에 열거된 행위만(한정성), 그 22가지 행위를 영업으로 할 때만(영업성), 그리고 기업성을 갖출 때만 상행위이다.

ⓐ 동산, 부동산, 유가증권 기타의 재산의 매매
ⓑ 동산, 부동산, 유가증권 기타의 재산의 임대차
ⓒ 제조, 가공 또는 수선에 관한 행위
ⓓ 전기, 전파, 가스 또는 물의 공급에 관한 행위
ⓔ 작업 또는 노무의 도급의 인수
ⓕ 출판, 인쇄 또는 촬영에 관한 행위
ⓖ 광고, 통신 또는 정보에 관한 행위
ⓗ 수신, 여신, 환 기타 이와 유사한 금융거래
ⓘ 공중(公衆)이 이용하는 시설에 의한 거래
ⓙ 상행위의 대리의 인수
ⓚ 중개에 관한 행위
ⓛ 위탁매매 기타의 주선에 관한 행위
ⓜ 운송의 인수
ⓝ 임치의 인수
ⓞ 신탁의 인수
ⓟ 상호부금, 기타 이와 유사한 행위
ⓠ 보험

ⓡ 광물 또는 토석의 채취에 관한 행위
ⓢ 기계 · 시설 그 밖의 재산의 금융리스에 관한 행위 : 리스(lease)
ⓣ 상호 · 상표 등의 사용허락에 관한 영업에 관한 행위 : 프랜차이즈(franchise), 가맹업
ⓤ 영업상 채권의 매입 · 회수 등에 관한 행위 : 팩토링(factoring), 채권매입업
ⓥ 신용카드, 전자화폐 등을 이용한 지급결제 업무의 인수

나) **보조적 상행위**(상법 §47)
㉠ 상인이 영업을 '위하여' 하는 행위,
㉡ 상인의 행위는 영업을 위해 하는 것으로 추정

다) **준상행위**(상법 §66) - 의제상인의 영업행위로 상행위에 대한 규정이 준용

라) **일방적 상행위와 쌍방적 상행위** - 일방적 상행위도 양 당사자 모두 상법을 적용(상법 §3). 단, 당사자 쌍방이 상인인 때에만 적용되는 경우로는 ⓐ상인간의 금전의 소비대차, ⓑ상사유치권, ⓒ상사매매, ⓓ대리상, ⓔ중개업, ⓕ합병 등이 있다.

마) 상대적 상행위와 절대적 상행위
㉠ 상대적 상행위 : 어떤 행위를 영업으로 혹은 영업을 위해 할 때 상행위가 되는 행위
㉡ 절대적 상행위 : 영업의사의 유무를 묻지 않고 행위자체의 성질에 의해 무조건 상행위가 되는 행위(현행 상법상 절대적 상행위는 인정되지 않고 있으며, 담보부사채신탁법은 동법상의 '사채총액의 인수'를 절대적 상행위로 규정하고 있다.)

(2) 민법규정에 대한 상행위 특칙

가) 대리권
㉠ 대리방식
ⓐ 현명주의 : 본인, 대리인, 대리관계 표시(민법, 어음법)
ⓑ 비현명주의 : 본인표시× (상법 → 간이, 신속한 상거래 확보)
㉡ 상행위의 대리인이 본인을 위한 것임을 표시하지 않아도 그 행위는 본인에 대해 효력이 있다. 단, 상대방이 본인을 위한 것임을 알지 못한 때에는 본인과 대리인이 연대책임을 진다.
㉢ 대리권은 본인의 사망으로 소멸하지 않는다(본인의 상속인을 위해 계속 대리권 행사).
㉣ 대리인은 위임의 본지에 반하지 않는 범위내에서 위임받지 아니한 행위를 할 수 있다.

나) **소멸시효** → 5년 (단기소멸시효)

다) **상사유치권** → 상업채권의 물적 담보력 강화제도

구 분	민사유치권	상사유치권	특 별 상 사 유 치 권		
			대 리 상	위탁매매인	운송(주선)인
당사자	상인 · 비상인 불문	쌍방 상인	대리상과 본인	위탁매매인과 위탁자	위탁자와 운송(주선)인
목적물 소유권	소유권 귀속에 제한 없음	채무자소유의 물건 또는 유가증권	소유권 귀속에 제한 없음		
목적물 점유	점유취득원인 불문	채권자 상행위로 점유취득	본인을 위하여 점유하는 물건 또는 유가증권	위탁자를 위하여 점유하는 물건 또는 유가증권	운송물
피담보 채권	유치물에 관련하여 발생한 채권	변제기에 도래한 당사자 쌍방을 위한 상행위에 의한 채권	변제기에 도래한 거래의 대리 또는 중개로 인한 채권	변제기에 도래한 위탁자를 위하여 거래함으로 말미암아 위탁자에 대하여 생긴 채권	운송물에 관하여 수령할 보수, 운임, 기타 위탁자를 위한 체당금이나 선대금
견련관계	필요	불필요	불필요	불필요	필요

라) **유질계약의 허용** → 질권실행의 간이화 + 기업금융의 편의와 원활화

마) **상인의 보수청구권** → 상행위를 한 때 특약이 없는 한 상당한 보수의 청구가 가능

바) **이자청구권** → 상인이 금전소비대차나 영업범위내에서 타인을 위해 금전을 체당한 경우 법정이자청구 가능(상법 §55)

사) **법정이율** → 연 6%

아) **청약의 효력**

㉠ 대화자간 청약 : 계약의 청약을 받은 자가 즉시 승낙하지 않으면 효력상실

㉡ 격지자간 청약 : 승낙기간이 있건 없건 간에 상당기간내 승낙통지를 받지 못한 때 효력상실(도달주의)

자) **낙부통지의무** : 상시 거래관계에 있는 자로부터 그 영업부류에 속한 계약의 청약을 받은 경우 지체없이 낙부통지를 발송하지 않으면 승낙한 것으로 본다.

차) **물건보관의무** : 상인이 영업부류에 속하는 계약의 청약과 동시에 견품, 기타의 물건을 송부받은 경우 그 청약을 거절한 때라도 청약자 비용으로 그 물건을 보관할 의무가 있다.

☞ 물건가액이 보관비용 상환에 부족하거나, 그 보관으로 손해발생염려가 있는 경우 보관의무 면제

카) **채무이행** : 본점거래는 본점, 지점거래는 지점, 특정물 인도채무는 소재지에

서 채무이행

타) **다수당사자의 채무**(연대채무) : 수인이 그 1인 또는 전원에게 상행위로 인한 채무를 부담한 경우 연대하여 변제책임을 진다. 보증이 상행위이거나, 주채무가 상행위인 경우 주채무자와 보증인은 연대하여 변제책임을 진다.

파) **무상수치인의 주의의무** : 상인이 그 영업범위내에서 임치를 받은 경우 보수를 받지 않더라도 선량한 관리자의 주의를 기울여야 한다.

(3) 상사매매

가) **적용범위** : 상인간의 매매(쌍방이 상인인 경우)에만 적용

나) **매도인의 공탁 및 경매권**

㉠ 상인간의 매매에 있어서 매수인이 목적물의 수령을 거부하거나 또는 수령할 수 없는 때에 매도인은 그 물건을 공탁 또는 상당한 기간을 정하여 최고 후 경매 가능하며 공탁 또는 경매 후에는 지체없이 매수인에게 그 통지를 발송(상법 §67①)

㉡ 최고없이 경매할 수 있는 경우 : 최고가 불가하거나 물건의 멸실 · 훼손 우려시(상법 §67②)

㉢ 매도인이 경매시, 대금에서 경매비용을 차감한 금액, 공탁 또는 매매대금에 충당 가능(상법 §67③)

다) **매수인의 검사 및 통지의무** : 매수인은 목적물 수령 후 지체없이 이를 검사해야 하고, 하자 또는 수량부족을 발견한 때에는 즉시 매도인에게 통지를 발송해야 한다(상법 §69 ①). 즉시 발견할 수 없는 성질의 하자인 경우 6월 이내에 통지를 발송하면 족하고, 매도인이 악의인 경우에는 이를 적용하지 아니한다(상법 §69②).

라) **매수인의 보관 · 공탁 및 경매의무**

㉠ 원칙 - 계약을 취소(해제)한 경우에 목적물을 반송할 것이 아니라, 매도인의 비용으로 보관 또는 공탁한다(상법 §70①).

㉡ 예외- ⓐ목적물이 멸실 · 훼손될 염려가 있는 경우 법원의 허가를 얻어 경매하고, 그 대가를 보관 · 공탁해야 한다(지체없이 매도인에게 통지 발송). ⓑ매도인의 영업소 또는 주소가 목적물의 인도장소와 동일한 특별시 · 광역시 · 시 · 군에 있는 경우에는 적용하지 아니한다.

㉢ 목적물의 상위 또는 수량초과 : 상위 또는 초과분에 대해서는 보관 · 공탁하여야 한다(상법 §71).

마) 확정기매매

상인간의 확정기매매는 당사자 중 일방의 이행기간이 경과한 때에는 해제의 의사표시 없이도 해제된 것으로 보며(민법상은 최고없이 곧바로 해제할 수 있을 뿐임), 그 매매계약의 존속을 원한다면 즉시 이행의 청구를 하여야 한다(상법 §68).

(2) 상호계산

상호계산(相互計算)이란 상인간 또는 상인 · 비상인간 상시거래가 있는 경우에 일정한 기간내의 거래에서 생기는 채권 · 채무의 총액을 상계하고, 그 잔액을 지급할 것을 약정하는 계약(상법 §72)을 말한다.

가) 성질

당사자의 일방의 상인성, 채권 · 채무관계의 계속성, 일정기간내의 채권 · 채무, 채권 · 채무의 일괄상계, 상법상 특수한 계약

나) 상호계산의 효력

㉠ 소극적 효력(상호계산기간 중의 효력) : 상호계산 불가분의 원칙

ⓐ 개별채권의 행사가 불가. 개별채권은 독립성을 상실(정지상태에 놓임). 소멸시효의 진행도 정지된다.

ⓑ 예외적으로 어음 기타 상업증권으로 인한 채권 · 채무를 상호계산에 계입한 경우, 증권의 채무자가 변제하지 아니하는 때에 한하여 일방적으로 그 항목을 상호계산에서 제거할 수 있다(상법 §73).

ⓒ 상호계산기간은 특약이 없으면 6개월로 한다(상법 §74).

㉡ 적극적 효력(상호계산기간 만료 후의 효력)

ⓐ 당사자의 일방이 채권 · 채무의 각 항목과 상계 후 잔액을 기재한 계산서를 제출하고, 상대방이 이것을 승인함으로써 잔액이 확정된다.

ⓑ 계산서 승인의 효력 - 승인 후에는 각 항목에 대한 이의를 제기하지 못한다(상법 §75). 계산서 승인 후에는 잔액채권만 자체로서의 효력을 가진다(승인행위의 법적 성질은 경개로, 기존 채권 · 채무의 담보는 소멸하고 별개의 소멸시효가 기산되며, 잔액채권에 대한 법정이자의 청구가 가능 : 상법 §76①).

다) 상호계산의 종료

㉠ 일반적인 계약의 종료원인

㉡ 당사자 일방의 파산, 회사정리의 개시시

㉢ 당사자는 언제나 임의로 계약을 해지하는 것이 가능(상법 §77)

(3) 익명조합

가) 익명조합(匿名組合)이란 당사자의 일방(익명조합원)이 상대방(영업자)의 영업을 위하여 출자를 하고 상대방이 영업으로 인한 이익을 분배할 것을 약정하는 계약(상법 §78)을 말한다.

나) 익명조합의 효력

(가) 익명조합의 내부관계

㉠ 익명조합원의 권리와 의무

ⓐ 출자의무 : 계약에서 정한 금전 · 기타의 재산을 출자하여야 하고 이 재산은 모두 영업자에게 귀속(상법 §79). 신용 · 노무는 출자의 대상이 아니다.

ⓑ 손실분담의무 : 반대의 특약이 없는 한 손실분담의 약정이 있는 것으로 추정. 손실분담율의 특약이 없으면 이익분배비율과 같다고 추정. 또 손실전보 후가 아니면 이익을 분배하지 못하고(상법 §82①), 비록 손실이 출자액을 초과하더라도 이미 받은 이익의 반환이나 추가출자의무는 없다(§82②). 이는 임의규정이므로 특약으로 배제 가능하다(§82③).

ⓒ 감시권 : 익명조합원은 영업자의 영업에 관하여 업무집행이나 대표행위를 하지 못하지만(상법 §86→§278), 영업연도말에 영업시간 내에 한하여 회계장부, 대차대조표, 기타의 서류를 열람할 수 있고, 영업자의 영업의 업무와 재산상태를 검사할 수 있으며, 중요한 사유가 있는 때에는 법원의 허가를 얻어 언제든지 가능하다(상법 §86→§277).

㉡ 영업자의 의무

ⓐ 영업수행의무 : 영업자는 선량한 관리자의 주의의무로 영업을 수행하여야 한다.

ⓑ 이익분배의무 : 영업자의 본질적인 의무(상법 §78)로서 이익분배는 약정비율이 없으면 출자가액의 비율로 함. 손실을 분담하여 출자액이 감소된 경우 손실을 전보한 후가 아니면 이익배당을 청구하지 못한다(상법 §82).

(나) 익명조합의 외부관계

㉠ 원 칙: 제3자와 아무런 법률관계가 없다. 영업자를 대리할 권한도 없다(상법 §80).

㉡ 외관책임 : 익명조합원이 자기의 성명을 영업자의 상호 중에 사용하게 하거나 자기의 상호를 영업자의 상호로 사용할 것을 허락한 경우 → 영업자와 부진정연대책임(상법 §81)

다) 익명조합의 종료

(ㄱ) 종료사유

㉠ 계약의 해지 : 존속기간의 정함이 없는 경우 각 당사자는 6월 전에 예고 후 영업연도말에(상법 §83①), 존속기간을 정한 경우에도 부득이한 사유가 있는 때에는 언제든지 해지 가능(상법 §83②)

㉡ 법정사유(상법 §84) : 영업의 폐지 · 양도, 영업자의 사망 · 성년후견 개시(금치산), 영업자 또는 익명조합원의 파산

(ㄴ) 종료의 효과

㉠ 영업자는 출자의 가액을 익명조합원에게 반환(상법 §85)

㉡ 손실분담으로 인해 출자가 감소한 때에는 그 잔액만을 반환

㉢ 사용권을 출자한 경우 사용물 자체를 반환

(4) 합자조합

최근 인적 자산의 중요성이 높아짐에 따라 인적 자산을 적절히 수용(收用)할 수 있도록 공동기업 형태를 취하면서 내부적으로는 조합의 실질을 갖추고 외부적으로는 사원의 유한책임이 확보되는 기업 형태에 대한 수요가 늘어나고 있어 업무집행조합원과 유한책임조합원으로 구성된 합자조합을 2011년 신설하였다(상법 제4장의2).

가) 합자조합이란?

합자조합은 무한책임조합원과 유한책임조합원으로 구성된 형태로, 전자는 경영을 맡으면서 채무에 대해 개인적 재산 등을 통해 무한책임을 지는 반면 유한책임조합원은 경영에 관여하지 않으면서 출자한 만큼만 책임을 진다. 이사, 감사를 설치하지 않고 기업주(무한책임조합원)가 경영과 함께 무한책임을 지지만 투자자는 투자액만큼만 책임지는 것을 말한다. 합자조합은 지분을 공유하는 동업자가 있더라도 합자회사와 같이 정관 제정이나 설립등기에 관한 절차가 불필요하기 때문에 설립이 용이하고 경영자에 대한 경영권 간섭이 줄어든다는 장점이 있다. 기업과 학계간 산학연계 사업에 적합한 형태다.

나) 합자조합계약

합자조합계약에는 목적, 명칭, 조합원의 성명, 출자 및 손익분배에 관한 사항, 유한책임조합원의 지분양도에 관한 사항, 잔여재산분배 등을 적고 총조합원이 기명날인하거나 서명하여야 한다(상법 §86의3).

다) 합자조합의 효력

합자조합은 조합의 업무집행자로서 조합의 채무에 대하여 무한책임을 지는 업무집행조합원과 출자가액을 한도로 하여 유한책임을 지는 조합원이 상호출자하여 공동사업을 경영할 것을 약정함으로써 그 효력이 생긴다(상법 §86의2). 업무집행조합원은 합자조합 설립 후 2주 내에 조합의 주된 영업소의 소재지에서 상법 제86조의4가 정하는 등기사항을 등기하여야 한다. 합자조합은 조합의 성격을 가지므로 유한책임회사와 달리 법인격이 없으나, 소송당사자가 될 수 있다(상법 §86의8).

(ㄱ) **업무집행조합원**은 선량한 관리자의 주의의무로서 합자조합의 업무를 집행하고 대리할 권리와 의무가 있으나, 다른 조합원 전원의 동의를 받지 않으면 출자지분의 전부 또는 일부를 타인에게 양도할 수 없다(상법 §86의5①, §86의7①).

(ㄴ) **유한책임조합원**은 조합계약에 다른 규정이 없으면, 회사의 업무집행이나 대표행위를 할 수 없고 신용 또는 노무를 출자의 목적으로 할 수 없는 반면, 회사의 업무와 재산상태에 대한 감시권이 있다(상법 §86의8③, §272, §277, §278). 그리고, 유한책임조합원은 조합계약에서 정하는 바에 따라 출자지분을 양도할 수 있고, 지분을 양수한 자는 양도인의 조합에 대한 권리, 의무를 승계하게 된다(상법 §86의7②③).

(5) 대리상

가) 대리상(代理商)이란?

상업사용인이 아니면서 일정한 상인을 위하여 상시 그 영업부류에 속하는 거래의 대리 또는 중개를 영업으로 하는 자를 말한다. 일정한 상인을 위하여 항시 그 영업부류에 속하는 거래의 대리(체약대리상) 또는 중개(중개대리상)를 영업으로 하는 자로서 기업조직 외부의 독립된 상인이라는 점에서 상업사용인과 구별된다.

나) 대리상의 권리 · 의무

(ㄱ) 대리상의 의무

㉠ 통지의무(상법 §88) : 대리 · 중개의 행위를 한 때 본인에게 지체없이 통지 발송하여야 한다.

㉡ 경업피지의무(상법 §89) : 본인의 허락없이 자기나 제3자의 계산으로 본인의 영업부류에 속한 거래를 하거나, 동종영업을 목적으로 하는 회사의 무한책임사원 · 이사가 되지 못한다.

㉢ 영업비밀준수의무(상법 §92의3) : 계약의 종료 후에도 본인의 영업상의 비밀을 준수하여야 한다.

(ㄴ) 대리상의 권리

㉠ 보수청구권(상법 §61) : 상인이므로 특약이 없더라도 보수청구 가능

㉡ 유치권(상법 §91) : 거래의 대리 또는 중개로 인한 채권이 변제기에 있는 때에는 그 변제를 받을 때까지 본인을 위하여 점유하는 물건 또는 유가증권을 유치 가능(특약으로 배제할 수 있음)

㉢ 통지를 받을 권한(상법 §90) : 매매목적물의 하자 또는 수량부족, 기타 매매의 이행에 관하여 통지를 받을 권한이 있다.

㉣ 대리상의 보상청구권(상법 §92의2) : 대리상의 노력으로 본인이 새로운 고객을 획득하거나 영업상의 거래가 현저하게 증가하고 이로 인해 계약의 종료 후에도 본인이 이익을 얻고 있는 경우에 발생(대리상의 귀책사유로 계약이 종료한 경우 제외). 소멸시효는 계약종료일로부터 6월

다) 대리상계약의 종료

계약기간을 정하지 않은 경우 각 당사자는 2개월 전에 예고를 하고 계약을 해지 가능(상법 §92). 존속기간을 정한 때라도 부득이한 경우에는 언제든지 해지 가능

(6) 중개업

가) 의의

타인간의 상행위의 중개를 영업으로 하는 것이며, 이러한 영업을 하는 자를 중개인이라 한다. 중개인에 의하여 타인간의 상행위의 중개를 영업으로 하는 것을 중개업이라고 한다. 여기서 중개란 타인간의 법률행위의 체결에 진력하는 사실행위를 말한다(대리권은 없음). 상행위의 중개는 민사(혼인의 중매, 비상인간의 부동산 매매 · 임대차) 중개인과 구별된다. 불특정 다수인을 대상으로 하는 중개대리상(특정다수인)과 구분된다.

나) 중개인의 의무

㉠ 선관주의의무 : 중개인은 수임자이므로

㉡ 견품보관의무(상법 §95) : 견품을 받은 때에는 행위 완료시까지 이를 보관하여야 한다.

㉢ 결약서교부의무(상법 §96) : 각 당사자의 성명 · 상호 · 계약년월일과 그 요령을 기재한 서면, 즉 결약서를 당사자에게 교부하여야 한다.

㉣ 중개인 일기장 장부작성 · 교부의무(상법 §97)

㉤ 성명 · 상호 묵비의 의무(상법 §98)

㉥ 이행담보책임(상법 §99조, 개입의무) : 중개인이 임의로 또는 당사자의 요구에 따라 당사자 일방의 성명이나 상호를 상대방에게 표시하지 아니한 경우, 그 상대방은 중개인에게 그 이행을 청구할 수 있다.

다) 중개인의 권리

㉠ 보수청구권(상법 §100) : 결약서의 교부 또는 교환이 끝난 후에만 중개료를 청구할 수 있으며(상법 §96, 계약의 실행 여부는 불문), 별도의 비용상환청구는 할 수 없다.

㉡ 급부수령권한의 배제(상법 §94) : 별다른 약정이나 관습이 있는 경우 외에는 중개한 행위에 관하여 당사자를 위한 지급 기타의 이행을 받지 못한다.

라) 중개계약의 종료 : 위임 · 도급의 종료사유에 의하여 종료된다.

(7) 위탁매매업

가) 의의

타인의 위탁을 받아 그 타인의 계산에서 자기 명의로 법률행위를 하는 것을 주선(周旋)이라하며 이를 영업으로 하는 것을 주선업(周旋業)이라고 한다. 위탁매매업은 자기명의로써 타인의 계산으로 물건 또는 유가증권의 판매 또는 매입을 하는 영업이며, 이러한 영업을 하는 자를 위탁매매인(상법 §101)이라 한다. 자기명의(자기가 권리 · 의무의 주체)로 타인의 계산(거래의 손익을 타인에게 귀속)으로 법률행위를 하는 주선인(周旋人)은 주선행위의 목적이 물건 · 유가증권의 매매를 영업으로 하는 위탁매매인, 물건운송계약(運送周旋人), 그외에 광고 · 출판 · 여객운송 등의 계약을 주선하는 준위탁매매인(상법 §113)이 있다.

나) 위탁매매업에 있어서의 법률관계(위탁관계 및 위탁의 실행관계)

㉠ 선관주의의무 : 주선계약은 위임이므로, 위탁매매인은 선관의무가 존재

㉡ 상사매매규정의 준용(상법 §110) : 매수위탁자가 상인인 경우

㉢ 위탁물의 귀속관계(상법 §103) : 위탁자와 위탁매매인간, 위탁자와 제3자 사이에서 물건, 유가증권 등은 위탁자의 소유로 본다. 따라서 판매대금 소비하면 배임죄가 아니라 횡령죄 성립한다(판례).

다) 위탁매매인의 의무

㉠ 일반적 의무 : 선관의무, 위탁물인도의무

㉡ 통지의무, 계산서 제출의무(상법 §104) : 계약의 요령, 상대방의 주소, 성명 등

㉢ 지정가액 준수의무(상법 §106) : 지정가액보다 저가매도 · 고가양수시 위탁매매인이 차액부담하면 유효하며, 지정가액보다 고가매도 · 저가양수시 그 차액은 위탁자의 것으로 본다.

㉣ 이행담보책임(상법 §105) : 상대방의 채무불이행시 위탁자에 대하여 이행책임을 부담한다(임의규정).

ⓜ 위탁물에 대한 통지 및 처분의무(상법 §108)

라) 위탁매매인의 권리

㉠ 보수 · 비용청구권

㉡ 유치권 : 특별상사유치권으로 대리상의 유치권과 동일

㉢ 매수물의 공탁 · 경매권(매수위탁의 경우, 상법 §109) : 위탁자가 매수한 목적물의 수령을 거부하거나 이를 수령할 수 없는 때(상사매매에서 매도인의 공탁 · 경매권과 동일)

㉣ 개입권(상법 §107) : 위탁매매인이 직접 매도인 또는 매수인이 될 수 있는 권리로 형성권의 일종 ⓐ거래소의 시세있는 물건 · 유가증권의 매매의 위탁을 받고, ⓑ위탁자가 이를 금지하지 않을 것, ⓒ효과는 개입권을 행사한 때에도 비용의 상환, 보수청구 가능(상법 §107②).

마) 준위탁매매업(상법 §113)

자기명의로 타인의 계산으로 매매 이외의 행위를 영업으로 하는 자로 여객운송주선인이 이에 해당(물건운송주선인은 별도 규정이 있으므로 제외) → 위탁매매인 규정 준용

(8) 운송주선업

운송주선인은 자기명의로 물건운송의 주선을 영업으로 하는 자(여객운송의 주선은 준위탁매매업)

가) 운송주선인의 의무

㉠ 위탁매매인에 관한 규정의 준용(상법 §123) : 운송주선은 준위탁매매의 일종이므로

㉡ 손해배상책임(상법 §115) : 자기나 그 사용인이 운송물의 수령 · 인도 · 보관, 다른 운송주선인의 선택, 기타 운송에 관하여 주의를 해태하지 아니하였음을 증명하지 아니하면 운송물의 멸실 · 훼손 · 연착으로 인한 손해를 배상할 책임을 면하지 못한다(입증책임이 전환된 과실책임주의).

㉢ 소멸시효(상법 §121) : 1년(운송주선인이 악의인 경우는 일반 상사시효 적용)

나) 운송주선인의 권리

㉠ 비용상환청구권 : 별도 규정은 없으나 수임인의 당연한 권리

㉡ 보수청구권

ⓐ 보수청구시기-운송물을 운송인에게 인도한 때(상법 §119①)

ⓑ 확정운임운송계약-운임에 보수가 포함되므로(상법 §119②) 특약 없으면 보수청구 불가

㉢ 채권의 단기소멸시효 : 위탁자 혹은 수하인에 대한 채권은 1년의 시효(상법 §122)

㉣ 유치권(상법 §120)

ⓜ 개입권(상법 §116) : 운송주선인은 다른 특약이 없는 한 자기가 직접 운송할

수 있으며, 이때 개입한 운송주선인은 운송인과 동일한 권리의무를 가진다.

ⓐ 효력발생시기-개입의 통지가 위탁자에게 도달한 때

ⓑ 개입의제 - 운송주선인이 위탁자의 청구에 의해 화물상환증을 교부한 경우에는 운송주선인이 직접 운송하는 것으로 본다(상법 §116②).

다) 순차운송주선의 특칙

수인이 순차로 운송을 주선하는 경우로 부분운송주선, 하수운송주선, 동일운송주선, 공동운송주선 등이 있으나, 상법상의 순차운송주선은 공동운송주선을 의미한다.

㉠ 후자는 전자의 권리를 행사할 의무를 부담(상법 §117①)

- 보수 · 비용청구권, 유치권 등

㉡ 전자의 권리취득(상법 §117②) - 후자가 전자에게 변제한 때에는 전자의 권리를 취득

㉢ 운송인에게 변제하면 운송인이 가졌던 권리를 대위 취득한다(상법 §118).

(9) 운송업

운송업은 운송의 인수를 영업으로 하는 기본적 상행위로 운송행위 활동무대에 따라 육상 · 해상 · 항공 운송으로 구분하고 각각은 물건운송과 여객운송을 포함한다. 육상운송은 상법 제2편 상행위에서, 해상운송은 제5편 해상편, 항공운송은 제6편 항공운송편에서 규율한다.

운송인은 육상 · 호천 · 항만에서 물건 또는 여객의 운송을 영업으로 하는 자이다(상법 §125).

가) 운송계약의 성질과 당사자

운송계약은 운송인에 의한 운송의 인수를 목적으로 하는 계약을 말하며, 물건운송계약과 여객운송계약이 있다.

㉠ 운송계약의 법적 성질은 도급(都給)이며(대법원 판례), 낙성 · 유상 · 불요식 계약이다. 화물명세서(운송장) 교부나 화물상환증 발행은 계약의 성립과 무관하다.

㉡ 계약당사자는 송하인과 운송인이며, 수하인은 당사자가 아니다.

나) 물건운송

㈎ 운송인의 의무

㉠ 선관주의의무 : 물건운송인은 수임인으로 물건의 운송에 관하여 선관의무 부담

㉡ 화물상환증 교부의무(상법 §128①) : 운송물을 영수한 때 송하인의 청구에 의해 교부

㉢ 운송물처분의무(상법 §139) : 송하인 또는 화물상환증소지인의 처분지시에 따라

㉣ 운송물 인도의무 : 도착지에서 인도함으로써 계약상의 의무 완료

ⓐ 화물상환증을 발행한 때 : 증권소지인에게 화물상환증과 상환하여 운송물을 인도

ⓑ 화물상환증을 발행하지 않은 때 : 수하인의 청구에 의해 인도

ⓒ 보증도(가도) : 판례는 보증도의 상관습을 인정하면서 그로 인해 증권소지인의 권리가 침해되는 경우 운송인에게 고의 또는 중대한 과실로 인한 불법행위책임을 진다.

㉤ 운송인의 손해배상책임

ⓐ 책임원인 : 주의를 해태하지 않았음을 증명하지 아니하면 운송물의 멸실, 훼손, 연착으로 인한 책임을 면하지 못한다(입증책임 전환, 상법 §135).

ⓑ 책임의 범위 : 정액배상주의(상법 §137)

•운송인(이행보조자)에게 고의 중과실이 있는 경우
  - 모든 손해 배상(상법 §137③)

•운송물의 멸실 · 훼손으로 그 비용을 지급하지 않는 경우
  - 배상액에서 비용 공제(상법 §137④)

ⓒ 고가물에 대한 특칙(상법 §136) : 화폐나 유가증권 등 고가물의 경우에는 송하인이 위탁시에 종류와 가액을 명시하지 않으면 손해발생시에 전혀 배상책임이 없다.

ⓓ 책임의 소멸 -특별소멸사유 : 운송인의 책임은 수하인 또는 화물상환증 소지인이 유보없이 운송물을 수령하고 비용을 지급한 때 소멸되고(상법 §146①본문), 운송물에 즉시 발견할 수 없는 훼손 또는 일부의 멸실이 있는 경우에는 수하인이 운송물을 수령한 날로부터 2주 내에 그 통지를 발송하지 않으면 면책(단서). 단, 운송인 또는 그 사용인이 악의가 있는 경우 일반상사시효 적용(상법 §146②)

- 일반소멸사유(단기소멸시효, 상법 §147→§121) : 악의인 경우 제외하고 1년의 시효

㈏ 운송인의 권리

㉠ 운송물 인도청구권 : 송하인에게 운송물의 운송을 위한 인도청구

㉡ 화물명세서 교부청구권(화물명세서 : 송하인이 운송물과 함께 도착지에 송부하는 서류)

ⓐ 유가증권이나 계약서가 아니라 운송인의 운송계획 등 관리목적에 이용하는 것으로서 운송인의 청구에 의해 송하인이 작성하고 송하인이 기명날인 또는 서명(상법 §126①②)

ⓑ 부실기재의 책임 : 운송장의 허위기재시 운송인에 대해 손해배상책임(상법 §127①)

㉢ 운임 기타의 비용청구권(상법 §134)

ⓐ 운송인은 상인이므로 운임청구권이 당연히 인정

•운송인과 송하인 모두 책임없는 사유로 운송물이 멸실된 경우 : 멸실된 부

분은 운임청구가 불가. 운임을 이미 수령한 경우에는 반환해야 한다(상법 §134①). 그러나 운임지급특약은 가능(판례)

•운송물의 성질 · 하자 또는 송하인의 과실로 멸실된 경우 : 운송인에게 손해배상의 책임이 없고 운임의 청구가 가능(상법 §134②)

ⓑ 비용상환청구권 : 명문규정은 없으나 당연히 인정(예 통관비용, 창고료, 보험료 등)

㉣ 특별상사유치권 : 물건과 채권 사이의 견련관계 필요(운송주선인의 유치권과 동일, 상법 §147→상법 §120)

㉤ 운송물의 공탁 · 경매권

ⓐ 수하인을 알 수 없는 경우(상법 §142)

ⓑ 수령을 거부하거나 수령이 불가능한 경우(상법 §143)

ⓒ 송하인, 수하인, 화물상환증 소지인을 알 수 없는 경우(상법 §144)

ⓓ 준용규정(매도인의 경매권, 상법 §145조 → 상법 §67② · ③)

㉥ 운송인의 송하인(수하인)에 대한 채권의 소멸시효 1년(상법 §147→상법 §121)

㈐ 수하인의 법적 지위

㉠ 운송물이 도착지에 도착 전 → 수하인은 권리 · 의무 없다.

㉡ 도착시 → 수하인은 송하인과 동일한 권리취득(상법 §140①)

㉢ 운송물의 인도청구시 → 수하인의 권리가 송하인의 권리에 우선(상법 §140②)

㈑ 순차운송

동일한 운송에 관해 수인의 운송인이 시 · 공간적으로 연관하여 순차적으로 운송하는 것이다.

• 순차운송인의 책임

㉠ 각 운송인은 운송물에 대한 손해를 연대하여 배상할 책임(상법 §138①) : 배상한 운송인은 손해의 원인이 된 행위를 한 운송인에게 구상권행사 가능(상법 §138②)

㉡ 손해의 원인이 되는 운송인을 알 수 없는 경우(상법 §138③) : 운임액의 비율로 손해분담하지만, 손해가 자기의 운송구간에서 발생하지 아니하였음을 증명하면 분담책임 면제

㉢ 순차운송인은 자기의 전자를 갈음하여 권리를 행사할 의무가 있고, 전자에게 운임 등을 변제한 때는 전자의 권리를 취득(상법 §147→§117)

㈒ 화물상환증

운송물 반환청구권을 표창한 유가증권으로 송하인의 청구로 운송인이 발행한다(상법 §128①).

㉠ 성질

ⓐ 요식증권성 : 법정요건 기재, 기명날인 또는 서명(상법 §128②)

ⓑ 요인증권성 : 운송물의 수령을 원인으로 해서 발행

ⓒ 문언증권성 : 화물상환증에 기재된 대로 책임(상법 §131)

ⓓ 지시증권성 : 기명식인 경우에도 배서에 의해서 양도 가능(상법 §130)
ⓔ 제시증권성, 상환증권성(상법 §129)
ⓕ 처분증권성 : 운송물의 처분은 화물상환증으로(상법 §132)
ⓖ 인도증권성(물권적 효력, 상법 §133) : 화물상환증을 교부하면 운송물을 인도한 효력이 발생

㉡ 효력

- 채권적 효력

ⓐ 화물상환증소지인과 운송인간의 채권적 관계로서 화물상환증소지인이 운송인에 대해 운송계약상의 의무이행을 요구할 수 있는 법적 지위
ⓑ 요인성과 문언성의 관계(공권의 발행시 : 요인증권성과 문언증권성의 상충)

• 요인증권성을 중시하는 견해 → 화물상환증은 무효. 사실상 수령한 물건 반환. 화물상환증 허위작성에 대한 불법행위책임 : 운송인에게 유리
• 문언증권성을 중시하는 견해 → 화물상환증은 유효. 기재된 내용에 따른 채무불이행책임 : 화물상환증소지인에게 유리

- 물권적 효력 : 화물상환증의 교부로 운송물을 인도한 것과 동일한 효력(인도 증권성)

다) 여객운송

㈎ 여객운송계약

㉠ 낙성 · 불요식 계약. 여객은 계약의 당사자가 아니어도 가능

㉡ 승차권의 법적 성질

ⓐ 무기명식 : 개찰 전에는 자유양도할 수 있는 유가증권이고, 개찰 후에는 증거증권에 불과(판례는 매매양도의 대상은 가능하다고 하지만, 유가증권성은 부정)
ⓑ 기명식 : 양도성 없는 증거증권
ⓒ 회수승차권 : 운임의 선급을 증명하는 단순한 증권

㈏ 여객운송인의 책임

㉠ 여객의 손해에 대한 책임

ⓐ 책임원인 : 자기 · 사용인이 주의를 해태하지 않았음을 증명해야만 면책(§148①)
ⓑ 손해배상의 범위 : 배상액 산정시 정상참작(상법 §148②, 정액배상인 물건운송과 비교)
ⓒ 배상청구권의 상속성 : 여객의 상속인이 이를 승계

㉡ 수하물에 대한 책임

ⓐ 탁송수하물 : 운임을 받지 아니한 경우에도 물건운송인과 동일한 책임(상법§149①)
ⓑ 휴대수하물 : 멸실 · 훼손에 대해 자기 · 사용인의 과실 없으면 배상책임 무(§150)

ⓒ 순차운송인의 연대책임 : 공동으로 전구간의 운송을 인수한 경우 연대책임(상법 §57)

라) 항공운송

항공운송산업이 비약적으로 발전함에 따라 승객과 화주의 권익을 보호하고 항공운송 당사자의 권리의무를 명확히 하고 항공사가 제공하는 약관에만 의존하였던 것을 2011년 5월 개정 상법에 항공운송(제6편)을 마련하여 법적 안정성을 기하고자 하였다.

(10) 공중접객업

공중접객업은 공중이 이용하는 시설(예 극장 · 여관 · 음식점 · 당구장 등)에 의한 거래를 영업으로 하는 것을 말한다(상법 §151). 숙박업, 목욕장업 등과 같은 공중접객업의 목적인 거래는 기본적 상행위의 일종이다.

가) 공중접객업자와 그 책임의 특별규제

공중접객업의 주체, 즉 자기의 명의로 공중이 이용하는 시설에 의한 거래를 영업으로 하는 자가 공중접객업자이며(상법 §151), 상법은 손님의 소지품 또는 휴대품에 대한 공중접객업자의 책임에 관하여 특칙을 두고 있다.

나) 공중접객업자의 책임

㉠ 임치를 받은 물건에 대한 책임 : 멸실 · 훼손이 불가항력에 의한 것임을 증명하지 아니하면 배상책임을 면하지 못한다(결과책임, 상법 §152①).

㉡ 임치 받지 아니한 물건에 대한 책임 : 그 시설 내에서 휴대한 물건의 멸실 또는 훼손이 자기 또는 사용인의 과실로 인한 것인 경우에는 손해배상의 책임을 진다. 고객의 휴대물에 대한 책임이 없음을 게시한 경우에도 위의 책임을 면하지 못한다(상법 §152②③).

㉢ 고가물 특칙(상법 §153) : 고가물은 종류 · 수량 · 가액을 명시하지 않으면 손해배상을 받지 못한다.

㉣ 책임의 단기시효 : 6개월

(11) 창고업

창고업은 창고에 의한 물건의 보관을 영업으로 하는 것을 말하며, 기본적 상행위로서의 임치의 인수(상법 §46 제14호)가 목적인 영업이다.

가) 창고업자와 창고임치계약

창고업의 주체, 즉 타인을 위하여 창고에 물건을 보관함을 영업으로 하는 자가 창고업자이며(상법 §155), 창고업자에 의한 창고영업의 실현에 관한 법률요건이 창고

임치계약이며, 소비임치는 포함되지 않는다.

나) 창고업자의 의무

㉠ 보관의무 : 임치기간에 특약이 없는 경우, 임치물 받은 날로부터 6개월 경과시 언제든지 반환가능

㉡ 창고증권의 교부의무(상법 §156) : 임치인의 청구에 의해서 창고업자가 발행

㉢ 검사 · 견품적취 · 보존처분에 응할 의무(상법 §161)

㉣ 임치물의 훼손 · 하자 등의 통지 · 처분의무(상법 §168조→상법 §108)

㉤ 손해배상책임

ⓐ 주의를 해태하지 않았음을 증명하지 아니하면 손해배상의 책임을 면하지 못한다(상법 §160, 물건운송인과 동일).

ⓑ 특별소멸원인(상법 §168→§146) : 유보없이 임치물을 수령하고 보관료를 지급한 때(물건운송인과 동일), 즉시 발견할 수 없는 훼손이 있는 경우 2주 내 통지의 발송이 없으면 책임소멸

ⓒ 단기시효 : 1년(임치물 출고일부터), 단 창고업자가 악의인 경우는 일반상사시효 적용

다) 창고업자의 권리

㉠ 보관물 인도청구권

㉡ 보관료 · 비용상환청구권(상법 §162)

㉢ 유치권 : 보관료와 비용상환청구권에 관해 임치물에 대하여 행사 가능

㉣ 공탁권과 경매권(상법 §165) : 상사매매의 매도인에 관련된 규정(상법 §67)이 준용

㉤ 채권의 소멸시효(상법 §167) : 임치물의 출고일로부터 1년간

라) 창고증권

임치물반환청구권을 표창하는 유가증권(그 성질은 화물상환증과 동일)

㉠ 발행 : 법정사항 기재 후 창고업자의 기명날인 또는 서명, 구증권을 반환하고 임치물을 분할한 후 각 부분에 대한 창고증권의 교부청구 가능(임치인이 그 비용을 부담)

㉡ 양도 · 효력 : 화물상환증과 마찬가지로 ⓐ채권적 효력, ⓑ물권적 효력이 인정된다.

㉢ 창고증권에 의한 입질과 일부출고(상법 §159) : 임치물을 입질한 때에도 질권자의 승낙이 있으면 변제기간 전이라도 임치물의 일부에 대한 반환청구가 가능

❖ 상거래의 유형 비교

구 분	대리상	중개인	위탁매매인	운송주선인	운송인	창고업자	공중접객업자
상사유치권	특별	×	특별	특별	특별	×	
공탁경매권			○	○	○	○	×
개 입 권	×	※개입의무	개입권	개입권	×	×	×
경업회피의무	○	×	×	×	×	×	×
고가물특칙	×	×	×	○	○	×	○
특별소멸시효	×	×	×	2주	2주	2주	×
단기소멸시효	×	×	×	1년	1년	1년	6월
상 대 방	상인	일방상인	비상인	비상인	비상인	비상인	비상인
책 임	과 실 책 임			무 과 실 입 증			불가항력 입증

※ 중개인, 창고업자, 공중접객업자에 대해 일반상사유치권 적용가능

(12) 금융리스업

금융(金融)리스업은 금융리스이용자가 선정한 기계, 시설, 그 밖의 재산("금융리스물건")을 제3자("공급자")로부터 취득하거나 대여받아 금융리스이용자에게 이용하게 하는 것을 영업으로 하는 것을 말하며, 기본적 상행위로서의 기계, 시설, 그 밖의 재산의 금융리스에 관한 행위(상법 §46제19호)가 목적인 영업이다.

새로운 유형의 상행위로 2010년 개정상법에서 금융리스계약의 중도해지를 명시하고, 금융리스이용자가 공급자에게 직접 손해를 청구할 수 있도록 하는 등 금융리스업의 법률관계를 구체화함으로써 금융리스업자와 금융리스이용자의 법률관계가 합리적으로 규율하였다.

가) 금융리스업자와 금융리스이용자의 의무

금융리스업자(lessor)는 금융리스이용자가 금융리스계약에서 정한 시기에 금융리스계약에 적합한 금융리스물건을 수령할 수 있도록 하여야 한다.

금융리스이용자(lessee)는 이에 따라 금융리스물건을 수령함과 동시에 금융리스료를 지급하여야 한다.

금융리스물건수령증을 발급한 경우에는 금융리스계약 당사자 사이에 적합한 금융리스물건이 수령된 것으로 추정한다.

금융리스이용자는 금융리스물건을 수령한 이후에는 선량한 관리자의 주의로 금융리스물건을 유지 및 관리하여야 한다(상법 §168의3).

나) 공급자의 의무

① 금융리스물건의 공급자(supplier)는 공급계약에서 정한 시기에 그 물건을 금융리스이용자에게 인도하여야 한다.

② 금융리스물건이 공급계약에서 정한 시기와 내용에 따라 공급되지 아니한 경우 금융리스이용자는 공급자에게 직접 손해배상을 청구하거나 공급계약의 내용에 적합한 금융리스물건의 인도를 청구할 수 있다.

③ 금융리스업자는 금융리스이용자가 이 손해배상청구권이나 금융리스물건인도청구권을 행사하는 데 필요한 협력을 하여야 한다(상법 §168의4).

다) 금융리스계약의 해지

① 금융리스이용자의 책임 있는 사유로 금융리스계약을 해지하는 경우에는 금융리스업자는 잔존 금융리스료 상당액의 일시 지급 또는 금융리스물건의 반환을 청구할 수 있다.

② 이에 따른 금융리스업자의 청구는 금융리스업자의 금융리스이용자에 대한 손해배상청구에 영향을 미치지 아니한다.

③ 금융리스이용자는 중대한 사정변경으로 인하여 금융리스물건을 계속 사용할 수 없는 경우에는 3개월 전에 예고하고 금융리스계약을 해지할 수 있다. 이 경우 금융리스이용자는 계약의 해지로 인하여 금융리스업자에게 발생한 손해를 배상하여야 한다(상법 §168의5).

(13) 가맹업

가맹업(加盟業)은 자신의 상호·상표 등을 제공하는 것을 영업으로 하는 가맹업자(加盟業者, franchisor)로부터 그의 상호·상표 등을 사용할 것을 허락받아 가맹업자가 지정하는 품질기준이나 영업방식에 따라 영업으로 하는 것을 말하며, 기본적 상행위로서의 상호·상표 등의 사용허락에 의한 영업에 관한 행위(상법 §46제20호)가 목적인 영업이다. 프랜차이즈를 인수받아 가맹업을 영업으로 하는 자를 가맹상(加盟商, franchisee)이라 한다(상법 §168의6).

2010년 개정상법에서 가맹업의 특성을 반영하여 가맹업자(加盟業者) 경업금지 의무와 가맹상(加盟商)의 비밀준수 의무를 부여하고, 가맹상은 가맹업자의 동의를 받아 영업양도를 하도록 하며, 가맹계약의 중도해지를 인정하는 등 가맹업의 법률관계를 구체화함으로써 당사자간 분쟁 방지 및 가맹업의 활성화할 것으로 보인다.

가) 가맹업자의 의무

가맹업자(加盟業者, franchisor)는 가맹상의 영업을 위하여 필요한 지원을 하여야 하고, 다른 약정이 없으면 가맹상의 영업지역 내에서 동일 또는 유사한 업종의 영업을 하거나, 동일 또는 유사한 업종의 가맹계약을 체결할 수 없다(상법 §168의7).

나) 가맹상의 의무

가맹상(加盟商, franchisee)은 가맹업자로부터 그의 상호 · 상표 등을 사용에 대한 사용료를 지불하여야 하고 가맹업자의 영업에 관한 권리가 침해되지 아니하도록 하여야 하며, 계약이 종료한 후에도 가맹계약과 관련하여 알게 된 가맹업자의 영업상의 비밀을 준수하여야 한다(상법 §168의8).

다) 가맹상의 영업양도

가맹상은 가맹업자의 동의를 받아 그 영업을 양도할 수 있으며, 가맹업자는 특별한 사유가 없으면 이 영업양도에 동의하여야 한다(상법 §168의9).

라) 계약의 해지

가맹계약상 존속기간에 대한 약정의 유무와 관계없이 부득이한 사정이 있으면 각 당사자는 상당한 기간을 정하여 예고한 후 가맹계약을 해지할 수 있다(상법 §168의10).

(14) 채권매입업

채권매입업(債權買入業, factoring)은 타인이 물건 · 유가증권의 판매, 용역의 제공 등에 의하여 취득하였거나 취득할 영업상의 채권(영업채권)을 매입하여 회수하는 것을 영업으로 하는 것을 말하며, 기본적 상행위로서의 영업상 채권의 매입 · 회수 등에 관한 행위(상법 §46제21호)가 목적인 영업이다(상법 §168의11).

이와 같이 2010개정상법에서 영업채권 및 채권매입업자의 개념을 정의하고, 채권매입업자의 거래상대방에 대한 상환청구가 가능하도록 하여 채권매입업의 법률관계를 구체화함으로써 채권매입업의 활성화할 것으로 보인다.

외상매출 영업채권의 채무자(customer)가 그 채무를 이행하지 아니하는 경우 채권매입계약에서 다르게 정한 경우를 제외하고 채권매입업자(factor)는 채권매입계약의 채무자에게 그 영업채권액의 상환을 청구할 수 있다(상법 §168의12).

제2 절 회사법

회사법은 상법행위 기타 영리를 목적으로 하여 설립된 법인인 회사에 관하여 상법 제3편에 규정된 법을 말한다.

1) 회사의 종류

(1) 합명회사

㉠ 합명회사는 2인 이상의 무한책임사원으로 구성되며, 합명회사의 각 사원은 회사에 대한 출자의무 이외에도 회사가 채무를 부담하여 회사재산으로써 완제하지 못하게 될 때에는 회사채권자에 대하여 직접, 연대, 무한책임을 진다.

㉡ 합명회사의 설립절차는 다른 종류의 회사보다 매우 간단하고 용이하다. 즉, 2인 이상의 사원이 되고자 하는 자가 정관을 작성하고 설립등기를 하면 된다.

(2) 합자회사 : 무한책임사원과 유한책임사원 각각 1인 이상으로 구성되는 이원적인 조직의 회사이다.

(3) 유한책임회사 : 사원이 정관에 의해 특정되어 지는 인적회사이면서 대외적으로는 사원전원이 유한책임을 부담하는 회사이다. 인적회사는 무한책임을 지는 사원이 불가결한 존재이나 2011.4.개정상법에서는 인적회사이면서 대외적으로 유한책임만을 지는 사원으로만 구성된 회사를 신설하였다.

(4) 주식회사 : 그 구성원인 주주의 출자에 의해 구성되는 자본을 가지고, 주주는 그가 가진 주식인수가액을 한도로 하여 회사에 대하여만 책임을 질뿐이고, 회사채권자에 대해서는 아무런 책임을 지지 않는 물적 회사이다.

(5) 유한회사 : 1인 이상의 간접유한책임사원으로 구성된 회사를 말한다.

구 분	사원구성	업무집행	자본형성	지위의 양도	성격
합명회사	무한책임사원 (2인이상)	사원전원	전사원의 공동출자	전사원의 동의	인적회사
합자회사	무한 · 유한 책임사원	무한책임 사원	전사원의 공동출자	무한책임사원 전원의 동의	인적회사
유한책임 회사	유한책임사원	업무집행자	출자전액 납입	업무집행(총)사원 의 동의	인적 · 물적회사
주식회사	주주(간접유한책임)	이사회, 대표이사	주식으로 공모	주식양도의 자유	물적회사
유한회사	유한책임사원	이사	전사원의 공동출자	사원총회의 동의	물적회사

구 분	인적(합명 · 합자) 회사	물적(주식 · 유한) 회사
회사활동의 중심	회사의 인적 요소	회사의 물적 요소
최저자본금	무제한	제한
회사신용의 기초	사원개인의 신용과 재산	회사의 재산
사원의 책임	직접, 연대, 무한	간접, 유한
회사재산의 독립성	약함	강함
사원의 수	소수	다수
경영참여	자기기관성(개인주의적)	제3자기관성(단체주의성)
사원지위의 이전	제한	자유
1인사원	해산	해산(※회사는 존속)
청산방법	임의청산, 법정청산	법정청산만 인정
설립취소의 소	인정	인정(※주식회사 불인정)
의사결정	대부분 전원일치, 인원에 의한 다수결	대부분 다수결, 출자지분에 의한 다수결

회사의 분류

회사(會社)란 상행위 기타 영리를 목적으로 법률에 의하여 설립된 사단법인을 말한다.

(1) 사원의 책임내용을 중심으로 상법상 합명 · 합자 · 유한책임 · 주식 · 유한회사의 5종으로 분류된다.

㉠ **合名會社**(partnership, offene Handelsgesellschaft) : 모두 무한책임사원만으로 구성되어 회사대표권과 업무집행권을 가지며, 회사채권자에 대해 직접 · 연대 · 무한책임을 부담한다. 사원은 회사와 인적 신뢰가 깊어 사원의 지위인 지분을 타인에게 자유로이 이전할 수 없다.

㉡ **合資會社**(limited partnership, Kommanditgesellschaft) : 유한사원과 무한사원의 2원적 조직으

로 구성된 회사이다. 유한책임사원은 재산출자만 할 수 있고 그 지분을 양도할 수 있다.

ⓒ 有限責任會社(limited liability company, LLC) : 2012년 개정된 상법에 도입된 회사의 형태이다. 유한책임회사의 내부관계에 관하여는 정관이나 상법에 다른 규정이 없으면 합명회사에 관한 규정을 준용한다. 주식회사의 경직된 지배구조 보다 신속하고 유연하며 탄력적인 지배구조를 가지고 있고, 출자자가 직접 경영에 참여할 수 있으며 각 사원이 출자금액만을 한도로 책임을 지므로, 고도의 기술을 보유하고 있으며 초기 상용화에 어려움을 겪는 청년 벤처 창업에 적합하다.

ⓓ 株式會社(joint-stock corporation, company limited by shares, Aktiengesellschaft) : 자본(Grundkapital)의 구성분자인 주식(Aktien)을 소유한 주주로서 구성된 회사로서 주주는 회사채권자에 대해 아무런 책임도지지 않는 간접유한책임사원만으로 성립된 회사이다(인수가액의 한도로 출자의무만 부담).

ⓔ 有限會社(private company, Gesellschaft mit beschr nkter Haftung) : 출자금한도로 유한책임을 지는 사원으로 구성된 회사로 주주와 달리 사원은 현물출자시 자본전보책임을 부담한다.

(2) **학설상 분류**로 사회학적으로 사원의 개성과 회사와의 관계에 따라 인적(組合的 · 個人主義的)회사(Persongesellschaft) · 물적(社團的 · 資本 · 團體主義的)회사(Kapitalgesellschaft)로 구분된다. 전자는 사원의 개성이 짙고 존립기초가 사원의 인적 신뢰(합자회사),에 있는 반면 후자는 자본적 결합으로 개성이 희박하고 회사재산이 존립기초인 회사(주식회사). 법률형태상 기업 경영과 소유의 귀속 및 구성원이 사원자격인가 기관자격인가에 따라 개인주의적·단체주의적 회사로 구분된다. 전자는 사원 자신이 업무를 집행하는 자기기관 소유이고 후자는 제3자 기관에 의해 업무를 집행하는 회사이다.

(3) **회사의 설립 및 존속에 관한 준거법**에 따라서 한국법에 의해 설립된 회사를 **內國會社**(domestic corporation), 외국법에 의해 설립되어 외국에서 영업을 하는 회사를 **外國會社**(foreign corporation)라고 하고 내국회사도 상법에 의하여 설립된 회사를 '일반법상 회사'라고 하고 '특별법상 회사'와 구분하고 있다. 특별법상 회사도 일반특별법상 회사(은행·신탁·보험회사)와 회사설립을 위해 특별법이 제정되어 있는 특정특별법상의 특수국책회사(한국은행 · 한국전매공사 · 한국전력주식회사 등)가 있다.

(4) **경제상 분류**로서 기업결합형태에 따라 **支配會社**와 **從屬會社**, 모회사와 자회사, **持株會社**와 **系列會社**로 구분할 수 있으며, 공개상장여부에 따라 **公開會社**와 **閉鎖(家族)會社**, 상장회사와 비상장회사·등록회사로 구분되며, 자본의 내외에 따라 **內資會社**와 **外資會社** 및 **合作會社**, **國際會社**로 구분할 수 있다. A회사가 B회사를 계약, 주식이나 지분의 보유(자본 참가형태), 사원의 파견(인적 참가형태) 등에 의해 지배하고 있을 때 A회사를 **母會社**, B회사를 **子會社**라고 한다. 또 발행한 주식이 증권거래소에 상장되고 그곳에서 매매되고 있는 **上場會社**가 있고, 그렇지 않는 **非上場會社**가 있는데, 후자는 세법상 불리한 대우를 받지만 전자는 내부자거래금지, 주식상호보유금지의 제한을 받는다.

(5) **기타 목적**에 따라 상행위를 목적으로 하는 **商事會社**와 그외의 영리를 목적으로 하는 **民事會社**, 자본의 대소에 따라 **大企業** 및 **中小企業**, **小企業** 등의 분류가 있다.

2) 회사의 생멸변화

(1) 회사의 설립

가) 회사설립 원칙

준칙주의(準則主義)는 법인 설립에 관한 요건을 미리 법률에 정해 놓고, 그 요건이 충족되면 당연히 법인이 성립하는 것으로 하는 주의이다. 그 조직내용을 공시하기 위하여 등기를 성립요건으로 하는 것이 보통이다. 각종의 영리법인(會社, 상법 §172), 노동조합(「노동조합 및 노동관계 조정법」 §10) 등에 준칙주의가 채용되어 있다.

나) 설립절차

회사의 실체를 갖추어 회사라는 법인을 성립시키는 행위들로 이루어진 일련의 절차는 사단결성⇨정관작성⇨설립행위⇨설립등기 등으로 이루어진다. 즉, 회사설립행위를 적정하게 마치고, 설립등기에 의해 법인격을 취득하는 것이다.

(ㄱ) 설립요건 : 사원확정(사단성) + 자본확정(재단성) + 기관선임(법인성)

❖ 회사별 실체구성방법

구 분	물 적 회 사	유 한 회 사	주 식 회 사
사원확정 (사단성)	정관작성	정관작성	주식인수
자본확정 (재단성)	정관작성	정관작성	주식인수
기관선임 (법인성)	정관작성	사원총회, 정관작성	창립총회, 발기인총회
성립전 납입여부	불필요	필요	필요

(ㄴ) 절차 : 정관작성 → 실체형성[인수 및 납입(주식회사)] → 설립등기[준칙(법률) 준수여부에 대한 판단기준+회사 이해관계자에 대한 공시효과(절차종료후 2주간내), 법인격 취득] 회사의 설립등기는 상업등기이다. 이러한 설립등기는 법인과 거래하는 제3자에게 법인의 조직을 알려 그 자에게 불측의 손해를 생기지 않게 하기 위한 공시의 기능과 준칙주의하에서의 준칙의 준수를 보장하는 기능이 있다.

㈐ 회사별 설립상 차이

구 분	인적회사	유한회사	주식회사
정관작성	1인이상의 사원	1인이상의 사원	1인이상의 발기인
정관의 내용	목적, 상호, 각사원의 책임, 출자액, 본점소재지, 작성연월일	목적, 상호, 각 사원의 성명·주소, 각 사원의 출자 좌수, 본점소재지	목적, 상호, 본점소재지, 회사공고방법, 발기인 성명·주소, 수권주식수, 1주금액, 설립시 발행주식수
사원확정	정관작성	정관작성	주식인수
납입	일부납입 가능	출자전액의 납입	출자전액의 납입
변태설립사항	×	현물출자, 재산인수, 설립 비용	현물출자, 재산인수, 설립비용, 특별이익
법원조사	×	×	필요
기관선임	불필요	필요	필요
공모인정여부	×	×	인정

(2) 회사의 변경

가) 회사의 합병

㈎ 의의와 유형 : 법률적으로나 실질적으로 두 개 이상의 기업들이 하나의 기업으로 합하는 것이 합병(合倂)이다. 합병의 방법에는 법률적으로 두 가지가 있는데 ⓐ1개의 기업만이 존속하고 타기업을 흡수하여 후자가 소멸하는 흡수합병이며, ⓑ2이상의 기업이 소멸하고 새로운 기업을 창설하는 신설합병이다. 합병을 형태측면에서 보면 ⓐ생산공정이 전후하는 이종의 기업이 합병하는 수직합병과 ⓑ유사산업에 속하는 기업끼리 합병하는 수평합병, ⓒ생산기술면에서 직접적 관련을 갖지 않은 기업간의 혼합합병이 있다.

㈏ 합병의 절차

㉮ 합병계약 : 합병당사회사의 합병결의로 효력 발생(상법 §522)

㉯ 합병 결의

㉠인적회사 : 총사원의 동의(상법 §230)

㉡물적회사 : 주주총회의 특별결의(상법 §522③), 사원총회의 특별결의(총사원의 1/2이상, 의결권의 3/4이상, 상법 §585), 종류주주총회의 결의(상법 §436, §435)

㉢주식회사의 경우 반대주주는 주식매수청구권 행사 가능(상법 §522의3)

㉰ 회사채권자 보호절차(상법 §232, §269, §527의5, §603)

㉠공고 : 일정한 기간(1월 이상)내에 이의를 제출할 것을 합병결의 후 2주 내에 공고

ⓛ최고 : 알고 있는 채권자에게 개별적 최고(공고만 하면 무효)

ⓒ기간내 이의제출하지 않은 채권자는 합병을 승인한 것으로 본다.

ⓡ이의를 제출한 채권자에게는 변제 혹은 상당한 담보의 제공를 제공해야 한다.

㉣ 간이합병제도(상법 §527의2) : 흡수합병에 있어서 소멸회사의 총주주의 동의가 있거나 그 회사의 발행주식총수의 90%이상을 존속회사가 소유하고 있는 때에는 소멸회사의 주주총회의 승인을 이사회의 승인으로 갈음할 수 있도록 하는 제도로, 소멸회사는 합병계약서 작성일로부터 2주 내에 이 같은 취지의 공고·통지를 해야 한다(총주주의 동의로 생략 가능).

㉤ 소규모합병제도(상법 §527의3)

ⓖ존속회사가 합병으로 인해 발행하는 신주의 총수가 그 회사 발행주식총수의 5% 이하인 경우 존속회사의 주주총회의 승인을 이사회의 승인으로 갈음할 수 있도록 하는 제도

ⓛ합병반대주주의 주식매수청구권은 배제

ⓒ합병 후 존속회사의 발행주식총수의 20% 이상의 주식을 소유한 주주가 반대하는 경우, 소규모 합병을 할 수 없음

㉥ 이사 · 감사의 임기(상법 §527의4) : 흡수합병에 있어서 존속회사의 이사 및 감사로서 합병 전에 취임한 자는 다른 정함이 있는 경우를 제외하고는 합병 후 최초로 도래하는 결산기의 정기총회가 종료하는 때에 퇴임

㉦ 합병에 관한 서류의 사후공시(상법 §527의6)

㉧ 합병등기(창설적 효력)

㈂ 합병의 효과

㉮ 1개회사 이상의 소멸, 회사의 설립(신설합병), 존속회사의 정관변경(흡수합병)

㉯ 권리의무의 포괄적 이전(상법 §235), 사원의 수용

나) 회사의 분할과 분할합병

회사의 분할은 새로운 회사를 설립하거나 타회사와 합병 등을 하기 위하여 기존회사의 일부를 분리시키는 기업구조재편의 수단을 말한다. 회사의 분할 방법에는 기존회사의 2개 이상의 영업부문을 분리하여 2개 이상의 새로운 회사를 설립하고 기존회사는 해산하는 방법(완전분할), 기존회사의 2개 이상의 영업부문을 분리하여 2개 이상의 타회사에 합병시키고 기존회사는 해산하는 방법(분할합병) 및 기존회사의 2개 이상의 영업부문을 분리하여 타회사(기존 또는 신설회사)에 출자하지만 기존회사는 존속하는 방법(불완전분할)이 있다. 분리설립(spin-offs) 및 분할설립(split-offs)은 불완전분할의

예라 할 수 있다. 회사의 분할 시 분할하는 해당 회사를 분할회사로, 분할을 통하여 새로 설립되는 회사를 단순분할신설회사로, 분할흡수합병의 존속회사를 분할승계회사로, 분할신설합병으로 새로 설립되는 회사를 분할합병신설회사이다.

회사의 분할은 1개의 회사가 2이상으로 나뉘어 1개 또는 수개의 회사를 설립하거나 1개 또는 수개 존립중의 회사와 합병하는 것을 말한다. 분할은 당사회사가 단·복수인가에 따라 단순분할(상법 §530의2①)과 분할합병(상법 §530의2②③)으로 나뉘고, 회사가 분할 후 소멸하는가의 여부에 따라 소멸(불완전·일부)분할과 존속(완전·전부)분할로 나누어 진다. 분할되는 회사의 주주가 분할후 회사의 주주로 수용되는가의 여부에 따라 인적(수용)분할과 물적(불수용)분할로 구분되는데, 상법은 인적분할을 원칙으로 하면서 예외로 물적 분할도 인정하고 있다(상법 §530의12).

다) 회사의 조직변경

(ㄱ) 개념 : 회사가 법인격의 동일성을 유지하면서 그 법률상 조직을 변경하여 다른 종류의 회사로 되는 것을 회사의 조직변경이라고 한다. 인적회사 및 물적회사 상호간에서만 조직변경이 허용된다.

(ㄴ) 각종회사의 조직변경 : 각각 해산등기와 설립등기 필요(설립등기시 효력 발생)

ⓐ주식회사에서 유한회사로 : 총주주의 동의(상법 §604①본문), 채권자보호절차(상법 §608,§232), 사채의 상환(상법 §604①단서), 자본총액의 제한(상법 §604②)

ⓑ주식회사에서 유한책임회사로 : 총회에서 총주주의 동의로 결의한 경우(상법 §273의43①)

ⓒ유한회사에서 주식회사로 : 총사원의 일치에 의한 사원총회 결의(상법 §607①), 채권자보호절차(상법 §608,§232), 법원의 인가(상법 §607③), 자본총액의 제한(상법 §607②)

ⓓ유한책임회사에서 주식회사로 : 총사원의 동의(상법 §273의43②)

ⓔ합명회사에서 합자회사로 : 총사원의 동의(상법 §242①), 무한책임사원의 일부를 유한책임사원으로 전환, 유한책임사원의 신규가입(상법 §242①)

ⓕ합자회사에서 합명회사로 : 총사원의 동의(상법 §286①), 유한책임사원 전원이 퇴사한 경우에는 무한책임사원 전원의 동의(상법 §286②)

(3) 회사의 해산과 청산 및 계속

가) 회사의 해산

법인에는 자연인과 달라서 사망이라는 문제는 일어나지 않지만 정관에 정한 해산사유가 발생하거나 법인의 목적달성 또는 달성불능, 파산하거나 주무관청으로부터 설립허가가 취소되거나 사단법인인 경우에는 총회의 해산결의가 있거나 사원이 한 사람도 없어지거나 하면 그것으로 해산이 된다. 따라서 회사의 해산은 법인격을 소멸시키는 원인이 되는 법률요건으로 청산이 완료되는 때에 법인격은 소멸한다. 각종회사의 해산사유는 다음과 같다.

<table>
<tr><th>합 명 회 사</th><th>주 식 회 사</th><th>유 한 회 사</th></tr>
<tr><td>상법 §227</td><td>상법 §517</td><td>상법 §609</td></tr>
<tr><td colspan="3">1. 존립기간의 만료 기타 정관으로 정한 사유의 발생
2. 합병
3. 파산
4. 법원의 명령 또는 판결</td></tr>
<tr><td>5. 총사원의 동의
6. 사원이 1인으로 된 때

합자회사

무한책임사원 또는 유한책임사원의 전원이 퇴사한 때(§285①)</td><td>5. 주주총회의 특별결의(§434 : 출석한 주주의 의결권의2/3이상의 수와 발행주식총수의 1/3이상의 수)
6. 제530조의2의 규정에 의한 회사의 분할 또는 분할합병
7. 휴면회사의 해산의제(§520의2)</td><td>5. 사원총회의 특별결의(§585 : 총사원의 반수이상이며 총사원의 의결권의 3/4이상을 가지는 자의 동의)</td></tr>
<tr><td colspan="3">유한책임회사는 다음 각 호의 어느 하나에 해당하는 사유로 해산한다(상법 §287의38).
1. 제227조제1호(존립기간의 만료 기타 정관으로 정한 사유의 발생) · 제2호(총사원의 동의) 및 제4호부터 제6호까지에서 규정한 사항(합병, 파산, 법원의 명령 또는 판결)에 해당하는 경우
2. 사원이 없게 된 경우</td></tr>
</table>

㈎ 해산명령 : 모든 회사에 공통된 해산사유로 공익적 사유를 이유로 함

㉮ 해산명령사유(상법 §176①)

㉠설립목적의 불법, ㉡정당한 사유없이 설립 후 1년내에 영업을 개시하지 아니하거나, 1년 이상 영업을 휴지하는 때, ㉢이사 혹은 업무집행사원이 법령·정관에 위반하여 회사의 존속을 허용할 수 없는 행위를 한 때

㉯ 해산명령의 절차

㉠법원은 이해관계인이나 검사의 청구·직권으로 회사의 해산을 명 가능(상법 §176①), ㉡해산명령의 청구가 있는 때에는 해산을 명하기 전이라도 이해관계인이나 검사의 청구·직권으로 관리인의 선임 기타 회사재산의 보전에 필요한 처분 가능(상법 §176②), ㉢회사는 이해관계인이 악의임을 소명하고 그에게 상당한 담보를 제공할 것을 청구 가능(상법 §176③④)

㈏ 해산판결 : 사원의 이익을 보호하기 위해 사원(주주)의 청구로 판결로서 해산을 명

㉮ 해산판결사유

㉠인적회사 : 부득이한 사유가 있는 때(상법 §241)

㉡물적회사(상법 §520제1호,2호) : ⓐ회사의 업무가 현저한 정돈상태를 계속하여 회복할 수 없는 손해가 생긴 때 또는 생길 염려가 있는 때, ⓑ회사재산의 관리·처분의 현저한 실당(失當)으로 인하여 회사의 존립을 위태롭게 한 때, 부득이한 사유가 있는 때

㉯ 청구권자 : 인적회사는 각 사원(상법 §241), 주식회사는 소수주주(100분의10, 상법 §520), 유한회사는 소수사원(자본의 10분의1이상의 출자좌수, 상법 §613)

㉰ 해산판결의 효과

ⓐ원고승소 : 회사는 해산하고, 청산절차에 들어간다.

ⓑ원고패소 : 악의·중과실 있으면, 회사에 대하여 연대하여 손해배상책임을 진다(§191).

㈐ 휴면회사의 해산

㉮ 최후의 등기후 5년을 경과한 회사로 공고 후 2월 내에 신고 또는 등기를 하지 않은 회사는 해산한 것으로 본다.

㉯ 해산의제일로부터 3년 이내에 주주총회의 특별결의에 의해 회사를 계속할 수 있으며, 그렇지 않은 경우 해산의제 후 3년이 경과한 때에 청산이 종결된 것으로 본다(상법 §520의2④).

나) 회사의 청산

청산인은 회사가 해산하여 청산을 하는 경우 그 청산사무를 수행하는 청산회사의 사무집행인 및 대표기관 같은 것이다. 주식회사에서는 청산인회가 의사결정을 하며 집행 및 대표는 대표청산인이 행한다. 청산인인 자는 정관으로 정하거나 또는 사원(주주총회)이 선임하지 않는 한, 인적회사에서는 총사원, 주식회사에서는 이사가 된다. 직무 권한의 주가 되는 것은 직무의 종료, 채권의 추심, 채무의 변제, 잔여재산의 분배 등이다. 사원이 선임한 청산인은 언제든지 해임할 수 있다. 청산인과 회사와의 관계는 위임이다.

다) 회사의 계속

㈎ 의의 : 해산후 청산이 종료되기 전의 회사를 해산전의 회사로 복귀시키는 것(소급효는 없음)을 회사의 계속이라고 한다. 회사가 해산명령이나 판결을 받아 해산하는 경우에는 계속이 인정되지 않는다.

㈏ 회사의 계속이 가능한 경우

㉮ 합명회사

ⓐ계속이 가능한 해산 : 존립기간의 만료 기타 정관에 정한 사유로 인한 해산, 총사원의 동의에 의한 해산, 사원이 1인이 된 경우의 해산

ⓑ계속의 요건 : 총사원의 동의(§229①), 새로운 사원을 가입시켜 회사 계속(§229②)

㉯ 합자회사

ⓐ계속이 가능한 해산 : 존립기간의 만료 기타 정관에 정한 사유로 인한 해산, 총사원의 동의에 의한 해산, 사원이 1인이 된 경우의 해산

ⓑ유한책임 또는 무한책임사원의 전원 퇴사에 의한 해산

㉠잔존사원은 전원의 동의로써 새로운 유한책임사원 혹은 무한책임사원을 가입시켜 회사의 계속이 가능(상법 §285②)

ⓛ총사원의 동의로써 사원의 책임을 유한책임사원 또는 무한책임사원으로 변경하여 회사를 계속 가능(상법 §286①)

ⓒ유한책임사원 전원이 퇴사한 경우에는 무한책임사원이 합명회사로 조직변경하여 회사를 계속 가능(상법 §286②)

㈐ 유한책임회사

ⓐ계속이 가능한 해산 : 존립기간의 만료 기타 정관에 정한 사유로 인한 해산, 총사원의 동의에 의한 해산

ⓑ계속의 요건 : 총사원의 동의(§229①)

㈑ 주식회사

ⓐ계속이 가능한 해산 : 존립기간의 만료 기타 정관에서 정한 사유의 발생, 주주총회의 결의에 의한 해산(상법 §519), 휴면회사의 정리에 의한 해산(상법 §520의2③)

ⓑ계속의 결의 : 회사를 계속하기 위해서는 주주총회의 특별결의가 필요(상법 §519)

㈒ 유한회사

ⓐ계속이 가능한 해산 : 존립기간의 만료 기타 정관에서 정한 사유의 발생, 사원총회의 결의에 의한 해산(상법 §610①)

ⓑ계속의 방법 : 사원총회의 특별결의

제3절 해상보험법

1. 보험법

1) 보험의 의의

보험은 장래의 위험에 대비하여 다수의 사람들이 일정액의 보험료를 미리 부담하여 공동준비재산을 형성하고, 사고 발생 시에 재산적 급여(보험금)를 받는 제도를 말한다.

2) 보험의 종류

(1) 손해보험

당사자의 일방(보험자)이 우연한 사고로 인하여 발생되는 재산상의 손해를 보상할 것을 약정하고, 상대방(보험계약자)이 이에 대하여 보수(보험료)를 지급하는 보험이다.

손해보험에는 화재보험, 운송보험, 해상보험, 책임보험, 자동차보험, 보증보험 등이 있다.

(2) 인보험

사람의 생명이나 신체에 관한 사고로 인하여 생기는 손해에 대하여 보험금액 기타의 급여를 지급할 것을 목적으로 하는 보험이다. 인보험의 목적대상은 피보험자의 생명 또는 신체이다. 인보험에는 생명보험, 상해보험, 질병보험 등이 있다.

㉠ 생명보험: 생명보험은 보험자가 보험계약자로부터 보험료를 받고 피보험자의 생명에 관한 보험사고가 생길 경우에 약정한 보험금액을 지급하기로 하는 인보험이다.

사망보험	피보험자의 사망을 보험사고로 함
생존보험	일정한 시기에 있어서의 피보험자의 생존을 보험사고로 함
혼합보험	일정한 시기에 있어서의 피보험자의 생존 및 그 시기까지의 피보험자의 사망의 쌍방을 보험사고로 함

㉡ 상해보험: 상해보험이란 보험자가 피보험자의 신체의 상해에 관한 보험사고가 생길 경우에 보험금액 및 기타의 급여를 하기로 하는 인보험을 말한다. 여기서 '기타의 급여'라 함은 피보험자를 치료하거나 의약품을 지급하는 것과 같이 금전 이외의 급부를 행하는 것을 말한다.

㉢ 질병보험: 질병보험계약의 보험자는 피보험자의 질병에 관한 보험사고가 발생할 경우 보험금이나 그 밖의 급여를 지급할 책임이 있다(상법 §739의2).

3) 보험계약법

(1) 보험계약법의 의의

(ㄱ) 보험법의 의의 : 보험관계를 규율하는 법 전체

(ㄴ) 보험계약법의 의의 : 실질적 의의로는 사영보험 특히 영리의 목적으로 경영하는 영리보험에서 보험자와 보험계약자와의 법률관계를 규율하는 법을 말하고, 형식적 의의로는 법전에 보험계약법으로서 규정된 모든 법규(상법 제4편의 규정)

(2) 보험계약법의 특성

㉠윤리성 · 선의성

㉡기술성

㉢단체성

㉣사회성 · 공공성

㉤상대적 강행법성(상법 §663의 보험계약자의 불이익변경금지의 원칙) : 당사자간의 특약으로 보험계약자 또는 피보험자나 보험수익자의 불이익으로 변경하지 못한다.

(3) 보험계약법의 상법상의 지위

㉠보험계약법은 형식적으로는 상행위법의 일종(상법 §46제17호)

㉡보험계약법은 보험제도의 특수한 성격 때문에 보험계약의 중심개념인 보험계약관계를 상법상의 일반원리에 의하여 처리할 수는 없다.

4) 보험계약법의 법원

㈀ 제정법과 보통보험약관이 중심

㈁ 제정법 : ㉠상법 제4편 보험, ㉡보험업법, ㉢자동차손해배상보험법 · 원자력손해배상법 · 무역보험법, 풍수해보험법, 농어업재해보험법, 산업·어선원 및 어선 재해보상보험법, 선원보험법 · 의료보험법 등

㈂ 보통보험약관

㉠의의 : 보험자가 미리 작성한 보험계약의 내용을 이루는 정형적인 계약조항

㉡내용과 기재사항 : 상법규정의 원용 · 변경 · 보충조항 등

㉢약관에 대한 규제와 명시 : 보험계약자 등의 불이익변경금지의 원칙 및 약관의 중요한 조항에 대하여 보험계약자에게 미리 알려야 한다(§638의3).

㈃ 보통보험약관의 효력

㉠구속력 : 의사설과 규범설

㉡인가를 받지 않은 보험약관의 사법상의 효력 : 공익에 어긋나지 않는 한 효력을 인정하는 것이 타당

㈄ 보통보험약관의 해석

㉠기본원칙 : 보험계약의 단체성 · 기술성을 고려하여 신의성실의 원칙에 따라 공정하게 해석되어야 하며, 보험계약자에 따라 다르게 해석되어서는 안된다(보험약관의 객관적 획일적 해석).

㉡작성자불이익의 원칙 : 보험약관의 해석상 의문이 있을 때에는 보험자에게는 엄격하고 불리하게, 피보험자에게 유리하게 새겨야 한다.

5) 보험계약

보험계약은 당사자 일방이 약정한 보험료를 지급하고 상대방이 재산 또는 생명이나 신체에 관하여 불확정한 사고가 생길 경우에 일정한 보험금액 기타의 급여를 지급할 것을 약정함으로써 효력이 생기는 계약을 말한다.

(1) 보험계약의 요소

보험계약은 보험계약 당사자, 보험의 목적, 보험사고, 보험료와 보험금액, 보험기간, 보험료기간과 같은 여러 가지 요소가 필요하다.

(2) 보험계약의 특징

㉠ 보험계약은 보험자가 보험금지급의무를 지고, 보험계약자가 이에 대하여 보험료지급의무를 지는 유상·쌍무계약이다.
㉡ 보험계약은 당사자 쌍방의 합의에 의하여 성립하고 보험증권의 작성이 성립요건이 아니기 때문에 불요식의 낙성계약이다.
㉢ 보험계약은 우연한 사고의 발생을 전제로 하는 사행계약이다. 그러나 보험계약은 계약관계자에게 선의성이 요구된다.
㉣ 보험계약은 계약관계자에게 선의 또는 신의성실이 요구되는 선의계약 또는 최대선의계약이다.
㉤ 보험계약은 보험사업자가 많은 보험계약자를 상대로 미리 계약의 내용을 보험약관에 의하여 정하고 이에 부합되어야 성립하는 부합계약이다.

2. 해상법

1) 해상법의 의의

해상법은 해상에서 선박에 의해 활동하는 해상기업에 특유한 사법적 규정으로서 상법 제5편에서 규율하고 있다. 해상운송계약 관련 법체계를 국제무역 실무에 맞게 재정비하고, 전자선하증권제도 및 해상화물운송장제도 등 새로운 무역환경에 부합하는 제도를 마련하는 한편, 해운강국으로서 세계적인 지위에 걸맞는 해상법제를 마련하기 위하여 선박소유자의 책임한도와 운송물의 포장·선적단위당 책임한도를 국제기준에 맞게 상향조정하는 등 「상법」 제5편 해상편을 2007년 8월3일 법률 제8581호로 전면 개선·보완하였다(2008.8.4.시행).

(1) 해상법 의의와 특성

실질적 의의로 해상기업에 특유한 법으로서의 해상법을 말하고, 형식적 의의로는 상법이 정한 해상에 관한 규정으로서 한국 상법전 제5편이 이에 해당된다. 실질적 의의의 해상법은 영리를 추구하는 해상기업에 관한 법으로서 상행위 기타 영리를 목적으로 하는 선박을 그 대상으로 한다.

㉠ 해상법의 특성 : 일반 민·상법에 대한 자주성(독립성)

㉡ 해상법의 국제통일화 : 요크·안티워프규약 → 해상운송약관, 해상보험약관

(2) 해상법의 법원(法源)

해상기업에 적용되는 각종 법의 존재형식으로 성문법과 불문법으로 나뉜다.

㉠ 제정법

ⓐ 상법 제5편 해상

ⓑ 해상특별법 - 해운업법, 해운산업육성법, 선박법, 국제선박등록법(제정 1997.8.22 법률 5365호), 선박등기법, 「선박소유자 등의 책임제한절차에 관한 법률」, 선박안전법, 「선박 및 해상구조물에 대한 위해행위의 처벌 등에 관한 법률」(제정 2003.5.27 법률 6880호), 선박투자회사법, 선박직원법, 선원법, 도선법, 「해양사고의 조사 및 심판에 관한 법률」 등

ⓒ 해상조약 - 국제해사기구에 관한 협약(1975, 1977), 1960년 해상에 있어서의 인명 안전을 위한 국제협약(SOLAS, 1960), 1960년 국제해상충돌예방규칙, 1979년 해상수색 및 구조에 관한 국제협약(SAR, 1979), 1969년 유류오염 손해에 대한 민사책임에 관한 국제협약, 1971년 유류오염 손해보상을 위한 국제기금의 설치에 관한 국제협약 등

㉡ 운송약관 : 일반적·표준적 계약조항

㉢ 불문법

ⓐ 관습법 - 본선화물수령증(M·R), 화물인도지시서(D/O) 등

ⓑ 해상기업에 관한 조리

(3) 해상기업 주체조직

가) 선박(船舶)

㉠ 선박의 개념

ⓐ 상법상의 선박(상법 §740, §741) 상행위나 그 밖의 영리를 목적으로 항해에 사용

하는 선박을 말한다[사회통념상의 선박, 상행위선 · 영리선, 항행선, 단정(短艇) 또는 주로 노 또는 상앗대로 운전하는 노도선의 제외].

ⓑ 선박법상의 선박과 해상법 - 선박법 제29조는 국유 또는 공유의 선박을 제외하고 항해에 사용하는 한 비영리선에도 해상법의 규정을 준용하도록 함으로써 해상법의 적용범위를 실질적으로 해상기업관계 이외에도 확장

ⓛ 선박의 성질 : 합성물성, 부동산 유사성- ⓐ일정한 규모 이상의 선박에 대하여는 등기제도를 취하고, 임대차의 등기 및 저당권의 설정을 인정. 또한 선박의 강제집행과 경매에 관하여도 부동산과 같은 취급을 하며, 형법상 선박에의 침입은 주거침입죄가 되고, 국제법상 선박을 영토의 연장이라고 본다. ⓑ선박등기(총톤수 20톤 이상의 선박은 부동산과 같이 취급하여 이른바 선박등기를 인정), ⓒ20톤미만의 선박의 경우

ⓒ 인격자 유사성 : 명칭, 국적, 선적항 등을 가진다.

나) 선박소유권의 득실변경

㉠ 선박소유권의 득실

ⓐ 취득원인

- 원시취득 : 사법상의 원인으로는 제조, 선의취득 등이 있고, 공법상의 원인으로는 국제법상의 포획, 선박법위반에 기한 몰수와 수용 등
- 승계취득 : 상법상 고유한 것으로는 보험위부, 선박공유자의 지분의 매수청구, 선박공유자의 지분매수 또는 경매처분, 선장의 매각 등에 의한 취득

ⓑ 상실원인 : 절대적 상실원인으로서 침몰 · 해철(해체)과 포기 등

ⓛ 선박소유권의 이전

ⓐ 한국 상법은 등기선박에 관한 권리의 이전은 당사자 사이의 합의만으로 효력이 발생한다고 규정(의사주의) : 형식주의를 취하고 있는 민법의 일반규정에 대한 예외를 인정(상법 §743)

ⓑ 선박소유권이전의 요건

- 등기선의 경우 : 의사주의
- 비등기선의 경우 : 총톤수 20톤 미만의 선박은 그 권리이전에 대하여 민법의 일반원칙에 따라 인도를 요한다.

ⓒ 선박소유권이전의 효과

- 권리이전의 범위 : 별단의 의사표시가 없으면 그 속구의 소유권도 이전한다.
- 항해중의 선박양도의 경우 : 특약이 없는 한 그 항해로부터 생긴 손익은

양수인에게 귀속된다.

- 선박소유자의 변경으로 인한 승선계약의 효력 : 상속 그 밖의 포괄승계의 경우를 제외하고 선박소유자의 변경이 있을 때에는 승선계약은 종료하나, 그때부터 선원과 신소유자 사이에는 종전과 동일한 조건의 고용계약이 있는 것으로 본다.

ⓓ 선박소유권이전의 대항요건

- 등기선의 경우 : 등기선의 소유권이전은 먼저 그 사실을 등기하고 선박국적증서에 기재하지 아니하면 제3자에게 대항하지 못한다.
- 비등기선의 경우 : 20톤 미만의 비등기선에 대하여는 공시방법이 없기 때문에 인도가 그 효력발생요건이고 따로 대항요건은 없다.
- 건조중의 선박의 경우 : 건조중의 선박은 저당권의 설정에만 예외적으로 등기가 인정되고, 그 밖의 경우에는 통상의 동산에 지나지 않으므로 일반동산의 원칙에 따른다.

다) 선박소유자

㉠ 선박소유자의 의의

ⓐ 광의의 선박소유자 : 해상기업의 주체로서 선박의 소유권자

ⓑ 협의의 선박소유자 : 자기가 소유하는 선박을 해상기업 목적으로 항해에 사용하는 자

㉡ 선박소유자의 책임제한

ⓐ 입법주의 : 위부주의, 집행주의, 선가책임주의, 금액책임주의(한국 상법), 선택주의

ⓑ 책임제한에 관한 통일조약 : 1924년 조약, 1957년 조약, 해사채권에 대한 책임제한조약(1976년)

㉢ 상법상의 책임제한

ⓐ 책임제한에 관한 상법의 입장 : 개정법은 세계 주요해운국가들이 수용한 1976년 협약의 내용을 입법화하여 책임제한주체의 책임한도액을 증액하고 해상기업활동의 다양화에 대응한 합리적인 책임제한제도를 확립하기 위하여 책임제한주체의 범위를 용선자, 이행보조자, 구조자까지 확대하였다. 아울러 여객손해에 대한 선박소유자의 책임한도를 "여객의 정원에 46,666계산단위(약7천만원)을 곱한 금액"에서 "여객의 정원에 175,000계산단위(약2억원)을 곱한 금액"으로 상향조정(상법 §770①)

ⓑ 책임제한의 주체 : 선박소유자(선박공유자, 선박임차인도 포함), 해양사고구조

자 등이다.

ⓒ 책임제한의 대상이 되는 채권 : 상법 제769조(운항 중 사람의 사망, 상해, 물건의 멸실·훼손 등)

ⓓ 책임제한할 수 없는 채권 : 채권이 선박소유자 자신의 고의 또는 손해발생의 염려가 있음을 인식하면서 무모하게 한 작위 또는 부작위로 인하여 생긴 손해에 관한 것인 때(상법 §769단서)

라) 선박공유자

광의로는 단순히 선박을 공유하는 사람을 말하고, 협의로는 선박을 공유하고 또 이것을 공동하여 해상기업에 이용하는 사람을 말하는데, 해상법상의 선박공유자는 후자의 의미로 사용된다. 선박공유는 공동기업형태로 당연히 조합관계를 수반하여 그 내부관계에는 민법의 규정이 적용되는 외에 상법은 특별규정(§756~768)을 두고 있다. 선박관리인(상법 §764 이하)은 필요기관으로서 선박공유자에 의하여 선임되며, 선박의 이용에 관한 공유자의 대리인으로서 재판상 또는 재판외의 모든 행위를 할 권한이 있는 사람이다.

마) 선박임차인

광의로는 타인의 선박을 임차한 사람을 말하고, 협의로는 타인의 선박을 임차하여 상행위 기타 영리를 목적으로 항해에 사용하는 사람을 말하는데, 일반적으로 해상법상 선박임차인은 후자의 뜻으로 사용된다.

바) 정기용선자

일정기간 동안 타인소유의 선원부 선박의 사용수익권을 얻어 그 선장과 해원의 노무의 공급을 받으면서 이것을 자기의 해상기업에 이용하는 자이다.

㉠ 정기용선계약은 선박소유자가 용선자에게 선원이 승무하고 항해장비를 갖춘 선박을 일정한 기간동안 항해에 사용하게 할 것을 약정하고 용선자가 이에 대하여 기간으로 정한 용선료를 지급하기로 약정함으로써 그 효력이 생긴다(상법 §842).

㉡ 정기용선자의 지위 - 정기용선자의 선장지휘권(상법 §843), 선박소유자의 운송물유치권 및 경매권(상법 §844), 용선료의 연체와 계약해지(상법 §845)

사) 해상기업의 보조자

㉠ 선장(船長) : 선박소유자의 피용자로서 특정선박의 항해를 지휘하고, 또 그 대리인으로서 공법상·사법상의 법정권한을 가진 자를 말한다. 선박권력·대리권의 범위에 따라 선박관리인과 구별된다.

ⓐ 선임·종임 - 선박소유자가 선임 또는 해임하는데(상법 §745), 여기의 선박

소유자는 선박공유자 · 선박관리인 · 선박임차인을 포함한다.

ⓑ 선장의 사법상의 직무 - 감항능력검사의무, 항해성취의무, 재선의무, 구조의무, 서류비치의무, 항해에 관한 보고 · 계산의무

ⓒ 선장의 대리권 : 선장은 선박소유자에 의하여 선임되어 선박의 운항책임을 맡고 있으나, 선박소유자의 대리인으로서 뿐만 아니라 적하이해관계인 · 여객 · 구조료채무자 등의 대리인으로서의 지위도 인정되고 있다.

㉡ 선적항내의 대리권(상법 §749②) : 특히 위임을 받은 경우 외에는 선원의 고용과 해고를 할 권한만 가진다.

㉢ 선적항 밖에서의 대리권

ⓐ 일반적 대리권 : 항해에 필요한 재판상 · 재판외의 모든 행위(상법 §749①)

ⓑ 신용행위의 대리권 : 어느 정도 제한

ⓒ 적하처분권(상법 §752)

ⓓ 선박경매권(상법 §753)

(4) 해상물건운송계약

해상물건운송계약은 당사자의 일방(해상운송인)이 상대방(송하인 또는 용선자)에 대하여 선박에 의한 물건의 운송을 인수하고, 상대방은 이에 대하여 보수를 지급할 것을 약속함으로써 성립하는 계약을 말한다.

가) 해상물건운송계약의 종류

㉠ 용선계약 : 선박소유자가 선박의 전부 또는 일부를 제공하여 이것에 적재된 물건을 운송할 것을 약속하고, 상대방인 용선자는 이에 대하여 보수인 운임(용선료)을 지급할 것을 약속하는 운송계약을 말한다.

- 용선계약의 종류 : 선체용선계약 · 일부용선계약, 항해용선계약(상법 §827) · 기간용선계약, 주용선계약 · 재용선계약 등
- 성질 : 도급계약의 성질을 가지는 선복(船腹)운송계약으로서 선박소유자가 선장을 점유보조자로 하여 선박을 점유 · 감독하며, 항해의 지휘는 물론 기업의 경영도 역시 선박소유자가 하는 것이다.

㉡ 개품운송계약(상법 §791)은 운송인이 개개의 물건을 해상에서 선박으로 운송할 것을 인수하고, 송하인이 이에 대하여 운임을 지급하기로 약정함으로써 그 효력이 생긴다.

㉢ 정기용선계약은 선박소유자가 용선자에게 선원이 승무하고 항해장비를 갖춘 선박을 일정한 기간동안 항해에 사용하게 할 것을 약정하고 용선자

가 이에 대하여 기간으로 정한 용선료를 지급하기로 약정함으로써 그 효력이 생긴다(§842).

㉣ 선체용선계약은 용선자의 관리 · 지배 하에 선박을 운항할 목적으로 선박소유자가 용선자에게 선박을 제공할 것을 약정하고 용선자가 이에 따른 용선료를 지급하기로 약정함으로써 그 효력이 생긴다(§847).

㉤ 재운송계약(상법 §809)

㉥ 연락운송계약(통운송계약)

㉦ 예선계약

나) 해상물건운송계약의 체결

㉠ 계약당사자

ⓐ 해상운송인과 송하인 또는 용선자

ⓑ 해상운송인은 선박에 의하여 물건의 운송을 인수하는 자이다(선박소유자).

㉢ 해상물건운송계약의 성립

ⓐ 용선계약과 운송계약서

ⓑ 운송계약과 선하증권, 운송장

다) 해상운송인의 의무

㉠ 선박의 제공의무

㉡ 감항능력주의의무(상법 §794) : 항해능력담보, 운항능력담보, 감항능력담보

- 의무위반의 효과 : 손해배상책임, 면책약관의 금지

㉢ 선적에 관한 의무 : 선적준비완료통지의무, 운송물의 수령(§802) · 선적 · 적부의무, 위법선적물 및 위험물의 처분의무(§800), 선적기간내 정박의무

㉣ (전자)선하증권교부의무(상법 §852 · §862)

ⓐ 운송인은 운송물을 수령한 후 또는 선적한 후 용선자 또는 송하인의 청구에 의하여 1통 또는 수통의 선하증권을 교부하여야 한다.

ⓑ 선하증권을 작성하여 교부할 수 있는 자는 해상운송인이나, 운송인은 선장 또는 그 밖의 대리인에게 선하증권의 교부 또는 선적표시를 위임할 수 있다.

㉤ 항해에 관한 의무 : 발항의무, 직항의무, 적환을 하지 않을 의무, 운송물에 관한 주의 의무(§795), 운송물의 보관 · 처분의무

㉥ 양륙에 관한 의무 : 양륙준비완료통지의무, 양륙의무

㉦ 운송물인도의무

- 선하증권이 발행되지 아니한 경우 : 해상운송인은 운송계약에서 지정된

수하인에게 운송물을 인도할 의무

- 선하증권을 발행한 경우 : 선하증권의 소지인과 수하인
- 선하증권에 의하지 않는 운송물의 인도

ⓐ 보증도 : 선하증권의 발행 있는 운송물의 인도에 있어서 운송인이 은행의 보증장을 제출시키고, 후일 선하증권을 입수한 때에 그것을 교부한다는 약정하에 선하증권과 상환하지 아니하고 운송물을 인도하는 것이다.

ⓑ 가인도 또는 공도 : 보증장도 없이 그대로 인도하는 경우

ⓞ 운송물의 공탁의무(상법 §803) : 수하인의 수령해태 등

라) 해상운송인의 손해배상책임

해상운송인은 운송계약상의 권리자인 수하인 또는 선하증권소지인에게 운송물을 안전하고 신속하게 운송할 선박을 제공할 감항능력주의의무와 운송물의 수령, 선적, 적부, 운송, 보관, 양륙과 인도에 관하여 주의의무를 부담. 이 의무에 위반할 때 운송인의 손해배상책임이 인정된다(상법 §788조①).

마) 해상운송인의 권리

바) 운송증서

㉠ 선하증권 : 운송물의 수령 또는 선적 후 용선자 또는 송하인의 청구에 의하여 해상운송인이 발행하여야 하는 운송물의 인도청구권을 나타내고 있는 유가증권(성질 : 요인증권, 요식증권, 제시증권, 상업증권, 법률상 당연한 지시증권, 처분증권 및 인도증권으로서의 성질을 가지고 채권적 효력과 물권적 효력이 인정됨). 2007년 8월 종이선하증권 대신 법무부장관이 지정하는 관리기관의 정보통신망에서 전자문서로 하여 발행 · 등록 · 배서 · 지급제시 되는 전자선하증권제도를 도입하였다(상법 §862).

ⓐ 선하증권의 발행과 기재사항(상법 §853①) : 운송인이 운송물의 수령 또는 선적 후 용선자 또는 송하인의 청구에 의하여 1통 또는 수통을 작성교부한다.

ⓑ 선하증권의 효력

- 채권적 효력(상법 §854) : 선하증권을 작성한 경우에는 운송인이 그 증권에 기재된 대로 운송물을 수령 또는 선적한 것으로 추정한다. 운송인은 선하증권을 선의로 취득한 제3자에게 대항하지 못한다. 선하증권의 소지인은 해상운송인에 대하여는 그 증권에 기재된 바에 따라 권리를 행사할 수 있게 된다.

- 운송물의 인도청구 : 선하증권을 작성한 경우에는 이것과 상환하지 않으면 운송물의 인도를 청구할 수 없으나, 특수한 경우에는 이른바 보증도 또는 가도에 의하여 선하증권과 상환하지 않고 운송물을 인도하는 관행이 있다.
- 물권적 효력(상법 §861, §133조) : 선하증권에 의하여 운송물을 받을 수 있는 자에게 그 증권을 교부한 때에는 운송물위에 행사하는 권리의 취득에 관하여 운송물을 인도한 것과 동일한 효력이 있는데, 이것이 선하증권의 물권적 효력이다. 운송인이 운송물의 인도를 받아야 하고, 선하증권에 의하여 운송물을 받을 수 있는 자, 즉 증권의 기재에 의하여 증권상의 권리자로 되어 있는 자에게 이 증권을 인도하여야 하며 운송물 위에 행사하는 권리란 소유권 · 질권 · 위탁매매인의 처분권 등을 포함한다.

㉡ 해상화물운송장 : 효력이 선하증권과 유사하나 유통성이 없기 때문에 화물인도 지연의 우려가 적어 1970년대 이래 단기 국제운송분야에서 많이 사용되고 있는 해상화물운송장제도를 2007년 8월에 도입하였다(상법 §863 및 §864). 운송인은 용선자 또는 송하인의 청구가 있으면 상법 제852조 또는 제855조의 선하증권을 발행하는 대신 해상화물운송장을 발행할 수 있다. 해상화물운송장은 당사자 사이의 합의에 따라 전자식으로도 발행할 수 있다.

(5) 해상여객운송계약

해상여객운송계약은 운송인이 특정한 여객을 출발지에서 도착지까지 해상에서 선박으로 운송할 것을 인수하고, 이에 대하여 상대방이 운임을 지급하기로 약정함으로써 그 효력이 생긴다(상법 §817).

가) 해상운송계약의 효력

㉠ 해상운송인의 의무 : 식사제공의무, 선박수선중의 거처 · 식사제공의무, 수하물무임운송의무

㉡ 해상운송인의 손해배상책임 : 해상운송인은 여객이 받은 손해에 대하여는 육상운송인의 경우와 같은 책임을 부담한다. 여객에 대한 배상책임의 소멸에 대하여는 특칙이 없으므로 일반상행위로 인한 채무로서 5년의 시효로 소멸한다. 수하물이 도착지에 도착한 후 10일 이내에 인도청구가 없으면 상사매매에 있어서와 같이 운송인이 수하물을 공탁 · 경매할 수 있으며 주소나 거소를 알지 못하는 여객에게는 최고와 통지를 생략할 수 있다.

나) 해상여객운송계약의 종료

㉠ 여객의 임의해제 · 해지 : 여객은 발항 전에는 운임의 반액을 지급하고 발항후에는 운임의 전액을 지급하고 운송계약을 해제할 수 있다. 계약의 해제방법은 명시적 · 묵시적이든 불문하나, 다만 발항전에는 명시적이어야 한다. 항해의 중도에서 선박을 수선하는 경우에 여객은 비례운임을 지급하고 계약을 해지할 수 있다.

㉡ 불가항력으로 인한 해제 · 해지 : 여객의 사망 · 질병 등에 의한 종료(운송비율에 따른 운임)

(6) 복합운송계약

오늘날 컨테이너에 의하여 해상운송과 육상운송 등이 결합된 복합운송이 국제운송의 대부분을 이루고 있음에도 불구하고 복합운송인의 책임에 관하여 통합적으로 규율하는 규정이 없었다. 2007년 개정상법에서 「1980년 국제복합운송에 관한 국제연합협약」 등을 참조하여 원칙적으로 복합운송인은 손해가 발생한 운송구간에 적용될 법에 따라 책임을 지도록 하되, 손해발생 구간이 불분명한 경우에는 운송거리가 가장 긴 구간에 적용되는 법에 따라 책임을 정하도록 하고, 운송거리가 같거나 가장 긴 구간을 정할 수 없는 경우에는 운임이 가장 비싼 구간에 적용되는 법에 따라 책임을 지도록 하는 내용(상법 §816)의 복합운송인의 책임에 관한 규정을 마련하였다.

(7) 해상기업위험

가) 공동해손

공동해손(共同海損)은 선장이 선박과 적하의 공동위험을 면하기 위하여 선박 또는 적하에 대한 처분으로 인하여 생긴 손해와 비용 또는 이러한 손해와 비용을 이해관계인에게 분담시키려는 제도(상법 §865)이다.

나) 선박충돌과 손해배상

선박충돌(船舶衝突)이란 2척 이상의 선박이 그 운용상 작위 또는 부작위로 선박 상호 간에 다른 선박 또는 선박 내에 있는 사람 또는 물건에 손해를 생기게 하는 것을 말하며, 직접적인 접촉의 유무를 묻지 아니한다(상법 §876).

다) 해난구조

해난구조(海難救助, salvage)라 함은 광의로는 해양사고에 조우한 선박 또는 적하를 구조하는 것이고 협의로는 의무없이 해양사고를 당한 선박 또는 적하를 구조하는 것을 말한다. 항해선 또는 그 적하 그 밖의 물건이 어떠한 수면에서 위난에 조우한 경우에 의무 없이 이를 구조한 자는 그 결과에 대하여 상당한 보수를 청구할 수 있다(상법 §882). 일반 해난구조의 경우에는 구조에 성공한 경우에만 구조자의 보수청구가 가능하므로 환경오염의 방지 또는 경감작업을 장려하기 위하여 환경손해방지작업에 종사한 경우 구조의 성공여부에 관계없이 특별보상을 청구할 수 있다(§885).

제3장 어음 · 수표법

1. 유가증권으로서 어음과 수표

유가증권은 재산적 가치가 있는 사권을 표시한 증표로 어음과 수표가 대표적이다.

어음과 수표는 일정금액의 금전지급청구권을 표창하는 금전채권적 유가증권이다. 어음은 일정한 금액의 지급을 목적으로 하는 유가증권으로 약속어음과 환어음이 있다.

- ⓐ 물건에 대한 청구권 : 화물상환증, 화물운송장, 선하증권, 창고증권, 상품권
- ⓑ 금전에 대한 청구권 : 어음, 수표
- ⓒ 급부(행위)에 대한 청구권

1) 약속어음 · 환어음 · 수표

(1) 약속어음(지급약속증권)

발행인이 수령(수취)인 기타 정당한 증권 소지인에게 일정한 날(만기)에 일정금액의 지급을 약속하는 증권을 말한다(어음법 §75).

(2) 환어음(지급위탁증권)

발행인이 제3자인 지급인으로 하여금 수령(수취)인 기타 정당한 증권 소지인에게 어음금액의 지급을 위탁하는 증권을 말한다(어음법 §1).

(3) 수표(은행의 지급위탁증권)

발행인이 은행(지급인)으로 하여금 수취인에게 조건 없이 일정한 금액을 지급할 것을 위탁 의뢰하는 증권을 말한다(수표법 §1).

구 분	환 어 음	수 표
목적	• 신용의 수단	• 지급의 용구
인수와 지급보증	• 인수 : 주채무자를 확정하는 제도	• 지급보증 : 지급을 담보하는 제도
지급인	• 누구나 가능	• 은행만 가능
만기	• 4종의 법정만기	• 없음

❖ 환어음 · 약속어음 · 수표의 비교

구 분	환 어 음	약 속 어 음	수 표
(1) 당사자	발행인, 수취인, 지급인	발행인, 수취인	발행인, 수취인, 지급인
(2) 주채무자	인수한 지급인	발행인	없음
(3) 만기전 상환청구	인수거절 또는 어음의 지급을 불확실하게 하는 사유 발생	어음의 지급을 불확실하게 하는 경우에만 가능	없음
(4) 만기	일람출급, 일람후정기출급, 발행일자후정기출급, 확정일출급		일람출급
(5) 지급인	제한없음		은행으로 한정
(6) 수취인	절대적 기재사항		소지인출급식 가능
(7) 보증	○		지급인에 의한 수표보증 불가
(8) 시효	3년, 1년, 6개월		6개월, 1년
(9) 거절증명	거절증서		거절증서 + 지급인 선언 +어음교환소 선언
(10) 제시기간	인수제시 → 만기의 전일까지(일람후정기출급 : 1년내) 지급제시 → 주채무자에 대해 3년간 상환청구권보전 → 지급을 할 날에 이은 2거래일내		인수제시 → × 지급제시 [국내 : 10일, 국외 : 20일, 70일]
(11) 이자	일람출급, 일람후정기출급의 경우에만 인정		×
(12) 배서	인수인 또는 지급인에 대한 배서 가능 입질배서 가능		지급인의 배서 무효 입질배서 불가
(13) 기타	부본, 등본, 참가 인정	부본×, 등본, 참가 인정	부본인정, 등본×, 참가×

2) 어음과 수표의 특성

(1) **법률상 당연한 지시증권성** : 기명식으로 발행했어도 배서에 의해 타인을 권리자로 지정할 수 있는 특성으로 배서금지어음·수표는 예외이다.

(2) **엄격한 요식증권성** : 아무리 경미한 사항이라도 생략하면 증권이 무효가 되는 특성

(3) **문언증권성** : 문언에 따라 채무관계가 확정되는 특성(모든 유가증권의 공통특성)

(4) **설권증권성(완전유가증권성)** : 증권작성에 의해 권리가 창설되는 특성

(5) **무인증권성** : 증권상 권리가 원인관계의 무효에 의해 영향을 받지 않는 특성

☞ 화물상환증, 선하증권, 창고증권 → 요인(유인)증권성

(6) 제시증권성 : 권리행사를 위해 증권을 제시해야 하는 특성

☞ 기명주권을 제외한 모든 유가증권에 인정되는 특성

(7) 상환증권성 : 채무이행은 증권과 상환으로 해야 하는 성질

2. 어음 · 수표행위

어음 · 수표상의 법률관계의 발생 · 변동에 관한 기명날인 또는 서명을 요건으로 하는 요식의 서면행위를 말한다.

1) 어음 · 수표행위의 종류

(1) 내용상 분류

㉠ 기본적 어음 · 수표행위

발행 : 기본어음을 작성하는 법률행위(약속어음, 환어음, 수표)

㉡ 부속적 어음 · 수표행위

ⓐ 배서 : 어음채권을 양도하는 법률행위(약속어음, 환어음, 수표)

ⓑ 보증 : 어음채무를 보증하는 법률행위(약속어음, 환어음, 수표)

ⓒ 인수 : 환어음의 지급인이 주채무의 의사표시를 하는 법률행위(환어음)

ⓓ 참가인수 : 상환청구권을 저지할 목적으로 지급인 아닌 자가 인수하는 법률행위(환어음)

ⓔ 지급보증 : 지급제시기간(10일)내의 제시를 조건으로 은행이 지급을 담보하는 행위(수표)

수 표 보 증	지 급 보 증	환 어 음 인 수
지급인을 제외한 누구나 가능	지급인만 가능	
종속적 채무담보 의무	독립수표행위	
	제시기간 내의 제시를 조건으로 하는 조건부, 상대적 지급의무	절대적 지급의무
	소지인의 지급보증청구권×	소지인 인수제시 가능
	지급보증거절시 상환청구권발생×	인수거절시 상환청구권 발생
	일부의 지급보증×	일부인수 가능
	시효 1년	시효 3년
	유예기간×	유예기간(1일) 인정

(2) **법률상 분류**

㉠ 약속어음 : 발행 · 배서 · 보증
㉡ 환어음 : 발행 · 배서 · 보증 · 인수 · 참가인수
㉢ 수표 : 발행 · 배서 · 보증 · 지급보증

(3) **의사표시의 내용에 따른 분류**

㉠ 채무부담행위 : 약속어음의 발행, 환어음의 인수 · 참가인수, 보증, 수표의 지급보증
㉡ 지급위탁행위 : 환어음 · 수표의 발행
㉢ 권리이전행위 : 어음 · 수표의 배서

2) 요건

(1) **형식적 요건**(엄격한 요식증권성) : 법정기재사항 기재 + 기명날인 또는 서명

㉠ 자연인 : 서명 · 날인, 무인은 인정되지 않는다(대법원 판례).
㉡ 법인 : 법인명칭과 대표관계 표시후 대표자가 기명날인 또는 서명
㉢ 조합 · 권리능력없는 사단 : 대표조합원 또는 대표자가 대표자격 표시후 기명날인 또는 서명

(2) **실질적 요건** : 어음행위의 주체에 대한 요건

㉠ 권리능력 : 법률상 주체가 될 수 있는 자격 → 자연인, 법인, 법인격없는 사단에 인정
㉡ 행위능력

- 의사제한능력자의 어음행위 → 무효
- 행위제한능력자(미성년자 · 한정치산자 · 금치산자)의 어음행위 → 취소가능
- 법정대리인의 허락이 있는 어음행위 → 유효

㉢ 의사표시의 흠결 · 하자가 없을 것 : 비진의 의사표시×, 통모 · 허위의 의사표시×, 착오 · 사기 · 강박에 의한 의사표시×

(3) **절차상 요건** : 교부(어음행위의 성립요건)

3) 어음행위 독립의 원칙

(1) 유통성 확보를 목적으로 동일한 어음상의 수개의 어음행위는 각각 독자적으로 그 효력을 발생하고, 다른 어음행위의 실질적 효력의 유무에 의해 영향을 받지 아니한다.

(2) 요건

가) 형식상 흠결없는 어음

나) 선행행위 존재(발행, 인수행위 → 적용×)

다) 취득자 선의 · 악의 불문

┌ 무인성 → 원인관계와 어음관계의 단절
└ 독립성 → 어음관계와 다른 어음관계의 단절

4) 어음행위의 대리

(1) 타인이 본인을 위하여 자기명의로 하는 어음행위

(2) 대리방식 : 본인표시 + 대리관계표시 + 대리인 기명날인 또는 서명(현명주의)

┌ 어음·수표법 : 문언성 → 절대적 현명주의(예외×)
├ 민법 : 거래상대방 보호 → 상대적 현명주의(예외인정)
└ 상법 : 집단적이고 대량적인 상거래의 간이, 신속한 처리 → 비현명주의

(3) 무권대리

대리권없이 타인의 대리인으로 환어음에 기명날인 또는 서명하는 어음행위

㉠ 협의의 무권대리 : 외관상 대리권 존재× (본인의 귀책사유×)

┌ 본인추인× → 대리인 책임
└ 본인추인○ → 대리인 면책, 본인만 책임(대리권의 사후적 수여)

㉡ 표현대리 : 외관상 대리권 존재(본인의 귀책사유○) → 본인 or 무권대리인 책임(선택적 적용)

ⓐ 대리권 수여의 의사표시

ⓑ 대리권의 범위를 일탈하는 대리권행사

ⓒ 대리권 소멸후의 대리권행사

☞무권대리인이 어음금액을 지급한 때에는 본인과 동일한 권리를 취득한다.

5) 어음의 위조 · 변조

(1) 위조(무권대행)

권한없이 타인의 기명날인 또는 서명을 위작하는 어음행위(어음행위설립하자)

㉠ 위조자 → 어음상책임×, 민법상 불법행위책임, 형법상 유가증권위조죄 적용

ㄴ 피위조자 → 어음상책임× (본인 추인으로 본인의 어음책임 인정)

☞ 표현위조인 경우 본인의 사용자배상책임과 어음책임 인정

ㄷ 위조어음위에 기명날인 또는 서명한 자 → 어음문언에 따라 어음상책임

(2) **변조 : 권한없이 타인의 기명날인 또는 서명 이외의 기재사항을 변경하는 어음행위**(어음행위내용하자)

ㄱ 변조자 - 어음상책임×, 민법상 불법행위책임, 형법상 유가증권위조죄 적용

☞변조와 동시에 어음행위를 한 자는 변조된 문구에 따라 책임을 진다.

ㄴ 변조전 기명날인 또는 서명자 - 변조전 문구에 따라 책임

ㄷ 변조후 기명날인 또는 서명자 - 변조후 문구에 따라 책임(어음행위 독립의 원칙)

(3) **입증책임**

┌ 위조 → 소지인
└ 변조 → 변조사실을 주장하는 자

3. 어음 · 수표(법)상의 권리

1) 어음 · 수표상의 권리

어음상 권리는 어음에 표창된 어음금 지급청구권 및 이에 갈음하는 권리를 말한다. 이는 어음행위에 의해 발생하고 증권으로 행사한다. 수표상의 권리는 예를 들면 상환청구권, 수표보증인에 대한 권리, 지급한 수표보증인의 권리 등이다(수표금지급청구권×).

ㄱ 어음금 지급청구권 : 주채무자에 대한 권리

ㄴ 이에 갈음하는 권리 : 어음금 지급청구권에 의해 어음금액을 회수하지 못하거나, 어음금 지급 청구권이 발생하지 않는 경우에 행사할 수 있는 권리(예 상환청구권, 어음보증인에 대한 권리, 지급한 어음보증인의 권리, 참가인수인에 대한 권리, 참가지급인의 권리 등)

ㄷ 어음 · 수표법상 권리 : 어음 · 수표관계를 원활하게 진전하기 위하여 어음 · 수표법이 인정하는 보조적 권리(예 악의취득자에 대한 어음반환청구권, 상환청구통지를 해태한 자에 대한 손해배상청구권, 복본교부청구권, 복본 또는 원본반환청구권, 이득상환청구권 등)를 말한다. 권리행사에는 증권소지가 불필요하다.

2) 어음 · 수표상 권리의 취득

(1) 취득원인

배서, 지명채권양도방식, 교부, 선의취득, 참가지급, 보증채무이행, 상속, 합병

(2) 선의취득(☞유통성 확보목적)

형식적 자격자로부터 배서받은 어음양수인이 악의 또는 중과실이 없는 한 그 양도인이 무권리자이더라도 유효하게 어음상 권리를 취득하는 제도

㉠ 요건

ⓐ 어음법적 유통방법에 의한 취득(어음→배서, 수표→교부), 기한후배서 · 배서금지어음의 배서 · 추심위임배서에서는 선의취득이 인정되지 않는다.

ⓑ 형식적 자격자로부터의 취득 → 연속된 배서의 마지막 피배서인 또는 최후의 배서가 백지식배서인 경우의 소지인으로부터의 취득

ⓒ 배서의 실질적 하자 → 배서인이 실질적 무권리자인 경우

ⓓ 어음취득자의 악의, 중과실이 없을 것

㉡ 효과 : 어음상 권리의 원시취득에 해당되어 누구에게도 어음반환의무를 지지 않는다.

3) 어음 · 수표상 권리의 행사

어음 · 수표는 완전유가증권으로 그 권리의 행사에는 증권의 소지(제시)를 요한다(제시 · 환수증권성). 무인증권으로 어음 · 수표상의 권리행사에 원인관계의 증명이 필요 없다.

(1) 어음 · 수표엄정

어음 · 수표는 금전지급수단으로 그에 표창되는 채권의 실행이 확실하고 유통성이 강하게 요구되는데, 어음 · 수표채무자가 일반채무자보다 불리한 지위에 서게 되는 것을 어음 · 수표 엄정(嚴正)이라고 한다.

㉠ 형식적 엄정 : 어음 · 수표에 특유한 간이 신속한 어음소송절차

㉡ 실질적 엄정 : 어음 · 수표채무자를 다른 채무자보다 불리한 지위에 둠 (어음채무의 추상성, 어음항변의 제한).

(2) 어음 · 수표항변

어음항변(抗辯)은 어음채무자가 어음소지인의 청구를 거절하기 위해 주장할 수 있는 일체의 사유를 말한다(어음증권제시+어음과 상환).

㉠ 물적항변(대세적 항변, 절대적 항변) : 모든 어음소지인에 대하여 대항할 수 있는 항변

ⓐ 어음 문언으로부터의 항변 → 어음면상 명백한 기재가 있는 항변
절대적 기재사항의 흠결, 유해적 기재사항의 기재, 만기미도래의 항변, 소멸시효 완성의 항변, 어음상 명백한 기재있는 일부지급·지급필·상계·채무면제의 항변, 인수무담보의 항변, 무담보배서의 항변

ⓑ 어음행위 하자에 의한 항변 → 어음면상 기재 없는 항변
행위무능력의 항변, 무권대리의 항변, 위조·변조의 항변, 제권판결의 항변, 권리보전절차흠결의 항변

㉡ 인적항변(대인적 · 상대적 항변) : 특정 어음소지인에 대해서만 대항할 수 있는 항변

ⓐ 원인관계에 의한 항변 - 원인관계의 무효·취소·해제에 의한 항변, 불법원인에 의한 항변, 융통어음의 항변

ⓑ 어음행위 성립상 하자에 의한 항변 - 의사표시의 흠결(사기·강박착오)에 의한 항변, 백지보충권 남용에 의한 항변

ⓒ 무권리의 항변 - 어음의 습득·도취에 의한 항변, 어음면상 명료하지 않은 연속배서의 흠결에 의한 항변

ⓓ 어음상 권리가 소멸했다는 항변 - 어음회수없이 지급한 경우의 항변, 어음면상 명료하지 않은 채무면제·상계의 항변

㉢ 인적항변의 절단(유통성 확보목적) : 어음에 의해 청구받은 자는 발행인 또는 종전소지인에 대한 인적항변으로써 소지인에게 대항하지 못한다.

☞ 악의의 항변 : 소지인이 인적항변사유가 있다는 사실과 자기가 어음을 취득함으로써 인적항변이 절단된다는 사실을 알고서 그 채무자를 해할 목적으로 어음을 취득하는 경우 인적항변은 절단되지 아니한다.

4) 어음 · 수표상 권리의 소멸

(1) 소멸원인

㉠ 일반채권 소멸원인 : 변제, 공탁, 대물변제, 상계, 면제(혼동에 의한 소멸×)

㉡ 특별 소멸원인

ⓐ 권리보전절차의 흠결 → 인수·지급거절증서 작성기간 경과시 상환청구권상실

ⓑ 일부지급 거절(☞소지인은 일부지급을 거절하지 못한다.)

ⓒ 참가지급 거절 → 참가지급으로 소구의무를 면할 수 있었던 자에 대한 상환청구

권상실

ⓓ 소지인이 거절할 수 있는 참가인수 승낙 → 피참가인과 그 후자에 대한 상환청구권상실

ⓔ 참가지급이 경합한 때 자기에게 우선하는 참가지급인이 있는 것을 알면서 한 참가지급 → 우선하는 참가지급으로 소구의무를 면할 수 있었던 자에 대한 상환청구권상실

ⓕ 시효경과에 의한 소멸

(2) **소멸시효**

㉠ 시효기간

┌ 어음금액청구권(주채무자) : 만기의 익일로부터 3년
├ 상환청구권 : 거절증서작성일 또는 작성면제의 경우 만기의 익일로부터 1년
└ 재상환청구권 : 어음을 환수한 날 또는 제소된 날로부터 6월

☞ 수표의 상환청구권권 : 지급제시기간으로부터 6월, 지급보증 → 지급제시기간으로부터 1년

㉡ 시효중단 → 민법상 중단사유 + 소송고지

ⓐ 시효의 중단은 그 중단사유가 생긴 자에 대하여만 효력이 있다.

ⓑ 배서인의 다른 배서인에 대한 어음상청구권의 소멸시효는 그 자가 제소된 경우 전자에 대한 소송고지를 함으로써 중단된다.

ⓒ 중단된 시효는 재판이 확정된 때부터 다시 진행한다.

5) 어음 · 수표의 말소 · 훼손 · 상실

(1) **어음말소** : 어음요건(필요적 기재사항)의 제거

┌유익적 기재사항의 제거 → 변조
├무익적 기재사항의 제거 → 효력×
└어음의 동일성을 해칠 정도의 말소 → 어음상실

㉠ 말소의 효과

┌유통후 말소 ┌ 어음요건 말소 → 어음상 권리 소멸×
│　　　　　　└ 어음요건외의 말소 → 변조 (☞변조문구에 따른 책임)
└유통전 말소 ┌ 어음요건 말소 → 어음상 권리 소멸
　　　　　　　└ 어음요건외의 말소 → 처음부터 기재하지 않은 것으로 간주

㉡ 배서의 말소

ⓐ 배서의 연속에 관하여 배서가 없는 것으로 본다.

ⓑ 상환의무를 이행한 배서인 → 자기 및 후자의 배서말소가능

ⓒ 환배서를 한 배서인 → 전자의 모든 배서말소가능
㉢ 인수의 말소
ⓐ 인수의 말소는 어음반환전에 한 것으로 추정
ⓑ 어음반환전에 한 인수말소는 인수거절로 간주

(2) **어음훼손** : 절단, 마멸, 기타원인에 의하여 어음증권 자체의 훼손
☞ 어음의 동일성을 해칠 정도의 훼손 → 어음상실

(3) **어음상실**

㉠ 물리적 멸실, 분실, 말소, 훼손 등으로 인한 어음의 동일성 상실로 증권으로 권리행사를 하지 못하는 모든 경우
㉡ 공시최고절차를 거치는 제권판결후 증권없이 권리행사 가능
㉢ 어음 유통성 상실 : 어음재발행×, 배서양도×, 지명채권양도방식에 의한 양도만 가능

6) 이득상환청구권

(1) **개념**

어음 · 수표상 권리가 시효경과나 권리(상환청구권)보전절차의 흠결로 소멸한 경우 소지인이 발행인 · 인수인 · 배서인 · 지급보증인에 대해서 그 원인관계상의 이득의 반환을 청구할 수 있는 권리를 말한다(어음법 §79, 수표법 §63). 이득상환청구권은 민법 10년, 상법 5년의 시효에 비해 어음·수표법이 단기소멸시효를 채택하고 있으며, 권리보전을 위해 어음의 경우 만기로부터 2거래일 이내에 공증인으로부터 거절증서를 작성해야 하며, 수표의 경우 지급제시기간(10일)내 제시해야 하는 등 어음의 엄정성을 완화하기 위한 형평적 제도이다.

(2) **당사자**

㉠ 권리자 : ⓐ어음 · 수표상 권리소멸 당시의 정당한 어음소지인(권리취득원인 불문)으로서, ⓑ실질적 권리자이어야 한다(최후의 피배서인 · 상속인 등).
㉡ 의무자 : ⓐ어음 · 수표의 발행인 · 배서인, ⓑ환어음의 인수인(이득상환의무자) 및 ⓒ수표의 지급보증한 지급인이다.

(3) **성립요건**

㉠ 권리소멸당시 유효한 권리 존재

☞필요적 기재사항을 흠결한 불완전어음 또는 미완성어음(백지어음) → 적용×

㉡ 권리소멸 : 소지인 과실여부를 불문하고 보전절차의 흠결 또는 시효완성으로 권리 소멸

㉢ 원인관계에 의한 채무자 이득 존재

☞ 증여목적의 발행, 배서, 인수의 경우 이득이 없는 것으로 간주

㉣ 최후의 수단 : 이득상환청구권외의 다른 모든 권리소멸

(4) **양도** : 지명채권양도방식

(5) **행사** : 정당한 권리자임과 선의취득자가 없음을 입증하면 증권소지없이 권리행사가능

ⓐ 채무이행지 : 상환의무자의 주소 또는 영업소

ⓑ 실권된 증권에 존재하던 채무자의 항변 인정

ⓒ 소멸시효 : 10년

ⓓ 담보권이전 ×

4. 어음·수표의 실질관계

어음·수표의 실질관계는 어음·수표행위에 의한 어음·수표 수수의 전제가 되는 배후의 법률관계(어음·수표예약, 자금관계, 원인관계)를 말한다. 이에 대해 어음·수표의 수수 자체에 의한 법률관계 내지 권리의무관계를 어음관계·수표관계라고 한다.

1) 원인관계

원인관계란 어음의 직접적인 당사자간에 어음수수의 원인이 되는 실질적인 법률관계로 대가관계(對價關係)라고도 한다.

(1) **원인관계가 어음관계에 미치는 영향**

㉠ 원칙 : 무인성 → 원인관계는 어음관계에 영향을 미치지 않는다.

㉡ 예외 ┌ 인적항변의 허용
├ 상환청구권 : 만기 지급거절, 만기전 지급가능성 희박
│ ☞ 원인관계에 따라 금액상환청구 가능
└ 이득상환청구권 : 원인관계상의 이득의 반환을 청구

(2) **어음관계가 원인관계에 미치는 영향**

㉠ 지급을 위하여 어음 수수 :
원인채무와 어음채무 병존 + 어음채권행사후 원인채권 행사
☞특약이 없는 한 어음법상 어음관계는 지급을 위하여 수수한 것으로 간주
㉡ 지급에 갈음하여 어음 수수(대물변제) → 원인채무 소멸 + 어음채무만 존속
㉢ 지급담보목적의 어음수수 :
원인채무와 어음채무 병존 + 권리자 선택에 따라 행사
☞원인채권을 먼저 행사할 경우 어음은 반환해야 한다.

2) 자금관계

발행인과 지급인간의 지급위탁에 따른 실질관계로 환어음과 수표에만 존재

(1) **환어음의 자금관계** : 자금관계와 어음관계의 분리

자금관계가 있어도 지급인이 인수하지 않을 수 있으며, 자금관계가 없어도 지급인이 인수하면 인수한 지급인은 주채무자가 된다.

☞ 자금관계와 어음관계의 견련 : 인적항변, 발행인의 인수인에 대한 상환청구권, 인수인에 대한 이득상환청구권

(2) **수표의 자금관계** : 자금관계와 수표관계의 분리, 수표자금없이 수표를 발행한 경우에도 수표로서의 효력에 영향을 미치지 않는다.

☞ 어음의 준자금관계
- 어음의 주채무자와 지급담당 제3자간의 관계
- 참가지급인과 그 피참가인과의 관계
- 보증인과 피보증인과의 관계

3) 어음예약

(1) **의의**

어음관계가 발생하도록 준비하는 계약(서면화된 어음예약 → 假어음)

(2) **효과**

어음예약으로 어음행위를 할 의무발생
☞어음예약을 위반한 어음발행 → 유효 + 당사자간 인적항변사유

4) 화환(貨換)어음

(1) 어음상 권리가 운송중의 물건(화물상환증)에 의하여 담보된 환어음
(2) 발행목적 : 격지간 매매의 원활화 + 신속한 자금회수

제7편 사회법

제1장 사회법 일반

제2장 노동법

제3장 사회보장법

제4장 경제법

제1장 사회법 일반

제1절 사회법의 의의

1. 사회법의 개념

사회법(社會法, social law)은 개인주의적 법의 원리를 수정 또는 보충하는 법의 전체를 말한다. 노동법이 독립적 법영역으로 발전한 현재에 있어서는 공중위생 · 의료시설 · 연로자 및 아동보호 등 사회적으로 후생복지를 증진하는 법을 사회법이라고 한정하여 노동법과 구별하는 견해도 있으나, 아직도 통설은 노동관계법 · 경제통제법 · 구빈법 그리고 기타 사회의 보장에 관한 법 전체를 포함하여 사회법이라고 정의하고 있다.

사회법은 시민법 또는 개인법에 대립적인 법개념으로서, 보통은 개인본위의 법률원리를 수정하는 의미를 가진 법을 말하며, 경제적 지배계급과 예속계급의 발생과 대립이 자본주의 사회의 모순이 되고, 또한 심각한 사회문제로 발전하게 되자 이에 대응하기 위하여 출현하게 되었다. 사회법은 법률관계에 있어서 당사자간의 자유의사에 일임하지 않고 모든 사회적 사정과 조건에 따라 그 관계를 인도함을 근본이념으로 한다.

2. 사회법의 원리와 특성

사회법은 추상적 · 평균적 인격관념의 배후에 존재하는 구체적 인간의 사정을 고려하여 실질적 정의사상에 입각하여 법률관계의 당사자인 사인의 배후에 제3자 및 주된 당사자로서의 사회 또는 국가가 있어 때로는 관여함으로써 법형태와 법현실 사이의 조화를 꾀함을 그 근본원리로 하는 것이다.

시민법과의 비교를 통해 사회법의 특징을 보면, 먼저 시민법이 초기자본주의 근대시민사회의 법이었다면, 사회법은 고도자본주의 현대사회의 법이다. 시민법이 시민계급 또는 유산계급의 법이었다면, 사회법은 노동자계급 또는 무산계급을 위한 법이다. 그 지도원리도 전자가 소유권절대의 원칙, 계약자유의 원칙, 과실책임원칙인데 대하여 사회법의 지도원리는 소유권공공의 원칙, 계약공정의 원칙, 무과실책임의 원칙으로 발전시켰다.

공법도 사법도 아닌 제3의 법

법체계의 발전을 본다면 근대이전에는 공법만이 지배하다가 근세에 와서 공법에서 사법이 분리·독립하여 공법과 사법이 대립하게 되었다. 최근에 와서는 사법의 분야가 다시 공법화 되는 경향을 보이며, 여기에 복지국가적 요청에 따른 사회법의 발전으로 공법과 사법과의 관계에 있어서 제3시기가 시작되었다.

독일의 법철학자 라드브루흐는 1948년 「법철학 입문」에서 "인격평등의 관념이란 인간의 모든 차별을 없애게 하는 평등을 뜻한다. 인격은 유산자나 무산자나, 약한 개인이나 강한 개인이나 일률적으로 귀중하다. 진정한 인격의 자유와 평등이란 평등한 소유의 자유와 평등한 계약의 자유와 공통된 사상을 배경으로 한다. 그러나 법의 현실은 경제적 강자의 소유의 자유로 하여금 물에 대한 처분의 자유로부터 인간에 대한 처분의 자유에로 이르게 한다. 생산수단으로서의 노동을 지배하는 자는 노동자에 대한 명령권을 가진다. 소유권의 절대성은 물(物)에 대한 지배력뿐만 아니라 인간에 대한 지배력도 아울러 의미한다. 이러한 소유의 자유권은 계약의 자유권과 결합하여 마침내는 형식적인 인격평등과 사실적인 불평등이라는 자본주의적 법질서의 기초를 구성하였다. 이러한 법의 원리는 시대적으로 또는 사회적으로 우리 인간상에 부합되지도 않으며, 불합리함이 점차로 명백하게 나뉘었고, 사회법은 이를 시정하고자 최초의 돌파구를 발견하였다"고 기술하고 있다.

제2절 사회법의 종류

사법과 공법의 성격을 모두 가진 제3의 법 영역으로 법의 사회화·공법화 경향으로 표현되는 사회법(Sozialrecht)은 자유방임적인 자본주의 사회적 병폐를 시정하여 경제적 약자를 보호하기 위하여 등장한 제3종의 법을 말한다. 이는 공법도 사법도 아닌 중간영역에 있는 공·사법의 혼합 내지 상호보완 관계에 있는 법영역에 속한다(예 노동법, 사회복지법, 경제법, 사회보장법 등). 사회법의 하나로서 노동법은 자본가와 노동자가 이 사회에 실재하고 있다는 사실에서 출발하여, 이 양자간의 관계를 자유의사에 방임하지 않고 오히려 관여함으로써 당사자의 자유와는 무관하게 합리적인 노동관계를 창설하여 노동자에게 실질적인 자유를 보장해 주고자 기도하는 것으로서 노동법을 사회법의 주된 내용으로 취급된다.

계약의 자유를 제한하여 노동자의 권리를 보호하고자 하는 노동법, 경제적 약자의 생활보호와 연로자 또는 아동의 생활보호, 질병자 · 실업자를 위한 사회보험 등 널리 사회적 후생증진을 목적으로 하는 「사회보장기본법」을 비롯하여 소유권의 절대적 보호에서 이를 제한하여 대기업 등 사회적 강자를 규제하고 국가가 직간접으로 경제에 개입하는 내용의 경제법 등이 사회법에 속한다.

제2장 노동법

제1절 노동법의 의의

노동법(勞動法, labour law, Arbeitsrecht)은 자본주의제동의 법질서하에서 근로자와 사용자간의 생활관계를 규율하는 법규의 총체를 말한다.

노동법은 자본주의 경제의 발전에 따라서 근대 시민법질서의 수정 또는 변동을 의미하는 '법의 사회화'의 움직임 속에서 근로자의 생활향상과 노동관계를 규율한다고 하는 특수한 법 영역을 형성하면서 발전하였다. 따라서 노동법은 한편으로는 사용자에게 최저 근로시간을 제시하고 이에 못 미치는 근로조건을 결정하지 못하도록 하고 이로써 개인에게 최저한도의 인간다운 생활을 보장하는 과제를 갖는다.

다른 한편 노동법은 근로자에게 집단적 행동의 가능성을 보장하여 사용자와 대등한 협상력을 가지고 근로조건에 관한 협상에 임할 수 있도록 하는 과제를 갖는다.

제2절 노동법의 구성

고용(근로)계약에 근거하는 민법상의 법률관계에 대하여 근로자의 생활확보와 사회적 지위향상을 위하여 노동법은 사용자와 근로자의 법률관계를 규율하되 노동자를 보호하기 위한 수많은 법령으로 이루어져 있다. 노동법은 크게 다음과 같이 3가지로 나누어 살펴 볼 수 있다.

1. 개별적 근로관계법

개별적 근로관계법은 국민 개개인에게 취업의 기회를 제공하는 한편, 근로자 개인과 사용자사이의 근로계약체결, 근로관계의 내용변경 및 종료절차 등에 관하여 규정한 법규들을 말한다. 헌법 제32조(근로의 권리)를 비롯하여 근로기준법 · 산업재해보상보험법 · 고용보험법 · 최저임금법 · 남녀고용평등법, 「장애인고용촉진 및 직업재활법」 등이 이에 속한다.

2. 집단적 노사관계법

집단적 노사관계법이란 노동조합 및 근로자 대표 등 근로자 집단과 사용자 사이의 노사관계를 규정한 법규를 말한다. 이에는 노동조합의 조직과 운영, 사용자와의 단체교섭 등에 관하여 규정한 법규로, 헌법 제33조(노동3권)를 비롯하여 「노동조합 및 노동관계조정법」 · 「노동위원회법」 등이 있다.

3. 고용보장 및 협동적 노동관계법

국가의 고용정책을 통하여 근로자의 취업을 지원하는 고용보장관계법 또는 근로자와 사용자간 협동적 노동관계법으로는 「근로자참여 및 협력증진에 관한 법률」 등이 있다.

구 분	주요 내용	주요 법률
개별적 근로관계법	근로조건과 근로환경의 기준 등 개별 근로자와 사용자 사이의 근로관계를 규율	「근로기준법」, 「최저임금법」, 「근로자퇴직급여 보장법」, 「남녀고용평등과 일·가정 양립 지원에 관한 법률」, 「산업안전보건법」, 「산업재해보상보험법」, 「기간제 및 단시간 근로자 보호 등에 관한 법률」, 「파견근로자보호 등에 관한 법률」 등
집단적 노사관계법	근로자 집단 또는 노동조합과 사용자 개인 또는 사용자 단체와의 관계를 규율	「노동조합 및 노동관계조정법」, 「공무원의 노동조합 설립 및 운영 등에 관한 법률」, 「교원의 노동조합 설립 및 운영 등에 관한 법률」, 「근로자참여 및 협력증진에 관한 법률」, 「노동위원회법」, 「경제사회발전노사정위원회법」, 「노사관계 발전 지원에 관한 법률」 등
고용보장법	국가의 고용정책을 통해 근로자 취업을 지원하는 등 근로자 개인과 국가의 관계를 규율	「고용정책기본법」, 「고용보험법」, 「직업안정법」, 「근로자직업능력개발법」, 「고용상 연령차별금지 및 고령자고용촉진에 관한 법률」, 「장애인고용촉진 및 직업재활법」 등

제3절 노동법의 내용

1. 헌법상 근로기본권

헌법은 노동자의 생존권확보를 위하여 근로의 권리(헌법 §32)와 단결권 · 단체교섭권 및 단체행동권의 노동3권을 규정(헌법 §33)하여 보호하는데 이러한 권리를 근로기본권이라 한다. 이를 근거로 각 개별 노동법을 제정하였다.

권 리	주요 내용
근로권	- 취업의 기회를 보장받을 국민의 권리 - 정당한 대우를 받으며 일할 근로자의 권리
단결권	- 근로자가 근로조건과 경제적·사회적 지위의 향상을 위해 노동조합을 자주적으로 조직하고 이에 자유롭게 가입·활동할 수 있는 권리 - 노동조합이 자주적이고 자유롭게 활동할 수 있는 권리
단체교섭권	- 노동조합대표가 사용자와 근로조건의 유지·개선과 노동조합의 활동보장 등에 관해서 교섭할 수 있는 권리
단체행동권	- 노동조합이 자신의 주장을 유리하게 관철시킬 목적으로 집단적 실력행사를 할 수 있는 권리

1) 근로의 권리

헌법 제32조에서는

① "모든 국민은 근로의 권리를 가진다."고 선언함으로써 근로권을 보장하고 있다. 국가는 사회적 · 경제적 방법으로 근로자의 고용의 증진과 적정임금의 보장에 노력하여야 하며, 법률이 정하는 바에 의하여 최저임금제를 시행하여야 한다.

→ 「근로자직업능력 개발법」, 「직업교육훈련촉진법」, 「직업안정법」, 「한국산업인력공단법」, 「임금채권보장법」, 「최저임금법」 등이 있다.

② 모든 국민은 근로의 의무를 진다.

③ 근로조건의 기준은 인간의 존엄성을 보장하도록 법률로 정한다. → 「근로기준법」

④ 여자의 근로는 특별한 보호를 받으며, 고용 · 임금 및 근로조건에 있어서 부당한 차별을 받지 아니한다. → 「남녀고용평등과 일 · 가정 양립 지원에 관한 법률」

⑤ 연소자의 근로는 특별한 보호를 받는다. →「근로기준법」

⑥ 국가유공자 · 상이군경 및 전몰군경의 유가족은 법률이 정하는 바에 의하여 우선적으로 근로의 기회를 부여받는다. →「국가유공자 등 예우 및 지원에 관한 법률」,「독립유공자예우에 관한 법률」,「참전유공자예우 및 단체설립에 관한 법률」

2) 노동3권과 노동3법

근로자는 근로조건의 향상을 위하여 자주적인 단결권(노동조합을 결성할 권리) · 단체교섭권(노동조합을 통해 근로조건에 관해 사용자와 단체로 교섭할 권리) 및 단체행동권(爭議權, 근로조건 주장의 관철을 위해 각종 쟁의행위를 할 수 있는 권리)을 가진다고 하여(헌법 §33①) 이른바 노동3권을 보장하고 있다.

노동3권에 대한 헌법상 권리를 보장하기 위한 노동3법으로는 근로기분의 최소한의 한계를 규정한「근로기준법」, 노동3권을 보장하여 근로조건의 유지 · 개선과 근로자의 경제적 · 사회적 지위의 향상을 도모하고 노동관계를 공정하게 조정하여 노동쟁의를 예방 · 해결함으로써 산업평화의 유지와 국민경제의 발전에 기여하기 위한「노동조합 및 노동관계조정법」, 노동관계에 있어서 판정 및 조정업무의 신속 · 공정한 수행을 위하여 노동위원회를 설치하고 그 운영에 관한 사항을 규정한「노동위원회법」을 들 수 있다.

2. 근로기준법

1) 의의와 성격

(1) 근로기준법은 근로자의 근로조건 및 생활조건을 일정한 수준 이상으로 보장하기 위해서 근로조건의 최저수준을 정하고 이 수준에 미달하는 근로계약을 체결할 수 없도록 감독하여 근로자를 보호하기 위한 법이다. 따라서 근로기준법은 강행규범으로서의 성격을 가지며 사용자가 이에 위반하여 근로계약을 형성할 수 없을 뿐만 아니라 근로자도 근로기준법상의 권리를 포기할 수 없다.

(2) 근로기준법은 상시 5인 이상을 고용하는 사업 또는 사업장에 당연 적용되며, 그 밖의 사업장에 대해서는 근로기준법의 일부규정을 적용할 수 있도록 하고 있다(동법 §11). 이 법에서 보호되는 근로자란 '직업의 종류를 불문하고 사업 또는 사업장에서 임금을 목적으로 근로(정신노동과 육체노동)를 제공하는 자'를 말하고, 사용자란 사업주 또는 사업 경영 담당자, 그 밖에 근로자에 관한 사항에 대하여 사업주를 위하

여 행위하는 자를 말한다.

(3) 근로기준법은 근로조건의 내용과 근로계약의 기간, 사용자와 근로자의 권리 · 의무, 임금, 근로시간과 휴식, 안전과 보건, 재해보상 등에 관하여 규정한다.

2) 기본원칙

(1) **근로자의 기본생활보장** : 근로기준법은 헌법에 따라 근로조건의 기준을 정함으로써 근로자의 기본적 생활을 보장, 향상시키며 균형 있는 국민경제의 발전을 꾀하는 것을 목적으로 하고 있다(근로기준법 §1).

(2) **근로조건의 결정 및 준수** : 근로조건은 근로자와 사용자가 동등한 지위에서 자유의사에 따라 결정하여야 하고(근로기준법 §4), 각자가 단체협약 · 취업규칙과 근로계약을 지키고 성실하게 이행할 의무가 있다(동법 §5).

(3) **균등대우** : 사용자는 근로자에 대하여 남녀의 성(性)을 이유로 차별적 대우를 하지 못하고, 국적 · 신앙 또는 사회적 신분을 이유로 근로조건에 대한 차별적 처우를 하지 못한다(§6).

(4) **강제근로 및 폭행의 금지** : 사용자는 폭행, 협박, 감금, 그 밖에 정신상 또는 신체상의 자유를 부당하게 구속하는 수단으로써 근로자의 자유의사에 어긋나는 근로를 강요하지 못하고(근로기준법 §7), 사고의 발생이나 그 밖의 어떠한 이유로도 근로자에게 폭행을 하지 못한다(§8).

(5) **중간착취의 배제** : 누구든지 법률에 따르지 아니하고는 영리로 다른 사람의 취업에 개입하거나 중간인으로서 이익을 취득하지 못한다(근로기준법 §9).

(6) **공민권 행사의 보장** : 사용자는 근로자가 근로시간 중에 선거권, 그 밖의 공민권(公民權) 행사 또는 공(公)의 직무를 집행하기 위하여 필요한 시간을 청구하면 거부하지 못한다(근로기준법 §10).

3) 근로계약

근로관계의 내용은 사용자와 근로자가 개별적인 계약으로 정하는 것이 원칙이다. 이렇게 근로자가 사용자에게 근로를 제공하고 사용자는 이에 대하여 임금을 지급하는 것을 목적으로 체결된 계약을 근로계약이라고 한다. 그러나 현대 노동법에서는 위의 기본원칙에 따라 일정한 기준을 제공하고 있는데, 「근로기준법」에서 정하는 기준에 미치지 못하는 근로조건을 정한 근로계약은 그 부분에 한하여 무효로 하되, 이에 따라 무효로 된 부분은 이 법에서 정한 기준에 따른다(동법 §15). 친권자나 후견인은 미성년자의 근로계약을 대리할 수 없으며, 친권자, 후견인 또는 고용노동부장관은 근로계약이 미성년자에게 불리하다고 인정하는 경우에는 이를 해지할 수 있다. 사용자는 18세 미만인 자와 근로계약을 체결하는 경우에는 근로조건을 서면으로 명시하여 교부하여야 한다(근로기준법 §67). 사용자는 근로계약 불이행에 대한 위약금 또는 손해배상액을 예정하는 계약을 체결하지 못하며, 전차금(前借金)이나 그 밖에 근로할 것을 조건으로 하는 전대(前貸)채권과 임금을 상계하지 못하고, 근로계약에 덧붙여 강제 저축 또는 저축금의 관리를 규정하는 계약을 체결하지 못한다.

사용자는 근로자에게 정당한 이유 없이 해고, 휴직, 정직, 전직, 감봉, 그 밖의 징벌(懲罰) 등(이하 '부당해고 등')을 하지 못한다(§23①). 경영상 이유로 긴박한 경영상의 필요가 있을 경우 정리해고를 허용(§24)하고 있으나, 이러한 경우라도 사용자는 근로자를 해고하려면 적어도 30일 전에 예고를 하여야 하고, 30일 전에 예고를 하지 아니하였을 때에는 30일분 이상의 통상임금을 지급하여야 한다(근로기준법 §26). 사용자는 근로자를 해고하려면 해고사유와 해고시기를 서면으로 통지하여야 하며, 근로자에 대한 해고는 이에 따라 서면으로 통지하여야 효력이 있다(근로기준법 §27).

부당해고 등의 불이익처분을 받은 근로자는 부당해고 등이 있었던 날부터 3개월 이내에 노동위원회에 구제를 신청할 수 있다(근로기준법 §28). 사용자가 지방노동위원회의 구제명령에 불복하여 중앙노동위원회에 재심신청을 한 경우나 행정소송 제기에 의하여 그 구제명령의 효력은 정지되지 아니한다(동법 §32).

4) 임금

임금(賃金)란 사용자가 근로의 대가로 근로자에게 임금, 봉급, 그 밖에 어떠한 명칭으로든지 지급하는 일체의 금품을 말한다. 임금은 매월 1회 이상 일정한 날짜를 정하여, 통화(通貨)로 직접 근로자에게 그 전액을 지급하여야 한다. 다만, 법령 또는 단체협약에 특별한 규정이 있는 경우에는 임금의 일부를 공제하거나 통화 이외의 것으로 지급할 수 있다(§43). 사용자는 근로자가 출산, 질병, 재해, 그 밖에 일정한 비상(非常)한 경우의 비용에 충당하기 위하여 임금 지급을 청구하면 지급기일 전이라도 이미 제공한 근로에 대한 임금을 지급하여야 한다(근로기준법 §45).

통상임금 적용 대상	평균임금 적용 대상
·평균임금의 최저한도(「근로기준법」 §2②) ·해고예고수당(「근로기준법」 §26) ·연장근로수당(「근로기준법」 §56) ·야간근로수당(「근로기준법」 §56) ·휴일근로수당(「근로기준법」 §56) ·연차유급휴가수당(「근로기준법」 §60) ·산전후휴가급여(「고용보험법」 §76) ·기타 유급으로 표시된 보상 또는 수당, 정기 상여금	·퇴직급여(「근로기준법」 §34) ·휴업수당(「근로기준법」 §46) ·연차유급휴가수당(「근로기준법」 §60) ·재해보상 및 산업재해보상보험급여(「근로기준법」 §79, §80, §82, §84, 「산업재해보상보험법」 §36) ·감급제재의 제한(「근로기준법」 §95) ·구직급여(「고용보험법」 §45)

통상임금이란 근로자에게 정기적·일률적으로 소정(所定)근로 또는 총 근로에 대해 지급하기로 정해진 시간급금액·일급금액·주급금액·월급금액 또는 도급금액을 말하는 것으로서(근기법 시행령 §6①), 아래 표의 수당을 산정하는 기초가 된다.

수 당	지 급 액
해고예고수당(근기법 §26)	통상임금의 30일분
연장근로(시간외·야간·휴일근로)의 가산수당(근기법 §56)	통상임금의 50% 이상
연차유급휴가수당(근기법 §60)	통상임금 또는 평균임금의 100%
출산전후휴가급여 등(남녀고용평등과 일·가정 양립 지원에 관한 법률 §18)	통상임금의 100%

평균임금이란 평균임금을 산정해야 할 사유가 발생한 날 이전 3개월 동안에 그 근로자에 대해 지급된 임금의 총액을 그 기간의 총일수로 나눈 금액을 말하는 것으로서, 아래 표의 수당을 산정하는 기초가 된다. 산출된 평균임금이 그 근로자의 통상임금보다 적으면 그 통상임금액을 평균임금으로 한다.

수 당	지 급 액
퇴직금(「근로자퇴직급여 보장법」 제8조제1항)	평균임금의 30일분
휴업수당(「근로기준법」 제46조)	평균임금의 70% 이상
연차유급휴가수당(「근로기준법」 제60조)	통상임금 또는 평균임금의 100%
재해보상금(「근로기준법」 제78조부터 제84조까지)	재해보상 유형에 따라 달라짐
감급액(「근로기준법」 제95조)	1회의 감급액이 평균임금의 1일분의 50% 미만, 임금총액의 10% 미만

5) 근로시간

1주 간의 근로시간은 휴게시간을 제외하고 40시간을 초과할 수 없으며, 1일의 근로시간은 휴게시간을 제외하고 8시간을 초과할 수 없다(근로기준법 §50).

6) 여성과 소년

일정한 기준에 따라 고용노동부장관이 발급한 취직인허증(就職認許證)을 지닌 자는 근로자를 제외하고, 15세 미만인 자(「초·중등교육법」에 따른 중학교에 재학 중인 18세 미만인 자를 포함)는 근로자로 사용하지 못한다(근로기준법 §64).

사용자는 임신 중이거나 산후 1년이 지나지 아니한 여성(임산부)과 18세 미만자를 도덕상 또는 보건상 유해·위험한 사업에 사용하지 못하며, 임산부가 아닌 18세 이상의 여성이라도 보건상 유해·위험한 사업 중 임신 또는 출산에 관한 기능에 유해·위험한 사업에 사용하지 못한다(근로기준법 §65).

「근로기준법」은 1953년 5월 제정될 때부터 사용자에게 여성근로자가 청구하면 월 1일의 생리휴가를 주도록 하고 있다. 생리휴가는 여성들이 여성의 고유한 신체적 특성인 생리기간에 무리한 취로를 함으로써 모성건강을 해치는 일을 방지하고 휴식과 안정을 취하도록 하는 취지가 있다.

7) 안전과 보건

근로자의 안전과 보건에 관하여는 「산업안전보건법」에서 정하는 바에 따르도록 하고 있다(근로기준법 §76).

8) 재해보상

근로자가 업무상 부상 또는 질병에 걸리면 사용자는 그 비용으로 필요한 요양을 행하거나 필요한 요양비를 부담하여야 하며 이에 따라 요양 중에 있는 근로자에게 그 근로자의 요양 중 평균임금의 100분의 60의 휴업보상을 하여야 한다(§78·§79). 근로자가 업무상 부상 또는 질병에 걸리고, 완치된 후 신체에 장해가 있으면 사용자는 그 장해 정도에 따라 장해보상을 하여야 하고, 기타 유족보상(§82)과 장의비(§83)도 지급하여야 한다.

3. 최저임금법

「최저임금법」은 근로자에 대하여 임금의 최저수준을 보장하여 근로자의 생활안정과 노동력의 질적 향상을 기함으로써 국민경제의 건전한 발전에 이바지함을 목적으로 제정된 법률(1986.12.31, 법률 제3927호)로 전문 6장(제1장 총칙, 제2장 최저임금, 제3장 최저임금의 결정, 제4장 최저임금위원회, 제5장 보칙, 제6장 벌칙) 31조와 부칙으로 구성되어 있다.

최저임금은 근로자의 생계비와 유사(類似)근로자의 임금 및 노동 생산성을 고려해 사업 종류별로 구분하여 최저임금위원회 심의를 거쳐 고용노동부장관이 정하도록 규정하고 있다. 특히, 사용자는 최저임금의 적용을 받는 근로자에 대하여 최저임금액 이상의 임금을 지급하여야 되며, 사용자가 이 법에 정한 최저임금을 이유로 종전의 임금수준을 저하시킬 수 없도록 규정하고 최저임금의 적용을 받는 근로자와 사용자 사이에 최저임금액에 미달하는 임금을 정한 근로계약은 그 부분에 한하여 무효가 됨을 명시하고 있다(§6).

4. 남녀고용평등과 일 · 가정양립지원법

「남녀고용평등법」(男女雇傭平等法)은 헌법의 평등이념에 따라 고용에 있어서 남녀의 평등한 기회 및 대우를 보장하는 한편 모성을 보호하고 직업능력을 개발하여 근로여성의 지위향상과 복지증진에 기여함을 목적으로 제정(1987.12.4 법률 제3989호)되었다가 '일 중심'에서 '가정과의 균형'을 중시하는 근로자들의 의식변화에 대응하고, 저출산 · 고령화 시대에 여성 인력의 경제활동 참여를 늘리기 위하여 일 · 가정의 양립을 위한 정책을 강화하고 이에 따라 법 제명을 「남녀고용평등과 일 · 가정 양립 지원에 관한 법률」로 변경하였다(2007.12.21).

이 법에서 '차별'이라 함은 사업주가 근로자에게 성별 · 혼인 또는 가족상의 지위 · 임신 등의 사유로 합리적인 이유없이 채용 또는 근로의 조건을 달리하거나 기타 불이익한 조치를 취하는 것을 말하는데, 사업주는 근로자의 모집 및 채용에 있어서 여성에게 남성과 평등한 기회를 주어야 하며, 동일한 사업 내의 동일가치의 노동에 대하여는 동일한 임금을 지급하여야 하고, 동일가치노동의 기준은 직무수행에서 요구되는 기술 · 노력 · 책임 및 작업조건 등으로 하며, 임금차별을 목적으로 사업주에 의하여 설립된 별개의 사업은 동일한 사업으로 본다. 또 사업주는 근로자의 교육 · 배치 및 승진에 있어서 혼인 · 임신 · 출산 또는 여성인 것을 이유로 남성과 차별대우를 하여서는 안되며, 근로자의 정년 및 해고에 관하여 여성인 것을 이유로 남성과 차별하여서는 안되고, 근로여성의 혼인 · 임신 또는 출산을 퇴직사유로 예정하는 근로계약을 체결하여서는 안된다. 이 법률과 관련한 분쟁해결에서의 입증책임은 사업주가 부담하는데, 한편 사업주가 이상의 규정에 위반한 행위를 한 경우에는 벌금에 처하며, 법인의 대표자나 법인 또는 개인의 대리인 · 사용인 기타의 종업원이 그 법인 또는 개인의 업무에 관하여 위반행위를 한 때에는 그 행위자를 벌하는 외에 그 법인이나 개인에 대하여도 동일한 벌금형을 과하도록 한다.

제정 이후 여성과 남성의 실질적인 고용평등을 확보하기 위하여 사업주가 어느 한 성이 충족하기 어려운 인사에 관한 기준을 적용하는 것을 남녀차별로 규정하고, 직장내 성희롱의 예방과 피해근로자를 보호하기 위하여 사업주에게 직장내 성희롱의 예방을 위한 교육의 실시, 가해자에 대한 징계 및 피해자에 대한 불이익조치금지 등 의무를 부과하기 위한 몇차례 개정하였고(1999.2.8 법률 제5933호), 직장과 가정생활의 양립을 지원할 수 있는 육아휴직제도를 개선하고 직장내 성차별 및 성희롱을 해소하기 위해 성희롱 예방교육 및 구제절차를 강화하며, 남녀고용평등에 관한 분쟁의 예방과 조정을 위해 고용평등상담실의 설치·운영 및 명예고용평등감독관 제도를 도입하는 등 실질적인 모성보호 및 남녀고용평등을 구현하기 위한 제도적 장치를 마련하기 위하여 이 법을 전문 개정하였다(2001.8.14 법률 제6508호).

「남녀고용평등과 일·가정 양립 지원에 관한 법률」의 주요 개정내용

가. **기본계획, 실태조사 실시**(동법 §6의2·3) 기본계획을 5년에 한 번 수립하도록 하고, 기본계획을 수립할 경우, 반드시 지난 계획에 대한 평가를 수행하며 기본계획 수립 시 관계 기관에 자료를 요청할 수 있는 근거 및 국회보고 절차를 마련하고, 고용노동부장관은 사업장의 남녀차별개선, 모성보호, 일·가정의 양립 실태를 파악하기 위하여 정기적인 실태조사를 한다.

나. **고객 등에 의한 성희롱 방지**(동법 §14의2) 사업주는 고객 등 업무와 밀접한 관련이 있는 자가 업무수행 과정에서 성적인 언동 등을 통하여 근로자에게 성적 굴욕감 또는 혐오감 등을 느끼게 하여, 근로자가 이로 인한 고충 해소를 요청한 경우에는 근무장소 변경, 배치전환 등 가능한 조치를 취하도록 노력하고, 성희롱 피해를 주장하거나 고객 등으로부터의 성적 요구 등에 불응한 것을 이유로 해고나 그 밖의 불이익한 조치를 하지 못한다.

다. **배우자 출산휴가**(동법 §18의2) 사업주는 근로자가 배우자의 출산을 이유로 휴가를 청구하는 경우에는 3일의 유급휴가를 주도록 하되, 근로자의 배우자가 출산한 날부터 30일이 지나면 청구할 수 없다.

라. **육아기 근로시간 단축**(동법 §19의2 및 §19의3) 사업주는 근로자가 전일제 육아휴직 대신 주 15시간부터 30시간까지의 범위에서 근무하는 육아기 근로시간 단축을 신청할 경우 허용할 수 있도록 하며, 허용하지 않는 경우 서면으로 그 사유를 해당 근로자에게 알려주도록 하고, 육아기 근로시간 단축을 하는 근로자의 근로조건은 근로관계 당사자 간에 서면으로 정한다.

마. **일·가정 양립지원 기반 조성**(동법 §22의3) 고용노동부장관은 일·가정 양립프로그램의 도입·확산 등을 지원하기 위하여 조사·연구 및 홍보 등의 사업과 전문적인 상담 서비스 등을 사업주와 근로자에게 제공하여야 하며 이를 시행령이 정하는 바에 따라 공공기관 또는 민간에 위탁할 수 있도록 한다.

5. 비정규직보호법

기간의 정함이 있는 근로계약을 체결한 기간제근로자, 주36시간미만 근로하는 단시간(시간제)근로자, 파견 · 용역 · 호출 등 형태로 종사하는 비전형 근로자 등 비정규직 근로자가 급격히 증가하고 이들 근로자에 대하여 임금 그 밖의 근로조건 등에 있어서 합리적인 이유 없이 하는 차별적 처우와 남용행위가 사회적 문제로 대두됨에 따라, 기간제근로자 및 단시간근로자에 대한 불합리한 차별을 시정하고 사용자의 남용행위를 규제함으로써 이들 근로자의 근로조건을 보호하고 노동시장의 건전한 발전을 도모하기 위하여 「기간제 및 단시간근로자 보호 등에 관한 법률」(비정규직보호법)을 제정(2006.12.21 법률 제8074호)하여 2007년 7월부터 시행되었다. 그리고 「파견근로자 보호 등에 관한 법률」 및 「노동위원회법」 등을 개정하였다.

㈎ **기간제근로자의 사용기간 제한**(비정규직보호법 §4) : 기간제근로자의 최대 사용기간을 2년으로 정하고, 그 기간을 초과하여 사용하는 경우에는 기간의 정함이 없는 근로계약을 체결한 근로자로 보도록 한다.

㈏ **단시간근로자의 초과근로 제한**(비정규직보호법 §6) : 단시간근로는 가사, 학업 등 근로자의 사정에 따라 행하여지는 경우가 많음을 고려하여 단시간근로자에 대하여 소정 근로시간을 초과하여 근로를 시키는 경우에는 당해 단시간근로자의 동의를 얻도록 하고, 그 상한을 1주에 12시간으로 정한다.

㈐ **기간제 · 단시간근로자에 대한 차별금지 및 시정**(동법 §8 내지 §15) : ㉠기간제 · 단시간근로자에 대한 임금 등 근로조건의 차별이 심각해지고 있어 그 차별시정을 위한 제도를 마련하려는 것이다. ㉡기간제 · 단시간근로자에 대하여 합리적인 이유 없이 차별적 처우를 하는 것을 금지하고, 기간제 · 단시간근로자가 차별적 처우를 받은 경우 노동위원회를 통하여 시정을 받을 수 있도록 하며, 차별적 처우의 시정신청과 관련한 분쟁해결에 있어서의 입증책임은 사용자가 부담하도록 한다. ㉢기간제 · 단시간근로자에 대한 보호가 강화됨으로써 정규직 근로자와의 근로조건 격차를 완화하고 사회적 통합 및 생산성 향상에 기여할 것이다.

6. 노동조합 및 노동관계조정법

헌법은 근로자의 근로조건을 유지하고 개선할 목적으로 노동조합을 조직하고 자유롭게 활동할 수 있는 권리를 단결권의 형태로 보장하고 있는데, 기존의 「노동조합법」과 「노동쟁의조정법」을 통합하여 「노동조합 및 노동관계조정법」(노동관계조정법)을 제정하였다(1997. 3.13, 법률 제5310호). 이 법은 이러한 노동조합의 설립 · 운영, 가입과 탈퇴, 노동쟁의와 쟁의행위에 대한 조정, 부당노동행위 등에 관한 규정을 두고 있는 집단적 노사관계법이다.

1) 목적

이 법은 헌법에 의한 근로자의 단결권 · 단체교섭권 및 단체행동권을 보장하고 노동관계를 공정하게 조정하여 노동쟁의를 예방 · 해결함으로써 산업평화의 유지와 국민경제의 발전을 도모하는 것을 목적으로 하고 있다.

2) 노동조합

(1) 의의 및 종류 : 노동조합(勞動組合)은 근로자가 주체가 되어 자주적으로 단결하여 근로조건의 유지 · 개선 기타 근로자의 경제적 · 사회적 지위의 향상을 도모함을 목적으로 조직하는 단체 또는 그 연합단체를 말한다. 노동조합 조직의 참가 형태에 따라 직종별 · 산업별 · 기업별 조합으로 분류할 수 있다.

그러나 ⓐ사용자 또는 항상 그의 이익을 대표하여 행동하는 자의 참가를 허용하는 경우, ⓑ경비의 주된 부분을 사용자로부터 원조받는 경우, ⓒ공제 · 수양 기타 복리사업만을 목적으로 하는 경우, ⓓ근로자가 아닌 자의 가입을 허용하는 경우(다만, 해고된 자가 노동위원회에 부당노동행위의 구제신청을 한 경우에는 중앙노동위원회의 재심판정이 있을 때까지는 근로자가 아닌 자로 해석하여서는 안됨), ⓔ주로 정치운동을 목적으로 하는 경우의 어느 하나에 해당되는 경우에는 노동조합으로 보지 않는다.

(2) 설립 및 가입

근로자는 자유로이 노동조합을 조직하거나 이에 가입[22]할 수 있으며(§5), 노동조합의 조합원은 어떠한 경우에도 인종, 종교, 성별, 연령, 신체적 조건, 고용형태, 정당 또는 신분에 의하여 차별대우를 받지 아니한다(§9).

노동조합 관련 업무의 전문적 · 효율적인 수행을 위하여 노동조합의 설립신고 등에 관한 업무를 고용노동부장관 및 지방자치단체가 담당하게 하고 있다.

22) 노조가입에 대한 선택권을 주는 제도가 오픈샵(Open shop)이고, 취업후 의무적으로 가입하도록 하는 것이 유니언샵(Union shop)이다. 황견계약(yellow-dog contract)은 사용자가 특정 근로자에게 노동조합에 가입하지 않고 쟁의에도 참가하지 않으며, 특정 노동조합의 조합원이 되는 것을 조건으로 약정하여 개별적으로 맺는 고용 계약으로, 이러한 계약은 노동3권을 침해하고, 노조 운영을 방해하는 부당 노동해위로 간주된다. 한국, 미국 등의 노동법에서는 위법 사항이다.

3) 단체교섭 및 단체협약

(1) 노동조합의 대표자는 그 노동조합 또는 조합원을 위하여 사용자나 사용자단체와 교섭하고 단체협약을 체결할 권한이 있으며, 노동조합과 사용자가 성실히 교섭하여야 한다(§29). 노동조합과 사용자 또는 사용자단체는 신의에 따라 성실히 교섭하고 단체협약을 체결하여야 하며 그 권한을 남용하여서는 안되며, 정당한 이유없이 교섭 또는 단체협약의 체결을 거부하거나 게을리 하여서는 아니된다(§30).

(2) 단체협약의 주요한 내용으로는 ㉠ 임금, 노동시간, 휴일·휴가, 해고·퇴직수당, 상여 등에 관한 기준을 정하여 노사간에 체결되는 규범적 부분, ㉡ 협약 당사자의 평화의무라든가 준수의무 등에 관한 채무적 부분, ㉢ 노사의 기본적 관계(노사협의회, 고충처리기관 등)를 규정한 조직적 부분이 있으며, 최장 유효기간을 2년으로 하고 단체협약의 해석 또는 이행방법에 관하여 의견의 불일치가 있는 때에는 노동위원회가 판정하도록 하는 제도를 도입함으로써 단체협약의 해석 등을 둘러싼 노사간의 분쟁을 방지하고자 한다.

4) 부당노동행위와 그 구제

(1) **부당노동행위**는 노동조합운동에 대한 사용자의 방해행위, 즉 사용자가 근로자의 단결권 및 쟁의권을 방해하거나 이에 대항하여 사용자가 부당하게 해고권을 행사하는 경우 등을 말한다.

(2) **부당노동행위 금지** : 노동관계조정법 제81조는 사용자에 의한 다음과 같은 5가지의 부당노동행위를 규정하고 이를 금지하고 있다.

㉠ 근로자가 노동조합에 가입 또는 가입하려고 하였거나 노동조합을 조직하려고 하였거나 기타 노동조합의 업무를 위한 정당한 행위를 한 것을 이유로 그 근로자를 해고하거나 그 근로자에게 불이익을 주는 행위

㉡ 근로자가 어느 노동조합에 가입하지 아니할 것 또는 탈퇴할 것을 고용조건으로 하거나 특정한 노동조합의 조합원이 될 것을 고용조건으로 하는 행위(다만, 노동조합이 당해 사업장에 종사하는 근로자의 3분의2 이상을 대표하고 있을 때에는 근로자가 그 노동조합의 조합원이 될 것을 고용조건으로 하는 단체협약의 체결은 예외).

㉢ 노동조합의 대표자 또는 노동조합으로부터 위임을 받은 자와의 단체협약체결 기타의 단체교섭을 정당한 이유없이 거부하거나 해태하는 행위

㉣ 근로자가 노동조합을 조직 또는 운영하는 것을 지배하거나 이에 개입하는 행위와 노동조합의 전임자에게 급여를 지원하거나 노동조합의 운영비를 원조하는 행

위(다만, 근로자가 근로시간중에 사용자와 협의 또는 교섭하는 것을 사용자가 허용함은 무방하며, 또한 근로자의 후생자금 또는 경제상의 불행 기타 재액의 방지와 구제 등을 위한 기금의 기부와 최소한의 규모의 노동조합사무소의 제공은 예외).

㉤ 근로자가 정당한 단체행위에 참가한 것을 이유로 하거나 또는 노동위원회에 대하여 사용자가 이 조의 규정에 위반한 것을 신고하거나 그에 관한 증언을 하거나 기타 행정관청에 증거를 제출한 것을 이유로 그 근로자를 해고하거나 그 근로자에게 불이익을 주는 행위

(3) 구제 방법

㉠ **노동위원회에 대한 행정적 구제** : 사용자의 부당노동행위로 인하여 그 권리를 침해당한 근로자 또는 노동조합은 노동위원회에 그 구제를 신청할 수 있다. 이에 의한 구제의 신청은 부당노동행위가 있은 날(계속하는 행위는 그 종료일)부터 3월 이내에 이를 행하여야 한다(§82).

㉡ **행정소송법에 의한 사법적 구제** : 중앙노동위원회 결정에 불복해서 행정소송을 제기하여 구제할 수 있다. 행정소송을 제기한 경우에 관할법원은 중앙노동위원회의 신청에 의하여 결정으로써, 판결이 확정될 때까지 중앙노동위원회의 구제명령의 전부 또는 일부를 이행하도록 명할 수 있으며, 당사자의 신청에 의하여 또는 직권으로 그 결정을 취소할 수 있다(노동관계조정법 §85⑤).

㉢ **민사소송법에 의한 사법적 구제** : 부당노동행위에 대해 민사소송절차에 따라 그 구제를 법원에 제소할 수 있다.

5) 노동쟁의 조정

(1) 노동쟁의의 개념

노동쟁의(勞動爭議, labor dispute)란 노동조합과 사용자 또는 사용자단체(노동관계 당사자)간에 임금 · 근로시간 · 복지 · 해고 기타 대우 등 근로조건의 결정에 관한 주장의 불일치(당사자간에 합의를 위한 노력을 계속하여도 더이상 자주적 교섭에 의한 합의의 여지가 없는 경우)로 인한 분쟁상태를 말한다. 이는 파업 · 태업 · 직장폐쇄 기타 노동관계 당사자가 그 주장을 관철할 목적으로 행하는 행위와 이에 대항하는 행위로서 업무의 정상적인 운영을 저해하는 행위인 쟁의행위(爭議行爲, 노동관계조정법 §2) 및 일과시간 후의 농성과 같은 근로자의 집단행위인 단체행동(團體行動)과도 구별된다.

(2) 노동쟁의의 제한 및 금지

사용자는 쟁의행위기간중에 쟁의행위로 중단된 업무수행을 위하여 당해 사업과 관련이 없는 자를 채용 또는 대체할 수 없도록 하며 신규 하도급도 행할 수 없도록 하고, 쟁의행위에 참여한 근로자에 대하여는 그 기간에 대한 임금을 지급할 의무를 지지 않는 한편, 노동조합은 임금지급을 요구하여 이를 관철할 목적으로 쟁의행위를 할 수 없도록 하고 있다. 따라서 쟁의행위는 그 목적 · 방법 및 절차에 있어서 법령 기타 사회질서에 위반되어서는 아니되며, 조합원은 노동조합에 의하여 주도되지 아니한 쟁의행위를 하여서는 아니된다(노동관계조정법 §37).

쟁의행위의 종류

☞ **근로자(노동조합)의 쟁의행위**

파업(strike)	집단적인 노동력제공 거부 · 중단
태업(sabotage)	의식적으로 작업 능률을 저하시키는 집단행동(작업의 고의적 태만)
보이콧(boycott)	사용자 또는 그와 거래 관계가 있는 제3자의 상품 구입, 시설 이용 등을 거절하거나 그들과의 근로 계약의 체결을 거절 할 것을 호소하는 행위(불매운동)
피케팅(picketing)	근로 희망자들의 사업장 또는 공장 출입을 저지하고 파업에 협력할 것을 구하는 행위
생산관리	사용자 의사에 반하여 생산수단을 근로자 지배하에 두고 경영까지 장악하는 실력행사
직장점거	파업시 사용자 의사에 반하여 사업장에 체류하는 행위
기 타	감시행위, 준법투쟁

☞ 사용자의 쟁의행위→직장폐쇄(lockout) : 근로자의 단체 행동에 대하여 사업자가 그 주장을 관철할 목적으로 근로자들이 취업 상태에 있지 못하도록 사업장을 봉쇄하는 행위

노동조합의 쟁의행위는 그 조합원의 직접 · 비밀 · 무기명투표에 의한 조합원 과반수의 찬성으로 결정하지 아니하면 이를 행할 수 없다. 「방위사업법」에 의하여 지정된 주요방위산업체에 종사하는 근로자중 전력, 용수 및 주로 방산물자를 생산하는 업무에 종사하는 자는 쟁의행위를 할 수 없다(노동관계조정법 §41).

(3) 노동쟁의의 해결방법

쟁위행위가 발생하면 노사 쌍방은 물론 일반 대중생활에도 악영향을 미치게 된다. 따라서 국가는 쟁의행위 발생요소를 미리 제거하거나 쟁의행위가 일단 발생하면 이를 신속히 해결할 필요가 있다. 따라서 노동관계 당사자가 직접 노사협의 또는 단체교섭에 의하여 근로조건 기타 노동관계에 관한 사항을 정하거나 노동관계에 관한 주장의 불일치를 조정하고 이에 필요한 노력하여야 한다(노동관계조정법 §47).

가) 알선(斡旋)

알선(conciliation)은 노사 쌍방이나 어느 일방의 요청에 따라 해당 고용노동부 또는 노동위원회가 지명한 알선위원이 개입하여 노사의 중간에서 쌍방의 주장의 요점을 확인하고 쌍방의 의견 접근을 권고하여 자주적으로 화해시키는 방식이다.

나) 조정(調停)

알선이 실패하여 그 사건이 노동위원회에 이송되었을 때, 노동위원회에 구성된 조정위원회가 노동쟁의의 당사자 사이에 개입하여 쌍방의 주장을 청취하고, 조정안을 작성하여 수락을 권고하는 방식이 조정(調停, Mediation)이다. 수락된 조정서의 내용은 단체 협약과 동일한 효력을 가진다.

(ㄱ) 조정 방법 : 노동관계 당사자는 단체협약에 노동관계의 적정화를 위한 노사협의 기타 단체교섭의 절차와 방식을 규정하고 노동쟁의가 발생한 때에는 이를 자주적으로 해결하도록 노력하여야 한다(§48, 임의조정원칙). 국가 및 지방자치단체는 노동관계 당사자간에 노동관계에 관한 주장이 일치하지 아니할 경우에 노동관계 당사자가 이를 자주적으로 조정할 수 있도록 조력함으로써 쟁의행위를 가능한 한 예방하고 노동쟁의의 신속·공정한 해결에 노력하여야 한다. 노동관계의 조정을 할 경우에는 노동관계 당사자와 노동위원회 기타 관계기관은 사건을 신속히 처리하도록 노력하여야 한다. 노동위원회는 관계 당사자의 일방이 노동쟁의의 조정을 신청한 때에는 지체없이 조정을 개시하여야 하며 관계 당사자 쌍방은 이에 성실히 임하여야 한다. 노사자율에 의한 노동쟁의 해결을 위하여 수도·전기·가스·통신 등 필수공익사업의 경우에만 직권중재를 할 수도 있다(강제조정은 예외). 그리고 고용노동부장관은 쟁의행위가 공익사업에 관한 것이거나 그 규모가 크거나 그 성질이 특별한 것으로서 현저히 국민경제를 해하거나 국민의 일상생활을 위태롭게 할 위험이 현존하는 때에는 긴급조정의 결정을 할 수 있다.

(ㄴ) 조정의 효력: 조정안이 관계 당사자에 의하여 수락된 때에는 조정위원 전원 또는

단독조정인은 조정서를 작성하고 관계 당사자와 함께 서명 또는 날인하여야 한다. 그 조정서의 내용은 단체협약과 동일한 효력을 가진다. 또한 관계 당사자의 쌍방에 의하여 수락된 후 그 해석 또는 이행방법에 관하여 관계 당사자간에 의견의 불일치가 있는 때에는 관계 당사자가 그 해석 또는 이행방법에 관한 명확한 견해의 제시요청에 의한 조정위원회 또는 단독조정인이 제시한 해석 또는 이행방법에 관한 견해는 중재재정과 동일한 효력을 가진다(노동관계조정법 §61). 아울러 조정의 종료가 결정된 후에도 노동쟁의의 해결을 위하여 조정을 할 수 있다.

(ㄷ) 중재회부 : 중앙노동위원회의 위원장은 조정이 성립될 가망이 없다고 인정한 경우에는 공익위원의 의견을 들어 그 사건을 중재에 회부할 것인가의 여부를 결정하여야 한다(§79). 중앙노동위원회는 당해 관계 당사자의 일방 또는 쌍방으로부터 중재신청이 있거나 중앙노동위원회의 중재회부의 결정을 한 때에는 지체없이 중재를 행하여야 한다(§80).

다) 중재(仲裁)

관계당사자 쌍방 또는 단체협약에 의한 어느 일방이 신청하거나 관계 당사자의 일방이 단체협약에 의하여 중재를 신청한 때(임의중재), 특별조정위원회의 권고에 의하여 노동위원회 위원장이 중재회부를 결정 할 수 있다(강제중재).

노동쟁의가 중재에 회부된 때에는 그 날부터 15일간은 쟁의행위를 할 수 없다.

중재재정(仲裁裁定)은 당사자들의 수락여부에 관계없이 단체협약과 동일한 효력을 발생한다. 노동위원회의 중재재정 또는 재심결정은 중앙노동위원회에의 재심신청 또는 행정소송의 제기에 의하여 그 효력이 정지되지 아니한다(노동관계조정법 §70).

라) 긴급조정

쟁의행위가 공익사업에 관한 것이거나 그 규모가 크거나 그 성질이 특별한 것으로서 현저히 국민경제를 해하거나 국민의 일상생활을 위태롭게 할 위험이 현존하는 경우 고용노동부장관이 중앙노동위원회위원장의 의견을 들어 행하는 조정 방식이 긴급조정(Emergency Adjustment)이다(노동관계조정법 §76). 이에 따라 긴급조정을 결정한 때에는 노동부장관은 지체없이 그 이유를 붙여 이를 공표함과 동시에 중앙노동위원회와 관계 당사자에게 각각 통고하여야 한다. 긴급조정의 결정이 공표된 때에는 관계 당사자는 즉시 쟁의행위를 중지하여야 하며, 공표일부터 30일이 경과하지 아니하면 쟁의행위를 재개할 수 없다.

6) 노동위원회

노동관계에 있어서 판정 및 조정업무의 신속·공정한 수행을 위하여 노동위원회를 설치하고 그 운영에 관한 사항을 규정함으로써 노동관계의 안정과 발전에 기여하기 위하여 「노동위원회법」이 있다. 노동위원회는 노동행정의 민주화와 노사관계의 공정한 조절을 위한 특별행정위원회로 중앙노동위원회·지방노동위원회 및 특정한 사항을 관장하기 위하여 필요한 경우에 당해 특정사항을 관장하는 중앙행정기관의 장 소속하에 두는 특별노동위원회로 구분한다.

7. 근로자 참여 및 협력증진에 관한 법률

노동조합의 투쟁적 활동을 비투쟁적인 노사협의로 대체하려는 목적으로 시작되어 근로자의 참여범위를 확대하여 오늘날 경영 참가적 유형에 속하는 노사협의에 관한 법으로서의 성격을 갖는 「근로자참여 및 협력증진에 관한 법률」은 노사협의회(근로자와 사용자가 참여와 협력을 통하여 근로자의 복지증진과 기업의 건전한 발전을 도모하기 위하여 구성하는 협의기구)의 설치·운영, 고충처리위원 등의 규정을 두는 협동적 노사관계법이다. 이 법은 근로자와 사용자 쌍방이 참여와 협력을 통하여 노사 공동의 이익을 증진함으로써 산업 평화를 도모하고 국민경제 발전에 이바지함을 목적으로 한다.

제3장 사회보장법

제1절 사회보장법의 의의

사회보장법(社會保障法, law of social security)은 국민의 인간다운 생활을 보장하기 위한 생존권 확보와 생활권 보호를 목적으로 하는 사회보장제도의 확립과 그 효율적인 발전을 기하기 위한 국가에 필요한 조치를 취하게 하는 법률을 말한다. 개인을 생활위험으로부터 보호하는 것을 직접적인 목적으로 하는 급여 관계를 규율하는 법으로, 사회보장의 기능수행이 구조변화의 목적이 아닌 개인의 수요를 충족시키기 위한 것이어야 한다. 또한 이러한 보호가 국가 또는 공법인에 의해서 이루어지는 법체계이다. 이는 구빈법(救貧法, poor law)제도에서 유래된 것으로 자본주의 경제발전 과정에서 빈부격차로 인해 빈자는 스스로 생계를 유지할 수 없게 되자 국가가 이를 구제하여 인간다운 생활을 보장해 주기 위한 법이다.

사회보장에 관한 국민의 권리와 국가 및 지방자치단체의 책임을 정하고 사회보장제도에 관한 기본적인 사항을 규정함으로써 국민의 복지증진에 기여하기 위하여 「사회보장기본법」을 마련하고 있다.

인간다운 생활을 할 헌법적 이념을 구현하기 위하여 사회보장에 관한 공공부조법(예 생활보호법 · 의료보호법 · 재해구호법 등)을 비롯하여 사회보험법, 적극적인 빈곤 예방 및 사회복지 증진을 위한 사회복지법(예 사회복지사업법 · 장애인복지법 등), 환경법(예 공해방지법 등)이 있다.

제2절 사회보장법의 체계와 내용

1. 사회보장제도

1) 사회보장제도의 의의

사회보장제도는 사회의 구성원인 개인의 부상, 질병, 출산, 실업, 노령화 등의 원인에 의해 생활이 곤궁에 처하게 될 경우에 공공의 재원으로 그 최저생활을 보장하여 주는 제도를 말한다. 사회보장(社會保障)이라 함은 질병·장애·노령·실업·사망 등의 사회적 위험으로부터 모든 국민을 보호하고 빈곤을 해소하며 국민생활의 질을 향상시키기 위하여 제공되는 사회보험·공공부조·사회복지서비스 및 관련 복지제도를 말한다. 사회부조(社會扶助)는 국가 또는 공공단체가 생활비의 일부 또는 전부를 부조하는 공공부조제도이며, 생활곤궁자에 대해서만 부여되는 것이 보통이다. 사회보험(社會保險)은 본인 또는 이를 대신하는 자가 보험료를 적립하고 여기에 국가가 보조를 해주어 일정한 사유가 발생한 경우에는 연금 또는 일시금을 지급하는 제도이다.

2) 사회보장기본법

1963년 제정된 「사회보장에 관한 법률」을 폐지하고 우리나라의 경제·사회의 발전수준과 국민의 복지욕구에 부합하는 사회보장제도를 확립하여 국민복지의 증진을 도모하기 위하여 「사회보장기본법」(1995.12.30, 법률 제5134호)을 마련하고 있다.

사회보장[23]은 모든 국민이 인간다운 생활을 할 수 있도록 최저생활을 보장하고 국민 개개인이 생활의 수준을 향상시킬 수 있도록 제도와 여건을 조성하여, 그 시행에 있어 형평과 효율의 조화를 기함으로써 복지사회를 실현하는 것을 기본이념으로 한다.

사회보장의 범위에 사회보험·공공부조·사회복지서비스 및 보건·주거·교육·고용 등의 분야에서 인간다운 생활이 보장될 수 있도록 지원하는 각종 복지제도를 포함하여 국민복지증진의 토대를 마련한다.

---

23) "사회보장"이란 출산, 양육, 실업, 노령, 장애, 질병, 빈곤 및 사망 등의 사회적 위험으로부터 모든 국민을 보호하고 국민 삶의 질을 향상시키는 데 필요한 소득·서비스를 보장하는 사회보험, 공공부조, 사회서비스를 말한다(「사회보장기본법」 §3제1호).

사회보장에 대한 국가 및 지방자치단체의 책임·역할 및 비용부담을 명시하고, 민간부문이 적극적으로 참여할 수 있는 여건을 조성하도록 하여 사회복지의 증진을 도모한다.

국가는 국민이 건강하고 문화적인 생활을 보장받도록 노력하여야 하며, 최저보장수준과 최저임금을 참작하여 사회보장 급여수준을 정하도록 한다.

사회보장의 급여를 받을 권리의 양도·담보·압류를 금지하고, 동 권리의 제한 또는 정지는 관계법령이 정하는 바에 의하여 그 제한 또는 정지의 목적에 필요한 최소한의 범위에 그치도록 함으로써 동 권리를 보호하도록 한다.

사회보장에 관한 주요시책을 심의하기 위하여 국무총리를 위원장으로 하는 사회보장심의위원회를 설치·운영하도록 하고, 보건복지부장관은 사회보장의 증진을 위하여 사회보장심의위원회의 심의를 거쳐 5년마다 장기발전방향을 수립하며, 관계중앙행정기관의 장 및 시·도지사는 동 방향에 따른 연도별 추진방안을 수립하도록 한다.

보편성, 형평성, 민주성, 제도적 연계성, 전문성을 사회보장제도의 기본적인 운영원칙으로 하며, 사회보장에 관련된 분야에는 전문인을 우선적으로 배치하도록 한다.

국가 또는 지방자치단체는 사회보장전달체계를 지역적 균등분포, 원활한 업무조정, 국민의 이용상 용이성을 갖게 마련하도록 한다.

국가와 지방자치단체에 사회보장에 관한 책임과 역할을 합리적으로 분담하여 국민이 필요로 하는 정보의 공개를 의무화하고, 비밀보호, 설명·상담·통지에 관한 사항을 규정하고 있다. 모든 국민은 사회보장 관계 법령에서 정하는 바에 따라 사회보장급여를 받을 권리(이하 '사회보장수급권')를 가지며, 이 사회보장수급권은 관계법령에서 정하는 바에 따라 다른 사람에게 양도하거나 담보로 제공할 수 없으며, 이를 압류할 수 없다.

3) 사회보험제도

사회보험은 국민생활에서 발생하는 사회적 위험을 보험기술에 응용하여 국민건강과 생활곤궁을 사회적으로 구제·보장하는 제도이다. 사회보험은 먼저 독일에 있어서 1883년 질병보험법에서 시작되었다.

근대 각국에 있어서 채용되는 사회보험의 종류로서는 ㉠ 질병보험, 산부보험, 가족보험, 재해보험, 실업보험 등 생활에 대한 일시적 장해에 관한 것, ㉡ 폐질보험·양로보험 등 노동력 및 생활능력의 영구적 장해 또는 상실에 관한 것, ㉢ 매장비보험, 과부고아 위족보험 등 노동자 본인의 사망에 관한 것 등을 들 수 있다.

구분	사보험	사회보험
가입여부	당사자간의 자유로운 의사결정	법에 정해진 범위의 국민에게 가입의무가 부과됨
보험료 산정	개인이 지니고 있는 위험의 정도 및 발생빈도를 기준으로 보험료 산정	가입자의 소득에 비례하여 산정 (부담 : 본인, 국가, 학교 법인 등)
급여산정	보험급여는 가입자가 갹출한 보험료에 명확히 비례하여 산정	보험료에 비례하여 보험급여가 지급되는 것이 원칙임
가족구성원 보험료 추가 부담 여부	보험료 추가 부담	부분적으로 추가로 보험료 부담을 지우지 않고 가족구성원의 위험 보호

사회보험에 따른 비용은 사용자·피용자 및 자영자가 부담하는 것이 원칙이나 관계법령에 따라 국가가 비용의 일부를 부담한다. 보통 노자동액(勞資同額)의 보험료와 약간의 국고 보조에 의하여 경리되나 근년 이러한 제도는 사회보장제도에 발전적으로 흡수되는 경향이 있다.

4) 사회보험법체계

사회보험[24]은 보험의 원리를 사용하여, 일정한 개인의 집단을 사회적 위험에 동일한 확률로 처해 있는 공동체로 결합하여 구성원이 사회적 위협으로부터 자기보호를 꾀할 수 있도록 하는 제도로 사보험과는 달리 사회적 조정에 의하여 일정한 수정을 받는다. 이에는 국민건강보험법, 국민연금법, 공무원연금법, 군인연금법, 「고용보험법」, 「산업재해보상보험법」 등이 있다.

2. 사회보상법

사회보상이란 국가 유공행위 중 또는 특별히 공동체 전체에 책임이 귀속되는 인적·물적 피해에 대한 국가적 차원에서의 보상을 규율한다. 이에는 「국가유공자 예우 등에 관한 법률」, 「범죄피해구조법」 등이 있다.

24) "사회보험"이란 국민에게 발생하는 사회적 위험을 보험의 방식으로 대처함으로써 국민의 건강과 소득을 보장하는 제도를 말한다(「사회보장기본법」 §3제2호).

3. 사회부조 및 복지서비스법

1) 공공부조(사회부조)

공공부조(公共扶助[25])는 사적 부조에 대응하는 용어로 국가나 지방자치단체의 책임하에 생활유지능력이 없거나 생활이 어려운 국민의 최저생활을 보장하고 자립을 지원하는 제도로 사회부조라고도 한다. 사회보험과 더불어 사회보장의 중심을 이룬다.

이는 국가 및 지방자치단체의 책임하에 생활유지능력이 없거나 생활이 어려운 국민의 최저생활을 보장하고 자립을 지원하는 제도로 국가 및 지방자치단체가 비용의 전부 또는 일부를 부담한다.

구 분	사회보험	공공부조	사회복지
주 체	국가(보험자)	국가	사회복지법인
객 체	모든 국민(보험 가입자)	생활(노동)무자력자(빈곤자)	요보호자
목 적	질병, 노령, 재해 등의 위험 대비	최소한의 인간다운 생활 보장	요보호자의 자립생활능력 개발 지원
재 원	국가(조세)와 보험료	국가가 전액 부담(조세)	재정보조금, 기부금
종 류	연금보험, 건강보험, 산업재해 보상보험, 고용보험	기초생활보장, 의료급여, 교육·자활·고용 보호, 보훈사업, 재해 구조	시설보호, 아동·노인·장애자·부녀 복지 등
관련법률	국민연금법, 산업재해보상보험법, 국민건강보험법 등	국민기초생활보장법, 의료급여법 등	영유아보육법, 아동·노인·장애인 복지법, 한모부가족지원법 등
특 징	강제 적용, 능력별 부담(소득에 비례), 상호 부조, 보편성원리(균등기회제공)	소득 재분배 효과, 근로의욕 저하 우려, 재정 압박, 수혜자에 대한 재산상태 조사 필요	공적 서비스제공을 통해 생활고에 대한 보충적 지원

2) 사회복지서비스

사회복지서비스는 국가 · 지방자치단체 및 민간부문의 도움을 필요로 하는 모든 국민에게 상담 · 재활 · 직업소개 및 지도 · 사회복지시설이용 등을 제공하여 정상적

25) "공공부조"(公共扶助)란 국가와 지방자치단체의 책임 하에 생활 유지 능력이 없거나 생활이 어려운 국민의 최저생활을 보장하고 자립을 지원하는 제도를 말한다(「사회보장기본법」 §3제3호).

인 사회생활이 가능하도록 지원하는 제도이다.

관계법령이 정하는 일정한 소득수준 이하의 국민에 대해서는 국가 및 지방자치단체가 비용의 전부 또는 일부를 부담하고, 부담능력이 있는 국민은 수익자부담원칙에 따라 부담하되 관련 법령이 정하는 바에 따라 비용의 전부 또는 일부를 국가 및 지방자치단체가 부담한다.

사회복지사업법

제1조(목적) 이 법은 사회복지사업에 관한 기본적 사항을 규정하여 사회복지를 필요로 하는 사람에 대하여 인간의 존엄성과 인간다운 생활을 할 권리를 보장하고 사회복지의 전문성을 높이며, 사회복지사업의 공정·투명·적정을 도모하고, 지역사회복지의 체계를 구축함으로써 사회복지의 증진에 이바지함을 목적으로 한다.

제1조의2(기본이념) ① 사회복지를 필요로 하는 사람은 누구든지 자신의 의사에 따라 서비스를 신청하고 제공받을 수 있다.

② 사회복지법인 및 사회복지시설은 공공성을 가지며 사회복지사업을 시행하는 데 있어서 공공성을 확보하여야 한다.

③ 사회복지사업을 시행하는 데 있어서 사회복지를 제공하는 자는 사회복지를 필요로 하는 사람의 인권을 보장하여야 한다. [본조신설 2012.1.26]

제2조(정의) 이 법에서 사용하는 용어의 뜻은 다음과 같다.

1. **"사회복지사업"**이란 다음 각 목의 법률에 따른 보호·선도(善導) 또는 복지에 관한 사업과 사회복지상담, 직업지원, 무료 숙박, 지역사회복지, 의료복지, 재가복지(在家福祉), 사회복지관 운영, 정신질환자 및 한센병력자의 사회복귀에 관한 사업 등 각종 복지사업과 이와 관련된 자원봉사활동 및 복지시설의 운영 또는 지원을 목적으로 하는 사업을 말한다.

가. 「국민기초생활 보장법」
나. 「아동복지법」
다. 「노인복지법」
라. 「장애인복지법」
마. 「한부모가족지원법」
바. 「영유아보육법」
사. 「성매매방지 및 피해자보호 등에 관한 법률」
아. 「정신건강증진 및 정신질환자 복지서비스 지원에 관한 법률」
자. 「성폭력방지 및 피해자보호 등에 관한 법률」
차. 「입양특례법」
카. 「일제하 일본군위안부 피해자에 대한 생활안정지원 및 기념사업 등에 관한 법률」
타. 「사회복지공동모금회법」
파. 「장애인·노인·임산부 등의 편의증진 보장에 관한 법률」
하. 「가정폭력방지 및 피해자보호 등에 관한 법률」
거. 「농어촌주민의 보건복지증진을 위한 특별법」
너. 「식품등 기부 활성화에 관한 법률」
더. 「의료급여법」
러. 「기초연금법」
머. 「긴급복지지원법」
버. 「다문화가족지원법」
서. 「장애인연금법」
어. 「장애인활동 지원에 관한 법률」

저. 「노숙인 등의 복지 및 자립지원에 관한 법률」
처. 「보호관찰 등에 관한 법률」
커. 「장애아동 복지지원법」
터. 「발달장애인 권리보장 및 지원에 관한 법률」
퍼. 「청소년복지 지원법」

2. **"지역사회복지"** 란 주민의 복지증진과 삶의 질 향상을 위하여 지역사회 차원에서 전개하는 사회복지를 말한다.

3. **"사회복지법인"**이란 사회복지사업을 할 목적으로 설립된 법인을 말한다.

4. **"사회복지시설"**이란 사회복지사업을 할 목적으로 설치된 시설을 말한다.

5. **"사회복지관"**이란 지역사회를 기반으로 일정한 시설과 전문인력을 갖추고 지역주민의 참여와 협력을 통하여 지역사회의 복지문제를 예방하고 해결하기 위하여 종합적인 복지서비스를 제공하는 시설을 말한다.

6. **"사회복지서비스"**란 국가·지방자치단체 및 민간부문의 도움을 필요로 하는 모든 국민에게 상담, 재활, 직업 소개 및 지도, 사회복지시설의 이용 등을 제공하여 정상적인 사회생활이 가능하도록 제도적으로 지원하는 것을 말한다.

7. **"보건의료서비스"**란 국민의 건강을 보호·증진하기 위하여 보건의료인이 하는 모든 활동을 말한다.

3) 사회부조 및 복지서비스법

사회복지서비스법은 법적 원인관계를 전제로 하지 않은 순수한 사회 정책적 목적에 기초한 급여이다. 우선 전통적인 공적(사회)부조(스스로의 생계능력이 없는 개인에게 최저한도의 생활수준을 보장)로 국민기초생활보장법, 의료보호법, 재해구호법이 있으며, 복지서비스(특별한 수요상황 때문에 자유로운 인격발현에 어려움이 있는 집단에 대한 보호)로는 아동복지법, 노인복지법, 모자보건법, 장애인복지법 등이 있다.

제4장 경제법

제1절 경제법의 의의

1. 경제법의 개념

자본주의의 고도화에 따라 시장경제질서가 자율적으로 경제적·사회적 조화를 도모한다는 기능을 하지 못하게 된 것에 대응하여, 자본주의경제를 지탱하고 있는 시민법 원리를 수정하여 국가가 시장경제질서에 직접 개입하는 국가적 규제 및 보호·육성하고자 하였다. 이처럼 "계약에서 통제로"라는 말이 나타나듯 경제법(經濟法, economic law)은 사적 경제주체의 경제활동에 대한 국가적 통제·조정에 관한 법률을 총칭한다.

경제법은 국가의 경제정책의 실현을 위한 법을 말한다. 경제법이라는 말은 제1차 세계대전 후 독일에서 사회경제의 변혁을 배경으로 등장한 수많은 경제관계 입법을 종합적으로 파악하기 위한 개념으로 등장하였다. 경제법의 의의와 성격 및 범위에 대하여는 여러 가지의 견해가 있으나, 대체로 국가가 경제일반을 통제하기 위한 일련의 법규로 본다.

경제법도 상법과 마찬가지로 경제생활관계를 규율하지만, 상법은 자유적 시장경제원리를 기반으로 자유(自由)와 창의(創意)에 입각하여 개개경제주체의 이익을 도모하는 기업에 관한 법인데, 경제법은 사회적 시장경제원리를 기반으로 규제와 조정에 입각하여 국민경제 전체의 이익을 도모한다. 경제법은 노동법, 사회보장법과 더불어 사회법에 속하며, 기업집중방지·독과점해소·소비자보호·경제여건조성 등을 통하여 자본주의의 발달과 더불어 나타나는 문제점을 해결하고 경제정의를 실현함을 그 목적으로 한다. 오늘날 경제법은 단지 소극적으로 질서유지에 국한하는 것이 아니라 적극적으로 공공복리를 증진하는 것을 그 방향으로 삼고 있다.

경제법의 내용에 대하여는 학자에 따라 경제에 관한 모든 법이라는 설, 국민경제에 직접 영향을 주는 것을 목적으로 하는 법규범이라는 설, 경제적 기업자의 기업경영에 관한 특별법이라는 설, 조직된 경제에 고유한 법이라는 설 등이 있다.

이처럼 경제법이란 개념의 다의성과 독자성을 인정할 것인지 문제가 있으나 그 기능을 중심으로 '국가가 국민경제를 정립하기 위해 제정한 법제도 또는 법규범의 총체'로 이해되고 있다.

2. 경제법의 규율대상

경제법은 자본주의의 산물로서 종래의 시민법질서를 수정하면서 전체로서의 자본주의 법질서의 조화적 조직을 목적으로 하는 사회법의 한 분야이기에 ㉠자본의 집중과 독점을 일정한 범위에서 제한하고 자본가의 횡포를 금지한다. ㉡경제적 약자인 중소생산자나 소비자를 보호한다. ㉢전쟁 등의 유사시에는 이의 극복을 위해 국가의 총자원을 동원하여 고도의 통제경제를 실시한다.

제2절 경제법의 종류

1. 경제법에 있어서의 규제방법

헌법상 모든 국민의 자유와 권리는 존중되어야 하기 때문에 국가에 의한 규제라도 공공복리를 위한다는 목적과 법률에 의해서만 규제할 수 있다는 방법적 제한이 있다.

(1) 규제의 방법

권력적 · 강제적 규제로 ㉠ 법률에 의한 직접적 강제, ㉡ 행정권에 의한 규제 ⓐ 명령적 행위 : 국민에 작위 · 부작위 · 급부 · 수인 등의 의무를 명하고 면제하는 것을 말한다. ⓑ형식적 행위 : 특허나 인가가 여기에 속한다. ㉢ 입법에 의한 사법관계에 대한 간접적 강제 등이 있다.

비권력적 규제로 ㉠국가의 비권력적 · 사법적 수단에 의한 경제에의 개입, ㉡비권력적 행정지도 등이 있다. 행정지도는 공무원이 그의 관할 내에서 어떤 목적을 달성하기 위해 국민에게 영향을 미치려는 활동으로서 법적 구속력을 직접 수반하지는 않는다(예, 물가행정지도, 농촌지도 노동쟁의의 조정지도 등).

(2) 소극적인 규제에 관한 경제법

「독점규제 및 공정거래에 관한 법률」을 비롯하여 「부정경쟁방지 및 영업비밀에 관한 법률」, 「하도급거래 공정화에 관한 법률」과 「물가안정에 관한 법률」, 소비자 보호에 관한 법률로 「소비자기본법」과 「전자상거래 등에서의 소비자보호에 관한 법률」, 「약관규제에 관한 법률」, 「할부거래에 관한 법률」과 「방문판매 등에 관한 법률」, 각종 공산품안전관리법 등이 있다. 「독점규제 및 공정거래에 관한 법률」은 시장 지배적 지위의 남용금지, 기업결합의 제한 및 경제력 집중의 억제, 부당한 공동행위의 금지, 불공정거래행위의 금지 등을 규율하여 공정하고 자유로운 경쟁을 촉진함으로써 창의적인 기업 활동을 조장하고 소비자를 보호하고 국민경제의 균형 있는 발전을 도모함을 목적으로 한다.

(3) 기업의 보호육성이라는 적극적인 정책 시행을 위한 법률

「중소기업기본법」, 「중소기업창업지원법」, 「중소기업협동조합법」, 「중소기업의 사업영역보호 및 기업간 협력증진에 관한 법률」, 「벤처기업육성에 관한 특별조치법」, 「산업발전법」, 「산업표준화법」 등이 있다.

2. 개별 경제법

1) 독점규제 및 공정거래에 관한 법률(독점규제법)

(1) **의의** : 독점규제법은 시장구조에 있어서 독과점화를 억제하고 경쟁제한적이거나 불공정한 거래행위를 규제하여 공정하고 자유로운 경쟁질서를 확립하는 데 목적을 두고 제정한 법률로 공정거래법이라고도 한다. 따라서 독점규제 및 공정거래 제도는 경쟁질서확립과 시장기능 활성화를 통하여 기업체질을 개선함으로써 국제경쟁력을 강화하고 사업자의 시장지배적 지위의 남용과 부당한 거래행위 등으로부터 소비자를 보호하여 국민경제의 균형발전을 도모하려는 것이다.

(2) **목적** : 자유롭고 공정한 경쟁질서를 확립하기 위하여 우리나라에서는 1966년 7월에 공정거래법안을, 1971년 9월에 규제법안을 제정 공포하였다. 공정거래법안은 원인을 규제하자는 것이요, 독점규제법과 규제법은 그 폐해를 규제하자는 것이다.

「독점규제 및 공정거래에 관한 법률」(독점규제법)은 사업자의 시장 지배적 지위의 남용과 과도한 경제력의 집중을 방지하고, 부당한 공동행위 및 불공정거래행위를 규제하여 공정하고 자유로운 경쟁을 촉진함으로써 창의적인 기업활동을 조장하고 소비자를 보호함과 아울러 국민경제의 균형 있는 발전을 도모함을 목적으로 한다.

(3) **내용** : 독점규제법은 불공정행위에 대한 규제를 위하여 시장지배적지위의 남용금지(제2장), 기업결합의 제한 및 경제력집중의 억제(제3장), 부당한 공동행위의 제한(제4장), 불공정거래행위 및 특수관계인에 대한 부당한 이의제공의 금지(제5장), 사업자단체(제6장)의 일정행위 금지(§26), 재판매가격유지행위의 제한(제7장), 부당한 국제계약의 체결제한(제8장) 등의 규정을 두고 있다. 또한 독점규제법에 의한 사무를 독립적으로 수행하기 위하여 국무총리소속하에 공정거래위원회(제9장)를 두고, 독점규제 및 공정거래와 관련된 분쟁의 조정 등의 업무를 수행하기 위하여 한국공정거래조정원(제9장의2)을 설립하도록 하고 있다.

2) 소비자관련법

(1) 의의

소비자가 인간다운 생활을 영위하기 위하여 공정한 가격으로 양질의 상품 또는 용역을 적절한 유통구조를 통하여 적절한 시기에 구입하거나 사용할 수 있는 권리(헌법 §124)이다. 헌법적 근거로 헌법 제10조를 든다.

(2) 「소비자기본법」

소비자의 권익을 증진하기 위하여 소비자의 권리와 책무, 국가·지방자치단체 및 사업자의 책무, 소비자단체의 역할 및 자유시장경제에서 소비자와 사업자 사이의 관계를 규정함과 아울러 소비자정책의 종합적 추진을 위한 기본적인 사항을 규정함으로써 소비생활의 향상과 국민경제의 발전에 이바지함을 목적으로 한다.

(3) 「방문판매 등에 관한 법률」

「방문판매법」(전문개정 2002.3.30, 법률 제6688호)은 방문판매, 전화권유판매, 다단계판매, 계속거래 및 사업권유거래 등에 의한 재화 또는 용역의 공정한 거래에 관한 사항을 규정함으로써 소비자의 권익을 보호하고 시장의 신뢰도 제고를 통하여 국민경제의 건전한 발전에 기여 하고자 한다. 우편·전기통신 그 밖에 일정한 방법에 따라 재화 또는 용역(일정한 시설을 이용하거나 용역의 제공을 받을 수 있는 권리를 포함)의 판매에 관한 정보를 제공하고 소비자의 청약에 의하여 재화 또는 용역을 판매하는 통신(通信)판매에 대해서는 「전자상거래 등에서의 소비자보호에 관한 법률」에서 규율한다.

(4) 「할부거래에 관한 법률」

할부계약에 의한 거래를 공정하게 함으로써 소비자 등의 이익을 보호하고 국민경제의 건전한 발전에 이바지함을 목적으로 한다. 이 법에서 적용되는 할부계약(割賦契約)은 계약의 명칭 · 형식이 어떠하든 동산(動産)이나 용역(일정한 시설을 이용하거나 용역을 제공받을 권리를 포함)에 관한 ㉠동산의 매수인이나 용역을 제공받는 매수인(買受人)이 동산의 매도인이나 용역을 제공하는 매도인(賣渡人)에게 동산의 대금(代金)이나 용역의 대가(목적물의 대금)를 2개월 이상의 기간에 걸쳐 3회 이상 나누어 지급하고, 목적물의 대금을 완납하기 전에 동산의 인도(引渡)나 용역의 제공(목적물의 인도 등)을 받기로 하는 계약, ㉡매수인이 신용제공자(매도인 · 매수인과의 각 약정에 따라 목적물의 대금에 충당하기 위하여 신용을 제공하는 자)에게 목적물의 대금을 2개월 이상의 기간에 걸쳐 3회 이상 나누어 지급하고, 그 대금을 완납하기 전에 매도인으로부터 목적물의 인도 등을 받기로 하는 계약을 말한다.

(5) 「약관의 규제에 관한 법률」

사업자가 그 거래상의 지위를 남용하여 불공정한 내용의 약관 을 작성 · 통용하는 것을 방지하고 불공정한 내용의 약관을 규제하여 건전한 거래질서를 확립함으로써 소비자를 보호하고 국민생활의 균형 있는 향상을 도모함을 목적으로 한다. 약관(約款)은 그 명칭이나 형태 또는 범위를 불문하고 계약의 일방 당사자가 다수의 상대방과 계약을 체결하기 위하여 일정한 형식에 의하여 미리 마련한 계약의 내용이 되는 것을 말하며, 약관규제법은 약관에 대한 일반원칙 및 각종 금지조항을 규정하고 있다.

제8편 국제관계법

제1장 국제관계법의 서설

제2장 국제법

제3장 국제사법

제1장 국제관계법의 서설

제1절 국내법과 국외법

인간이 모여서 공동생활을 하고 있는 곳에는 반드시 그 사회의 존립을 가능케 하고 또 그 사회의 질서를 유지하기 위한 법이 필요하며, 이 점은 국가를 구성원으로 하고 형성되어 있는 국제사회에서도 역시 마찬가지이다. 오늘날 국제법은 조직된 국제사회단체가 형성된 이른바 근대 국가의 상호간의 관계를 규율하는 것으로서 서서히 형성되어 온 통일법질서를 가리킨다. 이에 대하여 한 나라 국가사회단체의 법인 국내법(국가법)이 있다. 이에 대해 국외적 사항을 규율하는 법률의 형태로 국제사회에 적용되는 공법의 형태의 국제법과 여러 국가에 결쳐 다양한 국가법이 충돌할 때 그 국민과 외국인과의 법률관계를 정하기위한 저촉법의 일반사항을 국내적으로 마련한 국제사법 및 국제간 경제거래와 관련된 국제거래(통상·경제)법 등이 있다. 이처럼 세계가 하나의 지구촌으로 밀접하게 관계를 맺다보니 다양한 형태의 국제사회를 규율하는 법규범이 형성되었다.

제2절 국제사법

국제사법(國際私法)은 섭외적 내지 국제적 사법생활의 안정을 보장해 주기 위해서 각종 섭외적 생활 관계에 적용할 준거법을 정하는 법칙의 총체를 말한다. 현재에 있어서는 각국의 사법이 실질적으로 서로 다르기 때문에 법률의 저촉이 생긴다. 이러한 법률의 저촉을 해결하기 위하여 여러 가지 섭외적 사법관계에 대하여 각각 준거법을 지정하는 법률이 국제사법이다.

국제사법의 본질에 관하여는 대체로 국제주의의 사조를 이어받은 학자들에 의하여 주장되는 국제법주의와 국가주의 · 민족주의의 입장에 서는 학자들에 의하여 주장되는 국내법주의가 학설상 대립되고 있으나, 어떤 한정된 사항에 관하여, 한정된 국가간의 조약에 의하여 정립되어 있는 외에는 국제사법의 원칙은 각국의 국내법으로 정해지는 것이 현실이다.

국제사법의 대상이 되는 법률관계는 사법적 국제교섭으로부터 발생하는 섭외적 법률관계이다. 즉 국제사법의 대상이 되는 법률관계는 단순한 일국적인 법률관계가 아니다. 사법관계의 구성요소의 일부가 다른 나라와 관련을 갖는 법률관계로, 국내적 사법관계와 대립한다(예 한국인 남자가 미국인 여자와 결혼한다든가, 한국인이 미국인으로부터 부동산을 매수하는 경우 등).

이처럼 지구촌이 하나가 되는 국제화 · 세계화 시대에 국가간의 다양한 법률문제가 발생하고 있는데, 각국의 법률이 서로 달라 혼란이 생긴다. 그래서 이를 해결하는 방법으로 세계 사법(私法)을 통일하려는 노력이 있어왔다(예 Zitelmann이 1888년 빈 법조총회에서 세계사법의 통일 가능성을 주장). 이 방법으로는 (ㄱ)조약 통한 통일(萬民法, 어음법통일조약, 선박충돌 · 해난구조에 관한 조약 등), (ㄴ)협상에 의하여 모범법을 제시하고 이를 각국이 입법화 절차 거처 국내법화(어음법 통일조약을 모범법으로 수정 · 보완하여 국내법화), (ㄷ)국제계약조건(Incoterms) 등을 통하여 이를 자발적으로 적용함으로써 효력 인정(국제상거래조건, 화환신용장통일 규칙 등)과 같은 방법이 있다.

국제사법은 법의 충돌 내지 저촉을 해결하는 법이므로 충돌적(저촉적) 또는 충돌규정(저촉규정)이라고도 하며, 법률관계를 직접 규율하는 법이 아니라, 문제된 법률관계의 준거법을 지정함으로써 법률관계를 간접적으로 규율해 주는 법이므로 간접(間接)법이라고 부르기도 하며, 문제된 법률관계에 적용되는 특정한 법률질서에 연결시켜 주는 법이므로 연결(連結)규정이라고도 한다.

국제사법은 법의 적용관계를 정하는 적용법이며, 법률의 시간적 적용관계를 정하는 법이다. 국제사법은 섭외적 사법관계에 관한 국내법의 일종으로 한국에서 「섭외사법」(涉外私法)이라 불리다가 "외국적 요소가 있는 법률관계에 관하여 국제재판관할에 관한 원칙과 준거법을 정하기" 위한 목적을 가진 「국제사법」으로 개정(2001.4.7. 법률 제6465호)하였다.

제3 절 국제거래(통상 · 경제)법

아직 이에 관한 확립된 개념정의는 아직 없지만, 국제연합(UN)국제거래법위원회(UNCITRAL)는 국제거래법에 대하여 "상이한 국가들이 관련하는 상사관계규율의 사법체제"라고 정의한 바[26] 있다.

국제거래법(國際去來法, law of international transactions, international trade law)은 일반적으로 국경을 넘는 국제 사회의 경제 거래에 관한 법이라고 할 수 있다.

여기서 국제거래법은 보통 국제물품거래법을 지칭하나, 협의로는 국제물품매매법, 넓은 의미로는 국제물품거래 · 용역거래 · 기술거래 · 자본거래 · 이전지급거래 등을 포함하는 국제경제거래 전체를 규율하는 법규범을 뜻한다. 이 법은 입장에 따라 국제경제법 · 국제통상법 · 국제무역거래법 · 국제계약법 · 국제통일매매법이라고 부르기도 한다.

국제거래법에는 국제무역법으로서의 국제물품거래법 · 국제용역거래법 · 국제자본거래법 · 국제이전지급거래법 · 국제복합거래법 등을 포함하며, 이에 통상교섭 · 시장개방 · 공정무역 등의 경제통상관계에 관한 공공분야를 포괄하는 법을 총칭하여 국제통상법이라고 한다.

국제거래의 주체들이 그 대상을 놓고 법률행위를 하여 권리의무관계에 변동을 가져오는 국제거래행위에는 넓은 의미에서 국제물품거래, 국제용역거래(노무는 단순용역으로 봄), 국제자본거래, 국제복합거래 등으로 나눌 수 있다.

국제거래행위는 그 구체적인 당사자 · 목적 · 기간 등이 다양하기 때문에 그 거래행위도 천차만별로 복잡다단하게 많은 종류의 거래행위가 이루어지고 있는 것이다. 국제거래는 주로 국제계약을 통해서 이루어지므로 국제계약의 종류도 국제거래 행위의 유형과 대체로 일치하는데, 구체적으로는 국제매매, 국제투자, 자본의 이동, 자원의 채취, 국제기술이전, 서비스의 이동 등이 있다.

국제사회의 법으로 소위 '國際(公)法'에 대하여 국제적 사법(私法)관계를 적용하기 위한 저촉법을 지정 하는 '국제사법'(涉外私法)이 있다. 그러나, 국제적 기업거래에 관련된 통상관련 법규가 있는데, 이는 위의 국제법 - 국내법의 2분법으로 설명되지 않는 제3의 법역으로 볼 수 있다. 이는 명칭에서 부터 다양하게 '국제경제법', '국제무역법',

---

26) "the body of rules governing commercial relationship of a private law nature involving different countries" : *UNCITRAL Yearbook* Vol. Ⅰ. p.20

'국제통상법''국제상거래법', '國際統一賣買法' 등으로 불리우나 보통 '국제거래법'으로 칭하여, '국경을 넘어서 이루어지는 물품 · 용역 · 기술 · 자본 · 노동력' 등의 기업거래 관계를 규율하는 국제적으로 통일된 내용의 법규의 총체'로 정의할 수 있다.

(1) **물품거래분야**에서는 매매계약(sales contract)이 주류를 이루고, 제품의 원활한 판매 및 유통을 위한 용역계약으로 판매특약점(distribution)계약, 대리점(agency)계약, 프랜차이즈(franchise)계약 등이 있으며, 물품의 장소적 이동에 관한 운송용역과 관련하여 해상운송계약(contract for carriage of goods by sea), 항공운송계약(contract for carriage of goods by air), 복합운송계약(contract for combined transport of goods) 등의 계약이 있고, 확실한 대금지급과 관련하여 환계약(foreign exchange contract), 신용장(L/C)관련계약, 보증장(L/G)관련계약 등이 있으며, 운송이나 지급의 여러 가지 위험에 대비하여 체결되는 수출보험(export insurance) · 적하보험(marine cargo insurance) · 제조물책임보험(product liability insurance)계약 등이 있다.

(2) **용역거래분야**에서는 건설(construction) · 플랜트(plant)계약, 지식재산권관련 계약, 라이센스계약(licensing agreement) 등이 있다. 그러나 플랜트수출계약은 기계류의 매매계약, 플랜트 · 건설계약, 기술이전계약 등 의 여러 가지 계약이 혼합된 복합계약으로 체결되는 경우가 보통이다.

(3) **자본 및 금융 거래분야**에는 국제정기대출(international term loan)계약, 신디케이트론(syndicated loan)계약 등의 자금대차계약이 있으며, 국제증권거래계약(international bond related agreement)을 비롯하여 특수금융거래계약으로 금융리스계약(financial leasing agreement), 팩토링계약(factoring agreement), 프로젝트파이낸스계약(project financing agreement), 선물거래계약(futures agreement), 옵션계약(option agreement), 스왑계약(swap agreement) 등이 있다.

(4) **국제투자거래**로서 투자계약(investment contract), 합작투자계약(joint venturing agreement), 기업매수 · 합병(M&A)관련계약 등의 계약형태를 통하여 국제거래가 이루어진다. 이러한 자본거래에 관련되는 계약들도 하나의 전체적인 계약에 수많은 개별적인 사항들에 관한 계약들이 포함되는 경우가 많다.

제 2 장 국제법

제1절 국제법의 개념

1. 국제법의 의의와 특성

國際法도 法인가?

☞ 국가 · 국제조직 · 개인 등으로 구성되는 국제사회를 규율하는 법을 國際法이라고 하는데, 국제사회는 국가를 강제할 상위기관이 없다는 점에서 이를 법으로 인정하지 않으려는 否認論이 있다(Hobbes, Spinoza).
그러나 국제사회의 조직화가 불충분하여 강제성이 미약한 국제법이 국내법에 비하여 불완전한 것은 사실이나 국제사회가 법규범에 의하여 규율되는 것은 분명하다.
그렇다면 國內法과는 어떤 관계가 있는가? 한 국가사회 내에서만 적용되는 국내법과의 관계에 대해서는 양자를 통일적인 법체계로 보는 一元論(국내법우위론, 국제법우위론, Kelsen, Jellinek)과 각기 별개의 독립적인 법체계로 보는 二元論(Tripel)이 있다.

(1) 국제법(國際法, 萬國公法, international law)이란 국제사회의 법 내지 국제공동체의 법으로서 주로 국가 간의 관계를 규율하고, 제한된 범위에서 국제기구와 개인에 관해서 규율하는 법이다. 국가들로 구성된 국제사회의 법, 즉 원칙으로 국가간의 합의에 의하여 성립하며 국제사회의 구성과 관계를 규율하는 국제공법이라고도 한다.

(2) 국제사회는 국내사회처럼 철저하게 조직화되어 있지 못한 관계로 국내법과 비교하여 국제법은 다음과 같은 특성이 있다. 즉 (i) 국제사회에는 통일적인 입법기관이 없기 때문에 국제법의 제정은 보통 조약의 형식인 국가간의 합의에 의하여 성립한다. (ii) 국제재판소는 강제 관할권을 갖지 않으므로 국제재판은 당사국의 합의가 있어야만 비로소 행할 수 있다. (iii) 국제법의 침해에 대한 제재도 공권력에 의하여 행하여지는 것이 보통이므로 공정을 기하기가 어렵다. 이런 까닭에 국제법이 주권국가의 자기 제한에 따라 성립한다든지 종속관계인 국내법과는 본질이 다른

동등관계의 법이라는 주장도 있으나, 국제사회는 두 번에 걸친 세계대전 후 급격히 조직화되고 또 계속 발전하고 있다.

2. 국제법의 목적 및 대상

(1) 국제법은 국제사회에서의 질서 유지를 그 기능으로 하며, 나아가서는 국가간의 전쟁을 방지하고 국제평화의 유지 · 확보를 궁극적인 목적으로 한다. 이와 같이 국제법은 국제사회의 법으로서, 주로 국가와 국가의 관계를 그 규율의 대상으로 하고 있으나, 최근에 와서 특히 제2차세계대전 후부터는 국제연합을 위시한 많은 국제기구가 설립되어, 이러한 국제기구의 조직 · 기능, 국가와 이러한 국제기구의 관계도 아울러 규율의 대상으로 하게 되었다.

(2) 국제법의 주요 내용으로는 국제법 주체인 개인(국적, 외국인지위, 범죄인인도) · 국가(승인, 관할권) · 국제기구, 국가영역 및 해양법 · 영공 및 우주항공법 · 환경법, 경제관계 · 분쟁해결법 등이 있다. 또 국제법은 평시국제법과 전시국제법을 구분된다. 이는 주로 조약과 국제관습법으로 나타난다[法源].

3. 국제법의 연원

(1) **의의** : 실정법으로서의 국제법은 조약과 국제관습법인 바, 이를 국제법의 연원이라고 한다. 물론 국제법의 연원은 국제법이 존재할 때부터 있었지만, 국제법 법원에 대한 체계적 분류는 1907년 제2차 헤이그평화회의에서 국제포획법원을 창설하여 전시 선박나포에 대한 국내법원 판결의 상소심 기능을 주면서부터다. 국제법은 구속규범이며 제재를 예정하고 있는 점에서 국제사회의 하나의 규범인 국제예양(國際禮讓)과는 다르다.

(2) **종류** : 국제법의 존재형식으로는 국제사법재판소(ICJ)규정 제38조 제1항에 의하여 ㉠국제조약, ㉡국제관습법, ㉢법의 일반원칙이 일반적으로 인정되고, ㉣판례와 학설은 법규결정을 위한 보조수단으로 인정될 뿐이다. 또한 ICJ규정 제38조 제2항에서 당사자가 합의하는 경우 '형평과 선'에 의한 결정을 할 수 있다.

(3) **국제성문법** : 조약은 문서에 의한 국가 간의 합의(조약의 체결 및 비준에 관한 권한은 대통령에게 있으나, 상당수의 조약은 국회의 동의를 얻어야만 효력을 발휘함)를 말하며, 이 조약의 내용인 상호간의 약정이 국제법이 된다. 조약법은 조약의 성립 · 효력 · 종료에 관하여 규율하며, 1969년 비엔나 조약법협약에 의하여 발전적으로 성문화되었다.

(4) 국제불문법

㉠ **국제관습법** : 국제사회에 있어서의 관행에 의하여 발생된 국제사회생활의 규범이 성문화되지 않고 국제사회에 있어서 법으로서 승인되고 준수되게 되었을 때 국제관습법이 성립한다(예 정치범 불인도, 외교관의 면책 특권, 내정 불간섭 등). 조약은 조약을 체결한 국가만 구속하지만, 국제관습법은 대부분의 국가를 구속한다.

㉡ **일반적으로 승인된 국제 법규** : 일반적으로 승인된 국제 법규란, 국제 관습법뿐만 아니라, 우리나라가 체결 당사국은 아니지만 국제 사회에서 일반적으로 규범성이 인정된 것을 말한다. → 포로에 관한 제네바 협약, 전쟁법의 일반 원칙, 조약은 준수되어야 한다는 원칙, 집단 학살(Genocide) 금지 원칙 등

제2 절 국제법의 주체

국제법상 권리와 의무를 향유 내지 부담할 수 있고 국제사회에서 일정한 법률행위를 할 수 있는 실체로서, 구체적으로 국제법의 법원이 되는 조약과 같은 국제적인 합의를 할 수 있고, 국제법 위반에 대한 청구를 제기할 수 있는 실체를 국제법의 주체라 한다. 국제법의 주체로 중요한 것이 국가이나 개인도 현대에 와서는 그 지위가 점차 커져가고 있으며, 국제법상의 교전자로서의 자격이 인정된 반도단체인 교전단체(交戰團體)나, 국제연합(UN) 등의 국제조직 및 비정부 단체, 기업 등도 이에 해당 한다.

1. 개인

과거에 개인은 국제법의 주체성이 미약했으나 오늘날에는 국제법의 주요 주체는 국가이지만 개인도 국제법의 주체라는 입장이 대세이다. 특히 학자들은 그 중에서도 국제법상의 실질적 권리는 물론 그 구제절차까지 마련되어 있어야 개인의 주체성을 인정한다는 입장을 지지하고 있다. 개인은 유럽연합이나 국제행정재판소, 그리고 국제투자분쟁해결센터(ICSID)에서 국가나 국제기구를 상대로 청원을 하거나 소송을 제기할 수 있다.

2. 기업

개인으로서 자연인과 공동체로서 법인도 국가간의 거래가 증대되고 국제시장이 확대되는 세계화 추세에 편승하여 그 설립 목적이나 형태가 세계화됨에 따라 복잡한 양상을 띠고 다양한 형태를 이루고 있다. 이러한 기업들이 국제적인 영업활동을 하는 데에는 조합에 이어 보통 국내 기업법에 의하여 인정되는 영리사단법인으로서의 회사는 주식회사·유한회사·합자회사(Limited Partnership)·합명회사(Partnership) 등의 내국회사를 비롯하여 외국회사·국제회사·국제기업 등의 형태가 있어 국제거래규범의 주체가 되는데, 최근 국제관계에서는 개도국 경제개발에 대규모의 외국회사가 참가함으로써 국내법인의 중요성이 높아지고 있다. 특히 일방당사자를 정부로 하고 타방당사자를 외국법인으로 하는 국제거래나 기업활동이 증가해 법인이 공적·사적 기능을 수행하고 국제법의 규제를 받으므로 그 범위 내에서 법규범의 주체가 된다.

1) 내국회사와 외국회사

(1) 외국회사와 국내회사의 구별표준

한국 상법에서는 외국회사에 대하여 약간의 규정을 두고 있으나 그 개념에 대해서는 정의한 바 없다. 이에 외국회사와 내국회사를 구별하는 표준에 대하여 학설이 대립하는데, 주소지주의(本店소재지주의와 營業중심지주의)·설립준거법주의·설립지주의·사원의 국적주의·주식인수주의 등이 있다. 그밖에 법인설립자국적설·면허지설·사원주소지설·정관작성지설·법인목적설도 있으나, 국내에서는 별로 지지를 받지 못하고, 회사주소지설과 설립준거설이 유력하다. 회사주소지설은 회사의 본점소재지(주소지)나 영업중심지가 내국인가 외국인가에 따른 구별이고, 설립준거법설은 회사설립의 준거법이 국내법인가 외국법인가에 의한 구별이다.

한국 상법상 해석으로는 외국회사(外國會社)에 관하여 "외국에서 설립된 회사"라는 표현을 사용하므로, 한국법에 준거하여 설립절차를 밟아 법인격을 위한 내국회사 이외에 외국법에 준거하여 설립절차를 밟아 법인격을 취득한 내국회사 이외에 외국법에 의하여 설립된 회사를 외국회사(alien corporation)라 한다.

외국회사는 한국 상법상의 회사와 동일한 실체를 가지는 영리사단이어야 하지만 반드시 본국법상의 법인격을 가질 필요는 없으며, 따라서 독일의 합명·합자회사, 영미의 partnership 따위도 상법상 외국회사로 인정된다. 이것은 국내법상의 회사설립에 관한 준칙을 잠탈할 염려가 있기 때문에 외국법에 준거하여 회사를 설립하고 한국에서 영업하는 외국회사는 내국회사와 동일한 규정에 따라야 한다.

(2) 외국회사의 능력 및 지위

법인인 외국회사(alien corporation)는 한국에서도 법인으로 인정하고(내외국인평등주의), 외국인이 누릴 수 없는 권리와 법률 또는 조약에 특별한 규정이 없는 한 한국에서 성립한 동일한 종류의 회사와 같은 권리를 향유하고, 법인이 아닌 것도 마찬가지로 내국인과 같은 권리를 가진다고 본다. 한국내에 영업소가 있는 외국회사는 내국회사와 동일한 행위능력을 인정한다.

외국회사의 설립·조직·운영 자체에 대하여는 그 준거법을 적용하는 것이 원칙이나, 다른 법률의 적용에 있어서는 특별한 규정 이외에는 한국에서 성립된 동종 또는 가장 유사한 회사로 본다. 이것은 외국회사에 국내회사와 동일한 지위를 인정하려는 것이다.

(3) 외국회사의 영업형태 및 감독·규제

㈎ **외국회사의 영업형태** - 외국회사가 한국에서 기업활동을 하는 법적 형태에는 여러 가지가 있는데, ㉠ 국내에 있는 독립상인 대리상·중개인·위탁매매인 등의 기업보조자를 이용하여 이들의 대리·중개 또는 주선행위를 통해서 영업활동을 하는 경우, ㉡ 외국회사의 사용인을 일시 파견하여 영업을 하거나, 지점·지사를 두어 일정범위의 영업활동을 대리권에 의하여 하는 경우, ㉢ 회사의 영업소를 국내에 현지법인형태로 설치하여 영업활동을 하는 경우 등의 방법이 있다.

㉠의 방법으로 국내에서 영업을 하는 경우에는 독립상인 당사자간의 계약과 대리상·중개업 또는 위탁매매업 규정에 의하여야 한다. ㉡의 경우에는 국내 근로자의 사업활동의 대리권 유무 및 그 범위에 따라서 상법상 상업사용인의 지위가 정해지며 그에 따라 영업을 하게 된다. 그러나 ㉢의 경우 국내에서의 영업활동의 접촉도가 가장 많아서 이에 관하여 국내에서의 활동을 규제·감독하기 위하여 입법으로 몇 가지 규제를 하고 있다.

㈏ **외국회사에 대한 감독·규제** - 한국은 외국회사가 국내에서 영업을 하는 경우의 요건으로서 국내에서의 대표자선정·영업소의 설치 및 그 등기를 하여야 하며, 외국회사가 국내에 그 본점을 두는 경우에는 내국회사와 동일한 규정에 따를 것을 정하고 있으며, 외국회사가 국내에서 주권 또는 채권을 발행하는 경우 또는 그 주식의 이전·입질 또는 사채의 이전에 대하여는 국내상법의 관계규정을 준용할 것

을 규정하고 있다. 또 외국회사가 국내에 영업소를 설치할 경우에 법원이 그 영업소의 폐쇄를 명할 수 있는 일정한 사유를, 설치목적의 불법·일정한 기간 이상의 영업의 불개시 또는 휴지 기타로 정하고 그에 따라 폐쇄를 명한 법원은 국내재산의 청산을 명할 수 있음을 규정하고 있으며, 이밖에 외국회사의 지위에 관하여 상법 이외의 법률의 적용에 있어서 동종 또는 가장 유사한 내국회사로 취급할 것을 규정하고 있다.

그리고 외국회사가 국내에서 영업활동을 하는 경우에는 종류에 따라 특별법(광업법, 항공법, 은행법, 보험업법 등)에 의하여 일정한 사항을 규제를 하고 있다.

2) 국제회사

기업활동이 국제적으로 진전됨에 따라 국제기업활동도 점점 활발해졌다. 그리하여 초국가적 회사[國際會社, supernational corporation, supranationale Gesellschaft], 세계회사(global corporation), 우주회사(cosmocorp), 국제적 회사(international corporation), international company, supranational firms 등의 용어가 등장하여 혼란스럽게 쓰이고 있다. 이들 용어에 대한 정의를 명확히 구별하기는 어렵고 국가법 적용의 범위를 벗어난 상대의 국가를 초월한 기업이라는 점에서 여러 국가의 법령의 적용을 받는 국제기업과는 구별하여 여기서는 국제회사(國際會社)라고 칭하기로 한다.

이는 둘 이상의 상이한 국가의 법률에 준거하여 설립된 회사가 합작하여 하나의 단일기업으로 국제회사(international company as a federal one)를 설립하는 경우로서, 이 국제회사는 어느 특정국가의 법률에 따르는 것이 아니라 국가간의 조약(국제회사법조약)의 적용을 받게 되는 초국가적 회사라고 할 수 있다.

국제회사는 차관단양허계약(consortium's concession contract)이나 양자양허계약(bilateral concession contract)과 같이 국제법적 근거인 조약에 의하여 설립된다. 그러므로 국제적 규모로 활동하는 공적 국제조직과 사법인의 중간적 조직형태라고 할 수 있다. 국제회사의 예로는 유럽공동체에 의하여 채택된 유럽회사법안에 의해 설립된 '유럽회사'(European joint-stock company, Societas Europaea, Eurofirma)를 들 수 있고, 덴마크·노르웨이·스웨덴 3국가간 국내항공회사간의 콘소시엄 협정에 의하여 설립(1952년)된 '스칸디나비아 항공체계'(Scandinavian Airline system: SAS)라든가, 「한반도에너지개발기구 설립협정」(1995.3.9, 韓·美·日서명)에 의한 '한반도에너지개발기구'(Korean-peninsula Energy Development Organization: KEDO), 서독·오스트리아·벨기에·덴마크·프랑스·이탈리아·노르웨이·네덜란드·포르투갈·스웨덴·스위스·터어키 등 각국의 정부가 '유럽조광연료화학처리회사'의 상호를 가진 공동회사의 설립에 관한 조약에 서명한 일이 있는데(1957년), 이러한 조약에 의하여 설립된 국제회사도 그 구성원이 상이한 복수국가의 기업의 합작에 의하여 독립된 단일기업으로서 국가법의 적용의 배제를 원칙으로 하는 경우 이와 같은 부류에 속한다고 하겠다.

3) 국제기업

국제기업(國際企業, international enterprise)은 단일국적성을 가지고 세계(global)경영에 나서고 있으며, 요즈음 세계화하는 과정에서 Royal Dutch Shell 같은 초국가기업(transnational enterprise)들도 많이 생겨나 세계를 무대로 거미줄 같은 관계망 속에서 신글로벌경영에 나서고 있는 실정이다. 이는 다국적성을 가진 국제기업으로 국제 트러스트·콘체른·카르텔 생산 및 과학 기술적 기초에 의거한 연합체를 포함하는 본래적인 국제독점체로 회귀한 현상을 나타낸다.

국제기업 또는 다국적기업(International Enterprise, Multinational Enterprise: MNE)의 신장은 2차대전 후 가장 주목할 만한 경제현상의 하나로 지적되고 국제거래에서 그 활동의 중요성이 증가되고 있다. 그런데 일치된 정의는 고사하고 용어에서도 아직 통일되지 않아서, 세계기업(World Enterprise), 다국적기업[Multinational Corporation(Enterprise)], 다국간기업(Transnational Enterprise), 지구기업(Global Corporation), Public International Corporation, Mixed Governmental Private Multinational Corporate Enterprise, Private Multinational Corporate Enterprise, World Wide Enterprise, International Corporate Enterprise, International Firm 등등 여러 가지 명칭으로 부가되어 사용되고 있다. 여기서는 이를 국제기업(Transnational Enterprise)이라 하여 그 개념을 규정하기로 한다.

자본의 집적과 집중이 고도로 이루어진 국제기업의 의미에 대한 통일적 개념은 아직 없으나, 대체로 "어느 한 나라에서 형성되어 거기에 중심을 두고 다수국에 지사나 자회사를 두어 이를 통하여 통일적인 경영방침 아래 생산·용역·거래 등의 기업활동을 하는 것"이라고 정의할 수 있다.

국제거래의 주체로서 국제기업은 경제발전에 있어서 가장 두드러진 현상 중의 하나이며, 그 단일국적성과 자본의 초국가성 및 본사의 경영지배를 축으로 다양한 국제이익을 추구하는 기업으로서, 그 영향력이 차츰 증대되어 대규모의 세계적 기업으로 전세계 생산·용역의 절반 이상을 담당할 정도로 엄청나게 커져 오늘날 국제경제에 막강한 위력을 발휘하고 있다.

이에 따라 국제기업은 우수한 법률문제를 제기하고 있으며 이에 관하여 이미 거론되어온 국제거래규범 분야에 속하는 것도 대단히 많다. 그리하여 국제기업에 있어서는 모회사와 각국의 자회사 또는 지점은 각각 설립에 있어 준거하고 본점 · 영업소를 가지고 있는 나라의 법에 의하여 규율된다. 또한 자회사는 각각 주재국의 경제에 통합되려고 하면서도 모회사에 의한 통일적인 지휘와 전략에 따른다. 모회사가 자회사를 통제하는 방법은 대체로 자본참가이며 때로는 계약에 의하는 경우도 있다.

이밖에 국제기업의 설립과 주소 및 승인의 문제, 국제기업 이사의 특수문제, 초국가적인 기업결합에 의한 대형기업의 경우 감사제도 그리고 국제기업의 사회적 책임 등의 관련문제를 국내적 · 국제적으로 어떻게 합리적으로 규율할 것인가 하는 문제는 매우 중요한 관심사가 되고 있다.

국제기업에 대해서 기업활동의 자유와 권리를 보호하는 한편 거래상대방과 국내투자자들을 국제기업의 폭리와 횡포로부터 구제하기 위하여 이에 대한 규제가 대체로 두 가지 방향으로 전개되고 있다. 첫째는 국제기업의 본국들이 중심이 되어 추진하는 외국투자보호 · 이중과세금지 등에 관한 조약 체결, 둘째는 국제기업 수용국들과 국제연합(UN) 그리고 국제상업회의소(ICC) 등이 추진하는 국제기업규제 행동강령과 조약의 체결 등이 그것이다. UN에서는 총회, 경제사회이사회(ECOSOC), 무역개발회의(UNCTAD), 국제노동기구(ILO) 등에서 이 문제를 취급해 왔다.

특히 ECOSOC의 국제기업위원회(UN Commission on Transnational Corporation: UNCTC)가 성안한 「국제기업행위준칙」(UN Code of Conduct for Transnational Corporations)이 있고, 1976년 OECD에서 채택한 「국제기업에 대한 OECD지침」, 국제상업회의소(ICC)가 투자정책, 소유와 경영 · 재정조세정책, 노동 · 사회 · 법적 문제를 포함한 인사정책, 발명 · 기술비법 및 상거래정책 등의 분야에 있어서 「국제투자에 관한 행동규칙」을 규정하였다.

3. 국가

국가는 국제법의 가장 중요하고 완벽한 주체이다. 국제법은 중세 이후 교황권과 신성로마제국의 쇠락과 함께 등장한 주권국가간의 관계를 규율하기 위해 등장하였다. '국가간의 법'(law of nations)이란 국제법의 명칭에서도 알 수 있듯이 국제법은 원래 국가간의 관계를 규율하기 위해 등장하였으며 국가들은 국제사회의 가장 중요한 행위자이다.

1) 국가의 구성요소

국가는 역사적 · 정치적 복합조직체이나 국제법상 국민(nation) · 영토(territory) · 주권(sovereignty)의 3요소를 갖추고 국제법을 지킬 의사와 능력이 있는 실체(entity)로서 기존국가의 승인(recognition)을 받아야 성립된다.

(1) 국민(國民)

국가의 구성원으로서의 국민의 자격은 국적에 의한다. 국민이 국가의 정치적 목적에 의하여 결합된 인류의 정치적 단체구성원인데 대하여, 민족은 언어 · 영토 · 경제생활 및 문화 등의 공통성에 의해 통일된 영속성 있는 공동체를 말한다.

(2) 영토(領土)

통치권이 행사되는 공간적 범역인 영토는 영역(領域)의 기본이 되며, 넓게는 영해(領海)와 영공(領空)을 말한다.

영역의 범위를 헌법에 명문화한 경우에는 영토변경에 헌법의 개정을 요한다. 영역의 범위는 영토 · 영해 · 영공이며, 국제법상 할양 · 병합 · 정복 · 무주지의 선점, 자연적 영토형성 등에 의하여 변경된다.

(3) 주권(主權)

일반적으로 주권은 국가권력의 최고독립성을 나타낸다. 대내주권은 다른 어떤 권력에 대해서도 우월하는 최고의 권력을 말하고, 대외주권은 다른 자의 의사에 독립하여 활동할 수 있는 독립성을 가진다. 주권은 그 실질적 내용에 따라 자주조직권, 영민고권, 영토고권으로 나누어 볼 수 있다. ㉠자주조직권, 즉 주권의 한 내용으로서 외부로부터 독립하여 자주적으로 국가기관을 조직하고 국가권력을 수권하는 권한을 가진다. 이것은 국가통치형태의 최고 결정권으로서 헌법제정권이 이에 속한다. ㉡영민고권, 즉 주권의 한 내용으로서 국민을 지배하는 국가의 권력이 나온다. 국가권력은 국민에 대한 지배권을 포함하기에 국내거주민 뿐만 아니라 해외에 재류하는 국민에 대하여도 지배하고 보호할 수 있는 권한을 가진다. ㉢영토고권, 즉 주권의 한 내용으로서 영토를 지배하는 국가권력이 나온다. 이것은 영역 안에 거주하는 사람과 물건을 지배할 수 있는 권력으로서 국내거주 외국인에 대하여도 지배권이 미치는 것은 이 때문이다.

주권은 최고성 · 독립성을 가지는 국가의 최고권력이나 그 내포는 통치권이다. 통치권은 주권처럼 유일불가분이 아니며 국가목적을 실현하기 위하여 조직된 권력으로 가분적이고 주권자에 의해 제한될 수도 있는 상대적 권리이다. 일반적으로 통치권은 국가권력을 의미하는 것으로 입법권 · 사법권 · 행정권을 총칭하는 것이다. 주권에 관하여 대한민국 헌법은 제1조 제2항에서 "대한민국의 주권은 국민에게 있고 모든 권력은 국민으로부터 나온다"고 규정하고 있다(국민주권주의).

2) 국가의 권리의무

국제사회의 구성원으로서 국가는 국제법상 독립권, 평등권, 자위권, 자유교통권 및 자존권, 내정불간섭의무 등을 가진다.

국가와 관련된 국제법에는 국가 및 정부승인, 국가승계, 영토의 취득, 국가관할권, 국가면제, 외교면제, 국가책임 등이 규율된다.

국가평등질서를 이루는 국가의 평등권(平等權)은 주권의 대외적 측면으로 국제사회에서 동등한 구성원으로 주권평등을 향유함을 말하는데, 이에는 법앞에서의 평등, 법안에서의 평등, 국제법 정립에서의 평등참가와 불참가불구속원칙 등이 해당된다. 법앞에서의 평등은 국가의 대소 · 강약에 관계없이 평등하게 적용하는 형식적 평등이고, 법안에서의 평등은 국제법내용의 실질적 평등으로 지배적 식민통치지역 또는 외국의 영사재판권을 인정한 조약은 평등권에 반하는 조약이며, 협박이나 강제에 의하여 체결된 조약이나 강행법규(*jus cogens*)에 저촉된 계약은 무효이다. 국제법 정립에의 평등참가와 불평등불구속원칙은 외교교섭과 같은 직접교섭이나 국제회의에서 평등한 참가권 · 발언권 · 투표권을 갖는 것, 어느 국가도 타국 재판관할권에 복종하지 않을 수 있는 주권면제(主權免除, sovereign immunity)와 한 국가의 통치행위(act of state)에 대하여 타국이 그 효력을 부인할 수 없음과 자기가 참가하지 않은 국제법의 구속을 받지 않는데 원칙적으로 평등하다.

국가는 국제법주체로서 실효적 · 자립적 영속권리를 갖는다. 이러한 국가는 국제법상 일반 공통권리로서 주권을 가지며, 일반 공통의무로서 타국내정불간섭의무와 국제법준수의무 및 국제불법행위에 대한 책임이 있다.

국가는 주권국가로서 법규를 제정하면서, 동시에 경제의 주체로서도 직접 여러 가지의 국제관계의 당사자가 되는 양면성을 갖고 있다. 국가는 자국의 영역 내에서 대외관련 법령을 제정 · 시행하고, 양자조약 · 복수국가간 협정 · 다자조약을 체결하여 자국의 자연인 및 법인의 국제활동을 국제적으로 뒷받침한다. 국가가 쌍무적이든, 지역적이든, 또는 다자간 접근이든 간에 국제관계의 법적 규제의 근간이 되는 국제법규를 입안 · 제정 · 시행한다는 점에서는 단연 국제규범의 능동적 주체이다.

다른 한편, 국가는 대내외적으로 사경제의 주체로서 여러 가지 경제활동을 한다. 국가의 매매 · 조달 · 고용계약, 국유지불하, 국채 및 지방채의 발행, 융자 등과 같은 행정주체의 사경제적 활동인 국고행위를 한다. 국제적으로도 직접 · 간접적으로 다른 국제규범상의 주체들과 법률관계를 맺어오고 있다. 국가나 정부기관이 직접 국제관계의 당사자가 되거나, 그렇지 않더라도 지방자치단체와 같은 정치적 하부조직, 국영기업, 대외무역기구, 그리고 정부출자기관, 사기업 등을 통하여서도 국제적인 경제활동을 한다.

국가도 국제법규가 정하는 바에 따른 권리를 갖고 의무를 진다는 점에서는 국제규범의 다른 주체들과 같지만, 국가가 국제관계에서 어떤 기본적 권리를 누리고 의무를 부담하느냐는 범세계적 문제가 국제관계의 골격을 종합적으로 제시하였던 「국가의 경제적 권리 및 의무헌장」에서 제기되었다.

3) 국가승인

국가승인(國家承認)은 신국가가 성립한 경우 기존 국가에 의하여 국제법주체로서 인정되는 것을 말한다. 국가로서 승인되기 위해서는 영토 · 국가 · 정부, 즉 국가로서의 실질을 갖추는 동시에 국제법을 지킬 의사와 능력을 요한다. 승인방법으로는 선언 · 통고 등에 의한 '명시의 승인' 이외에, 외교사절의 파견 · 접수, 영사인가장의 청구 · 부여, 조약의 체결 사실이 있으면 '묵시의 승인'이 있은 것으로 인정된다. 한편 "정부는 바뀌어도 국가는 바뀌지 않는다"는 사고에 의해 기존 국가의 정부가 혁명 등의 비합법적 수단에 의하여 교대한 경우 신정부를 기존 국가의 정통정부로서 외국이 인정하는 것을 정부승인이라고 한다.

4. 국제기구 및 조직

1) 국제기구의 개념과 성격

(1) 국제기구란

어떤 공동의 목적을 위해 주권국가간에 이루어진 국제적 합의에 따라 설립되는 국제적인 기구로 국가와 마찬가지로 국가나 국제기구와의 합의를 통하여 법을 만들고 국제법상의 권리와 의무의 주체가 되기 때문에 국제법의 능동적 · 수동적 주체로 인정된다.

(2) 국제기구의 법인격

국제기구의 법인격이란, 국제기구가 국제법상 권리와 의무의 능동적 · 수동적 주체가 될 수 있는 자격을 말한다. 현실적으로 보면 국제기구나 국가를 상대로 손해배상 청구를 하기도 하며 국제기구와 조약을 맺기도 한다. 각국의 국내법도 '권리능력 없는 사단'을 인정하고 있으므로 이런 기능적인 측면에 착안하여 실제로 국제사법재판소(ICJ)도 UN의 법인격을 인정했다.

(3) 국제기구의 역할

오늘날 국제기구의 다양한 활동을 보면 국제기구의 법인격을 부인하기는 어렵다.

더구나 냉전 종식 이후 주권과 함께 국가들의 역할을 상대적으로 감소하는데 비해, 유엔과 세계무역기구(WTO)같은 국제기구들의 역할을 더욱 증대되고 있다.

예를 들어 국제기구는 국가나 다른 국제기구와의 조약체결, 평화유지군 조직 및 파견, 외교사절을 파견 및 접수 등 다양한 국제적 활동을 한다.

2) 국제기구의 종류

세계평화나 국제협력 등 국제사회의 공동 목적을 달성하기 위한 국제조직 또는 국제기구에는, 관할 대상에 따라 일반적 국제조직(각분야에 걸친 포괄적 · 일반적 관할권)과 전문적 국제조직(전문적 특수분야에 한정된 부분적 관할권), 관할 지역에 따라 세계적 국제조직과 지역적 국제조직(특정 지역 · 민족 · 문화 등에 입각하여 특수이익보호목적), 그 창설이 국가간 합의냐 아니냐에 따라 정부간 국제공조직(IGO)과 비정부간 국제사조직(NGOs) 등으로 분류할 수 있다.

국제규범의 주체로서의 능동적 조직체로는 국가, 국제회사, 국제기업, 국제연합(UN), WTO · IMF · IBRD 같이 국제관리체를 겸한 국제조직 등이 많이 있는데, 일반적 · 국제적 조직으로는 국제평화질서 및 국제경제거래관리질서를 담당하고 있는 UN과 그 관련기구들이 있다. 국제질서를 현실적 · 주체적으로 담당하는 일반적 · 세계적인 국제기구는 국제연합(UN)으로서, 그 전문기구 및 보조기구, 독립기구와 지역적 국제기구 및 지역경제통합 등이 있다. UN은 가장 큰 국제적 조직으로서 앞으로 하나의 국제정부, 하나의 국제규범 창조의 모체가 되어야 할 것이다*(PAX UN)*.

세계 대다수 국가가 참여하고 있는 세계무역기구(WTO)는 국제거래에 있어서 매우 중요한 경제기구이며, 아태경제협의체(APEC), 북미자유무역연합(NAFTA), 유럽연합(EU)과 같은 지역적 국제조직, 나아가 OECD와 같은 특정 국가간의 국제협력기구 등은 모두 국제관계에 있어서 주요한 주체이다. 국제기구는 목적사업을 위하여 그 기관을 통하여 각 회원국의 의사와는 별개로 독자적인 활동을 하는 상설기구이다.

세계화 시대를 맞이하여 국가간의 상호 의존성이 증대함에 따라 국제협력이 조약만으로는 소기의 성과를 거두기 어렵기 때문에 국제경제기구를 통한 세계적인 협력이 필수적이다. 이러한 수요에 부응하여 국제통상을 비롯한 국제경제 및 금융부문에서 많은 국제경제기구들이 주체적으로 활동하면서 국제경제관리질서를 현실적 주체적으로 담당해 오고 있다. 또 다른 한편으로 국제경제기구는 국제규범의 주체로서의 기능도 가지고 있다. IMF, GATT, WTO 등은 국제자유 · 공정거래를 목적으로 통상장벽을 제거하고 차별대우를 폐지함으로써 물품 · 자본 · 용역 등의 모든 용역을 대상으로 하는 거래를 촉진하고 경제개발을 확대시키는 하나의 협정이자 경제거래의 관리기구로서 역할을 하고 있는 것이다. 이 밖에도 경제통화 · 블럭경제를 비롯한 여러 가지 국제경제기구가 많이 있는데, 이들은 거래의 주체로서 뿐만 아니라 국제경제 관리주체로서도 그 역할이 중대하다.

3) 국제연합(UN) 및 관련 조직

국제연합(UN)은 국제평화와 안전유지 및 그 회복과 관련하여 주로 국제질서 전반을 관장해 오고 있다. 여기서는 UN의 주요기관 및 관련 전문기구와 보조기구 및 독립기구로 나누어 간략히 살펴본다.

(1) UN의 기관

UN의 주요기관으로는 총회(總會, General Assembly, 모든 가맹국으로 구성되는 최고의결기관), 5개 상임이사국(미 · 영 · 불 · 중 · 노)과 한국 등 10개 비상임이사국으로 구성되어 국제평화와 안전의 유지에 대하여 주요한 책임을 지며 가맹국을 대신하여 행동할 뿐 아니라 UN의 목적과 원칙에 따라 분쟁의 평화적 해결과 「평화에 대한 위협 · 평화의 파괴 · 침략행위」에 대한 행동 등을 하는 안전보장이사회(安保理, Security Council), 그리고 총회의 권능하에 신탁통치문제를 처리하는 신탁통치이사회(Trusteeship Council), UN의 사법기관인 국제사법재판소(ICJ: International Court of Justice), 국제공무원으로 수석직원인 사무총장을 중심으로 사무행정임무를 맡는 사무국(Secretariat), 국제경제 · 사회 · 문화 · 교육 · 보건 등 국제협력에 관한 사항을 담당하는 경제사회이사회(Economic and Social Council: ECOSOC) 등이 있고, 필요에 따라 보조기관을 설치할 수 있으며, UN의 기관은 아니나 독자적 법인격을 갖고 UN과 제휴관계로서 밀접한 전문기관들이 있다.

ECOSOC는 54개 회원국으로 구성된 한정기관으로 총회의 지휘 감독을 받는데 회원국은 지역적 안배에 따라 아시아 14, 아프리카 11, 중남미 10, 동구 6, 서구 및 기타 지역 13으로 배분되었다.

UN헌장 제63조는 ECOSOC가 그 사업을 위해 특별위원회를 설치할 수 있고, 특히 인권문제를 고양하고 경제 문제를 위하여 특위가 허용된다.

(2) UN의 전문기구

UN의 전문기구(specialized agencies)라 함은 비단 경제뿐만 아니라, 사회 · 문화 · 교육 · 보건과 같은 관련되는 분야에서 UN총회의 승인을 받아 설립되는 국제기구이다. 이 기구들은 UN체제내에서 개별조약에 통해 구성되는 자율성을 지닌 별도의 조직이며 정부간기구이다. UN의 전문기구들은 ECOSOC와 체결하는 특별협정에 의하여 UN과 제휴관계를 맺어 이를 통하여 전문기구 상호간 및 UN과의 업무를 수행한다.

UN의 전문기구로 되어 있는 대표적인 국제기구는 국제통화기금(IMF) · 국제부흥개발은행(IBRD) · 국제개발협회(IDA) · 국제금융공사(IFC) 등이 있고, 국제노동기구(ILO) · 세계지식재산권기구(WIPO) · 세계보건기구(WHO) · 세계기상기구(WMO) · UN교육과학문화기구(UNESCO) · UN식량농업기구(FAO)와 국제농업개발기금(IFAD) · 국제전기통신연합(ITU) · 세계우편연합(UPU) · 세계기상기구(WMO) · 정부간해사기구(IMO : 구IMCO) · 국제민간항공기구(ICAO)와 같은 전문기구들도 있다.

(3) UN의 보조기구

UN의 보조기구(subsidiary organs)는 UN헌장 제7조 제2항에 따라 UN헌장기관이 필요한 경우에 일방행위로서 창설한 기관이다. 이 가운데 중요한 경제기구로는 UN무역개발회의(UNCTAD) · UN산업개발기구(UNIDO)와 국제연합개발계획(UNDP)이 있으며 그밖에도 세계식량계획(WFP) · 세계식량이사회(World Food Council) · 유엔환경계획(UNEP) 등도 있다.

(4) 독립기구

UN의 전문기구나 보조기구도 아니지만 UN과 밀접한 관계 속에서 활동하는 국제독립기구에는 국제공조직인 WTO, GATT, 관세협력이사회(Customs Cooperation Council: CCC)가 발전한 세계관세기구(World Customs Organization : WCO), 사법통일국제협회(International Institute for the Unification of Private Law : UNIDROIT, 1926년, 로마), 헤이그국제사법회의(Hague Conference on Private International Law), 상호경제협력위원회(Council for Mutual Economic Assistance :

CMEA, Moscow), 국제원자력기구(IAEA) 등도 있고, 비정부간 기구(NGOs)로 ICC와 같은 국제사조직도 있다.

4) 비정부간 기구(NGO)

정부나 기업에 소속된 사람들과는 상이한 동기를 가진 시민그룹들은 무기통제, 환경보호, 인권보호와 같이 정치적으로 예민한 문제들이 등장할 때면 수시로 국경을 넘어 연대하곤 하였다. 그 결과 오늘날 비정부간 기구(NGO)의 영향은 무시할 수 없을 정도로 증대되었다.

시민단체 또는 비정부간기구로 알려진 NGO(Non-Governmental Organizations : NGOs)는 세계적인 이슈를 정의하고 새로운 세계질서를 정립하는데 정부간기구(IGO)의 중요한 파트너로 1990년대에 폭발적으로 증가하였다. 국제평화유지 · 개발 등의 UN의 활동을 이행하는데 NGO의 견해를 청취하고 함께 활동하고 있는데 NGO가 제공하는 개발원조 규모는 세계은행과 IMF를 제외한 전UN기구가 출연하는 액수보다도 많다. NGO가 국제경제질서와 관련하여 주목을 받기 시작한 것은 1999년 10월 OECD의 다자간투자협정(MAI)에 대한 반대활동에서 비롯된다. MAI는 기본적으로 미국과 프랑스가 투자대상에서 문화부문에 대한 예외 여부를 둘러싸고 대립해 난항을 겪다가 결국 좌초된 것이지만 이 과정에서 NGO들의 반대가 협정의 무산에 크게 영향을 미쳤다. 그리고 시애틀의 뉴라운드 협상 결렬도 부분적으로는 NGO들의 대대적인 반대시위로 인한 것이라고 볼 때 국제질서에서도 NGO들은 결코 무시할 수 없는 존재로 부상하고 있음을 알 수 있다.

국제상업회의소(International Chamber of Commerce : ICC, 파리)를 비롯하여, 국제해사위원회(*Comité Maritime Internationale*: CMI), 국제사면위원회(Amnesty International), 국제법조위원회(International Commission of Jurists), 국제법학협회(the International Association of Legal Science), 국제법률협회(the International Law Association: ILA, 런던), 국제법학회(the Institute of International Law), 전자거래에 관한 글로벌 비즈니스 다이알로그(GBDe, 1999.1.14) 등이 국제규범의 형성에 많은 기여를 하였고, 그 외에도 세계인권회의(1993년, 빈), 사회발전세계정상회의(1995년, 코펜하겐), 세계식량문제정상회의(1996년, 로마) 등 많은 NGOs가 있다.

5) 지역공동협력기구

21세기를 전후한 국제경제의 가장 큰 특징은 지역주의 추세의 심화라고 할 수 있다. 세계 속에서 일정 지역내의 국가들이 지역경제권을 형성하여 역내의 국가들간에 관세 등 각종 무역장벽을 철폐하거나 물품과 노동·자본·용역 등의 생산요소의 자유로운 이동을 보장함으로써 자원의 효율적 배분과 시장확대에 따른 공동의 경제적 이익을 향유하는 경제공동체를 형성해 가고 있다. 이를 지역경제공동체(regional economic community) 또는 경제통합(economic integration), 경제블럭(economic bloc), 지역경제협력(regional economic cooperation) 등 다양한 용어로 불리고 있다. 경제통합(經濟統合)이란 한 지역의 여러 나라가 무역·산업·재정·금융·통화 등에 관한 경제협정을 체결하여 하나의 새로운 광역경제권을 결성한 후 역내에서 상품 및 생산요소의 자유로운 이동을 보장하고 산업구조를 조정하며 재정·금융·통화면에서 상호 보조 조치를 취하는 지역적 경제조직체를 의미한다. 경제통합은 경제정책의 한계 극복, 지역적 자유무역화 실현, 규모의 경제 실현, 개발도상국 경제통합의 필요성 등의 동기로 결성되고 있다.

지역경제통합의 형태로는 역내국가간의 결속도와 역외국가에 대한 배타성의 정도 및 진행과정에 따라서 ㉠자유경제무역지대(Free Economic Trade Area), ㉡관세동맹(Customs Union), ㉢공동시장(Common Market), ㉣경제동맹(Economic Union), ⑤완전경제통합(Complete Economic Integration) 등이 있으며, 기타 지역적 차원에서의 경제협력을 위한 경제협력기구도 광의의 지역경제공동체 개념에 포함시킬 수 있다.

기타 경제통합의 움직임으로써 미주자유무역지대(FTAA), 아세안자유무역지대(AFTA), 동아시아 경제협의체(EAEC), 두만강지역개발계획(TRADP), EU-남미 자유무역지대 등이 구상되어지고 있다.

EU와 남미의 브라질·아르헨티나·파라과이·우루과이 등으로 구성되는 무역블럭 메르코수르(*MERCOSUR*)를 합쳐 거대한 범대서양 자유무역지대를 창설하기 위한 협상이 1999년 6월부터 시작되었다. 그리하여 EU는 멕시코와 15개 EU회원국간 '윈-윈' 자유무역협정체결을 승인하였다.

제3절 국제법의 내용

1. 국제교섭기관

1) 외교사절

외교사절(外交使節)은 외교교섭·조약체결, 접수국의 현황보고, 접수국 영역 내의 자국민보호 등 제직능을 수행하기 위하여 상주외교사절 또는 임시외교사절로 외국에 파견되는 사절을 말한다.

(1) **상주외교사절**은 파견국의 외교사무의 수행을 위해 일정 기간 접수국에 상주하는 외교사절로서, 1815년 빈회의에서 특명전권대사·특명전권공사·변리공사·대리공사의 4종으로 구분하였다. 그리고 국제연합 국제법위원회에서 기초하고 1961. 4. 18 빈에서 채택된 「외교관계에 관한 비엔나협약」에서는 ㉠국가원수가 신임한 대사 또는 교황청대사 및 동등한 계급의 기타 공관장, ㉡국가원수가 신임한 전권공사·공사·교황청대리대사의 급, ㉢외무부장관이 신임한 대리공사의 급이 3종으로 구분하고 있다. 외교사절의 파견과 접수는 독립국가인 파견국과 접수국의 합의에 의해 교환되는 것이 원칙이나, 국제기구도 외교능력을 가지고 있으며 또 완전한 독립국가가 아니더라도 외교사절을 파견·접수할 수 있다. 외교사절의 상호교환에 합의한 때에는 파견국은 특정인을 외교사절로 임명하기 전에 이에 대하여 접수국의 '아그레망'을 구해야 한다. 접수국이 특정인에 대하여 아그레망을 부여하면, 이때 파견국은 그 특정인을 외교사절로 임명하게 된다. 또 파견국의 원수가 외교사절에게 교부한 신임장이 접수국에 수리된 때부터 외교사절은 정식으로 접수된 것으로 인정되어, 그 직능을 수행하며 외교특권(外交特權)을 향유한다. 그러나 상주외교사절이 조약을 체결할 경우에는 신임장 외에 전권위임장을 필요로 한다. 전권위임장(full power)이란 일정한 권한을 부여한다는 공문서로서, 다수국 사이의 국제회의인 때에는 공동 심사하는 것이 보통이나, 두 나라 사이의 교섭인 때에는 상호 교수한다. 외교사절은 외교교섭을 행하며, 자국과 이해관계 있는 접수국의 정치·경제·군사·여론 등 필요한 사항을 관찰·보고하고, 접수국의 영역 내에 있는 자국민을 보호·감독한다.

(2) **임시외교사절**은 특정 외교사항에 관한 교섭이나 조약의 체결 또는 국제회의 참석 등을 위하여 임시적으로 파견되는 전권대표를 말한다. 임시외교사절은 전권위

임장을 접수국에 제시하여야 하며, 상주외교사절과는 달리 '아그레망'을 요하지 않는다.

2) 영사

영사(領事)는 외국에 체재하며 본국의 무역 · 통상의 이익을 도모하며 또한 자국민의 보호를 담당하는 관리를 말한다. 영사에는 총영사 · 영사 · 부영사 · 대리영사 등 4개의 계급으로 나뉘고, 또한 본국에서 파견하는 본무영사(전무영사 · 직무영사)와 접수국의 국민에게 영사의 임무를 위촉하는 명예영사(선임영사)가 있다. 영사는 임무수행상 필요한 한도 내에서 특권과 면제가 인정된다.

2. 국가영역 및 공해

1) 국가영역

국가영역(國家領域)이란 국가가 원칙적으로 배타적 지배를 하고 있는 공간으로, 영토 · 영해 · 영공으로 구분된다. 국가영역은 국가의 구성요소 또는 국가권력의 발동범위로서 국가존립의 기초가 된다. 국내법상으로는 영역의 보전이 중요시 되고, 또 국제법상으로는 각 국가의 타국가에 대한 영역불가침의 의무가 확립되어 있다.

한국 헌법은 제3조에서 "대한민국의 영토는 한반도와 그 부속도서로 한다"라고 규정하여 대한민국의 영역을 명시하고 있는데, 이것은 일국의 영역은 국가권력이 미치는 공간적 범위에 미친다는 국제법상의 원칙과 상충되며, 남북 UN동시가입이나 남북기본합의서가 문제되는데, 이로 인하여 북한정권이 합법화되거나 국가성이 인정되지는 않는다. 헌법은 일련의 통일조항(전문, §4 · 66③ · 69 · 72 · 92)을 추가하고 있다.

2) 해양 및 공해

공해(公海, open sea)는 영해를 제외한 해역, 즉 어느 국가의 영역에도 속하지 않아, 어느 국가도 배타적으로 이를 관리할 수 없는 특수해역을 말한다. 「영해 및 접속수역법」에서 규정하고 있는 바에 따라, 대한민국의 영해(領海)는 기선으로부터 측정하여 그 외측에서부터 12해리의 선까지에 이르는 수역을 의미한다. 공해에서는 공해자유의 원칙이 지배하는데, 그것에는 제한이 있어서, 예컨대 자국선 · 해적 및 외국에서 그 나라의 법률에 위반하거나 또는 위반하려는 것에 대해서는 관할권을 행사하고, 또 전시에는 중립국 선박에 대해서도 심검(visit and search)할 권한을 행사한다.

공해자유(公海自由)의 원칙은 국제법상 어느 국가의 영역에도 속하지 않으며, 어느 국가도 배타적으로 지배할 수 없는 해역인 공해는 자유라는 원칙을 말한다. 공해는 광대하여 실효적 점유가 곤란하며, 또 타국가의 사용을 방해하지 않더라도 각 국가는 이를 사용할 수 있다는 부차적 이유도 있으나, 공해는 국제교통의 불가결한 통로이므로 이를 위해 공해자유의 원칙이 필요한 것이다. 17C초 그로티우스에 의해 해양자유론이 주장된 이래 19C초에 확립되고, 특히 1958년 제네바해양법회의에서 채택된 공해에 관한 조약에 규정된 국제법상의 원칙이다.

3) 특정수역

특정수역으로 접속수역, 보존수역, 대륙붕, 우주공간 등이 있다.

(1) 접속수역(接續水域)이란?

국가가 외국의 명시 또는 묵시의 동의에 의하여 자국영해에 인접하는 일정 범위의 공해에 있어서 관세 · 위생 등 특정사항에 관한 관할권의 행사가 인정되는 수역을 말한다. 공해자유원칙의 예외로서 영국 영해밖을 항해하는 수상한 외국선박에 관세통제권을 행사하던 제도에서 유래한 것이다. 접속수역은 공해와 영해의 중간에 위치하여 그 대립을 완화시켜주는 기능을 발휘하는 수역이다. 1930년 성문법전화회의에서 접속수역의 개념이 인정된 이래, 1958년 영해 및 접속수역에 관한 제네바협약 24조에서 확인되었으며, 이 당시는 영해기준선으로부터 12해리를 넘지 못하게 되어 있었으나, 1983. 12. 10의 해양법협약에서는 접속수역의 넓이를 24해리 이내라고 규정하고 있다.

(2) 대륙붕(大陸棚)

영해수역 밖으로 수심 200m에 이르거나 또는 이를 초과하더라도 해저수역이 있는 천연자원의 개발이 가능한 수심까지의 해저수역의 해상 및 하층토를 말한다(대륙붕에 관한 조약). 대륙붕이라는 말은 원래 해양지리학상 용어로 육지에서 보통 바다로 들어갈 때 경사가 완만하게 나가다가 갑자기 심도가 깊어져 급경사로 떨어지는 일종의 붕상을 의미하며, 그 폭은 지형에 따라 다르다.

대륙붕에 관한 조약은 UN 국제법위원회가 1958년 제네바에서 열린 국제해양법전권대표회의에 국제해양법전을 회부하여 해양에 관한 4개의 조약을 채택하였는데, 그 중 개별적 조약으로 체결된 것이다(전문 15). 대륙붕이 국제문제가 된 것은 1942년 영국과 베네수엘라가 Paria만의 해저석유자원에 관한 조약을 체결하여 관할권의 경계선을 설정하면서 부터이며 또 여기에 불을 당긴 것은 1945. 9. 28 미국 트루먼 대통령의 대륙붕의 지하 및 해저의 천연자원에 관한 미국의 선언이다. 우리나라도 1952. 1. 18 "심도 여하를 불문하고 대륙붕의 상부·표면·지하에서의 광물 및 수산자원의 보전과 이용을 위하여 주권을 유보"하는 「대한민국 인접해양의 주권에 대한 대통령선언」을 발표한 바 있다.

(3) **우주국제법**(宇宙國際法)

대기권외의 우주공간을 규율하는 국제법을 말한다. 우주공간은 현행법이 적용되지 않은 것으로 해석되며, 여기에는 법의 흠결이 지배한다. 따라서 이 공간은 지구상의 공해처럼 자유지역이며, 이곳에서의 인공위성이나 우주로켓의 항행은 완전히 자유이다. 이 공역의 법질서를 수립함에 있어서는 공해자유의 원칙에 대비되는 '우주공간자유의 원칙'을 확립하는 것도 필요하지만, 엄격히 평화적 이용에 한정하는 '우주공간평화이용의 원칙'을 수립해야 한다.

3. 국제경제법

국가 간의 교역이 확대되면서 국가들의 경제정책이 보호주의와 자유무역주의로 대립되어 나타나는 폐해를 방지하고, 안정되고 지속적인 교역을 위하여 통화안정의 촉진을 위한 IMF(국제통화기금), 국제자본의 동원을 위한 IBRD(일명 세계은행), 국제무역의 자유화를 위한 GATT(관세 및 무역에 관한 일반협정)을 삼각축으로 한 WTO(세계무역기구)설립협정이 그 주류를 이룬다.

4. 국제분쟁의 해결 및 제재

1) 국제분쟁의 해결

(1) **국제분쟁**(國際紛爭)은 국제법상의 법률관계 또는 국제정치상의 이해관계에 관한 국가간의 의견충돌을 말한다. 국제법상의 분쟁은 현행의 법률관계·권리의무관계에 입각한 분쟁인 데 대하여, 국제정치상의 분쟁은 현행의 법률관계·권리의무관계를 떠나서 그것의 변경을 요구하거나 또는 그것을 부인하는 분쟁이다. 국가와 타민족간의 분쟁은 준국제분쟁이라고 할 수 있다.

(2) **국제분쟁의 해결방법**에는 평화적 해결방법과 강제적 해결방법이 있다.

㈎ 평화적 해결방법에는 외교교섭·주선·거중조정·국제심사·국제조정·중재재판·사법적 해결이 있고, 그 해결 담당자는 외교교섭은 분쟁당사국의 직접담판으로, 주

선과 거중조정은 제3국에 의하여, 기타는 임시적 또는 상설적 국제기관에 의한다. 평화적 해결방법에 관한 입법조치로는 1907년의 「헤이그국제분쟁의 평화적해결에 관한 조약」, 1945년 개정된 1928년의 「국제분쟁의 평화적 해결에 관한 일반의정서」, 국제연합(UN)헌장 제6장, 1945년의 국제사법재판소(ICJ)규정 등이 있다.

㈏ 국제분쟁의 강제적 해결 방법은 그 분쟁이 평화적으로 해결될 수 없는 경우 ㉠일방 당사국에 의하여 합법적으로 처리되던가, ㉡국제연합의 안전보장이사회가 처리하게 되는 것을 말한다. 전자로는 복구(復仇)와 자위(自衛)가 있으며, 이것은 자조수단이다. 후자로는 국제연합헌장 39조의 결정, 잠정조치, 비군사적 조치, 군사적 조치, 집단적 자위 및 지역적 협정에 의한 해결이 있다.

2) 국제법상의 제재

국제법상의 제재는 국제사회에 있어서 국제법위반행위에 대하여 가하여지는 강제수단이다. 국제법은 국제사회에 있어서 여러 가지 분쟁을 규율함으로써 국제질서를 유지하고 있으나, 국제사회는 국가권력과 같은 조직화되어 있지 못한 상황에서의 국제법상 제재는 중앙권력에 의해 발동되지 못하여 강제규범으로서의 성격이 불안전하다. 그러나 오늘날 대부분의 국가가 국제법을 준수하고 있으며 국제연합(UN), 세계무역기구(WTO) 등의 국제조직이 다방면에서 활동함으로써 세계평화와 질서가 어느 정도 유지되고 있다.

국가에 의한 국제법상 제재에는 관계자의 처벌 · 추방, 외교사절에 대한 퇴거요구, 외교단절, 경제지원 및 교역중단, 교통로 봉쇄, 선박압류, 무력제재 · 전쟁 등이 있다. 국제조직 특히 UN에 의한 제재로 제명, 권리와 특권의 정지, 비군사적 · 군사적 조치 등이 있다.

(1) 국제법위반

국제사회의 근본적인 이익의 보호에 필수적이어서 위반하는 경우 공동체 전체에 의하여 범죄로 생각되는 국제의무에 위반한 행위는 국제범죄가 된다. 이러한 국제범죄에는 침략금지와 같은 국제평화와 안전의 유지, 식민지 지배의 금지와 같은 인민의 자결권보호, 노예와 집단 살해 · 인종차별 금지와 같은 인권보호, 대기나 해양의 대규모 오염금지와 같은 환경보존에 관한 국제법을 위반한 경우들이 포함된다.

국제적 불법행위에 중에서 국제범죄(國際犯罪, international crime)에 속하는 행위에 대해서는 별도의 형사책임문제가 거론될 것이나, 일반적인 국제불법행위(國際不法行爲)의 경우에는 피해에 대한 배상의무가 발생하게 된다.

(2) 제재조치

국제불법행위에 대한 배상(賠償, reparation)은 국제책임으로부터 벗어나기 위해 사용할 수 있는 방법들로 원상회복(原狀回復, restitution), 금전배상(金錢賠償, indemnity), 만족(滿足, satisfaction) 등이 포함된다.

국제법에는 UN의 주사법기관으로 국제사법재판소(ICJ)가 있으나 의무적인 재판절차가 없으며 국제기구들이 국제법위반자에게 가할 수 있는 제재도 미흡하다. 그리하여 위반의 상대방은 어쩔 수 없이 자력구제(self-help) 또는 대항 조치(counter-measure)를 취하게 된다.

국제법을 위반한 국가를 상대로 그로 인해 피해를 입은 국가가 취하는 조치를 자력구제라고 하는데 이는 보복조치(retaliatory measure) 또는 대항조치라고도 한다. 이러한 대항조치에는 복구와 보복, 호혜적 조치(reciprocal measure), 집단적 조치 등이 있다.

가) 형사적 제재

국제사회의 질서유지라는 국제법의 목적을 달성하기 위해서는 국제사회의 최소한의 규범에 어긋나는 범죄행위를 저지른 자를 국제사회가 직접 처벌하는 것은 필수적이다. 특히 국제법에 대한 중대한 범죄행위는 대부분 국가권력에 의해 자행되어진다는 점을 고려하면 국가권력의 구성원을 국제사회의 이름으로 개인적으로 처벌할 수 없다면 진정한 국제사회의 평화는 기대할 수 없다.

그러나 현재의 국제사회는 매우 불완전하며 범죄의 성립을 규정하는 법규범에 있어서나, 범죄행위에 대한 책임을 확정짓는 사법절차에 있어서나 확정된 범죄자를 실제로 처벌하는 데 있어서 모두 불완전한 상태에 있다.

국제법 규칙에 어긋나는 행동을 한 사람을 처벌하는 방법에는 여러 가지가 있다 전쟁포로의 대우에 관한 제네바협약은 협약규정을 위반한 적군의 군대 구성원을 다른 교전국이 재판할 수 있게 하였다. 항공기 불법납치(hijacking)의 억제를 위한 협약 규정들은 피의자들의 국내재판에 회부하거나 추방하도록 하였다. 1948년에 체결된 「집단살해의 방지 및 처벌에 관한 협약」은 집단살해를 저지른 사람들은 그들이 통치자이든 공무원이든 민간인이든 불문하고 처벌해야 한다고 하면서, 이들에 대한 재판은 그러한 행위의 발생지역 국가의 법원이나 국제형사재판소가 맡는다고 하였다(동협약 제6조).

국제법의 적용에 통일성을 기하려면 국제형사재판소의 설치가 요구된다. 뉘른베르크재판소나 동경재판소와 같은 특별법원이 아닌 상설적인 국제형사재판소를 설치하려는 노력이 UN에서 있는데, 집단살해 · 반인도적 범죄 · 전쟁범죄 · 침략범죄 등 국제사회에 있어서의 가장 잔혹한 범죄에 대하여 그 범죄자 개인을 처벌하기 위한 상설의 국제형사재판소(ICC)에 관한 조약은 1998년 7월 17일 로마에서 채택된 「국제형사재판소에 관한 로마규정」(Rome Statute of the International Criminal Court)에 근거한다. 국제사법재판소(ICJ)는 주로 국가들간의 분쟁을 취급하기 위한 기구로서, 개인의 형사책임에 관한 사항에 대해서는 관할권이 없다.

나) 국제배상

㉠ 원상회복 : 원상회복(restitution)이란 작위이든 부작위이든 불법행위가 발생하지 않았다면 있었을 상황을 다시 만드는 것이다. 따라서 원상회복에는 지체된 의무의 이행, 불법적인 행위의 취소, 불법적으로 약탈된 재산의 반환, 불법행위의 포기가 포함된다. 원상회복이 가능하다면 이 방법은 가장 확실한 국제책임 해제 수단이 될 것이다. 그러나 원상회복이 불가능한 경우가 많이 있을 것이며 원상회복이 가능하더라도 그렇게 하려면 너무 큰 부담이 따르거나 실익이 없는 경우도 있을 것이다. 원상회복은 국제책임이 해소되는 가장 정상적인 형태이지만, 그것이 불가능한 경우에는 금전배상과 같은 방법이 사용되어야 한다.

㉡ 금전배상 : 화폐는 통상적인 가치평가 수단이기 때문에 금전배상(indemnity)은 가장 손쉽고 흔한 손해배상 방법이 되었다. 금전배상은 모든 불법행위의 결과를 없애야 하고 배상액은 원상회복에 필요한 금액과 일치해야 하기 때문에 이자는 포함되며 몰수된 재산의 가치는 몰수당시가 아니라 배상금 지급당시를 기준으로 확산되어야 한다.

국제법에 대한 위반이 있기 이전의 상태로의 복구가 가능하다면 원상회복이 이루어져야 하지만, 물리적으로 또는 사회통념상 위반국에 의한 원상회복이 불가능한 경우에는 위반국은 피해를 입은 국가에게 금전으로 배상하여야 한다. 물론 금전배상이 언제나 원상회복을 대체할 수 있는가하는 데 대해서는 의문이 제기 된다. 그렇지만 원상회복보다는 금전배상이 피해국에게 유익한 경우도 있을 것이다.

㉢ 만족 : 이것은 정신적 · 비물질적 피해나 국가의 존엄에 대한 도덕적인 피해가 있을 때 적당한 구제방법이다. 오늘날 국제법이 인정하는 만족의 형태로는 공적인 유감(遺憾, regret)표시와 사과(謝過, apology), 잘못을 범한 공무원의 처벌, 행위의 불법성을 공식적으로 시인하거나 선언하는 것이 포함된다.

국제법 판례를 검토해 보면 원고국이 법원에 요구하는 것이 단지 법적인 권리와 의무의 존재확인이거나, 위법사실확인, 권원의 확인, 경계획정 방법의 타당성확인의 수준에 머무는 경우가 많다고 한다. 이러한 경우에는 법원의 선언과 결정은 만족을 위한 것이다.

물론 많은 경우 이러한 결정은 원상회복이나 금전배상 같은 후속조치들을 위한 전단계로 요구되지만, 어떤 행동의 적법성에 대한 판단이 별도의 구제로 요구되기도 한다.

다) 실력적 제재

㉠ 보복 : 보복(報復, retorsion)이란 피해국이 가해국 행위의 불법성에 관계없이 자국도 마찬가지의 행위에 의하여 취하는 보복적인 조치를 의미한다. 즉, "부당을 갚는데 부당으로 한다"는 것이다. 보복은 비우호적 행위(unfriendly act)를 한 국가를 상대로 취하여지는 조치로 그러한 행위가 법적 의무에 대한 위반인가 하는 것은 묻지 않는다. 보복은 이처럼 상대방 국가의 도발에 관계없이 독자적으로 취할 수 있는 것이나, 특수한 상황에서는 보복도 불법적인 것으로 보여질 수 있다.

법적인 관점에서 보면 복구가 보복보다 중요한 제도일 것으로 생각되지만 실제로는 보복이 보다 효율적인 경우가 많다. 예를 들어 조약규정이나 관습법규정의 정지보다는 무역과 투자의 축소 및 원조의 감축과 같은 것이 보다 큰 효과를 가져오는 것이다. 외교관계의 단절, 모든 품목 또는 전략물자와 같은 일부 품목의 교역중지, 위반국으로부터의 이민억제, 위반국 정부에 대한 특혜거부 등도 보복의 범주에 포함된다.

㉡ 복구 : 복구(復仇, reprisal)란 어떤 한 국가의 불법적인 행동에 대응하여 그 국가를 상대로 이루어지는 것으로, 상대국강의 불법이 전제되지 아니하는 경우에는 불법적인 행위가 되는 대항조치이다. 복구는 과거에는 일반적으로 인정되었으나 현재의 국제법에서는 일정한 조건이 충족되는 경우에만 예외적으로 인정되고 있다. 오늘의 국제법에 의하면 군사적 조치를 포함하는 복구는 금지된다. 그러나 비무력적 복구(non-forceful reprisal)는 국제법에 대한 위반을 종식시키고 예방하는 데 필요하고, 상대방의 위반정도 및 피해정도에 비례하는 경우에는 합법적인 것으로 인정된다. 이러한 비무력적 복구에 속하는 것으로는 조약상 의무의 정지와 상대방 국가의 자산동결과 같은 것이 있다.

다자조약에 대한 위반이 있는 경우에도 그러한 위반으로 피해를 본 국가는 조약위반국을 상대로 의무이행을 중지할 수 있다(1969년 조약법조약 §60②). 다자조약의 한 당사국의 조약위반으로 피해를 입은 국가는 그러한 조약위반을 자국과 위반국가간에 조약의 일부 또는 전체의 효력발생을 중지케 하는 사유로 사용할 수 있는 것이다.

㉢ 간섭 : 이는 국제분쟁 당사국의 일방이 국제법을 위반하였을 때 타국의 자력에 의한 구제를 하지 못할 경우에 제3국이 분쟁 당사국의 일방에 가하는 강제를 말한다. 안전보장이사회는 평화에 대한 위협, 평화의 파괴 및 침략행위에 대하여는

국제평화 및 안전을 유지 또는 회복하기 위하여 경제단교, 교통수단의 중단, 외교관계의 단절을 행할 수 있도록 하고 있다(UN헌장 §39이하).

라) 전쟁

㉠ 전쟁의 금지 : 전쟁은 국제분쟁해결의 최종적이고 강력한 해결수단으로 인식되어 왔다. 그러나 최근 과학기술과 무기의 발달로 인류의 생존과 문화유지를 위하여 국제법상 전쟁을 불법화 내지 범죄화하여 원칙으로 전쟁을 비롯한 전반적 무력행사를 금지하게 되었다.

전쟁을 금지하는 실정법으로는 「계약채무회수를 위한 무력사용의 제한에 관한 협약」(Convention respecting the Limitation of the Employment of Force for the Recovery of Contract Debts, 1907년), 「국제연맹규약」(1919년), 「로카르노조약」(1925년), 「소연방불가침조약」(1925-33년), 「전쟁포기에 관한 일반조약」(General Treaty for the Renunciation of War, 不戰條約, 1928), UN헌장(1945년), 등이 있다.

㉡ 전시법 : 그러나 군사적 필요와 인도의 원칙간의 균형 속에서 정당한 전쟁 즉 정전(正戰, just war)을 다루는 전쟁법 또는 전시국제법이 존재한다. 전쟁이란 국가가 투쟁의 의사로서 상대국을 자국에 굴복시키기 위하여 국제법상 허용된 모든 수단을 취하는 상태를 말한다. 전쟁이 개시되면 교전법규가 적용되며, 중립국이 있을 때에는 중립법규의 적용이 필요하게 된다. 교전국 상호간의 관계를 규율하는 교전법규와 교전국과 중립국과의 관계를 규율하는 중립법규를 총칭하여 전시법(戰時法, Kriegsrecht)이라고 한다.

ⓐ 전쟁의 개시와 종료…전쟁은 일방당사국이 전쟁의 의사를 명시적 또는 묵시적으로 표시하였을 때, 즉 전쟁선언[宣戰布告] 또는 최후통첩 · 적대행위에 의하여 개시된다. 이에 관하여는 1907년의 「전쟁에 관한 조약」이 있다. 또한 전쟁은 강화, 적대행위의 중지, 정복(征服), 전쟁종료선언 등에 의하여 끝난다.

ⓑ 전투…전투행위를 하는 것은 전투원에 한하여 병력에 참가하지 않는 비전투원은 전투를 하여서는 아니 되고 또한 그에 대하여 전투를 하여도 아니 된다. 전투원에는 정규군과 비정규군, 즉 민군과 의용군이 있다.

ⓒ 공격…도시 · 촌락 · 주택건물 등의 병력에 의하여 방수되지 아니한 것에 대한 공격은 금지되어 있다. 비행기에 의한 공폭이 허용되는 것은 군사목표(군수 · 군사공장 · 군수공장 · 군사목적에 사용되는 교통선)에 한정되며, 국민을 위협하거나 군사적 성질을 갖지 않는 사유재산을 파괴 또는 훼손하고 비전투원을 손상하는 것을 목적으로 하는 행위를 공폭은 금지되어 있다.

ⓓ 포로…일국의 병력을 구성하는 자가 적에 체포되어 일정한 취급을 받을 법적

지위를 포로라고 한다. 포로에 관해서는 육전의 법규·관례에 관한 규칙이라든가 1949년의 「포로대우에 관한 조약」(제네바 협정)이 있다. 포로는 인도적으로 취급하여야 하며 학대해서는 안 된다. 포로는 그 명예와 인격을 존중받을 권리가 있으며 일신에 속하는 것은 그 소유에 속한다. 포로를 잡은 국가는 그것을 급양할 의무가 있다. 포로를 노동에 사용할 수는 있지만 그 노동이 과도하지 않고 육체적으로 적당하며 군사행동에 관계없는 노동이어야 하며 또한 불건강한 또는 위험한 노동이 아니고 징벌적 노동이어서도 안 된다. 전쟁종료 후에는 포로는 본국에 송환되는 것이 원칙이다. 전쟁종료 시는 휴전조약 중에 포로의 송환에 관한 규정이 설정되어야 하지만, 그 규정이 없을 때에는 포로는 조속히 송환되어야 한다.

ⓔ 부상자…육전에 있어서의 부상자, 병자, 사자의 취급에 관하여는 1949년의 「적십자조약」에 규정되었다. 상병자로서의 적에 체포된 자는 인도적으로 취급하여야 한다. 교전자는 수용한 또는 발견한 상병자, 사자의 성명과 그것을 인정할 수 있는 일체의 자료를 되도록 속히 통지하여야 한다. 사자는 사망증명서를 발송하여야 한다. 상병자의 간호를 위한 위생기관과 위생원은 어떠한 경우에 있어서도 존중과 보호를 받는다.

ⓕ 중립…중립(neutrality)은 전쟁에 참가하지 않고 교전국 쌍방에 대하여 공평한 태도를 취하는 것을 말하며, 그러한 지위에 있는 국가를 중립국이라고 한다. 중립국은 엄정중립을 취할 뿐만 아니라 평시에는 부담하지 않는 일정한 의무를 부담하지 않으면 아니 된다. 교전국과 중립국간의 관계를 규율하는 일련의 법규를 중립법규라고 한다. 서방에도 스위스와 같은 중립국이 있으며, 한국도 지리적 여건으로 구한말부터 중립국에 대한 동경은 간단없이 제기 되었다.

국제법상 중립국은 중립법규에 의하여 일정한 권리·의무를 가진다. 즉 중립국은 교전국으로부터 침해를 받지 아니할 권리 및 교전국과 교통을 할 권리가 있으며, 이에 대하여 중립국은 교전국에 대한 의무로서 원조회피의무·방지의무·용인[黙認]의무 등을 부담한다.

중립국과 교전국은 평화적 관계에 있으므로 원칙적으로 평시와 같이 외교관계를 유지한다. 중립국의 외교사절 및 영사는 평시와 다름없이 교전국에 주재하여 그 직무를 수행한다. 교전국은 적국에 주재하고 있는 외교사절의 외교특권을 침해할 수 없으며, 또 점령지 내에 있어 외교사절 및 영사의 공관을 군대의 숙소로 사용할 수 없다. 중립국 영역은 불가침이며 교전국은 그 안에서 전투행위는 물론 일체의 군사행위를 할 수가 없다. 중립국 국민이 전시금제품 수송이나 봉쇄 또는 군사원조 등 교전국에 의하여 방지적 제재수단을 취하여 불이익을 받더라도 그것을 묵인하여야 한다.

마) 집단적 제재

국제사회를 구성하는 국가들이 상호 불가침을 약속하고 이에 대한 위반이 있을 경우에는 다른 국가들이 힘을 결집하여 공동으로 대처하는 제도가 집단안전보장(集團安全保障, collective security)이다.

국제의무 위반에 따른 위반국에 대한 대항조치는 피해를 입은 국가들에 의해 집단적으로 이루어질 수도 있다. 이러한 집단적 제재(collective sanctions)에는 외교관계의 단절과 무역 보이콧(boycott), 항공교통과 해상교통로의 단절이 포함된다. 이러한 조치들은 그것이 조약상 의무에 반하는 것이 아니라면 국가의 재량권에 속하는 보복(retorsion)이 되며, 그러한 조치들이 조약상의 의무나 관습법상 의무에 반하는 것인 경우에는 위반국의 국제법위반에 따라 피해를 입은 국가에 의한 복구(reprisal)가 될 것이다. 직접적인 피해를 입지 아니한 국가들이 집단적인 대항조치에 참여한다면 그것은 '모두에 대한'(*erga omnes*) 의무위반에 따른 대응으로 생각되며, 침략이나 테러, 대규모 인권위반을 추방하기 위한 집단적 대항조치는 그 예이다.

UN은 평화에 대한 위협, 평화의 파괴, 침략행위가 있을 때에는 그 회원국들에게 경제관계와 철도 · 해양 · 항공을 포함한 교통수단의 단절과 외교관계의 단절을 요구할 수 있다(UN헌장 §41). 또한 이러한 조치가 적절치 못하다고 판단되는 경우에는 군대를 파견하여 시위 · 봉쇄, 기타 작전을 수행하기 위한 조치를 취할 수 도 있다(UN헌장 §42).

제3장 국제사법

1. 국제사법이란?

국제사회에 있어서는 국가단위로 법질서가 형성되고 있다. 그리하여 국제결혼·무역거래처럼 복수의 국가가 관계되는 사법적 생활관계가 발생하게 되고 그것을 규율하는 통일법이 없는 경우 당해 섭외적 사법관계에 가장 밀접한 관계를 가지는 법을 준거법으로 선택하여 이것을 적용하여 해결하는 것을 임무로 하는 법이 국제사법(國際私法, private international law) 또는 저촉법(conflict of laws)이다. 이는 법률관계를 실질적으로 규율하는 실질법(實質法)이 아니고 법의 적용관계를 정하는 적용법(Anwendungsrecht) 또는 충돌규정·저촉규정이라고도 한다.

국제사법은 섭외적 사법관계에 관한 국내법의 일종으로 한국에서 섭외사법(涉外私法)이라 불리다가 "외국적 요소가 있는 법률관계에 관하여 국제재판관할에 관한 원칙과 준거법을 정하기" 위한 목적을 가진 「국제사법」으로 개정(2001. 4. 7. 법률 제6465호)하였다. 개정 국제사법에서는 총칙, 사람, 법률행위, 친족, 상속, 물권, 채권, 어음·수표, 해상 등 9개의 장으로 구성되어 있다.

한국에 주소를 가진 한국인이 한국에서 매매 계약을 하고 그 법률문제가 한국에서 다루어질 때는 그것은 한국의 민·상법을 적용하여 해결한다. 이것은 국내사법관계의 경우이다. 그러나 인간의 생활관계는 근대이래 교통의 발달에 따라서 위와 같은 국내적인 것 이외에 국경을 넘는 국제적인 것이 그 범위를 넓혀 왔다. 예컨대 한국인이 영국인의 가옥을 매수한다든가 미국남자가 한국여자와 중국에서 결혼을 하는 것 등은 이러한 섭외적 사법관계에 속하는 것이다.

국내사법관계는 국내 민·상법에 의하여 해결되는 것은 물론이나 섭외적 사법관계를 어느 법률에 의하여 해결할 것이냐는 문제가 되는데, 이것은 각국의 민·상법이 그 내용을 각각 달리하고 있기 때문이다.

국제사법은 준거법을 지정하고 그 준거법의 적용에 의하여 섭외적 사법관계의 법률효과가 결정된다. 따라서 준거법(準據法)이란 국제사법규정에 의하여 어느 섭외적 사법관계에 실제 적용될 국가의 실질사법이라고 할 수 있다.

2. 준거법 지정

1) 준거법 지정 방법

국제사법이 준거법을 확정하는 데는 국적·주소·거소·행위지 등의 연결점을 표준으로 하는데 그 연결점의 종류에 따라서 본국법(당사자가 국적을 가지고 있는 국가의 법률), 주소지법(당사자가 주소를 가지고 있는 국가의 법률), 거소지법(당사자의 거소가 있는 국가의 법률), 소재지법(물건이 존재하는 국가의 법률), 행위지법(법률행위가 행하여진 국가의 법률), 사실발생지법(불법행위·사무관리·부당이득 등이 발생한 국가의 법률)과 같이 준거법을 구별한다.

2) 한국 국제사법의 준거법 지정

(1) 원칙

당사자가 여러 개의 국적을 갖는 국적의 적극적 저촉의 경우 밀접한 관련이 있는 국가의 법을 그 본국법으로 정하고, 당사자가 전혀 국적을 가지지 않는 국적의 소극적 저촉의 경우에는 주소를 상거소(常居所)로 대체함에 따라 상거소지법과 거소지법을 적용하기로 하는 한편 일국내에서 지역에 따라 법률이 다른 이른바 불통일법국가(不統一法國家, 미국, 영국, 스위스, 캐나다 등)의 법이 준거법으로 지정된 경우에는 통설인 간접지정설의 입장을 반영하여 우선 그 국가의 법역간 충돌문제를 해결하는 법 선택규정(準國際私法)에 따라 지정되는 법에 의하되 그 국가에 그러한 준국제사법이 없는 때에는 당사자와 가장 밀접한 관련이 있는 지역의 법에 의한다(국제사법 §3). 외국법이 준거법으로 지정된 경우에 법원은 당사자의 입증이 없더라도 그 외국법의 내용을 직권으로 조사·적용하여야 한다(동법 §5).

(2) 준거법지정의 예외

국제사법을 적용한 결과가 가장 밀접한 관련의 원칙에 부합되지 않는 경우에 위 원칙을 관철하기 위하여 이른바 예외조항(국제사법 §8)[27]을 마련하였다.

국제사법의 모든 준거법 연결원칙은 당해 사안과 가장 밀접한 관련을 가지는 법을 지정하는 것이다. 그러나 국제사법을 적용한 결과가 구체적인 사건에서 위 원칙에 부합하

---

27) 第8조(준거법 지정의 예외) ①이 법에 의하여 지정된 준거법이 해당 법률관계와 근소한 관련이 있을 뿐이고, 그 법률관계와 가장 밀접한 관련이 있는 다른 국가의 법이 명백히 존재하는 경우에는 그 다른 국가의 법에 의한다.
②제1항의 규정은 당사자가 합의에 의하여 준거법을 선택하는 경우에는 이를 적용하지 아니한다.

지 않는 경우가 발생할 수 있다. 이러한 경우에 대비하여 구체적인 사안에서 국제사법이 지향하는 정당한 연결원칙을 실현하기 위하여 준거법 지정의 일반적 예외를 인정하는 규정을 두었다(국제사법 §8①). 여기서 '정당한 연결'이라 함은 실질법적으로 보다 나은 법(better law)을 목표로 하는 것이 아니라 밀접한 관련이라는 연결체계의 유지를 의미한다.

예외조항을 둘 경우 법적 안정성을 해한다거나 법관에게 과도한 부담을 준다는 비판이 있으나, 예외조항을 둠으로써 국제사법이 규정하는 연결원칙의 경직화를 막을 수 있다는 장점이 있다. 한국의 경우 미국법과 같은 유연한 접근 방법을 취하는 대신 유형화된 법률관계별로 연결원칙을 규칙(rules)의 형식으로 규정하는 대륙법계의 전통을 따르고 있으므로 예외조항의 도입은 개별적인 사안에서 구체적으로 타당한 결과를 달성하기 위하여 불가피하다 할 것이다.

가) 예외조항 적용의 요건

이러한 예외조항을 함부로 적용할 경우 법적 안정성을 현저히 해할 수 있으므로 예외조항을 적용하기 위한 엄격한 요건을 명시하였다. 즉, 예외조항이 적용되기 위해서는 첫째, 국제사법에 의하여 지정된 준거법이 해당 법률관계와 근소한 관련이 있을 뿐이고, 둘째, 그 법률관계와 가장 밀접한 관련이 있는 다른 국가의 법이 존재해야 하며, 셋째, 그것이 명백한 경우이어야 한다. 따라서 어느 법이 더 밀접한 관련이 있는지가 의문이 있는 정도만으로는 예외조항을 적용하기에 부족하다고 할 것이다.

나) 예외조항의 적용이 없는 경우

국제사법상 당사자의 준거법 선택이 허용되는 경우 당사자의 의사에 반해서까지 예외조항을 인정할 것은 아니므로 그 경우는 예외조항의 적용이 없다.

다) 예외조항이 적용될 수 있는 사례

예외조항의 실제적인 적용은 앞으로 판례에 의해 이루어질 것이고 예외조항이 적용될 수 있는 사안을 미리 일반화할 수는 없으나, 예외조항이 적용될 가능성이 있는 예는 다음과 같다.

첫째, 다양한 유형의 불법행위의 경우이다. 현대의 복잡다기(複雜多岐)한 외국적 요소가 있는 법률관계를 제한된 저촉규범으로 규율하는 데는 한계가 있고, 이는 특히 불법행위에서 현저하므로 다양한 불법행위의 유형에 대응하여 연결대상을 세분화하고 그에 적합한 연결원칙을 정립할 필요성이 있다. 그러나 개정국제사법에서는 불법행위의 준거법에 관하여 불법행위지법 원칙을 취하면서 공통의 속인법(屬人法, 국제사법 §32②), 종속적 연결(동법 §32③), 준거법의 사후적 합의(동법 §33) 등에 의해 불법행위지법 원칙을 다소 완화하였을 뿐 더 나아가 불법행위의 다양한 유형별로 그에 대한 특칙을 두지는 않았으므로 꼭 필요한 경우 예외조항을 활용함으로써 적절한 결론을 도출할 수 있다.

둘째, 선박의 편의치적(便宜置籍, flag of convenience)의 경우이다. 즉, 구체적인 사안에서 선적이 선적국과의 유일한 관련인 경우에는 예외조항에 의하여 선적국법 대신 가장 밀접한 관련이 있는 다른 국가의 법이 준거법으로 적용될 여지가 있다. 다만, 편의치적이라는 이유만으로 당연히 예외조항이 적용되는 것은 아니며, 예외조항의 적용에 앞서 당해 사안에서 개정법률 제8조의 요건이 구비되는 지 여부를 신중하게 검토해야 한다.

3. 한국 국제사법 주요내용

한국 「섭외사법」은 1962년 제정된 이래 내용상 개정없어 시대적 변화에 부응하지 못하고 있다는 지적에 따라 그간의 국제사회의 변화를 수용하고 국제사법 분야의 현저한 이론의 발전을 적극 반영함으로써 국제화시대의 사법적 법률문제를 해결하는 기본법으로서 충분한 역할을 수행할 수 있도록 하였다. 그 개정의 주요골자를 보면 다음과 같다.

(1) 체제의 변경

기존 섭외사법(涉外私法)의 3개 장 47개조를 10개 장 62개조로 재편하고, 법의 명칭을 국제사법(國際私法)으로 수정하였다.

(2) 남녀평등의 실현

구법은 혼인의 효력, 부부재산제, 이혼, 친생자, 친자간의 법률관계 등 친족법 분야에 있어 남편[夫] 또는 아버지[父] 단독의 본국법을 준거법으로 함으로써 헌법이 보장하고 있는 남녀평등의 원칙에 반한다는 비판을 받아 왔으므로 남녀평등의 원칙에 부합하도록 부부(夫婦)공통의 본국법 등을 준거법으로 지정함으로써 위헌의 소지 불식시켰다(국제사법 §37 내지 §40).

(3) 본국법주의의 유지 및 '常居所' 개념의 도입

人 · 親族 · 相續 분야의 준거법을 결정함에 있어 원칙적으로 종래의 본국법주의 유지하고(§11, §13, §19-26, §28-33). 국제적인 조류에 부응하여 국제조약 및 다수의 입법례에서

사용하는 상거소(habitual residence)를 주소에 대체하는 새로운 연결점으로 도입하고, 상거소지법을 보충적 · 선택적으로 적용하였다(§3②, §4, §37 내지 §39, §41, §42, §45, §46 및 §50).

(4) 국제재판관할 규정의 신설

총칙에서 국제재판관할의 결정에 관한 일반원칙(당사자 또는 분쟁이 된 사안이 대한민국과 실질적 관련이 있는 경우에는 한국 법원이 국제재판관할권을 가짐)을 선언하고(국제사법 §2), 채권편에서 사회 · 경제적 약자인 소비자와 근로자를 보호하기 위하여 소비자계약 및 근로계약과 관련된 사건에 관하여 국제재판관할에 관한 특칙 규정하였다(국제사법 §42, §43).

(5) 법 흠결의 보충

구 섭외사법에 아무런 규정이 없는 권리능력, 법인 또는 단체, 임의대리, 준정, 운송수단, 이동중의 물건, 채권 등에 대한 담보물권, 지적재산권, 채무인수, 법률에 의한 채권의 이전 등에 관한 규정을 신설하여 구법의 미비점을 보완하였다(국제사법 §11, §16, §18, §20 내지 §24, §34, §35 및 §42).

(6) '가장 밀접한 관련' 원칙의 관철

다양한 연결대상에 대하여 가장 밀접한 관련이 있는 국가의 법을 준거법으로 지정하고자 하였다. 당사자의 본국법에 의하여야 하는 경우에 당사자가 둘 이상의 국적을 가지는 때에는 그와 가장 밀접한 관련이 있는 국가의 법을 그 본국법으로 정한다. 다만, 그 국적중 하나가 대한민국인 때에는 대한민국 법을 본국법으로 한다(국제사법 §3①). 당사자가 준거법을 선택하지 아니한 경우에 계약은 그 계약과 가장 밀접한 관련이 있는 국가의 법에 의한다(국제사법 §26). 혼인의 일반적 효력은 ㉠부부의 동일한 본국법, ㉡부부의 동일한 상거소지법, ㉢부부와 가장 밀접한 관련이 있는 곳의 법의 순위에 의한다(§37).

법정채권에 있어 기존의 당사자간의 법률관계를 규율하는 법을 준거법으로 우선 적용함으로써 법률관계와 준거법의 실질적 관련성 담보하였다.

구체적인 사건에서 국제사법을 적용한 결과가 위 원칙에 부합하지 않는 예외적인 경우에는 가장 밀접한 관련이 있는 국가의 법을 적용하도록 하는 예외조항 마련하여, 이 법에 따라 지정된 준거법이 해당 법률관계와 근소한 관련이 있을 뿐이고 그 법률관계와 가장 밀접한 관련이 있는 다른 국가의 법이 명백히 존재하는 경우에는 그 다른 국가의 법에 의한다(국제사법 §8).

(7) 탄력적 연결원칙의 도입

구법상 법률행위의 방식에 관하여만 인정되는 선택적 연결방법을 폭넓게 인정하여 법률관계의 성립을 용이하게 하고, 단계적 연결방법도 새로 도입하여 다양한 연결점을 매개로 한 탄력적인 연결이 가능하도록 하였다(§20, §21, §23-25, §33③).

(8) 반정(反定)의 인정범위 확대

소송지의 국제사법에 의하면 문제된 섭외적 사법관계에 관하여 외국법을 적용할 경우, 그 외국법 소속국의 국제사법에 따르면 동일한 법률관계에 관해 오히려 소송지의 법률이나 제3국의 법률을 적용하도록 되어 있는 때에, 소송지의 법률이나 제3국의 법률을 적용하는 국제법상의 원칙을 반정(反定)이라고 한다. 구법상 반정(反定)은 속인법(屬人法)으로 본국법이 적용되는 경우에 한하여 인정되나, 이러한 제한을 없애 본국법외의 다른 법이 적용되는 경우에도 반정이 가능하도록 하여 그 인정범위 확대하였다(국제사법 §9).

(9) 당사자자치 원칙의 확대

구법상 계약 분야에서만 허용되는 당사자자치 원칙을 부부재산제 · 상속 · 법정채권 분야에까지 제한적으로 인정하여 그 적용범위 확대하였다(§21, §32, §48).

(10) 실질법적 내용의 고려

사회 · 경제적 약자인 소비자 및 근로자를 보호하기 위한 각종 실질법적 내용을 고려하여 이들에 대한 보호차원의 규정 신설하였다(국제사법 §27, §28).

(11) 국제조약의 고려

계약의 준거법 결정에 관한 선진적 조약인「계약채무의 준거법에 관한 1980년 EC협약」(속칭 로마협약)의 내용 대폭 수용였으며(§40-44, §50, §51), 부양 및 유언의 경우 「부양의무의 준거법에 관한 1973년 헤이그협약」 및 「유언의 방식에 관한 1961년 헤이그협약」 중 주요 내용을 반영하여 국제적 판결과의 조화를 도모하였다(국제사법 §29, §33).

부록

대한민국 헌법

대한민국 헌법

制定 1948. 7.17 헌법 제 1호
改正 1952. 7. 7 헌법 제 2호
1954.11.29 헌법 제 3호
1960. 6.15 헌법 제 4호
1960.11.29 헌법 제 5호
全改 1962.12.26 헌법 제 6호
1969.10.21 헌법 제 7호
全改 1972.12.27 헌법 제 8호
全改 1980.10.27 헌법 제 9호
全改 1987.10.29 헌법 제10호

前 文

유구한 역사와 전통에 빛나는 우리 대한민국은 3·1운동으로 건립된 대한민국임시정부의 법통과 불의에 항거한 4·19민주이념을 계승하고, 조국의 민주개혁과 평화적 통일의 사명에 입각하여 정의·인도와 동포애로써 민족의 단결을 공고히 하고, 모든 사회적 폐습과 불의를 타파하며, 자율과 조화를 바탕으로 자유민주적 기본질서를 더욱 확고히 하여 정치·경제·사회·문화의 모든 영역에 있어서 각인의 기회를 균등히 하고, 능력을 최고도로 발휘하게 하며, 자유와 권리에 따르는 책임과 의무를 완수하게 하여, 안으로는 국민생활의 균등한 향상을 기하고 밖으로는 항구적인 세계평화와 인류공영에 이바지함으로써 우리들과 우리들의 자손의 안전과 자유와 행복을 영원히 확보할 것을 다짐하면서 1948년 7월 12일에 제정되고 8차에 걸쳐 개정된 헌법을 이제 국회의 의결을 거쳐 국민투표에 의하여 개정한다.

1987년 10월 29일

第1章 總綱

제1조(국호 · 정체 · 주권) ①대한민국은 민주공화국이다.
②대한민국의 주권은 국민에게 있고, 모든 권력은 국민으로부터 나온다.

제2조(국민의 요건·재외국민 보호의무) ①대한민국의 국민이 되는 요건은 법률로 정한다.
②국가는 법률이 정하는 바에 의하여 재외국민을 보호할 의무를 진다.

제3조(영토) 대한민국의 영토는 한반도와 그 부속도서로 한다.

제4조(통일정책) 대한민국은 통일을 지향하며, 자유민주적 기본질서에 입각한 평화적 통일정책을 수립하고 이를 추진한다.

제5조(침략적 전쟁의 부인 · 국군의 사명, 정치적 중립성) ①대한민국은 국제평화의 유지에 노력하고 침략적 전쟁을 부인한다.
②국군은 국가의 안전보장과 국토방위의 신성한 의무를 수행함을 사명으로 하며, 그 정치적 중립성은 준수된다.

제6조(조약 · 국제법규의 효력 · 외국인의 법적 지위) ①헌법에 의하여 체결·공포된 조약과 일반적으로 승인된 국제법규는 국내법과 같은 효력을 가진다.
②외국인은 국제법과 조약이 정하는 바에 의하여 그 지위가 보장된다.

제7조(공무원의 지위 · 책임 · 신분, 정치적 중립성) ①공무원은 국민전체에 대한 봉사자이며, 국민에 대하여 책임을 진다.
②공무원의 신분과 정치적 중립성은 법률이 정하는 바에 의하여 보장된다.

제8조(정당) ①정당의 설립은 자유이며, 복수정당제는 보장된다.
②정당은 그 목적·조직과 활동이 민주적이어야 하며, 국민의 정치적 의사형성에 참여하는데 필요한 조직을 가져야 한다.
③정당은 법률이 정하는 바에 의하여 국가의 보호를 받으며, 국가는 법률이 정하는 바에 의하여 정당운영에 필요한 자금을 보조할 수 있다.
④정당의 목적이나 활동이 민주적 기본질서에 위배될 때에는 정부는 헌법재판소에 그 해산을 제소할 수 있고, 정당은 헌법재판소의 심판에 의하여 해산된다.

제9조(전통문화와 민족문화) 국가는 전통문화의 계승·발전과 민족문화의 창달에 노력하여야 한다.

第2章 國民의 權利와 義務

제10조(인간의 존엄성과 기본인권보장) 모든 국민은 인간으로서의 존엄과 가치를 가지며, 행복을 추구할 권리를 가진다. 국가는 개인이 가지는 불가침의 기본적 인권을 확인하고 이를 보장할 의무를 진다.

제11조(국민의 평등, 특수계급제도 부인, 영전의 효력) ①모든 국민은 법 앞에 평등하다. 누구든지 성별 · 종교 또는 사회적 신분에 의하여 정치적 · 경제적 · 사회적 · 문화적 생활의 모든 영역에 있어서 차별을 받지 아니한다.
②사회적 특수계급의 제도는 인정되지 아니하며, 어떠한 형태로도 이를 창설할 수 없다.
③훈장 등의 영전은 이를 받은 자에게만 효력이 있고, 어떠한 특권도 이에 따르지 아니한다.

제12조(신체의 자유, 자유의 증거능력) ①모든 국민은 신체의 자유를 가진다. 누구든지 법률에 의하지 아니하고는 체포 · 구속 · 압수 · 수색 또는 심문을 받지 아니하며, 법률과 적법한 절차에 의하지 아니하고는 처벌 · 보안처분 또는 강제노역을 받지 아니한다.
②모든 국민은 고문을 받지 아니하며, 형사상 자기에게 불리한 진술을 강요당하지 아니한다.
③체포·구속·압수 또는 수색을 할 때에는 적법한 절차에 따라 검사의 신청에 의하여 법관이 발부한 영장을 제시하여야 한다. 다만, 현행범인인 경우와 장기 3년이상의 형에 해당하는 죄를 범하고 도피 또는 증거인멸의 염려가 있을 때에는 사후에 영장을 청구할 수 있다.
④누구든지 체포 또는 구속을 당한 때에는 즉시 변호인의 조력을 받을 권리를 가진다. 다만, 형사피고인이 스스로 변호인을 구할 수 없을 때에는 법률이 정하는 바에 의하여 국가가 변호인을 붙인다.
⑤누구든지 체포 또는 구속의 이유와 변호인의 조력을 받을 권리가 있음을 고지받지 아니하고는 체포 또는 구속을 당하지 아니한다. 체포 또는 구속을 당한 자의 가족 등 법률이 정하는 자에게는 그 이유와 일시·장소가 지체없이 통지되어야 한다.
⑥누구든지 체포 또는 구속을 당한 때에는 적부의 심사를 법원에 청구할 권리를 가진다.
⑦피고인의 자백이 고문·폭행·협박·구속의 부당한 장기화 또는 기망 기타의 방법에 의하여 자의로 진술된 것이 아니라고 인정될 때 또는 정식재판에 있어서 피고인의 자백이 그에게 불리한

유일한 증거일 때에는 이를 유죄의 증거로 삼거나 이를 이유로 처벌할 수 없다.

제13조(형벌불소급, 일사부재리, 소급입법제한, 연좌제금지) ①모든 국민은 행위시의 법률에 의하여 범죄를 구성하지 아니하는 행위로 소추되지 아니하며, 동일한 범죄에 대하여 거듭 처벌받지 아니한다.

②모든 국민은 소급입법에 의하여 참정권의 제한을 받거나 재산권을 박탈당하지 아니한다.

③모든 국민은 자기의 행위가 아닌 친족의 행위로 인하여 불이익한 처우를 받지 아니한다.

제14조(거주 · 이전 자유) 모든 국민은 거주·이전의 자유를 가진다.

제15조(직업선택) 모든 국민은 직업선택의 자유를 가진다.

제16조(거주 보장) 모든 국민은 주거의 자유를 침해받지 아니한다. 주거에 대한 압수나 수색을 할 때에는 검사의 신청에 의하여 법관이 발부한 영장을 제시하여야 한다.

제17조(사생활의 비밀과 자유) 모든 국민은 사생활의 비밀과 자유를 침해받지 아니한다.

제18조(통신의 비밀) 모든 국민은 통신의 비밀을 침해받지 아니한다.

제19조(양심의 자유) 모든 국민은 양심의 자유를 가진다.

제20조(종교의 자유) ①모든 국민은 종교의 자유를 가진다.

②국교는 인정되지 아니하며, 종교와 정치는 분리된다.

제21조(언론 · 출판 · 집회 · 결사의 자유 등, 언론 · 출판에 의한 피해보상) ①모든 국민은 언론·출판의 자유와 집회·결사의 자유를 가진다.

②언론 · 출판에 대한 허가나 검열과 집회 · 결사에 대한 허가는 인정되지 아니한다.

③통신 · 방송의 시설기준과 신문의 기능을 보장하기 위하여 필요한 사항은 법률로 정한다.

④언론 · 출판은 타인의 명예나 권리 또는 공중도덕이나 사회윤리를 침해하여서는 아니된다. 언론 · 출판이 타인의 명예나 권리를 침해한 때에는 피해자는 이에 대한 피해의 배상을 청구할 수 있다.

제22조(학문 · 예술의 자유과 저작권등 보호) ①모든 국민은 학문과 예술의 자유를 가진다.

②저작자 · 발명가 · 과학기술자와 예술가의 권리는 법률로써 보호한다.

제23조(재산권 보장과 제한) ①모든 국민의 재산권은 보장된다. 그 내용과 한계는 법률로 정한다.

②재산권의 행사는 공공복리에 적합하도록 하여야 한다.

③공공필요에 의한 재산권의 수용·사용 또는 제한 및 그에 대한 보상은 법률로써 하되, 정당한 보상을 지급하여야 한다.

제24조(선거권) 모든 국민은 법률이 정하는 바에 의하여 선거권을 가진다.

제25조(공무담임권) 모든 국민은 법률이 정하는 바에 의하여 공무담임권을 가진다.

제26조(청원권) ①모든 국민은 법률이 정하는 바에 의하여 국가기관에 문서로 청원할 권리를 가진다.

②국가는 청원에 대하여 심사할 의무를 진다.

제27조(재판을 받을 권리, 형사피고인의 무죄추정 등) ①모든 국민은 헌법과 법률이 정한 법관에 의하여 법률에 의한 재판을 받을 권리를 가진다.

②군인 또는 군무원이 아닌 국민은 대한민국의 영역 안에서는 중대한 군사상 기밀·초병·초소·유독음식물공급 · 포로 · 군용물에 관한 죄중 법률이 정한 경우와 비상계엄이 선포된 경우를 제외하고는 군사법원의 재판을 받지 아니한다.

③모든 국민은 신속한 재판을 받을 권리를 가진다. 형사피고인은 상당한 이유가 없는 한 지체없이 공개재판을 받을 권리를 가진다.

④형사피고인은 유죄의 판결이 확정될 때까지는 무죄로 추정된다.

⑤형사피해자는 법률이 정하는 바에 의하여 당해 사건의 재판절차에서 진술할 수 있다.

제28조(형사보상) 형사피의자 또는 형사피고인으로서 구금되었던 자가 법률이 정하는 불기소처분을 받거나 무죄판결을 받은 때에는 법률이 정하는 바에 의하여 국가에 정당한 보상을 청구할 수 있다.

제29조(공무원의 불법행위와 배상책임) ①공무원의 직무상 불법행위로 손해를 받은 국민은 법률이 정하는 바에 의하여 국가 또는 공공단체에 정당한 배상을 청구할 수 있다. 이 경우 공무원 자신의 책임은 면제되지 아니한다.

②군인 · 군무원 · 경찰공무원 기타 법률이 정하는 자가 전투 · 훈련 등 직무집행과 관련하여 받은 손해에 대하여는 법률이 정하는 보상외에 국가 또는 공공단체에 공무원의 직무상 불법행위로 인한 배상은 청구할 수 없다.

제30조(범죄행위로 인한 피해구조) 타인의 범죄행위로 인하여 생명·신체에 대한 피해를 받은 국민은 법률이 정하는 바에 의하여 국가로부터 구조를 받을 수 있다.

제31조(교육을 받을 권리 · 의무 등) ①모든 국민은 능력에 따라 균등하게 교육을 받을 권리를 가진다.

②모든 국민은 그 보호하는 자녀에게 적어도 초등교육과 법률이 정하는 교육을 받게 할 의무를 진다.

③의무교육은 무상으로 한다.

④교육의 자주성 · 전문성 · 정치적 중립성 및 대학의 자율성은 법률이 정하는 바에 의하여 보장된다.

⑤국가는 평생교육을 진흥하여야 한다.

⑥학교교육 및 평생교육을 포함한 교육제도와 그 운영, 교육재정 및 교원의 지위에 관한 기본적인 사항은 법률로 정한다.

제32조(근로할 권리 · 의무 등, 국가유공자의 기회우선) ①모든 국민은 근로의 권리를 가진다. 국가는 사회적·경제적 방법으로 근로자의 고용의 증진과 적정임금의 보장에 노력하여야 하며, 법률이 정하는 바에 의하여 최저임금제를 시행하여야 한다.

②모든 국민은 근로의 의무를 진다. 국가는 근로의 의무의 내용과 조건을 민주주의원칙에 따라 법률로 정한다.

③근로조건의 기준은 인간의 존엄성을 보장하도록 법률로 정한다.

④여자의 근로는 특별한 보호를 받으며, 고용·임금 및 근로조건에 있어서 부당한 차별을 받지 아니한다.

⑤연소자의 근로는 특별한 보호를 받는다.

⑥국가유공자·상이군경 및 전몰군경의 유가족은 법률이 정하는 바에 의하여 우선적으로 근로의 기회를 부여받는다.

제33조(근로자의 단결권 등) ①근로자는 근로조건의 향상을 위하여 자주적인 단결권·단체교섭권 및 단체행동권을 가진다.

②공무원인 근로자는 법률이 정하는 자에 한하여 단결권·단체교섭권 및 단체행동권을 가진다.

③법률이 정하는 주요방위산업체에 종사하는 근로자의 단체행동권은 법률이 정하는 바에 의하여 이를 제한하거나 인정하지 아니할 수 있다.

제34조(사회보장 등) ①모든 국민은 인간다운 생활을 할 권리를 가진다.

②국가는 사회보장·사회복지의 증진에 노력할 의무를 진다.

③국가는 여자의 복지와 권익의 향상을 위하여 노력하여야 한다.

④국가는 노인과 청소년의 복지향상을 위한 정책을 실시할 의무를 진다.

⑤신체장애자 및 질병·노령 기타의 사유로 생활능력이 없는 국민은 법률이 정하는 바에 의하여 국가의 보호를 받는다.

⑥국가는 재해를 예방하고 그 위험으로부터 국민을 보호하기 위하여 노력하여야 한다.

제35조(환경권 등) ①모든 국민은 건강하고 쾌적한 환경에서 생활할 권리를 가지며, 국가와 국민은 환경보전을 위하여 노력하여야 한다.

②환경권의 내용과 행사에 관하여는 법률로 정한다.

③국가는 주택개발정책 등을 통하여 모든 국민이 쾌적한 주거생활을 할 수 있도록 노력하여야 한다.

제36조(혼인과 가족생활, 모성보호, 국민보건) ①혼인과 가족생활은 개인의 존엄과 양성의 평등을 기초로 성립되고 유지되어야 하며, 국가는 이를 보장한다.

②국가는 모성의 보호를 위하여 노력하여야 한다.

③모든 국민은 보건에 관하여 국가의 보호를 받는다.

제37조(국민의 자유와 권리 존중·제한) ①국민의 자유와 권리는 헌법에 열거되지 아니한 이유로 경시되지 아니한다.

②국민의 모든 자유와 권리는 국가안전보장·질서유지 또는 공공복리를 위하여 필요한 경우에 한하여 법률로써 제한할 수 있으며, 제한하는 경우에도 자유와 권리의 본질적인 내용을 침해할 수 없다.

제38조(납세의 의무) 모든 국민은 법률이 정하는 바에 의하여 납세의 의무를 진다.

제39조(국방의 의무) ①모든 국민은 법률이 정하는 바에 의하여 국방의 의무를 진다.

②누구든지 병역의무의 이행으로 인하여 불이익한 처우를 받지 아니한다.

第3章 國會

제40조(입법권) 입법권은 국회에 속한다.

제41조(구성) ①국회는 국민의 보통·평등·직접·비밀선거에 의하여 선출된 국회의원으로 구성한다.

②국회의원의 수는 법률로 정하되, 200인 이상으로 한다.

③국회의원의 선거구와 비례대표제 기타 선거에 관한 사항은 법률로 정한다.

제42조(의원의 임기) 국회의원의 임기는 4년으로 한다.

제43조(의원의 겸직제한) 국회의원은 법률이 정하는 직을 겸할 수 없다.

제44조(의원의 불체포특권) ①국회의원은 현행범인인 경우를 제외하고는 회기중 국회의 동의없이 체포 또는 구금되지 아니한다.

②국회의원이 회기전에 체포 또는 구금된 때에는 현행범인이 아닌 한 국회의 요구가 있으면 회기중 석방된다.

제45조(발언·표결의 원외면책) 국회의원은 국회에서 직무상 행한 발언과 표결에 관하여 국회외에서 책임을 지지 아니한다.

제46조(의원의 의무) ①국회의원은 청렴의 의무가 있다.

②국회의원은 국가이익을 우선하여 양심에 따라 직무를 행한다.

③국회의원은 그 지위를 남용하여 국가·공공단체 또는 기업체와의 계약이나 그 처분에 의하여 재산상의 권리·이익 또는 직위를 취득하거나 타인을 위하여 그 취득을 알선할 수 없다.

제47조(정기회·임시회) ①국회의 정기회는 법률이 정하는 바에 의하여 매년 1회 집회되며, 국회의

임시회는 대통령 또는 국회재적의원 4분의 1이상의 요구에 의하여 집회된다.

②정기회의 회기는 100일을, 임시회의 회기는 30일을 초과할 수 없다.

③대통령이 임시회의 집회를 요구할 때에는 기간과 집회요구의 이유를 명시하여야 한다.

제48조(의장·부의장) 국회는 의장 1인과 부의장 2인을 선출한다.

제49조(의결정족수와 의결방법) 국회는 헌법 또는 법률에 특별한 규정이 없는 한 재적의원 과반수의 출석과 출석의원 과반수의 찬성으로 의결한다. 가부동수인 때에는 부결된 것으로 본다.

제50조(의사공개의 원칙) ①국회의 회의는 공개한다. 다만, 출석의원 과반수의 찬성이 있거나 의장이 국가의 안전보장을 위하여 필요하다고 인정할 때에는 공개하지 아니할 수 있다.

②공개하지 아니한 회의내용의 공표에 관하여는 법률이 정하는 바에 의한다.

제51조(의안의 차기계속) 국회에 제출된 법률안 기타의 의안은 회기중에 의결되지 못한 이유로 폐기되지 아니한다. 다만, 국회의원의 임기가 만료된 때에는 그러하지 아니하다.

제52조(법률안제출권) 국회의원과 정부는 법률안을 제출할 수 있다.

제53조(법률 공포, 대통령의 재의 요구, 법률안 확정·발효) ①국회에서 의결된 법률안은 정부에 이송되어 15일이내에 대통령이 공포한다.

②법률안에 이의가 있을 때에는 대통령은 제1항의 기간내에 이의서를 붙여 국회로 환부하고, 그 재의를 요구할 수 있다. 국회의 폐회중에도 또한 같다.

③대통령은 법률안의 일부에 대하여 또는 법률안을 수정하여 재의를 요구할 수 없다.

④재의의 요구가 있을 때에는 국회는 재의에 붙이고, 재적의원과반수의 출석과 출석의원 3분의 2이상의 찬성으로 전과 같은 의결을 하면 그 법률안은 법률로서 확정된다.

⑤대통령이 제1항의 기간내에 공포나 재의의 요구를 하지 아니한 때에도 그 법률안은 법률로서 확정된다.

⑥대통령은 제4항과 제5항의 규정에 의하여 확정된 법률을 지체없이 공포하여야 한다. 제5항에 의하여 법률이 확정된 후 또는 제4항에 의한 확정법률이 정부에 이송된 후 5일이내에 대통령이 공포하지 아니할 때에는 국회의장이 이를 공포한다.

⑦법률은 특별한 규정이 없는 한 공포한 날로부터 20일을 경과함으로써 효력을 발생한다.

제54조(예산안 심의·확정, 의결기간 도과시의 조치) ①국회는 국가의 예산안을 심의·확정한다.

②정부는 회계연도마다 예산안을 편성하여 회계연도 개시 90일전까지 국회에 제출하고, 국회는 회계연도 개시 30일전까지 이를 의결하여야 한다.

③새로운 회계연도가 개시될 때까지 예산안이 의결되지 못한 때에는 정부는 국회에서 예산안이 의결될 때까지 다음의 목적을 위한 경비는 전년도 예산에 준하여 집행할 수 있다.

1. 헌법이나 법률에 의하여 설치된 기관 또는 시설의 유지·운영
2. 법률상 지출의무의 이행
3. 이미 예산으로 승인된 사업의 계속

제55조(계속비·예비비) ①한 회계연도를 넘어 계속하여 지출할 필요가 있을 때에는 정부는 연한을 정하여 계속비로서 국회의 의결을 얻어야 한다.

②예비비는 총액으로 국회의 의결을 얻어야 한다. 예비비의 지출은 차기국회의 승인을 얻어야 한다.

제56조(추가경정예산) 정부는 예산에 변경을 가할 필요가 있을 때에는 추가경정예산안을 편성하여 국회에 제출할 수 있다.

제57조(지출예산각항 증액과 새비목 설치금지) 국회는 정부의 동의없이 정부가 제출한 지출예산 각항의 금액을 증가하거나 새 비목을 설치할 수 없다.

第58條(국책모집 등에 대한 의결권) 국채를 모집하거나 예산외에 국가의 부담이 될 계약을 체결하려 할 때에는 정부는 미리 국회의 의결을 얻어야 한다.

第59條(조세의 종목과 세율) 조세의 종목과 세율은 법률로 정한다.

第60條(조약·선전포고 등에 관한 동의) ①국회는 상호원조 또는 안전보장에 관한 조약, 중요한 국제조직에 관한 조약, 우호통상항해조약, 주권의 제약에 관한 조약, 강화조약, 국가나 국민에게 중대한 재정적 부담을 지우는 조약 또는 입법사항에 관한 조약의 체결·비준에 대한 동의권을 가진다.

②국회는 선전포고, 국군의 외국에의 파견 또는 외국군대의 대한민국 영역 안에서의 주류에 대한 동의권을 가진다.

第61條(국정에 관한 감사·조사권) ①국회는 국정을 감사하거나 특정한 국정사안에 대하여 조사할 수 있으며, 이에 필요한 서류의 제출 또는 증인의 출석과 증언이나 의견의 진술을 요구할 수 있다.

②국정감사 및 조사에 관한 절차 기타 필요한 사항은 법률로 정한다.

第62條(국무총리 등의 국회출석) ①국무총리·국무위원 또는 정부위원은 국회나 그 위원회에 출석하여 국정처리상황을 보고하거나 의견을 진술하고 질문에 응답할 수 있다.

②국회나 그 위원회의 요구가 있을 때에는 국무총리·국무위원 또는 정부위원은 출석·답변하여야 하며, 국무총리 또는 국무위원이 출석요구를 받은 때에는 국무위원 또는 정부위원으로 하여금 출석·답변하게 할 수 있다.

第63條(국무총리 · 국무의원해임건의권) ①국회는 국무총리 또는 국무위원의 해임을 대통령에게 건의할 수 있다.

②제1항의 해임건의는 국회재적의원 3분의 1이상의 발의에 의하여 국회재적의원 과반수의 찬성이 있어야 한다.

第64條(국회의 자율권) ①국회는 법률에 저촉되지 아니하는 범위안에서 의사와 내부규율에 관한 규칙을 제정할 수 있다.

②국회는 의원의 자격을 심사하며, 의원을 징계할 수 있다.

③의원을 제명하려면 국회재적의원 3분의 2이상의 찬성이 있어야 한다.

④제2항과 제3항의 처분에 대하여는 법원에 제소할 수 없다.

第65條(탄핵소추권과 그 결정의 효력) ①대통령·국무총리·국무위원·행정각부의 장·헌법재판소 재판관·법관·중앙선거관리위원회위원·감사원장·감사위원 기타 법률이 정한 공무원이 그 직무집행에 있어서 헌법이나 법률을 위배한 때에는 국회는 탄핵의 소추를 의결할 수 있다.

②제1항의 탄핵소추는 국회재적의원 3분의 1이상의 발의가 있어야 하며, 그 의결은 국회재적의원 과반수의 찬성이 있어야 한다. 다만, 대통령에 대한 탄핵소추는 국회재적의원 과반수의 발의와 국회재적의원 3분의 2이상의 찬성이 있어야 한다.

③탄핵소추의 의결을 받은 자는 탄핵심판이 있을 때까지 그 권한행사가 정지된다.

④탄핵결정은 공직으로부터 파면함에 그친다. 그러나, 이에 의하여 민사상이나 형사상의 책임이 면제되지는 아니한다.

第4章 政府

第1節 大統領

제66조(대통령의 지위 · 책무 · 행정권) ①대통령은 국가의 원수이며, 외국에 대하여 국가를 대표한다.

②대통령은 국가의 독립·영토의 보전·국가의 계속성과 헌법을 수호할 책무를 진다.

③대통령은 조국의 평화적 통일을 위한 성실한 의무를 진다.

④행정권은 대통령을 수반으로 하는 정부에 속한다.

제67조(대통령 선거 · 피선거권) ①대통령은 국민의 보통·평등·직접·비밀선거에 의하여 선출한다.

②제1항의 선거에 있어서 최고득표자가 2인이상인 때에는 국회의 재적의원 과반수가 출석한 공개회의에서 다수표를 얻은 자를 당선자로 한다.

③대통령후보자가 1인일 때에는 그 득표수가 선거권자 총수의 3분의 1이상이 아니면 대통령으로 당선될 수 없다.

④대통령으로 선거될 수 있는 자는 국회의원의 피선거권이 있고 선거일 현재 40세에 달하여야 한다.

⑤대통령의 선거에 관한 사항은 법률로 정한다.

제68조(대통령선거의 시기·보궐) ①대통령의 임기가 만료되는 때에는 임기만료 70일내지 40일전에 후임자를 선거한다.

②대통령이 궐위된 때 또는 대통령 당선자가 사망하거나 판결 기타의 사유로 그 자격을 상실한 때에는 60일이내에 후임자를 선거한다.

제69조(대통령의 취임선서) 대통령은 취임에 즈음하여 다음의 선서를 한다.

"나는 헌법을 준수하고 국가를 보위하며 조국의 평화적 통일과 국민의 자유와 복리의 증진 및 민족문화의 창달에 노력하여 대통령으로서의 직책을 성실히 수행할 것을 국민 앞에 엄숙히 선서합니다."

제70조(대통령의 임기) 대통령의 임기는 5년으로 하며, 중임할 수 없다.

제71조(대통령 권한대행) 대통령이 궐위되거나 사고로 인하여 직무를 수행할 수 없을 때에는 국무총리, 법률이 정한 국무위원의 순서로 그 권한을 대행한다.

제72조(중요정책 국민투표) 대통령은 필요하다고 인정할 때에는 외교·국방·통일 기타 국가안위에 관한 중요정책을 국민투표에 붙일 수 있다.

제73조(외교 · 선전강화권) 대통령은 계약을 체결·비준하고, 외교사절을 신임·접수 또는 파견하며, 선전포고와 강화를 한다.

제74조(국군통수권 등) ①대통령은 헌법과 법률이 정하는 바에 의하여 국군을 통수한다.

②국군의 조직과 편성은 법률로 정한다.

제75조(대통령령) 대통령은 법률에서 구체적으로 범위를 정하여 위임받은 사항과 법률을 집행하기 위하여 필요한 사항에 관하여 대통령령을 발할 수 있다.

제76조(긴급처분 · 명령권) ①대통령은 내우·외환·천재·지변 또는 중대한 재정·경제상의 위기에 있어서 국가의 안전보장 또는 공공의 안녕질서를 유지하기 위하여 긴급한 조치가 필요하고 국회의 집회를 기다릴 여유가 없을 때에 한하여 최소한으로 필요한 재정·경제상의 처분을 하거나 이에 관하여 법률의 효력을 가지는 명령을 발할 수 있다.

②대통령은 국가의 안위에 관계되는 중대한 교전상태에 있어서 국가를 보위하기 위하여 긴급한 조치가 필요하고 국회의 집회가 불가능한 때에 한하여 법률의 효력을 가지는 명령을 발할 수

있다.

③대통령은 제1항과 제2항의 처분 또는 명령을 한 때에는 지체없이 국회에 보고하여 그 승인을 얻어야 한다.

④제3항의 승인을 얻지 못한 때에는 그 처분 또는 명령은 그때부터 효력을 상실한다. 이 경우 그 명령에 의하여 개정 또는 폐지되었던 법률은 그 명령이 승인을 얻지 못한 때부터 당연히 효력을 회복한다.

⑤대통령은 제3항과 제4항의 사유를 지체없이 공포하여야 한다.

제77조(계엄선포 등) ①대통령은 전시·사변 또는 이에 준하는 국가비상사태에 있어서 병력으로써 군사상의 필요에 응하거나 공공의 안녕질서를 유지할 필요가 있을 때에는 법률이 정하는 바에 의하여 계엄을 선포할 수 있다.

②계엄은 비상계엄과 경비계엄으로 한다.

③비상계엄이 선포된 때에는 법률이 정하는 바에 의하여 영장제도, 언론·출판·집회·결사의 자유, 정부나 법원의 권한에 관하여 특별한 조치를 할 수 있다.

④계엄을 선포한 때에는 대통령은 지체없이 국회에 통고하여야 한다.

⑤국회가 재적의원 과반수의 찬성으로 계엄의 해제를 요구한 때에는 대통령은 이를 해제하여야 한다.

제78조(공무원임면권) 대통령은 헌법과 법률이 정하는 바에 의하여 공무원을 임면한다.

제79조(사면권) ①대통령은 법률이 정하는 바에 의하여 사면·감형 또는 복권을 명할 수 있다.

②일반사면을 명하려면 국회의 동의를 얻어야 한다.

③사면 · 감형 및 복권에 관한 사항은 법률로 정한다.

제80조(영전수여권) 대통령은 법률이 정하는 바에 의하여 훈장 기타의 영전을 수여한다.

제81조(국회에 대한 의사표시) 대통령은 국회에 출석하여 발언하거나 서한으로 의견을 표시할 수 있다.

제82조(국법상 행위의 요건) 대통령의 국법상 행위는 문서로써 하며, 이 문서에는 국무총리와 관계국무위원이 부서한다. 군사에 관한 것도 또한 같다.

제83조(겸직금지) 대통령은 국무총리·국무위원·행정각부의 장 기타 법률이 정하는 공사의 직을 겸할 수 없다.

제84조(형사상 특권) 대통령은 내란 또는 외환의 죄를 범한 경우를 제외하고는 재직중 형사상의 소추를 받지 아니한다.

제85조(전직 대통령의 신분과 예우) 전직대통령의 신분과 예우에 관하여는 법률로 정한다.

第2節 行政府

第1款 國務總理와 國務委員

제86조(국무총리) ①국무총리는 국회의 동의를 얻어 대통령이 임명한다.

②국무총리는 대통령을 보좌하며, 행정에 관하여 대통령의 명을 받아 행정각부를 통할한다.

③군인은 현역을 면한 후가 아니면 국무총리로 임명될 수 없다.

제87조(국무위원) ①국무위원은 국무총리의 제청으로 대통령이 임명한다.

②국무위원은 국정에 관하여 대통령을 보좌하며, 국무회의의 구성원으로서 국정을 심의한다.

③국무총리는 국무위원의 해임을 대통령에게 건의할 수 있다.

④군인은 현역을 면한 후가 아니면 국무위원으로 임명될 수 없다.

第2款 國務會議

제88조(권한, 구성) ①국무회의는 정부의 권한에 속하는 중요한 정책을 심의한다.

②국무회의는 대통령·국무총리와 15인이상 30인이하의 국무위원으로 구성한다.

③대통령은 국무회의의 의장이 되고, 국무총리는 부의장이 된다.

제89조(심의사항) 다음 사항은 국무회의의 심의를 거쳐야 한다.

1. 국정의 기본계획과 정부의 일반정책
2. 선전·강화 기타 중요한 대외정책
3. 헌법개정안·국민투표안·조약안·법률안 및 대통령령안
4. 예산안·결산·국유재산처분의 기본계획 ·국가의 부담이 될 계약 기타 재정에 관한 중요사항
5. 대통령의 긴급명령·긴급재정경제처분 및 명령 또는 계엄과 그 해제
6. 군사에 관한 중요사항
7. 국회의 임시회 집회의 요구
8. 영전수여
9. 사면·감형과 복권
10. 행정각부간의 권한의 획정
11. 정부안의 권한의 위임 또는 배정에 관한 기본계획
12. 국정처리상황의 평가·분석
13. 행정각부의 중요한 정책의 수립과 조정
14. 정당해산의 제소
15. 정부에 제출 또는 회부된 정부의 정책에 관계되는 청원의 심사

제90조(국가원로자문회의) ①국정의 중요한 사항에 관한 대통령의 자문에 응하기 위하여 국가원로로 구성되는 국가원로자문회의를 둘 수 있다.

②국가원로자문회의의 의장은 직전대통령이 된다. 다만, 직전대통령이 없을 때에는 대통령이 지명한다.

③국가원로자문회의의 조직·직무범위 기타 필요한 사항은 법률로 정한다.

제91조(국가안전보장회의) ①국가안전보장에 관련되는 대외정책·군사정책과 국내정책의 수립에 관하여 국무회의의 심의에 앞서 대통령의 자문에 응하기 위하여 국가안전보장회의를 둔다.

②국가안전보장회의는 대통령이 주재한다.

③국가안전보장회의의 조직·직무범위 기타 필요한 사항은 법률로 정한다.

제92조(민주평화통일자문회의) ①평화통일정책의 수립에 관한 대통령의 자문에 응하기 위하여 민주평화통일자문회의를 둘 수 있다.

②민주평화통일자문회의의 조직 · 직무범위 기타 필요한 사항은 법률로 정한다.

제93조(국민경제대책회의) ①국민경제의 발전을 위한 중요정책의 수립에 관하여 대통령의 자문에 응하기 위하여 국민경제자문회의를 둘 수 있다.

②국민경제자문회의의 조직 · 직무범위 기타 필요한 사항은 법률로 정한다.

第3款 行政各部

제94조(각부의 장) 행정각부의 장은 국무위원 중에서 국무총리의 제청으로 대통령이 임명한다.

제95조(총리령, 부령) 국무총리 또는 행정각부의 장은 소관사무에 관하여 법률이나 대통령령의 위임 또는 직권으로 총리령 또는 부령을 발할 수 있다.

제96조(각 부의 조직 · 직무) 행정각부의 설치 · 조직과 직무범위는 법률로 정한다.

第4款 監査院

제97조(직무와 소속) 국가의 세입·세출의 결산, 국가 및 법률이 정한 단체의 회계검사와 행정기관 및 공무원의 직무에 관한 감찰을 하기 위하여 대통령 소속하에 감사원을 둔다.

제98조(구성) ①감사원은 원장을 포함한 5인이상 11인이하의 감사위원으로 구성한다.

②원장은 국회의 동의를 얻어 대통령이 임명하고, 그 임기는 4년으로 하며, 1차에 한하여 중임할 수 있다. ③감사위원은 원장의 제청으로 대통령이 임명하고, 그 임기는 4년으로 하며, 1차에 한하여 중임할 수 있다.

제99조(검사와 보고) 감사원은 세입·세출의 결산을 매년 검사하여 대통령과 차년도 국회에 그 결과를 보고하여야 한다.

제100조(조직 · 직무 범위 등) 감사원의 조직 · 직무범위 · 감사위원의 자격·감사대상공무원의 범위 기타 필요한 사항은 법률로 정한다.

第5章 法院

제101조(사법권 · 법원 조직 · 법관의 자격) ①사법권은 법관으로 구성된 법원에 속한다.

②법원은 최고법원인 대법원과 각급법원으로 조직된다.

③법관의 자격은 법률로 정한다.

제102조(대법원) ①대법원에 부를 둘 수 있다.

②대법원에 대법관을 둔다. 다만, 법률이 정하는 바에 의하여 대법관이 아닌 법관을 둘 수 있다.

③대법원과 각급법원의 조직은 법률로 정한다.

제103조(법관의 독립) 법관은 헌법과 법률에 의하여 그 양심에 따라 독립하여 심판한다.

제104조(대법원장 · 대법관 임명) ①대법원장은 국회의 동의를 얻어 대통령이 임명한다.

②대법관은 대법원장의 제청으로 국회의 동의를 얻어 대통령이 임명한다.

③대법원장과 대법관이 아닌 법관은 대법관회의의 동의를 얻어 대법원장이 임명한다.

제105조(법관의 임기 · 연임 · 정년) ①대법원장의 임기는 6년으로 하며, 중임할 수 없다.

②대법관의 임기는 6년으로 하며, 법률이 정하는 바에 의하여 연임할 수 있다.

③대법원장과 대법관이 아닌 법관의 임기는 10년으로 하며, 법률이 정하는 바에 의하여 연임할 수 있다.

④법관의 정년은 법률로 정한다.

제106조(법관의 신분보장) ①법관은 탄핵 또는 금고이상의 형의 선고에 의하지 아니하고는 파면되지 아니하며, 징계처분에 의하지 아니하고는 정직·감봉 기타 불리한 처분을 받지 아니한다.

②법관이 중대한 심신상의 장해로 직무를 수행할 수 없을 때에는 법률이 정하는 바에 의하여 퇴직하게 할 수 있다.

제107조(법률 등 위헌제청 · 심사권 · 행정심판) ①법률이 헌법에 위반되는 여부가 재판의 전제가 된 경우에는 법원은 헌법재판소에 제청하여 그 심판에 의하여 재판한다.

②명령·규칙 또는 처분이 헌법이나 법률에 위반되는 여부가 재판의 전제가 된 경우에는 대법원은 이를 최종적으로 심사할 권한을 가진다.

③재판의 전심절차로서 행정심판을 할 수 있다. 행정심판의 절차는 법률로 정하되, 사법절차가 준용되어야 한다.

제108조(대법원의 규칙제정권) 대법원은 법률에서 저촉되지 아니하는 범위안에서 소송에 관한 절

차, 법원의 내부규율과 사무처리에 관한 규칙을 제정할 수 있다.

제109조(재판공개 원칙) 재판의 심리와 판결은 공개한다. 다만, 심리는 국가의 안전보장 또는 안녕질서를 방해하거나 선량한 풍속을 해할 염려가 있을 때에는 법원의 결정으로 공개하지 아니할 수 있다.

제110조(군사재판) ①군사재판을 관할하기 위하여 특별법원으로서 군사법원을 둘 수 있다.

②군사법원의 상고심은 대법원에서 관할한다.

③군사법원의 조직·권한 및 재판관의 자격은 법률로 정한다.

④비상계엄하의 군사재판은 군인·군무원의 범죄나 군사에 관한 간첩죄의 경우와 초병·초소·유독음식물공급·포로에 관한 죄중 법률이 정한 경우에 한하여 단심으로 할 수 있다. 다만, 사형을 선고한 경우에는 그러하지 아니하다.

第6章 憲法裁判所

제111조(관장과 구성 등) ①헌법재판소는 다음 사항을 관장한다.

1. 법원의 제청에 의한 법률의 위헌여부 심판
2. 탄핵의 심판
3. 정당의 해산 심판
4. 국가기관 상호간, 국가기관과 지방자치단체간 및 지방자치단체 상호간의 권한쟁의에 관한 심판
5. 법률이 정하는 헌법소원에 관한 심판

②헌법재판소는 법관의 자격을 가진 9인의 재판관으로 구성하며, 재판관은 대통령이 임명한다.

③제2항의 재판관중 3인은 국회에서 선출하는 자를, 3인은 대법원장이 지명하는 자를 임명한다.

④헌법재판소의 장은 국회의 동의를 얻어 재판관중에서 대통령이 임명한다.

제112조(재판관의 임기와 정치관여 금지 · 신분보장) ①헌법재판소 재판관의 임기는 6년으로 하며, 법률이 정하는 바에 의하여 연임할 수 있다.

②헌법재판소 재판관은 정당에 가입하거나 정치에 관여할 수 없다.

③헌법재판소 재판관은 탄핵 또는 금고이상의 형의 선고에 의하지 아니하고는 파면되지 아니한다.

제113조(결정정족수·조직운영) ①헌법재판소에서 법률의 위헌결정, 탄핵의 결정, 정당해산의 결정 또는 헌법소원에 관한 인용결정을 할 때에는 재판관 6인이상의 찬성이 있어야 한다.

②헌법재판소는 법률에 저촉되지 아니하는 범위안에서 심판에 관한 절차, 내부규율과 사무처리에 관한 규칙을 제정할 수 있다.

③헌법재판소의 조직과 운영 기타 필요한 사항은 법률로 정한다.

第7章 選擧管理

제114조(선거관리 위원회) ①선거와 국민투표의 공정한 관리 및 정당에 관한 사무를 처리하기 위하여 선거관리위원회를 둔다.

②중앙선거관리위원회는 대통령이 임명하는 3인, 국회에서 선출하는 3인과 대법원장이 지명하는 3인의 위원으로 구성한다. 위원장은 위원중에서 호선한다.

③위원의 임기는 6년으로 한다.

④위원은 정당에 가입하거나 정치에 관여할 수 없다.

⑤위원은 탄핵 또는 금고이상의 형의 선고에 의하지 아니하고는 파면되지 아니한다.

⑥중앙선거관리위원회는 법령의 범위안에서 선거관리·국민투표관리 또는 정당사무에 관한 규칙을 제정할 수 있으며, 법률에 저촉되지 아니하는 범위안에서 내부규율에 관한 규칙을 제정할 수 있다.

⑦각급 선거관리위원회의 조직 · 직무범위 기타 필요한 사항은 법률로 정한다.

제115조(선거관리 위원회의 대행정기관 지시권) ①각급 선거관리위원회는 선거인명부의 작성등 선거사무와 국민투표사무에 관하여 관계행정기관에 필요한 지시를 할 수 있다.

②제1항의 지시를 받은 당해행정기관은 이에 응하여야 한다.

제116조(선거운동 · 선거비용) ①선거운동은 각급 선거관리위원회의 관리하에 법률이 정하는 범위안에서 하되, 균등한 기회가 보장되어야 한다.

②선거에 관한 경비는 법률이 정하는 경우를 제외하고는 정당 또는 후보자에게 부담시킬 수 없다.

第8章 地方自治

제117조(자치권, 자치단체의 종류) ①지방자치단체는 주민의 복리에 관한 사무를 처리하고 재산을 관리하며, 법령의 범위안에서 자치에 관한 규정을 제정할 수 있다.

②지방자치단체의 종류는 법률로 정한다.

제118조(자치단체의 조직·운영) ①지방자치단체에 의회를 둔다.

②지방의회의 조직·권한·의원선거와 지방자치단체의 장의 선임방법 기타 지방자치단체의 조직과 운영에 관한 사항은 법률로 정한다.

第9章 經濟

제119조(경제질서의 기본 · 경제의 규제 · 조정) ①대한민국의 경제질서는 개인과 기업의 경제상의 자유와 창의를 존중함을 기본으로 한다.

②국가는 균형있는 국민경제의 성장 및 안정과 적정한 소득의 분배를 유지하고, 시장의 지배와 경제력의 남용을 방지하며, 경제주체간의 조화를 통한 경제의 민주화를 위하여 경제에 관한 규제와 조정을 할 수 있다.

제120조(천연자원 채취 · 개발 특허 · 보호) ①광물 기타 중요한 지하자원·수산자원·수력과 경제상 이용할 수 있는 자연력은 법률이 정하는 바에 의하여 일정한 기간 그 채취·개발 또는 이용을 특허할 수 있다.

②국토와 자원은 국가의 보호를 받으며, 국가는 그 균형있는 개발과 이용을 위하여 필요한 계획을 수립한다.

제121조(소작농 금지 · 임대차 · 위탁경영) ①국가는 농지에 관하여 경자유전의 원칙이 달성될 수 있도록 노력하여야 하며, 농지의 소작제도는 금지된다.

②농업생산성의 제고와 농지의 합리적인 이용을 위하거나 불가피한 사정으로 발생하는 농지의 임대차와 위탁경영은 법률이 정하는 바에 의하여 인정된다.

제122조(국토 이용 · 개발과 보전) 국가는 국민 모두의 생산 및 생활의 기반이 되는 국토의 효율적이고 균형있는 이용·개발과 보전을 위하여 법률이 정하는 바에 의하여 그에 관한 필요한 제한

과 의무를 과할 수 있다.

제123조(농·어촌 종합 개발과 중소기업 보호·육성) ①국가는 농업 및 어업을 보호·육성하기 위하여 농·어촌종합개발과 그 지원등 필요한 계획을 수립·시행하여야 한다.

②국가는 지역간의 균형있는 발전을 위하여 지역경제를 육성할 의무를 진다.

③국가는 중소기업을 보호·육성하여야 한다.

④국가는 농수산물의 수급균형과 유통구조의 개선에 노력하여 가격안정을 도모함으로써 농·어민의 이익을 보호한다.

⑤국가는 농·어민과 중소기업의 자조조직을 육성하여야 하며, 그 자율적 활동과 발전을 보장한다.

제124조(소비자 보호) 국가는 건전한 소비행위를 계도하고 생산품의 품질향상을 촉구하기 위한 소비자보호운동을 법률이 정하는 바에 의하여 보장한다.

제125조(무역육성) 국가는 대외무역을 육성하며, 이를 규제·조정할 수 있다.

제126조(사기업 국·공유화와 통제 등 금지) 국방상 또는 국민경제상 긴절(緊切)한 필요로 인하여 법률이 정하는 경우를 제외하고는, 사영기업을 국유 또는 공유로 이전하거나 그 경영을 통제 또는 관리할 수 없다.

제127조(과학기술 발전과 국가표준제도) ①국가는 과학기술의 혁신과 정보 및 인력의 개발을 통하여 국민경제의 발전에 노력하여야 한다.

②국가는 국가표준제도를 확립한다.

③대통령은 제1항의 목적을 달성하기 위하여 필요한 자문기구를 둘 수 있다.

第10章 憲法改正

제128조(개정제안권) ①헌법개정은 국회재적위원 과반수 또는 대통령의 발의로 제안된다.

②대통령의 임기연장 또는 중임변경을 위한 헌법개정은 그 헌법개정 제안 당시의 대통령에 대하여는 효력이 없다.

제129조(개정제안공고기간) 제안된 헌법개정안은 대통령이 20일이상의 기간 이를 공고하여야 한다.

제130조(개정안 의결과 확정·공포) ①국회는 헌법개정안이 공고된 날로부터 60일이내에 의결하여야 하며, 국회의 의결은 재적의원 3분의 2이상의 찬성을 얻어야 한다.

②헌법개정안은 국회가 의결한 후 30일이내에 국민투표에 붙여 국회의원선거권자 과반수의 투표와 투표자 과반수의 찬성을 얻어야 한다.

③헌법개정안이 제2항의 찬성을 얻은 때에는 헌법개정은 확정되며, 대통령은 즉시 이를 공포하여야 한다.

附則 〈제10호, 1987.10.29〉

제1조 이 헌법은 1988년 2월 25일부터 시행한다. 다만, 이 헌법을 시행하기 위하여 필요 한 법률의 제정·개정과 이 헌법에 의한 대통령 및 국회의원의 선거 기타 이 헌법시행에 관한 준비는 이 헌법시행전에 할 수 있다.

제2조 ① 이 헌법에 의한 최초의 대통령선거는 이 헌법시행일 40일전까지 실시한다.

② 이 헌법에 의한 최초의 대통령의 임기는 이 헌법시행일로부터 개시한다.

제3조 ①이 헌법에 의한 최초의 국회의원선거는 이 헌법공포일로부터 6월이내에 실시하며, 이 헌법에 의하여 선출된 최초의 국회의원의 임기는 국회의원선거후 이 헌법에 의한 국회의 최초의 집회일로부터 개시한다.

②이 헌법공포 당시의 국회의원의 임기는 제1항에 의한 국회의 최초의 집회일 전일까지로 한다.

제4조 ①이 헌법 시행당시의 공무원과 정부가 임명한 기업체의 임원은 이 헌법에 의하여 임명된 것으로 본다. 다만, 이 헌법에 의하여 선임방법이나 임명권자가 변경된 공무원과 대법원장 및 감사원장은 이 헌법에 의하여 후임자가 선임될 때까지 그 직무를 행하며, 이 경우 전임자인 공무원의 임기는 후임자가 선임되는 전일까지로 한다.

②이 헌법 시행당시의 대법원장과 대법원판사가 아닌 법관은 제1항 단서의 규정에 불구하고 이 헌법에 의하여 임명된 것으로 본다.

②이 헌법중 공무원의 임기 또는 중임제한에 관한 규정은 이 헌법에 의하여 그 공무원이 최초로 선출 또는 임명된 때로부터 적용한다.

제5조 이 헌법 시행당시의 법령과 조약은 이 헌법에 위배되지 아니하는 한 그 효력을 지속한다.

제6조 이 헌법 시행당시에 이 헌법에 의하여 새로 설치될 기관의 권한에 속하는 직무를 행하고 있는 기관은 이 헌법에 의하여 새로운 기관이 설치될 때까지 존속하며 그 직무를 행한다.

【 著者 安成祚 略歷 】

· 海南 溪谷 鷺頭 出生
· 溪谷西校 · 溪谷中學校 · 文泰高等學校
· 京畿大學校, 同 大學院 法學科 碩士 · 博士課程 履修
· 法學博士(國際去來法 · 企業法 · 北韓法 · 警護警備法 專攻)
· 駐韓獨逸文化院(Goethe-Institut)語學練修
· 京畿大學校 法學部 兼任敎授, 新新法律事務所 研究室長
· 京畿大學校法學部總同門會長, 在京光州全南鄕友會 常任理事, 民主平和統一諮問會議 諮問委員, 韓國警護警備學會 事務局長, 韓國시큐리티支援研究院 總務理事, 韓國시큐리티資格檢定評價院 事務總長
· 光云大學校, 京畿大學校 · 同 大學院, 韓國放送通信大學校, 圓光大學校, 江南大學校, 舟城大學, 麗州大學, 明知大學校 講師
· 現在 : 大韓國際法學會, 國際去來法學會, 韓國知的所有權學會, 韓國仲裁學會, 北韓研究學會, 北韓法研究會, 韓中法學會, 韓國警護警備學會 常任理事, 韓國民間警備學會, 韓國公安行政學會 會員, 常任理事, 廣域新聞 記者, (社)大韓記者協會 總務委員長
· 現在 : 京畿大 · 龍仁大 · 大林大 · (社)韓國警備協會 講師, 로마켓(lawmarket.co.kr)法律經濟研究所 首席研究員, 韓國시큐리티研究院 法務理事, (社)韓國司法敎育院 敎授, 京畿大 民間警備科程 主任敎授

· http://cafe.daum.net/asc4law · E-mail : asc01@naver.com, kgu.ac.kr

[主要 論著]

· "企業主體인 商人의 槪念考察", 『바른소리』
· "企業의 國際化와 國際企業에 관한 法的 問題 小考", 『대학원 논문집』
· "國際去來法과 國際知的財産權法", 『대학원 논문집』
· 「國際法上 難民의 保護」
· "蘇聯國際法理論에 관한 考察", 『금화논총』
· "國際去來上 貨換어음과 信用狀의 法律關係", 『대학원 논문집』
· "Y2K에 대한 法的 對策-國際去來法上 Y2K紛爭解決을 중심으로-"
· 「北韓 外國人投資企業法의 體系論的 硏究」
· "北韓의 觀光規定과 南北交流協力의 法的問題", 『대학원 논문집』
· 『北韓의 外國人投資法』(한국무역협회)
· 『平和世界去來法』(교서관)
· "南北基本合意書와 細部合意書의 法的 性格과 實效性 確保方案" (통일부 세미나)
· "建設紛爭의 豫防과 解決方案", 『법학의 최신과제』(교수신문사)
· 『新體系 生活法學』(법률정보센타) · 『女性法중심 生活法律』(진영사)
· 『國際通商慣習論』(미리내) · 『法學槪論』(진영사)
· "警備員의 職務環境과 士氣 및 移職意思의 關係", "경호경비계약의 법적구조 및 분쟁의 예방과 해결방안, "시큐리티관련 민간자격제도의 개선방안-신변보호사자격시험를 중심으로" 『警護警備研究』 외 다수
· 『警護警備法原論』(東文社) · 『國際通商規範論』(두남)
· 『警護警備法論』(백산출판사) · 『新體系 法學槪論』(교서관)
· 『法과 生活』(진영사) · 『警備業法』(진영사)
· 『警備指導士 法學槪論』(이론,문제집) · 『職業相談士 勞動關係法規』(이론,문제집)(책과지식)
· 『최신法學槪論』(문제편, 한국자격관리협회) · 『새로운 法學槪論』(한국경비문화협회)
· 『警備指導士 法學槪論』(미라클자격개발원, 진영사, 한국경비지도사협회)
· 『警備指導士 警備業法』(미라클자격개발원, 진영사)

【 著者 趙譽鍈 略歷 】

· 湖西大學校 神學科 卒業(BA), 湖西大學校 大學院 相談心理學 修了(相談心理 專攻)
· 白石大學校 神學大學院 牧會學碩士(M.Div), 基督敎相談學碩士[基督敎相談學(emphasis)副專攻]
· 白石大學校 基督專門大學院 博士課程 卒業 · 相談學博士(Ph.D)
· 軍相談專門家, 離婚相談專門家, 多文化相談專門家, 音樂治療專門家, 牧會相談專門家, 靑少年相談專門家, 性暴力 · 家庭暴力 · 老人相談專門家, LCSI專門家, 國際公認NLP Practitioner, 소방상담전문상담사(인천)
· 白石大學校 액션러닝코칭講師, 行政安全部 地方行政練修院 肯定幸福心理敎室의 '集團相談 및 마음나누기' 講師
· 世界宣敎會 集團相談 및 코칭 講師
· 國內 · 外 牧會者, PK 및 宣敎師相談 講師
· 多文化 相談學會 專門家, 軍相談學會 專門家, 牧會相談協會 專門家, 相談心理學會 正會員
· Cyber神學大學 相談學 敎授, 仁川消防本部 心理相談講師
· 現在 : 譽鍈 法心理學硏究所 所長, 힐링스토리 심리치료연구소(www.healingstory.or.kr) 所長
· 現在 : 메시아音樂學院(音樂治療) 院長, 譽鍈相談心理治療센터 院長

· 홈페이지 http://jptc.kr　　http://cafe.daum.net/Yeyoung
· E-mail : choyeyoung@hanmail.net　　1234cyy@naver.com

[主要 論著]

· 「羞恥心을 經驗하고 있는 牧會者靑少年子女들의 心理的 現狀」(博士學位論文)
· 『PK의 수치심 경험』(도서출판 진영사)
· "국민과 함께하는 소방공무원의 심신건강" (인천의정)
· "소방공무원의 심신건강에 적신호, 이대로 괜찮은가" (시사경제)
· 『法學槪論』『憲法學槪論』『警備指導士 法學槪論』(共著)
· 『警備業法』『警備指導士 警備業法』(共著)
· 『職業相談士 勞動關係法規』(이론,문제집)(共著)